全本全注全译丛书

中华经典名著

刘韶军◎译注

宋论 上

中华书局

图书在版编目(CIP)数据

宋论/刘韶军译注. —北京:中华书局,2013.4(2024.10重印)
(中华经典名著全本全注全译丛书)
ISBN 978-7-101-09210-3

Ⅰ.宋… Ⅱ.刘… Ⅲ.①史评-中国-宋代②《宋论》-译文
③《宋论》-注释 Ⅳ.B244.07

中国版本图书馆 CIP 数据核字(2013)第 033898 号

书　　名	宋　论(全二册)
译 注 者	刘韶军
丛 书 名	中华经典名著全本全注全译丛书
责任编辑	王守青　宋凤娣
装帧设计	毛　淳
责任印制	管　斌
出版发行	中华书局

(北京市丰台区太平桥西里 38 号 100073)
http://www.zhbc.com.cn
E-mail:zhbc@zhbc.com.cn

印　　刷	北京盛通印刷股份有限公司
版　　次	2013 年 4 月第 1 版
	2024 年 10 月第 10 次印刷
规　　格	开本/880×1230 毫米 1/32
	印张 30½ 字数 700 千字
印　　数	35001-38000 册
国际书号	ISBN 978-7-101-09210-3
定　　价	72.00 元

目 录

前　言

《宋论》,清代学者王夫之著。王夫之(1619—1692),湖南衡阳人,字而农,号薑斋,晚年居住在衡阳石船山,故又称"船山先生"。王夫之在明代灭亡之后隐居治学,著书多达一百余种。清晚期的重臣曾国藩极为推崇王夫之,他于同治初年(1862)在金陵刊刻《船山遗书》,使王夫之的众多著作得以汇聚流传。其主要著作有《周易外传》《张子正蒙》《尚书引义》《读四书大全说》《老子衍》《庄子通》《思问录》《读通鉴论》《宋论》《黄书》《噩梦》《楚辞通释》《诗广传》等,《船山遗书》所收共七十种三百余卷。

《宋论》及《读通鉴论》,是《遗书》所收两种史论著作,最为著名。《宋论》定稿于1691年,这是王夫之思想最为成熟时期的著作,故书中的史论可以说是他一生思考的最后成果,值得后人重视和研究。另一方面,王夫之生活在明末清初的社会大动荡时期,他的治学一直与社会现实保持着密切的关系,所以他的学术成果中深含他对中国现实和命运的深切关心,这与清代乾嘉学派只重考据而不太关心社会现实的态度有很大不同。而且他研究学问,不是仅限一隅,而是饱读儒家经典,博涉经史子集,既精又博,这使他的学术视野更为宽广辽阔,因此他的学术思想也比一般学者更为深刻独到,故而他能够在明末清初的时代背景下成为一个著名的思想家式的学者。

　　古人治学素有史论一类的作品,如《左传》中的"君子曰",已经在叙述史事的同时发表作者对于历史人物及事件的评论,后来司马迁撰述《史记》,司马光编纂《资治通鉴》,也都沿用"君子曰"的方式,随事发论,这成为这两部名著中不可缺少的组成部分。另外也有不少学者撰作专门的史论著作,如唐代虞世南的《帝王略论》、宋代范祖禹的《唐鉴》、明代李贽的《史纲评要》等,都是有名的史论专著。王夫之亦继承了中国古代史学的这一优良传统,在一生治学的晚期,为后人留下两部史论《读通鉴论》三十卷和《宋论》十五卷,表达了他对中国古代通史的完整评论。这两部书完全可以看作前后相续的系列著作。因为《资治通鉴》从三家分晋写到五代后周,接下来就是宋代的兴起。学者们在《资治通鉴》之后的续作,如清代毕沅撰《续资治通鉴》,都是在时间上紧接《资治通鉴》的结束之年——后周世宗显德六年(959),而从宋太祖称帝的建隆元年(960)年开始。所以读完《资治通鉴》再读宋代历史,正好一年不差地紧接而来,因此王夫之写完《读通鉴论》再写《宋论》,犹如已有《资治通鉴》而续作《续资治通鉴》一样,顺理成章,首尾相接,由此形成了他对整个中国历史的完整评论。可以说这两部史论著作,正是王夫之中国史论的上下部。

　　王夫之的儿子王敔在《薑斋公行述》中说,王夫之晚年作《读通鉴论》和《宋论》两书,目的是探讨"上下古今兴亡得失之故"。王夫之生于明朝,生于此朝就是此朝人,那种家国归属感是无法用别的东西替代的,所以他对明朝的灭亡怀有深痛感触。在这样的心理基础上读史论史,最为关心的问题就是历朝历代为什么会有盛衰兴替?在这种不断出现的无情残酷得令人心碎的过程中,究竟是因为什么人做了什么事而使这种局面发生、出现并不可逆转、不可挽救?古人早就说过"履霜坚冰至",又说这种情况"非一朝一夕之故,其所由来者渐矣"。每个王朝从初起时的兴盛强大到灭亡时的衰弱无力,曾令多少身处其时的忠臣义士扼腕叹息而又无可奈何,更令不少怀有现实关心的学者感慨不已！对于这样重大的问题绝不是仅靠空谈轻论就能剖析清楚的，必须追溯历史的完整过程，根据具体的人物及其作为加以细致的分析，王夫之的史论就正是沿着这条学术道路行走的，而这也正是古人史论的可贵之处，值得今人研究史学时借鉴参考。

《宋论》与《读通鉴论》一样，都是对全书的完整阅读，把所要评论的历史自始至终、原原本本地审视一过，而不是心猿意马，跳跃择取，更非见一叶而不见泰山，论一点而不及其余。所以其书表面上看似乎散乱无章，实际上总是贯串一个主题：这个王朝怎样由兴盛而衰弱而灭亡，把这个王朝中的帝王将相都放到这个问题前加以审视评鉴，由此发现他们的得失功过，发现王朝盛衰转变的根由。王夫之正是坚持了这一严谨忠实的治学方法，仔细阅读了宋代历史的整个过程及诸多细节，所以他在《宋论》中能够提出与众不同的分析和论点，对宋代不少人物的所作所为及其历史影响都有独到的见解，让数百年后人们读其书而深感其生命力犹在、思想性深刻，令人深受启发。

一个王朝的兴衰，总是由善恶两个方面的因素造成的，善者之善，恶者之恶，不从长远的历史进程上看，只看一时一事，是不能真正认识到它的作用的。善者是正确的措施和制度，恶者是错误的措施与制度，而这都是由特定的人来完成的。所以史论所评只能以人为中心，以事为枢纽，而根本的着眼点就在于这些人与事对这个王朝命运所起的作用。

在宋代能做出正确决策、措施从而定下良好制度法规者，在王夫之看来，宋太祖是最值得称赞的。他说太祖为后世子孙定下三条戒律，每一个新继位的皇帝，都要进殿，在刻着三条戒律的石碑前下跪拜读，这三条戒律是：保全后周皇帝柴氏的子孙、不杀士大夫、不加农田之赋。王夫之说，有这三条，"不谓之盛德也不能"。这三条戒律的精神就是："以忠厚养前代之子孙，以宽大养士人之正气，以节制养百姓之生理。"而要做到这三条，不用求别人，只需求自身就够了。只要自己心里相信并遵守这三条,就能使"治德蕴于己,不期盛而积于无形,故曰不谓之盛德也不能"。有了这三条,王夫之认为宋就"轶汉、唐而几于商、周"。汉代的文、景之治,再传而止,唐代的贞观之治,及子而乱,宋太祖从建隆年间改变了五代的乱世,让人民过上了安定的生活,直到神宗熙宁时才逐渐趋向衰弱,所以说超过了汉、唐而接近商、周。他认为这不仅要靠子孙的贤明和士大夫的襄助,更要靠家法的檠括以及政教和熏陶,所以自汉光武以外,要讲帝王的美德,没有人能超过宋太祖。

太祖用三条戒律确定的基本制度,后几代帝王还能遵守,但到宋仁宗庆历年间就开始出现不少议论,到神宗熙宁时期就因为要进行变法,从而逐步舍弃了太祖求己不求人的治国精神,使太祖治国的德意逐渐泯灭。王夫之认为宋王朝的得失之枢、治乱之纽、斯民的生死之机、风俗的淳浇之原,就在这里,后来的帝王不明白这样一个至为简洁的道理,从而使宋朝的国运逐步走向衰落。

太祖的治国德意,在王夫之看来,不是因为他有多么高深的理论和学识,而是出自天意的启示。他认为太祖的儒术尚浅,又不受异学的干扰迷惑,只是害怕天命不能长久眷顾自己,又深知民众所受乱世的祸害,并鉴于外族和盗贼毒民侮士的风气,所以才提出了上述三条。在这种德意下,治国就是要视力之可行,从容地因势利导,而不是追求表面上的尧舜式的美名,更不是严刻地责求于人。正是由于这样的心态而形成了从容不迫的政治格局,就能使天下扰纷之情,在优游中就绪,瓦解之势,渐次以即安,并能延续百年,余芳未歇。王夫之总结太祖的治国之道就是三点:简、慈、俭。内心没有分歧干扰,所以行动上就会简。用简明的政治来行慈,慈就不是用小恩小惠沽取人民的感恩。用简明的政治来行俭,俭就不会引起官吏的贪睿。孔子说的"善人为邦百年,可以胜残去杀",汉文帝、汉景帝没做到,宋太祖却差不多做到了。

王夫之如此赞赏太祖,当然并不是只是欣赏这一个人,而是总结具有普遍意义的治国之道。这种总结不是纯由思辨进行推论,而是根据历史事实加以论证,所以就更显得有理有力。只是后人往往不明其意,而忽视了王夫之在《宋论》中所发的此类议论。

对于宋朝最恶的人和事,在王夫之看来就是赵普和秦桧。关于这二人的历史评价,人们往往赞赵普而骂秦桧,但王夫之则将二人列为宋朝最大的罪人、最大的野心家。这种分析和评论,自有他的道理,这些道理却常被众人所忽视。

王夫之认为赵普、秦桧二人的共同特点,在于都怀有很大的野心而想取宋王朝而代之,这与唐代徐世勣(即李勣)一样。他说:徐世勣杀王后立武氏,是想让武氏乱唐而由自己来夺蹊田之牛。假使徐世勣不死,他就可以操纵武氏,让愚蠢的唐中宗如同晋安帝司马德宗一样,这样就可使"唐移于徐氏矣"。而王夫之认为,"赵普亦犹是也"。赵普与太祖"誓而藏之金匮"的《约书》里规定"立长君、防僭夺",在赵廷美、德昭死后,太宗一旦不保而赵普还活着的话,他就能"藐尔之孤",把赵氏年幼继承人的生死操纵在自己的股掌之中。但他没有想到太祖死后,太宗以英姿居叔父之尊而继位,使赵普的奸慝不能得逞,于是他就只能姑授太宗以俟太宗之后的年幼继承人由自己来操纵。经过这样分析,王夫之下结论说:赵普的用心与徐世勣对武氏的用心是一样的。

人们对秦桧的批评,一般都是说他与金人勾结引导宋王朝只求讲和,为此而用莫须有的罪名害死了岳飞,使军事抗金中途而废,王夫之则认为秦桧的最大目的是想篡夺宋的王权。王夫之说:秦桧诛逐异己,不欲留下一个人,不只是出于一时的忿恨而求报复,他又遍置党羽在朝廷的各个要津,让宋王朝没有一个大臣可以倚靠,当时高宗年已老耄,普安郡王虽然已从疏远的支系选拔上来,但还没有正式立为太子,一旦高宗宫车晏驾,秦桧还不死的话,他就会选冲幼之人暂时继位,然后再由自己起而夺之。此时外有女真为援引,内有群奸为佐命,篡夺赵氏的王权,对秦桧来说就是"易于掇芥"了。王夫之说,秦桧的这一野心,"岂待吹求而始见哉"?

　　能揭示出秦桧的这一种野心，确是他人没有看到的。王夫之又说秦桧为了达到这个目的，下了很大工夫，做了不少准备工作。首先是逢迎高宗之欲，班北伐之师，解诸将之兵，而使自己独立于百僚之上，之后又将诸贤流放，害死岳飞，让韩世忠谢事闲居，使刘锜、二吴敛手听命，让张俊总领诸军的心愿不能实现，也等于被废黜了。此时的秦桧，就可以为所欲为。他周回四顾，知天下无人能如己何，高宗对他也是惴惴然而无法驾驭，在此情况下秦桧就敢于睥睨神器了。王夫之说这是"势之所激，鼠将变虎"，而在秦桧刚刚回到宋朝时，还"非有曹操、司马懿之心"，但发展到后来，"考之于其所行，不难为石敬瑭、刘豫之为者，岂有察之而不易知者乎"？说明王夫之是根据秦桧的所有行动从而得出这一判断的。王夫之又说秦桧"其锐往而无定情也甚狡，其执持扼要而操以必得也甚坚，则不必久怀篡夺之心，乘乎可篡而篡焉，复何所戢而中止乎"？认为其野心逐渐形成，既是必然的，又是不会收心而中止的。

　　王夫之观察和总结宋代的兴亡史，最痛心的一点就是宋王朝军事力量的衰弱不堪，他认为其根本原因也可以追溯到赵普身上。赵普最初利用太祖对军事将领的猜疑之心，让太祖对军事将领们采取了"杯酒释兵权"的策略，赵普这样做表面上似乎是为了太祖巩固手中的皇权，在王夫之看来，赵普其实还怀有更为自私的目的，即为了巩固自己在朝中的地位而削弱军事将领的权力。王夫之说，赵普在太祖当上皇帝的时候以幕客之雄，膺元勋之宠，睥睨将士，地位在军事将领之上，但他也自知军事将领对他并非心服口服。其后军事将领平定各处的割据势力，赵普都没有参与之功，所以当时为太祖推诚戮力的功臣，皆瞧不起赵普而愤恨赵普倾轧自己，赵普与军事将领"固有不与并立之势"，于是赵普就日思夜想来削弱军事将领的地位和权力以求自安。为此他充分利用太祖对军事将领的猜疑心理，而让太祖把自己倚为社稷臣，所以王夫之说赵普根本不是出谋划策来安定赵家的天下，只是尽力折抑武臣，使他们不能建立不世之功来与自己争夺太祖的眷顾而已。王夫之因此下结论说："凡赵普之进谋于太祖者,皆以钳网太祖之故旧元勋而敛权于己也。"

更恶劣的是在赵普的推波助澜下,宋太祖对军事将领的猜疑之心竟然在整个宋代形成了一种治国的"家法":"以普忮害之小慧,而宋奉之为家法,上下师师,壹于猜忌。"赵氏治国的这种"家法",并不是成文的制度,而是一种埋藏在宋代各个帝王心中的深深隐忧,王夫之说这是宋代各届帝王的"不言之隐"。而这种"不言之隐",就导致了宋代历届帝王不信任军事将领从而使宋王朝的军事力量越来越弱,成了北方民族不断欺侮、侵入最终使宋王朝走向灭亡的根本原因。不仅如此,王夫之身处明亡之后,重新反思这种治国家法对于中国的深远影响:"宋之君臣匿情自困,而贻六百年衣冠之祸,唯此而已矣。"后人往往称赞宋朝对文人的优遇,王夫之却认为这种重视文化的表面光鲜的背后却存在着不信任军事将领的隐而不宣的心情,受此心情的困扰,宋朝军事积弱,不能对抗外族的军事入侵而亡,明朝也走了同一条亡国之路,所以王夫之说宋对军事将领的猜疑削弱的危害不仅仅是宋王朝灭亡,而是"贻六百年衣冠之祸"。从宋王朝建立的960年算起,到明王朝灭于清的1644年止,正是六百多年。不同的王朝,同样的结局,这说明国家的军事力量不强,民族和文化的生存都将受到重大破坏乃至灭亡,所以这不是单纯的军事问题,而是衣冠(即民族文化)的生死存亡的重大问题。只重文化,不重军事,文化也将不保而受惨重的灾祸,王夫之的沉痛感慨,我们在四百年后仍应有所体会。

王夫之在《宋论》结尾处又为这个问题发出感叹,他认为:军事力量的软弱,导致整个国家的软弱,从而屡受外族的欺侮,其严重性还不仅仅是一两个王朝的灭亡,而是"裂天维、倾地纪、乱人群、贻无穷之祸","自轩辕迄夏后以力挽天纲者,糜散于百年之内"。中华民族从黄帝以来力挽天纲的天维地纪就在宋代最后的一百年之内糜散殆尽,由此而使中华民族一直处于屡受外族侵略欺凌的困局之中。王夫之只看到了从宋到明的积弱而亡,他不可能看到清朝晚期的中国,同样是积弱而受欺侮,这表明王夫之所揭示的中华民族的生存问题并没有真正解决。清朝虽然靠武力征服了明王朝,统治了天下,但最后还是走上与宋明一样的积弱之路,王夫之关于宋代积弱而亡的深思,被历史再次证明,可惜人们似乎没有注意王夫之揭示的这一问题,并继续深刻反思,从而找到一条使中华民族强大到不受外来势力随意欺侮的道路。今天重读《宋论》,对王夫之的这一认识,不能不特别关注和深思。

《宋论》关于宋代历史的评论中还有不少精彩的见解,读者仔细阅读全书,自会从中得到不少启发,在此就不赘述了。

王夫之撰写《宋论》,是按宋代帝王在位的先后顺序分别论述,一帝一卷,只是最后的度宗、恭宗、端宗及祥兴帝因时间太短而合为一卷,整部著作并排按专题进行论述,而这正是古代史论著作的一种通例,《读通鉴论》也采用了这种方式。这种形式的好处是顺着历史进程的顺序,随着历史过程中人们的言行而展开作者的评论,也使读者按照历史的进程来了解历史的发展变化,听取作者评论。这样就使史与论有机地结合,让读者更完整地了解宋代历史发展演变的源流以及其中的得失。这种史论方式与现代通常采取的专题论述方式有所不同,读者应有所注意。

《宋论》在1962年已由舒士彦先生点校整理,1964年由中华书局出版。舒氏整理点校时依据同治四年(1865)曾氏金陵刊刻的《船山遗书》本,参考了马宗霍先生的校记。马氏的校记,是用衡阳刘氏、邵阳曾氏所藏《船山遗书》抄本若干种与金陵刻本对校后形成的记录。舒氏在整理点校时没有完全照录马氏的校记,他的原则是刻本有空格而抄本不空者,就据抄本补足,而刻本有改窜处,则细审文义后认为抄本确实胜于刻本者才据以订正,而他认为抄本不如刻本者则不改。在舒氏点校后,中华书局又请王孝鱼、童第德审阅,王孝鱼在舒氏分段的基础上,又作了一些调整,并从校勘的角度提出了一些意见。中华书局根据这些意见,在出版时加上若干条编者按语,又对抄本和刻本中文义可以两通的文字异同处补上校记,还参考了周调阳、刘毓崧等人的校勘记,比较全面而慎重地进行了全书的校勘,保留了前人的校勘成果。这次注译时就以中华书局的舒士彦整理本为底本,此外参考了岳麓书社1996年出版的《船山全书》第十一册中的《宋论》。

　　《船山全书》中的《宋论》,在整理时以中华书局舒士彦点校本为基础,又参考其他各本。舒士彦点校时参考了马宗霍校记,但未全部收录马氏校记,马校共455条,舒氏引用不到一半,《船山全书》本则把马氏校记全部补足。此外又对照所能搜集到的各种抄本和校勘记,对全书原文加以补校,恢复了金陵刻本中因为隐讳而不刻的字八十多处,其他删改一百九十多处,增补脱文五十多字,删去衍文二十多字,乙转倒文二处,订正错简一处,其他异文六十余处一百九十多字,也都存录以备参考。这些校勘成果,在这次注释翻译时尽量加以参考,有所改动,就在注释中加以说明。《船山全书》本又为各卷中的各条拟了标题,中华书局本没有此类小标题,此次注释翻译时仍按中华书局本的格式,不另加标题,以求符合原书旧貌。

　　中华书局出版时对文字讹误加以改正,用加圆括号的方式表示这是刻本的原字,用加方括号的方式表示是据校勘订正的字。这次注释翻译时,直接采用订正之后的字,不再保留未改之前的字,相关的校记,也没有保留。中华书局也有个别的错字,如72页最后一行"石藏于土","土"字误为"士"。像这种情况,就在注释翻译中直接加以改正了,也不出校记。

　　此外还有中华书局本及《船山全书》整理本都没有发现的文字错误。如宋仁宗第五条第一段说仁宗之生以大中祥符三年庚申,及嘉祐二年乙酉,二十有六年;经过核对,发现如果作嘉祐二年,距大中祥符三年就有四十七年,应该作景祐二年,才符合二十六年之数。又如仁宗第十四条内论到韩、富二公的关系时有一句"嫌衅自此开矣","衅"字今天作"却","嫌却"不能成词,当是"嫌郤","郤"通"隙","嫌隙"指二人之间出现隔阂。中华书局整理本和《船山全书》整理本对此字都没有出校,因为版本上没有异文,而注释时据理校法就发现作"却"字是错误的,这其实是因为"却"与"郤"字形相近而易误。这类文字错误,只校对不同版本都难以发现,只有在注释翻译时仔细核对史实和体会文义,才能看出其中的错误。

注释翻译时,对舒士彦点校时所加的标点符号也有所改动。如太祖第七条:"而窦建德、萧铣,徐圆朗乘之以掠杀既困之民","萧铣"下不应用逗号,而应该用顿号。太祖第八条:"赵普受吴、越之金",标点本"吴"字下加顿号,则吴与越似为二国,实际上此处的"吴越"指钱镠所建吴越国,吴越二字之间不当加顿号。太祖第八条:"下江南,收西川,平两粤,曹彬、潘美等任之,而普弗与",下江南,收西川,平两粤,是并列的事情,所以"南""川"下的逗号都可改作顿号。凡是标点符号的改动,因为并不影响文义的理解,所以都不特别加以说明。

中华书局本对《宋论》全书做了分段,这次注释翻译沿用这种分段。每段先出原文,再出注释,最后出译文。注释的重点是人名、地名、相关制度、史实以及个别生僻字的读音和释义,还有书中引用古代典籍语句的出处及其内容的解释。

书中的文字,均按原本来写,如孟昶的"昶",一般因为昶字不常见而改作"昹",中华书局本仍作"昶"。这一类的字都严格遵照中华书局本而不改动。还有一些属于异体字,如"柰",可以直接改为"奈"。也有些字属于通假字,则不能改,如"繇"通"由",不能改为"由"。

在翻译中,尽量按照原文的字句进行直译,但古人行文中总有不少省略,这与现代汉语的表达方式有很大不同,所以完全采用直译的方法,有时不便于理解文意,所以在翻译时有时要把原文省略的内容适当加以补充,才能使读者易于理解。

王夫之的学问广博精深,文笔深奥,文脉与思路的跳跃性较强,他在《宋论》中所发的议论,有时难以理解。注释翻译过程中,尽量根据前后文揣摩文意,以求忠实表达王夫之所要表达的思想。但限于注译者的水平,有些地方可能会有差误,敬请读者在阅读发现问题后,有以教我。

注译者

2012 年 4 月

卷一　太祖

【题解】

　　宋太祖赵匡胤(927—976)是宋王朝的开创者,涿州(今河北涿州)人。出身军人家庭,先在后汉枢密使郭威手下为将,屡立战功。郭威建立后周王朝,赵匡胤官至殿前都点检。960年,他让人谎称契丹联合北汉南侵,领兵出征,行至陈桥驿,夜里发生兵变,黄袍加身,返回京城称帝,建立宋朝,976年去世,在位时间16年。

　　王夫之对太祖的评论,内容丰富,涉及诸多方面。赵匡胤本是五代后周的殿前都点检,当后周世宗柴荣英年早逝,他的儿子仅有七岁就匆忙即位,人心不稳,赵匡胤在此背景下以陈桥兵变形式黄袍加身,取代了后周小皇帝,建立了宋王朝。陈桥兵变时,一些人用天命说来造舆论,因此王夫之开篇就论述统一天下与天命的关系,认为统一天下不是仅靠天命。赵匡胤称帝后为后世继位者立下三条诫令:保全后周的柴氏子孙、不杀士大夫、不加农田之赋,王夫之认为这三条诫令表明赵匡胤具有"盛德",赵匡胤又对降伏之主采取优遇政策,王夫之称之为"忠厚"。在士人与君主的关系上,王夫之针对五代以来士风败坏的情况,强调士人应该自贵,使太祖不能把他们看得低贱而有护惜之情,否则不会得到帝王的尊重。君主要重士、得士,大臣、师儒、长吏也要重士,为君主选用士人,这都关系到王朝的稳固。对于太祖的微服

出访,王夫之认为历史上君主微行有三种情况,一是察群情以思预制,
一是利用微行而狂荡嬉游,一是为了苛察而微行,但微行只是凭借个
人的聪明才智与天下斗捷,不能视为治天下的正道。赵普善于言辩,
太祖虽然有时无言以对,但清楚天下事不能完全托付书生,所以他利
用赵普与武将相互制约。但太祖的猜疑心太重,后来宋朝君主对于大
臣都有猜疑之心,由此发端,从而成为宋王朝长期不能解决的一大弊
端。关于礼法的改变,王夫之认为变与不变,都要根据时势的不同及
情理的可否来考虑,并非凡是变革都是好事。对于吏治,王夫之提出
省官可清吏治,增俸可责官廉,吏之扰民在于赋税、狱讼、工役三者,帝
王对于官吏应任之以道,兴之以贤,驭之以礼,防止官吏借赋税等事
扰民。

　　王夫之对于宋太祖的整体评价甚高,认为他开创的宋朝政治,超过
了汉代文景之治和唐代贞观之治。因为文景之治与贞观之治最多维持
两代,而太祖开创的宋代制度,从太祖到神宗熙宁年间都可称为治世,
时间长于文景与贞观之治。究其原因,一是子孙能继承其事业,二是有
众多的贤士加以襄助,三是有一套家法能为后世遵守,四是通过政教加
以熏陶,所以自汉光武帝以来,宋太祖的令德,可以称"迥出"于其他君
主之上。由此可以看出王夫之关于古代帝王治国的政治思想,所以《宋
论》中包含史论和政论两方面的内容,价值颇高。

一

　　宋兴,统一天下,民用宁,政用乂,文教用兴,盖于是而
益以知天命矣。天曰难谌①,匪徒人之不可狃也②,天无可狃
之故常也。命曰不易,匪徒人之不易承也。天之因化推移,
斟酌而曲成以制命③,人无可代其工,而相佑者特勤也。

【注释】

①天曰难谌(chén):《尚书·咸有一德》篇:"天难谌,命靡常。"《君奭》篇:"天命不易,天难谌。"都是说天命无常而难以相信。谌,相信。

②狃(niǔ):习惯、拘泥。

③曲成:根据事物的各种变化和具体情况而使万物得以完成。曲,委细曲折,指事物的不同情况与变化。成,使之完成。

【译文】

宋朝兴起,统一了天下,民众得以安宁,国政得以治理,文化礼教得以兴盛,大致由此更可看到天命了。天,可以说是难信的,不仅仅是人对于天不可以拘泥,更因为天没有可以拘泥的常态。命,可以说是不能改变的,不仅仅是人对于命是不易承受的。天的变化推移,是根据万物的具体情况和变化加以斟酌而使之得以完成,由此控制事物的命运,人不可代替天的巧妙作用,而相互佑助的就只有辛勤努力。

帝王之受命,其上以德,商、周是已,其次以功,汉、唐是已。《诗》曰:"鉴观四方,求民之莫①。"德足以绥万邦,功足以戡大乱,皆莫民者也。得莫民之主而授之,授之而民以莫,天之事毕矣。乃若宋,非鉴观于下,见可授而授之者也。何也?赵氏起家什伍,两世为裨将,与乱世相浮沈,姓字且不闻于人间,况能以惠泽下流系邱民之企慕乎!其事柴氏也②,西征河东③,北拒契丹④,未尝有一矢之勋;滁关之捷⑤,无当安危,酬以节镇而已逾其分。以德之无积也如彼,而功之仅成也如此,微论汉、唐厎定之鸿烈⑥,即以曹操之扫黄巾、诛董卓、出献帝于阽危、夷二袁之僭逆⑦,刘裕之俘姚泓、馘慕容超、诛桓玄、走死卢循以定江介者⑧,百不逮一。乃乘如狂之乱卒控扶以起,弋获大宝①,终以保世滋大,而天下胥蒙其安。呜呼!天之所以曲佑下民,于无可付托之中,而行其权于受命之后,天自谌也,非人之所得而豫谌也,而天之命之也亦劳矣!

【注释】

①鉴观四方,求民之莫:出自《诗经·大雅·文王之什·皇矣》篇,原意是说上帝自上临下,监观四方,追求人民的安定。莫,安定。

②柴氏:指五代后周。赵匡胤自后汉时就为郭威的部下,后来郭威建立后周,死后由养子柴荣继位,赵匡胤素受重用,官至殿前都点检兼任宋州(今河南商丘一带)归德军节度使。自郭威西征河东、北拒契丹,至柴荣北伐契丹,赵匡胤一直跟随,其事柴氏,应当包括郭威、柴荣。

③西征河东:河东本指黄河以东,今山西一带,此处河东指藩镇河中(治所在蒲州,即今山西芮城西北)。后汉乾祐元年(948),河中节度使李守贞、永兴节度使赵思绾、凤翔节度使王景崇反叛,郭威自后汉都城汴梁出发征讨。河中治所蒲州及永兴军治所长安(今陕西西安)、凤翔治所凤翔(今陕西凤翔南),都在汴梁之西,所以称为西征。而以河中节度使为主,所以说是征河东。至乾祐二年(949)七月攻克河中,平定三叛。

④北拒契丹:指郭威、柴荣在后汉和后周时期数次北上与契丹的作战。后汉乾祐二年(949)、三年(950),契丹先后入侵后汉的河北地区,郭威时为后汉枢密使,率军从汴梁出发北上抵抗契丹,取得胜利。郭威死后,养子柴荣继位为周世宗,显德六年(959)四月伐契丹,五月取瀛州(今河北河间)、莫州(今河北任丘)、易州(今河北易县),在前往幽州途中发病而还,北伐告终。

⑤滁(chú)关之捷:周世宗显德三年(956)出兵攻伐南唐,命赵匡胤

率军袭击南唐滁州(治所在清流,今安徽滁州),攻克其城,擒捉其将皇甫晖等。

⑥厎(dǐ)定:平定。鸿烈:大业。鸿,大。烈,功业。

⑦曹操(155—220):字孟德,东汉沛国谯(今安徽亳州)人。出身宦官家庭,在东汉晚期通过平定黄巾起义以及官渡之战等,统一了北方,并掌握了东汉王朝大权,被汉献帝封为魏王,去世后加谥号为"武",其子曹丕称帝后,追为太祖武皇帝。传见《三国志·魏书·武帝本纪》。黄巾:东汉晚期,张角、张宝、张梁等人传播太平道吸引徒众,于汉灵帝中平元年(184)在冀州巨鹿(今河北邢台巨鹿)起义,起义军头上包着黄色头巾,故称"黄巾"。起义对东汉王朝造成巨大冲击,战乱引起各地军阀割据,直至形成三国鼎立。董卓(?—192):字仲颖,东汉陇西临洮(今甘肃岷县)人。利用镇压黄巾军的机会,率军进入东汉都城洛阳,废黜少帝而扶立献帝,又逼献帝迁都长安。董卓生性凶残,犯下许多暴行,后被部下吕布杀死。董卓之乱引起各地诸侯的讨伐,后又相互混战,导致东汉王朝名存实亡。传见《三国志·魏书·董卓传》。献帝:汉灵帝刘宏之子刘协(181—234),字伯和。灵帝死后,其子刘辨继位,史称少帝。刘协为刘辨的庶弟,董卓入京后,废黜少帝,扶立刘协称帝,即为献帝。后被曹操迎至许昌。220年,曹丕逼他禅让帝位,被废为山阳公。魏明帝青龙二年(234)去世,谥号为孝献皇帝。传见《后汉书·孝献帝纪》。阽(diàn):危险。二袁:指袁绍和袁术兄弟。袁绍(?—202),字本初,袁术(?—199),字公路,汝南汝阳(今河南商水)人。袁氏为汝南豪族,自袁绍的高祖袁安,四代人先后任司徒、司空等职,贵为三公。至袁安的重孙袁逢,袁术为嫡长子,袁绍为袁术的同父异母之兄。黄巾起义、董卓之乱后,袁绍占据河北,袁术占据九江、扬州一带。官渡之战,袁绍被曹操打败,不久病死。袁术也被吕

布、曹操击败,后吐血而死。二人的传见《三国志·魏书·袁绍传》及《袁术传》。

⑧刘裕(363—422):字德舆,彭城绥舆里(今江苏铜山)人。南朝刘宋王朝的开国皇帝。初为东晋北府军的下级军官,长期征战中,逐步掌握大权,420年废掉东晋恭帝司马德文,自立为帝,国号宋。死后庙号高祖,谥为武皇帝。传见《宋书·武帝本纪》。姚泓(388—417):十六国时期后秦最后一任君主,后秦文桓帝姚兴的长子,字元子,东晋安帝义熙十二年(416)即位,兄弟争位相杀,关中大乱,安帝义熙十三年(417)刘裕派军攻入后秦都城长安,姚泓出降,刘裕把姚泓押往宋的都城建康,斩于市。传见《晋书·载记第十九》。馘(guó):古代战争,杀死敌人后,割取其耳或头颅以便计数确定战功。慕容超(384—410):字祖明,鲜卑人,前燕北海王慕容纳之子,南燕献武帝慕容德的侄子,慕容德死后即位,建都广固(今山东青州)。410年东晋刘裕攻破广固,被俘后送往建康斩首。史称南燕末主。传见《晋书·载记第二十八》。桓玄(369—404):字敬道,一名灵宝,晋时谯国龙亢(今安徽怀远)人,东晋名将桓温少子。晋安帝时,趁国内政治混乱,桓玄攻入建康,元兴二年十二月(404)逼迫晋安帝禅让帝位,建国称帝,国号楚。404年,刘裕等人起兵讨伐,桓玄战败被杀。传见《晋书·桓玄传》。卢循(?—411):字于先,小名元龙,范阳涿(今河北涿州)人。西晋司空从事中郎卢湛的曾孙。东晋隆安二年(398)五斗米道士孙恩起义,卢循是孙恩的妹夫,孙恩战败自杀,卢循继续与朝廷作战。刘裕击败桓玄后,卢循从广州出兵攻到建康城下,但被刘裕击退,至义熙七年(411)二月在交趾龙编县南津(今越南慈仙、仙越地区)战败自杀。传见《晋书·卢循传》。

⑨弋(yì):本指用带绳子的箭射鸟,引申指获取。

【译文】

帝王接受天命,最高明的是靠德,商、周二代就是这种情况,其次是靠功劳,汉、唐两代就是这种情况。《诗经》里说:"鉴察观照四方,追求万民的安定。"成为帝王的人,他的德足以安定万邦,他的功足以平定大乱,都是安定万民的。上天找到一个能够安定万民的君主而授给他天命,授给他天命而使万民得以安定,上天的事就算完成了。可是像宋王朝,并不是上天鉴察观照下方,看到一个可以授予天命的人而授予他天命的。为什么呢?赵氏是从行伍中起家的,两代人都是军中的偏将,与乱世一同上下沉浮,他们的姓名在人间还不为人所知,又怎能以恩德惠及下民而维系百姓的仰慕呢!他为柴氏做事,在西征河东、北抗契丹的作战中,未尝有一弓一箭的功勋;他所取得的滁关之捷,也与后周王朝的安危无关,柴荣用节度使酬谢他已经过分。他是如此没有积有大德,而取得的战功也仅是如此,不要说汉、唐平定天下的宏大功业,就是用曹操扫平黄巾、诛讨董卓、从危险中救出献帝、平定了袁绍和袁术的僭越叛逆,刘裕俘获姚泓、斩首慕容超、诛杀桓玄、追击逼死卢循以平定江南来比,赵匡胤也不及他们的百分之一。赵匡胤却利用如同发狂一样的乱兵扶助而兴起,猎获了帝位,最终还保住了皇权并且延续下来不断壮大,而天下之民也都享受了他带来的安定。呜呼!上天之所以用心地护佑下民,在无人可以托付的情况下,而让赵匡胤在接受天命之后施行了王权,这是上天的自信,不是人所能预先相信的,而上天命赵匡胤治天下也是很辛劳了!

商、周之德,汉、唐之功,宜为天下君者,皆在未有天下之前,因而授之,而天之佑之也逸。宋无积累之仁,无拨乱之绩,乃载考其临御之方,则固宜为天下君矣;而凡所降德于民以靖祸乱,一在既有天下之后。是则宋之君天下也,皆天所旦夕陟降于宋祖之心而启迪之者也[1]。故曰:命不易也。

【注释】

①陟(zhì)降：由上降下。陟，本来是登、升，引申为上或高。

【译文】

商、周两代开国帝王的德，汉、唐两代开国皇帝的功，使他们应该成为天下的君主，他们有德有功都是在没有取得天下之前，上天因为他们有功有德而将天命授给他们，而上天对他们的护佑也就很轻松。宋太祖的称帝既没有长期积累的仁德，也没有拨乱平天下的功绩，可是考察他对天下的君临统治的方法，却可以说本来就应该成为天下的君主；而他把各种恩德赐予民众以平定祸乱，全都是在已经有了天下之后。这样说来，宋的君临天下，都是上天从早到晚由上降临到宋太祖的心里而对他不断启迪的结果。所以说：天命是不可改变的。

兵不血刃而三方夷，刑不姑试而悍将服，无旧学之甘盘而文教兴①，染掠杀之余风而宽仁布，是岂所望于兵权乍拥、寸长莫著之都点检哉②？启之、牖之、鼓之、舞之③，俾其耳目心思之牖，如披云雾而见青霄者，孰为为之邪？非殷勤佑启于形声之表者，日勤上帝之提撕④，而遽能然邪⑤！佑之者，天也；承其佑者，人也。于天之佑，可以见天心；于人之承，可以知天德矣。

【注释】

①甘盘：商代有名的学者和贤臣。商王小乙时，命世子武丁以甘盘为师学习各种知识，小乙死后，武丁继位，让甘盘辅佐自己，成为中兴之主。

②都点检：官名。五代后唐时，皇帝巡行或出征，设大内都点检。后周世宗柴荣建立禁卫军，称为殿前诸班，设殿前都点检作为最高指挥官。赵匡胤在后周任殿前都点检，称帝后废除了这一官职。

③牖（yǒu）：窗户。这里用为动词，指开启，比喻启迪他的心灵。

④提撕（sī）：教导、提醒。

⑤遽（jù）：仓促、突然。

【译文】

兵不血刃就平定了各地的割据者，刑罚没有一次试用就让骄悍的军将顺服自己，没有像甘盘那样素有学问就让文化教育得以兴盛，熏染了掠杀的余风却能施行宽大和仁厚，这难道能期望于那个忽然间拥有了兵权、却没有显示出丝毫长处的都点检吗？启示他、启迪他、鼓动他、激励他，使他的耳目心思的窗口，就像拨开云雾而看到青天一样，是谁做到的呢？不是殷勤地在形声之外对他进行启示，每天辛勤地对他进行提醒的上帝，他在突然之间就能这样吗！佑助他的，是上天；接受这个佑助的，是人。在上天的佑助中，可以看见天的心；在人的接受中，就可以知道上天的德了。

夫宋祖受非常之命，而终以一统天下，底于大定，垂及百年，世称盛治者，何也？唯其惧也。惧者，恻悱不容自宁之心①，勃然而猝兴，怵然而不昧②，乃上天不测之神震动于幽隐，莫之喻而不可解者也。

【注释】

①恻悱（cè fěi）：恻，恻隐，悲痛。悱，抑郁。

②怵（chù）然：形容战战兢兢的恐惧心态。怵，恐惧。昧：不明，这里指忘记和消失。

【译文】

宋太祖接受了上天的非常之命,而最终一统了天下,达到了天下大定,并向后延续将近一百年,世人称为盛治,这是什么原因?原因只在于他的恐惧。恐惧,是指恻隐担忧而不容自安的心态,这种心态在仓猝之间强烈地产生,又战战兢兢地而不淡忘消失,这就是无法测知的上天神灵在幽隐之中震惊打动了宋太祖的心,没人能懂得其奥妙而又不能摆脱。

然而人之能不忘此心者,其唯上哲乎!得之也顺,居之也安,而惧不忘,乾龙之惕也①;汤、文之所以履天佑人助之时,而惧以终始也。下此,则得之顺矣,居之安矣,人乐推之而己可不疑,反身自考而信其无歉,于是晏然忘惧,而天不生于其心。乃宋祖则幸非其人矣。以亲,则非李嗣源之为养子②,石敬瑭之为爱婿也③;以位,则非如石、刘、郭氏之秉钺专征④,据岩邑而统重兵也;以权,则非郭氏之篡,柴氏之嗣,内无赞成之谋,外无捍御之劳,如嗣源、敬瑭、知远、威之同起而佐其攘夺也。推而戴之者,不相事使之俦侣也⑤;统而驭焉者,素不知名之兆民也;所与共理者,旦秦暮楚之宰辅也;所欲削平者,威望不加之敌国也。一旦岌岌然立于其上⑥,而有不能终日之势。权不重,故不敢以兵威劫远人;望不隆,故不敢以诛夷待勋旧;学不夙,故不敢以智慧轻儒素;恩不洽,故不敢以苛法督吏民。惧以生慎,慎以生俭,俭以生慈,慈以生和,和以生文。而自唐光启以来⑦,百年嚣陵噬搏之气,寖衰寖微,以消释于无形。盛矣哉!天之以可惧惧宋,而日夕迫动其不康之情者,"震惊百里,不丧匕鬯"⑧。帝之所出而天之所以首物者⑨，此而已矣。然则宋既受命之余，天且若发童蒙，若启甲坼⑩，萦回于宋祖之心不自谌，而天岂易易哉！

【注释】

① 乾龙之惕：《周易》乾卦的卦辞以龙为主，九三爻辞说"君子终日乾乾，夕惕若"，简称就是乾龙之惕，意谓像乾卦之龙一样保持惕惧之心。

② 李嗣源（867—933）：后唐第二任皇帝，沙陀人，原名邈吉烈，初为唐末将领李克用的养子，克用之子李存勖建立后唐，史称庄宗，李存勖死后，李嗣源即位，926—933 年在位。临死前，从子李从荣反叛，饮恨而死，庙号明宗。传见《新五代史·唐本纪》和《旧五代史·唐书·明宗纪》。

③ 石敬瑭（892—942）：沙陀人，初为李嗣源部下，能征善战，颇受重用。后唐末帝清泰三年（936）举兵反叛，在契丹的支援下灭了后唐，建立后晋，936—942 年在位。称帝后，石敬瑭对契丹自称"儿皇帝"，割让燕云十六州送给契丹，从此契丹可以直接南下，贻害达 400 年。死后庙号为后晋高祖。传见《新五代史·晋本纪》和《旧五代史·晋书·高祖纪》。

④ 刘：指刘知远（895—948）。祖先沙陀人，世居太原。先后为李嗣源、石敬瑭部下，助石敬瑭称帝，石敬瑭死后，后晋出帝开运四年（947），契丹灭后晋，刘知远在晋阳称帝，建立后汉，947—948 年在位，死后庙号为高祖。传见《新五代史·汉本纪》和《旧五代史·汉书·高祖纪》。郭氏：指郭威（904—954），字文仲，邢州尧山（今河北邢台隆尧）人，初为军吏，后汉时受刘知远重用，掌握大权，率军讨平李守贞等人叛乱。后汉乾祐三年（950）起兵反叛，951 年称帝，建立后周，死后庙号为太祖。传见《新五代史·

周本纪》和《旧五代史·周书·太祖纪》。

⑤俦（chóu）：同辈，伴侣。

⑥岌岌（jí）：山耸起的样子，比喻危险。

⑦光启：唐僖宗第五个年号，从 885 年三月到 888 年正月。当时各地节度使纷纷内战，僖宗不能控制天下，唐逐渐衰亡，进入军阀混乱的五代时期。

⑧震惊百里，不丧匕鬯（chàng）：出自《周易·震卦》，震代表雷，意谓雷发声闻于百里，为古代诸侯之象。诸侯的教令能警戒其国内，则能守住宗庙社稷，作为祭祀之主而不会亡失匕与鬯。匕、鬯都是古代祭祀宗庙用物，匕为一种勺子，鬯为香酒，引申指宗庙祭祀。

⑨首物：出自《周易·乾卦·象辞》："乾道变化，各正性命，保合太和乃利贞，首出庶物，万国咸宁。"首出庶物是说乾道使万物得以生出和形成，万国咸宁则指因此而天下全都安宁。所以首物就指天道对万物的引导和生成作用。

⑩甲坼（chè）：甲指植物果实种子的外壳，坼指外壳裂开，将要萌芽生长。

【译文】

然而能不忘记此心的人，大概只有最智慧的哲人吧！得到天下是顺利的，身居帝位是安宁的，却怀有警惧而不忘记此心，这就是乾卦所说龙的惕惧；商汤、周文王所以在得到了天佑人助的时候，而始终怀有惕惧之心，也就是这样吧。比这种情况次一等的，则是得到天下是顺利的，居于帝位是安宁的，人们乐于推崇他而自己可以不用怀疑，反思自己而相信没有什么愧歉；于是安然忘记了警惧，而上天的启示也就不产生于他的心中。而宋太祖幸亏不是这种人。以亲疏关系说，则不像李嗣源是李克用的养子，也不像石敬瑭是李嗣源的女婿；从官位上说，则不像石敬瑭、刘知远、郭威那样掌握军事大权可以专行征伐，占据险要的城邑而统率重兵;从获得帝王大权上说,则不是郭威的篡位,也不是柴荣的继位,内无帮助取得成功的谋略,外无保卫国家抵御外敌的功劳,也没有像李嗣源、石敬瑭、刘知远、郭威那样有人与自己一同崛起而帮助他夺取帝位。推服而拥戴他的人,是不曾作为部下而可驱使的同伴;统率而驾驭的人,是一向不知其名的众多百姓;与他共同治国的人,是晨为秦臣暮为楚臣的宰相等文官;所欲击败削平的人,是威望从未加于其上的敌国。一旦岌岌然危险地立于这些人之上,就会有不能确保终日安全的形势。权势不重,所以不敢用兵威胁远方之人;声望不高,所以不敢用诛杀来对待有功的往日同伴;学术没有长期的积累,所以不敢用智慧轻视儒家学者;恩惠不广,所以不敢用苛刻的刑法督察吏民。由惧而生出慎,由慎而生出俭,由俭而生出慈,由慈而生出和,由和而生出文。而自唐僖宗光启年以来,一百年来的嚣张陵越噬吞搏杀之气,逐渐衰微,以至消释于无形之中。多么鼎盛啊!上天用可惧的事情让宋太祖感到恐惧,又天天从朝至夕逼迫搅动他的不安之情,这正是《震》卦所说的"诸侯之令震惊百里,他就能够不丧失社稷祭祀之权"。天帝所发出的启示和上天用来引导和生成万物的大道,不过如此而已。这样的话则宋太祖在接受了天命之后,上天还要像启发童蒙幼儿一样,像开启植物种子外壳而萌芽一样,让上天的启示在宋太祖的心里萦回不断而使他不敢自信,上天难道是很容易的吗!

虽然,彼亦有以胜之矣,无赫奕之功而能不自废也,无积累之仁而能不自暴也;故承天之佑,战战栗栗[1],持志于中而不自溢。则当世无商、周、汉、唐之主,而天可行其郑重仁民之德以眷命之[2],其宜为天下之君也,抑必然矣。

【注释】

①战战栗栗:战战,指战战兢兢;栗栗,发抖的样子,形容恐惧。

②郑重：认真慎重，审慎殷勤。

【译文】

虽是这样，宋太祖也有其胜任的原因，这就是他虽然没有显赫的大功但能不自我废坏，虽然没有积累的仁爱却能不自暴自弃；所以他能承受上天的佑助，战战兢兢，小心警惧，在心中坚持志向而不自满。这样当世虽然没有商、周、汉、唐那样的明主，而天仍然可以施行它慎重爱民的德行来眷顾和授命予太祖，这样看来，宋太祖适合成为天下的君主，也应当是必然的了。

二

韩通足为周之忠臣乎①？吾不敢信也。袁绍、曹操之讨董卓，刘裕之诛桓玄，使其不胜而身死，无容不许之以忠。吾恐许通以忠者，亦犹是而已矣。藉通跃马而起，闭关而守，禁兵内附，都人协心，宋祖且为曹爽②，而通为司马懿③，喧呼万岁者，崇朝瓦解，于是众望丕属，幼君托命，魁柄在握，物莫与争，贪附青云之众，已望绝于冲人，黄袍猝加，欲辞不得，通于此时，能如周公之进诛管、蔡④，退务明农⑤，终始不渝以扶周社乎？则许之以忠而固不敢信也。

【注释】

①韩通（？—960）：并州太原（今山西太原）人，早年在刘知远部下，曾随郭威征讨河中叛乱，并助郭威称帝，后为检校太尉、同平章事、充侍卫亲军马步军副都指挥使。显德七年（960）正月，赵匡胤陈桥兵变，返回京城。韩通准备抵抗，被王彦升半路拦截，追到韩通家，杀死其全家。传见《宋史·周三臣传》。

②曹爽(? —249)：字昭伯，沛国谯县(今安徽亳县)人，魏国大司马曹真的长子，曹操的侄孙。与司马懿共同扶助曹芳，但逐步削去司马懿军权，自己独掌大权。正始十年(249)正月，曹芳与曹爽兄弟前往高平陵拜祭魏明帝，司马懿在京城奉郭太后之命接管大权，免去曹爽兄弟官职。后又被司马懿定下罪名，杀尽三族。传见《三国志·魏书·曹真传附曹爽传》。

③司马懿(179—251)：字仲达，河内温县(今河南温县)人。司马懿本与曹爽同为顾命大臣，后因曹爽专权而发动兵变，杀死曹爽等人，掌握了朝廷大权。司马懿死后，其子司马师、司马昭继续掌握重权，其后司马昭之子司马炎在魏陈留王曹奂咸熙二年(265)称帝，建立晋朝。传见《晋书·高祖宣帝纪》。

④周公：指姬旦(约前1100)，又称叔旦，是周文王姬昌第四子，周武王姬发的同母弟，辅佐武王灭商，分封在周(今陕西岐山北)，故称周公旦。武王死后，其子成王年幼，周公旦摄政，为建立西周礼乐制度、分封制度起了重要作用。传见《史记·鲁周公世家》。管、蔡：管叔鲜、蔡叔度，与周公旦同为周文王之子，周武王之弟，管叔鲜为周公旦之兄，蔡叔度为其弟。成王继位初期，周公旦摄政，管叔、蔡叔不服，说周公不会还政给成王，遂与商纣王之子武庚和徐、奄等东方夷族反叛。周公出兵平叛，三年后平定，之后又建洛邑，作为周的东都，使西周政权得以稳定。传见《史记·管蔡世家》。

⑤明农：劝勉农业。出自《尚书·洛诰》："兹予其明农哉。"明，通"勉"。

【译文】

韩通足以称为后周的忠臣吗？我是不敢相信这一说法的。袁绍、曹操讨伐董卓，刘裕诛讨桓玄，假使他们不能取胜而身死，不能不以忠称许他们。我担心以忠称许韩通的人，也是像这样来立说的。假使韩通跃马而起,关上城门加以固守,禁军的兵士就会在内表示依附,而都城的人也会同心协力,宋太祖就要成为曹爽,而韩通就成为司马懿。喧呼万岁的人,就会在一个早上全部瓦解,于是众望全都归属于韩通,幼小的君主也会托命于韩通,大权在握,无人可与他相争。贪图高升而依附的众人,已对年幼的君主不抱希望,黄袍突然间加在身上,想推辞也推不掉。韩通在此时,能像周公那样进而诛讨管叔、蔡叔,退而致力于劝勉农业,始终不渝地扶助后周的社稷吗? 他并不能这样,所以,称许韩通为忠的说法,本来就是不敢相信的。

　　然则通之以死抗宋祖者,其挟争心以逐柴氏之鹿乎? 抑不敢诬也。何也? 宋祖之起,非有移山徙海之势,蕴崇已久而不可回。通与分掌禁兵,互相忘而不相忌。故一旦变起,奋臂以呼而莫之应。非若刘裕之于刘毅、萧道成之于沈攸之①,一彼一此,睨神器而争先获②,各有徒众,以待决于一朝者也。无其势者无其志,无其志者不料其终,何得重诬之曰:通怀代周之谋而忌宋祖乎?

【注释】

①刘毅(? —412):字希乐,小字盘龙,彭城沛(今江苏沛县)人。桓玄代晋建楚后,他与刘裕起兵讨平桓玄,其后又协助刘裕平定卢循之乱。但刘毅一直在外地任职,刘裕则在朝廷担任太尉,为最高军职。刘裕视刘毅为一大威胁,将刘毅之弟刘藩及同党谢混害死,并矫诏发兵攻打时任荆州刺史的刘毅,刘毅战败后自缢,此后刘裕在朝廷掌握全部大权。传见《晋书》卷八十五《刘毅传》,《晋书》卷四十五又有《刘毅传》,则是另一个刘毅。萧道成(427—482):字绍伯,小名斗将,南朝齐高帝,在位四年。南朝宋

时与袁粲、褚渊、刘秉号称四贵,因宋皇室相互争权残杀,朝廷实
权集于萧道成之手,被封为齐王,后受宋禅而称帝,国为齐,史称
南齐。传见《南齐书·高帝纪》。沈攸之(? —478):字仲达,吴
兴武康(今浙江德清)人,在南朝宋先后事奉六位皇帝,屡建战
功。宋明帝去世时,沈攸之为顾命大臣,又出镇荆州,坐拥雄兵。
升明元年(477),萧道成废刘昱、立刘准,沈攸之起兵讨伐,被萧
道成部下柳世隆击破,沈攸之战败自缢。传见《南史·沈攸之
传》《宋书·沈攸之传》。

②睨(nì):斜着眼看。这里指睥睨,窥伺。

【译文】

这样的话,则韩通以死抵抗宋太祖,是因为他怀有争斗之心来角逐
后周柴氏的王权吗?这也是不敢厚诬他的。为什么呢?宋太祖的崛起,
并不是有那种移山徙海的强势,长期蓄积而不可改变。韩通与赵匡胤分
头掌管禁军大权,互不重视但也不相猜忌。所以一旦发生了变故,奋臂
高呼而无人相应。两人的关系,不像刘裕与刘毅、萧道成与沈攸之,彼此
势不两立,觊觎帝位而争先抢夺,各有部下徒众,等待在一朝进行决斗。
没有那种势头的人就没有那种志向,没有那种志向的人就无法预料其结
局,怎能对他厚加诬蔑,说韩通怀有取代后周的阴谋而猜忌宋太祖呢?

　　夫通之贸死以争者,亦人之常情,而特不可为葸怯波流
者道耳①。与人同其事而旋相背,与人分相齿而忽相临,怀
非常之情而不相告,处不相下之势而遽视之若无;有心者不
能不愤,有气者不能不盈。死等耳,亦恶能旦颉颃而夕北
面,舍孤弱而即豪彊乎! 故曰:贸死以争,亦人之常情,而勿
庸逆料其终也。

【注释】

①葸（xǐ）：害怕，畏惧。

【译文】

像韩通这样冒死来相争，也是人之常情，只是不可向那种胆小怕事而随波逐流的人说明罢了。与人一同事奉一个君主而转眼间就相背反，与人本为同列而忽然被对方君临，对方怀有非常之心而不相互通告，双方处于互不相下的形势而突然间完全不被放在眼里；有心的人不能对此不感到气愤，有气的人不能对此不气愤填膺。死都是一样的，又哪能早上还与对方地位相等而到了晚上就要向他北面称臣，舍弃孤弱的君主而听命于豪强呢！所以说：韩通冒死来相争，也是人之常情，而不用预料其结局会是如何。

呜呼！积乱之世，君非天授之主，国无永存之基，人不知忠，而忠岂易言哉？人之能免于无恒者，斯亦可矣。冯道、赵凤、范质、陶谷之流①，初所驱使者，已而并肩矣；继所并肩者，已而频首矣②；终所频首者，因以稽颡称臣，骏奔鹄立③，而洋洋自得矣；不知今昔之面目，何以自相对也！则如通者，犹有生人之气存焉④，与之有恒也可矣⑤，若遽许之曰周之忠臣也，则又何易易邪！

【注释】

①冯道（882—954）：字可道，自号长乐老。瀛州景城（今河北交河人。先后在后唐、后晋、后汉、后周的十位帝王手下任职，担任宰相二十多年，人称官场"不倒翁"。传见《旧五代史·周书·冯道传》《新五代史·杂传·冯道传》。赵凤（？—935）：幽州（今河北涿州）人，以儒学著称，先后在五代后唐庄宗、明宗、废帝时任

职。传见《新五代史·唐臣传·赵凤传》、《旧五代史·唐书·赵凤传》。范质(911—964)：字文素，大名宗城(今河北威县)人。在后梁、后唐、后晋、后汉、后周、北宋六朝做官，后周世宗时为宰相，世宗临终时，为顾命大臣，辅佐后周年幼的恭帝。赵匡胤陈桥兵变后，率百僚降宋，入宋仍为宰相。传见《宋史·范质传》。陶谷(903—970)：字秀实，邠州新平(今陕西邠县)人。后晋时为著作佐郎、监察御史、知制诰等，后周时为兵部侍郎、吏部侍郎。赵匡胤陈桥兵变，陶谷积极参与，北宋初为礼部尚书、知贡举及刑部、户部尚书。传见《宋史·陶谷传》。

②频(fǔ)：同"俯"。

③鹄(hú)立：如鹄鸟一样伸长脖子站立，形容盼望等待。

④生人：活着的人，指有生命的人。形容还像一个真正的人。

⑤有恒：有常。与前面提到的"无恒"相对而言，指人有一定准则而不随波逐流，否则就是无恒(无常)。

【译文】

呜呼！长期战乱的世代，君主不是上天授予天命的君主，国家没有永存的根基，人不知道忠，而忠哪里是容易说的呢？人能避免做一个无常的人，也就可以了。冯道、赵凤、范质、陶谷这种人，当初自己驱使的下属，事后就与自己处于同等地位了；继而与自己处于同等地位的人，事后则要向他低头了；最终要向他低头的人，要向他叩头称臣，像骏马奔驰似地奔向他，像鹄鸟伸长脖子似地盼望他，还为此洋洋自得，不知今天的自己与往时的自己，何以自相面对！这样说来，如韩通这样的人，作为一个有生命的人还有一口气存在胸中，称他是一个有常的人是可以的，若匆忙间称许他是"周之忠臣"，则又哪里是容易的呢！

三

太祖勒石，锁置殿中，使嗣君即位，入而跪读。其戒有三：一、保全柴氏子孙；二、不杀士大夫；三、不加农田之赋。呜呼！若此三者，不谓之盛德也不能。德之盛者，求诸己而已。舍己而求诸人，名愈正，义愈伸，令愈繁，刑将愈起；如彼者，不谓之凉德也不能①。求民之利而兴之，求民之害而除之，取所谓善而督民从之，取所谓不善而禁民蹈之，皆求诸人也；驳儒之所务，申、韩之敝帚也②。

【注释】

① 凉德：薄德，与厚德、盛德相对而言。
② 申、韩：指战国时的法家学者申不害、韩非。申不害（约前385—前337），战国时郑国京邑（今郑州荥阳）人，韩灭郑后为韩人，曾在韩为相十九年。其学术以"术"著称，是当时法家的代表人物。韩非（约前280—前233），战国时韩国人，为韩国王室诸公子之一。精于刑名法术之学，传世著作有《韩非子》一书，是法家思想的集大成者。后到秦国出使，但被李斯等人嫉妒陷害致死。申、韩传见《史记·老子韩非列传》。

【译文】

太祖刻成石碑，放在殿中并锁住殿门，让后来继位的君主在即位时进入殿内跪下读碑文。碑文写了三条戒语：一、保全柴氏子孙；二、不杀士大夫；三、不加农田之赋。呜呼！像这样的三条戒律，不称为盛德是不可能的。德的厚盛，求于自己而已。舍己而求于他人，名称越正当，义理越深长，法令越繁琐，刑罚就将会更多地产生；像这样的，不称它为薄德是不可能的。追求民利而加以兴建，寻求民害而加以革除，拿来所谓的善而督促民众顺从它，拿来所谓的不善而禁止民众蹈行它，这都是求于他人；驳杂的儒生所务求的，不过是法家申不害、韩非的破扫把而已。

夫善治者,己居厚而民劝矣,谗顽者无可逞矣^①;己居约而民裕矣,贪冒者不得黩矣。以忠厚养前代之子孙,以宽大养士人之正气,以节制养百姓之生理,非求之彼也。捐其疑忌之私,忍其忿怒之发,戢其奢吝之情^②,皆求之心、求之身也。人之或利或病,或善或不善,听其自取而不与争,治德蕴于己,不期盛而积于无形,故曰不谓之盛德也不能。

【注释】

①谗(chán):说坏话陷害别人。顽:顽固。

②戢(jí):收敛。

【译文】

善于治理天下的人,自己以忠厚之德自居而民众就受到了勉励,进谗言和顽固不化的人就不能得逞了;自己以宽大节制自居而民众就很宽裕了,贪婪谋利的人就不能贪污了。以忠厚来养护前代王朝帝王的子孙,以宽大来培养士人的正气,以节制来养育百姓的生计产业,这不是求于他人。捐弃其猜疑猜忌的私心,忍住其忿怒的发作,收敛其奢侈吝啬的心情,都是求之于己心、求之于自身。人对于事物或以为利或以为害,或认为善或认为不善,则听任他们自行取舍而不与他们相争,治理天下的品德蕴藏于自己,不求盛德而在无形中逐渐蓄积,所以说不称之为盛德是不可能的。

求之己者,其道恒简;求之人者,其道恒烦。烦者,政之所繇紊^①,刑之所繇密,而后世儒者恒挟此以为治术,不亦伤乎! 子曰:“道之以政,齐之以刑^②。”政刑烦而民之耻心荡然,故曰不谓之凉德也不能。

【注释】

①繇(yóu)：通"由"。

②道之以政，齐之以刑：出自《论语·为政》篇，意思是说治国的人用政治引导人民，用刑法整齐民众。

【译文】

求之于自己的人，其道总是很简明的，求之于他人的人，其道总是很烦琐的。烦琐，这就是国政因此而紊乱、刑罚因此而繁多的原因，而后世的儒者总是以此作为治国的方法，不也是很有害吗！孔子说："用国政来引导民众，用刑罚来整齐民众。"国政和刑罚繁琐了，就会使民众的羞耻心荡然无存，所以说不称之为薄德是不可能的。

文王之治岐者五①，五者皆厚责之上而薄责之吏民者也。五者之外，有利焉，不汲汲以兴；有害焉，不汲汲以除；有善焉，不汲汲督人之为之；有不善焉，不汲汲禁人之蹈之。故文王之仁，如天之覆下土，而不忧万物之违逆。夫治国、乱国、平国，三时也。山国、土国、泽国，三地也。愿民、顽民、庸民，三材也。积三三而九，等以差；其为利、为害、为善、为不善也，等以殊；而巧历不能穷其数。为人上者必欲穷之，而先丧德于己矣。言之娓娓，皆道也；行之逐逐，皆法也；以是为王政，而俗之偷、吏之冒、民之死者益积。无他，求之人而已矣。

【注释】

①岐：岐山，在今陕西岐山，周初在此地立国，是周王朝的肇基之地。

【译文】

周文王治理岐山有五个原则,这五项原则都是多责求在上的人而少责求官吏与民众。五项原则之外,如果有利,也不汲汲地忙于兴建;如果有害,也不汲汲地忙于消除;如果有善,也不急迫地督促人们去作;如果有不善,也不急忙禁止人们去蹈行。所以文王的仁,如同上天覆盖下方土地,而不担忧万物违背自己。国家得到治理、国家政治混乱、国家未乱也未治,这是国家的三种状态。多山的国土、多平原的国土、多湖泊的国土,这是国家的三种地形。朴实善良之民、顽劣不化之民、平庸无奇之民,这是国民的三种素质。三乘三的积为九,按差别分出其中的等级;这些情况综合起来有为利、为害、为善、为不善的不同,也按照它们的不同而加以区别;对于这里面的差别,就是巧于进行历算的人也不能穷尽其中的变化数量。作为民众之上的人一定要穷尽其中的无数差别,就会先使自己丧失了道德。说起来娓娓动听,都可以称为治国之道;施行起来急迫无遗,都可以列为治国的法律;以此作为帝王治国之政,于是风俗的浇薄、官吏的贪黩、民众的死亡就会越积越多。没有别的,只不过是求之于他人而已。

宋有求己之道三焉,轶汉、唐而几于商、周,传世百年,历五帝而天下以安①,太祖之心为之也。逮庆历而议论始兴②,逮熙宁而法制始密③,舍己以求人,而后太祖之德意渐以泯。得失之枢,治乱之纽,斯民生死之机,风俗淳浇之原,至简也。知其简,可以为天下王。儒之驳者,滥于申、韩,恶足以与于斯!

【注释】

①五帝:从宋太祖 960 年立国至英宗 1067 年去世,前后百余年,经

　　历了太祖、太宗、真宗、仁宗、英宗五代皇帝。

②庆历：宋仁宗的年号，公元1041年至1048年。

③熙宁：宋神宗的年号，公元1068年至1077年。王安石在此期间
　　变法，史称"熙宁变法"。

【译文】

　　宋代治国有三条求己之道，于是超过了汉代、唐代而接近于商代、周代，王朝传续了一百年，经历了五代皇帝而天下得以安宁，这是基于宋太祖的心而形成的。等到了庆历年间，有关的议论就开始出现了，再到熙宁年间，国家的法制就开始细密繁多了，这是舍弃了要求自己而对人提出要求，如此之后宋太祖的德意就逐渐泯灭了。得失和治乱的枢纽，民众生或死的关键，风俗淳厚或浇薄的根源，本来是极为简单的。知道它是简单的，就可以成为天下的君王。儒家驳杂的学者，将申不害、韩非的学说混杂进来，哪里足以参与治理国家呢！

四

　　自太祖勒不杀士大夫之誓以诏子孙，终宋之世，文臣无欧刀之辟。张邦昌躬篡①，而止于自裁，蔡京、贾似道陷国危亡②，皆保首领于贬所。语曰："周之士贵③"，士自贵也。宋之初兴，岂有自贵之士使太祖不得而贱者感其护惜之情乎？

【注释】

①张邦昌（1081—1127）：北宋东光张家湾（今河北东光大龙湾）人。字子能，宋徽宗、钦宗时，金兵围困汴京，他主张议和，后随康王赵构到金国为人质。靖康二年（1127），金兵攻陷汴京，建大楚

国,让张邦昌为大楚皇帝。32天后金兵撤退,他随即去掉帝号,到归德(今河南商丘)拜见康王请死。此年康王即位为高宗,把张邦昌贬至潭州,九月赐死。传见《宋史·叛臣传》。

②蔡京(1047—1126):北宋仙游(今福建仙游)人,字元长,神宗熙宁三年(1070)进士,先后四次任相,长达十七年。大兴花石纲之役,民不堪其苦。北宋末年,太学生陈东等把蔡京列为六贼之首。宋钦宗即位,把蔡京贬到岭南,途中死于潭州(今湖南长沙)。传见《宋史·奸臣传》。贾似道(1213—1275):南宋台州(今浙江天台)人,字师宪,号悦生、秋壑。南宋理宗时为同知枢密院事、参知政事、知枢密院事。开庆元年(1259),蒙古分三路攻宋,贾似道率军援鄂,从此专掌国政。恭帝德祐元年(1275),元兵再次南侵,贾似道亲出督师,全军溃散。贾似道被罢官贬逐,行至漳州被监送官郑虎臣杀死。传见《宋史·奸臣传》。

③周之士贵:出自汉代扬雄《法言·五百》篇:"周之士也贵,秦之士也贱。"指周代士的地位高,秦代士的地位低。

【译文】

　　自从宋太祖立下不杀士大夫的誓言诏示子孙,至宋代结束,文臣没有殴打杀头之罪。张邦昌本人另立国号,也仅让他自杀,蔡京、贾似道使国家陷于危亡,都能在贬官之地保住脑袋。扬雄《法言》里说:"周代的士尊贵",这是士能自我尊贵。宋王朝开始兴起时,难道有自我尊贵的士大夫让宋太祖不能视为低贱而感动产生护惜之情吗?

　　夷考自唐僖、懿以后①,迄于宋初,人士之以名谊自靖者,张道古、孟昭图而止②;其辞荣引去、自爱其身者,韩偓、司空图而止③;高蹈不出、终老岩穴者,郑遨、陈抟而止④。若夫辱人贱行之尤者,背公死党,鬻贩宗社,则崔胤、张濬、李磎、张文蔚倡之于前⑤,而冯道、赵凤、李昊、陶谷之流⑥,视改面易主为固然，以成其风尚。其他如和凝、冯延巳、韩熙载之俦⑦，沈酣倡俳之中，虽无巨慝，固宜以禽鱼畜玩而无庸深惜者也。士之贱，于此而极，则因其贱而贱之，未为不惬也。恶其贱，而激之使贵，必有所惩而后知改，抑御世之权也。然而太祖之于此，意念深矣。

【注释】

①唐僖:指唐僖宗(862—888)，本名李俨，唐懿宗第五子。由宦官刘行深、韩文约立为皇太子，改名李儇。因黄巢攻入长安，僖宗逃往蜀，后又逃到凤翔，文德元年(888)病死。传见《新唐书·僖宗纪》《旧唐书·僖宗纪》。懿:唐懿宗李漼(833—873)，唐宣宗长子，本名李温，大中十四(860)年即位，沉湎酒色，先后任用二十一位宰相，用人不明，政治腐败，藩镇割据。传见《新唐书·懿宗纪》《旧唐书·懿宗纪》。

②张道古:生卒不详。字子美，青州(今山东青州)人，唐昭宗时进士，乾宁四年(897)上书称国家有五危二乱，批评昭宗登极十年不知为君驭臣之道。事迹见《资治通鉴》卷二百六十一及《十国春秋·张道古传》。孟昭图:生卒不详。唐僖宗时任左拾遗，中和元年(881)僖宗逃往蜀地，孟昭图上疏揭露宦官田令孜专权误国，田令孜把孟昭图贬为嘉州司户，并派人在眉州杀死孟昭图。事见宋钱易《南部新书》卷六。

③韩偓(842—923):字致尧，一作致光，号玉山樵人。唐京兆万年(今属陕西西安)人。唐昭宗龙纪元年(889)进士，先后任谏议大夫、翰林学士、中书舍人、兵部侍郎等，因抵忤朱全忠，贬为濮州、邓州司马，弃官入闽。传见《新唐书·韩偓传》。司空图(837—908):字表圣，号知非子、耐辱居士。临淮(今安徽泗县)人，后迁

居河中虞乡(今山西永济)。唐懿宗时出任礼部员外郎、中书舍人等。昭宗时,朱全忠召为礼部尚书,司空图伴装老朽,得以放还。后梁开平二年(908),唐哀帝被弑,他绝食而死。传见《旧唐书·文苑传》、《新唐书·卓行传》。

④郑遨(866—939):字云叟,滑州白马(今河南滑县)人。唐昭宗时,见天下已乱,入少室山为道士,后隐居华山。唐明宗时召为左拾遗、后晋高祖召为谏议大夫,皆不应,赐号"逍遥先生"。节度使刘遂凝数次赠送宝货,都不接受。传见《新五代史·一行传》。陈抟(872—989):字图南,号扶摇子,宋亳州(今安徽亳州)人。五代后唐时在武当山、华山隐居修道。后周世宗召见,命为谏议大夫,固辞不受,赐号"白云先生"。宋太宗时两次召见,赐号"希夷先生"。传见《宋史·隐逸传》。

⑤崔胤(853—904):字昌遐,唐清河武城(今山东武城)人,唐昭宗时先后四次任宰相。为人工于心计,天复三年(903),劝朱温尽杀宦官,次年为朱温所杀。传见《新唐书·奸臣传》。张濬(? —903):字禹川,河间(今河北河间)人,早年隐居金凤山,唐僖宗时为同平章事。昭宗时任中书侍郎、户部尚书、检校兵部尚书等。昭宗乾宁三年(896)致仕,居洛阳长水县别墅。天复三年(903)十二月,朱全忠将欲篡唐,派人以劫盗为名,围其墅而杀之。传见《旧唐书·张濬传》、《新唐书·张濬传》。李磎(? —895):字景望,江夏(今属湖北武汉)人,昭宗时为同中书门下平章事,昭宗乾宁初(894)再任宰相。乾宁二年(895),邠宁节度使王行瑜、凤翔节度使李茂贞攻入长安,李磎被害。传见《旧唐书·李鄘传》附传。张文蔚(? —908):字右华,河间(今河北河间)人,唐僖宗时为监察御史、起居舍人、中书舍人等,昭宗时拜相,朱全忠建立后梁,任宰相,后病死。传见《旧五代史·张文蔚传》。

⑥李昊(890—965):字穹佐,前蜀后主时任中书舍人、翰林学士,后

归唐,唐明宗时为检校兵部郎中,后蜀高祖孟知祥称帝,为礼部
侍郎、翰林学士,后蜀后主时为汉州刺史、兵部侍郎等。后蜀亡,
降宋,宋太祖时为工部尚书。李昊在蜀任官五十年,前蜀降唐,
昊草降表,后主降宋,降表亦由李昊撰写,故蜀人题其门为"世修
降表李家"。传见《十国春秋·李昊传》。

⑦和凝(898—955):字成绩,郓州须昌(今山东东平)人。后唐时为
中书舍人、工部侍郎,后晋时为中书侍郎、同中书门下平章事,后
汉时封鲁国公,后周时,赠侍中。传见新、旧《五代史·和凝传》。
冯延巳(903—960):一名延嗣,字正中,广陵(今江苏扬州)人。
南唐中主李璟时为秘书郎、谏议大夫、翰林学士、户部侍郎、中书
侍郎、左仆射同平章事,后多次为相。传见陆游《南唐书·冯延
巳传》。韩熙载(902—970):字叔言,青州(今山东青州)人。南
唐李昪时任秘书郎。李璟即位,为吏部员外郎、史馆修撰、太常
博士、中书舍人等。李煜即位,为兵部尚书、中书侍郎、光政殿学
士承旨。传见《宋史·韩熙载传》。

【译文】

考察自唐代僖宗、懿宗以后,直到宋代初年,人们有以声名道义自
律的,以张道古、孟昭图为最;也有辞掉荣华引身离去、自爱其身的人,
以韩偓、司空图为最;也有超脱于世外而不出来做官、在山林岩穴中度
过一生的人,以郑遨、陈抟为最。至于那些为人不知耻辱而行为低贱最
为过分的人,违背公义、结成死党,出卖国家社稷,则有崔胤、张濬、李
磏、张文蔚等人倡导于前,而冯道、赵凤、李昊、陶谷之流,则继之于后,
把摇身一变而改换主子视为理所当然,由此形成了一种风尚。其他的
如和凝、冯延巳、韩熙载之辈,沉湎于歌妓俳优之中,虽然没有大的罪
恶,本来就应该看做只知以鸟兽畜玩为乐而不用为之深惜的人。士人
的低贱,至此达到了极点,则因他们已很低贱而贱待他们,也不能因此
而感到不快。厌恶他们的低贱,而激励他们使之高贵,就必须在有所惩

治后知道有所改变,这恐怕也是统治天下的一种权术。但宋太祖在这个问题上,则有着更深的用意。

　　昔者周衰,处士横议,胁侯王,取宠利,而六国以亡。秦恶其嚣,而坑儒师吏以重抑之。汉之末造,士相标榜,鸷击异己,以与上争权,而汉以熸。曹孟德恶其竞①,而任崔琰、毛玠督责吏治以重抑之②。然秦以贾怨于天下,二世而灭。孟德死,司马氏不胜群情③,务为宽纵,而裴、王之流④,倡任诞以大反曹氏之为,而中夏沦没。繇此观之,因其贱而贱之,惩其不贵而矫之者,未有能胜者也。激之也甚,则怨结而祸深,抑之也未甚,则乍伏而终起。故古之王者,闻其养士也,未闻其治士也。聪明才干之所集,溢出而成乎非僻,扶进而导之以兴,斯兴矣,岂能舍此而求椎鲁犷悍之丑夷,以与共天下哉!

【注释】

①曹孟德:即曹操,见前注。

②崔琰(?—216):字季珪,清河东武城(今山东武城)人。初在袁绍部下,袁绍败亡,曹操辟为别驾从事,曹操任丞相,崔琰为东曹掾属,后为魏国尚书、中尉。后致信杨训,曹操认为信中言"会当有变时",意有不逊,罚琰为徒隶,又赐死。传见《三国志·魏书·崔琰传》。毛玠(?—216):字孝先,陈留平丘(今河南封丘)人。东汉末为县吏,曹操辟为治中从事、幕府功曹,曹操任丞相,玠任东曹掾、右军师,后为魏国尚书仆射。崔琰死后,有人诬告毛玠,被罢免官职,后在家中逝世。传见《三国志·魏书·毛玠传》。毛玠与崔琰同为曹操丞相府的东曹掾,共同负责选拔官

员,严格选择清正之士,不用那些虽有盛名而行为不端的人。

③司马氏:司马氏在曹魏时世代为官,有司马朗、司马懿及司马孚
　　八人,司马懿在曹魏后期掌握朝廷大权,死后,其子司马师、司马
　　昭掌握大权,后由司马昭之子司马炎称帝,建立晋朝。

④裴:指裴颁(267—300)。字逸民,河东闻喜(今山西闻喜)人。西
　　晋时任散骑常侍、国子祭酒兼右军将军、尚书左仆射等。时王
　　弼、何晏主张"贵无",裴颁主张"崇有",有《崇有论》传世。传见
　　《晋书·裴秀传》附传。王:指王弼(226—249)。字辅嗣,山阳高
　　平人(今山东微山),著有《周易注》、《老子注》等。裴、王善于辨
　　析名理,魏晋玄学与清谈由此兴起。传见《三国志·魏书·钟会
　　传》附传。

【译文】

　　从前周代末年衰微之时,不任官职的士人恣意议论,威胁诸侯君
王,取得恩宠和利禄,而齐、楚、燕、韩、赵、魏六大诸侯国于是灭亡。秦
厌恶士人的嚣张,于是坑杀儒家学者,以吏为师,对士人重加抑制。东
汉末年,士人们相互标榜,抨击异己,以此与君上争权,而东汉因此灭
亡。曹孟德厌恶士人的争强好胜,于是任用崔琰、毛玠负责督责检察吏
治,以此重加抑制士人。但秦因坑儒而被天下人怨恨,仅仅两代就灭亡
了。曹孟德死后,司马氏不能压制众人的愿望,务求宽容和放纵,而裴
颁、王弼之流,提倡放任不羁来与曹氏的做法大唱反调,于是华夏最终
沉沦败亡。由此看来,顺应士人的低贱而贱待他们,以他们不高贵为病
而加以矫正的人,没有谁能得到好的结果。激励他们过了头,就会结怨
而使灾祸深重,抑制他们不够严厉,就会暂时顺伏而最终又会兴盛起
来。所以古时的帝王,只说他们养士,未听说他们治士。士人汇集了
人们的聪明才干,但不加控制而溢出就成为邪恶,只有对他们加以扶进
而引导,使他们兴盛,因家才会有真正的兴盛,哪能舍弃士人而寻求粗
鲁犷悍之辈,来与他们共同掌管天下呢!

其在《诗》曰:"鸢飞戾天,鱼跃于渊^①";"周王寿考,遐不作人"^②。飞者,不虞其飏击也。跃者,不虞其纵壑也。涵泳于天渊之中,而相期以百年之效,岂周士之能自贵哉? 文王贵之也。老氏之言曰^③:"民不畏死,奈何以死威之?"近道之言也。民不畏死,而自有畏者。并生并育于天地,独以败类累人主之矜全,虽甚冥顽,能弗内愧于心? 况乎业已为士,聪明才干不后于人,《诗书》之气,耳已习闻,目已习见,安能一旦而弃若委土哉!

【注释】

①"鸢(yuān)飞戾天"二句:出自《诗·大雅·旱麓》。鸢,又名鸱(chī),是一种猛禽,与鹰相似。飞戾天,向上飞直到高高的天上。

②"周王寿考"二句:出自《诗·大雅·棫朴》。寿考,长寿年老。遐,长远。作人,指造就人才。

③老氏:指先秦道家的老子。老子,楚国苦县厉乡曲仁里人,姓李名耳,字聃。道家学派创始人,著有《道德经》五千言。曾为周守藏室之史,后来西去而不知所终。传见《史记·老子列传》。

【译文】

在《诗》经中则说:"鸢鸟上飞直到天,鱼儿跳跃在深渊",又说:"周文王高寿年老,从长计议培养人"。所谓的飞,是不担心它飞扬直上能击破天。所谓的跃,是不担心它能跃出深渊。让他们在高空和深渊之中得到涵容和培育,并用百年的长效来与他们相互期待,难道是周代的士人能靠自己而变得高贵吗? 不,这是周文王的涵容培育使他们变得高贵。用老子的话来说:"民众不怕死,你用死威胁他们又能怎样呢?"这是接近大道的说法。民众不怕死,但他们自有畏惧的东西。与其他人物共同生育于天地之间,独自作为败类而连累人主来怜惜保全自己,虽然非常僵化顽固,能不内愧于心吗?何况已经成为士人,聪明才干不比别人差,《诗》《书》之气,自己也是耳已熟闻、目已熟视,怎能在一个早上就像抛弃泥土一样自我抛弃呢!

　　夫太祖,亦犹是武人之雄也。其为之赞理者,非有伊、傅之志学①,睥睨士气之淫邪而不生傲慢,庶几乎天之贮空霄以翔鸢,渊之涵止水以游鱼者矣,可不谓天启其聪,与道合撰者乎!而宋之士大夫高过于汉、唐者,且倍蓰而无算,诚有以致之也。因其善而善之,因其不善而不善之,以治一家不足,而况天下乎?河决于东,遏而回之于西,未有能胜者也。以吏道名法虔矫天下士,而求快匹夫婞婞之情②,恶足以测有德者之藏哉!

【注释】

①伊:指伊尹(约前1648年—前1549年),名挚,商朝初年的丞相。本是有莘氏的奴隶,陪嫁到商,成为汤的厨师,商汤赏识他的才能,提拔为宰相。此后他辅助商汤灭夏,建立商朝。伊尹历事商朝的商汤、外丙、仲壬、太甲、沃丁五代君主,功劳卓著。傅:指傅说(yuè,约前1335—1246),商王武丁的宰相。本是在傅岩筑墙的奴隶,武丁梦见圣人,名为说,最终在傅岩找到他,任用为相。傅说辅佐武丁,形成"武丁中兴"。伊、傅事见《史记·殷本纪》。

②婞婞(xìng):倔强的样子,引申指愤恨不平的样子。

【译文】

　　说到宋太祖,也还是武人中的英雄。他用来治理天下的韬略手段,也没有伊尹、傅说那样的志趣与学识,但他能鄙视士人风气的放纵和邪恶而自己不产生傲慢,这几乎就像上天备有空旷的云霄来让鸢鸟飞翔、深渊涵有静止之水而让大鱼游泳一样了,能不说是上天开启了他的聪明,而与大道相符合吗!而宋代士大夫的高明超过汉代、唐代达到数倍而无法计算,确实有原因使他们达到这种地步。根据他们的善而视为善,根据他们的不善而视为不善,用来治理一家还不足,何况治理天下呢?河水在东边决堤,却在西边遏止而使之回流,这样做是不能取胜的。用官吏之道及礼法制度的虔敬来矫正天下士人,以求满足匹夫倔强愤恨不平的心情,这种做法哪里足以测知有德之人深藏的智慧呢!

五

语有之曰:"得士者昌①。""得"云者,非上必自得之以为己得也。下得士而贡之于上,固上之得也;下得士而自用之以效于国,亦上之得也。故人君之病,莫大乎与臣争士。与臣争士,而臣亦与君争士;臣争士,而士亦与士争其类;天下之心乃离散而不可收。《书》曰:"受有亿兆人,离心离德②"。非徒与纣离也,人自相离,而纣愈为独夫也。人主而下,有大臣,有师儒,有长吏,皆士之所自以成者也。人主之职,简大臣而大臣忠,择师儒而师儒正,选长吏而长吏贤。则天下之士在岩穴者,以长吏为所因;入学校者,以师儒为所因;升朝廷者,以大臣为所因。如网在纲,以群效于国。不背其大臣,而国是定;不背其师儒,而学术明;不背其长吏,而行谊修。悉率左右以燕天子,群相燕也。合天下贤智之心于一轨,而天子之于士无不得矣。和气翔洽,充盈朝野,寝荣寝昌,昌莫盛焉。

"得士者昌"，此之谓也。

【注释】

①得士者昌：语出汉赵煜《吴越春秋》卷五，计然对越王勾践说："磻溪之饿人也，西伯任之而王。管仲鲁之亡囚，有贪分之毁，齐桓得之而霸。故《传》曰：'失士者亡，得士者昌。'"

②受有亿兆人，离心离德：语出《尚书·泰誓》："受有亿兆夷人，离心离德。予有乱臣十人，同心同德。"受，指殷纣王。予，周武王自称。夷人即平人，指凡人、普通人。

【译文】

古语有这样的说法："得士的人会昌盛。"所谓的"得"，不是帝王必由自己得到他才认为是自己的所得。在下的人得到了士而献给帝王，这本来就是帝王得到了士；在下的人得到了士而由自己任用他以报效于国家，这也是帝王的得士。所以君主最大的毛病就是与臣争士。君与臣争夺士人，而臣也就会与君争夺士人；臣与臣争夺士人，而士也就会与士争夺其同类；这样的话，天下之人的心就都离散而不可收了。《尚书》里说："纣王受有亿兆的人，但全都与他离心离德。"不但与纣王离心离德，人们也相互离心离德，这样的话，纣王就更为独夫了。人主之下，有大臣，有为师的儒家学者，有官长官吏，都是由士人自身而成就的。君主的职责，是选择大臣而让大臣忠诚，选择为师的儒家学者而让这些学者贞正，挑选官长官吏而让官长官吏贤良。这样的话，天下的士人还在隐逸之中的，就以地方的官长官吏为他们升进的途径；士人已进入学校的，就以作为老师的儒家学者为他们升进的途径；已经升到朝廷的士人，就以大臣为他们升进的途径。这样就如同一张大网而有纲绳，可以网罗众多的士人为国家效力。不违背大臣，于是国家的政策就能确定下来；不违背为师的儒家学者，于是学术就能昌明；不违背官长官吏，于是士人的行为与道义就能修炼好。大臣、师儒官员全部统率左右的人来与天子安乐相处,就使人们都能安乐相处了。把天下贤智者的心聚合到一个轨道上,那么天子就把士人全都得到了。充满和气而又优雅融洽,这种情况充满了朝廷内外,就会逐渐地昌盛繁荣,昌盛就达到顶点了。所谓的"得士者昌",就是说的这种情况。

　　大臣不以荐士为德,而士一失矣;师儒不以教士为恩,而士再失矣;长吏不以举士为荣,而士蔑不失矣。乃为之语曰:"拜爵公门,受恩私室,非法也。"下泮涣而不相亲①,上专私而不能广,亿兆其人而亿兆其心,心离而德离,鲜不亡矣。故人主之病,莫甚于与下争士也。

【注释】

①泮(pàn):涣散。

【译文】

　　大臣不把向君主推荐士人作为德行,这就是一次失去士人;为师的儒家学者不把教育士人作为恩情,这就是再次失去士人;官长官吏不以荐举士人作为荣耀,士人就会全都失去了。于是就说出这样的话:"在朝廷上拜受官爵,却在私人室内接受恩情,这是非法的。"下面已经涣散而不相互亲近,上面又专心于私利而不能拓广用人之道,人数虽然达到了亿兆而他们的心也都分散为一人一心,心已背离就会使德也背离,很少能不灭亡了。所以君主最危险的毛病,就是与下面的人争夺士人。

　　自唐以来,进士皆为知举门生①,终其身为恩故;此非唐始然也,汉之孝廉②,于所举之公卿州将,皆生不敢与齿,而死服三年之丧,亦人情耳。持名法以绳人者,谓之曰不复知有人主。人主闻之,愤恚不平③,曰:彼得士而我失之矣。繇是而猜妒刻核之邪说,师申、韩以束缚缙绅,解散士心,使相携贰,趋邪径,腾口说,以要人主。怀奸擅命之夫,自矜孤立,而摇荡国是。大臣不自信,师儒不相亲,长吏不能抚。于是乎纲断纽绝,而独夫之势成。故曰:"不信乎朋友,弗获乎上矣④。"朋友不信,上亦恶得而获之哉!少陵长,贱妨贵,疏间亲,不肖毁贤,胥曰:"吾知有天子而已。"岂知天子哉?知爵禄而已矣。

【注释】

①进士:隋炀帝大业年间在科举中开始设置进士科目,唐代沿用这一科目。进士的考试是在朝廷举行,应试者称为举进士,中试者称为进士。进士本意是指可以进授官爵之人。知举:即知贡举,指唐、宋时特派大臣主持进士考试。门生:本义是汉代称亲身受业者为弟子,相传受业者为门生,后世门生即泛指弟子,进士中试后则对主持考试的大臣称门生。

②孝廉:孝指孝顺亲长,廉指廉能正直,西汉武帝元光元年(前134)令郡国举孝廉各一人,即举孝一人,察廉一人。被察举的人多为州郡属吏或通晓儒经的儒生,被察举后,没有官职的人就授以官职,原为小官者就升为大官。这种察举孝廉的制度,就成为汉代选拔官吏和任用升迁的清流正途。从汉武帝直到东汉,不少地方官吏及朝廷的名公巨卿,都是孝廉出身,对汉代的政治产生了很大影响。

③恚(huì):愤恨、愤怒。

④不信乎朋友,弗获乎上矣:出自《中庸》:"在下位不获乎上,民不

可得而治矣。获乎上有道,不信乎朋友,不获乎上矣。信乎朋友
有道,不顺乎亲,不信乎朋友矣。"下获乎上,指下级得到上级的
信任。信乎朋友,指得到朋友的信任。

【译文】

　　自从唐代以来,进士都是由大臣主持科举所评选出来的门生,终其
一生都把这位大臣视为有恩之人;不是唐代才这样的,汉代察举孝廉,
被察举的人对负责察举的公卿州将,一生都不敢与他视为同列,而死后
还要服三年的丧,这也是人之常情而已。拿着名教礼法来衡量人的,就
说这是不知道还有君主。君主听说了这种情况,也愤愤不平,说:大臣
得到了士而我失去了士。由此就产生了出于猜忌妒恨而要严厉核查的
邪说,以申不害、韩非为师来束缚士大夫,使士人之心离散,使他们互相
怀有二心,走上邪路,攻击的言论大量出现,以此来要挟君主。怀有奸
心而擅自发布政命的人,自我矜傲而显得孤立,由此动摇国家政治方
针。大臣互不信任,为师的儒家学者也不相互亲近,官长官吏也不能亲
抚。于是乎国家的纲纪断绝,而独夫专权的形势就形成了。所以说:
"得不到朋友的信任,就不能得到上级的信任。"朋友互不信任,在上的
人也厌恶他们而不想得到他们作为人才了!年少的人陵越年长的人,
低贱的人妨害高贵的人,疏远的人离间亲近的人,不肖的人诋毁贤能的
人,都说:"我只知道有天子而已。"这哪里是知道有天子呢?只是知道
有爵禄而已。

　　夫士之怀知己也,非徒其名利也,言可以伸,志可以成,
气以类而相孚,业以摩而相益。《易》曰:"拔茅茹以其汇①。"
拔不以其汇,而独茎之草,不足以葺大厦久矣②。大臣,心腹
也;师儒,耳目也;长吏,臂指也。以心应耳目之聪明,以耳
目应臂指之动作,合而为一人之身,而众用该焉。其互相离

者,不仁者也。不仁者痿以死,如之何君臣争士而靳为己得也!

【注释】

①拔茅茹以其汇:出自《易·泰卦》,初九:"拔茅茹以其汇,贞吉亨。"象曰:"拔茅贞吉,志在君也。"茅,茅草。茹,植物根部互相牵扯的样子。汇,类,指同类。成语"拔毛连茹"由此演变而来,比喻互相推荐,任用一个人而由他连带引用了更多的人,且所任用的人都能为君主尽力,所以象辞说"志在君也",属于贞吉的情况。

②葺(qì):修整房屋,这里指通过修整而使之得到维系、维持。

【译文】

士人们怀有知己之恩,不只是为了名利,而是为了自己的言论可以向上传达,自己的志向可以实现,声气相同就可相互信任,学业通过观摩而相互提高。《周易》说:"拔出茅草就连带了它的同类。"拔茅草不连带出它的同类,就是只有一根茎的草,它就不足以长久地维持大厦。大臣,是君主的心腹;为师的学者,是君主的耳目;官长官吏,是君主的胳臂和手指。用心适应耳目的聪明,用耳目适应胳臂手指的动作,合起来成为一个人的全身,于是各种功用全都兼具了。各个部分互相分离的人,就是麻木不仁的人。麻木不仁的人就会萎缩而死亡,为什么君臣要相互争夺士人而吝啬地认为只能由自己得到士人呢!

太祖之欲得士也已迫,因下第举人挝鼓言屈①,引进士而试之殿廷,不许称门生于私门。赖终宋之世不再举耳。守此以为法,将与孤秦等。察察之明,惘惘之忿②,呴呴之恩③,以抚万方,以育多士,岂有幸哉! 岂有幸哉!

【注释】

①挝（zhuā）：打、击。

②悁悁（yuān）：愤怒的样子。

③呴呴（xǔ）：呼气的样子，指轻轻吹拂。

【译文】

太祖想得到士人已很急迫，因为落第的举人击鼓喊屈，就引见进士而在皇宫内加以考试，不许进士对负责考试的官员在私人之间自称门生。幸亏直到宋代结束的时候不再次这样做。守着这个做法作为成规，将与孤立的秦王朝一样。知晓一切的明察，愤愤不平的愤恨，如春风吹拂似的恩惠，用来安抚天下，用来培育众多的士人，难道是侥幸的吗！难道是侥幸的吗！

六

太祖数微行，或以不虞为戒，而曰："有天命者，任自为之。"英雄欺人，为大言耳。其微行也，以己之幸获，虞人之相效，察群情以思豫制，私利之褊衷①，猜防之小智，宋德之所以衰也。野史载其乘辇以出②，流矢忽中辇板，上见之，乃大言曰："射死我，未便到汝。"流矢者，即其使人为之也。则微行之顷，左右密护之术，必已周矣。而谏者曰"万一不虞"，徒贻之笑而已。

【注释】

①褊（biǎn）：狭小狭隘。

②辇（niǎn）：人拉的车子，专指帝王乘坐的车子。

【译文】

太祖多次微服出行,有人认为可能会有不可预料的危险,应有所戒备,太祖却说:"有天命的人,任由自己做什么都无妨。"这是英雄欺人而说的大话罢了。他的微服出行,是因为自己幸运地获得了帝位,担心别人也相互仿效,因此就要通过微服出行来观察众人的心情以思考预先加以防制,这是为了私利的狭隘之心,是猜忌和防备他人的小聪明,因此宋朝的德行也就衰坏了。野史记载太祖乘坐车子出宫,忽然有流箭射中了车身木板,太祖看到这支箭,就大声说:"射死我,也未必就轮到你来做皇帝。"流箭,就是他事先派人来射车子的。由此可知他在微服出行之际,左右的人严密保护的方法,必定是已经非常周到了。而进谏的人说"万一有什么意外",只是让人嘲笑而已。

凡人主之好微行也有三,此其一也。其下,则狂荡嬉游,如刘子业诸君耳①。其次,则苛察以为能,而或称其念在国民,以伺官箴之污洁、民生之苦乐、国事之废举者也。若此者,其求治弥亟,其近道弥似,其自信弥坚;而小则以乱,大则以亡。迄乎乱与亡而不悔其失,亦愚矣哉!何也?两足之所至,两目之所觇②,两耳之所闻,斤斤之明,詹詹之智③,以与天下斗捷,未有能胜者也。

【注释】

①刘子业(449—465):南朝宋的前废帝,字法师,宋孝武帝的长子。大明八年(464)即位。极为淫乱,嫔妃多达万人。爱好微服出行,干了各种坏事。泰始元年(465年)十一月,被柳光世、寿寂之等人杀死。

②觇(chān):暗中偷窥。

③詹詹：言语琐碎、喋喋不休的样子。

【译文】

凡是君主爱好微服出行有三种情况，像宋太祖这样的是其中的一种。其次一等的，就狂妄放荡地嬉乐游玩，像刘子业等人。再次，就是以苛刻伺察为能事，而有人会说这种微服出行的目的在于国民，由此伺察官吏是污秽还是廉洁、民生是苦还是乐、国家政事是废坏还是已经兴办。像这样的人，他求治国越是急迫，他的做法越像是接近了大道，他的自信也越是坚定；但结果是小者会导致政治混乱，大者会导致灭亡。到了关系到国家乱与亡的程度而不知后悔其中的失误，也是很愚蠢了啊！为什么呢？人的两条腿所能到达的地方，两眼所能窥视的事情，两耳所能听到的消息，不过是斤斤计较的小聪明、言语琐碎的小智慧，以此来与天下人相斗，没有能取胜的。

且夫人主而微行，自以为密，而岂果能密邪？趾未离乎禁闼，期已泄于近幸；形一涉乎通逵，影已彻乎穷巷；此之伺彼也有涯，而彼之伺此也无朕。于是怀私挟佞者，饰慧为朴，行谄以戆①，丑正而相讦，党奸而相奖，面受其欺，背贻其笑，激怒沽恩，而国是不可复诘矣。即令其免乎此也，一事之得，不足以盖小人；一行之疵，不足以贬君子；一人之恩怨，不足以定仁暴；一方之利病，不足以概海隅。而偶得之小民者，无稽弗询，溢美溢恶，遂信为无心之词，自矜其察微之睿，以定黜陟，以衡兴革，以用刑赏，以权取与，而群臣莫敢争焉。此尤不待奸人之诡道相要，而坐受其蠹②。小之以乱，大之以亡，振古如斯，而自用者不察，良足悲已！

【注释】

①戆(zhuàng)：憨愚。

②蠹(dù)：败坏，朽坏。

【译文】

　　而且君主微服出行，自以为秘密，而难道真能做到秘密吗？脚还没有离开皇宫，行期已泄漏给身边亲近之人了；身形一到了大街，身影就已完全映在小巷子里了；我窥伺别人是有限的，而别人窥伺我则是无限的。于是怀挟私心奸佞的人，把聪慧伪装成朴实，用憨愚的样子向我诒谀，把正直的人加以丑化而相互诋毁，与奸人结为同党而相互夸奖，当面受了他的欺骗，背后却让他讥笑，靠说别人坏话来激怒君主而求得君恩，这样来了解大臣们的忠奸而国家大政就无法再彻底追问了。即令君主能避免这些恶果，他通过微服出行所了解的一件事，不足以反映小人的更多恶行；他所了解的某人一个行为上的毛病，也不足以贬低君子；一个人的恩怨，不足以确定其人是仁爱还是暴虐；局部的利益或弊病，也不足以概括为全天下都是如此。而偶然从小民那里听到的，无法考察也不能深加咨询，过分的赞美和恶言，也实在都是无心之词，对了解到细微情况的智慧感到矜傲，以此来确定对大臣的升降，来衡量政治举措是要兴办还是革除，以此决定是施用刑罚还是赏赐，以此权衡是剥夺还是赐予，而群臣在这些事情上就无人敢与皇帝相争了。这更不用等奸人运用诡诈之道来蒙蔽君主，就会坐受微服出访所造成的败坏。小者造成政治的混乱，大者导致国家的灭亡，从远古以来就是这样，而自我运用这种方法的人毫不察觉，实在是足以令人悲哀了！

　　夫欲成天下之务，必详其理；欲通天下之志，必达其情。然而人主之所用其聪明者，固有方也。以求俊乂①，冢宰公而侧陋举矣；以察官邪，宪臣廉而贪墨屏矣；以平狱讼，廷尉慎而诬罔消矣②；以处危疑，相臣忠而国本固矣。故人主之所用智以辨臧否者，不出三数人，而天下皆服其容光之照。自朝廷而之藩牧③，自藩牧而之郡邑，自郡邑而之乡保。听乡保之情者，邑令也；听邑令之治者，郡守也；听郡守之政者，藩牧也。因是而达之廷臣，以周知天下之故。遗其小利，惩其大害，通其所穷，疏其所壅。于是而匹夫匹妇私语之情，天子垂旒纩而坐④，照之以无遗。天下之足，皆吾足也；天下之目，皆吾目也；天下之耳，皆吾耳也。能欺其独知，而不能掩其众著，明主之术，恃此而已矣。愚氓一往之情辞，不屑听也，而况宵人之投隙以售奸者哉！

【注释】

①乂(yì)：治理。

②廷尉：官名。秦代为九卿之一，掌管刑狱。汉代以后或用大理、廷尉、大理寺卿等名称。

③藩牧：藩指篱笆，引申指诸侯在各地形成对天子的屏护。牧指放牧，引申指官吏对民众的管理和驱使。藩牧连称，泛指处于朝廷与郡县之间的地方高级官员。

④旒(liú)：帝王冠冕上垂悬的珠玉。纩(kuàng)：指黈(tǒu)纩，黄色的絮棉，帝王冠冕上的饰物，用来塞耳。旒遮帝王的视，纩塞帝王的听，表示帝王不靠自己的耳目来视听。

【译文】

想达成天下的事务，必须详尽知晓治理天下的道理；想通晓天下人的志向，必须彻底了解他们的心情。然而君主用他的聪明，本来是有其方法的。用来寻求杰出的人才，朝廷的宰相如能做到公正就会把埋没在民间的人才举荐上来；用来观察官吏的正邪，考察官员的大臣如能做到清廉而贪官污吏就会被屏退了；用来审理案件和诉讼，司法大臣如能

做到谨慎就会使诬陷欺骗消失了;用来处理疑难之事,宰相大臣如能做
到忠贞则国家的根本就会稳固了。所以君主应用智慧来辨别善还是不
善,不出三五个人,而天下都会顺服于君主智慧之光的照耀。从朝廷到
地方大臣,从地方大臣到郡县的官员,从郡县的官员到乡村保甲。听取
乡村保甲情况的人,是县令;听取县令治理情况的人,是郡里的太守;听
取郡守执政情况的人,是地方大臣。由此而使各级的情况汇报到朝廷
的大臣,以周遍地了解天下的情况。放掉那些小利,惩治那些大的危
害,打通那些障碍,疏通壅塞之处。于是天子头戴冠冕而坐,旒珠垂下,
黈纩塞耳,仍能对匹夫匹妇的私下话语中的隐情观照而无遗。天下人
的脚,都是我的脚;天下人的眼,都是我的眼;天下人的耳,都是我的耳。
能欺骗他一个人的认知,而不能遮住众人的明察,明主了解天下情况的
方法,倚仗的就是这个而已。愚民所有的心情和言论,是不屑一听的,
更何况那些小人钻空子以兜售他的奸邪呢!

　　古之圣王,询刍荛、问工瞽、建鞀鼓①,以达臣民之隐者,
为己救过也,非以察人也。微行者反是,察愈密,听愈惑,自
贻败亡而不悟。故曰良足悲已! 故微行者有三,而皆君道
之所恶。若宋祖者,即不微行,亦岂有攘臂相仍以夺其所夺
于人者乎②? 则亦均之乎愚而已矣。

【注释】

① 刍荛(chú ráo):刍指割草,荛指打柴,引申指割草打柴的百姓。
　工瞽(gǔ):泛指古代为朝廷演奏音乐的人。瞽本指盲人,古代乐
　师多以瞽人担任。鞀(táo)鼓:古代的一种鼓,用于宗庙社稷祭仪
　的雅乐中,汉唐以后也用于宫廷燕乐中。
② 攘臂相仍:语出《老子》第三十八章:"上礼为之而莫之以应,则攘

臂而扔之。"攘臂,指捋起袖子露出胳膊;扔,读作"扔",挥动。

【译文】

古代的圣王,询问割草打柴的人、询问演奏音乐的人,建立在祭祀音乐中打击的鞀鼓,以求了解臣民的隐情,这都是为自己补救过失,不是用来窥察别人的。微服出行的人与此相反,窥察越是细密,听到的事情越是让自己迷惑,给自己造成败亡却不能醒悟。所以说实在是很悲哀的了!所以微服出行有三种情况,但都是为君之道所厌恶的。像宋太祖这样的人,即使不微服出行,难道还会有人攘臂高呼来抢夺他从别人手上夺来的帝位吗?这样说来也都同样是愚蠢的做法而已。

七

刘禅、孙皓之容于晋①,非晋之厚也,诚有以致之也。刘先主以汉室之裔②,保蜀土,奉宗祧③,任贤图治,民用乂安,尚矣。孙文台奋身郡将④,讨董卓,复雒京,父子三世,退保吴、楚,民不受兵者百余年。天之所佑,人之所怀,司马氏弗能重违而绝其世,有不可绝者在也。禅虽暗,皓虽虐,非称兵首难、燔乱天纪者⑤,降为臣仆,足偿其愆,而恶容殄灭乎?

【注释】

①刘禅(shàn,207—271):刘备的长子,字公嗣,小名阿斗,蜀汉第二位皇帝,223—263年在位。曹魏灭蜀汉后被封为安乐公。孙皓(242—284):字元宗,孙权之孙,孙和之子,三国吴国末代皇帝,264—280年在位。晋灭吴后被封为归命侯。晋:朝代名,分西晋(265—316)与东晋(317—420)两段。263年司马昭灭蜀后被曹魏封为晋王。265年,其子司马炎自立为帝,国号"晋",定都洛

阳,史称西晋,传四帝五十二年。后来北方民族侵入中原,晋室
南渡,琅邪王司马睿在建业称帝,传十一帝一百零四年,史称
东晋。

②刘先主:指刘备(161—223),东汉末年起兵镇压黄巾起义,被东
汉王朝任命为平原相、豫州牧等,后在诸葛亮等人的辅助下,占
据荆州、益州、汉中等地,魏黄初二年(221)在益州称帝,年号为
章武。章武三年(223)被东吴陆逊击败后病死,谥号为昭烈帝。

③祧(tiāo):古代称远祖的庙,引申指列祖列宗的宗庙,又指本家族
的皇权。

④孙文台(155—191):孙坚,字文台,吴郡富春(今浙江杭州富阳)
人。东汉末参与讨伐黄巾及讨伐董卓的战争,后与刘表作战时
阵亡。其子孙权称帝后,追谥为武烈皇帝。

⑤爚(yuè):火光,引申指火烧、破坏。

【译文】

　　刘禅、孙皓受到西晋的宽待,这不是西晋的宽厚,实有其原因得以
如此。刘备以汉王室后裔的身份,保住西蜀领土,尊奉汉王朝的宗族系
统,任用贤人以求治理国家,民众因此而得到了安定,是很高明的君主。
孙坚作为一个州郡的军将奋身作战,讨伐董卓,恢复东汉的雒京,父子
三代人,退守保住三吴和荆楚的广大地域,使这里的民众不再受战争的
破坏长达一百多年。他们都是上天所保佑的,人民所怀念的,所以晋朝
的司马氏不能残酷地违背上天和民意而断绝他们的世系,这是因为他
们有不能断绝的原因存在。刘禅虽然愚昧,孙皓虽然残暴,但不是动兵
来首先发难、破坏天之纲纪的人,投降后作为晋朝的臣仆,足以补偿他
们的过错,哪里容得灭绝他们呢?

　　李煜、孟昶、刘铄以降王而享国封①,受宾恪之礼,非其
所应得者也,宋之厚也。迹其先世,无积累之功,无巩固之

守,存乎蓬艾之间,偷以自王,不足以当白马之淫威久矣②。其降为皂隶,可无余憾,而优渥之礼加乎其身,故曰:宋之厚也。

【注释】

①李煜(yù,937—978):字重光,初名从嘉,彭城(今江苏徐州)人。南唐元宗李璟第六子,宋建隆二年(961)继位,961—975年在位,史称李后主。宋太祖开宝八年(975),宋灭南唐,李煜投降,被封为右千牛卫上将军、违命侯,后被宋太宗毒死。孟昶(chǎng,919—965):初名仁赞,字保元,邢州(今河北邢台)人,后蜀高祖孟知祥第三子,934—964年在位,史称后蜀后主。北宋乾德三年(965)宋灭后蜀,孟昶投降,被宋封为检校太师兼中书令、秦国公,不久郁郁而终。刘铱(chǎng,942—980):原名刘继兴,南汉帝刘晟的长子,继位后改名刘铱,史称南汉后主。宋太祖开宝八年(975),宋灭南唐,封刘铱为彭城郡公、卫国公等。

②白马:古代以乘白马表示将要发动战争,此指宋用兵征伐各国。

【译文】

李煜、孟昶、刘铱以投降的帝王身份而享受封国的待遇,享受国宾的礼遇,这不是他们应该得到的待遇,而是宋王朝的宽厚。考察他们的先世,没有积累起来的功勋,没有巩固守护国土,苟存于蓬草之间,偷生而自称为王,不足以抵挡宋朝军队的淫威已经很久了。他们投降成为奴仆,可以没有余憾了,而宋朝把优渥的礼遇加在他们身上,所以说这是宋朝的宽厚。

虽然,责蜀、粤、江左之亢僭争衡,不夙奉正朔于汴、雒,而以俘虏之刑处之,则又不可。臣服者,必有所服也;归命者,必有所归也;有君而后有臣,犹有父而后有子也。唐亡以来,天下之无君久矣。朱温①,贼也;李存勖、石敬瑭②,沙陀之部夷也③;刘知远、郭威,乘人之燀④,乍踞其位,犹萤之耀于夜也。剖方州而称帝,仅得其十之二三,特以汴、雒之墟为唐故宫之址,乘虚袭处,而无识者遂题之以正统。如是而欲雄桀足恃者纳土称臣,以戴为共主,天其许之而人其顺之乎? 故徐温、孟知祥、刘岩之与朱、李、石、刘相为等夷⑤,而非贼非夷,较犹愈焉。则其后嗣之守土不臣,势穷而后纳款,固君子所矜,而弗容苛责者也。

【注释】

①朱温(852—912):砀山(今安徽砀山)人,最初参加黄巢起义,任同州防御使,不久投降唐朝,唐僖宗赐名朱全忠,后封为梁王。唐昭宗天祐元年(904)派人杀昭宗,扶立唐哀帝。天祐四年(907)废唐哀帝,自己称帝,改名朱晃,建都开封,国号梁,史称后梁。乾化二年(912)被第三子朱友圭杀死。传见《旧五代史·梁书·太祖纪》、《新五代史·梁本纪·太祖纪》。

②李存勖(885—926):应州(今山西应县)人,沙陀族,本姓朱邪氏,小名亚子。唐末河东节度使、晋王李克用的长子。908年继承王位,923年在魏州(河北大名)称帝,国号唐,史称后唐。传见《新五代史·唐本纪·庄宗》、《旧五代史·唐书·庄宗纪》。

③沙陀:又名处月,原是西突厥十姓部落以外的朱邪部,其祖为北匈奴,后为悦般,居乌孙故地热海附近,游牧于今新疆准噶尔盆地西南(今新疆东北部巴里坤湖)一带,因其地有大沙丘,故而得名。唐太宗时在此置沙陀府,号称沙陀突厥,简称沙陀。后来朱邪沙陀平叛西突厥阿史那贺鲁族有功,被唐朝皇帝赐为李姓。

五代时沙陀人建立了后唐、后晋、后汉、北汉。

④熸(jiān)：溃败、灭亡。

⑤徐温(862—927)：字敦美，海州朐山(今江苏东海)人，南唐徐知诰(李昪)的养父，本为唐末淮南节度使，又为吴王杨行密部下的右衙指挥使。唐哀帝天祐二年(905)，杨行密死后长子杨渥继位，徐温于次年(908)杀杨渥，立杨行密次子杨隆演。南吴天祐十六年(919)杨隆演封徐温为大丞相等职，徐温去世后被追封为齐王，他的养子徐知诰继王位。后徐知诰建立南唐，追谥徐温为武皇帝，庙号太祖。徐知诰改名李昪，又改徐温的庙号为义祖。传见《新五代史·吴世家》。孟知祥(874—934)：字保胤，邢台(今河北邢台)人，后唐太祖李克用的侄婿，后唐庄宗李存勖时孟知祥率军灭前蜀，封为西川节度使。后唐末帝李从珂清泰元年(934)在成都称帝，国号大蜀，史称后蜀。去世后庙号高祖。传见《新五代史·后蜀世家》。刘岩(889—942)：即刘䶮(yǎn)，原名刘岩，又名刘陟、刘龚、刘䶮。唐末封州刺史刘谦的次子，其兄刘隐为后梁南海王，病逝后刘岩继承王位，后梁贞明三年(917)称帝，国号大越，定都番禺(今广东广州)，次年改国号大汉，史称南汉。传见《新五代史·南汉世家》。

【译文】

虽然如此，谴责西蜀、南粤、江南僭越称王与大宋抗衡，而不及早尊奉汴梁、洛阳的正统王权，而用俘虏的刑罚对待他们，也是不可以的。所谓的臣服，一定要有让他服从的道理；所谓的归顺王命，也一定要有让他归顺的理由；有君而后有臣，好比有父而后有子。唐朝灭亡以来，天下没有统一的君主已经很久了。朱温，是一个奸贼；李存勖、石敬瑭，是沙陀人的部族政权；刘知远、郭威，乘别人溃败，突然占据别人的帝位，好像萤火虫在夜里发光。割据一方的州郡而称帝，仅能得到天下的十分之二、三，只是因为汴梁、洛阳的城池有唐代旧宫殿的遗址，乘虚占领下来而居住其中,而没有见识的人就以为这就是天下王朝的正统。像这样而想让依仗其豪雄凶暴的割据者送上土地来称臣,由此而把居于汴梁、洛阳的人奉戴为天下的共主,上天会同意他而众人会顺从他吗? 所以徐温、孟知祥、刘岩与朱温、李存勖、石敬瑭、刘知远相互比较的话,他们既非奸贼又非夷狄,比朱、李、石、刘要好上不少。那么他们的后人守住自己的领土而不称臣,势力穷困之后才认败投诚,本来就是君子所当哀怜的,而不容对他们苛刻责怪的。

　　若夫因乱窃立,穷蹙而俘①,宜膺王者之诛;则抑必首乱以劫夺,而非有再造之志者耳。项羽虽负罪有十②,而诛秦犹因义愤,故汉高封鲁公以厚葬之③,而不掩其功。王莽之乱④,人心思汉,诸刘鹊起,而隗嚣、公孙述、张步、董宪之流⑤,俶扰天纪⑥,以殃求莫之民。杨广凶淫⑦,民虽靡止⑧,而窦建德、萧铣、徐圆朗乘之以掠杀既困之民⑨;刘武周、梁师都、薛仁杲倚戎狄以戕诸夏⑩;王世充受隋宠命⑪,狐媚而售其攘夺。凡此者,皆首祸于天下,无已乱之情而利于乱者也。故虽或降附,而稾街之悬⑫,邱民咸快。其与蜀、粤、江南,不可同日而语矣。王者上溯天心,下轸民志⑬,操不爽之权衡以行诛赏,差等之殊,不容紊也。

【注释】

①蹙(cù):困窘、走投无路。

②项羽(前232—前202):名籍,字羽,下相(今江苏宿迁)人。楚国贵族项燕的孙子,秦代末年跟随叔父项梁起兵,秦亡后自立为西楚霸王,后在楚汉战争中为汉王刘邦击败,在乌江(今安徽和县)自刎而死。传见《史记·项羽本纪》、《汉书·项籍传》。

③汉高：即汉高祖刘邦（前256—前195），字季，沛郡丰邑中阳里（今江苏丰县）人，秦朝时曾担任泗水亭长，在沛地（今江苏沛县）起兵反秦，称沛公。秦亡后被封为汉王。楚汉战争中打败项羽，成为西汉开国皇帝，庙号为高祖，史称汉高祖。传见《史记·高祖本纪》《汉书·高帝纪》。鲁公：楚怀王曾封项羽为鲁公，项羽死后，楚地全都投降，只有鲁不投降。刘邦拿来项羽的头向鲁人展示，鲁人才投降。所以刘邦按鲁公的礼节把项羽的头葬在谷城（今山东泰安东平）。事见《史记·项羽本纪》。

④王莽（前45—23）：字巨君，魏郡元城人（河北大名），西汉孝元帝王皇后的侄子。王氏家族作为外戚，权势极盛，而王莽生活简朴，为人谦恭，汉成帝时官至大司马。后迎立汉平帝，平帝病死后，王莽以年仅2岁的刘婴为皇太子，自己称“摄皇帝”，以周公、伊尹自居。王莽初始元年（8），强迫刘婴禅位，自己称帝，改国号为“新”，年号为“始建国”。王莽称帝后推行新政，史称“王莽改制”。地皇四年（23），更始军攻入长安，王莽死于乱军之中。传见《汉书·王莽传》。

⑤隗嚣（？—33）：字季孟，天水成纪（今甘肃秦安）人。出身陇右大族。新莽时期占领平襄，割据一方，后归顺更始，封为右将军、御史大夫。汉光武帝刘秀即位后，隗嚣劝更始帝归降刘秀，刘玄不听。隗嚣想把更始帝挟持东归，未能成功而逃回天水，自称西州大将军，后病故。传见《后汉书·隗嚣传》。公孙述（？—36）：字子阳，扶风茂陵（今陕西兴平）人。西汉末为清水县令，王莽篡汉后，公孙述为江卒正（即蜀郡太守）。王莽末年，公孙述自称辅汉将军兼领益州牧。当时人传言王莽自称黄，公孙述以为黄之后为白，故自称“白帝”。传见《后汉书·公孙述传》。张步（？—32）：字文公，琅玡不其（今山东即墨西南）人。新莽末年，张步占领琅玡郡城（今山东诸城）。梁王刘永称帝，以张步为辅汉大将

军。建武三年(27)光武帝命张步为东莱太守,张步不受,光武派军讨伐张步,张步战败投降,被封为安丘侯。后被琅邪太守陈俊追击斩杀。传见《后汉书·张步传》。董宪(?—30):徐州东海郡(今山东郯城)人。新莽末年为赤眉军别部校尉,后脱离赤眉军,占据东海郡,依附自称梁天子的刘永,被封为海西王。建武年间被光武帝击败,逃到东海郡朐县。吴汉攻克朐县,董宪决定降汉,被吴汉属下校尉韩湛斩杀。事见《后汉书·刘永传》。

⑥俶(chù)扰:扰乱、动乱。

⑦杨广(569—618):隋朝第二代皇帝隋炀帝,隋文帝杨坚的次子,604—618年在位。在位期间修建大运河,营造东都洛阳城,开通丝绸之路,开创科举,亲征吐谷浑、高句丽,三下江南巡视南方,使民不聊生,各地纷纷发生起义,大业十四年(618)在江都(今江苏扬州)被杀。传见《隋书·炀帝纪》。

⑧靡止:没有礼仪。出自《诗经·小雅·小旻》:“国虽靡止,或圣或否。”郑玄注:“靡,无。止,礼。言天下诸侯今虽无礼,其心性犹有通圣者。”

⑨窦建德(573—621):贝州漳南(今山东武城漳南)人。曾任里长,隋炀帝伐辽东时,窦建德举兵抗隋,又投奔高士达。高士达战败,窦建德复起,大业十四年(618)定都乐寿,国号大夏。拥有黄河以北地区,与洛阳王世充、关中唐李渊鼎立对峙。唐军攻王世充,窦建德支援王世充,在虎牢(今河南荥阳汜水镇)被李世民击败,被俘杀死。传见《旧唐书·窦建德传》、《新唐书·窦建德传》。萧铣(583—621):南朝西梁宣帝的曾孙,隋时任罗县县令。隋末在罗县起兵,在岳阳称帝,国号梁,后迁都江陵(今湖北荆州),势力范围东西从九江到三峡,南至交趾(越南河内),北至汉水。后兵败降唐,在长安被斩首。传见《旧唐书·萧铣传》、《新唐书·萧铣传》。徐圆朗(?—623):鲁郡(今山东兖州)人,隋末

起兵反隋,后依附李密。李密战败,降王世充。世充战败,降于唐。窦建德死后,他与窦建德旧部共推刘黑闼再次起兵,占据鲁郡,自称鲁王。战败而死。传见《旧唐书·刘黑闼附传》、《新唐书·刘黑闼附传》。

⑩刘武周(? —622):河间景城(今河北交河),后迁马邑(今山西朔州)。隋炀帝东征高丽时,因军功提为建节校尉、鹰扬府校尉。隋末在马邑起兵,自称太守,依附突厥,靠突厥军支持打败隋军。突厥封刘武周为"定杨可汗",武周自称皇帝,改元天兴。唐初被秦王李世民击败,投奔突厥,被突厥杀死。传见《旧唐书·刘武周传》、《新唐书·刘武周传》。梁师都(? —628):夏州朔方(今陕西靖边)人。隋时为鹰扬郎将,隋末联兵突厥反隋,自称皇帝,国号梁。突厥封他"大度毗伽可汗"。贞观初年,唐朝大军压境,被堂弟洛仁杀死。传见《旧唐书·梁师都传》、《新唐书·梁师都传》。薛仁杲(? —618):隋末与其父薛举起兵,自称西秦霸王,占据陇西之地。唐初浅水原之战,薛仁杲战败被俘后斩首。戕(qiāng):残害、杀害。

⑪王世充(? —621):字行满,祖籍西域,本姓支,后居新丰(今陕西临潼)。隋时为江都郡丞、江都宫监、江都通守。率军与瓦岗军作战,失败后依附越王杨侗,入据洛阳。炀帝被杀后,拥立越王杨侗为帝。唐初废杨侗,自立称帝,国号"郑"。李世民率军讨伐,世充在洛阳投降。唐命王世充迁于蜀,途中被仇人独孤修德杀死。传见《旧唐书·王世充传》、《新唐书·王世充传》。

⑫稿街之悬:出自《汉书·陈汤传》:"斩郅支首及名王以下,宜悬头稿街蛮夷邸间。"是说把不顺从中央朝廷的少数族的首领斩首后将头悬在京城中外国人居住区以起警示作用。稿街为西汉长安的一条街,是当时外国使节或外国人居住的街区。

⑬轸(zhěn):伤痛、痛心。

【译文】

至于那些趁着天下大乱而擅自称帝的人,他们在走投无路的时候而被俘虏,应该对他们施加帝王的诛罚;但也只是要对那些领头叛乱而劫夺天下的人施加惩罚,而不是惩罚愿意重新改造为新人的人。项羽虽然身负十项罪行,但他起兵诛暴秦还是出于义愤,所以汉高祖封他为鲁公并且厚葬了他,而没有否认他的功劳。王莽之乱的时候,人心怀念汉王朝,众多刘姓的王室宗族纷纷起兵,而隗嚣、公孙述、张步、董宪之流的人,扰乱上天的纲纪,祸害想求安定的民众。杨广凶暴荒淫,民众虽然也变得无礼,但是窦建德、萧铣、徐圆朗乘机割据并掠杀已经受到困扰的民众;刘武周、梁师都、薛仁杲倚靠戎狄以残害华夏;王世充受有隋王朝的恩宠和重命,他却采用狐媚的手段以求实现夺取帝位的野心。凡是这样的人,都是首先在天下造成祸害的人,他们没有终止动乱的心情而只想趁着动乱谋利。所以虽然有的投降而顺附,但杀了他们并在大街上悬首示众,万民全都拍手称快。他们与西蜀、南粤、江南的徐温、孟知祥、刘岩相比,就不可同日而语了。称王的人向上追溯上天的心意,向下感受民众的意志,掌握着不能有一点差失的标准以施行诛杀和赏赐,对于不同情况的区别,是不容许有所紊乱的。

徐温佐杨行密以御毕师铎、秦宗权之毒①,而江、淮安。江、淮之乱,非杨、徐始之也。刘岩坐拥百粤,闭关自擅,而不毒民以与吴、楚争强。孟知祥即不据蜀疆,石、刘惴惴以偷立,契丹外逼,诸镇内讧,救死不遑,固无能越剑阁以绥两川也②。则此三方者,未尝得罪于天人,嗣子保其遗业,婴城以守,众溃而后降,苟非残忍媢害以为心③,亦恶能以窦建德、萧铣之诛,违理而逞其淫刑乎!

【注释】

①杨行密(852—905)：字化源，原名行愍，庐州(今合肥长丰)人，原为庐州牙将，后任庐州刺史。淮南都将毕师铎反叛，杨行密击杀毕师铎，进入扬州，自称淮南留后，占据江淮地区。死后其子杨溥称帝，追尊为武皇帝。传见《旧五代史·僭伪列传·杨行密传》《新五代史·吴世家·杨行密世家》《新唐书·杨行密传》。毕师铎(？—887)：原是黄巢的大将，乾符五年(879)降唐，任淮南都将，后又反叛，联合宣州观察使秦彦、高邮镇将郑汉章等起兵攻扬州，后为杨行密击败，投奔在江淮地区割据的孙儒，唐僖宗文德元年(888)被孙儒杀死。传见《旧唐书·高骈传》附《毕师铎传》。秦宗权(？—889)：蔡州上蔡(今河南上蔡)人，初为许州牙将，以攻击黄巢军有功，授奉国军节度使。僖宗时投降黄巢，次年黄巢死，秦宗权在蔡州称帝，后为部将申丛执送朱温，在长安斩首。传见《旧唐书·秦宗权传》《新唐书·逆臣传·秦宗权传》。

②剑阁：位于四川盆地北缘，地处川、陕、甘三省结合部，是从陕西进入四川的北部关口之一，古称剑门天险，号称一夫当关，万夫莫开。隋唐时，在剑门关设军事建置，置大剑镇和小剑戍(今下寺大仓坝)。唐代在此设剑州，取剑阁以为名。

③慭(jì)：毒害。

【译文】

徐温辅佐杨行密以抵御毕师铎、秦宗权的毒害，而使江、淮得以安宁。江、淮地区的动乱，不是由杨行密、徐温开始造成的。刘岩坐拥百粤地区，闭关自掌大权，而不毒害民众来与吴、楚争强斗狠。孟知祥即使不占据西蜀的疆域，石敬瑭、刘知远也只能惴惴不安地窃立称帝，契丹在外逼迫，各军镇在内部相互攻杀，救死还来不及，本来也不可能越过剑阁来平定两川地区。这样说来，徐温和杨行密、刘岩、孟知祥这三方的割据者，未尝得罪于上天和民众，后继的子孙保住他们遗留下来的功业，闭城自守，军队溃败之后向宋投降，如果不是以残忍毒害为心，又哪能用对窦建德、萧铣的诛杀，违背天理而对这种人滥用刑罚呢！

　　天之所怒者，首乱者也；人之所怨者，强争者也。仁有不可施，义有不可袭，必如宋祖之优处降王，而后可曰忠厚。

【译文】

　　上天所愤怒的，是首先造成动乱的人；众人所怨恨的，是恃强争夺的人。仁有时是不可施用的，义有时是不可照搬的，一定要像宋太祖那样优待投降的帝王，而后可以称为忠厚。

八

　　口给以御人①，不能折也。衡之以理，度之以势，即其御我者以相诘，而固无难折。夫口给者，岂其信为果然哉？怀不可言之隐，相诱以相劫，而有口给之才，以济其邪说，于是坐受其穷。唯明主周知得失祸福之原，秉无私以照情伪之始终，则不待诘而其辩穷矣。曹翰献取幽州之策②，太祖谋之赵普③。普曰：“翰取之，谁能守之？”太祖曰：“即使翰守之。”普曰：“翰死，谁守之？”而帝之辩遂穷。是其为言也，如春冰之脆④，不待凿而自破，而胡为受普之御也！

【注释】

　　①口给(jǐ)：口才敏捷，善于答辩。

②曹翰(924—992)：大名(今河北大名)人。初为后周世宗部下，宋太祖时，平李筠、平南唐，克江州(今江西九江)，又从太宗灭北汉，攻契丹，官为幽州行营都部署。后私自贩卖兵器，流锢登州。太宗雍熙年间，又起用为右千牛卫大将军、分司西京。传见《宋史·曹翰传》。幽州：古九州之一，西汉武帝设幽州刺史部，治所在蓟县(今属天津)，辖境相当于今北京、河北北部、辽宁南部及朝鲜西北部。北魏时领燕、范阳、渔阳三郡。隋炀帝改为涿郡，唐代称幽州或范阳郡。隋唐时，幽州具有重要军事地位。后晋石敬瑭称帝时(936)，把幽蓟十六州割让给契丹，契丹以幽州为南京。

③赵普(922—992)：字则平，幽州蓟县(今北京)人，后迁居常山(今河北正定)、洛阳(今河南洛阳)等地。后周显德年间，官至宋州(今河南商丘)节度使推官、掌书记，是赵匡胤陈桥兵变和杯酒释兵权的计划者之一，在太祖和太宗时期三度为相。传见《宋史·赵普传》。

④脃(cuì)：即"脆"字，小而易断。

【译文】

善于用言辞来辩说，以此来反驳别人，但不能让人真正折服。如果用道理来衡量，据形势来量度，直接用他反驳我的理由来诘问他，则本来就不难使他理屈。那种善于辩解的人，难道他所说的真是确凿无疑的吗？怀有不可说出的隐情，用难题来诱导，而又有善辩的口才，以助成他的邪说，于是会被他说得无词以答。只有高明的君主能周详地知晓得失祸福的根源，怀着无私之心以照察人心的全部真伪，则不用诘问就让善辩者词穷了。曹翰向太祖献上夺取幽州的策略，太祖找赵普商议。赵普说："曹翰夺取了幽州，谁能守住幽州？"太祖说："就让曹翰守幽州。"赵普说："曹翰死了，谁来守幽州？"于是太祖就无辞以答了。这样看来，他所说的理由，如春天的冰一样薄脆，不待敲凿而它自己就破碎了，又为何要听取赵普的意见呢！

　　取之与守，其难易较然矣。劳佚饥饱之势既殊，而攻者处可进可退之地，人无固志，守则生死之争也。能夺之于强夷之手，而畏其不保乎？因其城垒，用其人民，收其刍粮，则蚁附者不能争我于散地。况幽州者，负西山①，带卢沟②，沓嶂重崖以东迤于海，其视瀛、莫、河朔之旷野千里③，可恣胡骑之驰突者奚若？得幽州，则河朔之守撤；不得幽州，则赵、魏之野莫非边徼。能守赵、魏④，而不能守幽州乎？忧曹翰死而无能守幽州者，则姑置之，徒不忧守赵、魏之无人，抑将尽取大河南北而授之契丹也与？翰死而不能更得翰，则幽州之取愈亟矣。所患者，幽州不易得耳。既已得之，而使翰经理守之之事，则虽不如翰者，倚其所缮之营堡，食其所储之米粟，用其所备之甲兵，自可百年而屹然以山立。繇汉以来，踞燕山以扼北狄⑤，岂人皆如翰，而短垣卒不可逾，又何忧翰之不再得哉？

【注释】

①西山：太行山北端的支脉，在北京西面，古称之为"神京右臂"。

②卢沟：即永定河，旧称卢沟河，源头是来自山西宁武的桑乾河，流至官厅始名永定河，之后汇入海河，最终注入渤海。

③瀛：瀛州，北魏太和十一年（487）在赵都军城（今河北河间）置瀛州，辖河间、高阳、章武三郡。隋大业三年（607）改为河间郡，唐代或称瀛州，或称河间郡，五代后晋时瀛州归属契丹，后周世宗显德六年（959）又由后周收复。北宋大观二年（1108）改为河间

府。莫：莫州，唐代设置，治所在莫县(今河北任丘北)，自古以来都是南方通往幽州的交通要道。河朔：即黄河以北的地区，史称河朔地方数千里，民物繁庶，川原坦平。

④赵、魏：中国古代国名，赵人先祖为嬴姓，赵氏。春秋时期赵氏在晋文侯时迁至晋国，后世赵衰、赵盾、赵武、赵简子、赵襄子都是晋国股肱之臣。魏最初是西周分封的诸侯国，前661年被晋献公攻灭，把它封给毕万，即战国时魏国国君的先祖。前403年，韩、赵、魏三家把晋国一分为三，周威烈王把赵烈侯封为诸侯，开始立国，先后在晋阳(今山西太原)、中牟(今河南鹤壁)、邯郸建都，地域在今河北省南部、山西省中部和陕西省东北部。前222年，被秦国灭亡。魏在三家分晋后也被周威烈王封为诸侯，先后在安邑(今山西夏县)、大梁(今河南开封)建都，其领土包括现在山西南部、河南北部和陕西、河北部分地区。自魏惠王从安邑迁都大梁后，亦称梁国。赵、魏在战国时都是七雄之一，后来就用赵、魏泛指今河北、山西一带的广大地区。二国的历史参见《史记·赵世家》及《魏世家》。

⑤燕山：位于河北平原北侧，滦河切断此山后形成关口，名喜峰口，潮河切断处则称为古北口，自古为南北交通要道，素为兵家必争之地。狄：北方少数民族之一，自周代时就活动于齐、鲁、晋、卫之间，后来泛指北方少数民族。

【译文】

攻取与防守，其难易是非常明显的了。疲劳与闲佚、饥与饱的形势既不相同，而攻击者处于可进可退之地，人们没有固守的念头，防守则处于生死相关的境地。能从强大的夷人手中夺取，还怕保不住它吗？借助于已有的城垒，利用当地的人民，收聚粮草，那么对方就不能在分散的地区与我争夺众多的归附者。何况幽州这个地方，背靠着西山，以卢沟作为纽带，又有重叠的山峦向东一直绵延到海，这样的地势不利于胡人骑兵作战,而瀛州、莫州、河北的千里旷野,就便于让胡人的骑兵恣意奔驰冲击,两相比较又怎样呢? 得到了幽州,则在河北的防守就可撤除;得不到幽州,则河北的赵、魏平原就都成了必须防守的边境。能守赵、魏平原,还不能守幽州吗? 担心曹翰死了无人能守幽州,于是就暂且放下不管,就不担心无人来守赵、魏平原吗? 难道要把整个大河南北都送给契丹吗? 曹翰死了就不能再有曹翰了,那么攻取幽州就更为急迫了。所担心的事情,不过是幽州不容易取得而已。既已得到了幽州,而让曹翰经营防守幽州的事情,那么就算是不如曹翰的人,倚靠他所修缮的营堡,吃着他所储备的粮食,用着他所准备的盔甲兵器,自可如高山一样屹立一百年之久。从汉代以来,占据燕山以扼控北方狄人,难道是所有的人都像曹翰一样能干,而使矮墙终究不可跨越吗? 又何必担心不会再有曹翰这样的将领呢?

虑之远者,亦知其所可知而已。吕后问汉高以社稷之臣①,至于一再,则曰:"非汝所知。"非独吕后之不知,汉高亦不知也。所可知者,育材有素,抡选有方②,委任之以诚,驾驭之以礼,则虽百年以后之干城,皆早卜其勋名之不爽。何事于曹翰膂力方刚之日,而忧其难继哉? 逆料后之无良将,而靳复其故宇,抑将料子孙之无令人,而早举中夏投之戎狄,以免争战之劳与?

【注释】

①吕后(前242—前180):名雉,单父(今山东单县)人。其父吕公移居沛县,认识刘邦后,就以吕雉许配。刘邦称帝后立吕雉为后。为人有谋略,帮助刘邦翦除了异姓王陈豨、韩信、彭越等人。生汉惠帝刘盈及鲁元公主,刘邦死后,惠帝年少,吕后执掌大权。

惠帝死后,吕后临朝称制,独揽国家大权。传见《汉书·高后纪》。

②抡(lún):挑选,选拔。

【译文】

忧虑长远的人,也只能知道他所能知道的事情而已。吕后问汉高祖谁是能保住汉家社稷的大臣,一问再问,最后高祖只能说:"不是你所能知道的。"不但吕后不能知晓,汉高祖也是不知道的。所能知道的事情,是人才要训练有素,挑选人才要有方法,委任人才要以诚心,驾驭人才要以礼节,那么就是一百年以后护卫国家的大臣,也都能提早预卜他的功名而不会有什么差失。何必还在曹翰年富力强的时候,就担忧在他之后而难有合适的继承人呢?是预料到以后没有优秀的将领,现在就考虑恢复原有的领土,还是事先预料子孙之中没有杰出人才,而早早地把整个中华送给戎狄,以免以后会有战争的苦劳呢?

故普之说,口诚给也;以其矛,攻其盾,破之折之,不待踟蹰①,而春冰立泮。然而以太祖之明,终屈于其邪说也,则抑有故矣。谓谁能守者,非谓才不足以守也;谓翰死无能如翰者,非谓世无如翰之才者也。普于翰有重疑矣,而太祖曰:"无可疑也。"普则曰:"舍翰而谁可弗疑也?"幽燕者,士马之渊薮也。天宝以来②,范阳首乱③,而平卢、魏博、成德相踵以叛④。不惩其失,举以授之亢衡强夷之武人,使拊河朔以瞰中原,则赵氏之宗祏危矣⑤!呜呼!此其不言之隐,局踧喔嘶于闺闱⑥,而甘于朒缩者也⑦,不亦可为大哀者乎!

【注释】

①踟蹰(chí chú):犹豫;迟疑。

②天宝:唐玄宗的年号,从742至756年。

③范阳:范阳节度使,又称卢龙节度使、幽州节度使,是唐朝在北方
设置的节度使之一。唐玄宗设幽州节度使,负责防御奚、契丹,
治所在幽州(后称范阳郡,在今北京),统辖幽州、蓟州、妫州、檀
州、易州、定州、恒州、莫州、沧州共九州。后改为范阳节度使。
安禄山发动叛乱,就以范阳、河东、平卢为根据地。安史之乱后,
改为幽州节度使,因领卢龙军,又称卢龙节度使。唐亡后,卢龙
节度使刘守光自称大燕国皇帝,后被李存勖吞并。五代石敬瑭
为了称帝,将卢龙节度的全境和河东节度北部的蔚州、应州、寰
州、朔州、云州五州割让给契丹国,即燕云十六州。

④平卢、魏博、成德:统称河北三镇,是唐代后期在北方设置的三个
重要藩镇。三镇都在唐朝的河北道,故称河北三镇,又称河朔
三镇。

⑤祏(shí):古代宗庙里藏神主的石匣,代指皇家宗族的王权。

⑥局蹐(jí):局促、拘束。喔嘶(ō sī):叹气呼叫。

⑦朒(nù):农历月初月亮出现在东方。比喻亏缺,不足。

【译文】

所以赵普的说法,口头上的分辨实在是很快的;但是如果用他的
矛,来攻他的盾,不用踌躇犹豫,就会像春天的冰马上解冻一样打破他
的辩解。然而凭着宋太祖的明智,却最终屈服于赵普的邪说,则也是有
原因的。说谁能守住幽州,不是说能力不足以守卫幽州;说曹翰死了就
没有能像曹翰一样的人,不是说世上没有才能像曹翰一样的人。赵普
对曹翰猜疑太深,而宋太祖说:"没有什么可疑。"赵普则说:"除了曹翰
而有谁是可以不用怀疑的呢?"幽燕之地,是士兵战马聚焦丛生的源头。
自从唐代天宝年间以来,范阳节度使首先叛乱,接着就是平卢、魏博、成
德三镇节度使相继反叛。不以这一灾祸为教训,就把幽州交给可与朝
廷抗衡的强悍军人,让他能够摭有河北而窥瞰中原,则赵家的皇权就危

险了！呜呼！这就是他们的难言之隐，而只能在密室内局促地感慨叹息，而甘心让河北地区的军事部署处于软弱亏缩的状态，不也是应为他们大大悲哀的吗！

　　夫直北塞垣之地，阻兵而称乱者，诚有之矣。汉则卢绾、陈豨、彭宠、卢芳①，唐则始于安禄山②，终于刘仁恭父子③。然方跃以起，旋仆以灭，亡汉唐者，岂在是哉？且其拥兵自保，而北狄阑入之祸消，虽倔强不戢，犹为我吠犬以护门庭也。迨及朱温屠魏博，李存勖灭刘守光④，而后契丹之突骑长驱于河、汴，而莫之能遏。御得其道，则虽有桀骜之夫而无难芟刈⑤。即其不然，割据称雄者，犹且离且合，自守其疆域，以为吾藩棘。此之不审，小不忍而宁掷之敌人，以自贻凭陵之祸。四顾怀疑，密谋而安于弃割，弗能告人曰吾之忧在此也，则口给之言，入乎耳而警于心；普曰："翰未可信也，继翰者愈可疑也"，则画河自守，鞭易及而马腹无忧耳。宋之君臣匿情自困，而贻六百年衣冠之祸，唯此而已矣。

【注释】

①卢绾（前256—前194）：沛郡丰邑（今江苏丰县）人，与刘邦是同乡好友，刘邦称帝后封为燕王。与陈豨一起叛乱，刘邦派樊哙、周勃攻打卢绾，卢绾逃到匈奴，后死于匈奴。传见《史记·韩信卢绾列传》、《汉书·卢绾传》。陈豨（？—前195）：宛朐（今山东菏泽）人，西汉初封为列侯，为赵国相国，统率赵国、代国的军队。由于在外独掌兵权，引起汉高祖猜忌，遂与王黄等人反叛，自立为代王。后在灵丘被汉军杀死。传见《史记·韩信卢绾列传》。

彭宠(? —29):字伯通,南阳宛(今河南南阳)人,原为刘秀的部将,建武三年(27),攻克蓟城(今北京),自称燕王。建武四年(28),刘秀派军攻克涿州等地,彭宠退出蓟城,据守渔阳。次年被子密杀死。传见《后汉书·彭宠传》。卢芳:生卒不详,字君期,安定郡三水(今宁夏同心)人。王莽末年,卢芳在三水举兵,割据安定地区。更始帝封卢芳为骑都尉。更始帝死后,匈奴把卢芳接到匈奴境内,在九原(今内蒙古包头)称帝。东汉光武帝建武十七年(41),向汉朝投降。汉光武帝封卢芳为代王,但卢芳擅自拥兵入朝,被阻止后,再次叛汉。失败后逃入匈奴境内,最后死于大漠之中。传见《后汉书·卢芳传》。

②安禄山(703—757):营州(今辽宁朝阳)人,其父为康姓胡人,母为突厥人。本姓康,名阿荦山。其父死后,其母改嫁突厥将军安波注之兄延偃,从此冒姓安氏,名禄山。后进入军队,逐步升职,唐玄宗天宝元年(741)成为平卢军节度使,又兼任平卢、范阳、河东三镇节度使。天宝十四年(755)以讨伐杨国忠以清君侧为名发动叛乱,天宝十五年(756)在洛阳称雄武皇帝,国号大燕。其后唐用李光弼、郭子仪等人击败安禄山,他最终则被儿子安庆绪刺杀。传见《旧唐书·安禄山传》、《新唐书·逆臣传·安禄山传》。

③刘仁恭(? —914):深州(今河北深州)人,唐昭宗时任卢龙节度使。他击败义昌节度使卢彦威,以其子刘守文为义昌节度使。后父子反目成仇,仁恭战败被俘。传见《新唐书·藩镇·刘仁恭传》。

④刘守光(? —914):刘仁恭之子,因与刘仁恭爱妾罗氏通奸,被刘仁恭断绝父子关系。唐哀帝时刘守光自称卢龙节度使,攻擒其父刘仁恭。又击败其兄义昌节度使刘守文,刘守光于是兼有两镇,开平五年(911)称帝,国号大燕。晋王李存勖攻陷幽州,俘获

刘仁恭及刘守光,斩杀刘氏父子。传见《旧五代史·僭伪列传·刘守光传》《新五代史·杂传·刘守光传》。

⑤ 桀骜(jié ào):凶残暴烈,不驯服。芟刈(shān yì):割取,引申为割除。

【译文】

在正北方的关塞边境之地,确实有以兵抗拒朝廷而称乱的人。在汉代则有卢绾、陈豨、彭宠、卢芳等人,在唐代则从安禄山开始,到刘仁恭父子时才告终。但是这些人都是刚刚跳起来反叛,随即就倒下而灭亡,使汉、唐灭亡的人,难道是在这里吗?况且他们拥兵自保,而使北方狄人随意侵入的灾祸消失,虽然他们倔强不顺,仍像狗一样吠叫着为朝廷看护门庭。等到朱温屠戮了魏博,李存勖消灭了刘守光,而后契丹突击的骑兵就长驱进入黄河、汴梁,而无人能够遏止他们。驾驭这种人如果掌握了正确的方法,则虽然会有桀骜不驯的武夫也不难加以割除。即使不能这样,割据称雄的人,本身是忽离忽合的,各自守着他们的疆域,作为朝廷的藩篱。对这一点不能看清楚,小不忍而宁可把北方关塞要地抛给敌人,就会由自己造成被别人欺侮的灾祸。环顾四面而无不怀疑,密谋之后而安心放弃割舍,却不能告诉人说:我的担忧就在于此,那么那些善辩的话语,进入自己的耳朵就会让心里警觉;赵普说:"曹翰是不可信的,曹翰之后的继任者则更为可疑",于是甘愿放弃边塞之地而以黄河为界来自守,这个地区虽然鞭子容易打到但也仅能使如马腹一样的狭小区域无忧而已。宋朝的君臣藏匿在心里的这种真实想法让自己困扰,更给中华文明留下了六百年的灾祸,其原因就只有这一条而已。

乃若普者,则又不仅是。以幕客之雄,膺元勋之宠,睥睨将士①,奄处其上,而固无以服其心也。陈桥之起②,石守信等尸之③,而普弗与;下江南,收西川,平两粤,曹彬、潘美等任之④，而普弗与；则当时推诚戮力之功臣，皆睥普而愤其轧己，普固有不与并立之势，而日思亏替之以自安。所深结主知以使倚为社稷臣者，岂计安天下以安赵氏哉？唯折抑武臣，使不得立不世之功以分主眷而已。故其受吴越之金⑤，而太祖曰："彼以为天下事尽系书生也。"则太祖亦窥见其情，徒疑忌深而利其相制耳。

【注释】

①睥睨(bì nì)：斜着眼看。瞧不起别人，高傲的样子。

②陈桥之起：指使赵匡胤黄袍加身的陈桥兵变。五代后周世宗显德六年(959)，世宗柴荣死，由年仅7岁的儿子继位，史称恭帝。次年(960)刚过元旦，北方边境发来紧急军报，说北汉与契丹联兵入侵，赵匡胤于是率军从京城大梁(今河南开封)出发，傍晚走到城北不远的陈桥驿，停下休息，到了晚上，将士们在赵匡胤之弟赵光义和赵普等人的鼓动下，给赵匡胤穿上黄袍，欢呼万岁，然后率军返回大梁，逼迫恭帝禅让帝位，于是赵匡胤即位，改国号为宋，史称陈桥兵变。

③石守信(928—984)：浚仪(今河南开封)人，与赵匡胤结为义社兄弟，后周时赵匡胤任殿前都点检，石守信接任殿前都指挥使。他与赵匡胤长期共事，是赵匡胤的亲信。赵匡胤称帝后，他是最大功臣之一，赵匡胤采取"杯酒释兵权"的策略，解除了其兵权。死后追封威武郡王，谥号武烈。传见《宋史·石守信传》。

④曹彬(931—999)：字国华，真定灵寿(今河北灵寿)人，后周时任枢密使、晋州兵马都监等，北宋时参与灭蜀之役，后又率军灭南唐。传见《宋史·曹彬传》。潘美(925—991)：字仲询，大名(今河北大名)人。周世宗时任西上标门副使，因拥立赵匡胤称帝，

为北宋开国元勋。之后率军攻灭南汉，与曹彬攻灭南唐，随宋太宗灭北汉、北伐契丹。传见《宋史·潘美传》。

⑤受吴越之金：开宝六年（973），赵普接受了吴越王钱镠的礼物十瓶瓜子金，还违法从秦陇买木材营建官邸，宋太祖闻知大怒，赵普被罢相。吴越，即吴越国，五代十国之一。钱镠建国（895—978），都杭州（今浙江杭州）。钱镠死后，由钱元瓘、钱弘佐、钱弘倧、钱弘俶（钱俶）继位。宋太宗太平兴国时，钱俶尽献其领土，吴越灭亡。

【译文】

　　至于像赵普这样的人，则又不仅仅如此。他作为幕府宾客中的豪雄，享有开国元勋的恩宠，对军队将领采取傲慢的态度，高居其上，本来就不能让军队将领心服。陈桥兵变的时候，石守信等人主掌其事，赵普并未参与；以后攻下江南、收服西川、平定两粤，曹彬、潘美等人担任其事，赵普也没有参与；这样看来，当时对赵匡胤推布诚心而戮力攻杀的功臣，都瞧不起赵普而愤恨他倾轧自己，赵普本来就与他们势不两立，因而天天想着削弱他们而使自己安宁。他用来深结君主获得信任以使君主把自己倚赖为社稷之臣的做法，哪里是为了安定天下以求安定赵家王朝呢？他的目的只是要压抑军事将领，使他们不能建立当世罕见的大功而分得君主的眷爱。所以在他接受吴越的金钱时，宋太祖说："他还以为天下事全都由书生来决定呢。"可知宋太祖也已窥知了他的私心，只是因为太祖对军事将领们也有很深的怀疑猜忌而利用赵普与军人们相互牵制罢了。

　　惟然，而太祖之任普也亦过矣。不仁者，不可与托国。则他日之悬害其子弟以固宠禄，亦何不可忍也！诚欲崇文治以消桀骜与①！则若光武之进伏湛、卓茂②，以敦朴纯雅之风，抑干戈之气，自足以靖方夏而化强悍。若湛、茂等者，皆忠厚立心，而无阴鸷钳伏之小知者也[3]，故功臣退处，而世效其贞。当宋之初，岂无其人，而奚必此怀椠倚门、投身戎幕之策士乎[4]？弗获已，而窦仪、吕余庆之犹在也[5]，其愈于普也多矣。险诐之人[6]，居腹心之地，一言而裂百代之纲维。呜呼！是可为天下万世痛哭无已者也。

【注释】

①奡(ào)：同“傲”，傲慢。

②伏湛(？—37)：字惠公，琅邪东武(今山东诸城)人。他的先祖伏胜西汉初年传授《尚书》，他承继家学，有学生数百人。东汉时征为尚书，又暂代大司徒，封阳都侯。传见《后汉书·伏湛传》。卓茂：生卒年不详。字子康，南阳宛(今河南南阳)人。西汉元帝时随博士江生学习《诗》、《礼》、历算等，称为通儒。东汉光武帝将卓茂封为太傅，封褒德侯。传见《后汉书·卓茂传》。

③鸷(zhì)：凶狠。

④怀椠(qiàn)：指掌握书写撰作的能力。椠，古代以木削成板片，用来书写。

⑤窦仪(914—966)：字可象，蓟州渔阳(今天津蓟县)人。宋太祖时，为工部尚书，判大理寺事，奉命主撰《建隆重定刑统》(即《宋刑统》)等书。又任礼部尚书、翰林学士。太祖欲任他为宰相，但遭赵普忌恨而未果。传见《宋史·窦仪传》。吕余庆(927—976)：原名胤，字余庆，因避宋太祖讳，以字行，幽州安次(今河北安次)人。后周时在赵匡胤手下任书记，成为赵匡胤幕僚，入宋后任端明殿学士、开封府知府等职。传见《宋史·吕余庆传》。

⑥诐(bì)：邪恶。

【译文】

即便如此，宋太祖如此信任赵普也是一种过错。不仁的人，不能将国事托付给他。不然以后危害君主的子弟以加固自己的恩宠和官禄，又是多么不可忍受的啊！真想崇尚文治以消除军人的桀骜不驯吗？就像汉光武帝那样进用伏湛、卓茂，用敦朴纯雅的风气，抑止干戈杀伤之气，自然足以安定华夏而改变强悍之人。像伏湛、卓茂这样的人，都以忠厚立心，而不是用小聪明阴险凶狠地钳制压服别人，所以有功之臣退位之后，世人都会仿效他们的忠贞。在宋朝的初年，难道没有这样的人吗，又何必一定要重用赵普这种怀揣书版投靠到军人幕府的策士呢？如果实在不得已，像窦仪、吕余庆这种人还在，他们远远超过赵普。阴险邪恶的人，居于心腹重地，他说的一句话就破坏了长达百代的政治纲纪。呜呼！这真是要为天下万世痛哭不止的事情啊。

九

曹翰之策取幽州，勿虑其不可守也，正惟欲取之而不克。何以明其然也？兵者，非可乍用而胜者也，非可于小康之世，众志惰归而能当大敌者也。宋承五代之余[1]，人厌干戈，枭雄之气衰矣。江南、蜀、粤之君臣，弄文墨，恣嬉游，其甚者淫虐逞而人心解体，兵之所至，随风而靡，宋于是乘之以有功。彼未尝誓死以守，此未尝喋血以争，如项羽、公孙述、窦建德、薛举之几胜几负而始克者也[2]。乃天下已收其八九，而将卒之情胥泮涣矣。以此而骤与强夷相竞，始易视之，中轻尝之，卒且以一衄而形神交馁[3]。故太宗之大举北伐，惊溃披离而死伤过半。孰是曹翰之奋独力以前，而可保坚城之遽下邪？

【注释】

①五代：唐朝灭亡之后形成的分裂割据时代。唐天祐四年(907)，朱温灭唐称帝，建立后梁，五代自此开始。此后经后唐、后晋、后汉、后周，到960年赵匡胤取代后周，建立北宋，五代结束。五代主要统治区域在中原，与此同时在其他地区先后存在着一些割据政权，合称十国：前蜀、后蜀、吴、南唐、吴越、闽、楚、南汉、南平(荆南)、北汉。故这一时期合称五代十国。

②薛举(？—618)：河东汾阴(今山西万荣)人。隋末占据陇西，自称西秦霸王、秦帝，迁都天水(今甘肃天水)。在浅水原大败李世民率领的唐军，正欲直取长安，突然暴卒。传见《旧唐书·薛举传》、《新唐书·薛举传》。

③衄(nù)：挫败，失败。馁(něi)：泄气、丧气。

【译文】

曹翰谋划攻取幽州，不用担心他不能守住幽州，只应担心他想攻取而不能取胜。以什么证明是这样呢？用兵，不是可以临时一用就能取胜的，在小康之世，众人意志已经懈惰欲归时，是不能面对大敌的。宋继承了五代的余风，人们都厌恶战争，枭雄之气已经衰弱了。在江南、西蜀、南粤割据的君臣，舞文弄墨，恣意嬉游，其中有人过分施加淫威而人心涣散，大兵所至之处，他们就随风披靡，宋在此情况下乘势进军，所以能取得成功。对方未尝誓死防守，己方也未尝准备拼死攻战，不会像项羽、公孙述、窦建德、薛举那样，经过多次胜负才最终取胜。而此时天下已夺取了十分之八九，将士的斗志也都涣散了。以这种形势突然与强敌相争，开始看得容易，中间轻率尝试，最终会因一次失败而使自己的身体和精神全都受挫。所以宋太宗大举北伐，一旦溃败惊恐散乱就造成大军的死伤过半。这与曹翰单独奋力向前，而可保证很快攻下坚固城池相比，谁更好呢？

　　虽然，抑岂无以处此哉？汉高帝尝困于白登矣[①]，至武帝而幕南可无王庭[②]；唐高祖尝称臣于突厥矣[③]，至太宗而单骑可使却走[④]。夫汉与唐，未尝不偃戈息马以靖天下也，未尝不制功臣使蹲伏而不敢窥天位也，特不如赵普者惴惴畏人之有功，而折抑解散之，以偷安富贵。则迟之又久，而后起者藉焉，何忧天下之无英杰以供驱使哉？句践[⑤]，一隅之君耳，生聚之，教训之，卒以沼吴。惟长颈鸟喙之难与共功[⑥]，而范蠡去[⑦]，文种诛[⑧]，以终灭于楚。一得一失之几，决于君相之疑信，非繇天下之强弱，其亦审矣。

【注释】

①白登：地名。今山西大同东北马铺山。汉高祖六年（前200），汉高祖刘邦率三十万大军征讨韩王信及匈奴，在白登山被匈奴围困七天。刘邦采用陈平之计贿赂匈奴阏氏（皇后），阏氏说服匈奴的冒顿单于，网开一面，让汉高祖率军撤出。

②武帝：指汉武帝刘彻（前156—前87），汉高祖刘邦的重孙、汉景帝刘启的第十子，16岁登基，前141年至前87年在位，长达54年。传见《史记·孝武本纪》《汉书·武帝纪》。幕南可无王庭：指汉武帝派卫青等人多次攻讨匈奴，使之远遁，不能再在沙漠之南设立王庭。语出《史记·匈奴列传》："匈奴远遁，而幕南无王庭。"

③唐高祖（565—635）：指唐朝开国皇帝李渊，字叔德。隋末趁天下大乱而起兵，618年称帝，国号唐，定都长安。庙号高祖。传见《新唐书·高祖本纪》《旧唐书·高祖本纪》。突厥：古代游牧民族，6世纪时势力逐渐强盛，建立政权。最高首领称为"可汗"，子弟称"特勤"，将领称"设"。隋初分裂为东突厥和西突厥，后东、西突厥统一于唐。唐高宗时，南迁的东突厥北返复国，建立后突

厥汗国。唐玄宗天宝年间,在唐朝和九姓铁勒回纥等部的联合
攻击下,后突厥国灭亡。

④太宗:即唐太宗李世民(599—649)。在位期间政治清明,又能虚
心纳谏,休养生息,史称"贞观之治"。庙号为太宗,史称唐太宗。
传见《旧唐书·太宗本纪》《新唐书·太宗本纪》。单骑可使却
走:唐高祖武德九年(626)六月,李世民即位后仅十余天,突厥颉
利可汗率大军来到长安城北四十里的渭水便挢之北。李世民率
六骑来到渭水与颉利可汗相见。不久唐大军来到,颉利可汗请
和。隔一日,李世民又到便桥,与颉利结盟,突厥撤退。

⑤句践(约前520—前465):会稽(今浙江绍兴)人,越王允常之子,
前496—前465年在位。周敬王二十六年(前494),吴王夫差在
夫椒(今江苏太湖马山)把句践击败,句践逃到会稽山(今浙江绍
兴),被夫差围困。句践采用范蠡的计策,向吴称臣乞和。在吴
为奴三年后回国,卧薪尝胆,任用范蠡、文种等人,休养生息,十
年生聚,十年教训,积蓄力量。后趁夫差北上争霸,攻入吴国,最
终灭吴。传见《史记·越王句践世家》。

⑥长颈鸟喙(huì):长脖子,像鸟一样的尖嘴巴,比喻阴险狠毒者的
相貌。据《史记·越王句践世家》,范蠡、文种二人从楚来到越,
帮助句践灭吴之后,范蠡对文种说:"越王为人长颈鸟喙,可与共
患难,不可与共乐。"范蠡希望两人一齐离开勾践,文种不听,范
蠡离开,文种后来被句践杀死。

⑦范蠡(前536—前448):字少伯,生卒年不详,春秋时楚国宛(今河
南南阳)人。辅佐句践最终消灭吴国,成就霸业。成功之后急流
勇退,来到齐国,改名为"鸱夷子皮",耕作经商,积累数千万家
产。齐王拜他为相,三年后又辞官,来到陶(今山东肥城陶山,或
说是山东定陶),运用计然之术经商,又成巨富,自号陶朱公,为
中国商人的始祖。事迹见《史记·越王句践世家》《国语·越

语》《吴越春秋》。

⑧文种(? —前 472):字子禽,春秋末期楚之郢(今湖北江陵)人。楚平王时任宛县县令,认识范蠡后一起前往越国,成为句践的谋臣,帮助句践灭吴。后被句践赐剑自杀。事迹见《史记·越王句践世家》《国语·越语》《吴越春秋》。

【译文】

虽然如此,难道就无法处理这种情况了吗？汉高祖曾在白登被匈奴围困,但是到汉武帝的时候就能让匈奴不敢在沙漠之南设王庭;唐高祖曾向突厥称臣,而到唐太宗的时候就能仅率数骑与突厥首领会面而使突厥退走。汉代与唐代,未尝不偃兵息武以安定天下,未尝不抑制功臣使之蹲踞俯伏而不敢窥伺帝位,只是不像赵普惴惴不安地怕别人有功,而想打击压抑分散他们,以使自己能够偷安而享富贵。则如此延续了很久时间之后,又会有后起者利用这种情况,哪里担忧天下没有英雄豪杰以供君主驱使任用呢？句践,只是一个角隅小国的君主而已,他让越国的百姓十年生聚,又进行教化训练,最终灭了吴国。只是他的脖子长、嘴像鸟喙一样尖突,因而功臣难以与他共享成功,于是范蠡离开越国,文种则被句践诛杀,最终被楚国灭亡。一得一失之间的幽微之机,取决于君主和宰相对其他人是怀疑还是相信,而不是由于天下力量的强与弱,这也是非常清楚的。

以普忮害之小慧①,而宋奉之为家法,上下师师,壹于猜忌。狄青、王德用且如芒刺之在背②,惟恐不除焉。故秦桧相③,而叩马之书生知岳侯之不足畏④。则赵普相,而曹翰之策不足以成功,必也。翰之以取幽州自任也,翰固未之思也。

【注释】

① 忮(zhì)：出于嫉恨而毒害别人。

② 狄青(1008—1057)：字汉臣，汾州西河(今山西汾阳)人。出身贫寒，面有刺字，宋仁宗时为延州指挥使，人称"面涅将军"，在与西夏作战时立下累累战功，后升枢密副使，不久被罢职，受到欧阳修、文彦博等人的猜忌和排挤，抑郁而终。传见《宋史·狄青传》。王德用(980—1058)：字元辅，赵州(今河北赵县)人。有谋略，治军有方，率军守边，名闻四夷。因他面黑，故人称他为"黑王相公"。传见王安石《临川文集·鲁国公赠太尉中书令王公行状》。

③ 秦桧(huì，1090—1155)：字会之，江宁(今江苏南京)人。靖康之役，与宋徽宗、钦宗被金人一起被俘，押往北方。后自称逃脱而回到南宋临安，两次担任宰相，力主和议，与金国签订了和约。害死岳飞、岳云及其部下张宪，留下千古罪名。传见《宋史·秦桧传》。

④ 叩马之书生：据《宋史·岳飞传》：金军将领兀术被岳飞击败，准备放弃汴梁离去，这时有一个书生叩住兀术的马说："太子不要走，岳少保就要撤退了。自古未有权臣在内，而大将能立功于外者，岳少保且不免，况欲成功乎？"指秦桧在朝，岳飞不能在战争中再立大功，且他本人也将不免受到迫害，于是兀术醒悟而不再撤军。岳侯：即岳飞(1103—1142)，字鹏举，相州汤阴永和乡孝悌里(今河南安阳汤阴菜园镇程岗村)人。南宋著名抗金将领。宋高宗时被秦桧以"莫须有"的罪名杀害。宋孝宗即位后为岳飞平反，谥"武穆"。宋宁宗时又追封鄂王，改谥"忠武"。传见《宋史·岳飞传》。

【译文】

赵普嫉害他人的小智慧，被宋朝尊奉为家法，上下师从，一心猜忌。

对狄青、王德用就像芒刺在背,唯恐不能除掉。所以秦桧做了宰相,就有拦住金国兀术战马的书生知道岳飞不足畏惧。那么赵普做宰相,而曹翰的谋略就不足以成功,也是必然的。曹翰以攻取幽州作为自己的职责,这表明曹翰本来也未能深思。

十

《记》曰:礼"从其朔①。"朔者,事之始也;从之者,不敢以后起之嗜欲狎鬼神也。又曰:"礼,时为大。"时者,情之顺也;大之者,不忍于嗜欲之已开,而为鬼神禁之也。是故燔黍而有敦黍,捭豚而有燔肉②,玄酒而有三酒③,太羹而有和羹④。不废其朔,质也,而将其敬,不从其情,则文也;不违其时,文也,而致其爱,不薪乎美⑤,则质也。兼敦而互成,仁人孝子之以事鬼神者乃尽之。

【注释】

①礼从其朔:《礼记·礼运》:"夫礼之初,始诸饮食,其燔黍捭豚,污尊而抔饮,蒉桴而土鼓,犹若可以致其敬于鬼神……故死者北首,生者南乡,皆从其初……治其麻丝,以为布帛,以养生送死,以事鬼神上帝,皆从其朔。"礼从其朔,指各种礼都是根据最初的情况来制定的。朔,初始。

②燔黍(fán shǔ)、捭豚(bǎi tún):出自《礼记·礼运》:"夫礼之初,始诸饮食,其燔黍捭豚,污尊而抔饮,蒉桴而土鼓,犹若可以致其敬于鬼神。"上古未有釜、甑煮米,就把米直接放在烧热的石头上烤熟。燔,烧、烤。捭,撕裂。豚,猪,直接把整个猪撕开,又写成"擘豚"。敦,盛黍稷的容器,敦黍指用容器盛黍稷,这是在石上

烧米之后的情况。燔指把肉类用火烧烤,这是用手直接撕裂之后的事情。燔黍、捭豚与"污尊而抔饮,蒉桴而土鼓",都是用于向鬼神致敬时所要准备的食物及用品,其处理食物的方法都在开始时比较简朴,后来则比较隆重。所以这一段后面说敬鬼神的事,认为都从质朴开始,后来变得繁文缛节,但内在的质朴与外在的缛文都是需要的,所以说要兼顾而互成。

③玄酒:古代没有酒,在祭礼中用水当酒。因为古人根据五行以水配玄,玄指黑色,故以水当酒就称为玄酒。三酒:指事酒、昔酒、清酒。事酒,酌有事者之酒,即后来的醳酒。昔酒,指白酒,所谓旧醳之酒。清酒,冬酿接夏而成的酒。三酒之中,事酒较浊,随时酿造。昔酒酿造时间稍长,冬季酿,春天成,比事酒清。清酒是冬天酿而到夏天才成,比昔酒更清。总之是先有玄酒,后有三酒,表示酒也有它的开始。

④太羹:又写成"大羹",往往与玄酒并称,指最初没有任何烹调加工的羹。和羹:加以各种调味品和成的羹。先有太羹,后有和羹。

⑤蕲(qí):同"祈",祈求。

【译文】

《礼记·礼运》中说:礼"从其朔"。朔,是事情的初始。遵从初始的制度,不敢因以后产生的嗜欲而狎辱鬼神。又说:"礼,时为大。"时势,是人情所要顺从的;以时势为大,是不忍心在嗜欲已经产生之后,为了鬼神而加以禁止。所以先用火烧的石来烤黍米,而后有器皿来盛黍米,先用手撕裂整猪而后用火烧烤猪肉,先以水代酒而后酿造不同的酒,最先是不加调味的大羹,而后有各种调味的和羹。不废坏事情的初始状态,因为那是最初的质朴,而行礼表达敬意,不出于内心的感情,则是后来执行礼仪时的文饰;不违背事情的时势,这是外在的文饰,而表达内心的敬爱,不求外表的华美,则是内在的质朴。兼具内心的真诚并与外在的华美相结合,仁人孝子敬事鬼神的事才可说内外全都完善了。

祭用笾、豆①,周制也;夏、殷以上,固有不可尽考者矣。不可考者,无自而仿为之,则以古之所可考者为朔。祭之用笾、豆、铏、俎、敦、彝②,仿周制而备其器,所以从朔而将其敬,非谓必是而后为鬼神之所歆也。尊其祖而不敢亵,文治也,而质为之诎矣。太祖欲撤之,而用当时之器,过矣。过则自不能晏然于其心,而必为之怵惕,故未几而复用之。然而其始之欲用当时之器,以顺情而致养,亦未甚拂乎道也。歉然不惬,而用祖考之所常御,怵然中变,而存古人之所敬陈,皆心也。非资闻见以仿古,徇流俗以从时也。爱不忍忘,而敬不敢弛;质不忍靳,而文不敢替,故两存之。于其必两存者,可以察仁孝之动以天者矣。

【注释】

①笾(biān):古代祭祀和宴会时盛果品的竹器。豆:古代盛肉或其他食品的器皿,形状像高脚盘。

②铏(xíng):古代盛羹的小鼎,两耳三足,有盖。俎(zǔ):古代祭祀时放祭品的器物。彝(yí):古代盛酒的器具。

【译文】

祭祀使用笾、豆,这是周代的制度;夏代、殷代以前,本来就有些情况不能完全考察清楚。不可考察的事情,自然无法仿效来做,所以就把古代所能考察的情况作为开始。祭祀时使用笾、豆、铏、俎、敦、彝这类器皿,是仿照周代制度而要具备的器皿,从开始时就要怀有那种敬重之心,这并不是说用了这类器皿就必定会让鬼神得以享用。使用这类器皿来表示尊重其祖先而不敢亵渎,只注重祭祀的外在美观,内心敬重祖先的质朴之情就会受到抑屈。但宋太祖想撤掉周代祭祀制度中的那些器皿，而使用当时常用的器皿，这样做就过分了。过分了则自然不能在心中感到安然，必定要为之感到警惧，所以不久又恢复使用周代的祭祀器皿。然而他开始时想使用当时的器皿，以顺乎人心来表达对祖先的奉养，也没有严重违背大道。心中感到愧疚而不惬意，而使用祖先们通常使用的器皿，又有所警惧而中途加以改变，由此来保存古人在祭祀中陈列的器皿，这都是出自他的内心。不是为了让人们增广见闻才仿效古代的，而是顺从众人的习惯以合乎时代的要求。对祖先敬爱而不忍忘记他们，于是恭敬而不敢懈怠；保持质朴之情而不忍对祖先鬼神进行祈求，而外表行为也不敢有所废坏；所以外在的华美与内在的质朴两方面都要加以保存。在一定要兼顾华美与质朴这一点上，就可以了解到他的仁爱孝敬之心的萌动是出于天性的。

虽然，其未研诸虑而精其义也。古者天子诸侯之事其先，岁有祫①，时有享②，月有荐③。荐者，自天子达于庶人，而祭以等降。祭以文昭敬，位未尊而敬不得伸；荐以质尽爱，苟其亲者而爱皆可致。夫祭必有尸，有尸而有献斯有酢④，有酢斯有酬，有酬斯有绎⑤，周洽弥纶⑥，极乎文而不欲其相渎。故尊罍设⑦，玄酒陈，血膋燔⑧，牲升首，太羹具，振古如斯。而笾、豆、铏、俎、敦、彝，皆法古以重用其文，而后尊之也至；尊之也至，而后敬无不伸。若夫荐，则有不必其然者矣。荐非不敬，而主乎爱；主乎爱，则顺乎其时，而以利得其情。古之荐者，所陈之器、所献之味无考焉。意者唯其时而不必于古与！其器，习用而安之；其味，数尝而甘之；仁人孝子弗忍绝也，则于荐设之焉可矣。且夫笾、豆、俎、铏，亦非隆古之器矣；和羹、燔炙，亦非隆古之食矣；古今相酌，而古不废今，于祭且然，而况荐乎？汉、唐以下，所谓祭者皆荐也，未有舍今以从古者也。唯不敢不以从朔之心，留十一于千百，则笾豆相仍，用志追崇之盛。而古器与今器杂陈，古味与今味互进，酌其不相拂者，各以其候而递用之，极致其敬爱，必有当也。而太祖未之讲耳，卒然而撤之，卒然而复之，义不精而典礼不定，过矣。然而其易之之情、复之之心，则固诚有于中憬然而不容抑者存也。有王者起，推此心以求合精于义，而质文交尽，存乎其人焉，非可以意之偶发而废兴之也。

【注释】

①祫(xiá)：古代天子或诸侯把远近祖先的神主集合在太庙里进行祭祀。

②享：献，祭祀的名称。

③荐：也是一种祭祀，荐也是献。在不同季节(时)和不同月份献上不同的东西，以祭祀鬼神。

④酢(zuò)：酒宴上，主答客称为酬，客回敬主人称为酢。

⑤绎(yì)：指又祭，天子诸侯在正式祭祀的第二天又祭，称为绎。周成王时，祭宗庙的第二天，又设祭事，以寻绎昨日的祭祀，称为绎。

⑥弥纶(lún)：统摄、笼盖。弥，遍。纶，络。合起来指普遍包络，这里是指祭祀的各种行为与用物都包括在内而不会有所遗漏。

⑦尊罍(léi)：尊与罍都是古代的酒器名，用来泛指酒器。

⑧膋(liáo)：肠上的脂肪，也泛指脂肪。燔(fán)：烧。

【译文】

即使如此，他还没有在思想中加以研究而精心认识其中的意义。

古代天子诸侯祭祀他们的祖先，每岁有祫祭，每季有享祭，每月有荐祭。荐祭，从天子到庶人都要奉行，只是祭祀的规制按等级逐步降低。祭祀用外在的行为表达恭敬，神位未达到尊贵的程度而所要表达的恭敬就得不到表示；荐献祭物要靠物品的质朴来充分表达对祖先的敬爱，若是他的亲人则他对祖先的敬爱之情就都可以通过祭物表达。凡是祭祀就必定要有主持祭祀的人，有主持祭祀的人就会有献酒和酬答，有酬答就会有第二天的又祭，这样才使祭祀完备周到而无所不包，在外在的行为上达到极致而不想让它们相互亵渎干扰。所以设置了尊罍一类的酒器，就会陈列出玄酒，燔烧带血的肥肉，把三牲提升为祭物的首位，准备好太羹，从古以来就是这样。而笾、豆、铏、俎、敦、彝等器皿，都是效法古代而重视使用它们的外在形状，这样做好之后，对祖先的尊重就达到了极致；尊重达到极致，而后对祖先的敬仰就会充分表达。至于献上祭物，就有不必如此的情况了。献上祭物不是不敬，而以内心的爱为主；以爱为主，就会顺从当时的情况，而便于表达对祖先的心情。古代人祭祀时献上祭物，所陈列的祭器、所献祭物的滋味已经不能考知了。估计只应合乎当时的习惯而不一定符合更古的要求吧！当时所用的祭器，习惯于平常的用法而觉得心安；当时所献祭物的滋味，多次尝过了而觉得可口；仁人孝子不忍心使祖先死后再也吃不到，就在祭祀时献上这些食物就可以了。而且祭祀时使用的那些笾、豆、俎、铏等器皿，也不再是远古的器皿了；献上的那些和羹、燔炙之肉，也不是远古时的食物了；古与今相对比，古时就不会不用他们当时的物品，在祭祀时是这样，何况荐献的食物呢？汉、唐以后，所说的祭祀都是荐献食物，没有废除他们当时的食物而遵从古时的做法。只是不敢不遵从初始祭祀的心情，对古时的祭祀器物制度在千百年之后做到保留十分之一，于是在祭祀时继续使用笾豆一类的祭器，这是用来表达尊崇祖先的盛典。而古时的器物与当今的器物混杂着陈列，古时的食物与今时的食物交互地进献，就要斟酌考虑不让它们相互矛盾，各自按照不同的季节而递相使用它

们,用来充分表达对祖先的敬爱之心,就一定是得当的。而宋太祖对此
并没有精心研究罢了,突然撤掉了古时的祭器祭物,又忽然恢复使用,
对祭祀的义理没有精到的理解而相关的制度也不确定,这就过分了。
但是他改换祭器与祭物的心情、又重新恢复的心情,则本来就有真实地
出自内心醒悟而不容否定的想法。有称王于天下的人兴起,推广这种
心情而追求在义理上达到精确无差,而使祭祀的内在质朴与外在文饰
全都达到极致,这是只能由特定的人才能做到的,不是可以根据自己的
偶发心情而随意兴办或废除的。

十一

省官以清吏治,增俸以责官廉,开宝之制①,可谓善矣。
虽然,有说。语云:"为官择人,不为人建官②。"此核名实、求
速效之说也,非所以奖人材、厚风俗、劝进天下于君子之道
也。郡县之天下,其为州者数百,为县者千余。久者六载,
速者三载,士人之任长吏者,视此而已。他则委琐之簿、
尉③,杂流兼进者也。以千余县岁进一人,十年而溢于万,将
何以置此万人邪?且夫岁进一人之不足以尽天下之才也,
必矣。古之建国也,其子、男之国④,提封之壤⑤,抵今县之一
二乡耳。而一卿、三大夫、九上士、二十七中士、八十一下
士⑥,食禄于国,为君子而殊于野人者且如此。进而公、侯,
又进而天子之廷,凡其受田禄而世登流品者,不可以纪。故
其《诗》云:"济济多士,文王以宁⑦。"以文王之德,且非是而
无以宁也。育人材以体天成物,而天下以靖,故《易》曰:"上
天下泽,履,君子以辨上下、定民志⑧。"民志于民而安于利,

士志于士而安于义,勿抑其长,勿污其秀,乃以长养善气,礼乐兴,风俗美,三代之所以敦厚弘雅,迎天地之清淑者;岂在循名责实、苟求速效之间哉?

【注释】

①开宝:宋太祖年号,968 年至 976 年。

②为官择人,不为人建官:《三国志·蜀志·许靖传》:"审量五材,为官择人。"唐李世民曾在手诏中说:"为官择人者治,为人择官者乱",成为人们常用的一种说法。

③簿、尉:簿,是古代官名,指主簿一类官职,因负责文书簿籍,故称簿,如汉代的主簿,唐代的司簿、典簿、掌簿。尉,古代官名,一般是武官,如县尉,都尉。也有高级的武官称尉,如太尉。簿尉连称,则泛指地方官府中的低级佐理官员。

④子、男:周代分封的诸侯有五等爵位:公、侯、伯、子、男,子、男是相对低等的爵位。

⑤提封:分封的疆土。

⑥一卿、三大夫、九上士、二十七中士、八十一下士:古代的设官制度,但各书的说法不同,《礼记·王制》:"天子:三公,九卿,二十七大夫,八十一元士。"《汉书·王莽传》:"凡九卿,分属三公。每一卿置大夫三人,一大夫置元士三人,凡二十七大夫,八十一元士,分主中都官诸职。"

⑦济济多士,文王以宁:二句出自《诗经·大雅·文王》,意谓文王有众多的人才,因此得以安宁。济济,人才众多的样子。

⑧上天下泽,履,君子以辨上下,定民志:出《周易》履卦的《大象》传。上天下泽,履,表示履卦由天与泽两卦组成,天即乾卦,泽即兑卦,一上一下,构成了履卦。"君子以辨上下,定民志",则是对履卦的整体说明,强调君子要分辨上下之位,以固定民众的意

志,而不要因为上下之位不明确而使民心发生混乱和动摇。

【译文】

省减官吏以澄清吏治,增加俸禄来责求官吏的清廉,开宝年间的制度,可以说是很完善了。虽然如此,还有值得论说的地方。古人说过:"为官选择人才,不为人建置官位。"这是为了核定名称与实际的一致、追求快速的效果而提出的说法,而不是用来鼓励人才、改善风俗、劝勉天下之人走君子之道的办法。郡县制的天下,其中的州有数百个,县有一千多。在郡县任职的官员时间长的有六年,时间短的只有三年,士人担任郡县的长官,都只是以此为准而已。其他的低等而琐碎的吏员如主簿、县尉之类,则是兼用士人之外的杂类人而任属吏的。按一千多县每年进用一人,十年就超过一万,将在什么地方任用这一万人呢?且每年进一人还不足以完全任用天下的人才,这是必定的。古代建立诸侯国,其中的子爵、男爵一级的诸侯国,分封的国土面积,只抵得上现在一个县的一两个乡而已。而设有一卿、三大夫、九上士、二十七中士、八十一下士,他们都在国内享受俸禄,作为君子而与野人不同且是如此。进而至于公爵、侯爵的封国,又进而至于天子的朝廷,凡是在这样的封国和天子朝廷享受封地和俸禄而世代登记为有等级的士人,其数多得无法记录。所以《诗经》里说:"人才济济士很多,文王以此而安宁。"凭着文王的德行,若无如此多的人才都无法安宁。培育人才来顺行天道而成就万物,使天下得以安宁,所以《周易》里说:"上卦为天,下卦为泽,由此构成履卦,君子据此而分辨上下之位,以稳定民的志向。"民的志向是当一个百姓而在利的问题上获得安心,士人的志向是成为一个士人而在义的问题上获得安心,不要压抑他们各自的志向的增长,不要污害他们之中的优秀者,这样才能长久地养育善气,使礼乐兴盛,风俗美好,夏、商、周三代就是因此而形成了敦厚宏大优雅的风俗,迎来了天地的清新美善;其方法哪里是循着名声而责求它的实际与之相符、苟且地贪求速效呢?

士之有志，犹农之有力也。农以力为贤，力即不勤，而非无其力；士以志为尚，志即不果，而非无其志。士之知有善，犹工贾之知有利也①。工贾或感于善，而既已知利，必挟希望之情；士或惑于利，而既已知善，必忌不肖之名。为人上者，因天之材，循人之性，利导之者顺，屈抑之者逆。学而得禄者，分之宜也；菀而必伸者②，人之同情也。今使为士者限于登进之途，虽受一命，抑使迁延坷坎，白首而无除授之实，则士且为困穷之渊薮③。则志之未果者，求为农而力不任，且疾趋工贾，以不恤旧德之沦亡。其黠者，弄唇舌，舞文墨，炫淫巧，导讼讦，以摇荡天下，而为生民之大蠹④。然后从而禁之，乱且自此而兴矣。是故先王建国，星罗棋布，而观之于射，进之于饮，一乡一遂，皆有宾兴之典，试于司马而授之以事⑤，岂其人之果贤于后世哉？所以诱掖而玉之成者，其道得也。

【注释】

①贾（gǔ）：古时指设店售货的坐商，与四处走动贩卖东西的"商"相对而言。

②菀（yù）：通"郁"，郁结，郁抑。

③渊薮（sǒu）：渊指鱼聚之处，薮指兽聚之处。泛指人和事物集聚的地方。

④蠹（dù）：本指蛀蚀器物的虫子，引申指所造成的破坏、危害。

⑤司马：古代官名，中央政府中掌管军政和军赋的长官。汉代则在大将军、将军、校尉之下设司马，作为属官，专掌兵事。隋唐时州

府长官的属吏中也有司马，位在别驾、长史之下，掌管兵事，泛指
地位不高的官吏。

【译文】

士人而有志向，好比农民要有力量。农民以有力为高明，有力即使
不勤勉，而不是他没有力量；士人以有志向为高尚，志向即使不能实现，
而不是他没有志向。士人知道有善，就像工商知道有利。工商或许会
被善感动，但既然已经知道了利，一定会怀有希望得利的心情；士人或
许会被利迷惑，但既然已经知道了善，一定会忌讳不善的名声。作为在
人之上的统治者，利用天生的才能，顺着人的本性，用利引导他们，这就
是顺；压抑而使他们屈服，这就是逆。学习而后获得官禄，这是分内所
适宜的；郁结而必会伸展，这是人们同样的心情。如今使士人升进的途
径受到限制，虽然获得了一次任命，却又使他面临拖延和坎坷，到头发
白了还没有得到授官的实际好处，则士人将要成为困穷的丛聚之源了。
那么志向没有实现的士人，要想当个农民却力量不能胜任，就会急速地
奔向工商，而不再怜恤品德的沦亡了。其中的狡黠之人，就会玩弄口
舌，舞弄文笔，炫耀淫邪的技巧，引导人们进行争讼和诬陷，以此使天下
变得动荡，而成为民众的大害。然后再设法来禁止他们，祸乱将要由此
而产生了。所以先王分封诸侯国，使它们星罗棋布于各地，而通过射礼
来观察士人，通过饮礼来进用士人，使每个乡村每条街道，都有推举贤
人的制度，让人才在司马那里接受测试而授予职事，哪里是这些人真比
后世的人贤明呢？所以能诱导并让他们成为人才，是因为得到了正确
的方法。

　　夫论者但以吏多而扰民为忧耳。吏之能扰民者，赋税
也，狱讼也，工役也。虽衰世之政，三者之外无事焉。抑考
《周官》《六典》^①，任此以督民者，十不二三；而兴学校、典礼
乐、治宾旅、莅祀事、候灾祥、庀器服者^②，事各一司，司各数

吏,咸以上赞邦治、下修邦事,劝相之以驯雅之业,而使向于
文明。固不能以其喜怒滥施于卑贱,贪叨猎取于贫民弱族
也。则吏虽繁,而治固不棼,又何十羊九牧,横加鞭挞之足
忧哉? 任之以其道也,兴之以其贤也,驭之以其礼也,黜之
陟之以其行也。而赋税、狱讼、工役之属,无冗员,无兼任,
择其人而任之以专。则吏治之清,岂犹有虑,而必芟之夷
之,若芒刺在体之必不能容邪? 乃若无道之世,吝于俸而裁
官以擅利,举天下之大,不能养千百有司。而金蚀于府,帛
腐于笥,粟朽于窌③,以多藏而厚亡④。天所不佑,人所必仇,
岂徒不足以君天下哉? 君子所弗屑论已。

【注释】

①《周官》《六典》:《周官》即《周礼》,西汉景帝、武帝时,河间献王刘
德从民间征得一批古书,其中一部名为《周官》,分天官、地官、春
官、夏官、秋官、冬官六篇。汉成帝时,已缺少冬官篇,以《考工
记》补足。王莽新朝,改《周官》为《周礼》,宣称是周公制订的典
章制度。后也有以六典之名成书者,如《唐六典》,唐玄宗时命李
林甫等人修纂,仿效《周官》六篇的体例,改称"六典",所以后人
又称《周礼》为"周官六典"。

②庀(pǐ):治理。

③窌(jiào):收藏东西的地下深洞。

④多藏而厚亡:出自《老子》第四十四章:"甚爱必大费,多藏必厚
亡。"意谓喜爱得太厉害,就会为此而花费很多金钱。收藏的多,
则失去的也会很多。

【译文】

那些发议论的人只是担心官吏人多就会扰民而已。官吏能够扰

民,是因为有赋税,有狱讼,有工役。即使是衰世的国政,这三样之外没有别的事能扰民。再来考察《周礼》《六典》,用这些事情来督管民众的,十分中不到二、三;而兴办学校、主办礼乐、治理旅客,莅临祭祀事务、占测灾害、治理器物与服饰这些事情,每种事都各有一个部门,每个部门都有几名官吏,都是为了对上协助国家治理、对下修整国家事务,用高雅驯从的事务相互劝勉,而使国和民趋向于文明。本来不能让官员因为个人的喜怒而向卑贱的小民滥加骚扰,也不能让官吏出于贪婪而从贫弱的民众手中牟取物利。这样的话,虽然官吏人数很多,而国家的治理根本不会紊乱;又哪里会有那种十只羊有九个牧羊人,对羊横加鞭挞的情况值得担忧呢? 这是因为按照正确的方法任用官吏,用他们的贤能来使官吏办事,用礼制来驾驭官吏,根据他们的行为来进行官职的升降。而赋税、狱讼、工役之类的事,就会没有冗员,没有兼任,选择适当的人而以专门的事务任命他们。则吏治的清廉,难道还用担心,而一定要削减他们的数量,就像芒刺在身一样而必定不能相容吗? 至于无道的时代,舍不得多给俸禄而通过裁减官员的数量来求得利益,以如此大的天下,不能养千百个官员。而金钱在府库中蚀坏,布帛在箱子里腐烂,粮食在藏洞中朽烂,因为多加聚藏而大量亡失。天不保佑的,一定会是人所仇恨的,哪里只是不足以君临天下呢? 这是君子不屑评论的事情而已。

十二

军兴,刍粮、糗糒、器仗、舟车、马牛、扉屦、帟幕、械具[1],日敝日增,重以椎牛酾酒赏功酬谋之费[2],不可殚极,未有储畜未充而能兴事以图功者也。于是而先储其盈以待事,谋国者所务详也。虽然,岁积月累,希一旦而用,则徒以受财之累，而事卒不成。太祖立封桩库③，积用度之余，曰："将以图取燕、云④。"志终不遂，而数传之后，反授中国于北狄，则事卒不成之验也。积财既广，既启真宗骄侈之心以奉鬼神，抑使神宗君臣效之，以箕敛天下，而召怨以致败亡；则财之累也。

【注释】

①糗糒（qiǔ bèi）：外出时携带的干粮。扉（fèi）：古代用草、麻编成的鞋。屦（jù）：古代用麻葛制成的鞋子。帟（yì）：小帐幕。

②椎（zhuī）牛：用铁锤击杀牛。酾（shāi）酒：滤酒，筛酒。

③封桩（zhuāng）库：桩，又写作"桩"。宋太祖建隆三年开始设立的储藏仓库，将每年的财政盈余封存起来，不准挪作别用，作为收复燕、云的专项经费，由皇帝亲自掌握。最初准备存储到500万就用来向契丹赎取幽、云。后来降服西蜀等割据政权时，也收到大量金钱，也都在内库存储，也称为封桩。封桩制度后来也在各地实行，在发生战争或发生饥荒时使用。

④燕、云：即燕云十六州，又称幽云十六州、幽蓟十六州，指后晋天福三年（938）石敬瑭割让给契丹的十六个州，地域涉及今北京、天津及山西、河北北部，多为军事险要之地，易守难攻，这使契丹的疆域向南扩张到长城沿线，随时可以南下进攻中原。

【译文】

军队要出动，粮食、食品、器物兵器、舟船车辆、牛马、各种草鞋、帷幕、器械用具，天天有损耗，天天要增加，加上杀牛筛酒奖赏功劳的费用，无法计算，不可能储备不足而能举大事以求得成功。于是事先储备充足以等待举办大事，这是为国家谋划的人所要详加考虑的。虽然如此，长年累月地积累储备，以求一日用，则只会受到积聚钱财的拖累，而大事最终也办不成。宋太祖建立封椿库,积储开支的节余,说:"将要用它来谋求收复燕、云十六州。"愿望最终没有实现,而传了几代之后,反而被北方的狄人得到,这就是大事最终不能成功的验证。积聚的财物已经很多,既开启了宋真宗的骄侈之心,让他拿来侍奉鬼神,又让宋神宗时的君与臣加以仿效,向天下收取财物加以聚敛,而招来怨恨以致败亡,则是钱财的拖累。

　　财可以养士,而士非待余财以养也。谢玄用北府兵以收淮北①,刘宋资之以兴;郭子仪用朔方兵以挫禄山②,肃宗资之以振③。岂有素积以贸死士哉?非但拔起之英,徒手号召,百战而得天下也。盖兵者,用其一旦之气也,用其相习而不骇为非常之情也,用其进而利、坐而不足以享之势也。恃财积而求士以养之,在上者,奋怒之情已奄久而不相为继;在下者,农安于亩,工安于肆,商安于旅;强智之士,亦既清心趋于儒素之为;在伍者,既久以虚名食薄糒④,而苦于役;应募者,又皆市井慵惰之夫,无所归而寄命以糊口。国家畜积丰盈,人思猎得,片言之合,一技之长,饰智勇以前,而坐邀温饱,目睨朝廷,如委弃之余食,唯所舐龁⑤,而谁忧其匮?一日之功未奏,则一日之坐食有名,稍不给而溃败相寻以起,夫安所得士而养之哉?锱铢敛之,日崩月圻以尽之,以是图功,贻败而已矣。

【注释】

①谢玄(343—388):字幼度,陈郡阳夏(今河南太康)人。先为大司马桓温部将,经谢安推荐为建武将军、兖州刺史,领广陵

相，负责江北军事防务。招募北方南迁的民众中的骁勇之士，加以训练，号称"北府兵"。随后在盱眙（今江苏盱眙东北）、淮阴（今属江苏）等地击败前秦，进号冠军将军，加领徐州刺史。传见《晋书·谢玄传》。北府兵：东晋武帝初年谢玄组建训练的军队。作战神勇，淝水之战，北府兵成为击败前秦的中坚力量。此后北府兵成为左右东晋政局的重要力量。北府兵成立之前，镇守荆州的镇将经常起兵反叛朝廷，北府兵成立后，荆州镇将必须与镇守京口的北府兵将领联合才能成功。后来刘裕击灭桓玄恢复晋室，最终又取晋帝而代之，也是以北府兵为骨干力量。

② 郭子仪（697—781）：祖籍山西汾阳，生于华州郑县（今陕西华县）。安史之乱爆发后，任朔方节度使，率军收复洛阳、长安，功居平乱之首，晋为中书令。代宗时，平定仆固怀恩叛乱，并说服回纥酋长，共破吐蕃。一生屡建奇功，唐王朝因此获得二十多年的安定。传见《旧唐书·郭子仪传》、《新唐书·郭子仪传》。朔方兵：指朔方镇的军队。

③ 肃宗：唐肃宗李亨（711—762），唐玄宗第三子，756—761 年在位。继位后任用郭子仪、李光弼，借用回纥兵，收复西京长安、东京洛阳。

④ 糈（xǔ）：粮、粮饷。

⑤ 舐（shì）：舔。龁（hé）：咬。

【译文】

　　财可以养士，而士却不是等着用多余的财物来养的。谢玄用北府兵而收复了淮河以北，刘宋凭借北府兵得以兴起；郭子仪用朔方兵挫败安禄山，唐肃宗借此得以振起。哪能靠平素积累钱财以招买敢死之士呢？不只是有了突然崛起的英豪，空手号召，就能百战而获得天下。这是因为用兵就是利用兵士一定时间内的士气，利用他们相互熟习而不惧怕面对危险状况的感情，利用他们前去作战就有利可得、坐着不动就不足以获得利益的形势。仗恃钱财的积聚而求得人材并豢养他们,在上之人的愤怒之情已经太久而不能持续下来;在下之人若是农民就安于田亩,若是工人就安于作坊,若是商人就安于行旅;若是强而有智的士人,也已心境清静而趋向于儒生的行为;在行伍中的人,既已长久靠虚名而享用国家的薄饷,而为役所苦;应募为兵的人,又都是市井中的慵散懒惰之夫,没有地方可归而到军队中寄托其命来糊口。国家积储充足,人们都想从中得到一份,片言只语合乎需要,有一技之长,装出有智有勇的样子前来应募,而坐求温饱,眼睛盯着朝廷,就像抛弃的剩余食物,只知舔吃,有谁担心国家积储的匮乏?一天的战功也未曾奏效,还能因为有名在册而坐享一天的军饷,稍微不能供给就会使溃败相继而至,这样哪里能得到人材而养他们呢?长久地一点一滴地聚敛钱财,在短暂的日月之间如同崩塌似地用光积储,靠这来求得成功,就只能带来溃败而已。

且夫深智沉勇决于有为者,非可望于中材以下之子孙也。吾之积之,将以有为也,而后之人不能知吾之所为,而但守吾之所积,以为祖德。其席丰而奢汰者勿论矣;驯谨之主,以守藏为成宪,尘封苔蔽,数无可稽,犹责填入者无已。奸人乘之,窃归私室,而不见其虚。变乱猝生,犹将死护其藏,曾不敢损其有余以救祸。迨其亡,徒赠寇仇,未有能藉一钱之用,以收人心而拯危败者。财之累,于斯酷矣!岂非教积者之作法于凉哉?

【译文】

况且那些有深沉智谋、勇力而果断有所作为的人,不可寄希望于中等才能以下的后世子孙。我的积储,是将要有所作为的,而后来的人不能了解我的所作所为，而只是守着我的积储，认为这是祖上的善德。那种生活阔绰而奢侈的人就不要说了，就是顺道而严谨的君主，也只会以守着祖上的积储为一成之法，使积储的钱财堆满了灰尘长出了藓苔，数量无法统计，还不停地责求人们增添。于是就有奸人利用机会，偷窃拿到私人家中，而看不出积储的减少。变乱突然发生的时候，还要死死地护住这些积藏，不敢减损其中的多余来挽救灾祸。等到灭亡的时候，就会白白地赠送给仇敌，没有人能从中借取一钱来用，以收聚人心而拯救危败。钱财的拖累，于此就太残酷了！难道不是教人积储的人定下的制度在德行上太薄了吗？

天下之财，自足以应天下之用，缓不见其有余，迫不见其不足。此有故存焉：财盈，则人之望之也赊；财诎，则人之谅之也定。见有余者，常畏其尽；见不足者，自别为图。利在我，则我有所恋，而敌有所贪；利不在我，则求利于敌，而敌无所觊。向令宋祖乘立国之初，兵狃于战而幸于获，能捐疑忌，委腹心于虎臣，以致死于契丹，燕、云可图也。不此之务，而窃窃然积金帛于帑^①，散战士于郊，曰："吾以待财之充盈，而后求猛士，以收百年已冷之疆土"，不亦迷乎！翁妪之智，畜金帛以与子，而使讼于邻，为达者笑。奈何创业垂统思大有为者，而是之学也！

【注释】

①帑(tǎng)：本音 nú，后来为了与妻帑(妻与子)区分，又音 tǎng，专指收藏钱财的府库，或所收藏的钱财。

【译文】

天下的财物，本来是足够应付天下的开支的，松缓时看不到它有剩余,急迫时看不到它的不足。这就有其原因:钱财盈足,人们对它的指望就会奢侈;钱财不足,人们也就对它有所体谅而心定。看到钱财有余的人,经常担心它会用光;看到钱财不足的人,自然会有另外的打算。钱财的利益在我手里,则我对它有所恋眷,而敌人就有所贪求;钱财的利益不在我手里,就会向敌人手里夺求利益,而敌人也不会觊觎我。从前假使宋太祖在建国初期,因军队习于作战而希望通过作战获取好处,能够捐弃对武将的怀疑猜忌,向如虎一样的大臣托付诚心,让他们拼死去与契丹作战,燕、云十六州就可以夺回了。不致力于这样做,却像小民似地积储钱财在府库中,把战士解散到乡郊,说:"我等着钱财积存足了,而后再寻求猛士,来收复已经丧失了百年的疆土",这不是愚蠢吗!类似老头老太太的智谋,储藏钱财留给子孙,而使子孙与邻居相争,被聪明人笑话。为什么创业建国而想大有作为的人,却要学这个做法呢!

十三

宋初定《开宝通礼》①,书佚不传。大抵自唐《开元礼》而上至于《周礼》②,皆有所损益矣。妇服舅姑斩衰三年③,则乾德三年从大理寺尹拙等奏也④。本生父母得受封赠,则淳化四年允李昉之请⑤,赠其所生父超太子太师、母谢氏太夫人始⑥;而真宗天禧元年⑦,遂令所后父母亡、得封本生父母,遂为定制也。斯二者,皆变古制,而得失可考焉。

【注释】

①《开宝通礼》:北宋开宝六年(973),宋太祖命李昉、刘温叟等人在唐《开元礼》的基础上增加宋代礼制的内容,成书二百卷,取名《开宝通礼》,又有卢多逊等人修撰的《开宝通礼仪纂》一百卷,二

书相辅而行。

②唐《开元礼》：此书从唐玄宗开元十四年（726）开始修撰，到开元二十年（732）修成，共一百五十卷，先后有张说、萧嵩、王仲丘、徐坚、李锐、施敬本等人参与编纂。在唐《贞观礼》《显庆礼》的基础上修订补充，分为吉、宾、军、嘉、凶五大类礼，以国家典礼仪制为主，兼及地方政府的祭仪和官僚家庭的吉凶之仪，为中国古代礼制的代表作。

③斩衰（cuī）：丧服名。衰，通"缞"，是"五服"中最重的丧服。用最粗的生麻制成布再缝为丧服，断处外露不缉边，丧服上衣叫"衰"，因称"斩衰"，表示毫不修饰以尽哀痛，服期三年。诸侯为天子，臣为君，男子及未嫁女为父，承重孙（长房长孙）为祖父，妻妾为夫，均要服斩衰。

④乾德三年：乾德是宋太祖的年号，自963年至968年，乾德三年为965年。大理寺：古代国家负责审理刑狱案件的最高机关。秦汉以来或称廷尉，或称大理，后以大理寺作为官署名，大理寺卿为官名。尹拙（890—971）：颍州汝阴（今安徽阜阳）人。北宋初，为检校工部尚书、太子詹事、判太府寺及大理寺。传见《宋史·儒林传·尹拙传》。

⑤淳化四年：淳化是宋太宗的年号，从990年到994年，淳化四年为993年。李昉（925—996）：字明远，深州饶阳（今河北饶阳）人。北宋初为中书舍人，宋太宗时任参知政事、平章事、加中书侍郎。奉敕撰《太平御览》《文苑英华》《太平广记》。又参与编撰《旧五代史》。传见《宋史·李昉传》。

⑥超：李超，李昉的父亲，后晋时为集贤殿直学士。太子太师：古代官职，西晋时始置，与太子太傅、太子太保并称"东宫三师"，多为虚衔，而非实职。

⑦真宗（968—1022）：宋真宗赵恒，宋太宗第三子，998年至1022年

在位。在位期间与契丹签订了和约,同意每年送给契丹金银作为岁币,史称"澶渊之盟",以此换来双方无战事。听信天书符瑞之说,信奉道教和佛教,伪造天书,又封泰山、祀汾阳,修建许多寺庙,致使朝政废弛。天禧元年:公元1017年。

【译文】

宋朝初年制定《开宝通礼》,书已亡佚而没有流传下来。大体上从唐代《开元礼》向前追溯到《周礼》,都有所增减。儿子的妻子为舅和姑服三年斩衰之丧,则是乾德三年采纳大理寺卿尹拙等人的奏请。本人生身父母可以受到朝廷的封号和赠官,则是始于淳化四年接受李昉的请求,赠给他的生父李超太子太师、赠给他的母亲谢氏太夫人;而在宋真宗天禧元年,就令如果所承继的父母已死亡,可以转封自己的亲生父母,于是成为固定的制度。这两条,都是改变了古代的制度,而其中的得失是可以考察的。

礼有不可变者,有可变者。不可变者,先王亦既斟酌情理,知后之无异于今,而创为万世法;变之者非大伦之正也。可变者,在先王之世,尊尊亲亲,各异其道,一王创制,义通于一,必如是而后可行;时已变,则道随而易,守而不变,则于情理未之协也。

【译文】

礼的制度中有不可改变的,有可以改变的。不可改变的,先王也已根据情理加以斟酌,知道后世与当时没有不同,而创建为万代的制度;对此加以改变,就不合乎基本伦理的正道了。可以改变的,在先王的时代,尊敬尊贵的人,亲近亲爱的人,分别采用不同的道理,一个王创建了制度,在义理上是贯通而统一的,必像这样而后才可以实行;时代已经变化，则道理随之而变化，墨守而不加以改变，就不合乎情理了。

　　人之大伦五，唯君臣、父子、夫妇极恩义之至而服斩^①，兄弟则止于期矣，朋友则心丧而止矣，其他皆君臣、父子、夫妇之推也。舅姑虽尊，繇夫妇而推，非伦之正也。妇人不贰斩^②，既嫁从夫者，阴阳合而地在天中^③，均之于一体，而其哀创也深。夫死从子，其义虽同，而庶子不为其长子斩，庶子之妻亦如之，则非适长之不斩，不视从夫而重，虽夫殁无异，一姓之中，无二斩也。是则伉夫于父，而妻道尽矣。推而之于舅姑，不容不降也。异姓合，而有宾主之道焉。故妇初执笄以见舅姑^④，拜而舅姑答之。生答其拜，殁而服期，君子不以尊临人而废礼，所以昭人伦之辨也。

【注释】

①服斩：是古代最重的一种丧服，即斩衰，凡是子、未嫁女为父母，媳为公婆，承重孙为祖父母，妻为夫，都穿这种丧服，以粗麻布制成，左右上下不缝。

②贰斩：古代礼制，无两父贰斩之义，即一个人不能认两个父亲，因此也就不能为两个父亲服斩衰丧服。这就是不贰（两次）服斩衰之意。

③阴阳合而地在天中：妇为阴，夫为阳，女子出嫁之后与丈夫就是阴阳相合。地属阴，天属阳，妇属阴，夫属阳，地在天中，表示妇从属于夫。

④笄（fán）：圆形竹器，形状如筐，妇人执之以盛枣栗等物，比喻妇人出嫁后到夫家做家务活，服侍夫家人。

【译文】

人的基本伦理有五项，只有君与臣、父与子、夫与妇的恩义最重要，服三年的斩衰,兄弟间仅服一年的丧服,朋友之间则只是在心中守丧就够了,其他人的服丧等级都由君与臣、父与子、夫与妇的守丧关系推定。公婆虽然也是尊者,由夫妇的关系推论,就不是基本的伦理正道。妇人不两次服斩衰,出嫁之后从属于丈夫,是阴与阳相合,而地(阴)在天(阳)之中,合起来就是一体,夫对于妇来说,(夫死)她的哀痛就非常深。丈夫死了,妇人就从属于子,其从属的道理虽然相同,但对庶子不像对长子那样服斩衰,庶子的妻子也是这样,不是嫡长子就不服斩衰,在丧服上不比为丈夫守丧的重,即使丈夫死了也没有不同,一姓之中,没有两次斩衰。这是把丈夫与父亲等同,而作为妻子的伦理就完备了。由此来看媳妇与公婆的关系,就不能不降低。异姓合为一家,就有宾主之道在里面。所以妇人刚嫁进门时要手托箅来见公婆,下拜之后公婆则要回礼。活着的时候要对媳妇的下拜回礼,死了之后要服一年的丧,君子不因地位尊贵就居高临下对待人而废坏礼仪,这是为了明确人际伦理的区别。

今之夫妇,犹古之夫妇也。则自唐以上,至于成周,道立于不易,情止于自靖,而奚容变焉?若尹拙之言曰:"夫居苦块①,妇被罗绮,夫妇齐体,哀乐宜同。"其言陋矣。哀乐者,发乎情,依乎性者也。人各自致,而奚以同于夫哉?妇之于夫,其视子之于父也奚若?父斩子期,亦云哀乐异致非父子之道乎?子之居丧也,非见母不入于内,则妇之得见于夫者无几。虽不衰麻②,自有质素,祭不行,而无馈笾亚献盛饰之服③,苟为礼法之家,亦何至被罗绮以与衰麻相间乎?妇有父母之丧,夫不举乐于其侧,缘情居约,哀者哀,而哀已节者固不以乐乱之,亦无俟强与同哀,而为不及情之贰斩矣。自宋失之,而相沿迄今,以渎典礼,此不可变者,变而失其正也。

【注释】

①苫(shān)块：苫，草席。块，土块。古代礼制，为父母守丧时，孝子
　以草垫为席，土块为枕。

②衰麻(cuī má)：为亲人守丧时穿的衰衣麻绖(dié)，即用麻做的丧
　带，系在头上称为首绖，系在腰上称为腰绖。

③亚献：古代祭祀时献酒三次，第二次献酒称为亚献。

【译文】

现在的夫妇，好比古代的夫妇。则自唐代以前，一直到西周初年，
道建立在不变的基础上，人情止于人的自安，对此则何容改变呢？如尹
拙所说："丈夫守丧用草席草垫和土块，妇人却穿绸缎，夫妇本为同体，
哀和乐应该相同。"此言太浅陋了。哀乐，是出自人情，依据人性的。人
各自产生哀乐，为什么与丈夫相同呢？妇对于夫，她与儿子和父亲相比
又怎样呢？为父守丧三年，为子守丧一年，也能说哀乐不同而不是父子
之道吗？儿子在居丧的时候，不是来见母亲就不能进入内室，那么媳妇
能见到丈夫的时候不多。虽不穿衰麻的丧服，自有平常的素服可穿，不
举行祭祀，就不用穿进献祭器酬答敬酒时的盛装服饰，如果是遵守礼法
的家庭，又何至于认为穿绸缎和穿衰麻丧服有差别呢？媳妇有自己父
母的丧事时，丈夫就不在她身边演奏音乐，而是根据这种心情而过简约
的生活。为父母丧事悲哀的妇人自己是悲哀的，而已经节哀的丈夫本
来就不会用演奏音乐来打乱她的悲哀，但也不必强行与她一同悲哀，而
穿不合人情的斩衰丧服。自从宋代在这件事上做错之后，相沿到今天，
亵渎了礼法，这是对不可改变的制度加以改变而违反了礼法的正道。

　　若夫为人后者，以所后之父母为父母，而不得厚其私
亲，周礼也；非周之尽一天下万世于不可变者也。夫周则有

厚道矣。天子诸侯则有世守,卿大夫则有世禄,仰承天职、上事宗庙者,相承也。抑有百世之宗,五世之宗,以合族而饬家政。故嗣国嗣位之适子与其宗子而未有子,则必豫择其昭穆之等亲且贤者以建为嗣。大位奸窥,危病邪伺,不豫则争乱繇此而作。汉之桓、灵①,唐之武、宣②,听废置于妇寺之手,其炯鉴已。立后以承统,而道壹于所尊,不得以亲间之,示所重也。后世自天子而外,贵贱无恒,奋身自致,庙祧不立③,宗子不尊。所谓为人后者,以私爱置,以利赖干④,未尝见贵游之子出后于寒门,素封之支承嗣于婆室⑤。又况郦灭于莒、贾篡于韩之渎伦败化者⑥,相仍以乱。则"谓他人父","谓他人母",割其天性之恩,以希非望之获,何有于尊亲? 而执古以律今,使推恩靳于罔极,不亦悖乎?

【注释】

①桓:汉桓帝刘志(132—167),大将军梁冀毒死汉质帝后迎立刘志为帝,时年十五岁。太后临政,梁冀掌握朝政。后桓帝得宦官协助诛灭梁氏,大权落入宦官之手。传见《后汉书·桓帝纪》。灵:汉灵帝刘宏(156—189),汉桓帝刘志死后,窦皇后及其父窦武迎立刘宏继位,年仅十二岁。在位期间政治腐败,旱灾、水灾、蝗灾不断,民不聊生。宦官又从窦氏手中夺取大权,软禁窦太后。传见《后汉书·灵帝纪》。

②武:唐武宗李炎(814—846),840年至846年在位。以李德裕为相,对唐朝弊政有所改革,如裁判冗官,惩治贪赃枉法,史称"会昌中兴"。武宗崇信道教,会昌五年(845)下令拆毁佛寺佛像,僧人还俗,没收寺院土地,史称"武宗灭佛"。又于会昌元年至三年(841—843)平定卢龙镇、昭义镇、泽潞镇(今山西长治)的叛乱,

会昌三年(843)还出兵击败回鹘乌介可汗。传见《新唐书·武宗本纪》、《旧唐书·武宗本纪》。宣:唐宣宗李忱(810—859),847年至859年在位。武宗死后,由宦官马元贽等人扶立。在位期间,用法无私,从谏如流,恭谨节俭,惠爱民物,并趁吐蕃、回纥衰微,收复了河湟之地,平定了吐蕃。政绩突出,故有"小太宗"之称,史称"大中之治"。他在即位前当过和尚,故在位期间又极力推崇佛教。传见《新唐书·宣宗本纪》、《旧唐书·宣宗本纪》。

③庙祧(tiāo):庙指祖庙,祧指祭祀远祖,后把远祖之庙也称为祧,所以庙祧合起来也泛指祖庙。

④利赖:泛指利益、好处。赖,利。干:求。

⑤窭(jù)室:指贫民的房屋破烂不堪。

⑥鄫(zēng):古代国名。是夏代少康次子曲烈的封国,因始封地名为"鄫"而称鄫国,又写作"缯"。其地在今河南方城北,最后迁徙到今山东枣庄一带。该国经历了夏、商、周三代,至鲁襄公六年(前567),莒国联合邾国攻灭了鄫国。莒(jǔ):古代国名,传说是上古少昊的后裔之一,周代时为莒国,在今山东莒县一带。春秋初,不断与齐、鲁、晋等国会盟,对周围小国发动战争。春秋中后期,国势日弱。楚简王元年,出兵灭莒。贾篡于韩:史实不详。

【译文】

至于过继给别人当子孙的后人,以所承继的父母为父母,而对亲生父母的礼数不能超过所承继的父母,这是周礼的规定;周礼的规定并不是把天下万世全都统一而不可改变。但周礼的这个规定则是有敦厚之道的。天子诸侯有世代守护宗庙的制度,卿大夫则有世袭官禄的制度,向上承继这种天职、对祖先事奉宗庙,这就是前后相承。有传承百代的宗族,也有传承五代的宗族,要合为一族而整饬家族之政。所以继国继位的嫡子与宗子没有儿子,就必须预先选择符合世代次序的亲族中的贤者立为继承人。君主的皇位被奸人窥伺,君主病重之时邪人也在一旁窥伺,不预先定下继承人就会使争乱由此而发生。汉代的桓帝、灵帝,唐代的武宗、宣宗,听任妇人和宦官废黜置立太子,这是史上的明鉴。册立继承人以继承君位大统,使大道统一于继承大位的尊者,不能以自己的父子之亲来干扰君统的传承,这是表示君统的重要。后世自天子之外,人的贵贱不能长久保持,要靠自身的努力而达到地位的尊贵,不能建立帝王那种世代继承的宗庙,后来的嫡长子也没有皇家太子那样的尊贵地位。所谓过继给人作儿子的,是依据私人的喜爱而置立的,又是为了某种利益而求取的,未尝看到贵族的子孙过继给寒门之家作儿子,也没有历代有封号的家族的后人在穷人家作后嗣。又何况莒国灭绝鄫国、韩氏篡夺贾国这种亵渎伦理败坏风化的,造成的祸乱相继不断。那么"称他人为父"、"称他人为母",割除掉天生的父子之恩,以求非分的获利,这哪里谈得上尊重亲人?而用古代来作后世的准则,由此想让父对于子的恩爱永远保持,不就是很荒诞的吗?

若李昉者,吾不知其何以出后于人,而致青云、依白日,极人世之通显。或怀呴呴之惠,忘覆载之恩,曾不念位晋三公之身为谁氏之身也,其忍也乎哉!非以世禄而受荣名,非以宗祧故而为养子,前之失也,补过未晚也。且夫古非尽人而有为之后者也,故礼有无后之祭焉。苟非宗子与有世禄,庙祀不因己而存亡,从子可资以继祖,则子之有无,天也;人不可以其伪干天而强为骈拇枝指者也①。僭立后者非法,觊觎以忘亲为人后者非人,古所不敢不忍者也,奚容假古礼以薄于所生也哉?今之后,非古之后也。李昉之请,天禧之制②,变之正也。

【注释】

①骈拇枝指：出自《庄子·骈拇》篇："骈拇枝指，出乎性哉！而侈于德……骈于足者，连无用之肉也。枝于手者，树无用之指也。"骈拇是脚趾合并在一起，不能正常地分开。枝指，则是手指多叉，如同树枝分叉。用来形容人体多余而不符合自然的东西，引申则比喻多余而无用。

②天禧之制：指上文所说"真宗天禧元年，令所后父母亡、得封本生父母，遂为定制也"。是对自古以来的守丧制度的一项改变，王夫之认为这是改变古制。

【译文】

像李昉这个人，我不知他为什么过继给别人，而能青云直上、得到皇帝的恩宠，得到了人世间最高的尊贵显达。有人因为有养父母呵护的恩惠，忘记了亲生父母的大恩，也不想想官至三公之位的这个身体是谁生下的身体，能这样心狠吗！不靠世袭而获得荣禄功名，不靠宗族世系而成为人家的养子，这是以前的过失，加以补救还不晚。况且古代不是所有的人都有自己的后人，所以礼制中也有没有后人的祭祀。如果不是嫡生子而继承世代承袭的官禄，宗庙祭祀也不会因为自己而发生存亡的问题，可以借助叔伯之子来继承祖先，那么有没有儿子，这就是天意；但人不能用他的虚伪来求上天而强行成为多余的分枝。僭越而立继承人是不合法的，觊觎继承权而忘记亲人来当别人后人的不能算是人，这是古代不敢不下狠心而予以禁止的，怎能容许借古礼的名义来薄待自己的亲生父母呢？现在的后人，不是古时的后人。李昉的请求，天禧年间的制度，是改变古礼的正道。

是故因亦一道也，革亦一道也。其通也，时也；万古不易者，时之贞也。其塞也，时也；古今殊异者，时之顺也。考三王，俟百世，精义以中权，存乎道而已矣。

【译文】

所以因袭是一条道路，改变也是一条道路。礼制的通行沿用，这是时代的问题；万古没有改变，这是任何时代都正确的制度。礼制否塞不通，这是时代的问题；古与今不同，这是对时代的顺应。考察古时的三王，再来面对后来的百代，精察制度的义理而合乎权变，这都存在于大道之中而已。

十四

将欲公天下而不私其子乎？则亦惟己之无私，而他非所谋也。将欲立长君、托贤者、以保其国祚乎？则亦惟己之知所授，而固不能为后之更授何人者谋也。故尧以天下授舜，不谋舜之授禹也；舜以天下授禹，不谋禹之授启也[1]。授禹，而与贤之德不衰；授启，而与子之法永定。舜、禹自因其时行其志，而上协帝心，下顺民志，尧、舜岂能豫必之哉？

【注释】

[1]启：大禹的儿子，史称夏启。大禹本来指定伯益作继承人，但启战胜伯益后，继承帝位，由此把以前的禅让制变为了世袭制，从而建立了中国历史上的第一个王朝——夏。

【译文】

将要以天下为公而不私爱自己的儿子吗？则也只有自己做到无私，而不要谋划其他的方法。将要立年长的儿子为君，托付给贤人，以保住国家的社稷吗？则也只有靠自己知道传给谁，而本来不能谋划以后再传给什么人。所以尧把天下传给舜，不会考虑舜传给禹的事；舜把天下传给禹，不会考虑禹传给启的事。传给禹，而将天下传给贤人的德行不会衰弱；传给启，而将天下传给儿子的制度永久确定下来。舜、禹各自根据他们的时代实行他们的志向，而且上合天心，下顺民意，尧、舜岂能预先确定舜和禹再传给谁吗？

　　吴寿梦为四世之谋①，而僚死于光②；宋穆公为三世之谋③，而与夷死于冯④。杂公私以行其意欲，及乱之生，慝作于骨肉而不可止⑤。宋太祖惩柴氏之托神器于冲人而传之太宗，可也。乃欲使再传廷美⑥，三传德昭⑦，卒使相戕，而大伦灭裂，岂不愚乎！我以授之太宗，我所知也。太宗之授廷美，廷美之授德昭，非我所能知也。臣民之不输心于太宗之子，而奉廷美、德昭，非我所能知也。尧、舜不能必之于舜、禹，而己欲恃赵普之一人，以必之于再传之后乎？

【注释】

①寿梦（前620—前561）：吴王去齐之子，又名乘，字熟姑，又称攻卢王。寿梦继位之初就有破楚、服越、争霸中原的梦想，又有楚国贵族申公巫臣来吴国，教吴人射箭驾车，掌握中原强国的作战技能，使吴国逐渐强盛。他的孙子即吴王阖闾，阖闾之子即吴王夫差，从寿梦到夫差，前后四代，吴国打败楚国、越国而后进军中原，所以说为四世之谋。传见《史记·吴太伯世家》。

②僚（？—前515）：即吴王僚，是寿梦之子余昧的儿子。寿梦死后，其子诸樊为吴王，以后依次由诸樊之弟余祭、余昧继位为王，余昧死后应按寿梦的遗愿，由余昧之弟季札继位，季札逃而不受，于是余昧之子僚继位，即吴王僚。光（？—前496）：即公子光，是诸樊的儿子，他不满僚的继位，认为应该由自己继位，于是趁吴国出兵攻打楚国之际，在国内派专诸刺杀吴王僚，自己继位，即

吴王阖闾。事迹见《史记·吴太伯世家》。

③宋穆公(？—前720)：子姓，名和。宋武公之子，宋宣公之弟。宋宣公传位穆公，穆公把王位传给宋宣公的太子与夷，即宋殇公，让自己的儿子公子冯离开宋国，到郑国居住。宋殇公在位好战，十年十一战，民不堪命，太宰华督杀孔父嘉而夺其妻，殇公大怒，欲攻华督，华督于是杀殇公，迎公子冯回国继位，即宋庄公。三世之谋，指宋代国王三次传位之事，从宋宣公到穆公再到殇公，这是三次传位。参见《史记·宋微子世家》。

④与夷：宋宣公的儿子太子与夷。冯：即宋穆公的儿子公子冯。

⑤慝(tè)：邪恶，也指凶祸、灾害。

⑥廷美：即赵廷美(947—984)，字文化，本名光美，宋太祖之弟。太祖在位时，赵廷美任加同中书门下平章事、京兆尹、永兴军节度使等职。太宗时，又加中书令、开封尹，封为齐王，又封秦王。后来太宗逐步削去廷美的官职，降为涪陵县公，迁往房州(今湖北房县)，不久忧愤成疾而亡。死后追封涪王，谥号"悼"。真宗时恢复西京留守、检校太师兼中书令、河南尹、秦王。传见《宋史·宗室传·魏悼王廷美传》。

⑦德昭：即赵德昭(951—979)，字日新，宋太祖次子，先后封为魏王、武功郡王、燕王、吴王、越王。太祖死后，其弟赵光义即位，为宋太宗，对德昭一直存有戒心。太平兴国四年(979)太宗出征太原，事后很久不对出征之功论赏，德昭问何时论功行赏，太宗说："待汝自为之，赏未晚也！"德昭愤恨自刎。太宗追赠中书令、追封魏王，后改吴王、越王。传见《宋史·宗室传·燕王德昭传》。

【译文】

吴国的寿梦作了四代人的长久谋划，而吴王僚被公子光杀死；宋穆公作了三代人的长远谋划，而公子与夷被公子冯杀死。混杂着公与私来实行他的意愿，等到祸乱产生的时候，骨肉之间做出了凶事而无法制止。宋太祖以柴氏把帝位托付给年幼的儿子作为惩戒，而传位给太宗，这是可以的。却又想再传给弟弟赵廷美，三传给儿子赵德昭，最终使得太宗和他们相杀，而根本的伦理遭到破坏，岂不是愚蠢吗！我传给太宗，这是我所知道的。太宗传给赵廷美，廷美传给赵德昭，就不是太祖所能知道的了。臣民不倾心于太宗的儿子，而奉廷美、德昭为帝，这不是太祖所能知道的。尧、舜不能肯定舜和禹会怎样传位，而太祖却想依靠赵普一个人，来使再传之后的事都确定下来，这能办到吗？

变不可知者，天之数也；各有所怀而不可以强者，人之情也。以人而取必于天，以一人而取必于无定之臣民，则天人无权，而惟己之意欲，圣人之不为此也，所以奉天而顺人也。且使太宗而能舍其子以传之弟与从子也，不待吾之郑重也。如其不能，则骨已朽，言已寒，与闻顾命之赵普且笑我为误，而况拜爵衔恩于太宗之廷者乎？以己意期人，虽公而私，观之不达，虽智而愚，乃以不保其子弟，不亦悲乎！

【译文】

变化中不可知道的，这是天之数；各人有各人的想法而不能强加，这是人之常情。作为人而想肯定知晓天的变化结果，作为一个人而想知道无法确定的臣民的心意，则是天与人没有了权变，而只有自己的愿望了，圣人不做这种事，所以圣人上奉天意而下顺人心。况且让太宗能放弃自己的儿子而传给弟弟和侄子，就用不着我这样郑重其事地进行谋划了。如果不能让太宗这样做，则自己的尸骨已朽，说的话也已冰冷，当时听到这番话的赵普且会笑话我的失误，何况那些在太宗的朝廷上拜爵位和受恩惠的人呢？用自己的想法来期待别人，即使是公也还是私，眼光不通达，即使是智慧也还是愚蠢，却因此而保不住自己的弟弟和儿子,不也是可悲的吗!

十五

　　三代以下称治者三:文、景之治^①,再传而止,贞观之治^②,及子而乱,宋自建隆息五季之凶危^③,登民于衽席,迨熙宁而后,法以斁,民以不康。繇此言之,宋其裕矣。夫非其子孙之克绍、多士之赞襄也。即其子孙之令,抑家法为之檠括^④,即其多士之忠,抑其政教为之薰陶也。呜呼! 自汉光武以外^⑤,爰求令德,非宋太祖其谁为迥出者乎?

【注释】

①文、景之治:西汉文帝、景帝时的良好政治。文帝从公元前180年到前157年在位,景帝自前157年至前141年在位,数十年之间,无为而治,与民休息,轻徭薄赋,不对外用兵,不求奢侈,出现了稳定富裕的景象。又以德化民,社会风俗朴实安定,史称"文景之治"。

②贞观之治:唐太宗在位期间的良好政治。唐太宗贞观年间(627—649)任用贤能,虚心纳谏,鼓励农业,休养生息,复兴文教,完善科举制度,平定外患,稳固边疆,社会安定,史称"贞观之治"。

③建隆:宋太祖的年号,从960年至963年。

④檠括(qíng kuò):约束矫正。

⑤汉光武:即汉光武帝刘秀(前6—57),字文叔,南阳(今河南南阳)人,出生于南顿(今河南项城),东汉开国皇帝。新莽末年,在家乡南阳郡春陵乡起兵,25年称帝,仍以汉为国号,史称"后汉"。

在位33年,大兴儒学,推崇气节。庙号世祖,谥号"光武"。

【译文】

三代以后称为治世的有三个:文、景之治,传了两代就终止了,贞观之治,到儿子就发生大乱了,宋代从太祖建隆年间平息五代的凶乱,使民众过上太平日子,直到宋神宗熙宁年间(1068—1077)之后,法才败坏,民因此不能安宁。由此说来,宋代的治世更长久。这不是他的子孙能够继承大业、有众多士人加以襄助。就算他的子孙很好,还是要有家法对他们加以约束,就算宋代的人才很多并且忠诚,也还要有政治教化对他们进行熏陶。呜呼! 从汉光武帝以外,要寻找有善德的帝王,除了宋太祖谁能高出其上呢?

民之恃上以休养者,慈也、俭也、简也①,三者于道贵矣,而刻意以为之者,其美不终。非其道力之不坚,而不足以终也;其操心之始无根,而聊资以用,怀来之不淑,不能久撑也。文、景之修此三者无余力,乃其慈也,畜刑杀于心而姑忍之,其俭也,志存厚实而勤用之,其简也,以相天下之动而徐制其后也。老氏之术,所持天下之柄者在此,而天人不受其欺。故王道至汉而阙,学术之不贞者为之也。唐太宗之慈与俭,非有异心也,而无固志,故不为已甚之行以售其中怀之秘,与道近矣,然而事因迹袭,言异衷藏,蒙恩者幸承其惠,偏枯者仍罹其伤。若于简,则非其所前闻矣。繁为口说,而辨给夺人,多其设施,而吏民滋扰。夫惟挟恢张喜事之情,则慈穷而忿起,俭困而骄生,恶能凝静以与人休息乎? 是三君者,有老氏处镣之术以亘于中②,既机深而事必诡,有霸者假仁之美以著于外,抑德薄而道必穷。及身不偾,犹其才足以持之，不能复望之后嗣，固其宜矣。

【注释】

①慈也、俭也、简也：《老子》第六十七章："我有三宝，持而保之：一曰慈，二曰俭，三曰不敢为天下先。"慈、俭、简即由此演变而来。

②处镎(chún)：指以敦厚自处，而不崇尚淫巧。镎，通"淳"，淳厚，淳朴。

【译文】

民众倚靠帝王而得到休养生息的方法，是慈、俭、简，这三条对于道来说是珍贵的，但刻意来做的人，其好处不会持久。不是他的道力不够坚强而使其好处不足以持久，而是他怀有这种心肠在开始时就没有根基，而暂且借来应用，为了招来民众的用心并不善良，这是不能长久掩盖的。文、景修行这三者是不遗余力了，在慈的方面，心里怀有刑杀之心而暂且忍住，在俭的方面，心中想着厚实而辛勤地节俭，在简的方面，观察天下的动向而徐徐地在后面进行控制。老子的方法，用来执掌天下的权柄就在于此，而天和人不被他欺。所以王道到汉代而残缺，这是学术的不正所导致的。唐太宗的慈与俭，不是有异心，而是没有固定的志向，所以不做过分的举动以求实现其心中的秘密意图，这与道是接近的，然而行事都因袭前人的事迹，说的话与内心的想法不同，而内心的真实想法则隐藏起来，受到恩宠的人有幸得到他的好处，没有享受到恩惠的人仍然遭受伤害。至于简，则不是他从前人那里所能知道的了。口上繁琐地解说，而快捷善辩则剥夺了别人的不同意见，提出了许多的措施，而使民颇受烦扰。而只是带着张扬喜事的心情，则慈爱用完了就会产生愤恨，节俭受困了就会产生骄狂，怎能凝静地与民休息呢？这三个君主，有老子以敦厚自处的方法横亘于胸中，但既然机心很深而做事必然诡秘，又有霸者假借仁义的美妙表现在外，不过其德本来就很薄，所以其道必会走向穷尽。至于自身不至僵仆而死，是因为他们的才能还足以维持,但不能再指望后来的继承人,这本是理应如此的。

　　宋祖则二者之患亡矣,起行间,陟大位,儒术尚浅,异学不乱其心,怵于天命之不恒,感于民劳之已极,其所为厚柴氏、礼降王、行赈贷、禁淫刑、增俸禄、尚儒素者,一监于夷狄盗贼毒民侮士之习,行其心之所不安,渐损渐除,而苏其喘息。抑未尝汲汲然求利以兴、求病以去,贸愚氓之愉快于一朝,以不恤其久远。无机也,无袭也,视力之可行者,从容利导,而不尸自尧自舜之名,以矜其美,而刻责于人。故察其言,无唐太宗之喋喋于仁义也,考其事,无文、景之忍人之所不能忍,容人之所不能容也,而天下丝纷之情,优游而就绪,瓦解之势,渐次以即安。无他,其有善也,皆因心者也。惟心之绪,引之而愈长,惟心之忱,出之而不妄,是以垂及百年,而余芳未歇。无他,心之所居者本无纷歧,而行之自简也。简以行慈,则慈不为沽恩之惠,简以行俭,则俭不为贪吝之媒。无所师,故小疵不损其大醇,无所仿,故达情而不求详于文具。子曰:"善人为邦百年,可以胜残去杀①。"或以文、景当之者,非也,老氏之支流,非君子之所愿见也,太祖其庶几矣!

【注释】

①善人为邦百年,可以胜残去杀:出自《论语·子路》:子曰:"善人为邦百年,亦可以胜残去杀矣。诚哉,是言也。"意谓感化残暴的人,使他变得善良,于是就可以废除死刑了。

【译文】

宋太祖则没有这两种过失,他起身于行伍之间,登上帝位,儒家的学术素养还很浅,异端邪说不能扰乱他的心,惧怕天命不长久,痛感民众的劳苦已达极点,他所执行的厚待柴氏、礼遇降王、实行赈救、禁止多用刑、增加官吏的俸禄、崇尚儒生等措施,全是从夷狄盗贼毒害民众侮辱士人的风习吸取了教训,对心中感到不安的事都改变做法而施行,逐渐减少和削除那些恶习,而使民众有所复苏和喘息。而且也不是急急忙忙地追求兴利、追求除病,要在一个早上博取愚民的欢心,而不考虑其长远的后果。没有深藏的机心,没有对前人的因袭,视力量所能做到的,从容地因势利导,而不想得到可比于尧舜的名声,以美名自矜,而苛求于人。所以观察他的言论,没有唐太宗那种对仁义的喋喋不休的说教,考察他的行事,没有文帝、景帝那种能忍住别人所不能忍,容下别人所不能容,而使天下纷扰复杂的人情,在优游中得以化解消失,瓦解不安的形势,逐渐地变得安宁。没有别的,他有善行,都是因为他的心。只要心开了头,引伸下去就会更长,只要心是诚的,由此发出的想法就不狂妄,所以能延续将近百年,而余香不止。没有别的,心里所存在的念头本来没有纷扰歧乱,而施行起来自会简约。用简来行慈,则慈不会成为换取感恩的实惠,用简来行俭,则俭不会成为贪婪和吝啬的媒介。没有效法别人,所以虽有小弊病而不损害大的醇厚;没有仿效他人,所以按心情去做而不求章法的详备。孔子说:“善人治国一百年,就可以战胜残暴而消除杀戮。”有人以为文帝、景帝做到了这一点,是不对的,他们的做法是老子学说的支流,不是君子所愿看见的,而宋太祖就几乎做到了!

　　虽然,尤有其立本者存焉。忍者薄于所厚,则慈亦非慈,侈者必夺于人,则俭亦非俭。文帝之忮淮南①,景帝之削吴、楚②,太宗之手刃兄弟也③,本已削,而枝叶之荣皆浮荣矣。宋祖受太后之命④,知其弟不容其子,而赵普密潜之言,且不忍著闻,而亟灭其迹,是不以天位之去留、子孙之祸福,斫其恻怛之心,而不为之制,廓然委之于天人,以顺母而爱弟,蹈仁者之愚而固不悔。汉、唐之主所安忍怀惭而不能自戢者,太祖以一心涵之,而坦遂以无忧。惟其然也,不忍之心所以句萌甲坼,而枝叶向荣矣。不忍于人之死,则慈,不忍于物之殄,则俭,不忍于吏民之劳,则简。斯其慈俭以简也,皆惟心之所不容已。虽粗而不精,略而不详,要与操术而诡于道、务名而远于诚者,所繇来远矣。仁民者,亲之推也,爱物者,民之推也。君子善推以广其德,善人不待推而自生于心。一人之泽,施及百年,弗待后嗣之相踵以为百年也。故曰:光武以后,太祖其迥出矣。

【注释】

①忮(zhì):猜忌。淮南:淮南王刘长(前198—前174),汉高祖刘邦的私生子。生母是赵王张敖的美人,刘邦铲除异姓诸侯时,吕后忌赵美人,不赦免其罪,赵美人生下刘长后自杀。后由高祖立为淮南王。文帝即位,淮南王骄蹇不守法,自比天子。后被废黜,徙居蜀郡,又谪徙蜀郡严道邛邮,途中不食而死。当时有民谣:"一尺布,尚可缝,一斗粟,尚可舂。兄弟二人不能相容。"传见《史记·淮南衡山列传》。

②景帝之削吴、楚:汉景帝三年(前154),刘邦之侄吴王刘濞与楚王刘戊、赵王刘遂、济南王刘辟光、淄川王刘贤、胶西王刘昂、胶东王刘雄渠,以"清君侧,诛晁错"为名发动叛乱,史称"吴楚七国之乱"。景帝命太尉周亚夫与大将军窦婴用十个月时间,大破叛军。刘濞逃到东瓯,为东瓯王所杀,其余六王皆畏罪自杀,事后七国都被废除。见《史记·吴王濞列传》。

③太宗:宋太宗赵炅(939—997),本名赵匡义,字廷宜,赵匡胤之

弟，后为避宋太祖名讳改名赵光义，即位后改名炅。976年至
997年在位。死后庙号为太宗。传见《宋史·太宗纪》。

④太后：宋太祖、太宗的母亲杜太后(902—961)，定州安喜(今河北
迁安)人。杜太后晚年立下遗命，要太祖之后传位太宗，以防年
幼君主继位而被他人夺取的后患。命赵普在榻前记录下来，写
成约誓书，并在纸尾写上"臣普书"三字，藏之金匮。此即"太后
之命"。

【译文】

虽然如此，还有更为根本的东西存在于其中。能容忍的人，薄待了
所应厚待的人，则慈也就不是慈了，奢侈的人必定要从他人手中夺取，
则俭也就不是俭了。文帝猜忌淮南王，景帝削除吴、楚之国，唐太宗亲
手杀死兄弟，根本已被削断，而枝叶的繁荣就都是虚浮的繁荣了。宋太
祖接受杜太后的遗命，知道他弟弟不能容忍自己的儿子，而赵普秘密诬
告的言辞，也不忍把它暴露出来，而且很快灭除了其痕迹。这是不因帝
位的去留、子孙的祸福，而斫削他的恻隐之心，且不为此采取措施，胸怀
廓大地托付给天与人，以顺从母亲、爱护弟弟，做到了仁者之愚而本来
没有后悔。汉、唐的君主能安心地容忍猜忌和削杀，心里怀着惭疚而不
能自我收敛，宋太祖用自己的心就全部包容下来了，而且能坦然无忧。
正是他能这样，不忍之心才会像植物的种籽一样破壳发芽，而后更能枝
叶繁荣。不忍人的死，则是慈，不忍物的殄灭，则是俭，不忍吏民的辛
劳，则是简。这是他用简来做到慈和俭的，都只是遵循内心的不忍心而
已。虽然还较粗疏而不精细，较简略而不详密，总之和运用权术而违背
大道、追求名声而远离诚恳相比，其由来已相差很远。仁爱民众，是爱
亲人之心的推广，爱护物品，是爱民之心的推广。君子善于推广这种不
忍之心以增大他的恩德，善人更是不用推广就自然从心中产生出这种
不忍之心。一个人的恩泽，影响长达百年，不待后嗣能继承这种不忍之
心而延长到百年。所以说：在汉光武帝以后，太祖是远远超出他人的。

卷二　太宗

【题解】

宋太宗赵炅(939—997),本名赵匡义,因避宋太祖讳改名赵光义,即位后改名炅。比太祖小 12 岁,比太祖之子秦王赵廷美大 8 岁。太祖去世后,赵光义 38 岁登基为帝,976—997 年在位,为宋朝第二任皇帝。

太宗在位时与太祖面临的问题有所不同,首先是平定各地的割据势力和收复契丹所占土地;其次是协调权臣之间的相互关系,再次是进行文治。王夫之针对太宗的相关做法提出了自己的评论,认为太宗能对割据者降服之后加以优遇,这在历史上是非常罕见的。

太宗为收复北方失地而用兵,王夫之认为不教之兵不可使战,但只通过训练的士兵,也不可使战。对于军队,只能以战教之,让士兵经历实战,通过不断取得胜利而增长士气。王夫之并不是具有实战经验的军人,作为一个思想家而能有这种思想,非常难得。

太宗时修纂《册府元龟》、《太平御览》等大型图书,命江南、西蜀的一些降臣承担纂述之任。王夫之认为这是太宗继承周世宗的遗志,以求恢复学术和文化,而能胜任此事者,只有南唐、西蜀的降臣中有合适人选。

王夫之又论及文人学者在战乱时期应该如何自处,他认为士人生当乱世,可以在偏远地区远离战火,书教育人,以等待新的太平时代的到来。他痛心不少学者文士在乱世看不到前途，坐销岁月，是自暴自弃，这对于学术与文化就不会做出自己的贡献。王夫之正是生活在这样的世道，他的议论，正是他的自道。

太宗说："人君当淡然无欲，勿使嗜好形见于外。"王夫之认为这是"知道者之言"。王夫之说"宋儒先以格物穷理为身、心、意、知之所自正，亦此道焉耳"。从一个侧面揭示了宋代儒学的特点和方法。这一评论，对于理解宋代理学有参考价值。

对于读书，王夫之认为不能"以流俗之情临简编"。以往的帝王萧绎、杨广、陈叔宝、李煜也都喜欢读书，但都是以流俗之情临简编，反而"益长其惛淫"。如果"以读书为嗜好，则适以导人于欲"，"惟无欲而后可以读书"，这就是不以流俗之情来读书。诸如此类，都值得我们思考。

一

钱氏之归宋①，与窦融之归汉②，彷彿略同。宋之待之也，视光武之待融，固相若也，而宋加厚矣。融之初起，与光武比肩事主，从更始以谋复汉室，非有乘时徼幸之心也。更始既败，独保西陲，而见推为盟主，亦聊以固圉而待汉之再兴。其既得通光武也，绝隗嚣而助攻嚣之师，嚣亡，陇土归汉，融无私焉。则奉版图以入朝，因而礼之，宠以上公，锡以茅土，适足以相酬，而未有溢也。而钱氏异矣。乘唐乱以起于草泽，心固董昌之心也③；要唐命以擅有东土，情亦杨行密之情也。徒以西有强吴与争而恐不敌，故假拜表以弹压众心，何尝有共主在其意中哉！唐亡而朱温篡，则又北面事贼，假温之力以掣吴之右臂；自王自霸，鲸食山海，而富无与匹。及宋之兴，虽曰奉朔，亦聊以事朱、李、石、刘者事宋，观

望其兴衰而无固志。宋之攻江南也，名为助宋，而投间抵
巇④，坐收常州为己有⑤。僭伪向尽，乃始执玉以入庭；恋国
主之尊，犹不自释也。太宗踵立，中原大定，始卷土以来归。
宋之得之，岂钱氏之能授宋也哉？若然，则宋之加厚于钱氏
也，不已过乎！

【注释】

①钱氏：钱俶(chù)，原名弘俶，五代十国时吴越最后一位国王。钱
　元瓘第九子，钱倧之弟。初任内衙诸军指挥使、检校司空，后由
　将领胡进思发动政变，扶立称王。宋太宗太平兴国二年(978)，
　钱俶向宋献上国土，988年六十寿辰，宋太宗遣使祝贺，当夜暴毙
　南阳。传见《宋史·吴越钱氏世家》。

②窦融(前16—62)：字周公，扶风平陵(今陕西咸阳西北)人。新莽
　末从王匡镇压绿林、赤眉，后归更始帝，最终归顺光武帝，授冀州
　牧，封安丰侯，历大司空、将作大将，行卫尉事等职。明帝时，辞
　职养病。死后谥戴侯。传见《后汉书·窦融传》。

③董昌(？—896)：浙江临安(今浙江杭州)人。唐朝末年任义胜军
　节度使，后割据两浙，被唐王朝加封检校太尉、同中书门下平章
　事，陇西郡王。895年2月，在越州(今浙江绍兴)自立为帝，国号
　"大越罗平"。两浙都指挥使钱镠上书朝廷请求讨伐，派兵攻克
　越州外城，董昌布衣出城，押送到杭州的途中被杀。传见《新唐
　书·逆臣传·董昌传》。

④投间：乘隙、趁机。抵巇(xī)：又作舐巇、抵隙，钻空子。

⑤常州：今江苏常州地区，古称延陵，西汉时改称毗陵，西晋时改称
　晋陵，隋文帝时改称常州。

【译文】

　　钱氏归顺宋朝廷，与窦融归顺汉朝廷，大体上是相似的。宋对待钱氏，与汉光武帝对待窦融，本来也是相似的，但宋对钱氏的待遇更加优厚。窦融最初起事的时候，与汉光帝并肩奉事君主更始帝，跟随更始帝打算光复汉朝皇室，并没有乘机侥幸求取帝位的用心。到更始帝失败之后，窦融独自守住西部边疆，而被众人拥戴为盟主，也暂时以固守西部而等待汉王朝的复兴。他在与光武帝通好之后，就拒绝隗嚣且帮助攻打隗嚣的部队，隗嚣灭亡，陇地归属汉王朝，窦融于此没有私心。那么他将版图奉送给汉王朝并投顺汉王朝，因此而对他礼遇，给以上公的恩宠地位，赐给封地，正好足以酬答他的贡献，而光武的赐予没有超出他的奉献。而钱氏就有不同了，他乘着唐王朝的混乱而从民间起兵，他的用心本来就和董昌一样；又要挟唐王朝而擅自占据东方土地，其心情也是与杨行密一样的心情。只是因为西方有强大的吴与他相争而怕不能对抗，所以借着朝廷封官的文书来弹压众人之心，何曾有以唐王朝为共主的心情在他头脑中呢！唐灭亡后被朱温篡权，他又北面称臣事奉贼人朱温，借着朱温的力量来牵制吴的右翼；他是自己称王自己称霸，如巨鲸一样吞食山海的物产，而他的富裕是无人能相比的。等到宋王朝兴起之后，虽然说他也遵奉宋王朝的皇权，也是暂时用当年事奉朱温、李嗣源、李存勖、石敬瑭、刘知远的态度事奉宋王朝，观望宋的兴衰而没有固定的忠诚之心。宋王朝攻打江南时，名义上帮助宋，实际上是乘机钻空子，坐收常州据为己有。各处僭越的伪政权即将全被征服时，这才拿着玉器来到宋的朝廷表示顺服；还留恋当国王的尊贵，仍不自行放弃。太宗继位之后，中原已经平定，这才献上土地前来归服。宋王朝得到钱氏的吴越国，哪里是钱氏能送给宋王朝的呢？若是这样的话，则宋对于钱氏的优待就比光武帝对窦融的优待还要优厚，这不是已经过分了吗！

夫置人之情伪,以审己之得失,则予夺正;洁己之愉怫,以谅人之从违,则恩怨平。斯二者,君子之道也,而宋其庶矣。钱氏虽僻处一隅,非宋敌也;而以视江南、粤、蜀,亦足以颉颃,而未见其绌。主无荒淫之愆,下无离叛之慝,画疆自守,冪岸有余;使不量力而闭关以谢宋,则必勤师远出,争战经时而后下之。使然,则白骨横野,流离载道,吴越之死者积,而中国亦已疲矣。且夫钱俶者,非崛起卒伍,自我得而自我失者也。仰事其先,则宗庙之血食久矣,俯临其下,受禄而立庭众矣。一旦削南面之尊,就班联之次,委故宫于茂草,撤祖庙之榱桷①,夫岂不有痛心于此者?则迟回依恋,不忍遽束手而降附,人各有情,谁能即决于俄顷?不得已而始率宗族子孙以思媚于一王,因以保先王憖留之赤子②,俾安于陇亩,而无暴骨之伤,则不忍苛责以显比之不夙也,道宜然也。而宋能折节以勤恩礼,力修长者之行,固非骄倨自大者所能知,久矣。有可责而弗责也,可弗厚而必厚矣,故曰君子之道,而宋其庶矣。休养两浙之全力,以为高宗立国之基③,夫诚有以贻之也。

【注释】

①榱桷(cuī jué):榱即椽子,放在檩上支持屋面和瓦片的木条,秦名屋椽,周称为榱,齐、鲁称为桷。

②憖(yìn)留:用心保护而存留。憖,愿,情愿。

③高宗:宋高宗赵构(1107—1187),字德基,宋徽宗第九子,宋钦宗之弟,封为康王。北宋灭亡的靖康二年(1127),在应天府(今河南商丘)即位。金兵渡过黄河后,高宗南逃到临安(今浙江杭州)

定都，后以秦桧为相，对金求和，又纵容秦桧害死岳飞，与金朝订立"绍兴和议"。绍兴三十二年(1162)，禅位于太子赵昚，自称太上皇退居养老。传见《宋史·高宗本纪》。

【译文】

把别人是真是伪放下不考虑，来审查己方的得失，这样做就会使给予或剥夺的决策正确；把自己的喜悦和愤怒之心平静下来，以体谅别人是顺从还是违抗，这样做就会使以往的恩怨平复。这两者，是君子之道，而宋差不多都做到了。钱氏虽然偏处一角，不是宋的敌手；但他与江南、南粤、西蜀的割据者相比，也足以抗衡，而看不到他的力量不足。主子没有荒淫的过失，臣下没有叛离的邪恶，画出疆界自我守护，高傲有余；假使他自不量力而封闭关塞来对抗宋，则宋必须动用大军远出征伐，争夺战斗需要一段时间而后才能攻下它。假使这样做，则白骨横陈于荒野，流离的民众满路都是，吴越的死人堆积如山，而中国也已疲惫了。而且钱俶这个人，不是从行伍中崛起后，靠自己征战夺得吴越而又因自己战败而失去吴越的。仰奉他的祖先，则吴越国的宗庙祭祀已经很久了，向下君临其下属，接受他的官禄而立于他的朝廷中的人也有很多。一旦削去作为国王的南面之尊，置身于大臣的班列之中，将原有的王宫委弃在荒草之中，撤除祖庙的梁柱，难道不会对此感到痛心吗？于是犹豫依恋，不忍匆忙来手投降，人各有情感，谁能当即在短时间内做出决定？不得已才率宗族子孙而想取媚于一个帝王，由此而保住先王用心存留下来的子民，使他们安全地生活在陇亩中，而没有暴露尸骨在荒野的悲伤，对这样的心情就不忍心苛责他不早降服为臣来辅佐君主，在道理上也是应当的。而宋能降低身姿来施加恩宠礼遇，尽力做出长者的行为，这本来就不是那种骄横自大的人所能懂得的，宋能如此也很久了。别人有可责之处而不责备他，可以不给予优厚待遇而一定要给予优厚待遇，所以说君子之道，宋几乎都做到了。休养生息两浙地区的全部力量，作为后来宋高宗建立南宋的根基，这确实是有其原因而给后人留下这份遗产的啊。

二

　　不仁之人,不可以托国。悟而弗终托之,则祸以讫;不悟而深信,虽悟而终托之,乱必自此而兴。明察有余,而弗悟者不鲜,固有甚难知者在也。有人于此,与之谋而当,与之决而断,与之言而能不泄,察之于危疑之际而能不移;若此者,予之以仁而不得,斥之以不仁而亦不得,故难知也。虽然,自有弗难知者在矣。处人父子、兄弟、夫妇之间,而投巇承旨以劝之相忮相戕者,则虽甚利于我而情不可测。盖未有仁未绝于心,而忍教人以忮害其天伦者也。持此以为券,而仁不仁之判,若水与火之不相容,故弗难知也。

【译文】

　　不仁的人,不能把国家托付给他。醒悟了而最终不托付给他,则灾祸就会告终;不醒悟而且还深信这种人,虽然醒悟了可最终还是托付给这种人,祸乱必定由此而产生。明察有余,而不醒悟的人不少,本来就有非常难以知晓的事情在里面。在这种情况下,与这种人谋划而得当,与这种人裁决而能决断,与这种人谈论而能不泄露风声,在危难而让人猜疑的时候有所察知而能坚定不移;能这样做的人,既不能称他为仁,也不能斥他为不仁,所以难以知晓。虽然如此,其中自有不难知的事情。处在人家的父子、兄弟、夫妇之间,却利用其中的机会顺着别人的旨意而引人相互猜疑相互残害,他这样做虽然非常有利于我,而他的真心则是不可测的。这是因为没有人会在心里的仁不曾断绝的时候,就会狠心地教人出于猜疑而残害人家的亲人。根据这一点作为证物,那么仁与不仁的区别，就像水与火不相容一样，所以说是不难知晓的。

　　张子房、李长源之智也①，求之于忠谨而几失之。而于汉高帝、唐肃宗、德宗父子猜嫌之下②，若痛楚之在肺肝，曲为引譬，深为护持，以全其天性之恩。则求之于忠谨而不得者，求之于仁而仁亦至矣。乃汉、唐之主弗托以国也，使怀忧疑以去。若夫举宗祊民社委之以身后长久之图③，则往往任之不仁者而不疑，于是而杨素、徐世勣、赵普之奸售焉④。此三人者，谋焉而当，决焉而断，与之言而不泄，处危疑而不移者也，而其残忍以陷我于戕贼，则独任之而不恤。呜呼！天下岂有劝人杀其妻子兄弟而可托以社稷者乎？

【注释】

①张子房：即张良（约前250—前186），字子房，一说为汉初城父（今河南宝丰）人，一说为阳翟（今河南禹州）人。祖先五代相韩，秦灭韩后，他在博浪沙狙击秦始皇，未能成功，逃亡至下邳，遇黄石公，得《太公兵法》，后为刘邦谋臣之一，刘邦称他"运筹策帷帐之中，决胜千里外"。汉朝建立后，封为留侯，之后功成身退。传见《史记·留侯世家》、《汉书·张良传》。李长源：即李泌（722—789），字长源，京兆（今陕西西安）人，先后在玄宗至德宗四朝任职，又四次归隐，五次离京，以布衣、道士身份避祸全身。封邺县侯，世称节邺侯。传见《旧唐书·李泌传》、《新唐书·李泌传》。

②德宗：唐德宗李适（kuò，742—805），肃宗的长孙，代宗的长子。代宗在位时，任天下兵马元帅，平定安、史叛乱后，拜尚书令。大历十四年（779），代宗病死，李适继位。在位初期，出现中兴气象。建中四年（783），德宗调泾原兵途经长安时，发生泾师之变，

德宗出逃到奉天(今陕西乾县)。此后再次逃往山南西道的梁州
(今陕西汉中),后由李晟收复京师,重返长安。后期重用宦官,
导致唐朝后期宦官专权。传见《新唐书·德宗本纪》。

③宗祊(bēng):祊,本指古代在宗庙门内设祭的地方,宗祊即宗庙。
民社:民间祭祀土神,又指人民和社稷。

④杨素(544—606):字处道,弘农华阴(今陕西华阴)人。北周时任
车骑将军,与杨坚(隋文帝)深相结纳。杨坚称帝后,杨素为御史
大夫,后晋爵越国公。杨广即位后,拜司徒,改封楚国公。传见
《隋书·杨素传》。徐世勣:即李勣(jì,594—669),原名徐世勣,又
名徐勣,字懋功,曹州离狐(今山东菏泽东明)人。最初参加瓦岗
寨起义,后投奔李密,武德元年(618)随李密降唐,随从李世民平
定王世充、窦建德、刘黑闼、徐圆朗、辅公祏。李世民即位后,与
李靖击溃东突厥颉利可汗,封英国公,官至兵部尚书、同中书门
下三品。高宗时,任同中书门下参掌机务、尚书左仆射、司空。
降唐后,唐高祖赐姓李,后避李世民讳改名李勣。后来其孙徐敬
业起兵反对武则天,被剥夺李姓,名徐勣。传见《旧唐书·李勣传》、
《新唐书·李勣传》。

【译文】

张良、李泌的智谋,要求做到忠诚谨慎则几乎失去其智谋。而在汉
高祖、唐肃宗、唐德宗父子的猜疑之下,就像痛苦在肺肝,婉转地加以引
导和譬喻,深加护佑,以保全他们天性中的恩爱。那么要求做到忠诚谨
慎而不能做到,但用仁爱来要求就达到仁爱了。而汉、唐的君主不以国
相托付,使他们心怀担忧和疑虑而离去。如果把整个国家社稷都托付
给某人以寻求自己死后的国家长久安全,则往往对不仁的人信任而没
有怀疑,于是就使杨素、徐世勣、赵普这类人的奸谋得逞。这三个人,与
他谋划则得当,与他做决定也能决断,与他论议事情也不会泄露,面对
危难和疑虑时也能态度坚定,但是他们的残忍却让我陷入对亲人的残

害,反而只信任他们而没有疑虑。呜呼! 天下岂有人劝别人杀他的妻子兄弟而能把国家社稷托付给他吗?

　　杨玄感之反①,非玄感之狂也,素之志也。素不死,杨广在其目中,而隋之鹿素得之矣②。徐敬业之起兵③,非义师也,世勣之杀王后立武氏④,欲以武氏乱唐而夺其蹊田之牛也⑤。敬业之力不足以胜武氏耳。世勣不死,纵武氏而后操之,中宗之愚⑥,且为司马德宗⑦,而唐移于徐氏矣。夫赵普,亦犹是也。所与太祖誓而藏之金匮者,曰立长君、防僭夺也。廷美、德昭死矣,太宗一旦不保而普存,藐尔之孤,生死于普之股掌。然则所云防僭夺者,特以太祖死,德昭虽弱,而太宗以英姿居叔父之尊,己愿必不可伸,姑授太宗以俟其身后之冲人,而操纵唯己。故曰:普之情,一素于杨广、世勣于武氏之情。非苛摘之也。

【注释】

①杨玄感(? —613):弘农华阴(今陕西华阴)人。大业九年(613),隋炀帝第二次出征高句丽,玄感屯兵黎阳,进围洛阳。后被隋军击败,无法逃脱,让弟弟杨积善杀死自己。传见《隋书·杨玄感传》。

②隋:隋朝(581—618),大定元年(581),北周静帝禅让帝位给大丞相杨坚,改元开皇,建立隋朝。隋朝结束了魏晋南北朝以来的长期分裂局面,虽仅有文帝和炀帝两代,仍在中国历史上具有重要地位。

③徐敬业(? —684):徐世勣的孙子。历任太仆少卿、眉州刺史。武后临朝称制后,敬业贬为柳州司马,与同被贬官的唐之奇、骆宾

王等起兵反对武则天。敬业起兵后,武则天剥夺了李氏赐姓,派兵镇压。敬业战败后被部下杀死。传见《旧唐书·李勣传附孙敬业传》、《新唐书·李勣传附敬业传》。

④王后:即唐高宗的王皇后(? —655),并州祁(今山西祁县)人。高宗为晋王时纳为妃,高宗即位,立为皇后。后因武则天诬陷,高宗将她废黜;武则天又将王皇后剔断手足,置酿甕中,数日而死。传见《新唐书·后妃传·王皇后传》。武氏:即武则天(624—705),并州文水(山西文水)人,太宗贞观末年入宫为才人,赐号"武媚"。太宗死,为比丘尼。高宗即位后,进为昭仪,诬陷王皇后,取而代之。高宗死后,在唐中宗和唐睿宗时为皇太后,又自立为武周皇帝,改国号为"周",史称"武周"或"南周"。705年退位。退位后,中宗上尊号"则天大圣皇帝"。传见《旧唐书·则天皇后本纪》、《新唐书·则天皇后本纪》、《新唐书·中宗本纪》、《新唐书·后妃传上》。

⑤蹊田之牛:指踩踏田中庄稼的牛,比喻破坏别人事业的人。王夫之用这个典故,是说徐世勣想借武后之手来扰乱唐的天下,以此报复唐当初对他和瓦岗寨的破坏。

⑥中宗:唐中宗李显(656—710),原名李哲,唐高宗李治第七子,武则天第三子。高宗死后,于684年1月继位,到2月就被武后废为庐陵王,软禁在均州(今湖北丹江口)、房州(今湖北房县),前后十四年。699年被武则天召回京城立为太子。705年,宰相张柬之、右羽林大将军李多祚等迫使则天皇帝传位给中宗,恢复国号为唐。景龙四年(710)被韦皇后及女儿安乐公主毒死。传见《旧唐书·中宗本纪》、《新唐书·中宗本纪》。

⑦司马德宗:晋安帝司马德宗(382—419),字安德,晋武帝的长子。太元二十一年(396)继位,元兴三年(404),桓玄篡位,国号楚,贬安帝为平固王。义熙元年(405),刘裕攻杀桓玄,安帝恢复帝位。

此后刘裕专掌大权，义熙十四年安帝被刘裕派人毒死。传见《晋书·安帝纪》。

【译文】

杨玄感的反叛，不是出于杨玄感的狂妄，而是杨素的意愿。杨素不死，杨广跑不出他的眼目，而隋的天下杨素就会得到了。徐敬业的起兵，不是正义之师，徐世勣支持唐高宗杀王皇后而立武则天，是想利用武氏搅乱唐的天下而报复李唐当年破坏了自己与瓦岗寨的事业。只是他的孙子徐敬业的力量不足以战胜武则天而已。徐世勣不死，放纵武则天而后操纵她，以唐中宗的愚蠢，将会成为晋代的司马德宗，而唐的天下就会移到徐氏的手中了。而那个赵普，也是像这样的人。他与宋太祖立誓而收藏在金匮中的文书，其中是说册立年长的人为君主、以防别人篡夺宋的天下。而赵廷美、赵德昭已经死了，太宗一旦保不住命而赵普还在，那么赵家的幼小孤儿，其生死都控制在赵普的股掌之上。这样看来，所谓的防止有人篡夺赵宋的天下，只是因为宋太祖已死，而赵德昭虽然还弱小，但宋太宗靠着自己的英雄之姿处于叔父的尊位，赵普自己的阴谋必定不能得逞，所以暂且把帝位传给太宗来等待太宗身后的年幼者，而对这个年幼者的操纵则全由自己控制了。所以说：赵普的心情，完全就是杨素对于杨广、徐世勣对于武氏的心情。这不是对他苛求指责。

试取普之终始而衡之，其于子房、长源也奚若？而于素、世勣，其异者又几何也？导人以戕杀其天伦者为何等事①，而敢于人主之前，无惮于心，无疑于口；非至不仁者，谁敢为之而谁忍为之乎？太宗觉之矣。酬赏虽隆，而终寄腹心于崛起之李昉、吕端②，罢普以使死于牖下，故宗社以安。太祖未悟也，发吴越之瓻金，受雷德骧之面愬③，亦既备察其奸,犹且曰:此忠我者,仁足以托。恶知其睨德昭而推刃之心早伏于谮毁太宗不听之日邪? 虽然,无难知也。凡普之进谋于太祖者,皆以钳网太祖之故旧元勋而敛权于己也。不仁之不可揜,已久矣。

【注释】

①戕(qiāng):古代方形柄孔的斧子,作动词则为杀害。

②吕端(935—1000):字易直,幽州安次(今天津廊坊)人。北宋时,任太常丞、成都知府、蔡州知州、户部郎中、右谏议大夫等职。宋太宗时,拜参知政事。传见《宋史·吕端传》。

③雷德骧(917—991):字善行,合阳(今陕西合阳)人。宋初任殿中侍御史、大理寺丞。太宗时为户部员外郎、职方员外郎、陕西及河北转运使、礼部及户部郎中、度支判官、两浙转运使等。传见《宋史·雷德骧传》。

【译文】

试拿赵普自始至终的行为来衡量,他与张良、李泌相比怎么样呢?而与杨素、徐世勣相比,其不同又有多少呢? 引导别人残杀他的亲人,这是何等坏的事情,却敢于在人主之前说出来,心中没有惧怕,口上没有犹疑;不是极端不仁的人,谁敢做这样的事而又忍心做这种事呢? 宋太宗觉察到了。对他的酬答封赏虽然很重,但最终把心腹寄托在后来崛起的李昉、吕端身上,罢免了赵普而让他死在家里,所以国家社稷得以安宁。太祖对赵普却没有醒悟,有人揭发赵普接受了吴越国成瓮的黄金,受到雷德骧的当面诉告,也已完全觉察到他的奸邪,但还是说:这是忠于我的人,他的仁爱足以把后人的事托付给他。哪里知道他斜眼瞄着赵德昭,而杀害之心早已潜藏在诬告诋毁太宗而未被听信的时候呢? 虽然如此,也并不是难以知晓的。凡是赵普向太祖进献的谋策,都是用来钳制太祖的故旧元勋而收权在自己手中。他的不仁的不可掩盖,已经很久了。

三

观于赵普、卢多逊进退之际,可以知普之终始矣。

普在河阳上表自诉曰:"外人谓臣轻议皇弟,臣实预闻皇太后顾命,岂有间然?"太祖得表,手封而藏之宫中。夫所谓轻议者,议于太祖之前也。议与不议,太祖自知,普何庸表诉?苟无影迹,太祖抑可宣诸中外,奚必密缄以俟他日?然则欲盖弥章之心见矣。传弟者,非太祖之本志,受太后之命而不敢违耳。迨及暮年,太宗威望隆而羽翼成,太祖且患其逼,而知德昭之不保。普探志以献谋,其事甚秘,卢多逊窥见以摘发之①。太祖不忍于弟,以遵母志,弗获已而出普于河阳,交相覆蔽,以消他日之衅隙。则普当太祖时以毁秦王者毁太宗,其术一也。

【注释】

①卢多逊(934—985):怀州河内(今河南沁阳)人,宋太祖时为翰林学士,太宗时任中书侍郎、平章事、兵部尚书,后因牵涉秦王赵廷美结党案件,判死刑,太宗特诏削夺官职,发配崖州(今海南三亚)。传见《宋史·卢多逊传》。摘(tī):挑剔,指摘,揭发。

【译文】

观察赵普、卢多逊在官职升降之际的表现,就可以知道赵普政治命运的终始了。

赵普在河阳上书为自己辨诉说:"外人说臣轻率地议论皇弟,臣确实听闻了皇太后的顾命遗言,哪里有不同看法呢?"太祖得到了赵普的上书，亲手封起来收藏在宫中。他所谓的轻率议论，是在太祖之前议论的。议论与不议论，太祖自己是知道的，赵普哪里用得着上书解释？如果毫无踪影，太祖也可以向宫中和外朝宣告，何必密封起来等待以后呢？这样看起来，欲盖弥彰之心就显现出来了。传给皇弟，这不是太祖的本意，只是接受了太后的遗命而不敢违背罢了。等到了晚年，太宗的威望高而且羽翼也已形成，太祖且要担心他的进逼，而知道赵德昭是保不住的。赵普探求太祖的心意而献上谋略，其事非常隐秘，卢多逊窥探发现了之后加以揭发。太祖不忍心害死皇弟，要遵守母亲的遗志，不得已就把赵普贬到河阳，相互掩盖遮蔽，以消除以后的隔阂和嫌陈。则赵普在太祖的时候以诋毁秦王赵廷美的方法来诋毁太宗，其方法是一样的。

太宗受其面欺，信藏表之言以为戴己。曾不念立廷美者，亦太后之顾命也，普岂独不预闻？而导太宗以置之死，又何心邪？普之言曰："太祖已经一误。"普之情见矣。普于太祖非浅也，知其误而何弗劝之改图？则当日陈不误之谋于太祖而不见听，小人虽谲，不期而自发其隐，恶能掩哉？太宗亦渐知之矣，崇以虚荣，而不委之以机要；故宋琪以两全为普幸[1]，普亦殆矣！特其胁顾命以临太宗，而又曲成其贼害，则心知多逊前此之谮，非普所本无，而弗能施以铁锁也[2]。

【注释】

① 宋琪（916—996）：字叔宝，幽州蓟（今北京大兴）人。随后周世宗征淮南，为散大夫。入宋后，为参知政事、刑部尚书等。传见《宋史·宋琪传》。两全：太宗太平兴国八年，太宗让赵普离京担任

武胜军节度使,并送一首诗为赵普饯别。太宗说:"普有功于国家,现在齿发已衰,不能再让他为国事操心,选择一个好地方让他养老。赵普感激涕零,朕亦为之落泪。"宋琪回答说:"赵普拿着御诗涕泣,对臣说:'此生余年,无法回报,只希望来世再效犬马之力。'臣听到赵普的话,今天又听皇上的话,君臣始终之分,可谓两全。"

②铁锧(fū zhì):亦作"铁质"。古代腰斩的刑具,铁为斧,锧为垫在下面的砧板,指腰斩之刑。

【译文】

太宗受他当面欺骗,相信了那封已经收藏起来的上书中的话,以为赵普拥戴自己。却不曾想到,立廷美继位,也是太后的遗命,赵普难道独独没有听到这一条吗?而他引导太宗把廷美置之死地,又是什么心肠呢?用赵普的话说:"太祖已经有一次失误了。"赵普的心情由此可见。赵普跟随太祖已有很长时间,知道太祖的失误而为何不劝他改正?那么当日陈述不让太祖失误的谋略给太祖而不被听信,小人虽然诡谲,不料自己暴露了他的隐情,这又怎能掩盖呢?太宗也渐渐看出来了,用空洞的荣耀来抬举他,却不把机要大权委托给他;所以宋琪认为太宗能保持君臣两全是赵普的幸运,可知赵普当时也很危险了!只是他凭着太后的遗命来对待太宗,而又用尽心机造成对秦王廷美的残害,太宗心里就知道卢多逊以前说赵普的坏话,不是赵普本来没有那些坏事,只是不能对他施用腰斩之刑罢了。

杜后之命非正也;卢多逊守太后之命,始之欲全太宗于太祖之世,继之欲全秦王于太宗之世,则非不正也。太后之命虽不正,而疑妒一生,戈矛必起;天伦为重,大位为轻,爱子之私,不敌奉母之志;多逊之视普,其立心远矣。

【译文】

杜太后的遗命是不正当的;卢多逊遵守太后的遗命,开始时是想在太祖之世保全太宗,后来是想在太宗之世保全秦王廷美,他的愿望则不是不正当的。杜太后的遗命虽然不正当,但是如果一旦产生了猜疑妒忌之心,杀戮之事就必然会发生;一家人的天伦为重,而帝位为轻,爱子的私心,敌不过遵奉母亲遗志的心情;卢多逊与赵普相比,他的立意远远超过了赵普。

　　夫普则诚所谓鄙夫者耳。子曰:"苟患失之,无所不至①。"患失而无不可为者,识之所及,志之所执,习之所安,性之所成,以是为利用安身之至要,而天下之道无出于此。切切然患之,若疾痰之加于身而不能自已②。是故苟其所结之友,即以患失为待友之信,则友暱之。苟其所奉之君,即以患失为事君之忠,而君宠之。为友患失,而阿附朋党,倾危善类,以为友固其荣利。为君患失,而密谋行险,戕害天伦,以为君遂其邪心。夫推其所患以与君友同患,君与友固且怀之以没世,恶知迷以导迷,既陷于大恶而不能自拔;且患之之情既切,则进而患得者无涯。杨素、徐世勣之阴谋,不讫于子孙之援戈以起而不已,皆鄙夫之所必至者乎!

【注释】

①苟患失之,无所不至:出自《论语·阳货》篇:"鄙夫可与事君也与哉?其未得之也,患得之。既得之,患失之。苟患失之,无所不至矣。"意谓可以和鄙夫一起事奉君主吗?他没有得到官位时,总担心得不到。已经得到了,又怕失去它。如果他担心失掉官职,就什么事都干得出来了。

②疢(chèn)：热病，泛指病。

【译文】

那赵普则真的是所谓的卑鄙之人。孔子说："如果担心失去某种利益，就会什么事都做得出来。"担心失去既得利益而没有什么事不能做，这样的人就会用见识能想到的、志向想达到的、习惯能安心的、天性已形成的办法，作为谋利安身的最重要的手段，但天下之道不是由此产生的。非常痛切地担心，就像疾病来到身上而不能自己停止。所以如果是他交结的朋友，就以担心失去朋友当作对待朋友的信用，则朋友就会亲昵他。如果是他侍奉的君主，就以担心失去君主的信任当作侍奉君主的忠诚，而君主就会宠信他。为朋友而担心失去朋友，就会曲意依附朋友而结成同党，而去危害善人，以为朋友能巩固他的荣禄利益。为君主而担心失去信任，就会秘密策划而做危险的事，残害亲人，以为君主能实现他的邪心。这是把自己担心的事情推加给朋友与君主而与他们共同担心，君主与朋友固然怀着这种担心而去世，哪里知道这是用迷误来引导迷误，已经陷到大恶之中而不能自拔；而且为之担心的心情既已痛切，则推进起来就会使患得患失无穷无尽。杨素、徐世勣的阴谋，不到他们的子孙拿起武器起兵叛乱就不停止，这都是卑鄙之人必然要走到的一步吗！

唐亡以后，鄙夫以成奸之习气，熏灼天下而不可浣。普以幕客之雄，沉溺尤至，而机械愈深，虽见疑于英察之主，而终受王封，与冯道等。向非太宗呕进儒臣以荡涤其痼疾，宋且与五季同其速亡。周世宗之英断，岂出太宗下哉？然一传而遽斩者，鄙夫充位为之也。故曰："鄙夫可与事君也与哉！"不可与友以事君，则君不可使之事己，所固然矣。

【译文】

　　唐朝灭亡之后，卑鄙之人形成奸恶的习气，影响了天下而不可挽救。赵普作为幕府宾客中的雄杰，在这种风气中沉溺得最为严重，而他的机心更深，虽然受到英豪明察的君主怀疑，而他最终受到封王，这与冯道一样。如果不是太宗急切地进用儒臣以洗荡当时的痼疾，宋王朝也将会与五代一样迅速灭亡。周世宗的英明果断，难道在太宗之下吗？但只传了一代就很快断绝，这就是卑鄙之人占据了朝廷的官位所导致的。所以孔子说："卑鄙之人可以和他一同奉事君主吗？"这种人不可与他做朋友来奉事君主，那么君主不能让他奉事自己，就是固然的了。

四

　　不教之兵，可使战乎？曰："不可。"日教其兵，可使战乎？曰："固不可也。"世所谓教战者：张其旗帜，奏其钲鼓①，喧其呼噪，进之、止之，回之、旋之，击之、刺之，避之、就之；而无一生一死、相薄相逼之情形，警其耳目，震其心神。则教之者，戏之也。日教之者，日戏之也。教之精者，精于戏者也。勍敌在前②，目荧魄荡，而尽忘之矣。即不忘之，而抑无所用之。是故日教其兵者，不可使战也。

【注释】

　　①钲（zhēng）：古代行军时使用的铜制乐器，形似钟而狭长，有长柄可执，口向上，以物击之而鸣。行军时击钲，使士兵肃静，击鼓则使士兵前进。

　　②勍（qíng）：强，强大。

【译文】

不加训练的兵，可以让他们作战吗？回答说："不可。"天天加以训练的士兵，可以让他们作战吗？回答说："本来就是不可以的。"世人所谓的训练作战，就是张开旗帜，击响锣鼓，喧哗鼓噪，让他们前进、停止、绕圈、转身、砍击、刺杀、避让、接近等等；而没有生死逼迫临近，来警动他们的耳目，震动他们的心神。则对他们的训练，就是让他们游戏。天天训练他们，就是天天让他们游戏。训练专精的，只是专精了游戏。强敌在前，眼目荧乱，魂魄动荡，而把平时的训练全部忘记了。即使不忘记，也无法去用。所以天天训练的兵士，不可让他们作战。

虽然，抑岂可使不教之兵以战哉？夫教战之道无他，以战教之而已矣。古之教战也，教之于四时之田。禽，如其敌也；获禽，如其杀敌也；驱逆，如其挑战也；获而献禽，如其计功以受赏也。趋利而唯恐失，洞中贯脑而唯恐毙之不速，众争追逐而唯恐其后于人，操必杀之心而如不两立。以此而教，行乎战之事矣。然而古之用兵者，邻国友邦之争，怒尽而止，非夷狄盗贼之致死于我而不可与之俱生，以禽视敌，而足以战矣。夫人与人同类，则不容视其死如戮禽而不动其心。敌与我争命，则不如人可杀禽，而禽不能制人之死命。以此为教，施之后世，犹之乎其有戏之心，但习其驰射进止之节，而不能鼓临事之勇，于战固未有当也。况舍此而言教战，黩武也，黩之以戏而已矣。

【译文】

即使这样，难道还可让不加训练的兵士作战吗？教兵作战之道没有别的，用实战教兵士而已。古代的教兵作战，在四季的田猎时教他们。野兽，如同他们的敌人；获得野兽，如同士兵杀敌；驱赶迎击，如同战场上的挑战；俘获而献上野兽，如同计算战功而接受赏赐。趋进求利而只怕失掉，击中并贯穿野兽的身体与头部而只怕它死得不快，众人争相追逐而只怕落在别人后面，怀着必杀之心就像不能同时并立。用这些来教兵士，就是去做战斗的事了。然而古代的用兵之人，对于邻国友邦的相争，怒气发泄完了就停止，而不是像对夷狄盗贼要由我杀死他们而不能与他们同时生存，拿野兽来当敌人，就足以作战了。人与人是同类，就不能看着人的死如同杀死野兽一样而不动心。敌人与我争命，就不像人可以杀死野兽，而野兽不能制人以死命。用此来教兵士，施行到后世，就好像其中有游戏之心，只是练习驰马射箭前进停止的节奏，而不能鼓起临战的勇气，对于作战本来就有不当。何况连这也抛弃了而谈教兵士作战，那就是炫耀武力，不过是用游戏来炫耀武力而已。

　　夫营垒有制，部队有法，开合有势，伏见有机，为将者务知之，而气不属焉，则娴习以熟，而生死成败之介乎前，且心目交荧而尽失其素。况乎三军之士，鼓之左而左，鼓之右而右，唯将是听，而恶用知兵法之宜然哉！所恃以可生可死而不可败者，气而已矣。气者，非可教而使振者也。是故教战者，唯数试之战，而后气以不骇而昌。日习之，日教之，狎而玩之，则其败愈速。是故不得百战之士而用之，则莫若用其新。昔者汉之击匈奴也①，其去高帝之时未及百年，凡与高帝百战以定天下者虽已略尽，而子孙以功世彻侯，皆以兵为世业，习非不夙，而酎金之令②，削夺无余。武帝所遣度绝幕、斩名王、横驰塞北者③，卫青、霍去病、李广、程不识、苏建、公孙敖之流④，皆拔起寒微，目未睹孙、吴之书⑤，耳未闻金鼓之节，乃以用其方新之气，而威行乎朔漠。其材官健儿以及数十万之众,天子未闻亲临大阅,将吏未暇日教止齐,令颁于临戎之日,驰突于危险之地,即此以教之而已足于用。故教战者,舍以战教,而教不如其无教,教者,戏而已矣。

【注释】

①汉之击匈奴:汉武帝时以卫青、霍去病、李广等人攻击匈奴,使之远遁,解除了自汉高祖以来的匈奴逼迫北方边境的压力。参见《汉书》汉武帝、卫青、霍去病的传记。

②酎金之令:又称酎金律。酎是自一月至八月多次酿成的酒,汉代诸侯参加祭祀宗庙时献酎,同时还要按封国人口数目献上黄金助祭。汉武帝元鼎五年(前112),以酎金不合要求为名,剥夺一百零六名列侯的爵位。

③名王:匈奴诸王中名位尊贵者称为名王,以与更小的王相区别。

④卫青(? —前106):字仲卿,河东平阳(今山西临汾)人。汉武帝时命卫青多次率军攻击匈奴,均取胜而归,官至大将军、大司马。传见《史记·卫将军列传》、《汉书·卫青传》。霍去病(前140—前117):河东郡平阳(今山西临汾)人。卫青的外甥,初随卫青出兵攻击匈奴,屡建战功。用兵每战皆胜,官至骠骑将军、大司马。传见《史记·骠骑将军列传》、《汉书·霍去病传》。李广(? —前119):陇西成纪(今甘肃静宁西南)人,汉景帝时,先后任北部边域七郡太守。武帝时任骁骑将军、右北平郡(治平刚,今内蒙古宁城西南)太守。匈奴称他为"飞将军"。元狩四年(前119)出征匈奴,李广因迷失道路,未能及时与卫青会合,不忍被审而自杀。传见《史记·李将军列传》、《汉书·李广传》。程不识:生卒不详。汉武时军事将领,初在北部边境任郡太守,后进京为皇宫卫尉,又参加攻打匈奴的战役。程不识治军纪律严明,匈奴军不敢

来犯。事迹见《史记·李将军列传》、《汉书·李广传》等。苏建：
生卒不详，与卫青、霍去病同时，杜陵（今陕西西安南郊）人，苏武
的父亲。随卫青出征匈奴，有功，为平陵侯。汉武帝时随从卫青
攻打匈奴，因迷路当斩首，赎为庶人。其后为代郡太守。传见
《汉书·苏建传》。公孙敖：生卒不详，义渠（今甘肃庆阳）人。自
幼与卫青相识，卫青因卫子夫事将被处死时，公孙敖拼命救出，
受到汉武帝赏识。后随卫青多次出征匈奴，先后四次封为将军，
又多次因违纪而当斩，赎为庶人。后因妻子与巫蛊案有牵连，被
灭全家。传见《汉书·卫青霍去病传附公孙敖传》。

⑤孙、吴之书：孙武、吴起的兵书。孙武（前535—前470），字长卿，
乐安（今山东惠民）人。18岁时离开齐国前往吴国，见吴王阖闾，
呈上兵书十三篇，即后世所传《孙子兵法》。吴起（前440—前
381），卫国左氏（今山东定陶，一说曹县东北）人，与孙武连称
"孙、吴"。先后在鲁国、魏国任将军，带军与诸侯大战七十六，全
胜六十四。后到楚国为相，进行变法，被贵族杀死。其兵法著作
为《吴子》，与《孙子》又合称《孙吴兵法》。孙武与吴起的事迹，见
《史记·孙子吴起列传》。

【译文】

军营和堡垒有制度，部队有法度，用兵的开与合有形势，埋伏和显
现有机关，作将的人务求知道这些，但气不与之相连，即使娴习得极熟，
但在生死成败列于面前时，将会心目交互荧惑而将平常所习的知识全
部丧失。何况三军之士，鼓声向左他们就向左，鼓声向右他们就向右，
只听将的指挥，哪里知道兵法应该怎样呢！作战时凭借可生可死而不
可败的，只有气而已。气这个东西，不是可以教他就能让他振奋起来
的。所以教兵士作战，只有多次通过实战来尝试，而后气就会不害怕生
死而盛强起来。天天练，天天教，习以为常就像是好玩，则其战败就更
快。所以得不到身经百战的兵士来用，就不如用新兵。从前汉代攻击

匈奴,离汉高祖的时候不到一百年,凡是和汉高祖一起经过百战而平定天下的人虽然已大体都不在了,但是子孙因功而世代为侯,都以军事为世代的事业,对军事的学习不是不早,但是都因朝廷采用酎金令,把这些以军事为世代事业的家族的子孙削除得毫无剩余了。汉武帝派遣横穿沙漠、斩杀名王、横行塞北的人,如卫青、霍去病、李广、程不识、苏建、公孙敖之流,都是从出身低微的民间提拔起来的,眼里没有看过孙子、吴起的兵书,耳里没有听过鸣金击鼓的音节,乃用他们的全新之气,而威风横行于北方的沙漠。其中的材官健儿等各级军将以及数十万兵士,没听说天子亲临检阅,将与吏没有时间天天教他们练习前进停止整齐队形,就在临将出兵的日子颁布命令,在危险的地带奔驰冲锋,就这样教他们就足以用于作战。所以教士兵作战,除了用实战来教没有别的教法,而平时的教,不如不教,所谓的教,不过是游戏而已。

虽然,抑有说焉。有数战而不可使战者,屡试之弱敌,幸而克捷,遂欲用之于劲敌也;则宋之用曹彬、潘美以争幽州是已。此数将者,皆为宋削平割据以统一天下者也,然而其效可睹矣。刘铢之虐也,孟昶之荒也,李煜之靡也,狃于苟安,而尽弛其备,兵一临之,而如春冰之顿释。河东差可自固①,而太祖顿于坚城之下,太宗复亲御六军,躬冒矢石,而仅克之;则诸将之能,概可知已。幸人之弱,成其平国之功,整行长驱,卧鼓偃旗,而敌已溃,未尝有飞矢流于目睫,白刃接于肘腋,凶危不测之忧也。方且以仁厚清廉、雍容退让、释天子之猜疑,消相臣之倾妒,迨雍熙之世而益老矣②。畏以勋名见忌,而思保富贵于暮年之情益笃矣。乃使贸首于积强之契丹,岐沟之死伤过半③,岂旌麾不耀云日,部伍不缀星辰,以致敌之薄人于无法哉?怙其胜小敌者以敌大敌,突骑一冲,为生平所未见,而所习者不与之相应,不熸何待焉？
张齐贤曰④:"择卒不如择将。"诸将之不足以一战也,夫人而
知之矣。

【注释】

①河东:古代河东指今山西。黄河流经山西的西南境,山西在黄河
　　以东,故称河东。秦汉时指河东郡,在今山西运城、临汾一带。
　　唐代以后泛指山西。

②雍熙:宋太宗的年号,984 至 987 年。

③岐沟:在今北京涿县西南三十里,即《水经注》的奇沟,也称祁沟。
　　唐末在此设关,称岐沟关。宋雍熙三年(986),宋军在岐沟关被
　　契丹击败。战后宋军转入守势,契丹占据主动。

④张齐贤(942—1014):字师亮,曹州冤句(今山东菏泽)人,北宋时
　　先后任通判、枢密院副史、兵部尚书、吏部尚书等职,曾率领边军
　　与契丹作战,颇有战绩。前后为相二十一年。传见《宋史·张齐
　　贤传》。

【译文】

虽然这样,也还有论说。有多次作战而不可让他作战的,多次让他
与弱敌作战,侥幸取胜,于是就想用他与强敌作战;宋朝廷用曹彬、潘美
去争夺幽州就是这样。这几位将领,都是为宋王朝削平割据来统一天
下的人,然而其效用是可以看到的。刘铱的残虐,孟昶的荒淫,李煜的
侈靡,他们都习惯于暂时的平安,而战备则完全松弛,大兵一旦逼近,就
像春天的冰一样顿时消融。河东仅能自固,而太祖在坚守的城池之下
顿扎大军,太宗又亲自率领六军,亲身冒着箭石,也只能攻克;则各位将
领的能力,就大致可知了。因对方弱小而侥幸取胜,以完成平定割据之
国的战功,整顿军队长驱直入,偃旗息鼓,敌人就已溃败;不曾有飞箭在
眼前飞驰、白刃在身边挥舞,不曾担心有凶险不测的结果。将领们正要

用仁厚清廉、雍容退让的态度来化解天子的猜疑,消解宰相大臣的倾轧妒忌,而到了太宗雍熙年间,宋初的将领就更年老了。害怕有功勋高名而受到猜忌,而想在暮年保住富贵的心情也更强了。于是派他们去取一向强悍的契丹的首级,结果在岐沟死伤过半;难道是我方的旌旗不如云上太阳一样光耀、部队的数量不像天上的星辰一样繁多,以至于我军无法对付敌人的逼迫吗?倚仗着战胜弱小之敌的人来与强大之敌作战,敌人突击的骑兵向我一冲,为我军生平所未见,而所熟习的战法与此不相应,不一败涂地又等什么呢?张齐贤说:"挑选士兵不如挑选将领。"各位将领不足一战,已是人人都知道的了。

　　夫宋岂无果毅跅弛之材①,大可分阃而小堪奋击者乎②?疑忌深而士不敢以才自见,恂恂秩秩③,苟免弹射之风气已成,舍此一二宿将而固无人矣。岐沟一蹶,终宋不振,吾未知其教之与否,藉其教之,亦士戏于伍,将戏于幕,主戏于国,相率以嬉而已。呜呼!斯其所以为弱宋也欤!

【注释】

①跅弛(tuò chí):豪放。

②分阃(kǔn):出任将帅或封疆大吏。

③恂恂:小心谨慎的样子。秩秩:肃敬谨慎的样子。

【译文】

　　宋朝难道没有果敢勇毅豪放顽强、大可担任将帅而小可奋勇击敌的人吗?由于太祖对将领的猜忌太深而人才不敢显示自己的才能,那种小心拘谨、苟且免除被人弹劾指责的风气已经形成,于是除了这一两个老将之外本来就没有人了。岐沟一败之后,直到宋朝结束都是军队不强,我不知他们训练军队与否,假使训练军队,也是兵士在行伍游戏,将领在幕府游戏,君主在朝廷游戏,相率嬉玩而已。呜呼! 这就是造成软弱宋朝的原因吧!

五

数变之言,志士耻言之,英主恶闻之。其尚口而无所择也,已贱者也;其诡随而无定操也,不令者也;其反激以相颠倒也,怀奸者也。张齐贤不失为伉直之臣,太宗非听荧之主,宜其免焉。乃当瓦桥战后①,议者欲速取幽、燕②,齐贤力陈其不可。越六年,齐贤与王显同任枢密③,而曹彬、潘美等大举北伐,取岐沟之败。帝谓齐贤曰:"卿等视朕今后作如此事否?"而齐贤愧咎不遑,则岐沟之役,齐贤实赞成之,何前后之相盭戾邪④? 齐贤不以反覆为耻,太宗不以反覆加诛,夫岂其愦愦之至斯哉? 乃取齐贤前日之言而覆理之,则齐贤之志,未尝须臾忘幽、燕者也。

【注释】

①瓦桥战:瓦桥关,在今河北雄县,地处冀中平原中部,唐末在此设关以防契丹南下。瓦桥关东北又设益津关、淤口关,合称"三关"。宋太宗太平兴国五年(980)十月,辽景宗南下攻宋,宋军在瓦桥关一带被辽军歼灭殆尽。

②幽、燕:古称今河北北部及辽宁一带。唐以前属幽州,战国时属燕国,故名。

③王显(931—1007):字德明,开封人。太宗时任枢密使,真宗时为同中书门下平章事、河北都转运使兼知定州,加镇、定、高阳关三路都部署。契丹入寇,王显大破之,枭获名王、贵将十五人,后任

河阳三城节度使。传见《宋史·王显传》。枢密：枢密使，始置于唐代后期，宋代枢密使为枢密院长官，与同中书门下平章事等共同负责军国要政。枢密使又称知枢密院事，简称知院。副职称枢密副使或同知枢密院事。凡军事措置，由枢密使秉皇帝意旨决定执行。

④盩(lì)戾：乖戾违逆。

【译文】

　　说话多次变化，有志之士以为耻辱，英明君主也厌恶听到。那种只重口说而没有准则的人，已是低贱的人；那种不顾是非只知迎合而没有固定节操的人，是不善的人；那种说反话激将而把是非随意颠倒的人，是怀有邪心的人。张齐贤不失为刚直之臣，太宗不是惶惑不明的君主，他能避免这些不好的说话方式，也是理所当然的。可是在瓦桥关之战后，议事的大臣想迅速夺取幽、燕，张齐贤极力表示不赞同。过了六年，张齐贤和王显同任枢密使，而曹彬、潘美等人大举北伐，遭受岐沟之败。太宗对张齐贤说："你们看朕今后还做不做这种事？"而张齐贤无暇惭愧自咎，可知岐沟之战，张齐贤实际上是赞成的，为什么前后的态度相互违逆呢？张齐贤不以前后变化为耻，太宗也不因他反复变化而加处罚，这难道是他们昏聩糊涂到了这种地步吗？拿张齐贤以前的话再来考察，则知张齐贤的心里，不曾一时一刻忘记幽、燕啊。

　　其云"择卒不如择将，任力不如任人"。择将而任之，岂徒以守内地而为偷安之计邪？而太宗卒不能庸。其于将也无所择，醇谨自持之曹彬已耳，胸缩不前之潘美已耳①，因仍而委之，无所择也。其于人也不欲任，曹彬之谦谨而不居功，以避权也；潘美之陷杨业而不肯救②，以避功也。将避权而与士卒不亲，将避功而败可无咎，胜乃自危，贸士卒之死

以自全,而无有不败者矣。虽有都部署之名,而知上之任之
也无固志,弗获已而姑试焉,齐贤亦知其不可而姑听焉。于
是而齐贤久蕴之情,不容不降志以相从矣。

【注释】

①朒(nù)缩:畏缩。朒,亏缺,不足。

②杨业(? —986):本名重贵,又名继业,先事奉北汉世祖刘崇,刘
崇以杨重贵为养孙,赐姓刘,改名继业。后随北汉投降北宋,恢
复杨姓。宋太宗时任左领军卫大将军,曾在对契丹作战中取得
雁门关之捷。太宗雍熙三年(986),宋太宗北伐,因大军作战不
利,杨业负责掩护,战至陈家峪(今山西朔县南),潘美先行撤退,
不来援救,致使杨业全军覆没,被俘后绝食身亡。传见《宋史·
杨业传》。

【译文】

张齐贤说:"挑选士卒不如挑选将领,用力量不如用人。"挑选将领
而任用他,难道只是守着内地而作苟且偷安的打算吗? 而太宗终不能
用他的建议。他于将领没有可挑选的人选,只有淳厚谨慎自律的曹彬
而已,只有畏缩不前的潘美而已,于是只有委任他们,别无所择。他们
作为个人也不想担任率兵之将,曹彬谦虚谨慎而不居功,是为了躲避掌
握大权;潘美让杨业陷在危险之中而不肯救援,是为了避功。将领避开
大权而与士卒不亲密,将领避功而战败无可责咎,取胜了反而使自己有
危险,用士卒的死换取自己的安全,这样就没有不败的了。虽有都部署
的名称,但知道君主的任命没有坚定的意愿,是不得已而暂且尝试一
下,张齐贤也知道这一任命是不可以的而姑且听从。在这种情况下,张
齐贤心里长久怀藏的想法,就不得不改变自己的意志而听从太宗了。

夫齐贤既知其不可,而不以去就争之,何也? 呜呼! 舍

此,而宋之事无可为矣。契丹之得十六州也,得其地,得其人矣。得其地,则缮城郭,列堡戍,修岩险,知宋有欲争之情,益儆而日趋于巩固。得其人,则愈久而其心愈不回也。当石晋割地之初,朔北之士民,必有耻左衽以悲思者。至岐沟败绩之岁,凡五十年,故老之存者,百不得一。仕者食其禄,耕者习其事,浮靡之夫,且狃其嗜好而与之俱流。过此无收复之望,则其人且视中夏为绝域,衣冠为桎梏,礼乐为赘疣①,而力为夷争其胜。且唯恐一朝内附,不能与关南之吏民争荣辱②,则智者为谋,勇者为战,而终无可复之期矣。故有志之士,急争其时,犹恐其已暮,何忍更言姑俟哉!

【注释】

①赘疣:人身上额外长出的小肉瘤,比喻多余无用的东西。

②关南:古地区名。五代周显德六年(959),从契丹收复瓦桥、益津、淤口三关及瀛、莫二州,北宋时称这三关以南的地区为"关南"。约当今河北省白洋淀以东的大清河流域以南至河间县一带。

【译文】

张齐贤既然知道对曹彬等人的任命是不可以的,而不拿自己的官职任免为代价去争辩,这是为什么呢?呜呼!舍掉这个,宋朝就没有可做的事了。契丹得到十六州,得到了土地,就得到了土地上的民众。得到了土地,就修缮城郭,修建一系列的堡垒,在山岩险要地方修建作战工事,知道宋有想争夺回去的心情,于是更加警惕而使防备日益趋于巩固。得到了民众,则时间越长而他们的心就越是不可改变。在当初后晋石敬瑭割让十六州的时候,北方当地的民众中,必定会有以异族习俗为耻辱而产生悲哀想法的人。到岐沟之败那一年,一共有五十年了,当地民众中还活着的老人,一百个里没有一个了。做官的人享受契丹的官禄,种地的农民习惯了契丹的统治,浮华奢靡的人,也是狃玩自己的嗜好而与契丹同流合污。过了这个时候就没有收复的希望了,那么这些人就会把中原看作遥远的另一国家,把汉人的习俗视为桎梏,把中原的礼乐制度视为累赘附疣,而用力为夷人来争胜。而且又担心如果一旦附顺了内地,自己也不能与三关以南的官吏民众竞争荣耀而居于低辱地位,那么智者就会为契丹出谋划策,勇者就会为契丹奋力作战,而宋则终无可以收复的日期了。所以有志之士急于争时间还怕时间已晚,哪里忍心再说姑且等待以后再收复失地呢?

　　且夫志于有为者,败固其所不讳也。汉高之夷项羽,武帝之攘匈奴,光武之破赤眉①,郭子仪之平安、史②,皆屡败之余,气不为苶③,而惩其所失,卒收戡定之功。彬、美既衄而后,齐贤有代州之捷④,尹继伦有徐河之胜⑤;将非无可择,人非无可任,耶律隆绪屡胜之骄兵非无可挫⑥。用兵者,胜亦不可恃也,败亦不可沮也。赞成北伐,何足以为齐贤病哉!而奚庸谏止焉?

【注释】

①赤眉:新莽天凤五年(18)在莒(今山东莒县)起义的农民军,由樊崇、徐宣等人率领,为了与朝廷军相区别,用赤色染眉,故名赤眉。人数最多时约一百三十多万,后进军关中,攻入长安,杀死更始帝刘玄,拥立刘盆子为帝。之后被刘秀击败。

②安、史:即安史之乱,安指安禄山(703—757),史指史思明(703—761),他们从唐玄宗天宝十四年(755)反叛唐王朝,至唐代宗广德元年(763)结束。当时安禄山兼掌范阳、平卢、河东三大藩镇,

从范阳举兵叛唐，占领洛阳、长安。玄宗逃到西蜀，天宝十五年（756），安禄山在洛阳自称大燕皇帝。此后安禄山之子安庆绪杀死其父，自立为帝。安禄山部将史思明杀死安庆绪，在范阳称帝，又被儿子史朝义杀死。广德元年（763），史朝义自杀，安史之乱结束。

③茶（nié）：疲倦、衰弱。

④代州之捷：太宗雍熙三年（987），宋北伐失败，杨业战死，张齐贤自请出任代州知州，收拾残局。在土磴寨大败契丹，契丹再次来犯，张齐贤又在繁峙、崞县将其击败。代州，即今山西忻州代县，在山西东北部，境内雁门关居九塞之首，有重要的军事地位。

⑤尹继伦（947—996）：开封浚仪（今河南开封）人。宋初参加攻灭南汉、南唐、北汉等战，官至缘边都巡检使。端拱二年（989），在唐河、徐河（今河北徐水西南）击败辽军，升长州团练使。因脸黑，辽军称他"黑面大王"。后为灵、庆兵马副都部署，率军攻西夏。传见《宋史·尹继伦传》。徐河之胜：端拱二年（989），北宋将领李继隆护送粮车前往威虏军（在今河北徐水），辽军休哥率精骑数万南下企图截断粮道，尹继伦追至徐河，与护粮军前后夹击，辽军大败。

⑥耶律隆绪（972—1031）：小字文殊奴，辽景宗耶律贤的长子。史称辽圣宗。即位时仅12岁，由太后萧绰执政。萧太后执政期间，国势强盛。辽圣宗统和二十二年（宋真宗景德元年，1004），萧太后和辽圣宗率大军直逼黄河岸边的重镇澶州（今河南濮阳），遭到宋军反击。次年，辽宋订立"澶渊之盟"。统和二十七年（宋真宗大中祥符二年，1009），辽圣宗亲政，三次南下攻宋，二次攻打高丽。晚年穷途奢侈，辽开始衰败。传见《辽史·圣宗本纪》。

【译文】

况且那些立志有为的人，本来他并不讳言战败。汉高祖削平项羽，

汉武帝击走匈奴,汉光武帝打败赤眉,郭子仪平定安、史之乱,都是在屡
次战败之后,并不因此气馁,而是以所失误为鉴戒,最终收到战胜和平
定的功效。曹彬、潘美已败之后,张齐贤取得代州之捷,尹继伦也取得
徐河一战的胜利;可知将领不是没有人可以挑选,人材不是没有人可以
任用,耶律隆绪屡次取胜的骄兵也不是不能挫败。用兵这件事,得胜不
可倚仗,战败也不可沮丧。赞成出兵北伐,哪里足以算做张齐贤的错误
呢? 又哪里用得着对太宗决定出兵北伐加以劝谏阻止呢?

　　唯是太宗悔非所悔,宋琪、王禹偁相奖以成乎怯愞①,齐
贤于是亦无如此虚枵之君与大臣何②,徒有孤出以当一面,
少寄其磊砢之壮志而已③。故知齐贤之始终以收复为心,而
非游移数变无有定情者也。太宗亦深知其有忧国之忧,特
不自胜其疑忌消沮之私,岂听荥乎? 繹其言,察其情,君子
是以重为齐贤悲也。

【注释】

①王禹偁(chēng,954—1001):字元之,济州巨野(今山东巨野)人,
　太平兴国八年(983)进士,历任成武主簿、长洲知县、右拾遗、左
　司谏、知制诰、翰林学士等。敢于直言讽谏,屡受贬谪。传见《宋
　史·王禹偁传》。愞(nuò):即"懦"字。
②虚枵(xiāo):空虚,虚弱。
③磊砢(luǒ):形容心中不平。此处指张齐贤郁结在心中的壮志不
　得舒展。

【译文】

　　只是太宗对不该后悔的事情后悔,宋琪、王禹偁受到奖赏而使胆怯
懦弱的习气得以形成,张齐贤在这种情况下也拿如此虚弱的君主与大

臣没有什么办法,只有孤身离开朝廷到代州独当一面,稍微寄托他的不得伸展的壮志而已。因此可知张齐贤始终是以收复幽、燕为心愿的,而不是游移不定多次变化而没有固定主意的人。宋太宗也深知他有忧国的诚心,只是不能克服自己对于大臣猜忌削弱的私心,哪里是不能明辨大臣的意见呢?根据他的言论,观察他的心情,所以君子特别为张齐贤感到悲哀。

六

太宗修《册府元龟》、《太平御览》诸书至数千卷①,命江南、西蜀诸降臣分纂述之任②。论者曰:"太宗疑其怀故国、蓄异志,而姑以是縻之,录其长,柔其志,销其岁月,以终老于柔翰而无他"。呜呼! 忮人之善而为之辞以擿之,以细人之心度君子之腹,奚足信哉?

【注释】

①《册府元龟》、《太平御览》:北宋时期编纂的两部大型类书。景德二年(1005),宋真宗命王钦若、杨亿、孙奭等十八人编修历代君臣事迹,共一千卷,原名《历代君臣事迹》,后由真宗改名《册府元龟》。册府指帝王藏书的地方,元龟即大龟,古代用以占卜国家大事,意为后世帝王治国理政的借鉴。《太平御览》,太宗太平兴国二年(977)命李昉、李穆、徐铉等十四人编纂,太平兴国八年(984)完成,初名《太平总类》,宋太宗更名为《太平御览》,全书一千卷。《太平御览》门类之多,征引之博,为类书之冠。

②江南、西蜀诸降臣:指南唐和后蜀降宋的大臣。修《册府元龟》共18人,修《太平御览》共14人,有王钦若、杨亿、孙奭、李昉、扈蒙、

李穆、汤悦、徐铉、张洎、李克勤、宋白、徐用宾、陈鄂、吴淑、舒雅、吕文仲、阮思道、赵邻几、王克贞、董淳等人。其中董淳为后蜀降臣，徐铉、张洎、汤悦（即殷崇义，入宋后改名）、吴淑、吕文仲、王克贞、舒雅、阮思道均为南唐降臣。另外在《册府元龟》编纂时，陈彭年对所成的初稿进行审核，他也是南唐的降臣。

【译文】

太宗纂修《册府元龟》、《太平御览》等书多至数千卷，命江南、西蜀的一些降臣分别担任纂述的任务。评论的人说："太宗猜疑他们怀念故国、蓄藏叛逆之志，而姑且用修书来羁縻他们，使用他们的长处，柔化他们的意志，消磨他们的岁月，让他们在笔墨中最终告老而没有别的意图。"呜呼！猜忌别人的长处而为此找到借口以压抑他们，这是用小人之心度君子之腹，哪里值得相信呢？

杨业，太原之降将也，父子握兵，死士为用，威震于契丹，谤书迭至，且任以边圉而亡猜。张洎、徐铉、句中正之流①，浮华一夫，自诩不为之用，纵之壑而不足以游②，夫人而知之矣。李煜降而不能有他，曹彬谅之，而任其归邸③。已灰之烬，不可复炊，二三弄颖之士④，固不屑为之重防也。张洎之视诸人，智计较为敏给，亦任之政柄，与参坐论，其余可知已。宋所忌者，宣力之武臣耳，非偷生邀宠之文士也。

【注释】

①张洎（934—997）：字师黯、偕仁，安徽全椒（今安徽全椒）人。南唐时进士，后任中书舍人。南唐灭亡后随李煜降宋。太宗时任礼部郎中、太仆少卿、谏议大夫、中书舍人、翰林院学士，太宗称他为"江东人士之冠"。后太宗因他过于迎合，降为刑部侍郎。

传见《宋史·张洎传》。徐铉(916—991):字鼎臣,先世会稽(浙江绍兴)人,后迁居广陵(今江苏扬州)。五代南唐时任知制诰、吏部尚书,后随李煜归宋,官散骑常侍,世称"徐骑省"。又受诏校定《说文解字》、编纂《文苑英华》《太平广记》等。与弟徐锴皆有名,号称"二徐"。传见《宋史·徐铉传》。句中正(929—1002):字坦然,益州华阳(今四川双流)人。后蜀时为崇文馆校书郎,入宋后为曹州录事参军、汜水县令、潞州录事参军,太宗时为著作佐郎、直史馆,奉诏校定《玉篇》《广韵》,与徐铉校定《说文解字》,与吴铉、杨文举撰《雍熙广韵》。传见《宋史·句中正传》。

②纵之壑:《宋史·乐志十四·嘉鱼》中有:"相彼嘉鱼,爱纵之壑。"是说把嘉鱼放到水中。

③曹彬谅之,而任其归邸:曹彬攻陷南唐都城后,李煜与大臣一百余人至军门请罪,曹彬安慰他之后,让李煜回宫治装,自己在宫门外等着。左右的人对曹彬说:"李煜入宫后或发生不测,怎么办?"曹彬笑着说:"李煜一向懦弱没有决断,既已投降,必不能自杀。"

④弄颖之士:卖弄文笔的文人。颖,锥芒,借指毛笔。

【译文】

杨业,是北汉防守太原的投降将领,他们父子二代手握重兵,敢死之士为他效命,威声震慑契丹,诽谤的书信不断来到,宋太宗还是任用他守卫边疆而没有猜疑。张洎、徐铉、句中正之流,都是一介浮华文人,自诩不为宋朝所用,但又像把鱼放到沟壑中又不足以游动一样,不会有大的作为,凡是人都知道这一点。李煜投降而不可能会有其他变乱,曹彬深知他的为人,而放他回到宫中。已经熄灭的灰烬,不可复燃,两三个操弄笔墨的文士,本来是不屑于对他们重加防备的。张洎与其他诸人相比,智谋较为敏捷,也就给他官职让他参与治国,让他坐而论道,其他的人也就可想而知了。宋朝廷所忌讳的人，是可以使用武力的武臣而已，不是苟且偷生向宋朝廷希求恩宠的文士。

　　乃其所以必授纂修之事于诸降臣者有故。自唐乱以来，朱温凶戾，殄杀清流，杜荀鹤一受其接纳[1]，而震慄几死。陷其域中者，人以文藻风流为大戒，岂复有撩猛虎而矜雅步者乎？李存勖、石敬瑭皆沙陀之孽，刘知远、郭威一执帚之佣也。犷悍相沿，弓刀互竞，王章以毛锥司榷算[2]，且不免噪啄于群枭。六籍百家，不待焚坑，而中原无憖遗矣[3]。抑且契丹内蹂，千里为墟，救死不遑，谁暇闵遗文之废坠？周世宗稍欲拂拭而张之，而故老已凋，新知不启。王朴、窦仪起自燕、赵[4]，简质有余，而讲习不夙，隔幕望日，固北方学士之恒也。唯彼江东、西蜀者，保国数十年，画疆自守，兵革不兴，水涘山椒[5]，縢緘无损[6]，故人士得以其从容之岁月，咀文苑之英华。则欲求博雅之儒，以采群言之胜，舍此二方之士，无有能任之者。太宗可谓善取材矣。

【注释】

①杜荀鹤（846—904）：字彦之，号九华山人，池州石埭（今安徽石台）人。数次上长安应考不第。后梁朱温时中进士，任官翰林学士、主客员外郎。传见《旧五代史·梁书·杜荀鹤传》。

②王章（？—950）：大名南乐（今河南南乐）人。五代时为吏，做过都孔目、粮料使等官，专管粮谷。后汉时为同平章事，与史弘肇、杨邠等人想尽各种办法多收财赋。后汉隐帝乾祐三年（950），与史宏肇、杨邠等人一同遇害。传见《旧五代史·汉书·王章传》、《新五代史·汉臣传·王章传》。以毛锥（zhuī）司榷（què）算：毛

锥,指毛笔。司,主管。榷算,征收算赋。

③慭(yìn):损伤,残缺。

④王朴(914—959):字文伯,东平(今山东东平)人。柴荣称帝时,王朴任枢密副使、枢密使。精通律历,后周显德三年(956),撰成《钦天历》,六年(959),考证雅乐,造"律准"。宋太祖称帝后,在功臣阁见到王朴画像,肃然鞠躬,自言:"倘此人在,朕不得着此袍。"传见《旧五代史·周书·王朴传》、《新五代史·周臣传·王朴传》。

⑤涘(sì):水边。椒:山顶。

⑥縢缄(téng jiān):绳索。

【译文】

　　而宋朝廷之所以一定要把纂修丛书的事情交给这些向宋投降的文臣,是有其原因的。自唐朝发生动乱以来,朱温凶残暴戾,杀灭清流士人,杜荀鹤一旦受到他的接纳,就震惊战栗几乎死掉。落在朱温控制下的人,都把擅长文章的风雅之事作为最大的戒条,哪里还有撩拨猛虎而以文雅身姿自我矜持的人呢？李存勖、石敬瑭都是沙陀人的后裔,刘知远、郭威不过是一个拿扫帚的佣人。当时粗犷凶悍相沿袭,弓箭刀枪相互竞斗,王章用毛笔主管钱财的计算,还不免被成群的恶鸟噪嚷啄击。六经和诸子百家,不用焚烧和坑埋,而在中原就没有残留遗存了。再加上契丹侵入蹂躏,千里大地变为废墟,救死都还来不及,谁有闲暇悲悯古代遗留下来的文化遭到废坏失传呢？周世宗稍想加以清理而使之更张,但是有学问的故人老儒都已凋零,新生的知书达理之人没有出现。王朴、窦仪出身于燕、赵之地,简朴有余,而对学术一向没有讲习,隔着帷幕望太阳而无法看清楚,这本来就是北方学者的通常情况。只有那江东、西蜀地方,保住他们的国家长达数十年,划分了疆界自我守护,没有发生战事,那里的水涯山顶,受到封护而无损伤,所以那里的人士得以在从容的岁月里,咀嚼文苑的英华。那么想找博雅的儒者,来采撷众多记载中的精华,除了此两地的人士,没有能胜任的。由此看来,宋太宗可以说是善于取用人才了。

　　光武之兴道艺也,雅乐仪文,得之公孙述也。拓拔氏之饰文教也①,传经定制,得之河西也②。四战之地,不足以留文治,则偏方晏处者存焉。蒙古决裂天维③,而两浙、三吴④,文章盛于晚季;刘、宋、章、陶藉之以开一代之治⑤,非姚枢、许衡之得有传人也⑥。繇此言之,土生礼崩乐圮之世,而处僻远之乡,珍重遗文以须求旧之代,不于其身,必于其徒,非有爽也。坐销岁月于幽忧困菀之下者⑦,殆所谓自弃者与!道胜者,道行而志已得;文成者,文著而心以亨。奚必任三事⑧、位彻侯⑨,而后足以荣与?汉兴,功臣名多湮没,而申培、伏胜遗泽施于万年⑩。然则以纂述为束缚英才之徽缠者⑪,细人之陋也,以沮丧君子而有余疚已。

【注释】

①拓跋氏:此指北魏。拓跋出自鲜卑族拓跋部,其始祖为拓跋毛,为氏族部落联盟首领。东汉初年,南移居匈奴故地。后在今内蒙古等地建立代国,为前秦苻坚所灭。淝水之战后,拓跋珪于登国元年(386)重建代国,国号魏,史称“北魏”,都平城(今山西大同)。北魏孝文帝时迁都洛阳,实行汉化。王族改为元姓,其王族之外的拓跋氏成为庶姓,仍为拓跋氏,不与皇室同族。

②河西:指今甘肃河西走廊,东起乌鞘岭,西至玉门关,南北介于南山(祁连山和阿尔金山)和北山(马鬃山、合黎山、龙首山)之间,长约900公里,宽数公里至近百公里,形如走廊,称甘肃走廊。因位于黄河以西,又称河西走廊。自古就是中原通往西北的交

通要道,汉唐时"丝绸之路"由此通向中亚、西亚。

③蒙古:指蒙古人建立的元朝。天维:天的纲维,引申指国家的纲纪。

④两浙、三吴:两浙指浙东浙西。唐肃宗时把江南东道分为浙江东路和浙江西路,钱塘江以南称浙东,以北称浙西。宋代设两浙路。三吴:晋代指吴兴、吴郡、会稽,唐代指吴兴、吴郡、丹阳,宋代指苏州、常州、湖州。泛指长江下游一带。

⑤刘、宋、章、陶:指明初四位儒臣:刘基、宋濂、章溢、陶安。朱元璋在元至元十五年(1355)攻下太平路(今安徽当涂),儒生陶安、李习率众迎接。次年(1356)朱元璋聘请刘基、陶安、章溢、宋濂四先生为谋臣。四人事迹见《明史·刘基、宋濂、陶安、章溢传》和《陶安传》。

⑥姚枢(1203—1280):字公茂,号雪斋,又号敬斋,柳城(今河南西华)人。金正大九年(1232),姚枢与杨惟中投奔蒙古窝阔台汗,得到赏识。后随蒙古军攻伐南宋,在德安(今湖北安陆),发现江汉先生赵复,说服他归顺蒙古。后建太极书院,由赵复讲授程朱理学,使理学在黄河以北地区得以流传。后弃官隐居辉州苏门(今河南辉县百泉),讲授理学。传见《元史·姚枢传》。许衡(1209—1281):字仲平,学者称鲁斋先生,怀州河内沁北村(今河南沁阳北鲁村)人,随姚枢研究程朱理学,后二人应元世祖忽必烈征召,为元廷服务,成为元世祖称雄天下的高级幕僚。许衡又任国子监祭酒,用儒学培养汉、蒙人才;与郭守敬等人制作天文仪器,制订《授时历》。传见《元史·许衡传》。

⑦菀(yùn):同"蕴",郁结,积滞。

⑧任三事:指三公,古代朝廷最高官职。

⑨位彻侯:爵位名。秦代二十级军功爵的最高级。汉初授予异姓功臣,后避武帝讳,改称通侯或列侯。后泛指侯伯高官。

⑩申培(约前219—前135):申培公,姓申名培,亦称申公,西汉时鲁(今山东曲阜)人,为《诗》作《传》,号称"鲁诗"。文帝时为博士,武帝时为太中大夫。后弟子赵绾犯罪自杀,申公免官送回鲁国。传见《史记·儒林列传·申公传》、《汉书·儒林传·申公传》。伏胜(前260—前161):字子贱,济南(今山东济南)人。秦代博士,世称"伏生"。文帝时,伏生已九十余岁,文帝派晁错前往求教,得《尚书》二十九篇,即今文《尚书》。伏胜又撰《尚书大传》。传见《史记·儒林列传·伏生传》、《汉书·儒林传·伏生传》。

⑪徽纆(mò):本指木工用的绳墨,比喻拘束、限制英才。

【译文】

　光武复兴学术以及礼乐文化,得之于公孙述。拓跋氏兴办文化教育,传述儒经、确定制度,则是得之于河西的学者。四面都要作战的地区,不足以保留文化学术,学术和文化就保存在偏僻而和平的地区。蒙古摧毁了天地的纲维,而两浙、三吴地区,文章在元代晚期而特别兴盛;刘基、宋濂、章溢、陶安借此开启一代的政治,而不是姚枢、许衡之后有人能继承他们的学问。由此说来,士人生长在礼崩乐坏的时代,而身处偏远的地区,把古代传留下来的文化学术看得非常珍贵而等待着需求旧有文化的时代,不由他们本人来完成,也必定会在他们的学生身上实现,这是没有差错的。在黑暗愁闷困扰委屈的时候毫无作为以消磨岁月,大概就是所谓的自暴自弃之人了吧!大道的胜利,在于大道得到了实行而志愿已经实现;文化的成功,在于文化已经彰显而心愿已经亨通。何必担任三公、爵位为彻侯而后才足以称为荣华呢?汉代兴起,功臣的姓名在后来大多都湮没了,而申培、伏胜这样的学者却有遗留的恩泽延续到万年之后。这样看来,认为把纂述典籍视为束缚英才的绳索,这是小人的陋见,想以此来让君子感到沮丧反会使自己有很多愧疚。

七

人之可信者,不贪不可居之名;言之可信者,不传不可为之事。微生之直①,仲子之廉②,君子察其不谌。室远之诗③,漂杵之书④,君子辨其不实。人恶其饰言饰行以乱德也,言恶其溢美溢恶以乱道也。君子之以敦实行、传信史、正人心、厚风俗者,诚而已矣。

【注释】

①微生:即微生高,春秋时鲁国人,孔子的弟子,以为人爽直、坦率著称。

②仲子:即陈仲子,齐国人,又称田仲、陈仲、於陵仲子。是著名的廉士,他认为其兄食禄万钟是不义,于是离家隐居。据说他曾三日没有吃饭,饿得耳无闻,目无见,看到井上有李子,已被蛴螬吃了大半,他匍匐前往,咽了三口才吃掉,然后耳有闻,目有见。

③室远之诗:见《论语·子罕》:"唐棣之华,偏其反而。岂不尔思,室是远而。子曰:未之思也,夫何远之有?"唐棣,树名。华即花。"偏"通"翩","反"通"翻",翩翩,花摇动的样子。形容诗人心如花一样摇动,不是不想念你,只是居室远隔,不易经常见面。孔子的意思是,这不是真正的思念,若是真正的思念,则何远之有?比喻真正爱好时就不会觉得远。王夫之认为这是精神上的想象,在现实中不可能做到,所以说"不实"。

④漂杵之书:是指《尚书·武成》篇说牧野之战时,周武王的军队把殷纣王的军队杀得血流漂杵,孟子就说《武成》的说法不可信,是过度夸张。

【译文】

　　人物的可信,在于不贪求不可占有的名誉;言论的可信,在于不传播不可做的事。微生的正直,仲子的清廉,君子看出了相关说法的不可信。"宓远"这样的诗篇,记载武王伐纣之战血流漂杵的书,君子分辨出它的说法是不真实的。作为人,厌恶那种把言行过分修饰来扰乱品德的人,作为言,厌恶那种过分夸大美和恶来扰乱大道的言。君子用来使实际行为敦厚、传播可信的历史、端正人心、使风俗淳厚的办法,只有诚实而已。

　　江州陈兢九世同居①,而太宗岁赐以粟,盖闻唐张公艺之风②,而上下相蒙以矜治化也。九世同居,天下亦多有之矣。其宅地广,其田牧便,其习业同,未可遽为孝慈友爱,人皆顺以和也。公艺之告高宗也,曰"忍"。夫忍,必有不可忍者矣。则父子之诶语,妇姑之勃溪,兄弟之交瘤③,以至于斁伦伤化者皆有之④。公艺悉忍而弗较,以消其狱讼仇杀之大恶而已。使其皆孝慈友爱以无尤也,则何忍之有邪? 故公艺之言,犹不敢增饰虚美以惑人,为可信也。传陈兢之家者曰:"长幼七百口,人无闲言",已溢美而非其实矣。又曰:"有犬百余,共一牢食,一犬不至,群犬不食。"其诞至此,而兢敢居之为美,人且传之为异,史且载之为真,率天下以伪,君子之所恶夫乱德之言者,非此言哉?

【注释】

　　①江州:今江西九江。陈兢(?—993):江州德安(今江西德安)车桥镇人,宋太宗时任江州刺史。江州陈氏为南朝陈宣帝第六子陈叔明之后,至陈兢时前后共有十八人在朝做官,称为"义门十

八朝"。陈氏家族自南朝到宋代,历经332年没有分家,聚族而居达3900余人,史称"江州义门陈,天下第一家"。传见《宋史·陈兢传》。

②张公艺(578—676):郓州寿张(今山东阳谷寿张镇)人。张氏九代同居,共九百余人,历北齐、北周、隋、唐四代。唐高宗麟德二年(665)去泰山封神,路过郓州,亲至其家,询问原因,张公艺在纸上写了一百多个"忍"字,称为"百忍"。又称全家一百只狗,一只未到,其他九十九只狗就不吃食。高宗封张公艺为"醉乡侯",亲书"百忍义门"赐之。

③瘉(yù):即"愈"字。

④斁(dù):败坏。

【译文】

　　江州的陈兢九代人一同居住生活,而宋太宗每岁用粮食赏赐他们,大概是听说了唐代张公艺的事迹风貌,于是上下相互蒙骗以夸耀国家的教化。九代人共同居住生活,天下也是多有的。这样的家族他们有较广的住宅地域,有方便的田地牧场,他们的行业和所学是相同的,不能马上就认为整个家族就是孝慈友爱的,人们都是安顺而和谐的。张公艺告诉唐高宗,说秘诀就是一个字:"忍。"说到忍,就必定有不可忍的事情。那么父子之间的责骂,妇姑之间的争吵,兄弟之间的争胜,以至于败坏伦理有伤风化的事都会有的。张公艺全都忍住而不加计较,只能消除那种狱讼仇杀一类的重大恶事而已。要是家人全都孝慈友爱而没有过失,则哪里要什么忍呢?所以张公艺的话,还不敢增加文饰和虚假的美化用来迷惑人,是可信的。传言陈兢家族情况的人说:"整个家族长幼多达七百口,人与人之间没有隔阂",已经是过分的美化而不是其实际情况了。又说:"陈家养的狗有一百多条,在一个圈里吃食,一只狗不来,整群的狗都不吃食。"其荒诞到这种地步,而陈兢还敢据以为美谈,人们更传说为奇异的事,史书还记载下来以为是真的,率领全天下作假，君子所厌恶的那种扰乱品德的言论，不就是这种传言吗？

　　人而至于百，则合食之顷，一有不至，非按而数之，且不及察矣。犬而至百，坌涌而前①，一犬不至，即智如神禹，未有能一览而知者，奚况犬乎？计其家七百口之无闲言，为夸诞之说，亦如此而已矣。

【注释】

　　①坌（bèn）涌：涌出、涌现。

【译文】

　　人的数量多到一百，则在一起吃饭的时候，有一个人没来，如果不是按人头来数，将不能发现。狗多到上百，成群地涌向前，一只狗没来，就算是有神禹一样的智慧，也不能看一眼就知道，何况是狗呢？看来他家七百口人之间没有闲言碎语，是夸大的荒诞之言，也仅是如此而已。

　　尧、舜之有朱、均①，文王之有鲜、度②，天不能私其美于圣人之家。子之贤不肖，天也。天之化，未有能齐者也，何独于陈氏之家，使皆醇谨以若于长者之训耶？而曰："自陈崇以至于兢③，教之有方，饬之有道，家训立而人皆劝。"则尧之于子，既自以则天之德立范于上，而又使事舜于畎亩④，以薰陶其气质；陈氏之德十百于尧，其教也十百于舜，庶乎可矣。不然，慧者、愚者、强者、柔者、静者，躁者，咸使整齐专壹，而无朱、均、鲜、度之梗化于中，陈氏何德以堪此？取尧、舜犹病之美，夸乡原非刺之无⑤，兢之伪，史之诬，岂待辨而明哉？

【注释】

①朱、均：指尧的儿子丹朱，舜的儿子商均。尧、舜都因自己的儿子不肖，因此把帝位禅让给舜和禹。

②鲜、度：即周武王的弟弟管叔鲜、蔡叔度。

③陈崇：陈兢的祖先。

④畎（quǎn）：田地中间的沟。

⑤乡原：即乡愿。《论语·阳货》中说："乡原，德之贼也。"指乡里言行不一、伪善欺世的人，引申又指见识浅陋、胆小无能的人。原，通"愿"，谨慎，善良。

【译文】

尧、舜有丹朱、商均这样的儿子，文王有管叔鲜、蔡叔度这样的儿子，天不能出于私心让圣人之家完全美好。儿子是贤还是不肖，这是天生的。天的变化，不使所有的事物完全一样，为什么独独对于陈氏家族，却让他们的子孙全都醇厚谨慎而顺从于长者的训导呢？而且说："从陈崇一直到陈兢，对家人的教导有方，整饬有道，家训建立了之后家人全都遵照去做。"那么尧对于他的儿子，自己已经效法上天之德而在上树立了规范，而又让儿子在田亩之中奉事舜，以此来熏陶儿子的气质，仍不能让儿子变成贤人。陈氏的品德必须是尧的十倍百倍，他教育子孙的效果必须十倍百倍于舜，才差不多可以做到上面说的那种情况。不然的话，家族之中有人聪慧、有人愚蠢、有人刚强、有人柔顺、有人安静、有人躁动，让他们全都整齐专一，而没有丹朱、商均、管叔鲜、蔡叔度那种不顺从教化的人在其中，陈氏有什么德行能做到这样？拿尧、舜都还做不好的事情作为陈氏的美德，夸耀陈氏没有乡间伪善之人批评指责的丑事，陈兢的虚假，史书的无中生有，哪里还要进行分辨才能明白呢？

且以陈氏之族如彼其善矣，又何赐粟以后，九世之余，寂寂无足纪数，而七百口敦仁崇让之子弟，曾无一人能树立于宋世哉？当唐末以后之丧乱，江州为吴、楚交争之冲①，陈氏所居，僻远于兵火，因相保以全其家，分数差明，而无讼狱仇杀之衅。陈氏遂栩栩然以自矜，有司乃栩栩然以夸异，太宗且栩栩然以饰为时雍之化，相率为伪，而犬亦被以荣名。史氏传其不足信者，而世信之，妄人售，而为父兄者恤虚名以渎伦纪，君子所以为世道忧也。

【注释】

①冲：本写为"衝"，指交通要道。

【译文】

况且陈氏家族既然有了所说的那种善德，又为什么在皇帝赏赐粮粟以后，传承九代之后，却又变得沉寂而没有值得记载的人和事，而且七百多口敦厚仁义崇尚谦让的子弟，却无一个人能在宋代树立美名善德呢？在唐代末期以后的丧乱之中，江州是吴、楚相互争斗的首冲之地，陈氏居住的地区，偏僻而远离兵火，于是得以相保而使家族完整，辈分人数大体清楚，而没有讼狱仇杀的仇衅。陈氏于是就栩栩然加以自夸，有关部门就栩栩然加以夸耀，宋太宗就栩栩然拿此来美化他的太平和谐的教化，相互作假，而陈家的狗也披上了美名。史家传颂了陈氏不值得相信的事和话，而世人都相信他，妄人得逞，而做父兄的看重虚名以此渎乱人伦纲纪，这就是君子所以为世道担忧的原因所在。

　　夫君子之齐家，以化及天下也。不为不可成，不居不可久，责备贤者而善养不才，立异以使之同，昭辨以使之壹，贤者易以笃其恩，不肖无以增其慝。是以命士而上，父子异宫，不欲其相黩也；五世而降，功缌以绝①，不欲其强饰也；立庭之训，止于《诗》《礼》；夜饮之戒，严于朝廷；三十授田，而田庐分处；八口以外，而饥寒自赡；无相杂也，则无相竞也。使九世可以同居，族以睦而分以明，则先王胡不立此以为制，而文昭武穆，必使有国有家各赐族以使自为纪哉？化不可骤，情不可强，天不可必，人不可不豫为之防。故伪行伪言不宣，上以诚教，下以诚应。“同人”之道，类族辨物，而于宗则吝；“家人”之义，嘻嘻失节，而威如以孚。垂世立教，仁之至、义之尽矣。俶诡之行②，矜夸之说，荧惑天下，饰大美以鬻名利③，天性受诬而人纪以亡，读史者又何艳焉！

【注释】

①功缌(sī)：古丧礼中大功、小功和缌麻三种丧服的通称。缌本是细麻布，引申指用细麻布制作的丧服。

②俶(chù)诡：奇异。又作“諔诡”，《庄子·德充符》篇：“彼且蕲以諔诡幻怪之名闻，不知至人之以是为己桎梏邪。”

③鬻(yù)：卖，这里指盗取。

【译文】

说到君子把家族管理好，再把教化普及到天下，不做不可成的事，也不做不可久的事。责备贤人而善于教育不才的人，标出不同以使他们相同，对其间的差别加以明辨以使之一致，这样就可使贤者容易加重他的恩德，可使不肖之人无法增加他的奸恶。所以从那些受有朝廷任命的士人以上，父子就要住不同的房室，这是不想让他们相互亵渎；隔了五代就要降低丧服的等级，不再使用正式的丧服，这是不想让他们勉强装着悲伤；对于立于庭中的儿子的教育，只用《诗》和《礼》；夜间饮宴的戒条，在朝廷中严格执行；三十岁以后授予田地，而让人们分别有自己的田地和住所；八口之家以外的人，他们的饥或寒就要自己负担；使家族的人不相互混杂,就不会使他们相互争夺。假使九代人可以共同居住,整个家族还很和睦而且分别得很清楚,那么先王为什么不建立这样的方式作为制度,却要实行从始祖以来一代一代按父子关系左右分开的制度,一定要对有国有家的人各自赐给姓氏来使他们各为自己的家族呢?变化不可急迫,人情不可勉强,天意不可确定,人不可不预先为之防备。所以虚假的行为和言论不加宣扬,在上的人用诚来教化,在下的人用诚来响应。《周易》里的"同人"卦的道理,是要对族群进行分类来辨别事物,而只知同宗不加分辨的就是鄙吝之道;《周易》的"家人"卦的义理,是要在嘻笑失节的时候,而要用威严来使之诚实。这样来传给后世、设立教化,就是仁之至、义之尽了。谲诡的行为,矜夸的说法,迷惑天下,装扮成大的美德以求取名利,天性受到歪曲,人的纲纪就会灭亡,读史书的人,对这样的人和事,又有什么羡慕呢!

八

　　三代而下,遂其至性,贞其大节,过而不失其中,幽光内韫,垂五百余年,人无得而称者,其楚王元佐乎^①!

【注释】

①楚王元佐:赵元佐(965—1027),宋太宗与元德皇后所生的长子,初名赵德崇,先封为卫王、楚王。宋太宗将四弟秦王赵廷美废为庶人时,元佐曾替廷美求情。廷美死后,元佐得了狂疾,甚至纵火焚宫,太宗将他幽禁。真宗继位,恢复元佐楚王爵位。宋仁宗又封赵元佐为江陵牧。传见《宋史·宗室·汉王元佐传》。

【译文】

　　三代以下,完成他的最高人性,坚持他的大节,做得过分而不丧失它的中正,幽藏的光芒在内部蕴藏,过了将近五百余年,人们却不知道他而加以称赞,他就是楚王元佐吧!

　　元佐,太宗之元子也。太宗遂其传子之志,则天下者,元佐之天下也。杜后之命曰:"太祖传二弟^①,而旋授德昭^②"。即令太宗恤遗命,全秦王而授之位,秦王立,其犹从母命也,德昭虽死,而惟吉存^③;使其不然,则秦王且私授其子,此吴光与僚先后得国之势也。元佐其犹夷昧、余祭之子^④,位不得而及焉,必矣。太宗挟传子之私,忌秦王而致之死,岂忧己位之不固哉?为元佐计,欲坐收而奄有之尔。故曰:如太宗之志,天下者元佐之天下也。于是而元佐憬然发其天性之恻怚,以质鬼神,以对天下,必欲曲全叔父,以免君父于不仁。愤太宗之不听也,激烈佯狂,纵火焚宫,示不可以君天下。进则有九五之尊,退则膺庶人之罚,万一父怒不测而死及之,亦且甘之如饴。呜呼!是岂三代以下教衰俗圮之得再见者哉?废为庶人,而元佐之心得矣。得其心者,得其仁也。是伯夷、泰伯之所以弁髦人爵^⑤,寝处天彝,而保此心以复于礼者也。

【注释】

① 二弟:指太宗赵匡义。

② 德昭:宋太祖的次子赵德昭(951—979),太宗时任京兆尹,因受太宗训斥而自杀。

③ 惟吉:赵惟吉(966?—1010),燕王德昭的次子,太祖赵匡胤的孙子。好学善文。太宗时为左骁卫大将军,封安定郡公,后迁左羽林军大将军、阆州观察使。真宗即位,授武信军节度,加同平章

事。大中祥符三年病逝，追封南阳郡王，后又追赠太尉，封冀王。

④夷昧、余祭：吴王寿梦的两个儿子。吴光与僚、夷昧、余祭，参见前注。

⑤伯夷：孤竹君有两个儿子伯夷、叔齐，孤竹君想让叔齐继位，叔齐让给伯夷，伯夷认为这是父命，不受而逃走。叔齐见状也不肯继位而逃。周武王伐殷纣王，二人义不食周粟，在首阳山隐居，采薇而食，最后饿死。传见《史记·伯夷列传》。泰伯：又作"太伯"。泰伯及其弟仲雍，都是周太王的儿子，是季历的兄长。太王以为季历贤能，又有儿子姬昌，于是想让季历继位以便传给姬昌，泰伯、仲雍就逃到荆蛮，文身断发，以避让季历。太伯在南方建国，自号"勾吴"，是吴国的始祖。传见《史记·吴太伯世家》。

【译文】

赵元佐，是宋太宗的长子。太宗实现他的传子之志，则天下就是元佐的天下。杜后的遗命说："太祖传给二弟，之后再传给赵德昭。"即便宋太宗遵守遗命，保全弟弟秦王赵廷美而把帝位传授给他，让秦王即位，这还是太宗听从了母命，这样的话，赵德昭虽然死了，而他的儿子赵惟吉还在；假使不然，则秦王将私自传位给他的儿子，这就会形成吴国公子光与公子僚先后夺得王位的形势。赵元佐好比夷昧、余祭的儿子，王位不能继承到，是必然的了。宋太宗怀有传位给儿子的私心，猜忌秦王而使他死，难道是担忧自己帝位不稳固吗？只是为元佐打算，想坐收天下而据有天下而已。所以说：按宋太宗的意愿，天下就是元佐的天下了。在这种情况下，元佐却突然醒悟而发挥出天性中的恻隐之心，以此来质问鬼神，来面对天下，一定要想尽办法保全叔父秦王，以避免自己的君父成为不仁之人。他对太宗不听从他的意愿而愤慨，于是变得性情暴烈并佯装发疯，纵火烧皇宫，表示自己不能君临天下。向上一步就有九五之尊，后退一步就要受到降为庶人的惩罚，万一父亲发怒而死难降临，他也将会觉得甘甜如蜜糖。呜呼！这难道是三代以下教化衰败风俗崩坏还能再次看到的人吗？被废为庶民，而元佐的心愿就实现了。实现他的心愿，就是实现了他的仁义。这就是伯夷、泰伯之所以蔑视世间的官爵，愿在天地自然中处身，而保住这种心情以求恢复礼制的原因所在。

东海王彊之安于废①，父不欲畁以天下也②。宋王成器之屈于玄宗③，弟有社稷之元功，己不得而居其上也。父志存焉，人心归焉，不敢与争，而仅以自保其王爵，议者犹且奖之。元佐以逸获之天下，脱屣而求惬其孤心④，岂彼所能企及哉？乃廷无公论之臣，史无阐幽之笔，且以建储称寇准之忠⑤，拥戴诧吕端之节，《实录》所纪，又为燕不得与及李后、王继恩谋立之说⑥，曲毁其至德。故司马氏曰⑦："伯夷虽贤，得孔子而名益著⑧。"世无君子，信流俗倾妒之口，掩潜德而曲诬之，后世之史，不如其无史也，多矣。

【注释】

①东海王彊(24—58)：东汉光武帝之子刘彊，其母郭氏为皇后，因此刘彊立为太子。建武十七年(41)郭后废，刘彊主动要求降为诸侯王。光武十九年(43)封为东海王。传见《后汉书·光武十王列传》。

②畁(bì)：给予。

③宋王成器(679—741)：李成器，唐睿宗嫡长子，后改名李宪。睿宗初继位时以成器为太子，武则天死后，中宗李显继位，韦后与安乐公主专擅大权，李隆基和姑姑太平公主(睿宗的妹妹，武则天的女儿)起兵除掉韦后及安乐公主，使睿宗重新掌权。因李隆基功大，李成器主动把太子之位让给隆基，隆基继位为唐玄宗，

封成器为宋王。成器死后,玄宗定其谥号为"让皇帝"。传见《旧唐书·让皇帝传》、《新唐书·让皇帝传》。玄宗(685—762):唐玄宗李隆基,亦称唐明皇,唐睿宗李旦第三子。武则天死后,唐中宗懦弱无能,韦后与安乐公主为所欲为,并毒死中宗,欲效法武则天做女皇。李隆基与太平公主发动兵变,把韦后一党全部消灭。此后睿宗重新继位,李隆基为太子。后睿宗让位给李隆基,在位期间励精图治,形成开元盛世,但晚期酿成安史之乱,使唐王朝走向衰亡。传见《旧唐书·玄宗本纪》、《新唐书·玄宗本纪》。

④屣(xǐ):鞋子。惬(qiè):心情畅快。

⑤寇准(961—1023):字平仲,华州下邽(今陕西渭南)人。太宗时为参知政事,真宗时与参知政事毕士安同为宰相(同平章事)。太宗久不确定太子人选,淳化五年(994),寇准任左谏议大夫,太宗向他询问立太子来,寇准说不可与妇人、宦官、近臣商议,只能自己决定合适的人。太宗认为襄王元侃可以,寇准说皇上认为可以,就应立即决定。使太宗下决心立元侃为太子,即后来的宋真宗。契丹南下犯宋,寇准力主真宗亲征,真宗在澶州(今河南濮阳)取得胜利后与契丹订立"澶渊之盟"。后寇准被王钦若、丁谓等人排挤,贬至雷州(今广东海康)、衡州(今湖南衡阳)等地。传见《宋史·寇准传》。

⑥燕不得与及李后、王继恩谋立之说:元佐在廷美死后就生了疯病,过重九节时,太宗召诸王在宫中举行宴会,因为元佐的疯病稍有好转,没有请他参加宴会。元佐知道此事后,发怒喝酒,晚上在宫中纵火。太宗于是把元佐废为庶人。太宗晚年,立赵元侃为太子,但太宗病危时,李后与宦官王继恩、参知政事李昌龄、殿前都指挥使李继勋、知制诰胡旦等想重新扶立已废为庶人的楚王元佐为太子。太宗去世,吕端入宫,把王继恩锁在阁内,迎

太子即赵元侃入宫继位，即为宋真宗。李后，宋太宗的李皇后，
潞州上党(今山西长治、晋城地区)人。传见《宋史·后妃传》。
王继恩(? —999)，陕州(今河南陕县)人。宋初为宦官，太祖去
世之夜，宋太宗还在南府，王继恩疾驰请太宗入宫，于是太宗对
继恩宠遇无比。出任镇、定、高阳关三路排阵钤辖，长期在河北
领兵。宋真宗即位，把王继恩贬为右监门卫将军，安置于均州。
传见《宋史·宦者传·王继恩传》。

⑦司马氏：即司马迁(约前 145 或前 135—?)，字子长，左冯翊夏阳
(今陕西韩城)人。汉武帝时，其父司马谈为太史令，司马迁继任
为太史令，武帝天汉三年(前 98)，李陵败降匈奴，司马迁为李陵
辩解，触怒武帝，下狱，处以宫刑。出狱后任中书令，发愤著书，
著成《史记》，人称《太史公书》。传见《史记·太史公自序》、《汉
书·司马迁传》。

⑧伯夷虽贤，得孔子而名益著：出自《史记·伯夷列传》，是司马迁
在《伯夷列传》后的评语，意谓伯夷虽然非常贤良，但是只有得到
孔子的赞誉才使名声更为显著。

【译文】

东海王刘彊安心于被废黜，是因为父亲不想把天下交给他。宋王
李成器屈服于唐玄宗，是因为弟弟唐玄宗有保卫社稷的首功，自己不能
再在他的上面。父亲的愿望由此而得到了实现，人心于是归附于他，不
敢与他相争，但也仅仅保住自己的王爵，议政的人还要褒奖他。赵元佐
拿轻松就能得到的天下，像脱下鞋子一样放弃它而求得自己孤独之心
的舒畅，难道是东海王和宋王所能比得上的吗？可是朝廷却没有主持
公论的大臣，史书也没有阐明幽隐微意的记载，还要因寇准与太宗商定
太子人选而称赞寇准的忠诚，因吕端采取措施而使太子顺利继位而惊
诧吕端的节操，《实录》所记录的内容，又是元佐不能参加宴会而纵火的
事以及李后、王继恩在太宗病危时策划扶立元佐的说法，都是歪曲诋毁

元佐的最高美德。所以司马迁说："伯夷虽然贤良，得到孔子的称赞后他的名声才更为人所知。"世界上没有君子，都相信了流俗对正人君子的诽谤妒忌的说法，掩盖了正人君子潜藏不显的美德而歪曲诬陷他，后代的史书记录不实，不如没有这种史书，这种事例太多了。

　　太宗怒，欲安置之于均州①，百官谏而止者②，知其志之正而理之伸也。真宗立，复楚王之封，加天策将军之号，待以殊礼者，知其弃万乘以全至性，而李后之谋，必其所不就也。太宗愧之，真宗安之，而不能动廷臣国史之心；流俗之迷而不觉，有如是夫！

【注释】

①均州：今湖北丹江口，春秋属麇，后归楚，战国时称均陵。秦置武当县，属南阳郡。隋改为均州，因境内均水而得名，唐宋仍为均州。

②百官谏而止者：太宗要把元佐贬到均州居住，宋琪等人率大臣多次上书，请求把元佐留在京师，太宗答应了，此时元佐已经走到黄山了，于是又把他召回京师，住在南宫。

【译文】

　　太宗大怒，想把元佐安置到均州居住，百官进谏之后才停止，这是知道他的志向是正直的，而在道义上也得到了伸张。真宗继位后，又恢复了元佐的楚王封爵，还加上天策将军的称号，用与众不同的礼节对待他，这是知道元佐抛弃帝王之位来保全至善的本性，而李后等人的谋划，也必定是他所没有参与的。太宗为此感到惭愧，真宗也能安心对待他，却不能打动朝廷大臣和史官的心；流俗的迷惑仍不觉悟，竟然就像这样啊！

或曰：泰伯不欲有天下，逃之句吴，而元佐终受王封，何也？曰：周未有天下，而句吴为殷之蛮服①；古有公子去国而为羁之礼②，则有余地以听泰伯之徜徉。宋则一统六寓③，而元佐奚适焉？若其终受王封也，藉令秦王立，惟吉继，而太宗既君天下，致平康，则其元子固当为王；王者，元佐之应得也。不为天子而德已至，奚婞婞然致怒天伦④，效陈仲子之为哉！

【注释】

①蛮服：古代以天子所居为王畿，逐层向外扩展，五百里为一服，共有九服：蛮服在卫服之外，夷服之内，为第六服。后来泛称远离京城的偏远地区。

②羁：旅居异国。

③寓：即"宇"字，六宇，指天地四方。

④婞婞（xìng）然：内心怨恨的样子。

【译文】

有人说：泰伯不想得到天下，逃到句吴，而元佐最终受到封王，这是什么原因？回答说：周并没有控制整个天下，而句吴是殷王朝的蛮服之地；古代有公子离开本国而到异国为客的礼制，则有空余之地可以听任泰伯前去旅居。而宋王朝则统一了天下，而元佐又能到哪里去呢？至于他最终受到封王，假使由秦王即位，之后再由惟吉继承帝位，而太宗既然已经君临天下，达到了太平安康，那么他的长子本来就应当封为王；王，是元佐应该得到的。不当天子而德行已经达到极点，又何必出于内心怨恨而导致父子之间相互愤怒，去仿效陈仲子不认其兄的那种行为呢！

乃于是而见宋之无人也。德昭之死,廷美之窜,大乱之道,太宗之巨慝也。立其廷者,以刚直称,则窦偁、姚坦①;以昌言称,则田锡、张齐贤②;以方正称,则李昉、吕端;皆所谓贤臣也。而頫首结舌③,听其安忍戕性以行私,无敢一念开国之先皇者。仅一卢多逊卫太宗于前,护秦王于后,无忘金匮之言;而赵普之邪说一张,附致深文以窜死。昏霾掩日月之光,仅露孤光于元佐,有心者自知择焉。奚必孔子,而后可致伯夷于青云,存乎人心之不死者而已矣。

【注释】

①窦偁(924—982):字曰章,蓟州渔阳(今天津蓟县)人。宋太平兴国五年(980),为比部郎中,曾阻拦宋太祖北征,后为左谏议大夫、参知政事。传见《宋史·窦仪传附传》。姚坦(? —1009):字明白,曹州济阴(今山东菏泽)人。先后任隰州推官、知浔州、通判唐州,后为益王翊善,教导王子读书。传见《宋史·姚坦传》。

②田锡(940—1003):字表圣,嘉州洪雅(今四川洪雅)人。历任左拾遗、河北转运副使、右谏议大夫、史馆修撰,以敢言直谏著称。病逝后,真宗称他为直臣,说朝廷稍有缺失,正在思虑,他的奏章就来了,这样的谏官不可多得。传见《宋史·田锡传》。

③頫(fǔ):即"俯"字。

【译文】

于是就看出宋朝廷没有人材了。赵德昭的死,赵廷美的流放,这是大乱之道,是太宗巨大的恶行。站在宋朝廷上的人,以刚直著称的人,有窦偁、姚坦;以敢于谏言著称的人,则有田锡、张齐贤;以正直著称的人,则有李昉、吕端;都是所谓的贤臣。却俯首结舌,听任太宗安心地做残忍的事而残害他的本性,由此来实现他的私心,不敢想一想开国的先皇宋太祖。仅有一个卢多逊先是保卫宋太宗，后是保护秦王赵元佐，没有忘记金匮盟书中的话；而赵普的邪说一旦得逞，就附会牵连种种罪名把德昭、元佐流放和逼死。昏暗的阴霾遮掩了日月的光芒，只露出一线孤单的光给元佐，有心的人自会知道如何选择。何必靠孔子而后才能把伯夷抬升到青云之上，存于人们的心中而不死而已！

九

太宗谓秦王曰："人君当淡然无欲，勿使嗜好形见于外。"殆乎知道者之言也夫！且夫人之有所嗜好而不能自已者，吾不知其何以然也。耳目口体于天下之物，相得而各有合，欲之所自兴，亦天也。匪徒小人之所依，抑君子之所不能去也。然而相得者，期于得而止；其合也，既合而固可无求。匪徒崇高富贵者之易于属猒①，抑贫窭之子可致而致焉者也②。

【注释】

①属猒（yàn）：饱足，满足。猒，饱，饱足。

②窭（jù）：贫穷，贫寒。

【译文】

太宗对秦王元佐说："作为人君应当淡然无欲，不要让自己的嗜好表现在外表上。"这是几乎已懂得了大道的话了啊！况且人们有所嗜好而不能自己控制，我不知道它为什么而这样。人的耳朵、眼睛、嘴巴、身体对于天下的事物，各自有它相得而相合的对象，欲望的自我产生，也是天生的。不只是小人要依赖欲望，就是君子也不能摆脱欲望。然而人的器官与事物的相得，应该以得到所适应的事物就足够了；人的器官与事物的相合,应该在相合之后就不应再想多求。这样的话,就不仅地位高等和富贵的人容易满足,就是贫贱人家的子弟也可使其心愿得到满足。

故夫人之所嗜,亦大略可睹矣。居海国者,不嗜麕麋①,处山国者,不嗜鰒蛤②。未闻其名,则固不慕也,未尽其致,则固不耽也。然则世之有所嗜好而沉迷不反者,皆著见于外而物得乘之以相惑耳。繇是而销日糜月,滥喜狂怒,废事丧德,戕天物,耗财用,导慆淫③,迩宵小④,抵于败国亡家而不悟。岂果其嗜好之不可遏哉?群然取一物而贵之,则贵矣;群然取一物而安之,则安矣。有所贵而忘其贱,有所安而忘其本不足以安:时过事已,而不知当日之酷好者何心。若是者,吾又恶知其何以然哉?

【注释】

①麕(jūn):獐子。麋(mí):鹿的一种,雄的有角,角像鹿,尾像驴,蹄像牛,颈像骆驼,俗称"四不像"。

②鰒(fù):即鲍鱼。蛤(gé):蛤蜊,栖浅海沙中,肉可食。

③慆(tāo):贪婪。

④迩(ěr):近。

【译文】

所以凡是人的嗜欲,也就大略可以知道了。住在海国的人,不嗜好麕麋;住在山国的人,不嗜好鰒蛤。没有听说过这些东西的名字,本来就不会希求它;没有达到它的极致,本来就不会对它沉迷。这样说来世人有嗜好而沉迷不回头的人,都把自己的嗜好表现在外,而事物得以乘机迷惑他而已。由此而消磨日月,会有过分的喜欢和狂暴的发怒,废了正事又丧失了道德,残害了天生之物,消耗了钱财用品,引导出贪婪和荒淫,亲近了小人,最终败了国、亡了家而不醒悟。难道真的是他的嗜好不能遏制吗?人们成群地索取一种东西把它看得贵重,它就贵重了;人们成群地求取一种东西而感到心安,它就让人心安理得了。有所贵重而忘了它的贱,有所心安而忘记它本来不足以让人心安:时间已过,事情已完,而不知当时对它酷为爱好是什么心理。像这样的,我又哪里知道它为什么会是这样呢?

卫懿公之于鹤也①,唐玄宗之于羯鼓也②,宋徽宗之于花石也③,达者视之,皆无殊于瓦缶之与块土凡虫也,而与之相守以不离。求其故而不得,设身而代为之思,盖触目喜新,偶动于中而著见于外,窥之者曲以相成,习闻数见,浮言胥动,随以流而不可止耳。口之欲止于味,而山珍海错者,非以味也,以其名也。体之欲止于适,而衣珠玉者,非以适也,以其名也。一夫偶以奇而炫之,无识者相因而和之,精而益求其精,备而益求其备;乃至胡椒之八百斛④,杨梅仁之十石⑤,不知何所当于嗜欲,而必汲汲以求者如此。呜呼!以口还口,而味亦靳矣;以目还目,而色亦靳矣;以耳还耳,而声亦靳矣;以体还体,而衣被器用游观之所需者亦靳矣。过此,则皆流俗浮游之言转相传述,溢于其分。而劳形、怵神、殄民、殄物,役役以奔走,至死而不释。呜呼!是其愚也,吾且恶知其何以然哉?

【注释】

①卫懿公:名赤,卫惠公之子,卫康叔十代孙,前668年至前660年

在位。嗜好养鹤，人称"鹤将军"。前660年北狄入侵卫国，兵败被杀。

②羯(jié)鼓：古代一种鼓，腰部细，起源于羯族。

③宋徽宗(1082—1135)：赵佶(jí)，宋神宗第十一子，宋朝第八位皇帝。其兄宋哲宗早夭，传位于他，1100年至1126年在位。在位期间，重用蔡京、王黼、童贯、梁师成、朱勔、李邦彦等奸臣，信奉道教，自称"教主道君皇帝"，大建宫观。宣和七年(1127)，金军南下攻宋，他传位钦宗赵桓，自称太上皇。靖康元年(1126)八月，金军再次南下，攻占汴京，北宋灭亡，徽、钦二帝被俘，押到北方囚禁，后死于五国城(今黑龙江依兰城北旧古城)。传见《宋史·徽宗纪》。

④胡椒之八百斛(hú)：唐代的元载因罪赐死，抄没其家，其中就有胡椒八百斛。斛，古代量器名，也是容量单位，一斛为十斗，亦即一百升，合今天约二百斤，八百斛则约十六万斤。

⑤杨梅仁之十石(dàn)：据宋代王明清《挥尘录》记载，童贯当权时，会稽郡守王仲嶷，是个擅长词翰骈文的文人，他听说童贯有严重的脚气病，而杨梅仁可以治脚气，就收集了五十石杨梅仁送给童贯，于是后来直接提拔为待制。石，古代容量单位，十斗为一石。

【译文】

卫懿公爱好鹤，唐玄宗爱好羯鼓，宋徽宗爱好花石，由达观的人来看，都与瓦缶和土块及普通的虫子完全没有不同，却与它们相守而不分离。求其原因则不能，设身处地替他们思考，都是因为看在眼里而喜欢新奇，自己偶尔动了心而表现在外，窥伺的人就想办法让它实现，多次看到和赏玩之后，浮言相互促动，相随传播就不可制止了。想让口对于滋味有所停止，但山珍海味不是为了滋味，是为了它们的名称。想让身体对舒适有所停止，但穿珍珠佩玉器不是为了身体的舒适，是为了它们的名称。一个人偶尔用这类东西炫示稀奇，没有见识的人相互因袭而跟随附和，要把吃和穿做到精致之后更求精致，完备之后更求完备，乃至于元载家里收藏有八百斛的胡椒，王仲巘一次就向童贯送了几十石的杨梅仁，不知道这哪里适合于他们的嗜好，而一定要像这样汲汲索求。呜呼！在口里品尝来品尝去，再好的滋味也会变得无味；在眼里看过来看过去，再缤纷的颜色也会变得不悦目；在耳里听来听去，美妙的声音也会变得不悦耳；在身上享用来享用去，那些服装衣被以及游玩时所需要的各种用具也会变得不舒适。过了这种界限，就都是流俗的虚浮不实之言的转相传述，超过了它的本分。而使身形疲劳、精神惊惧、祸害民众、暴殄天物，用繁重的赋役让人们为此奔波，到死也不放手。呜呼！这是他们的愚蠢，我将怎么知道它们为什么会是这样的呢？

　　故君子之无欲，不爽于理者，无他，耳目口体止于其分，不示人以殊异之情，则人言之沓至，稗官之妄述①，导谀者之将顺，鬻技者之蛊惑，举不以易吾耳目口体之素。然则淡然无欲者，非无欲也；欲止于其所欲，而不以流俗之欲为欲也。

【注释】

①稗（bài）官：小官。小说家出于稗官，后称野史小说为稗官，这里指野史的作者。

【译文】

　　所以君子要做到没有欲望，不违背道理，没有别的，让耳目口体限于它的本分，不向人显示自己有特别的愿望，那么人言的纷至沓来，野史作者的虚妄叙述，用阿谀来引诱的顺从附和，卖弄技巧者的蛊惑，就都不能改变我的耳目口体的本来的需求。这样的话，淡然无欲的人，不是没有欲望；而是让欲望止于欲望的应有界限，而不把流俗的欲望当做自己的欲望。

　　夫流俗之欲而荡其心，夫人之所不能免也。奚以治之？其惟有以镇之乎！太宗曰："朕无他好，惟喜读书"，所以镇之也。镇之者，息其纷纭，抑其竞躁，专凝其视听而不迁；古今成败得失之故，迭至而相警，以域其聪明；其神闲，其气肃，其几不可已，其得不能忘。如是，而流俗之相荧者，不待拒而自不相亲。以是而形见于外，天下之饰美以进者，相奖以道艺。其人非必贤，其所习者抑不诡于正矣；其学非必醇，其所尚者固不损于物矣。因而精之，因而备之，而道存焉。故太宗之择术善矣。宋儒先以格物穷理为身、心、意、知之所自正，亦此道焉耳。

【译文】

　　那流俗的欲望摇荡人的心，这是凡是人都不能避免的。拿什么来治它？只有用镇住它的办法吧！太宗说："朕没有其他的嗜好，只喜欢读书"，这就是用来镇住欲望的东西。镇住它，就是停息内心的纷扰，抑制好争和浮躁之心，专一凝聚自己的视听而不迁移；通过读书而使古今成败得失的原因，不断地来到眼前而相互警策，让聪明限止在一定的范围之中；使人的精神闲适，神气肃穆，快达到这种状态时不可以停止，已经达到这种状态则不能忘记。像这样，流俗的相互荧惑，不用拒绝它就自然不与你亲近。把这种态度表现在外，对天下修饰美善而求进的人，用大道和学问来相互奖励。其人不必定是贤人，但他所学习的也不会违背正道了；其学术不一定纯粹深厚，但他所崇尚的也必定不会损害事物了。由此而达到精深，由此而达到完备，大道就在里面了。所以太宗的选择方法就是很好的了。宋代的儒家学者用格物穷理对身、心、思想、知识进行自我纠正，其方法也存在于这种道里。

虽然，但言读书，而犹有所患。所患者，以流俗之情临简编，而简编之为流俗用者不鲜也。故萧绎、杨广、陈叔宝、李煜以此而益长其慆淫①。岂徒人主然哉？凡为学者皆不可不戒也。夫苟以流俗之心而读书，则读书亦嗜好而已。其销日縻月废事丧德也，无以愈。如是者其淫有三，不知戒而蹈之者众，故不可不戒也。物求其名，形求其似，夸新竞丽，耽僻摘险，以侈其博，如是者谓之色淫。师䰞儒之章程②，殉小生之矩步，析音韵以求工，设机局以相应，曳声引气，意短言长，如是者谓之声淫。读可喜之言而如中酒，读可怒之事而如操戈，嬉笑以谐心，怒骂以快意，逞其气以击节于豪宕之篇，弛其志以适情于闲逸之语，心与俱流，情将日荡，如是者谓之志淫。此三淫者，非所读之书能病之也。《风》、《雅》兼贞淫之什③，《春秋》有逆乱之书④；远流俗，审是非，宁静以镇耳目之浮明，则道贞于一。轩辕之语⑤，里巷之谣，无不可益也。非是而涉猎六籍，且有导人以迷者，况史册有繁言，百家有琐说乎？班固之核也⑥，蔡邕之典也⑦，段成式、陆佃之博也⑧，苏轼、曾巩之辨也⑨，以是而猎荣名，弋物望，又奚异于烂羊之关内侯、围棋之宣城守、宣淫之控鹤监乎⑩？无他，以读书为嗜好，则适以导人于欲也？惟无欲而后可以读书。故曰：太宗之言，殆知道者之言也。

【注释】

①萧绎（508—554）：字世诚，自号"金楼子"，南兰陵（今江苏武进）人。南朝梁元皇帝，552年至554年在位。喜好读书，藏书十四万卷，著述二十多种，四百余卷。后被西魏宇文泰攻破江陵，他

把藏书全部烧毁。传见《梁书·元帝纪》、《南史·梁本纪下》。陈叔宝(553—604):南朝陈后主,字元秀,南朝陈国皇帝。582年至589年在位,不理朝政,与妃嫔、文臣游宴不已,制作艳词,谱曲演唱,如《玉树后庭花》、《临春乐》等。祯明三年(589),隋军攻入建康,陈叔宝被俘,后在洛阳病死。传见《陈书·后主本纪》、《南史·陈本纪》。

②鲰(zōu):小鱼,引申指短小愚陋的人。

③《风》、《雅》:《诗经》分风、雅、颂三大类,风、雅合称,指《诗经》。什:《诗经》中分篇称为"什",泛指诗篇。

④《春秋》:周代鲁国的编年史,后由孔子修订,成为儒家经典之一。

⑤轩辎(yóu)之语:辎轩是古代天子使臣乘用的轻便车子,使臣乘车到各地访问,记录各地的方言,所以又以轩辎指各地方言。

⑥班固(32—92):字孟坚,扶风安陵人(今陕西咸阳东北),东汉时任兰台令史,校点皇家秘藏图书,撰成第一部纪传体断代史《汉书》。后在征匈奴时任中护军,兵败死于狱中。传见《汉书·叙传》、《后汉书·班固传》。

⑦蔡邕(yōng,133—192):字伯喈,陈留(今河南开封陈留镇)人。博学多才,通晓经史、天文、音律。东汉灵帝时拜郎中,迁议郎。熹平四年(175),蔡邕与堂溪典、杨赐、马日碑等人奏请校定六经,汉灵帝同意后,蔡邕亲自书写经文,刻成石碑,即著名的东汉"熹平石经"。献帝时,由董卓任命为侍御史、左中郎将。董卓被诛,他被捕死于狱中。传见《后汉书·蔡邕传》。

⑧段成式(803—863):字柯古,邹平(今山东邹平)人,晚唐时历任秘书省校书郎,吉州、处州、江州刺史、太常少卿。著有《酉阳杂俎》,以志怪传说著名,唐以来推为小说之翘楚。陆佃(1042—1102):字农师,号陶山,越州山阴(今浙江绍兴)人,陆游的祖父。熙宁三年(1070)进士,后为中书舍人、给事中、礼部侍郎、尚书右

丞、左丞。传见《宋史·陆佃传》。

⑨苏轼(1037—1101):字子瞻,号东坡居士,眉州眉山(今四川眉山)人。擅长文章,与父亲苏洵和弟弟苏辙合称"三苏"。有诗名,与黄庭坚并称"苏、黄",作词为豪放派,与辛弃疾并称"苏、辛"。擅书法,与黄庭坚、米芾、蔡襄并称"宋四家"。传见《宋史·苏轼传》。曾巩(1019—1083):字子固,建昌南丰(今江西南丰)人,后居临川(今江西抚州)。嘉祐二年(1057)中进士,后任馆阁校勘、集贤校理,校勘《战国策》、《说苑》、《新序》、《梁书》、《陈书》、《唐令》、《李太白集》等书。最后为中书舍人。传见《宋史·曾巩传》。

⑩烂羊之关内侯:后汉更始帝时,对人授官爵非常混乱,当时民谣说:"灶下养,中郎将。烂羊胃,骑都尉。烂羊头,关内侯。"后以"烂羊"指对地位卑下的人滥封官爵。围棋之宣城守:南朝宋文帝元嘉二年(425),宋文帝与黄门侍郎羊玄保下围棋,宋文帝以"宣城太守"为赌注,与羊玄保赌输赢,羊玄保下赢了,文帝果真赐他此职。控鹤监:武则天为所招的男宠专门设立的官职名,后因过于秽乱,狄仁杰上书反对,武则天遂将控鹤监一职撤销。

【译文】

　　虽然如此,只就读书而言,也还会让人担心。所担心的,是用流俗的心情面对典籍,而典籍被流俗应用也是屡见不鲜的。所以萧绎、杨广、陈叔宝、李煜就因这样读书而更加助长了他们的贪婪和荒淫。岂是只有君主会这样呢? 凡是治学的人都不可不加以戒慎。如果用流俗的心情来读书,则读书也是嗜好而已。其消磨日月、废坏事情、丧失道德,没有别的事能超过它。像这样做,它的坏处有三个,不知道戒除而去做的人很多,所以不能不加以戒除。事物追求它的名声,外形追求它的相似,夸耀新奇,以华丽竞争,沉迷于邪僻而求得险恶,以增广他的博学,像这样的,称之为颜色的荒淫。以陋儒的章程为师,遵循见识浅薄的学者的规矩和步伐,分析文字的音韵以求得文章的工整,设置巧妙的布局以求与之相应,拖长声音,拉长气息,内容短浅而言语冗长,像这样的,就称之为声音的荒淫。读到可喜之言就像享受美酒,读到可怒之事就像手持戈矛,用嬉笑让心情和谐,用怒骂让心意痛快,抒发气概而在豪荡篇章中击节欣赏,松弛意志而在闲逸语句中得以适情,心与这样的作品一同游流,情意将会每日放荡,像这样的,就称之为意志的荒淫。这三种荒淫,不是所读的书使他患有此病的。《诗经》的风、雅部分里也有淫荡的篇章,《春秋》中也有叛逆作乱的内容;远离流俗,审察是非,用宁静来镇住耳目的虚浮之光,大道就会统一于正。各地的方言,里巷的歌谣,也有对人有益的内容。不是这样的话,去博览六经,还有引人迷惑的东西,何况史书中有繁多的言论,诸子百家有繁琐的主张呢?班固的精核,蔡邕的典雅,段成式、陆佃的博学,苏轼、曾巩的善辩,用这些来猎取荣耀的名声、博取世人的赞誉,又与滥封下三烂为关内侯、以擅长围棋而得到的宣城守、设立宣示荒淫的控鹤监有什么不同呢?没有别的,以读书为嗜好,就正好会引导人走向欲望。只有没有欲望而后可以读书。所以宋太宗的话,几乎就是懂得大道的言论了。

十

论治者佥言久任,为州县长吏言之耳。夫岂徒牧民者之使习而安哉!州县之吏去天子远,贤不肖易以相欺;久任得人,则民安其治;久任失人,则民之欲去之也,不能以旦夕待,而壅于上闻。故久牧民之任,得失之数,犹相半也。至于大臣,而久任决矣。

【译文】

论说治国的人都说官员要长期任职，这是为州县的长官而说的。哪里只是治民的人熟习职事而后就会安心呢！州县的长官离天子很远，贤还是不贤是容易相互欺骗的；长久任职而得到合适的人选，则民众安于他的治理；长久任职而不是合适的人选，则民众想让他离开，是不能一朝一夕等待的，但又信息堵塞而不被上面知晓。所以长久担任治民的官职，得与失的分量，还是各占一半的。至于朝廷里的大臣，长久任职则已是必定的了。

国家之政，见为利而亟兴之，则奸因以售；见为害而亟除之，则众竞于嚣。故大臣之道，徐以相事会之宜，静以需众志之定，恒若有所俟而不遽，乃以熟尝其条理，而建不可拔之基。志有所愤，不敢怒张也；学有所得，不敢姑试也。受政之初，人望未归；得君之始，上情未获；则抑养以冲和，持以审固，泊乎若无所营，渊乎若不可测，而后斟酌饱满，以为社稷生民谢无疆之恤。期月三年之神化，固未可为大贤以下几幸也。乃秉政未久，而已离乎位矣。欲行者未之能行，欲已者未之能已，授之他人，而局又为之一变。勿论其君子小人之迭进，而莠稗窃嘉谷之膏雨也①。均为小人，而递相倾者，机械后起而益深；均为君子，而所学异者，议论相杂而不调。以两不相谋之善败，共图一事之始终，条绪判于咫寻，而得失差以千里。求如曹参之继萧何②，守画一之法以善初终者，百不得一也。且惟萧何之相汉，与高帝相为终始，绪已成，而后洞然于参之心目，无所容其异同。向令何任未久而参代，亦恶能成其所未就以奏治定之功！况其本异以相攻、彼抑而此扬者乎！

【注释】

①莠(yí)稗：生长于谷物中的杂草。膏雨：能使农作物丰收的雨水，古称"膏雨降，五谷登"。

②曹参(cān,? —前190)：字敬伯，泗水沛(今江苏沛县)人，秦末随刘邦起兵反秦。刘邦称帝后，赐平阳侯。汉惠帝时继萧何为相，完全遵守萧何时的制度，史称"萧规曹随"。传见《史记·曹相国世家》、《汉书·曹参传》。萧何(前257—前193)：泗水丰邑中阳里(今江苏丰县)人。秦时为沛县狱吏，秦末辅佐刘邦起义。攻克咸阳后，他负责接收秦丞相、御史府收藏的律令、图书、户口等，留守关中，使刘邦有了巩固后方。高帝十一年(前196)协助高祖消灭韩信、英布等异姓诸侯王。高祖死后，辅佐惠帝。传见《史记·萧相国世家》、《汉书·萧何传》。

【译文】

国家的政治，看到是利就急着兴办，则奸邪借此而得逞；看到是害就急着除去，则众人竞相叫嚷。所以做大臣的正道，是徐徐地观察事情的适宜机会，冷静地等待众人意志的稳定，经常像有所等待而不急迫，再深思熟虑办事的条理，由此建立不可动摇的基础。心志中有所愤慨，不敢因怒而发作；学习中有所心得，不敢暂且来尝试。接受官职的初期，人们的赞誉还没有到来；得到君主信任的开始阶段，帝王的心情还没有了解；就要用冲虚和穆之气来修养，用审慎牢固来律己，淡泊而像无所经营，深沉而像不可测知，而后斟酌情况进行充分的谋划，来为社稷民众消除无限的忧虑。一年至三年就能收到神奇的变化，本来就是不可以替大贤以下的人侥幸求取的。然而执政不久，就已离开了职位。想做的事还未能实施，想制止的事还未能制止，就将职权交给他人，而局势又为此而完全改变。不用讨论君子与小人的迭相更换，已使野草稗子偷享了好禾苗所应享受的雨水。同样是小人,而接连相互倾轧,也使权术手段随后不断产生而更为复杂。同样是君子,而所学的学术不同,议论相互混杂而不协调。因双方不能相互协商而多有失败,让前后不同的人谋划同一件事的始终,头绪在咫尺之间分化,而得失则差以千里。寻求如同曹参那样的人来继承萧何,遵守画一的法规而使始终都能完善的,一百个里找不到一个。况且只有萧何在汉朝廷做宰相,是与汉高祖自始至终来共事的,头绪已经详细地分清,而后曹参能对一切洞然于心中,无处可容他再有不同做法。假使此前萧何任宰相不长久,就让曹参代替他,又哪里能完成萧何未完成的事业而取得治国安定的成功呢!更何况那种本来就不相同而且相互攻击、抑彼而扬此的人呢!

夫爱立作相者^①,非骤起衡茅、初登仕版者也,抑非久历外任、不接风采者也。既异乎守令之辽阔而不深知,则可不可决之于早,既任之而固可勿疑,奚待历事已还,而始谋其进退。故善用大臣者,必使久于其任,而后国是以不迷,君心以不眩。

【注释】

① 爱立:《尚书·说命》篇中说:"爱立作相,王置诸其左右。"后人注释以为:根据礼命立以为相,使在左右。因此"爱立"即指拜相。

【译文】

那些被皇帝任命为相的人,不是骤然从草泽民间冒出、初次登上官员版籍的人,也不是长期在地方任职、没有接触过皇帝风采的人。他们既不同于地方官员的疏阔而对皇帝和朝廷的事没有深刻的了解,因此很早就决定了一个人可不可以担任宰相,既已任命为相之后就固然可以对这个人不用怀疑,哪里要等到经历过诸多事务以后,才开始商议对他是进用还是抑退呢？所以善于使用大臣的人，一定要让他长久担任这个官职，而后国家的大政方针可以不会迷惑，君主的心志可以不会眩惑。

宋自雍熙以后，为平章、为参知、为密院、总百揆掌六师者①，乍登乍降，如拙棋之置子，颠倒而屡迁。夷考其人，若宋琪、李昉、李穆、张齐贤、李至、王沔、陈恕、张士逊、寇准、吕端、柴禹锡、苏易简、向敏中、张洎、李昌龄者②，虽其间不乏侥幸之士，而可尽所长以图治安者，亦多有之。十余年间，进之退之，席不暇暖，而复摇荡其且前且却之心，志未伸，行未果，谋未定，而位已离矣。则求国有定命之詝谟，人有适从之法守，其可得与？以此立法，子孙奉为成宪，人士视为故事。其容容者，既以传舍视黄扉，浮沉于一日之荣宠；欲有为者，亦操不能久待之心，志气愤盈，乘时以求胜。乃至一陟一迁，举朝视为黜陟之期，天子为改纪元之号；绪日以纷，论日以起，嚻讼盈廷，而国随以毙。垂法不臧，非旦夕之故矣。

【注释】

①平章：官名。平章出自《尚书·尧典》"九族既睦，平章百姓"，指辨别而章明。唐代以尚书、中书、门下三省长官为宰相，但不常设置，选任其他官员加"同中书门下平章事"之名，简称"同平章事"，一同参与商议国家大事。宋代专由德高望重的大臣担任，位在宰相之上，也称"同平章军国事"。参知：宋朝把丞相的权利分成三司使、枢密使和参知政事。参知政事掌管行政权，参知政事可与宰相在政事堂一同商议国家政事，职权、礼遇接近宰相。

宰相出缺，代行宰相职务。密院：即枢密院，长官称枢密使，掌管国家军政事务。最初在唐永泰年间设置，任用宦官为枢密使，执掌机要事务。五代后梁设立崇政院，后唐改称枢密院，宋代沿用，管理军事机密及边防等事，与中书省并称"二府"，同为最高国务机关。六师：周代天子统率六军之师，简称六师，后指天子的禁卫军，也指全国的军队。

② 李穆（928—984）：字孟雍，开封阳武（今河南原阳）人。后周显德间进士，又任郓州、汝州从事，宋太宗时任左谏议大夫、参知政事。见《宋史·李穆传》。李至（947—1001）：字言几，真定（今河北正定）人。先后任将作监丞、通判鄂州。太宗时，拜右谏议大夫、参知政事，又判国子监。真宗时，拜工部尚书、参知政事。后以目疾解职，授武信军节度使。传见《宋史·李至传》。王沔（950—992）：字楚望，齐州（今山东济南）人。先后为京西转运副使、知怀州、右谏议大夫、同签书枢密院事、签书枢密院事、枢密副使、参知政事等。王沔性苛刻，少诚信。传见《宋史·王沔传》。陈恕（约945—1004）：字仲言，洪州南昌（今江西南昌）人。先后任盐铁使给事中、参知政事、总计使、吏部侍郎、尚书左丞、权知开封府等，《宋史》称他为"能吏之首"，任盐铁使时，整顿赋税，疏通货财，使国家财政收入显著增长，太宗在殿柱上写"真盐铁陈恕"五字，以示褒奖。任参知政事后，主管国家财政达十余年之久。传见《宋史·陈恕传》。张士逊（964—1049）：字顺之，阴城（今湖北老河口）人。先后任射洪令、襄阳令、监察御史、枢密副使、尚书左丞、礼部尚书、同中书门下平章事、刑部尚书、兵部尚书。传见《宋史·张士逊传》。柴禹锡（942—1004）：字玄圭，大名（今河北大名）人。太宗时，为翰林副使、如京使，以告发秦王廷美，升枢密副使，转南院使，后为知枢密院事、镇宁军节度使、知泾州、贝州、陕州等。传见《宋史·柴禹锡传》。苏易简

（958—997）：字太简，梓州铜山（今四川中江）人。太宗时，任将作监丞、中书舍人、翰林学士、给事中、参知政事等。传见《宋史·苏易简传》。向敏中（948—1019）：字常之，开封（今河南开封）人。太宗时任将作监丞、工部郎中、右谏议大夫、同知枢密院事、右仆射。传见《宋史·向敏中传》。李昌龄（937—1008）：字天锡，宋州雍丘（今河南杞县）人。太宗时任知广州、御史中丞、参知政事等。传见《宋史·李昌龄传》。

【译文】

　　宋朝从雍熙年间以来，设置了平章事、参知政事、知枢密院事等官职来总掌朝廷百般事务和负责全国军队，一会儿让人升任这些职务，一会儿又罢免，就像笨拙的棋手下棋时的落子一样，颠三倒四而屡次变化。考察被任命为相的那些人，像宋琪、李昉、李穆、张齐贤、李至、王沔、陈恕、张士逊、寇准、吕端、柴禹锡、苏易简、向敏中、张洎、李昌龄等人，虽然其中不乏希求恩宠的人，但也多有可以充分发挥他的才能以使国家得到治理而安定的人。十多年间，进用他们又罢免他们，使他们席不暇暖，而又动摇他们既想升任又想退职的心情，志向没有伸展，谋略未能确定，而已经离开了官位。这样来求国家有确定的治国大略，人们有适宜遵从的法规，是可以得到的吗？以这种做法为规则，子孙奉为成法，人们视之为惯例。那些附和众人意见的人，就会把朝廷内阁当做旅馆，在短暂的荣宠中沉浮，那些想有所作为的人，也怀着不能长久在职的心情，他们的意志和气势就会充满愤怨，想抓紧时间利用机会在竞争中求得胜利。乃至于对他们的一升一迁，满朝大臣都看作某种政策的废黜或升用的期限，甚至使天子为此而改变年号；国家政治的头绪一天天地变得纷乱，人们的议论天天都出现，蠢而顽固的争论充满整个朝廷，而国家随之灭亡。传给后人的制度如此不善，这不是一朝一夕的原因。

夫宋之所以生受其敝者，无他，忌大臣之持权，而颠倒在握，行不测之威福，以图固天位耳。自赵普之谋行于武人，而人主之猜心一动，则文弱之士亦供其忌玩。故非徒王德用、狄青之小有成劳，而防之若敌国也，且以寇准起家文墨，始列侍从，而狂人一呼万岁，议者交弹，天子震动，曾不念准非操、懿之奸，抑亦无其权藉，而张皇怵惕，若履虎之咥人①，其愚亦可嗤也。其自取孤危，尤可哀也。至若蔡京、秦桧、贾似道之误国以沦亡，则又一受其蛊，惑以终身，屹峙若山，莫能摇其一指。立法愈密，奸佞之术愈巧。太宗颠倒其大臣之权术，又奚能取必于暗主？徒以掣体国之才臣，使不能毕效其所长。呜呼！是不可为永鉴也钦！

【注释】

①履虎之咥（dié）人：出自《周易·履卦》的卦辞："履虎尾，不咥人，亨。"意谓踩了虎尾，而虎不咬人，吉利。此处王夫之引用，则变其意，谓踩老虎尾巴而被咬，非常愚蠢。咥，咬。

【译文】

那宋朝之所以活生生地受到这种敝害，没有别的原因，只不过是忌讳大臣掌握大权，而把大臣颠来倒去地由君主在手中掌握，施行无法测知的威权和恩宠，以求巩固帝位而已。自从赵普对武将谋划杯酒释兵权以来，就让君主的猜忌之心为之一动，而文弱的士人也就供君主来猜忌和玩弄了。所以不只是王德用、狄青小有功劳就防范他们如同敌国一样，就算寇准靠文墨起家，开始列入侍从，可是有狂妄的人一喊"万岁"，议政的人就交相弹劾，天子也就大受震动而不再信任他了。不曾想到寇准不是曹操、司马懿一类的奸臣，而且他也没有权势，君主就张皇警惧，就像踩到虎尾要被虎咬一样地害怕，其愚蠢也是很可笑的。宋代的君主自取孤独和危险,更是可哀。至于像蔡京、秦桧、贾似道的误国而使国家沦于灭亡,则是皇帝一旦受到他们的蛊惑,就终身被他们迷惑,而使他们的地位如山一样的屹立,没有人能动摇他们一指头。这样一来,朝廷的立法越是周密,而奸佞的方法就越是巧妙。宋太宗将大臣颠倒玩弄于股掌的权术,又哪里必定能被愚暗的君主掌握和运用呢?只是限制了体念国家的有才的大臣,让他们不能充分奉献自己的长处。呜呼! 这不能作为永远的鉴戒吗!

十一

　　自唐渔阳之乱①,藩镇擅土自殖,迄于割据而天下裂。有数郡之土者,即自帝自王,建蚁封之国。养兵将,修械具,僭仪卫,侈宫室,立百官,益以骄奢,其用不赀。户口农田之箕敛,史不详其虐取者奚若,概可知其溪壑之难填矣,然而固不给也。于是而海国之盐,山国之茶,皆官榷卖②;又不足,则榷酒、税农器之令,察及毫毛。迨宋之初,未能除也,皆仍僭伪之陋也。

【注释】

①渔阳之乱:即安史之乱。渔阳,指幽燕地区,安禄山兼平卢、范阳、河东三镇节度使,所管辖的地区,统称渔阳,故安史之乱又称渔阳之乱。

②官榷卖:官府专卖,不准私人贩卖。下文榷酒,即官府专卖酒。

【译文】

　　自从唐渔阳之乱以来,藩镇擅自占据其领地自行发展,以至于割据各地而使天下分裂。占有数郡领土的人,就自行称帝称王,建立蚁穴自封的小国。蓄养兵将，修造械具，僭越礼仪等级，大修宫室，设立百官，更为骄奢，其费用极大。户口农田的聚敛，史书没有详细记载他们是如何残虐搜括的，但大致可以知道他们的欲望像沟壑一样难以填满。然而本来还是不够支出，于是对于海国的盐，山国的茶，全都由官府专卖；还不够，就发布专卖酒、对农器收税的法令，详细到毫毛必计的程度。到了宋代的初年，未能废除这一类的赋税，都是继承了以往僭越的伪国的陋习。

　　然就此数者论之，唯农器之税，为虐已甚。税兴而价必涌贵，贫民不赡，则器不利而土荒，民之贫，日以酷矣。榷酒者，官吏降为当垆之佣保①，辱人贱行之尤也。而抑有可通之理焉。唯海之有盐，山之有茶，农人不得而有也，贫民不得而擅其利也，弃耒耜以营牢盆②，舍原隰而趋冈阜③，富民大贾操利柄以制耕夫之仰给，而军国之盈虚杳不与之相与；则逐末者日益富，力田者日益贫，匪独不均，抑国计民生之交斁矣。故古者漆林之税④，二十而五，车乘牛马，税之于商，先王之以敦本裕民，而持轻重之衡以低昂淳黠者，道莫隆焉。则斯二者多取之，以宽农田之税，仁之术，义之正也。虽偏方之主，立为程法，其迹若苟；而有王者起，又恶得而废焉？

【注释】

①垆(lú)：古代酒店里放酒瓮的台子，又指酒店。

②耒耜：古代的农具，耜用于起土，耒是耜上的弯木柄。泛指农具。

　　牢盆：煮盐的器具。古时募民煮盐，官府发给煮盐的器具，称为"牢盆"，故牢盆泛指煮盐。

③原隰(xí)：统称平原，原的地势高，隰则地势低。

④漆林之税：漆是一种树木，树皮的黏汁可以制作漆。古时对制漆
　　收取专门的税，称为漆林之税，比一般的税收要重。

【译文】

　　但是就这几件事来论的话，只有农器的税，其为残虐是非常过分
的。税收一旦开办，物价就必定变得很贵，贫民无法赡养，那么农器就
不便利而土地就荒芜了，民的贫困就日益严酷了。酒的专卖，官吏降低
身份成为酒坊里的佣人酒保，这是对人的羞辱和低贱的行为中最严重
的。但是这还有可通的道理。只有海里有盐，山中有茶，农民不能占
有，贫民不能擅取其中的利益，他们放弃农器来用牢盆煮盐，放弃平原
而趋往山冈，而富民和大商人则掌握了取利的权柄以控制耕种田地的
农夫的需求，而军队和国家的财政是盈是虚与此遥不相关；这就使得追
逐商业利益的人越来越富，而出力耕田的人越来越贫，不但财富不均，
还使国计民生交相蹙迫了。所以古代征收漆林税，为二十取五的比率，
根据车辆和牛马，向商人收税，先王以此来使国家的本业隆厚而使民众
富裕，又掌握着货币的轻重平衡以压抑或抬高淳朴或狡黠的人，大道没
有比这更为兴隆的。那么这两者的多征取，以宽缓农田方面的赋税，这
就是仁爱的方法，道义的正途。虽然是偏处一隅的君主，也据此立为法
规制度，其表面像是严苛；但有称王于天下的人兴起时，又怎能废除呢？

　　若夫酒，则尤有道存焉。古之为酒者，以疗疾，以养老，
以将敬于宾祭。而过饮之禁，自禹以来，垂戒亟焉。天子所
不敢耽，圣人所不敢旨，则愚贱贫寒之子，不敢恣其所欲，素
封纨袴之豪，不得听其所嗜。故《周官》有萍氏之讥①，恶人
之易得而饮也。商贾贸贩之不可缺也，民非是无以通有无
而赡生理，虽过徼民利，而民亦待命焉。若夫酒，则藉其无

之,而民生自遂;且能永无之,而民气尤醇。乃其流既久,而不可以乍绝,则重税之,而酤者不得利焉。税重价增,而贫者不得饮焉。岂非厚民生、正风俗者之所大快哉? 然则税之已重,而不为民病者,莫酒若也。榷酒虽辱,而税酒则正,又何疑乎? 百家之市无悬帟,则日暮无猘争之狂子^②;三时之暇无巷饮,则长夏无称贷之穷民,又何病焉! 淳化五年,罢官卖而使输课,折衷之允得者也。新法行而官卖复行,乃至以歌舞诱人之沈湎,恶足以体太宗之至意乎?

【注释】

①周官:即《周礼》,又指周代的制度。萍氏:古官名。《周礼》中的秋官之下设有萍氏之官,负责国内河流与酒的管理。讥:指盘查、讥问,凡与河流和酒的事情有关的人,都要进行盘查。

②猘(yín):狗的吠叫,比喻相互攻击和争斗。

【译文】

至于酒的事情,则更有正道在其中。古代制作酒,用来治病,用来养老,用来怀着敬意以接待宾客和祭祀。而过分饮酒的禁令,自大禹以来,留给后人的戒律就是很重的。天子不敢耽爱饮酒,圣人不敢称赞酒,则愚贱贫寒人家的子弟,不敢放纵他的欲望,而没有官爵却很富有的豪杰,也不能放任他对酒的嗜好。所以《周礼》设置了萍氏之官来管理酒的事务,这是厌恶人们易于得到酒而饮用。商贾贸易是不可缺少的,没有商贩贸易则民众不能互通有无而维持他的生活,虽然是过分地从民手中取利,民众也要认可这种情况。至于酒,借使没有的话,则民生也自会成功;如果能永远没有酒,则民气会更为淳厚。只是饮酒的风气延续已经很久,而不可以突然断绝,就对酒征收重税,而使卖酒的人得不到利。税重价高,而贫穷的人就不能饮酒了。这难道不是增厚民生和端正风俗的大快之事吗？这样看来，征税很重，而对民众没有危害的，没有什么能比得上酒。专卖酒虽然是对商人的侮辱，但对酒征税则是正当的，又有什么可疑呢？有着成千上百家商人的市场中没有挂着酒帘子的酒店，则从早到晚就不会有喊叫相争的狂人；早中晚三个空闲时间里街巷上没有人饮酒，则漫长的夏天里就没有向别人借粮借钱的穷人，所以对酒征税，又有什么弊病呢！太宗淳化五年(994)，罢除酒的官府专卖而使人交税，这是政策改变得公允而得当。新法实行后又让官府专卖，乃至于用歌舞诱人沉湎于酒，哪里足以体现太宗的美好意图呢？

　　税不一，而莫先于酒，其次茶也，又其次盐也。三者之轻重，准诸道而可得其平。唯农器之税，至景德六年而后罢①，太宗于此疏矣。

【注释】

①景德六年：景德只有四年，1004 至 1007 年。原文"六年"疑有误。

【译文】

　　税不统一，酒税要先改，其次是茶税，又其次是盐税。这三种物品税收的轻或重，用道来衡量就能够公平。只有农器的税，至宋真宗景德六年之后才罢除，太宗在这一点上疏忽了。

十二

　　古有云："受降如受敌。"非但行陈之间，诈降以诱我而覆我也。果于降而无以驭之，示以瑕而使乘，激其怨而使愤，益其骄而使玩，其祸皆深于受敌。受敌而不竞，一败而止，屡败而犹足以振，患在外也。受降而无以驭之，则患在内而无以解。梁之于侯景①，身毙国倾，朱异受之也②。唐之于河北，兵连祸结，仆固怀恩受之也③。或激之，或骄之，祸一发而不知所以防。而不仅此也，无以激之，而无以绥之，犹激也；无以骄之，而无以服之，犹骄也。则宋之于李继捧是已④。

【注释】

①侯景(503—552)：字万景，北魏怀朔镇(今内蒙古固阳南)鲜卑化的羯族人。擅长骑射，选为怀朔镇兵。后投靠东魏，任尚书仆射、司空、司徒。梁武帝太清元年(547)投降南朝梁，封河南王、大将军、大行台。次年，侯景起兵进攻南朝梁，梁大宝二年(551)自立称帝。江州刺史王僧辨、扬州刺史陈霸先率军反攻，侯景战败被杀。传见《南史·叛臣传·侯景传》《梁书·侯景传》。

②朱异(483—549)：字彦和，吴郡钱塘(今浙江杭州)人。初为扬州议曹从事史，梁武帝时为中书郎、散骑常侍、右卫将军。侯景叛魏投奔南朝梁，大臣们表示反对，朱异则说服梁武帝同意接受。侯景起兵叛梁，朱异恐愤交加，得疾而亡。传见《梁书·朱异传》《南史·朱异传》。

③仆固怀恩(? —765)：铁勒族仆骨部人。仆骨部是铁勒九大姓之一，仆固怀恩是仆固首领仆骨歌滥拔延的孙子，仆固即仆骨。唐太宗时，铁勒九姓大首领降唐。安史之乱时，仆固怀恩随郭子仪作战，平乱之后，仆固怀恩屯守汾州，广德元年(763)举兵叛唐，不久病死。传见《旧唐书·仆固怀恩传》《新唐书·叛臣传·仆固怀恩传》。

④李继捧(962—1004)：又名赵保忠，宋初党项首领。太平兴国五

年(980)，定难节度使李继筠卒，李继捧嗣位。太平兴国七年(982)，李继捧到东京开封朝觐，放弃世袭，授彰德军节度使。其后，李继捧族弟李继迁反宋，宋太宗任命李继捧为定难节度使，赐名赵保忠。后疑李继捧与李继迁沟通，免官。传见《宋史·夏国传》。

【译文】

古人有一种说法："接受敌人的投降就像面对作战的敌军。"不只是在军队之间会用诈降来引诱我方而让我方失败。果断地接受敌人投降而无法控制，用瑕疵示人而使人乘机行事，激使别人怨恨而使他愤怒，增加对方的骄慢而使他看轻己方，其祸害都比直接面对敌军更严重。面对敌军而己方不强，吃一次败仗就完了，屡次战败还足以促使己方振奋，害处是在外的。接受敌人投降而无法控制他，则祸害在内而无法消解。南朝梁面对侯景，接受侯景投降而无法控制他，结果使自身死亡而国家灭亡，朱异承担了这场祸害的责任。唐朝廷面对河北的藩镇，接受他们的顺服而无法控制，结果是战乱不止而灾祸接连，仆固怀恩承担了祸害的责任。有的是激怒了对方，有的是使对方更为骄狂，灾祸一旦发生就不知道如何防备。而且不仅如此，没有激怒对方，但也无法安抚他，这还是激怒他；没有使他骄狂，但无法让他顺服，这还是使他骄狂。宋朝廷对于李继捧就是这样的。

李氏自唐以来①，世有银、夏②，阻于一方，无可归之主；衣被器具之需，仰给于中国者不赡，翘首以望内集者，固其情也。及是，河东之下三年矣，仅隔一水而即宋疆。僭伪削平，风声远讫，卷土而来，披襟而受之，易易也，而正未易也。银、夏之在西陲，士马精强，风俗犷戾，十九同于外夷，固非钱氏蹙处海滨、文弱不振之比也。则受之也，岂得以受钱氏者受之乎？太上之受远人也以德，其次以恩，其次以略，又其次以威。唯德与威，非一旦之积也。宋之德而既凉矣，其恩则呴呴之仁，不足以抚骄子，其威则瓦桥关之围、莫州之败、岐沟之衅[3]，天子亲将，倾国大举，而死伤过半，亟议寝兵，李氏入而深测之矣。三者无得而待焉，则受之之略，不容不审也。

【注释】

①李氏：唐朝中和元年(881)，拓跋思恭占据夏州(今陕西横山)，封定难节度使、夏国公，因平定黄巢有功，赐姓为李。后周时曾封为西平王，宋初封为夏王、夏国王。1032年，李德明之子李元昊继位，放弃李姓，自称嵬名氏。1038年，元昊称帝，国号大夏。此后宋与夏之间多次大战，宋军大败。女真崛起，西夏向金称臣。1227年，西夏投降蒙古。参见《宋史·夏国传》。

②银、夏：指银州(今陕西米脂)、夏州(今陕西横山)。晋时赫连勃勃称夏王，筑统万城以为都，431年，北魏灭夏，统万城改为统万镇，又改为夏州。

③莫州之败：宋太平兴国五年(980)，辽军在瓦桥关击败宋军后，追至莫州(今河北任丘鄚州镇)，俘宋将数人，斩杀甚众，史称莫州之败。

【译文】

西夏的李氏自唐代以来，世代占有银州、夏州，在一方与朝廷隔阻不通，没有可以归服的主人；服装器物用具的需求，不能仰仗中原的朝廷供给，翘首期望归附内地的朝廷，他们的心情本来就是这样。到这时，河东已经攻克收服三年了，仅隔一条河就是宋朝廷的疆土。僭越的伪国已经削平，宋朝廷的影响已经达到远方，让李氏带着全部领土来向宋朝廷归顺,敞开胸怀而接受他,是非常容易的,但也是不容易的。银州、夏州地处西方边境,兵马精强,风俗粗犷凶狠,十分之九与外夷相同,本来就不是钱氏处于海滨、文弱不强所能比的。那么接受李氏,岂能用接受钱氏的方法来接受李氏呢? 最高明的接受一方来降是用道德,其次是用恩惠,再次是用谋略,又次是用武力。但只有武力和道德,不是一天就能积累成的。宋朝廷的道德已很薄了,它的恩惠则是细小柔弱的仁爱,不足以安抚骄猛之子,它的武力则在瓦桥关的被围、莫州的战败、岐沟的挑衅时表现出来了,天子亲自率军,倾国之力大举出兵,却是死伤过半,马上就提出休兵,李氏对宋的武力已经深为了解。道德、恩惠、武力三者不能再依靠了,那么用谋略来接受它,就不能不加以审察。

继捧既移镇彰德①,而四州易帅矣②。帅之者,谁使而可邪? 使能择虎臣以镇抚,鼓厉其吏士而重用之,既可以断契丹之右臂;而久任之部曲,尚武之边民,各得效其材勇以图功名;继迁虽逃③,无能阑入而摇荡之,四州安矣。乃岂无可遣之帅? 而托非其人。非无可遣也,夙将如曹彬,而弭德超得行其离间④;血战如杨业,而潘美等得谤以叛离;固不欲付马肥士勇盐池沃壤于矫矫之臣也。夫既不能尔矣,则继捧虽奉版以请吏,而以恩怀之,使仍拥定难之节,无失其世守;薄收其贡税,渐设其金判,以待其定而后易制之;且勿使迁居内地,窥我设施,以相玩而启戎心,不犹愈乎? 且夫欲降者,继捧与其二三僚幕而已。其从之以入者,倔强之心,未尝一日而去于其怀。故继迁之走,旋起收之而乐为之用。还继捧于故镇,则部落民庶既得内附之利,而无吏治之扰。继迁无以蛊众心,而嚣张渐革,无难折棰而收之矣⑤。

【注释】

①彰德：李继捧从夏州来到京城，不再返回，宋太宗授他彰德军节度使。彰德军在相州（今河南安阳），自后晋天福三年（938）始设，后汉、后周、北宋相沿未改。

②四州：唐末拓跋思恭镇夏州，领有银州（今陕西米脂）、夏州（今陕西横山）、绥州（今陕西绥德）、宥州（今陕西静边）与静州（今陕西米脂西）五州之地，李继捧进京不回，五州之地为北宋朝廷控制，故云四州易帅。

③继迁：即李继迁（963—1004），李继捧之弟，太平兴国七年（982），李继捧归顺宋朝廷，继迁不愿归附，出奔地斤泽（今内蒙古伊金霍洛旗西南），与宋对抗，后依附契丹，封为定难军节度使。四年，在夏称王。一度归附宋，赐名赵保吉。后又依附契丹，不久又归宋，授定难军节度使。后又攻宋，宋与他议和，割让银、夏等五州。后攻打吐蕃中箭逃回而死。元昊称帝后追尊为太祖。传见《宋史·夏国传》。

④弭德超（？—983）：沧州（今河北沧州）人。当初，太宗因边戍劳苦，每月赐给士卒银，称为"月头银"。弭德超诬陷曹彬，说："臣闻士卒说：月头银是曹公给我们的，没有曹公，我们就饿死了。"使太宗把曹彬的枢密使免职。弭德超后被治罪，发配到琼州而死。传见《宋史·弭德超传》。

⑤棰（chuí）：鞭子，引申指鞭打、打击。

【译文】

　　李继捧既已改任为彰德军节度使，而夏原有的四州就已换了主帅。作为四州的统帅，可以派谁呢？假使能选派如虎一样的大臣镇守安抚四州，鼓励四州的官吏和士人并重用他们，既可以切断契丹的右臂，又可让长期任用的部下、尚武的边民，各能奉效他们的才能与勇力以求功名；那么李继迁虽然逃脱，也无人能随意进入四州之地而使四州发生动摇,四州就安定了。难道没有可派遣的将帅吗？可是却将四州交付给不合适的人选。不是没有人选可以派遣,如老将曹彬,可是弭德超就能离间他与太宗的关系；能作战的将领如杨业,而潘美等人就能诽谤他为叛逃之人；太宗本来就不想把马匹肥壮、兵士勇敢、有着盐池的肥沃土地交给矫捷有才能的大臣。既然不能把四州托付给合适的将领,那么李继捧虽然献上版图来请求派官吏去治理,而仍用恩惠来安抚他,让他担任定难军节度使,并不失去李氏世袭的官职；再少收他的贡品和赋税,逐渐派去金事通判一类的助理官员,以等待他安定之后就容易控制他了；而且不要让他迁居内地以窥探我朝的设施,不要让他因为与宋朝熟习后而开启他的用兵之心,这样做不也是很好吗？况且想投降的,不过是李继捧及其两三个幕僚而已,其他随继捧来到宋朝的人,他们的倔强之心,不曾一天离开他们的心怀。所以李继迁的逃走,很快就能收聚这些人而乐意为继迁效命。让继捧回到原来的镇守之地,则部落的民众既已得到了向中原归附的利益,又没有朝廷派来的官吏治理的骚扰。而继迁也就不能蛊惑众人之心,那么他的嚣张声势也会逐渐变弱,宋朝廷用兵收服也就不难了。

　　是策也,唯乘其初附而销萌于未乱,则得也。迨继迁复振之后,守臣歼,疆土失,赵普乃用之以纵继捧而使归,则中国已在其目中,徒以长寇而示弱。则继捧北附于契丹,继迁且伪降以缓敌,卒至帝制自雄,虔刘西土,挈中国以纳赂于北狄,而日就亡削。谋之不臧,祸亦烈矣。乃当日者,处堂之君相,栩栩然曰："天下已定,百年割据之远人怀音归我,披襟以受之,无难也。"不已妄乎？

【译文】

这个方略，只有乘着继捧刚刚归附而把祸乱的萌芽消除在尚未形成祸乱之时，才能成功。等到继迁重新振兴之后，守边的大臣被奸，疆土丧失，赵普才用这个方略，放继捧回归，但中国的情况已被他看在眼里，这时再这样做，只能助长敌寇之势而使宋向敌寇示弱。于是继捧向北附顺于契丹，继迁又伪装投降作为缓兵之计，最终称帝称雄，祸害朝廷的西方，中国因此而被牵制，不得不向北狄交纳钱物，以后则是一天天地衰弱。谋略的不善，造成的祸害也是很严重的。而当时的人，处于朝廷上的君主和宰相，却栩栩然地说："天下已经安定，持续百年的割据远方的人都向我归顺，敞开胸怀来接受他们，是不难的。"这样说不已是很虚妄吗？

无其德，不建其威；恃其恩，不知其略；有陨自天之福，非其人不克承也。是故东汉之绝西域，宣德之靳交趾[①]，诚有戒心焉。保天下以无虞者，唯不可动以小利而思其永，斯以得怀远招携之道，固非宋之所能胜任也。

【注释】

①宣德：明宣宗年号，1426 至 1435 年。靳交趾：指舍不得在交趾用兵，从交趾撤兵。明成祖曾出大军征讨交趾，设交趾布政司，但交趾不时起兵反抗，成祖多次派兵镇压。宣宗时，由于连年出兵，人力、物力、财力难以承受。宣德二年（1427），宣宗派特使恢复安南陈氏政权，同时撤军。宣德六年（1431），册封黎利为国王，仍是明朝的附属国。靳，吝惜。交趾，中国古代地名，在今越南北部一带。前 204 年，秦南海尉赵佗自立为南越武王，今越南北部为南越国的一部分。前 111 年，汉武帝灭南越，设交趾、九真、日南三郡。汉武帝元封五年（前 106），设十三刺史部，交趾等

七个郡改为交趾刺史部。隋朝设交趾郡,唐代设交州。明成祖时,在升龙(今越南河内)设立交趾布政司。1428年,黎利击败明军,建立后黎朝。1802年,阮福映灭西山朝,建立阮朝,接受清朝册封为越南国王,国号为越南。

【译文】

没有那种道德,就建不了那种威势;依恃行使恩惠,而不知道其中的谋略;虽然有从天上落下的福气,但不是合适的人也承受不了。所以东汉隔断西域,明代宣德年间舍不得放弃交趾,这种行为中实在是有戒心的。保住天下而没有忧虑,只有不用小利来打动人而思考长远的后果,这样才能得到怀附远方而招来归顺的方法,这本来就不是宋王朝所能胜任的。

十三

为君子儒者,亟于言治,而师申、商之说,束缚斯民而困苦之,乃自诧曰:"此先王经理天下大公至正之道也。"汉、唐皆有之,而宋为甚。陈靖请简择京东西荒地及逃民产籍①,募民耕作,度田均税,遂授京西劝农使;陈恕等知其不可行,奏罢之,而黜靖知陈州②。论者犹惜靖说之不行,为恕等咎。呜呼!非申、商之徒以生事殃民为治术者,孰忍以靖之言为必可行乎? 圣王不作,而横议兴,取《诗》、《书》、《周礼》之文,断章以饰申、商之刻覈,为君子儒者汩没不悟,哀我人斯③,死于口给,亦惨矣哉!

【注释】

①陈靖(948—1026):字道卿,兴化军莆田(今福建莆田)人。五代

后梁任天雄节度巡官，入宋，任将作监丞、秘书丞。淳化三年（992），太宗采纳陈靖建议，实行"糊名考试"法。后为劝农使、京畿均田使、河南转运使、度支盐铁判官、两浙东路安抚使等。传见《宋史·循吏传·陈靖传》。京东西：宋朝都城汴京的东方和西方。

②陈州：今河南周口淮阳。

③哀我人斯：出自《诗经·豳风·破斧》，诗中说跟随周公东征的士兵，非常可哀。

【译文】

作为君子儒，急于讲治国，而以申不害、商鞅的学说为师，把民众束缚起来而使他们遭受困苦，自己又惊诧地说："这是先王治理天下的大公至正之道。"汉、唐都有这种人，而宋代更为严重。陈靖请求选择京东京西的荒地以及逃亡民众的财产户籍，招募民众进行耕作，丈量田地，平均赋税，于是让他担任京西劝农使；陈恕等人知道这是不可行的，奏请罢除他，于是把陈靖贬为陈州知州。议政的人还惋惜陈靖的建议不能实行，是陈恕等人的过失。呜呼！不是申不害、商鞅之徒以多生事端、祸害民众为治国方法的人，谁能忍心说陈靖的建议是必定可行的呢？圣王不出现，于是就出现了对治国横加议论的人，拿着《诗》《书》、《周礼》的文章，断章取义，来修饰申不害、商鞅的刻薄寡恩的学说，作为君子儒的人至死不能醒悟，可哀啊，这些人死于口头的快捷论说，也是很悲惨啊！

今姑勿论其言，且问其人。靖，太常博士也，非经国之大臣，无田赋之官守，出位以陈利害者何心？及授以陈州之民社，则尸位以终，于民无循良之绩，于国无匡济之能，斯其人概可知矣。故夫天下无事而出位以陈利国便民之说者，其人皆概可知也。必其欲持当国大臣之长短，思以胜之，而进其党者也,不则其有所怵忌于故家大族而倾之也,不则以己之贫,嫉人之富,思假公以夺人者也,不则迎君与大臣之意旨,希得当以要宠利者也,即不然,抑偶睹一乡一邑之敝,动其褊衷,不知天下之不尽然,而思概为改作者也。如是者,览其章奏,若有爱民忧国之忱,进而与之言,不无指天画地之略,及授以政,则面墙而一无能为①。是其为浮薄侥倖之匹夫也,逆风而闻其膻,而皮相者乐与之亲。《书》曰:"何畏乎巧言、令色、孔壬",诚畏之也。

【注释】

①面墙:《尚书·周官》:"不学墙面,莅事惟烦。"是说人没有学问,就像面对着墙而立,什么都看不到,这样来面对政事,就必定只会烦乱而不能治理政务。后来就用"面墙"比喻没有学问的人见识短浅。

【译文】

现在姑且不要评论他的建议,且来问问他这个人是怎么样的。陈靖,是太常博士,不是治国的大臣,也不是收取田赋的地方官,超出自己的本职来论说国家政策的利与害,这是什么用心? 等到任命他为陈州知州,把陈州的民众和土地交给他,就尸位素餐而告终,对于民众没有守法治民的优良政绩,对于国家没有匡扶补救的能力,这样的话,就可知他是怎样的人了。所以天下无事而超出本位来论述利国便民说法的人,其人大致都是可以知道的。这种人一定是想抓住执政大臣的长短,想求胜过执政大臣,而进用自己的同党,不然就是对旧家大族怀有忌恨而想倾覆人家,再不然就是因为自己贫贱,妒忌别人的富裕,想借公家的名义来夺取人家财产,再不然就是迎合君主和大臣的意旨,希求所说得当来谋求恩宠之利,即使不是这样,也是偶尔看到一乡一邑的敝坏,打动了他褊狭的内心,却不知天下不尽是这样,就想一概都来进行改革。像这样的人，看他的章奏，似乎有爱民忧国的忠诚，进一步与他交谈，也不是没有指画天地的策略，等到授给他职权，则像面墙一样不会有什么见解，什么事都不能办。这是那种浮浅而求侥幸的匹夫，而有些人就像迎风闻到膻臭味，对他只有一点表面的了解就乐于与他亲近。《尚书·皋陶谟》说："为什么怕花言巧语、谄媚的脸色、大奸之人"，实在是怕这种人。

　　乃若其言，则苟实求诸事理而其奸立见。唯夫国敝君贪，大臣无老成之识，于是而其言乃售。今取靖言而按之，所谓荒地者，非荒地也，所谓逃民产籍者，非逃民也。自汴、晋交兵，迄于契丹之打草谷①，京东、西之凋残剧矣。张全义、成汭之仅为拊循②，周世宗以来之乍获休息，乃有生还之游子，侨寓之羁人，越陌度阡，薄耕以幸利，而聊为栖息。当陈靖陈言之日，宋有天下三十二年耳。兵火之余，版籍错乱，荒莱与熟地，固无可稽，逃亡与归乡，抑无可据。则荒者或耕，逃者或复，幸有脱漏以慰鸿雁之哀鸣，百年大定以还，自可度地度人，以使服赋率。靖固知其非荒非逃，而假为募民之说，俾寸土一民，词穷而尽敛之。是役一兴，奸民之讦发，酷吏之追偿，无所底止，民生蹙而国本戕。非陈恕等力持以息其毒，人之死于靖言者，不知几何矣。唐之为此者，宇文融也③，而唐以乱。宋之季世为此者，贾似道也，而宋以亡。托井地之制于《周官》，假经界之说于《孟子》④，师李悝之故智而文之曰利民⑤，袭王莽之狂愚而自矜其复古，贼臣之贼也。而为君子儒者，曾以其说之不行为悯怅乎？

【注释】

①打草谷:辽初,出兵作战,人马不供给粮草,让军人以牧马为名,四出劫掠,充为军饷,辽人称之为"打草谷"。

②张全义(852—926):字国维,濮州临濮(今山东鄄城)人。原名言,又作居言,初为黄巢的吏部尚书,降唐后为泽州(今山西晋城)刺史、河南尹,招抚逃亡民众,劝耕农桑。后附朱温,封为魏王,后唐时为齐王。传见《新五代史·张全义传》、《旧五代史·张全义传》。成汭(? —903):原名郭禹,山东青州(今山东潍坊青州)人。早年因醉酒杀人,亡命贼中,改名郭禹。后投奔荆南节度使陈儒,任裨校。唐昭宗任命郭禹为荆南留后。恢复姓名为成汭。当时荆南屡遭兵灾,成汭招集流亡,减免赋税,通商务农,休养生息。后任荆南节度使、检校太尉、中书令等。传见《旧五代史·成汭传》。

③宇文融(? —730):京兆万年(今陕西长安)人。唐玄宗开元年间任监察御史兼户部侍郎,时土地兼并,人口流失,税收不足,他建议检括逃亡户口和籍外占田,自任劝农使,率劝农判官出使各地,清出大量土地,又减轻赋税。后为同中书门下平章事,因人检举贪污,流放崖州(今海南三亚),卒于途中。传见《旧唐书·宇文融传》、《新唐书·宇文融传》。

④经界:土地的分界。《孟子·滕文公》篇说:"仁政,必自经界始。经界不正,井地不钧,谷禄不平,是故暴君污吏必慢其经界。"经界与井田有关,后人认为是周代的田地制度。南宋朱熹在潭州当知州时,曾请求实行经界法,光宗听从了这个建议,但最终没有实行。后来贾似道为相,也用朱熹的经界说,实行公田法,限制人们占有的土地数量,超过限额的就由朝廷买为公田,由佃户耕作,田租作为军粮。

⑤李悝(kuī):战国时代法家的开创性人物。"悝"又作"克"。濮阳

（今河南濮阳）人。曾在子夏弟子曾申门下受学，后为中山相、上地守，又在魏文侯手下为相，主持变法，采用"尽地力"的主张，使魏富国强兵。《汉书·艺文志》有《李子》三十二篇，列为"法家"之首。事迹见《史记·魏世家》。

【译文】

至于他所说的话，如果实实在在地根据事理来探求，他的奸邪立刻可以看出。只有国家敝坏而君主贪婪，大臣没有老成的见识，在这种情况下，他的意见才会得逞。现在就拿陈靖所说的来考察，所谓的荒地，不是荒地，所谓的逃亡之民的财产户籍，不是逃亡之民。自从后梁与后晋交兵作战，到契丹进入中原掠夺百姓，京东、京西的凋坏残存就加剧了。张全义、成汭也仅仅对流民进行招抚。周世宗以来，民众获得短暂的休养生息，这才有了生还的游子，侨居的旅人，来到田野中，从事简单的耕种，侥幸获得一点粮食财产，而在那里暂且栖息。在陈靖论述他的看法的时候，宋已统治天下有三十二年了。战争之余，户籍发生错乱，荒地与熟地，本来也无法考察，民众是逃亡还是归乡，也没有凭据。那么荒地或许有人耕种，逃亡的人或许已经返乡，幸而有脱漏的人则可以安慰他们如鸿雁一样的哀鸣。百年以后天下大定，自可以丈量土地、计算人口，来让他们按照税赋的比率交纳。陈靖本来就知道这不是荒地，不是逃亡之民，而借着募民的说法，使仅有寸土的小民无话可说，而将他们的财产粮食全部收走。这个办法一旦实行起来，奸民的检举告发，酷吏的追讨补交，就没有限制，民生穷困而国家的根本就被破坏了。如果不是陈恕等人极力坚持反对意见以制止这一办法的毒害，被陈靖建议的办法所害死的人，不知会有多少了。唐代干这种事的，是宇文融，唐朝由此而发生大乱。宋代末世做这种事的人，是贾似道，宋朝因此灭亡。借口《周礼》中有井田的制度，借口《孟子》书里有丈量田地分界的说法，效法李悝的老办法而文饰说是为了利民，沿袭王莽的狂妄愚蠢而自我矜夸为复古，这是贼臣中的贼臣。作为君子儒的人，会因为他的说法不曾实行而为之惆怅吗?

　　夫三代之制,见于典籍者,既已略矣,若其画地域民,而俾任土作贡者,则有以也。古之人民,去茹毛饮血者未远也,圣人教之以耕,而民皆择地而治,唯力是营;其耕其芜,任其去就,田无定主,而国无恒赋。且九州之土,析为万国,迨周并省,犹千有八百诸侯,自擅其土以取其民,轻重法殊,民不堪命。故三代之王者,不容不画井分疆,定取民之则,使不得损益焉。民不自为经界,而上代为之。非此,则择肥壤,弃瘠原,争乱且日以兴,芜莱且日以广。故屈天子之尊,下为编氓作主伯之计,诚有不得已也,夫岂以限万世而使必服其征哉! 乃其所谓再易者^①,非必再易也;一易者,非必一易也;其莱田,非必莱也;存其名,不覈其实,勤者不禁其广耕,而田赋止如其素。故自上农以至下农,其获五等,岂百亩之所获,勤惰如是其差乎? 莱地之耕否使然耳。

【注释】

①再易:指古代的爰田易居,"爰田"又作"爰土"、"辕田",指交换土地进行耕种的方法。易,指改变土地的疆界。《汉书·地理志》下:"秦孝公用商君,制辕田",是说恢复古代"三年爰土易居"的制度,即每三年交换一次土地,同时改变田界。其方法是上田不易,中田一易,下田再易。即每年都耕种的田地为不交换的上等田,三年之间休耕一年的为一易中田,休耕两年的为再易下田。

【译文】

　　夏、商、周三代的制度,见于典籍的,已很简略了,至于划分土地让民按地域居住,而让国家根据土地的等级制定赋税的数量,这是有其原因的。古代的人民，离茹毛饮血的时代还不远，圣人教他们耕种，而民都选择土地而从事农业，只靠力气来经营；其土地是耕种还是荒芜，听任他们离开或留在土地上，田没有固定的主人，而国家没有一定的赋税。而且九州的土地，分成上万的封国，到周代对封国进行合并和废除，都还有一千八百个诸侯，各自在其土地上做主而向民众收取赋税，各国所收赋税的轻重在制度上是不一样的，民众受不了诸侯的征收之命。所以三代的帝王，不能不划分井田及其疆界，确定向民众征收的固定数量，使他们不能随便增加或减少。民众不是自己划定田地的疆界，而是由官府代他们划定。不这样做，就会挑拣肥沃的土地，不要贫瘠的土地，争乱就将每天发生，荒地就将一天天增多。所以要让天子屈尊，下来为编户之民主持划界的事务，这实在是不得已的，难道是为了限定为执行一万代的制度而让他们一定要服从官府的征税吗！而他所谓的三年休耕两年的下等田，不一定是三年休耕两年；所谓的三年休耕一年的中等田，不一定是三年休耕一年；所谓的荒地，不一定是荒地；留着这些名称，不核实其实际情况，勤劳的人不禁止他耕种更多的土地，而田赋只如原来一样。所以从上农以至下农，按其收获分为五等，难道一百亩的收获，因勤劳与懒惰而有如此差别吗？其实是因为是否多耕了荒地才使收获有了这种差别。

及汉以后，天下统于一王，上无分土逾额之征，下有世业相因之土，民自有其经界，而无烦上之区分。至于兵火之余，脱锋刃而务蓄畚者①，或弱民有田而不敢自列于户，或丁壮有力而不但自垦其田。夫亦患田之不辟而民之不勤，百姓不足而国亦贫耳。无与限之，弗劳募也。名为募而实为综察，以与归飞之雁争稻粱，不已惨乎！

【注释】

①菑(zī)：开垦荒地。畲(shē)：播种前，焚烧田地里的草木，用草木灰做肥料下种。

【译文】

到汉代以后，全天下统一于一个帝王，上无超过所分土地份额的征收，下有世代耕作而加以继承的土地，民就有他们土地的疆界，而不用麻烦官府来为他们划分。至于战争之后，脱离了兵刃而努力烧掉荒草耕作的人，有的人家因为贫弱，虽有田地而不敢列在自己的户下，有的人家则人丁强壮有力而不只耕种自己的田地。这时也只是担心田地得不到开垦和民众不勤劳耕种，百姓收入不足而国家也随之贫困而已。不要限制他们，用不着费心募民耕种。名义上募民耕种，实际上是对民众进行约束考察，使他们与飞回家的鸟雀争稻米，不已是很悲惨了吗？

　　夫如靖者流，妒匹夫匹妇之偷得一饱，而为富有四海之天子益锱铢升斗之利。孟子曰："辟草莱、任土地者，次于上刑①。"非若此俦，其孰膺明王之铁钺邪②？不劝而自劝者，农也；劝农者，厉农者也。头会箕敛③，而文之曰"劝"。夫申、商亦何尝不曰"吾以利民"哉④？而儒者诬先王易简之德，以申、商之纤密当之，晋陈靖以与周公齿。道之不明，莫斯为甚矣。

【注释】

①辟草莱、任土地者，次于上刑：《孟子·离娄》上："善战者服上刑，连诸侯者次之，辟草莱、任土地者次之。"意思是说进行战争的人要受最重的刑，联合诸侯者是其次要受重刑的，再其次是开辟荒地而用土地的人也要受重刑，这是因为开辟荒地使用的人，是只

知求利而不求修德,所以也要受重刑。

②铁钺(fū yuè):腰斩、砍头的刑具,泛指刑具和刑戮。

③头会箕敛:按人头征税,用畚箕装取征收的谷物,形容赋税苛刻繁重。

④商:指商鞅(约前395—前338),卫国(今河南安阳)人,故又称卫鞅,他的祖先是卫国国君,故又称公孙鞅。商鞅应秦孝公《求贤令》入秦,说服秦孝公变法图强。在秦执政二十余年,秦国大治,成为战国时期最强的国家。史称"商鞅变法"。孝公死后,商鞅受秦贵族诬害及秦惠文王猜忌,被车裂而死。有著作《商君书》传世。传见《史记·商君列传》。

【译文】

像陈靖这类人,嫉妒普通百姓侥幸吃了一次饱饭,而替富有四海的天子增加一点微利。孟子说:"开垦荒地、使用土地的人,所受的刑在最重的刑之下。"不是这一类的人,还有谁会受贤明君主的处斩之重刑呢?不用劝勉而自己就会努力的人,是农民;劝勉农民,是害农民的人。按人头计算来征收赋税,还文饰说是"劝勉",那申不害、商鞅又何尝不说"我是使农民获利"呢!而儒家学者歪曲先王治民的简易之德,用申不害、商鞅的纤密法律当做先王的制度,把陈靖吹捧得可与周公相提并论,大道的混乱不明,没有比这更严重了。

卷三　真宗

【题解】

宋真宗赵恒(968—1022)，宋太宗第三子,997—1022 年在位。王钦若、丁谓为相时,以天书符瑞之说,荧惑朝野,真宗沉迷于封禅之事,朝政废坏。景德元年(1004),与契丹开战,虽然取胜,仍与契丹结盟,每年向契丹进贡金银为"岁币",史称"澶渊之盟"。

真宗咸平四年,诏赐儒家九经给聚徒讲诵之所及州县学校,王夫之说这是"书院之始",以后出现了孙明复、胡安定等著名学者。王夫之非常赞赏民间举办书院以传播儒学,他对韩侂胄以"伪学"之名打击儒家学者的做法极为痛恨,认为这种做法为明代所继承,如张居正、魏忠贤都罗织罪名以打击儒家学者,捣毁他们聚会讲学的书院,这对于学术来说,危害极大,故对真宗能扶持儒学,就极为赞赏。

真宗时,寇准是一个重要人物。澶州之役,寇准驳倒陈尧叟、王钦若躲避契丹的方案,力劝真宗亲征决战,与契丹结成澶渊之盟。但当时寇准与杨大年在帐中饮博歌呼,后来王钦若利用此事在真宗面前挑拨是非,说寇准劝真宗亲征,是"以陛下为孤注"。一般人认为这是王钦若诬蔑寇准,而王夫之认为王钦若之言并不是"无因之诬",说明寇准自己的言行还未达到尽善尽美的地步,而让政敌有把柄可抓。

张咏教寇准读《汉书·霍光传》,寇准读到其中"不学无术"一句,醒悟认为"张公这是说我！"一般人认为寇准由此大受启发，是善读书的人。王夫之则说寇准并不是"悟"，而是"迷"。又说善听言者难，善读书者就更难。他又区分学与术的差别，学里面有醇也有疵，术里面有贞也有邪。术是道路，应当走光明正大之路，才能称为术，而不是权术或手段。王夫之认为寇准不明白术的正确含义，所以他并没有真正醒悟，仍为"迷"。

王夫之认为人心无定，如果没有学问，人就无法心定，而惑于多歧，走上邪径而迷失康庄大路。学的目的是选择正确的术，这个术就是"正身以正家，正家以正天下"。霍光有非常之功，又居于危疑之地，只有学可以帮助他消除危险，而寇准"自贻窜殛之灾"，证明他既不学，又无术，所以最终不能免祸。而且寇准所接触的所谓学者，都是浮华之士，也是不足以知学者之术的人，他们也不能帮助寇准免于疢。这一番言论，体现了王夫之在学术上的高明，值得后人借鉴。

一

咸平四年，诏赐九经于聚徒讲诵之所①，与州县学校等，此书院之始也。嗣是而孙明复、胡安定起②，师道立，学者兴，以成乎周、程、张、朱之盛③。及韩侂胄立"伪学"之名④，延及张居正、魏忠贤⑤，率以此附致儒者于罪罟之中，毁其聚讲之所，陷其受学之人，钳网修士，如防盗贼。彼亦非无挟以为之辞也，固将曰："天子作君师，以助上帝绥四方者也。亦既立太学于京师⑥，设儒学于郡邑，建师长，饩生徒⑦，长吏课之，贡举登之，而道术咸出于一。天子之导士以兴贤者，修举详备，而恶用草茅之士，私立门庭以亢君师，而擅尸其职，使支离之异学，雌黄之游士，荧天下之耳目而荡其心。"

为此说者,听其言,恣其辩,不覈其心,不揆诸道,则亦娓娓乎其有所执而不可破也。然而非妨贤病国,祖申、商以虔刘天下者,未有以此为谋国之术者也。

【注释】

①九经:隋代以明经科取士,唐承隋制,以《易》、《书》、《诗》、《周礼》、《仪礼》、《礼记》、《左传》、《公羊传》、《穀梁传》为九经。

②孙明复(992—1057):孙复,字明复,晋州平阳(今山西临汾)人。举进士不第,退居泰山,著《尊王发微》。在泰山讲学时期,门下如石介、文彦博、范纯仁等人都是一时精英。范仲淹虽年长于孙复,也拜孙为师。仁宗时范仲淹与富弼推荐孙复,出为国子监直讲、殿中丞。传见《宋史·儒林传·孙复传》。胡安定(993—1059):胡瑗,字翼之,泰州海陵(今江苏泰县)人,与孙复、石介在泰山讲学,并称"宋初三先生"。世居陕西安定堡,世称"安定先生"。后执教太学,以太常博士致仕。传见《宋史·儒林传·胡瑗传》。

③周:指周敦颐(1017—1073),原名敦实,避英宗讳改敦颐,字茂叔,号濂溪,营道楼田堡(今湖南道县)人,曾任南安军司理参军、虔州通判、知南康军等职。程颢、程颐曾以他为师。晚年定居庐山莲花峰下,以家乡濂溪命名堂前小溪和书堂,故称"濂溪先生",宋明理学的濂学由此得名。宋宁宗时加谥号"元",故又称"元公"。著有《太极图说》、《通书》等。传见《宋史·道学传·周敦颐传》。程:指二程,程颢(hào,1032—1085),字伯淳,世称"明道先生",原籍河南洛阳,因仁宗时任官鄠县主簿、上元县主簿、泽州晋城令、监察御史、监汝州酒税等职。神宗时,与王安石政见不合,不受重用,遂潜心学术。二程兄弟早年受学于周敦颐,宋神宗时,建立起自己的理学体系。传见《宋史·道学传·程颢

传》。程颐(1033—1107),字正叔,世称伊川先生。哲宗时为崇政殿说书,因反对王安石新政,贬西京国子监管勾监事,后削职为民,遣送四川涪州。后隐居龙门。二程开创北宋理学的洛学,后受朱熹推崇,合称为程朱理学。宋宁宗时追赐谥号,程颢为"纯",程颐为"正",故二人又称"纯公"和"正公"。传见《宋史·道学传·程颐传》。张:指张载(1020—1078),字子厚,大梁(今河南开封)人,后迁徙凤翔郿县(今陕西眉县)横渠镇,人称"横渠先生"。他是程颢、程颐的表叔,为宋代理学的关学创始人,与周敦颐、邵雍、程颐、程颢,合称"北宋五子"。宋仁宗时任祁州司法参军、丹州云岩令、著作佐郎、知太常礼院等。宋宁宗嘉定十三年(1220)追加谥号"明",故又称"明公"。传见《宋史·道学传·张载传》。朱:朱指熹(1130—1200),字元晦,又字仲晦,号晦庵、晦翁、考亭先生、云谷老人、沧洲病叟、逆翁等,徽州婺源(今江西婺源)人。绍兴十八年(1148)进士,初任泉州同安县主簿,后又任南康(今江西星子)知军、江南西路茶盐常平提举、秘阁修撰、焕章阁待制兼侍讲、荆湖南路安抚使、宝文阁待制等。晚年定居建阳考亭,故后世有"考亭学派"之称。他是宋代理学的集大成者,继承程颢、程颐的理学。死后谥号为"文",故又称"朱文公"。传见《宋史·道学传·朱熹传》。

④韩侂胄(tuō zhòu):相州安阳(今河南安阳)人。其父娶宋高宗皇后之妹,韩侂胄以恩荫入仕。光宗绍熙五年(1194),与赵汝愚拥立宋宁宗即位,后韩侂胄将赵汝愚排挤出朝廷,独掌大权。宋宁宗庆元年间以"朋党"之名打击政敌,史称"庆元党禁"。开禧元年(1205)任平章军国事,发动开禧北伐,但宋军节节败退,韩侂胄只得向金请和。开禧三年(1207),史弥远等人谋杀韩侂胄,大权落入史弥远手中。传见《宋史·奸臣传·韩侂胄传》。伪学:宋宁宗庆元年间(1195—1200),一些官员指责朱熹及道学的虚

伪,称道学为"伪学"。宁宗将朱熹免职,朱熹上表认罪。知贡举叶翥等人要求把道学家语录全部销毁,考卷中涉及程朱义理的,一律不予录取。知绵州王沈请求设"伪学之籍",宁宗下诏,订立伪学逆党籍,共有宰执四人:赵汝愚、留正、王蔺、周必大,待制以上有朱熹、彭龟年、薛叔似等十三人,其余官员有刘光祖、叶适等三十一人,武臣和士人十一人,共五十九人。这一事件,史称"庆元党禁"。

⑤张居正(1525—1582):字叔大,祖籍安徽凤阳,后为湖广江陵(今湖北荆州)人。嘉靖二十六年(1547)进士,初任编修、侍讲学士等,后任吏部左侍郎兼东阁大学士、吏部尚书、建极殿大学士。万历初年成为首辅。当时明神宗年幼,军政大事由张居正主持。主政十年,实行改革,史称"张居正变法"。死后受人攻讦,抄没其家。传见《明史·张居正》。魏忠贤(1568—1627):北直隶肃宁(今河北肃宁)人,原名魏进忠,因欠赌债于是自阉入宫当太监,结交太监王安,结识皇长孙朱由校的奶妈客氏,得到朱由校的欢心。朱由校即位,即明熹宗,对进忠赐名忠贤,升为司礼秉笔太监。明熹宗不问朝政,魏忠贤专擅大权。魏忠贤遭到东林党人的弹劾,于是迫害东林党人。崇祯帝朱由检继位后,将他治罪,流放凤阳,途中畏罪自杀。传见《明史·宦官列传·魏忠贤传》。

⑥太学:指古代由国家在京城设立的最高学府。汉武帝建元六年(前135)在长安设太学,设五经博士讲授《诗》、《书》、《礼》、《易》、《春秋》。魏晋至明清,或设太学,或设国子学,或同时设立,均为古代国家的最高学府。

⑦饩(xì):赠送食物。

【译文】

宋真宗咸平四年(1001),下诏赐颁儒家的九经给聚集生徒讲诵经书的处所和州县的学校等，这是书院的开始。此后就有孙明复、胡安定出现，师道建立，学者兴盛，最后形成了周敦颐、二程、张载、朱熹的学术鼎盛气象。到韩侂胄提出"伪学"的名称，之后延续到明代的张居正、魏忠贤等人，相继用这种名称加在儒家学者身上而让他们身陷罪网之中，毁坏了他们聚集生徒讲学的书院，陷害在书院讲学的士人，钳制束缚学术之士，如同提防盗贼。他们也不是没有说法为借口，本来就会说："天子作为君、作为师，是来协助上帝安定四方的人。既然已经在京师设立了太学，又在郡县设立了儒学，任命了学者担任学校中的老师和官长，给在其中学习的生徒发放官粮，由官长吏员对他们进行考课，用贡举的方法让他们升进为官员，而道术都出于一个来源。天子引导士人读书而让贤者升进为官，修学和举用的制度详尽完备，哪里需要民间的草茅之士私自设立门庭来与君和师对抗，擅自主掌教学的职责，使破碎支离的异端之学、信口雌黄的游士荧惑天下学子的耳目而动摇他们的心灵。"主张这种说法的人，听他的言论，由他恣意辩说，而不核查他的真心，不考察他的道理，则他所持有的主张也是娓娓动听而不可打破的。然而如果不是妨碍贤材、危害国家，以申不害、商鞅为祖师来残害天下的人，就不会拿这种说法作为治国的谋略和方法。

　　孔子之教于洙、泗①，衰周之世也。上无学而教在下，故时君不能制焉，而孔子以为无嫌。彼将曰："今非周纲解纽之代，不得尸上天木铎之权也②。"呜呼！佞人之口给，不可胜穷，而要岂其然哉？

【注释】

①洙、泗：洙水和泗水。在今山东泗水以北合流，流至曲阜北又分为二水，洙水在北，泗水在南。曲阜在春秋时属于鲁国，孔子在洙、泗之间聚徒讲学，后来就以"洙泗"代称孔子及其主张的儒家

学说。

②木铎：以木为舌的铜铃，古代宣布政教法令时，巡行者摇动之以响声吸引众人，后来比喻宣扬某种思想主张的人，有时又特指孔子宣传儒家学说。

【译文】

孔子在洙、泗之间教育学生，那是周代衰败的时代。在上的天子没有学术而使教育落到下面的民间，所以当时的君主不能控制学者在民间教育学生，而孔子认为自己在民间教育学生没有什么妨害。但是提出伪学的人们将会说："现在不是周朝纪纲衰败的时代，民间的学者不能主持上天宣讲学说的权力。"呜呼！奸佞的人善于诡辩，不能一一穷尽，但是事情的基本情况难道是他们所说的那样吗？

三代之隆，学统于上，故其《诗》曰："周王寿考，遐不作人。"然而声教所讫，亦有涯矣，吴、越自习文身，杞、莒沦于夷礼①，王者亦无如之何也。若太学建于王都，而圻内为方千里②，庠序设于邦国③，而百里俭于提封，则春弦夏诵，礼射雅歌，远不违亲，而道无歧出，故人易集于桥门④，士乐趋于鼓箧⑤。迨及季世，上之劝之也不勤，而下有专师之函丈矣。况乎后世之天下，幅员万里，文治益敷，士之秀者，不可以殚计，既非一太学之所能容。违子舍，涉关河，抑立程限以制其来去，则士之能就学于成均者⑥，盖亦难矣。若夫州县之学，司于守令，朝廷不能多得彬雅之儒与治郡邑，而课吏之典，又以赋役狱讼为黜陟之衡，虽有修业之堂，释菜之礼⑦，而迹袭诚亡，名存实去，士且以先圣之宫墙，为干禄之捷径。课之也愈严，则遇之也益诡，升之也愈众，则冒之也愈多。天人性命，总属雕虫，月露风云，祗供游戏⑧。有志之士，其不屑以此为学也,将何学而可哉? 恶得不倚赖鸿儒,代天子而任劳来匡直之任哉?

【注释】

①杞(qǐ):周代诸侯国,在今河南杞县一带。

②圻(qí)内:京畿,古代天子直辖之地。

③庠(xiáng)序:古代的地方学校,《礼记·学记》:"家有塾,党有庠,术有序,国有学。"塾指民居里巷之学,五百家为党,每党的学校称为庠;一万二千五百家为遂,术即遂,每遂的学校称为序。国指天子和诸侯的都城,所设的学校就称国学,也就是后来的太学。

④桥门:古代太学周围有河环绕,太学设四门,利用桥与外面相通,所以太学的门就称为桥门。引申则指校门、学校。

⑤鼓箧(qiè):《学记》中说:古之太学,"入学鼓箧,孙其业也"。指入学时击鼓以警诫学生,又让学生打开装书的箱子。箧,指书箱。这都是当时入学的相关制度,引申则指进入学校学习。

⑥成均:古代国家的太学又分成均、辟雍、上庠、东序、瞽宗五学,据说五帝时曾名大学为成均,故以成均代指太学。

⑦释菜之礼:《学记》中说:"皮弁祭菜,示敬道也。"皮弁是指天子临朝听政时所穿的朝服,用白鹿皮做成。祭菜,指入太学要祭祀先圣先师,菜即祭祀时所用的芹、藻等菜。

⑧祇(zhǐ):只。

【译文】

夏、商、周三代的兴盛,学术统一于天子,所以当时的《诗》说:"周文王年老又高寿,从长计议培养人。"但是天子的声威教化所达到的地方,也是有限的,当时的吴、越有传习文身的风俗,杞、莒两国已经沦落到使用夷人的礼仪,周天子对此也无可奈何。像太学只是建在天子的王都之中,而天子直接管辖的区域只有方圆千里,在各个诸侯国则设有各级学校,但他们分封的国土只有百里左右;学校的师生在春天习乐、夏天诵书,学习礼、射以及诗歌,不会离开亲人而到远方,而所学的道术也没有分歧,所以受教育的人容易在学校门内聚集,读书人乐于入校学习。到了末世,天子与官府劝人入校学习已不尽心尽力,而在下的民间就出现了专门为师的老师。何况后世的天下,幅员有万里之大,文化教育也更加普遍,士人中的优秀者,不能完全统计,已经不是一所太学所能容下的了。读书人离开学校的宿舍,或通过关塞、跋涉山川前来就学,还要设立规章制度以限制他们的前来或离去,所以士人能进入天子的太学来读书,可知已是很难了。至于州县官府的儒学,由州县的长官掌管,朝廷也找不到许多文雅的儒家学者管理州县的学校,而对官吏考课的制度,又以赋役狱讼等事作为升降的标准,所以虽然设有读书学习的学校以及相关的礼仪制度,但也是沿袭过去的陈轨,而读书讲学实际已经消亡,学校和讲学已是有名无实,而且士人又把孔圣人的学术,当作谋求禄利的捷径。对士人考课得越严,则士人应付的办法就越诡诈;士人升进为官的人越多,则不合格的冒充者就越多。圣人讲求的天人之道和性命之学,都成了雕虫之技,时令变化,也变成了只供士人游戏的时间。有志的士人,他们是不屑于以此为学术的,又将能学什么呢?怎能不依靠真有学问的大儒,代替天子而承担劝勉士人前来治学并对废坏的学校制度加以补救的责任呢?

君子于此,以道自任,而不嫌于尸作师之权者,诚无愧也。道不可隐而明之,人不可弃而受之,非若方外之士,据山林以傲王侯也;非若异端之师,亢政教以叛君父也。所造者,一王之小子;所德者,一王之成人。申忠孝之义,劝士而使之亲上;立义利之防,域士而使之靖民。分天子万几之

劳,襄长吏教思之倦;以视抡文之典,不足以奖行,贡举之
制,不足以养恬,其有裨于治化者远矣。

【译文】

　　君子在此种情况下,以传承道统为己任,而不忌讳手握为人之
师的权力,他们实在是没有愧疚的。大道不能隐埋而要加以阐明,
人才不可抛弃而要接受下来进行教育,在民间讲学的大儒,不像那
些游离于世外的方士,住在山林里向王侯显示高傲;也不像那些鼓
吹异端之学的学者,与国家的政治教化相对抗而背叛君王。他们所
培养的,是一代王朝的平民百姓;所造就的,是一代王朝中具备了道
德的人。他们申张忠孝之义,劝勉士人而让他们亲近在上的人;他
们设立义与利的界线,使士人守着一定的界域而让他们去安定民
众。讲学的大儒们分担了天子日理万机的辛苦,协助官吏减少了用
心教化的疲倦;而只根据文章挑选人才的制度,不足以奖励这种行
为,科举考试的制度,也不足以让人们修养恬静之心,而大儒们的讲
学,对于治国教化则大有帮助。

　　当四海一王之世,虽尧、舜复起,不能育山陬海澨之人
材而使为君子①。则假退处之先觉,以广教思,固其所尸祝
而求者也。为君子者,又何愧焉? 教行化美,不居可纪之
功,造士成材②,初无邀荣之志。身先作范,以远于饰文行干
爵禄之恶习,相与悠然于富贵不淫、贫贱不谄之中。将使揣
摩功利之俗学,愧悔而思附于青云,较彼抡才司训之职官,
以《诗》《书》悬利达之标,导人弋获者,其于圣王淑世之大
用,得失相差,不已远乎?

【注释】

①山陬（zōu）海澨（shì）：借指偏僻地区。山陬，山角。海澨，海滨。澨，水边。

②造士：已经完成学业的士子。《礼记·王制》有"造士"之名，孔颖达解释说："学业既成，即为造士。"

【译文】

当四海统一于一个帝王的时代，虽然有尧、舜重新出现，也不能培养山脚海滨的人材使他们成为君子。那么借助退居于民间的先知先觉的学者，以拓广教化，本来就是他所要主持而追求的事业。身为君子的人，对此又有什么惭愧呢？教学得以实行，风俗变得更好，这些学者不以这种可以记录的功劳自居，养成士人中的人才，本来就没有以此来邀取荣华的意图。亲身率先作为示范，以远离修饰表面行为而求取爵禄的恶习，他们一起在富贵不淫、贫贱不屈之中悠然自处。将要让那些寻求功利的俗学，对自己有攀附为高官厚禄的念头而感到惭愧后悔。那些挑选人才、主持教习的官员们，把诗书悬挂起来作为禄利通达的目标，引人从中猎取功利，两相对比，对于圣王救世的宏大作用，其中的得失，相差不也是很远了吗？

然则以书院为可毁，不得与琳宫梵宇之庄严而并峙①，以讲学为必禁，不得与丹灶刹竿之幻术而偕行②，非妒贤病国之小人，谁忍为此戕贼仁义之峻法哉？宋分教于下，而道以大明，自真宗昉，视梁何胤钟山之教加隆焉③，其功伟矣。考古今之时，推邹、鲁之始④，达圣王之志，立后代之经，以摧佞舌，忧世者之责也，可弗详与？

【注释】

①琳宫:仙宫,指道观。梵宇:佛寺。

②丹灶:道家的炼丹炉。刹竿:古代杂技的一种。幻术:即后世所说的魔术。

③何胤(446—531):字子季,庐江灊(今安徽庐江)人,南朝齐时为秘书郎、太子舍人、建安太守、左民尚书,后隐居山中。对《易》、《礼记》《毛诗》深有研究,又入钟山定林寺听讲佛经,遂通佛学。

④邹、鲁:孟子是邹人,孔子是鲁人,所以邹、鲁即代表儒家的孔子和孟子。

【译文】

然而他们认为书院是可以毁掉的,不能与佛寺道观的庄严同时并存;他们认为学者在民间讲学是必须禁止的,不能与炼丹术和刹竿一类的魔术同时并行;如果不是妒忌贤人而危害国家的小人,谁会忍心制定这种残害仁义的严刑峻法呢?宋代有这种学者在民间分别讲学,而大道就得到极大的阐明,这是自真宗时候开始的;这比南朝梁的何胤在钟山宣讲佛教更为兴盛,其功劳是伟大的。考察古今的时代,推论儒家初始时期的孔、孟学说,实现圣王的志向,树立后代所要研究的经典,以此来摧毁奸佞的言论,这是对世道有忧患之心的人的责任,能不详加阐明吗?

二

汉武帝之告匈奴曰:"南越王头已县阙下①,单于能战②,可来",而匈奴远遁。是道也,齐桓公用之③,逾卑耳④,伐山戎⑤,为燕辟地,然后南次陉亭⑥,而楚人服罪。故曰:"不战而屈人之兵。"非不战也,战功成于彼,而威自伸于此也。中国之自寻兵也,则夷狄必乘之以讧。非徒晋之八王争而刘、石起⑦,即汉、唐之始,汉夷秦、项而冒顿益骄⑧,唐平僭伪而突厥方骋。何也? 斗不出于其穴,知其力之已疲也。若夫胥为夷狄矣,强弱之情势虽辽绝而不相知,抑以其意揣而类推之。谓犷戾驰突无制之勇,风飘雨骤而不可御者,彼犹我也。中国能以其长,破其阻,歼其众,得其君长,郡县其部落,则我亦犹彼,而何弗惴惴焉⑨?《志》曰:"先人有夺人之心。"非夺之于方战之谓也,夺之于未战之前,不战而屈,即战而已先馁,其衄败可八九得矣。

【注释】

① 南越王:指赵佗(约前240—前137)。秦朝末年楚汉相争之际,南海郡尉赵佗吞并桂林、象郡,在前203年建立南越国,定都番禺(今广东广州)。领土范围东起福建西部,北至南岭,西至广西西部,南至南海。赵佗称王后,共传五代九十三年。

② 单(chán)于:匈奴人对部落联盟首领的专称,意为广大之貌。单于始创于匈奴冒顿单于的父亲头曼单于,之后这个称号一直使用,直到匈奴灭亡。

③ 齐桓公(? —前643):姜姓,名小白,春秋时期齐国国君,春秋五霸之首,前685—前643年在位。在位期间任用管仲为相,使齐国逐渐强盛,前681年在甄(今山东鄄城)召集宋、陈等四国诸侯会盟,是春秋时第一个诸侯的盟主。齐桓公提出"尊王攘夷",北击山戎,南伐楚国,受到周天子赏赐。管仲去世后,任用易牙、竖刁等人,在内乱中饿死。事迹见《史记·齐太公世家》。

④ 卑耳:河流名,又称卑耳溪,又称濡水,今河北东部的滦河。相传齐桓公北征孤竹,快到卑耳溪时,看到一人,长一尺,左手掀起衣

服,在马前跑过,桓公不知何物,管子说这是知路之神,在马前引
路,左手掀衣表示前面有河流,但从左方可以渡过。前行十里,
果然有卑耳河,从左方则水浅,从右方则水深。

⑤山戎:春秋时期北方的一种少数民族,又称北戎,活动在今河北,
后来又泛指北方少数民族。当时山戎经常侵扰燕、齐等的边境,
前664年,齐桓公出兵救燕,伐山戎,灭掉令支、孤竹山戎部族,
战国晚期,山戎逐渐消失。

⑥陉(xíng)亭:亭是先秦用于军事的哨所堡垒,具有守望、斥堠、报
警、防卫等功能,陉亭在召陵(今属河南漯河)南,齐伐楚曾经过
此地,见《春秋·僖公四年》。

⑦晋之八王争:西晋八王之乱,指晋惠帝时291年至306年的内乱
战争。参与战乱者有汝南王司马亮、楚王司马玮、赵王司马伦、
齐王司马冏、长沙王司马乂、成都王司马颖、河间王司马颙、东海
王司马越,史称"八王之乱"。晋惠帝痴呆低能,皇后贾南风与楚
王司马玮合谋,杀死太傅杨骏,大权落在汝南王司马亮和卫瓘手
中。贾后指使楚王司马玮杀汝南王司马亮,又反诬楚王司马玮
擅杀大臣,将司马玮处死,又杀太子司马遹。诸王为此不断相互
攻战,直到永兴二年(305),东海王司马越迎惠帝回洛阳,又把成
都王司马颖、河间王司马颙杀掉,八王之乱最后终结。刘、石:刘
渊和石勒。刘渊(?—310),字元海,新兴(今山西忻州)人,南匈
奴单于於夫罗之孙,匈奴左贤王刘豹之子。十六国时创建汉国,
史称汉太祖,304至310年在位。传见《晋书·刘元海载记》。石
勒(274—333),字世龙,原名匐勒,后改名石勒,上党武乡(今山
西榆社北)人,羯族。帮助刘渊灭掉西晋,319年建立后赵,称赵
王,史称后赵明帝。传见《晋书·石勒载记》。

⑧冒顿(mò dú,?—前174):匈奴单于,姓挛鞮(luān dī),前209年
杀其父头曼单于而自立为单于,前209年至前174年在位。传见

《史记·匈奴列传》、《汉书·匈奴传》。

⑨惴惴(zhuì)：恐惧的样子。

【译文】

汉武帝对匈奴宣告说："南越王的头颅已经悬挂在皇宫的门下，单于要是能战，可以前来"，于是匈奴逃到远方。这种方法，齐桓公用过，他越过卑耳河，讨伐山戎，为燕国开辟疆土，然后南下驻扎在陉亭，而楚人表示服罪。所以说："不用开战就让别人屈服。"不是不开战，而是在别处作战取得成功，而军威自然伸展到此处。中国自己内部用兵开战，那么夷狄就一定会利用中国的内讧乘机而起。不但是晋代八王之乱使刘渊、石勒乘机兴起，就是在汉、唐两代的初年，汉王夷灭秦王朝、项羽，而匈奴的冒顿更为骄狂；唐太宗平定各地的割据，而突厥就乘机战马驰骋。这是什么原因？这是因为中国在自己窝里相斗，外人就知道中国的力量已经疲弱。如果都是夷狄外族，他们之间的强弱情势虽然相隔辽远而相互并不了解，但可以同类相推而揣知对方的情况。说到粗犷暴庚驰骋冲击无法控制的勇猛，如飘风骤雨那样不可抵御，就知道对方也和我一样。中国能以自己的长处，击破夷狄的阻挡，歼灭他们的军队，俘获他们的君主官长，把他们的部落变成中国的郡县，那么我也就和他一样，那他们又为何而不胆战心惊呢？兵书上说："在别人之前抢先，就能夺掉别人的胆量。"不是说在作战之中夺掉对方的胆量，而是在未战之前就夺掉，不用作战就使他屈服，开始作战的时候，他已经在此之前就气馁了，那么对方战败就已有十分八九的把握了。

李继迁死，德明嗣立①，曹玮上言②："国危子弱，愿假精兵擒德明送阙下，复河西为郡县。"此一时也，固宋室兴替之大机，而庸主具臣畏葸偷安，猥云德致，拒玮之谋，降诏招抚。悲夫！宋之自折入于犬羊，为千古憾，虽有虎臣，其将如之何哉！玮之为将，非徒言无勇，徒勇无谋，稽其后效，概可睹矣。世为勋臣，宋抑待以肺腑，睥睨孤豚③，游其几俎④，诚假以精兵，推心授钺，四州斗绝一隅，孺子植根未固，功之夙成在玮心目间，亦在天下后世心目间也。德明知其不敌，且敛手归朝，而听我之建置西陲，以掣契丹之右臂；百年逋寇，平以一朝，威震贺兰而声驰朔漠⑤。固将曰：今之中国，非昔之中国也。耶律隆绪其敢轻举以向澶州胁盟要赂乎？

【注释】

①德明：李德明（981—1032），李继迁的长子。李继迁死后，李德明嗣位，他向辽、宋称臣，使辽、宋不来攻击他，又向西攻击吐蕃和回鹘，夺取了西凉府、甘州、瓜州、沙州等地。1020年，由西平府迁都怀远镇（今宁夏银川），改名兴州。元昊称帝后，追尊为太宗。传见《宋史·夏国传》。

②曹玮（973—1030）：字宝臣，真定灵寿（今河北灵寿）人，曹彬的儿子。真宗时在西北镇守边境，曾建议出兵攻打李德明，真宗不听。战功卓著，官至签书枢密院事。丁谓专权时，贬为左卫大将军、容州观察使。丁谓落职后，又为昭武军节度使、彰武军节度使等。传见《宋史·曹彬传附曹玮传》。

③孤豚：典故来自《史记·老子韩非列传》，其中说朝廷用来祭祀的牛，先要好好地养几年，最后要牵走杀了祭祀。到这时想当一只孤豚，也不可能了。用来形容虽然生活不好，但有自由。用在这里，是形容李氏不受朝廷的约束，是一个占据地区不大的割据势力。

④几俎（zǔ）：几为桌子，俎是在切肉切菜时垫在下面的砧板。

⑤贺兰：贺兰山，位于今宁夏与内蒙古交界处，北起巴彦敖包，南至毛土坑敖包青铜峡。

【译文】

李继迁死后,他的儿子李德明继位,曹玮向皇帝建议:"现在夏的国家危险、幼子孤弱,我愿向朝廷借到精兵,活捉李德明送到皇宫阙下,收复河西作为国家的郡县。"在这个时候,本来是宋王朝由弱转强的大好时机,但是宋朝廷的庸主和占着官位而无所作为的大臣胆怯畏缩而只想苟且偷安,鄙陋地声称可以靠朝廷的恩德使李氏顺服朝廷,拒绝了曹玮的建议,发下诏书招抚李氏。可悲啊!宋王朝自己屈服于狗羊一样的割据者,成为千古遗恨,虽然有如虎一样的将领,他又能怎么样呢!曹玮作为将领,不是只能说而不勇敢,也不是只有勇而无谋,考察他后来的战绩,大概已可看到了。曹氏世代都是有功的武臣,宋王朝若能用诚心对待他,他就会蔑视李德明如同小猪,将他捉到宰杀的案板上。如果宋王朝真的借给曹玮精兵,出于诚心授予曹玮兵权,那么李氏占据的四州孤悬在西北角,李德明作为小孩子培植根基还没有牢固,出兵取得成功是早就由曹玮料到了,也被天下后世人们看在眼里了。李德明知道不能成为对手,将要束手归顺前来朝见,听从宋王朝在西部边境设置州郡及其官员,以牵制契丹的右方;长达百年未被收服的敌寇,就会在一个早上加以平定,朝廷的威严就会震动贺兰山而声势传到北方沙漠地区。那时北方民族自然就会说:现在的中国,不是从前的中国了。耶律隆绪他还敢轻举妄动出兵到澶州要挟宋朝签和约、索取金帛吗?

善用兵者,欲其攻瑕也,而又不欲攻其已瑕者也。舍瑕而攻坚,则挫于坚,而瑕者亦玩。怯于坚而攻其已瑕,则胜之不足为武,而坚者谅其无能。夫唯处于瑕不瑕之间,而乘瑕以破其坚,则足以震勑寇之心,而制之以气。李继迁之强狡,固契丹之所惮也。而暴死之顷,弱子抚不辑之众,人心离而无为之效死,以为坚而有瑕可攻,以为瑕而人知其坚,不知其瑕。则功一就，而震叠迄于遐荒，其必然之势矣。

【译文】

善于用兵的人，希望攻击敌人的薄弱处，但又不想攻击对方已有的薄弱处。放过对方的薄弱处而攻击他防守坚强之处，就会被他的坚强防守挫败，而原有的薄弱也会轻视你。对坚固之处感到畏怯而攻击他已有的薄弱，则取胜也不足以称为强，而守卫坚固者则会嘲笑他的无能。只有处于薄弱与不薄弱之间，而利用对方的薄弱攻破他的坚固之处，才足以震惊强敌的心胆，而用气势制服他。李继迁的兵强加上狡诈，本来就是契丹所害怕的。但李继迁暴死之时，他幼弱的儿子率领不顺服的众人，人心分离而没有人为他拼死效命，以为坚固而有薄弱可攻，以为薄弱而人们又以为他的防守坚固，而不知他的薄弱处，那么一旦取得成功，就会使我方的军威声势传到边远之地，这就是必然之势了。

且不但此也。宋之所以召侮于契丹者，气先苶也。昔之收巴蜀、入两粤、下江南，皆以众凌寡，乘其瓦解而坐获之。一试之白草荒原、控骑鸣镝之地，边声一起，而气已先夺。夫河西亦塞外矣，引置之凶危之地，而捷报以可就之功，则将视朔漠之骄子，亦犹是可走可醢之虏，气已先增十倍；而又得李氏数世之积，以使趋利而争进。且以士为吾士，人为吾人，士马为吾士马，使若玮者抚而用之，渡一苇以向云中^①，则幽、燕在其股掌，南取甘、凉^②，内撤延、环之守^③，关中固而汴、雒得西面之屏藩。何至澶州之警一闻，盈廷顶缩，遽欲走金陵，走巴、蜀，为他日海门窜死之嚆矢哉^④？

【注释】

①云中：战国赵武灵王置云中郡，并筑云中城，在今内蒙古托克托东北。后世云中治所移至今山西大同。这里指黄河以北地域。

②甘、凉：甘州和凉州。甘州在今甘肃张掖，凉州在今甘肃武威。

③延、环：延州和环州。延州在今陕西延安，环州原称威州，后周时避郭威讳改称环州，在今甘肃环县。

④海门：指内河通海口。南宋临安被元军攻占后，恭帝被俘，益王在福州继位，即宋端宗。在元军的追击下，景炎三年（1278）三月，端宗上船从广州湾入海，元军追兵逼近，又从海上逃往硐州（今广东雷州湾），四月惊吓而死。端宗死后，卫王继位，即祥兴帝，最后逃到大海中的厓山（在今新会以南八十里的大海中），走投无路，最后由丞相陆秀夫背着投海自尽。嚆（hāo）矢：响箭。因发射时声音提前到达，箭随后才到，因此用来比喻事物的先声、开端。

【译文】

而且不仅仅是这样。宋王朝之所以招来契丹对自己的羞辱，原因在于自己的气势先已沮丧。以前收服巴蜀、进入两粤、攻下江南，都是凭借我方势众而对方兵少，利用对方的瓦解而坐收成功。一旦在生长着白草的荒原、对方骑马用箭的地方用兵，边境上的战鼓响起之后，自己的气势就先已被对方夺去。而李氏所占的河西也属于塞外地区，如果能把李氏引导到凶险之地，那么可以获胜的战功就会捷报传来，这时再看北方沙漠中骄狂的契丹，也会觉得他们是可以赶走或可以俘虏的敌人，我方的气势已经在战前就增加了十倍；而且又获得了李氏几代人所积储的物资，来让参战的士兵为了丰厚的物利而争先前进。而且把李氏的士作为我方的士，人作为我方的人，士兵军队作为我方的军队，派出像曹玮一样的将领安抚并使用他们，乘船渡过黄河向云中进军，那么幽、燕等州就在我方的掌握之中，南下夺取甘州、凉州，向内撤到延州、环州进行防守,关中地区就很稳固而汴、雒地区也就具有了西方的屏障保护。哪里会一旦听到澶州的战情警报,就满朝廷缩了脖子,马上就想逃到金陵,逃到巴、蜀,成为后来流窜到海上而死于海中的先声呢?

玮谋不行,德明之诏命一颁,而契丹大举之师逾年即至,其应如响,而宋穷矣。况德明不竆,延及元昊①,蕞尔小丑,冘为敌国,兵疧将死,趣奉金缯,祸迄于亡而不已。一机之失,追救末繇。呜呼! 谋国如斯,孰谓宋有人邪? 周莹、王继英之尸位中枢②,不足责也。张齐贤、李沆之咎③,又奚辞哉? 沆之言曰:“少有忧勤,足为警戒。”此士爕内宁外患之邪说也④。沆者,宋一代柱石之臣也,而何是之述焉?

【注释】

①元昊:即李元昊(1003—1048),党项人,因先世被宋王朝赐姓赵,故又称赵元昊,又名曩霄。西夏开国皇帝(1038 至 1048 年在位),史称夏景宗。称帝后宋军多次出兵讨伐,均被元昊击败。称帝期间,订立官制、军制、法律,并创制西夏文字。后因霸占其子宁令哥之妻,被宁令哥刀削鼻子,不治而亡。传见《宋史·夏国传》。

②周莹(950—1016):瀛州景城(今河北廊坊)人。太宗时知天雄军、知真定府,签书枢密院诸房公事等。真宗时,拜宣徽北院使。后为知枢密院事、永清军节度使、天平军节度使等。史称他位居枢近,无有谋略,及莅军旅,历藩镇,也无显著功业。传见《宋史·周莹传》。王继英(945—1006):开封祥符(今河南开封)人。真宗时与周莹同知枢密院事。以谨慎勤敏著称,后为枢密使、检校太傅。传见《宋史·王继英传》。

③李沆(946—1004)：字太初，洺州肥乡(今河北肥乡)人。太宗时任翰林学士、参知政事、平章事等。对真宗说国家"少有忧勤，足为警戒。四方宁谧，朝廷未必无事"。后真宗封禅，正如其言，故当时称为"圣相"。寇准多次向李沆推荐丁谓，李沆认为丁的为人不可使之在人上，寇准不听，后果为丁谓所害。传见《宋史·李沆传》。

④士燮(137—226)：字威彦，祖先是鲁国汶阳(今山东肥城)人，王莽之乱时，避乱来到交州。东汉末，为交州刺史，因天下大乱，于是割据交州，后来归附孙权，为左将军、卫将军。传见《三国志·吴书·士燮传》。

【译文】

曹玮的谋略不能实行，而给予李德明的诏命一旦颁布，仅过了一年，契丹就大举兴师来到了澶州，这就像声音的回响一样，而宋王朝就无路可走了。何况李德明不被翦除，拖延到元昊的时候，原来的一个蕞尔小丑，竟然成为可与宋王朝对抗的敌手之国，宋王朝再来作战就是兵败将死，只好匆忙地奉上金钱绢帛，灾祸一直到宋朝灭亡都没有停止。一次战机的失去，再来追救就没有什么办法了。呜呼！国家的谋划竟像这样，谁能说宋朝有人才呢？周莹、王继英在朝廷中枢占据位置，不值得责备。张齐贤、李沆的过失，又哪能推辞呢？李沆说："稍微有一点忧虑和勤苦，足以让国家保持警戒。"这是士燮提出的让内部安宁而让外部保持忧患的邪说。李沆，他是宋朝一代的柱石之臣，为什么也说这种话？

三

凡上书陈利病，以要主听，希行之者，其情不一，其不足听则均也。其一，大奸挟倾妒之心，已不言以避指摘，而募事外之人，讦时政之失，以影射执政，激天子以废置，掣任事者之肘而使去，因以得遂大奸之所怀。其一，怀私之士，或欲启旁门以幸进，或欲破成法以牟利，其所欲者小，其言之也大，而借相类之理以成一致之言，杂引先王之正训，诡附于道，而不授人以攻击。其一，小有才而见诎，其牙慧笔锋，以正不足，以妄有余，非为炎炎娓娓之谈不足以表异①，徼幸其言之庸，而身因以显。此三者，皆怀慝之奸，诩君相以从己②，而行其胁持者也。

【注释】

①炎炎：言论美盛的样子。《庄子·齐物论》："大言炎炎，小言詹詹。"

②诩（xù）：引诱，恫吓。

【译文】

凡是上书陈说国家的利害弊病，以求君主听信，并希求得到实行的人，其心情不一样，但他们的论说不值得一听则是一样的。其中之一，是大奸臣怀着倾轧嫉妒的心肠，自己不说，以求躲避别人的指摘，而招募事外之人，让他们攻击时政的失误，来影射执政的大臣，激怒天子对执政大臣加以罢免，对担任朝廷要职的大臣掣肘而使他们离职，由此以达到这种大奸人的心愿。其中之一，是怀有私心的士人，或想在正道之旁打开一道门以求进用，或想破坏已有的法规来牟利，他们的欲望不小，但他们所说的话却很大，又借助相类似的道理以构成协调一致的说法，杂乱地引用先王的正当义训，诡诈地依附于大道，而不会让人抓住把柄来攻击自己。其中之一，是小有才能而被压抑，他的口才和笔力，用来做正事就不足，用来做坏事则有余，不用华美的娓娓之谈就不足以表示自己与众不同，侥幸其言论被君主采纳，而自身因此而得显赫。这三种人,都是怀着凶愿的奸心,诱导君主和宰相以听从自己,而来实现他对君主和宰相的胁持。

非此,则又有闻君之求言也亟,相之好士也甚,踸踔而兴^①,本无定虑,搜索故纸,旁问涂人,以成其说;叩其中怀,亦未尝信为可行,而姑试言之,以耀人之耳目。非此,则又有始出田野,薄游都邑,受一命而登仕籍,见进言者之耸动当时,而不安于缄默,晨揣夕摩,索一二事以为立说之资,而掇拾迂远之陈言以充幅,亦且栩栩然曰^②:"吾亦为社稷计灵长,为生民拯水火者也",以自炫而已矣。

【注释】

①踸踔(chěn chuō):跳跃。

②栩栩然:欢喜自得的样子。《庄子·齐物论》:"庄周梦为胡蝶,栩栩然胡蝶也。"

【译文】

如果不是这样,则还有一种人听说君主急切地求人进言,宰相也非常喜贤下士,于是他们就跳跃着出现了。本来没有固定的思想,就在故纸堆中搜索资料,又多方询问路上的行人,以构成他的说法;叩求他们的内心,也不曾相信其说法是可行的,只是姑且试着来论说,以炫耀人们的耳目。如果不是这样,就又有一种人刚从民间出来,在京城略有游历,接受了一次朝廷的任命而登上了士人为官的名籍,看到进献言论的人能在一时耸动人心,就不安于闭口沉默,从早到晚进行揣摩,找一两件事作为立说的根据,又拾掇迂腐不切实际的陈词滥调以充篇幅,又栩栩然地表示说:"我也是为了社稷的长治久安考虑,是为了从水火中拯救百姓",以此来自我炫耀而已。

　　非此,则抑有诵一先生之言,益以六经之绪说,附以历代之因革,时已异而守其故株,道已殊而寻其蠹迹,从不知国之所恃赖,民之所便安,而但任其闻见之私,以争得失,而田赋、兵戎、刑名、官守,泥其所不通,以病国毒民而不恤。非此,则有身之所受,一事之甘苦,目之所睹,一邑之利病,感激于衡茅①,而求伸于言路。其言失也,亦果有失也。其言得也,亦果有得也。而得以一方者,失于天下;得以一时者,失于百年。小利易以生愚氓之喜,隐忧实以忕君子之心。若此者,心可信也,理可持也,而如其听之,则元气以伤,大法以圮②,弊且无穷。而况挟前数者之心以诬上行私,而播恶下士者乎? 故上书陈利害者,无一言之足听者也。

【注释】

①衡茅:指衡门茅屋,形容简陋的居室。

②圮(pǐ):毁灭,断绝。

【译文】

　　如果不是这样,则还有一种人背诵了一个先生的话,再增加一些六经中的说法,附加上历代的沿革变化,时代已经不同却还守着原有的制度,大道已有不同却还寻找已经废坏的遗迹,从来不知道国家依靠什么、民众方便和安心于什么,只是听任自己限于见闻的私心,以争论事情的得失,而田赋、兵事、刑名、官守等事务,都拘泥而不通晓,用自己的意见危害国家民众而毫不顾恤。如果不是这样,就是根据自身经历,对一件事尝到过甘苦,自己曾经目睹了解到一个地方施政中的利病,在草庐中有所激动,而想通过朝廷征求进言的路子,施展自己的见解。他所论说的失误,也果真有这种失误。他所提出的得当之处,也果真有得当的。但是在一个地区是得当的，在整个天下就是不得当的；在一个时期是得当的，在百年的长时期中就是不得当的。小利易于让愚民产生喜悦，隐忧才真正让君子感到惧怕。像这样的人，其用心是可相信的，其道理是可持有的，但是如果听信这种人的说法，则国家的元气会受伤，大的制度会废坏，弊害将是无穷的。何况更多的人是怀着前面说到的那几种用心来欺骗君主宰臣以实现他的私心，并且把恶果传播到其他的士人呢！所以向君主宰臣上书陈说国家事务利害的人，没有一句话是值得听信的。

　　李文靖自言曰①：“居位无补，唯中外所陈利害，一切报罢，可以报国。”所谓大臣者，以道事君，此可以当之矣。道者安民以定国，至正之经也。秉道以宅心而识乃弘，识唯其弘而志以定，志定而断以成，断成而气以静，气静而量乃可函受天下而不迫。天下皆函受于识量之中，无不可受也，而终不为之摇也。大矣哉！一人之识，四海之藏，非有道者，孰能不惊于所创闻而生其疑虑哉？

【注释】

　　①李文靖：即李沆，死后谥文靖。

【译文】

　　李文靖自己说：“居于官位对于国家没有补救，只有对朝廷内外上书陈说利害的奏疏，全都不批准，这样才可以报国。”所谓的大臣，根据大道来奉事君主，像李沆这样说的，就符合这种要求了。道，是通过安民来定国的最正确的经久之路。秉承大道并让道居于心中，他的见识就会弘广，见识弘广，他的意志才可以确定，意志确定，他的判断才得以形成，判断形成了，他的心气才会安静，心气安静，他的度量就可以包含承受整个天下而从容不迫。整个天下都容受在他的识量之中,就什么事都可以接受,而最终不会被动摇。这样就伟大了啊!一个人的见识,相当于四海的容藏,不是有道的人,谁能不被人们创新的提议惊动而产生疑惑呢?

　　夫天下有其大同,而抑有其各异,非可以一说竟也久矣。其大同者,好生而恶死也,好利而恶害也,好逸而恶劳也。各守其大经,不能无死者,而生者众矣;不能无害者,而利者长矣;不能无劳者,而逸者达矣。天有异时,地有异利,人有异才,物有异用。前之作者,历千祀,通九州,而各效其所宜;天下虽乱,终亦莫能越也。此之所谓伤者,彼之所自全;此之所谓善者,彼之所自败。虽仁如舜,智如禹,不能不有所缺陷以留人之指摘。识足以及此矣,则创制听之前王,修举听之百执,斟酌听之长吏,从违听之编氓,而天下各就其纪。故陈言者之至乎吾前,知其所自起,知其所自淫;知其善而不足以为善,知其果善而不能出吾之圈中。蝉噪而知其为夏,蛩吟而知其为秋①,时至则鸣,气衰则息,安能举宗社生民以随之震动?而士自修其素业,民自安其先畴,兵自卫其职守,贤者之志不纷,不肖之奸不售。容光普照,万物自献其妍媸②,识之所周,道以之定。故曰:“天下之动,贞于一者也。”文靖之及此,迥出于姚元之、陆敬舆、司马君实之表远矣③。

【注释】

①蛩(qióng)：蟋蟀。

②妍媸(yán chī)：美好和丑恶。

③姚元之：姚崇(650—721)，本名元崇，避唐玄宗开元年号讳，改名姚崇，字元之。历任武则天、唐睿宗、唐玄宗三朝宰相，有"救时宰相"之称。传见《旧唐书·姚崇传》、《新唐书·姚崇传》。陆敬舆：陆贽(754—805)，字敬舆，苏州嘉兴(今浙江嘉兴)人。唐德宗时为翰林学士，贞元八年(792)任宰相，后被贬为忠州(今重庆忠县)别驾。传见《旧唐书·陆贽传》、《新唐书·陆贽传》。司马君实(1019—1086)：司马光，字君实，陕州夏县(今山西夏县)涑水乡人，世称"涑水先生"。仁宗时任奉礼郎、大理评事，后为天章阁待制兼侍讲同知谏院，神宗时为枢密副使，不赞成王安石变法，退居洛阳，任西京留守御史台，编撰《资治通鉴》。宋哲宗元祐年间，任尚书左仆射、兼门下侍郎，罢黜新党，尽废新法，史称"元祐更化"。传见《宋史·司马光传》。

【译文】

整个天下，有大的相同，也还有各种不同，不是用一种说法就能全部概括，这种情况已经很久了。整个天下的大的相同，就是喜好生而厌恶死，喜好利而厌恶害，喜好安逸而厌恶辛劳。各自坚守大的常道，不能没有死的人，但活着的更多；不能没有害，但利是更长久的；不能没有辛劳，但安逸也就达到了。天有不同的时令，地有不同的利，人有不同的才能，物有不同的用处。前代的兴作之人，经历了千年，通达于九州，而各自对它所适应的事情产生效果；天下虽然大乱，最终也不能超越它。在这里是所谓的伤，在另外的地方自会保全；在这里是所谓的善，在另外的地方自会失败。虽然仁如舜一样，智如禹一样，不能不有所缺陷而留给人们进行指摘。见识足以到达这一步了，则创建制度就要听从于前代的圣王，修改和施行则要听从于众多的执政大臣，有所商议进行修订或更改则要听从于官长官吏,是服从还是违抗则要听从于编户齐民,这样的话,天下不同的人就各自遵守相应的地位和规矩。所以陈述见解的人来到我的面前,就知道他从哪里来的,知道他过分在什么地方,知道他所说的善是不足为善的,知道果真为善的也不能超出我的见识之外。听到蝉鸣声嘈杂就知道这是夏天了,听到蟋蟀吟叫就知道这是秋天了,时节到了就会鸣叫,气息衰竭了就会停息,怎能让整个国家和百姓随之震动?而士人修行他平素的学业,民众安心于他的先人传下的田亩,士兵守卫他的职守,贤人的意志不乱加改变,不肖的奸人不能使阴谋得逞。光明普照,万物自会显出它是美是丑,见识周密,大道因此得以确定。所以《周易·系辞》中说:"天下的变动,贞正于唯一的大道。"李沆的见识达到了这一点,远远超出了姚崇、陆贽、司马光之外。

前乎此者丙吉①,后乎此者刘健②,殆庶几焉。其他虽有煌炫之绩,皆道之所不许也。以安社稷不足,而况大人之正物者乎?有姚元之,则有张说③;有陆敬舆,则有卢杞④;有司马君实,则有王安石⑤;好言而莠言兴,好听而讼言竞。唯文靖当国之下,匪徒梅询、曾致尧之屏息也⑥,王钦若列侍从而不敢售其奸⑦,张齐贤、寇准之伉直而消其激烈,所以护国家之元气者至矣。文靖没,宋乃多故,笔舌争雄,而郊原之妇子,不能宁处于臬园瓜圃之下矣⑧。《诗》曰:"高山仰止,景行行止。"高者,不易攀也;景者,无有歧也;道之所以覆冒万物而为之宗也。岂易及哉!岂易及哉!

【注释】

①丙吉(?—前55):"丙"或作"邴",字少卿,汉代鲁国(今山东)人,治律令,本为鲁狱史,后为廷尉监,又任大将军霍光长史,建议迎

立汉宣帝,后为太子太傅、御史大夫,封博阳侯,神爵三年(前59)任丞相。传见《汉书·丙吉传》。

②刘健(1433—1526):字希贤,河南洛阳人。先后在明英宗、宪宗、孝宗、武宗朝为官,官至内阁大学士,内阁首辅。刘健以天下为己任,心胸开阔,不记私仇。与李东阳、谢迁一同辅政,尽职尽责。武宗继位后,信任刘瑾、马永成、谷大用八人,刘健决心铲除"八党",未得到武宗支持,只好告老回乡,被刘瑾等人诬陷为奸党,削职为民。嘉靖皇帝继位,以刘健与司马光、文彦博相比。传见《明史·刘健传》。

③张说(667—730):字道济,原籍范阳(今河北涿县)人。武则天时官至凤阁舍人,后因忤旨流配钦州,唐睿宗时为同中书门下平章事,唐玄宗时为中书令、兵部尚书、中书令、右丞相、尚书左仆射等。传见《旧唐书·张说传》、《新唐书·张说传》。

④卢杞(? —785):字子良,滑州灵昌(今河南滑县)人。历任虢州刺史、御史中丞、御史大夫、门下侍郎、同中书门下平章事。为人阴险,忌能妒贤,又征收房屋"间架税"、"除陌税",怨声载道。传见《旧唐书·卢杞传》《新唐书·卢杞传》。

⑤王安石(1021—1086):字介甫,江西临川(今江西临川)人,世称"临川先生"。晚年封荆国公,世称"王荆公"。谥号"文",世称"王文公"。神宗时位,为参知政事、同中书门下平章事,推行新法,颇受争议。熙宁九年(1076)罢相,隐居江宁(今江苏南京)钟山。传见《宋史·王安石传》。

⑥梅询(964—1041):字昌言,宣城(今安徽宣城)人。宋太宗时任利丰监判官、直集贤院、通判杭州,知苏州、濠州、鄂州,又任两浙、湖北、陕西转运使等。传见《宋史·梅询传》。曾致尧(947—1012):字正臣,江西南丰(今江西南丰)人。祖籍山东,为孔子弟子曾参之后。南唐时中进士,宋太平兴国八年(983)又中进士,

后任两浙转运使、三司盐铁判官、京西转运使、礼部郎中、户部郎中等。传见《宋史·曾致尧传》。

⑦王钦若(962—1025)：字定国，临江军新喻(今江西新余)人。真宗时为相，他认为澶渊之盟为城下之盟，使真宗罢除寇准。大中祥符年间，迎合真宗，伪造天书，封禅泰山。宋仁宗时又为相。为人奸邪险伪，与丁谓、林特、陈彭年、刘承珪被称为"五鬼"。传见《宋史·王钦若传》。

⑧枲(xǐ)：大麻的雄株，只开雄花，不结果实。

【译文】

在李沆之前有丙吉，在他之后有刘健，这两人大致与李沆差不多。其他人虽然也有辉煌的政绩，但都是大道所不认可的。来安定社稷是不够的，更何况作为圣人来正万物呢？有姚崇则有张说；有陆贽则有卢杞；有司马光则有王安石；喜欢进言，就有不良的言论产生，喜好听人进言，就有相互攻讦的言论竞相出现。只有李沆当国主政的时候，不仅梅询、曾致尧都屏息不语，王钦若身列侍从之中也不敢施展他的奸诈，张齐贤、寇准虽然为人刚直也消解了他们的激烈之风，李沆保护国家的元气达到了极致。李沆去世，宋朝才多有变故，大臣们用笔舌相互争雄，而郊野的妇人小孩都不能在菜园瓜圃之下安处了。《诗》说："高山受人景仰，大道引人行走。"高的东西，是不易攀上去的；大道，是没有歧路的；所以大道能覆盖万物而为万物的宗主。李沆这样的人难道是容易赶上的吗！难道是容易赶上的吗！

四

澶州之役，寇平仲折陈尧叟、王钦若避寇之策①，力劝真宗渡河决战，而日与杨大年饮博歌呼于帐中②，故王钦若之谮之曰："准以陛下为孤注"，其言亦非无因之诬也。王从珂自将以御契丹于怀州③,大败以归而自焚;石重贵自将以追契丹于相州④,诸将争叛而见俘于虏;皆孤注也。而真宗之渡河类之。且契丹之兵势方张,而饮谑自如,曾无戒惧,则其保天子之南归,而一兵不损,寸土不失,似有天幸焉,非孤注者之快于一掷乎? 则钦若之谮,宜其行矣。

【注释】

①陈尧叟(961—1017):字唐夫,阆州阆中(今四川阆中)人。宋太宗时为工部员外郎。契丹南下进逼时,尧叟主张迁都,受到寇准斥责。传见《宋史·陈尧叟传》。

②杨大年:即杨亿(974—1020),字大年,建州浦城(今福建浦城)人。淳化三年(992)进士,曾任翰林学士、户部郎中、工部侍郎。支持寇准出兵抵抗契丹。反对宋真宗天书封禅,故被王钦若、丁谓、陈彭年等人排挤。传见《宋史·杨大年传》。

③王从珂(885—936):即李从珂,镇州(今河北正定)人,五代后唐末帝。原为后唐明宗李嗣源的义子,本姓王。后唐闵帝应顺元年(934),起兵反叛,攻入洛阳即位。继位后猜忌李嗣源之婿河东节度使石敬瑭。后石敬瑭叛变,向契丹求援,李从珂讨伐战败,石敬瑭与契丹军进逼洛阳,他自焚而死。传见《旧五代史·末帝纪》、《新五代史·废帝纪》。怀州:治所在今河南沁阳。

④石重贵(914—974):太原(今山西太原)人,沙陀族。本为后晋高祖石敬瑭的侄儿,其父石敬儒早逝,石敬瑭收为养子。石敬瑭病死后继位,即后晋出帝。依从景延广之言,命杜重威出征讨伐契丹。开运三年(947),杜重威、张彦泽等人投降契丹,石重贵投降,后晋灭亡。传见《旧五代史·晋书·少帝纪》、《新五代史·晋本纪》。相州:治所在今河南安阳。

【译文】

澶州之役，寇准驳倒了陈尧叟、王钦若躲避敌寇的方案，力劝宋真宗渡河与契丹决战，而他每天与杨大年在军营的帐幕中饮酒赌博唱歌欢呼，所以王钦若后来在宋真宗面前挑拨说："寇准把陛下当作了孤注"，他的话也不是没有理由的诬陷。李从珂自己率领大军在怀州抵御契丹，大败回来后就自焚了；石重贵亲自率军到相州追击契丹，众将领争相反叛，而重贵被契丹俘获；这都是孤注。而真宗的渡河与此类似。而且契丹的兵势正盛，而寇准饮酒谑唱自如，不曾有戒慎恐惧，那么他保护天子南归，而不损失一兵一卒，寸土不失，似乎是有天助，不是以一掷孤注为快意吗？那么王钦若对寇准的中伤得以施展，看来也是应该的了。

呜呼！盈宋之庭，铮铮自命者充于班序，曾无一人能知准之所恃，而惊魂丧魄，始挠其谋，终妒其功，高琼、杨亿以外[1]，皆巾帼耳。后之论者曰："准以静镇之也。"生死存亡决于俄顷，天子临不测之渊，而徒以静镇处之乎？则论者亦冯拯、王钦若之流匹[2]，特见事成而不容已于赞美，岂知准者哉？无所见而徒矜静镇，则景延广"十万横磨"之骄语[3]，且以速败，而效之者误人家国，必此言矣。

【注释】

[1] 高琼（935—1006）：字宝臣，蒙城（今安徽蒙城）人。宋太宗时任御龙直指挥使、天武都指挥使、西州刺史等。曾在王溢津、淤口、瓦桥三关击败契丹，景德元年（1004）澶州之役，与寇准力主真宗亲征，传见《宋史·高琼传》。

[2] 冯拯（958—1023）：字道济，孟州河阳（今河南孟县）人。真宗时

历任枢密直学士、右谏议大夫、同知枢密院事、参知政事。传见《宋史·冯拯传》。

③景延广(892—947):字航川,陕州(今河南三门峡)人。初在后梁朱友诲、尹皓、王彦章手下,后梁灭亡,为石敬瑭的部将。石敬瑭称帝,为侍卫步军都指挥使、侍卫亲军都指挥使。石敬瑭临死,将石重贵托付给景延广和冯道。石重贵继位,景延广专权,对契丹来使口出大言:"不要小看我们,不要随意侮辱我们,如果不服那就来吧,我们有十万口横磨剑等着你们呢!"等到契丹兵杀来他又不敢抵抗,只好投降,在押送北上的途中扼喉自杀。传见《旧五代史·晋书·景延广传》、《新五代史·晋臣传·景延广传》。横磨:长而大的利剑。

【译文】

呜呼!整个宋朝廷,铮铮自命的人充满了大臣行列之中,不曾有一个人能知道寇准依仗什么让真宗亲征,这些人都惊魂丧魄,开始时阻挠寇准的建议,最终则妒忌寇准的功劳,除了高琼、杨亿两人以外,其他的大臣都只是女人而已。后来的论史者说:"寇准是用静来镇住当时局面的。"决定生死存亡的瞬间,天子面临生死不测的深渊,而只靠静来镇住和对待吗?那么这些评论者也就是冯拯、王钦若一流的人了,只是看到事情成功而不容停止赞美,这哪是了解寇准的为人呢?没有什么见识而仅仅自矜靠静来镇住局面,那么这就像景延广说"十万口横磨剑"的骄狂之言,就遭到速败一样,对此进行仿效的人,也必定会因说这样的话,而贻误别人的家和国。

夫静镇者,必有所以镇而后能静也。谢安围棋赌墅①,而挫苻坚于淝水②,非但恃谢玄北府之兵也。慕容垂、朱序、张天锡之撑持实久矣③。夫平仲所恃者奚在哉?按事之始终,以察势之虚实,则洞若观火矣。愚者自不察耳。

【注释】

①谢安(320—385)：字安石，会稽(今浙江绍兴)人，祖籍陈郡阳夏(今河南太康)。少以清谈知名，隐居会稽山阴东山，四十岁后，出山任职，官至宰相，挫败桓温的篡位，又作为东晋的总指挥击败前秦符坚，取得淝水之战的胜利。因后功名太盛，受到猜忌，遂往广陵避祸。传见《晋书·谢安传》。

②符(pú)坚(338—385)：字永固，又字文玉，小名坚头，略阳临渭(今甘肃秦安东南)氐族人。十六国时的前秦宣昭皇帝，在位前期基本统一北方，但在淝水之战中大败，自此一蹶不振，最后被姚苌杀死。传见《晋书·符坚载记》。淝水：又称肥水，在今安徽省。源出合肥西北将军岭，为今东肥河和南肥河的总称。

③慕容垂(326—396)：又名慕容霸，字道明，昌黎棘城(今辽宁义县)人，鲜卑族。前燕王慕容皝的第五子。因率军击败东晋桓温，遭到猜忌，故投奔符坚，淝水之战后乘符坚战败，联合鲜卑、乌桓起兵反叛，称帝，即后燕成武帝。后攻破北魏首都平城，在归途中病死。传见《晋书·慕容垂载记》、《北史·燕慕容氏传·慕容垂传》。朱序(?—393)：字次伦，义阳(今河南信阳)人。东晋时为梁州刺史，镇守襄阳(今湖北襄阳)。东晋太元四年(379)，前秦攻克襄阳，朱序被俘。淝水之战时，秦军稍退，让晋军渡河，朱序在秦军后退时，在军后大叫："秦兵败矣！"秦军大乱，晋军乘机进击，取得大胜。朱序回到东晋，任豫州刺史、青兖二州刺史、雍州刺史。传见《晋书·朱序传》。张天锡(346—406)：十六国时期前凉悼公。东晋太元元年(376)，前秦攻陷前凉都城姑臧(今甘肃武威)，张天锡投降，前凉灭亡。淝水之战后，天锡投靠东晋，晋孝武帝命为左员外郎、散骑常侍，后为西平郡公、金紫光禄大夫。传见《晋书·张轨传附靓叔天锡传》。

【译文】

　　所谓的静镇,必定要有所拿来镇的东西而后能静。谢安下围棋赌别墅,而晋军就在淝水挫败了符坚,不只是依仗谢玄的北府兵。慕容垂、朱序、张天锡各自发挥作用实际上已经很久了。寇准依仗的东西在哪里呢?考察事情的始终,来观察形势的虚实,就会洞若观火了。只是愚蠢的人不加以观察而已。

　　观其形势,固非小有所得而遽弭耳以退也。乃增卅万之赂,遂无一矢之加,历之数十年,而无南牧之马,岂萧挞览之偶中流矢①、曹利用之口给辩言②,遂足戢其戎心哉?兵甫一动,而议和之使先至,利用甫归,而议和之使复来,则其且前且却、徜徉无斗志者,概可知也。契丹之灭王从珂也,石敬瑭为之内主;其灭石重贵也,杜威、赵延寿为之内主③,契丹不能无内应而残中国,其来旧矣。此内之可恃者也。

【注释】

①萧挞览(?—1004):契丹将领,曾东征女真,并多次入侵中原。986年,在朔州设伏俘获宋朝名将杨业,升南院都监。993年,攻高丽,迫使高丽王奉贡称臣。景德元年(1004)澶州之战,作为契丹统帅,被宋军射死。传见《辽史·萧挞凛传》。

②曹利用(?—1029):字用之,赵州宁晋(今河北宁晋)人。景德元年(1004)澶州之役时,至契丹兵营议和,拒绝割地要求,达成和议,史称"澶渊之盟"。后拜枢密使、同中书门下平章事、尚书右仆射、左仆射。传见《宋史·曹利用传》。

③杜威:即杜重威(?—948):朔州(今山西朔县)人。因避后晋出帝石重贵的讳,改名杜威。后晋高祖石敬瑭的妹婿。石敬瑭称

帝时,为平章事、侍卫亲军都指挥使。后率军十万投降契丹。又
投降汉高祖刘知远,刘知远死后,杜重威及全家被杀。传见《旧
五代史·汉书·杜重威传》、《新五代史·杂传·杜重威传》。赵
延寿(?—948):常山(今河北正定)人。本姓刘,其父为蓨县令,
后城被攻陷,军将赵德钧收为养子,改姓赵。后唐时为汴州司
马、汝州刺史,后为枢密使、同平章事。后晋天福元年(936),兵
败后投降契丹,任大丞相。传见《旧五代史·晋书·赵德钧传附
赵延寿传》、《辽史·赵延寿传》。

【译文】

观察当时的形势,本来就不是稍有所得就能很快平息战事而使契
丹退兵的。战后增加了三十万金帛的岁币,于是不再有一支箭矢射来,
经历了数十年,而没有契丹南下侵入的兵马,这哪里是因为萧挞览偶然
被流箭射死、曹利用的利口善辩就足以使契丹打消了作战之意呢? 契
丹的军队才一出动,来与宋朝廷议和的使节先就前来,曹利用刚一回
来,契丹的议和使节再次前来,那么契丹且进且退、徘徊而无斗志的实
情,就大致可以知道了。契丹消灭李从珂,是有石敬瑭作为内应,契丹
消灭石重贵,是有杜威、赵延寿作为内应,契丹不能不靠内应而击败中
国,这种情况已有很长时间了。这是寇准在国内可以依仗的有利条件。

且今之契丹,非昔之契丹矣。隆绪席十六州之安[1],而
内淫于华俗;国人得志于衣锦食粱,而共习于恬嬉。至是而
习战之将如休哥辈者[2],亦已骨朽。其入寇也,闻李继迁以
蕞尔之小丑,陷朔方,胁朝廷,而羁縻弗绝;及其身死子弱,
国如浮梗,而尚无能致讨,且不惜锦绮以饵之使安。宋之君
臣,可以虚声恐喝而坐致其金缯,姑以是胁之,而无俟于战
也。则挟一索赂之心以来,能如其愿而固将引去,虏主之

情,将士之志,三军之气,胥此焉耳矣。故其攻也不力,其战也不怒,关南之土,亦可得则得,不得则已之本情;兵一动而使频来,和之也易,而攻之也抑无难。平仲知之深,持之定,特兵谋尚密,不欲昌言于众以启哓哓之辩论耳③。使乘其不欲战之情而亟攻之,因其利我之和而反制之,宁我薄人,必胜之道也。平仲曰:"可保百年无事。"非虚语也。此外之可恃者也。

【注释】

①十六州:指燕云十六州,又称幽蓟十六州。后晋天福三年(938)石敬瑭割让给契丹,位于今天北京、天津及山西、河北北部。

②休哥:耶律休哥(938—998),字逊宁,契丹皇族及名将,景宗乾亨二年(980)为北院大王,后封宋国王。宋太宗时期,耶律休哥多次与宋军作战,取得不少胜利,如太平兴国四年(979)的高粱河之战、瓦桥关之战、雍熙三年(986)的岐沟关之战、君子馆之战以及端拱二年(989)的徐河之战。传见《辽史·耶律休哥传》。

③哓哓(xiāo):争辩不止的声音,如哓哓不休。

【译文】

而且这时的契丹,已经不是从前的契丹了。耶律隆绪席卷十六州之后的安宁,契丹内部受到中华风俗的影响而变得奢淫;他们的国人满足于穿绸罗锦缎、吃稻米美食,全都习惯于安恬嬉玩。到这时,契丹熟习战争的将领如耶律休哥等人,也已身死骨朽。契丹的入侵,是听说李继迁作为蕞尔小丑也能攻陷宋的北方地区,威胁宋朝廷,而宋朝廷对继迁还是不断安抚;等到李继迁死后,他儿子还很幼弱,国如浮草一样很不稳固,而宋朝廷尚且不能加以讨伐,还不惜用锦绮之物作为诱饵让他安心。对于宋朝廷的君臣,能用空虚的声势恐吓他们而坐享宋朝的金帛,姑且靠这种办法威胁宋朝,而不用依靠作战。于是契丹就怀着这种索求财物的心情而来,能达到他们的愿望的话,本来就将撤走,契丹首领的心情,将士的愿望,三军的士气,都只是这样而已。所以他们攻城就不用力,作战也不暴怒,关南的土地,能得到就得,得不到就停止,这是他们本来的心情。军队才一出动,而议和的使节频频前来,讲和很容易,而进攻他们也不难。寇准对这种情况知道得非常深,持有这种见解非常坚定,只是用兵的谋略还是机密,不想公开告诉众人而引起人们的纷纷争辩而已。假使利用契丹不想作战的心情而迅速地攻击他们,利用契丹以议和为有利的心情反制他们,就宁愿由我方来逼近对方,这就是必胜之道。寇准说:"可保百年无战事。"这不是空话。这就是寇准在外部可依仗的有利条件。

可恃之情形,如彼其昭著,六军之士,欢呼震野,皆已灼见无疑。唯钦若、尧叟、冯拯之流,闻边情而不警于耳,阅奏报而不留于目,挟雕虫之技,傲将吏而不使尽言,修鹄立之容,迨退食而安于醉梦,羽书洊至①,惊于迅雷,金鼓乍闻,茫如黑雾,则明白显易之机,在指掌之间,而莫之能喻。已而虏兵忽退,和议无猜,且不知当日之何以得此于契丹。则其云"孤注"者,虽倾妒之口,抑心所未喻,而亿其必然也。

【注释】

①洊(jiàn):屡屡,多次。

【译文】

可以依仗的情况,如上面所说那样明显,而宋朝军队的将士,欢呼震野,都已经明显看到而没有任何疑问。只是王钦若、陈尧叟、冯拯之流,耳中听到边境契丹入侵的情报并不为之警觉,看了相关的奏报也不放在眼中,怀挟着雕虫小技,傲慢地对待将领而不让他们畅所欲言,修饰出鹤立鸡群式的容貌,等到退朝后安心于醉梦之中,而边境军情紧急的情报一再传来,如同听到突然传来的雷声一样震惊,军队的金鼓之声突然听到,茫然得如同面对一团黑雾,于是本来非常明白易见的时机,虽然就在指掌之间,可是他们谁都看不到了。不久契丹军队忽然退走,和议已经没有疑问,还不知道当时是靠什么对契丹取得了成功。那么他所说的"孤注",虽然是倾轧嫉妒的说法,但也表明他们心中没有明白其中的道理,而臆想寇准必然是以真宗为孤注了。

　　故体国之大臣,临边疆之多故,有密用焉,而后可以静镇。密者缜也,非徒其藏而不泄也。得将吏之心,而熟审其奏报,储侦谍之使,而曲证其初终;详于往事,而知成败之繇,察其合离,而知强弱之数。故蹲伏匿于遐荒,而防其驰突;飞镝交于左右,而视若虻蠓①;无须臾之去于心者,无俄顷之眩于目。其密也,斯以暇也;其暇也,斯以奋起而无所惴也。谢安石之称《诗》曰:"讦谟定命,远犹辰告。"命定于夙而时以告,猷斯远矣,夫岂易言静镇哉!

【注释】

①虻蠓:一种昆虫,生活在野草丛中。这里是形容箭矢的飞舞微不足道。

【译文】

　　所以治理国家的大臣,面对边疆多有变故的形势,有了密谋,而后才能以冷静镇住多变的形势。所谓的密,就是缜密,不只是指藏而不露。了解将士与官吏的心情,而熟习和分析边疆军情的奏报,储备侦察敌情的使节,而详尽地证实事情的终始情形;对以往的事情了解得非常详细,因此知道成败的原因,观察各方势力的合和离,因此知道双方的强弱情况。所以就会派人埋伏起来藏在荒野之中,来防备敌人的奔驰冲击;飞响的鸣镝就在左右飞来飞去,而能把它们看作虮蝨小虫一样;于是就能做到对形势的分析没有片刻离开内心,对形势的认识没有片刻感到迷惑。正因为有这种缜密,所以才能表现得非常轻松;正因为这样轻松,所以才能奋起而一无所惧。谢安石用《诗经》的话说:"谋划宏大的谋略以确定天命所在,远大的规划可以宣告于众。"命运早已确定而择时宣告,谋略就很深远了,哪里能轻易说是以静镇之呢!

五

王旦受美珠之赐①,而俯仰以从真宗之伪妄,以为荧于货而丧其守,非知旦者,不足以服旦也。人主欲有所为,而厚贿其臣以求遂,则事必无中止之势,不得,则必不能安于其位。及身之退,而小人益肆,国益危。旦居元辅之位,系国之安危,而王钦若、丁谓、陈彭年之徒②,侧目其去,以执宋之魁柄。则其迟回隐忍而导谀者,固有不得已于斯者矣。

【注释】

①王旦(957—1017):字子明,大名莘县(今山东莘县)人。宋真宗时任参知政事、同中书门下平章事,为相十多年,知人善任。传见《宋史·王旦传》。受美珠之赐:宋与契丹定澶渊之盟后,真宗非常高兴,但是王钦若却对宋真宗说:"这是《春秋》城下之盟,诸侯耻之。陛下以为功,不可取。"趁机建议真宗封禅泰山。真宗怕王旦反对,于是召王旦进宫饮宴,赐给王旦一尊酒,说:"此酒极佳,拿回家与家人共享。"王旦回家打开一看,酒尊中全是珍

珠,于是此后真宗搞天书、封禅等事,王旦不再提出异议。

②丁谓(966—1037):字谓之,后字公言,江苏长洲(今江苏苏州)人。宋真宗时任参知政事、枢密使、同中书门下平章事。才智过人,但心术不正,一味迎合真宗,天下视为奸邪,与王钦若、林特、陈彭年、刘承珪以奸邪险伪著名,人称"五鬼"。后罢相,贬为崖州(今海南)司户参军,后居光州(今河南潢川)。传见《宋史·丁谓传》。陈彭年(961—1017):字永年,江西南城人。真宗时任秘书郎、州通判、秘书丞、知州等。又任兵部郎中、翰林学士、龙图阁学士、工部侍郎、刑部侍郎、参知政事等。传见《宋史·陈彭年传》。

【译文】

王旦接受了真宗赐给的美珠,于是一举一动都要顺从真宗天书封禅一类的伪妄之举,人们就认为他迷惑于财货而丧失了节守,这不是了解王旦,也不足以让王旦心服。君主想要有所为,而用优厚财物收买他的大臣以求实现,那么事情必定不会有中止的势头。如果君主的愿望达不到,那么大臣必定不能安然处于他的官位上。等到大臣从官位上退下来,小人就会更加放肆,国家就更加危险。王旦身居宰执大臣的首位,身系国家的安危,而王钦若、丁谓、陈彭年一流的人,斜眼旁视等着他离开相位,而来执掌宋朝廷的权柄。这样说来,王旦犹豫忍耐而向真宗逢迎献媚,本来就有不得已的原因。

真宗之夙有侈心也,李文靖知之久矣。澶州和议甫成,而毕士安散兵归农①,罢方镇,招流亡,饰治平之象,弛不虞之防,启其骄心,劝之夸诞,非徒钦若辈之导以恬嬉也。钦若曰:"唯封禅可以镇服四海②,夸示外国。"言诚诞矣。然而契丹愚昧,惑于禨祥③,以戢其戎心者抑数十年。则旦知其不可,而固有不能遏抑者也。钦若、谓之奸,旦知之矣。陈彭年上文字,旦瞑目不视矣。钦若之相,旦沮之十年矣。奉"天书"而怏怏,死且自愧,激而欲披缁矣。然而终不能已于顺非从欲之恶者,于此而知大臣之不易于任也。

【注释】

① 毕士安(938—1005):字仁叟,代州云中(今山西大同)人。宋太祖时任监察御史、知乾州、翰林学士、知开封府、吏部侍郎、参知政事、同平章事。传见《宋史·毕士安传》。

② 封禅(shàn):封为"祭天",专指天子登上泰山筑坛祭天;禅为"祭地",专指在泰山下的小丘除地祭地。合称即帝王在泰山祭祀天地的大型典礼。

③ 禨(jī)祥:指预示吉凶的变异之事以及为此举行的祈禳求福活动。

【译文】

真宗早就有奢侈之心,李沆很早就知道了。澶州和议才成功,毕士安就解散军队让士兵回家务农,罢黜各地的方镇,招抚流亡之民,装饰太平的景象,松弛了对突发战事的防备,开启了真宗的骄狂之心,引导他走向夸诞,而不仅是王钦若一伙人引导真宗去恬乐嬉戏。王钦若说:"只有封禅可以镇服四海,向外国夸耀显示。"这个说法实在是荒诞。然而契丹愚昧,迷惑于吉凶福祸的预兆,以此收敛了用兵之心也有数十年。那么王旦知道这种事不可以做,但它本来就有不能遏止的势头。王钦若、丁谓的奸邪,王旦已经知道了。陈彭年上书,王旦闭眼不看它。王钦若的任相,王旦阻挠了十年。遵奉"天书"而感到忧郁不乐,死了还感到自愧,激动起来甚至还想披上袈裟出家为僧。然而终究不能不顺从错误而顺从了内心厌恶的事,由此可以知道大臣是不容易担任的。

使旦而为孙奭^①，则亦可以"天岂有书"对也。使旦而为周起^②，则亦可以"毋恃告成"谏也。即使旦已处外而为张咏^③，亦可以乞斩丁谓争也。且使旦初参政而为王曾^④，犹可以辞会灵宫使自异也^⑤。今既委国而任之我，外有炎房，内有群奸，大柄在握，君心未厌，可以安上靖邦、息民弭患。而愤起一朝，重违上旨，虚位以快小人之速进，为国计者，亦难言之。故曰大臣不易任也。

【注释】

①孙奭（962—1033）：字宗古，博州茌平（今山东茌平）人。真宗时任翰林侍讲学士、兵部侍郎、龙图阁学士、礼部尚书。大中祥符初（1008），真宗将迎天书，孙奭认为孔子说过"天何言哉"，哪里会有"天书"？传见《宋史·孙奭传》。

②周起：字万卿，淄州邹平（今山东邹平）人。历任将作监丞、著作佐郎、户部及度支判官、枢密直学士、给事中、同知枢密院事、枢密副使等。传见《宋史·周起传》。

③张咏（946—1015）：字复之，自号乖崖，濮州鄄城（今山东鄄城）人。宋太宗时任大理评事、崇阳知县，官至枢密直学士、礼部尚书。曾对寇准说："《霍光传》不可不读。"寇准读至"不学无术"，笑说："张公谓吾矣！"他曾上书乞斩丁谓、王钦若，为此而出知陈州。传见《宋史·张咏传》。

④王曾（977—1038）：字孝先。青州益都（今山东青州）人。宋真宗时任参知政事，后受王钦若排挤，为尚书礼部侍郎、知应天府，后复为参知政事。仁宗亲政后，任同中书门下平章事、集贤院大学士、户部尚书、枢密使，传见《宋史·王曾传》。

⑤会灵宫使：会灵宫的主管官，唐代开始设置宫使之官，宋代沿袭。

【译文】

假使王旦是孙奭,那也可以用"天哪里有书"的话来回答真宗。假使王旦是周起,也可以用"不要仗恃封禅已告成功"来劝谏真宗。即使王旦是已贬到外地的张咏,也可以通过请求斩丁谓来相争。而且假使王旦是刚刚参与大政的王曾,还可以辞掉会灵宫使以表示自己与王钦若等人不同。现在既然把国家托付给我,由我处理国事,那么外有狡诈的敌寇,内有成群的奸臣,大权握在我的手中,君主治国的心愿还没有满足,我就可以来安定皇帝、安宁国家、让民休息、消弭祸患。如果在一天早上愤然而起,严重违背皇帝的意旨,空出了相位而让小人迅速进用,那么为国家考虑的人,就难以说出违背帝王意旨的话。所以说大臣是不容易担任的。

虽然,旦之处此也,自有道焉。旦皆失之,则彷徨而出于苟且之塗,弗能自拔,其必然矣。澶州受盟纳贿之耻,微钦若言,君与大臣岂能无愧于心?恬然以为幸者,毕士安蒬畏之流耳。旦既受心膂之托,所用雪耻而建威者,岂患无术哉?任曹玮于西陲,乘李德明之弱而削平之,以断契丹之右臂,而使詟于威,可决策行也。兵初解而犹可挑,戍初撤而犹可置,择将帅以练士马,慎守令以实岩邑,生聚教训,举天下之全力以固河北而临幽、燕,可渐次兴也。能然,则有以启真宗愤耻自强之心,作朝气以图桑榆之效①,无用假鬼神以雪前羞,而钦若不能逞其邪矣。

【注释】

①桑榆:出自《后汉书·冯异传》:"失之东隅,收之桑榆。"比喻在此处有所损失,在另一处补救回来。

【译文】

尽管如此,王旦面对这种局势,自有他的方法。王旦把这些方法全部失去,就会彷徨犹豫而走上苟且偷安的路而不能自拔,这也是他的必然。澶州接受盟约交纳金帛的耻辱,如果不是王钦若说出来,君主与大臣又岂能心中无愧?恬然以此为幸事的人,就是毕士安胆怯畏葸一流的人。王旦既然接受了担任心腹大臣的委托,他所用来洗雪耻辱和建立威信的,难道担心没有方法吗?任命曹玮到西部边境,乘着李德明的弱小而削平他,切断契丹的右臂,而使契丹震惧于宋的军威,这是可以定为国策而加以实行的。兵事刚刚消散而还可以再次发动,边境的防守刚刚撤除还可以再加设置,选择将帅来训练士马,谨慎任命州郡的守令以充实险要的城邑,把百姓聚合起来使之繁衍并且加以教育和训练,发动全天下的力量以巩固河北地区而面对契丹占领的幽、燕,宋王朝就可以逐渐兴盛起来了。能这样做,就会启发真宗为耻辱感愤的自强之心,产生朝气以谋求补救,不用借助鬼神来洗雪前耻,而王钦若的奸邪就不能得逞了。

　　如其才不逮,则其初膺爱立之命,不可不慎也。旦之登庸,以寇准之罢相也。钦若不能与同朝,则旦亦不可与钦若并用。乃钦若告旦以祥瑞之说,旦无以处之,而钦若早料其宜无不可。则旦自信以能持钦若,而早已为钦若所持。夫其为钦若持,而料其不能为异者,何也?相位故也。使旦于命相之日,力争寇准之去,而不肯代其位,则钦若之奸不摧而自折,真宗之惑不辨而自释,亦奚至孤立群奸之上,上下交胁以阿从哉?进退之际,道之枉直存焉,旦于此一失,而欲挽之于终,难矣!既乏匡济之洪猷,以伸国威而定主志;抑不审正邪之消长,以慎始进而远佞人;虽有扶抑之微权,而不容不谀。要而言之，视相已重，而不知其重不在位，而在所以立乎其位者也。

【译文】

如果他的才能达不到，那么他当初接受拜相之命，就不能不谨慎了。王旦受到任用，是因为寇准罢除宰相职位。王钦若不能与寇准同立于朝廷，则王旦也不能与王钦若同时并用。可是王钦若告诉王旦祥瑞的事情，王旦无法应对和处置，而王钦若早就料到应该是不会不许可的。那么王旦有自信能控制王钦若，其实早已被王钦若控制了。他被王钦若控制，而料他不能提出异议，这是为什么呢？原因就在于宰相的官位。假使王旦在被任命为相的时候，极力争辩寇准不能被罢相，而自己不肯代替他接受相位，那么王钦若的奸邪就不用摧毁而自会挫折，真宗的迷惑不用辩说而自会消释，又何至于孤身一人立于成群的奸人之上，上下相互胁迫而阿谀附从他们呢？进退之际，道的曲直就存在于其中，王旦在此处的一次失误，而想最终加以挽救，就困难了！既缺乏匡正救济国家的大谋，以伸展国家的威严而稳定君主的意志；又不能审视正邪双方势力的消长，以谨慎地居于相位而疏远佞人；虽然有扶持君主抑制奸人的微小权力，却不能不对他们屈服。简要地说，把相位看得太重，而不知道相位的重不在于官位，而在于靠什么立于相位。

宋之盛也，其大臣之表见者，风采焕然，施于后世，繁有人矣，而责以大臣之道，咸有歉焉。非其是非之不明也，非其效忠之不挚也，非其学术之不正也，非其操行之不洁也，而恒若有一物焉，系于心而不能舍。故小人起从而蛊之，已从而玩之，终从而制之，人主亦阳敬礼而阴菲薄之。无他，名位而已矣。夫君子乐则行，方行而忧，忧即违也；忧则违，方违而乐,乐又可行也。内审诸己,而道足以居,才足以胜,然后任之也无所辞。外度诸人,而贤以汇升,奸以夙退,然后受之也无所让。以此求之张齐贤、寇准、王曾、文彦博、富弼、杜衍诸贤①,能超然高出于升沈兴废之间者,皆有憾也。而且适遇真宗眷注之深,则望愈隆,权愈重,所欲为者甚殷,所可为者甚硗,于是而濡轮曳尾以求济②,而不遂其天怀,以抱愧于盖棺,皆此为之矣。

【注释】

① 文彦博(1006—1097):字宽夫,汾州介休(今山西介休)人。本姓敬,为避后晋石敬瑭之讳,取"敬"右半改姓文。后晋亡后,恢复姓敬,北宋时,避翼祖(赵敬)讳又改姓文。神宗时,文彦博反对王安石变法,出任地方官。宋徽宗时,蔡京为相,将文彦博、吕公著、司马光等人称为"元祐党人",刻元祐党人碑,禁止元祐学术。传见《宋史·文彦博传》。富弼(1004—1083):字彦国,洛阳(今河南洛阳)人。历任签书河阳节度判官厅公事、通判绛州及郓州、开封府推官、枢密副使,与范仲淹等人共同推行庆历新政,后受排挤,出知郓州、青州。至和二年(1055),与文彦博同时为相。英宗即位,为枢密使。宋神宗时,反对王安石变法,出判亳州。后退居洛阳,仍请废止新法。传见《宋史·富弼传》。杜衍(978—1057):字世昌,越州山阴(今浙江绍兴)人。仁宗时为御史中丞、知审官院、枢密使、同平章事,罢相后知兖州。传见《宋史·杜衍传》。

② 濡轮曳尾以求济:《周易·既济》卦初九说:"曳其轮,濡其尾,无咎。"指拖动车轮,打湿了尾巴,但没有过失,不会受到怪咎。比喻用力尽心做事,结果自然会好。这里是指努力做好宰相的工

作,以求实现自己治理好国家使天下太平的理想。

【译文】

宋代兴盛时,其大臣表现出来的是焕然的风采并影响到后世,这种大臣有很多,但是如果用大臣之道来责求他们,就都有所不足。不是他们对于是非不清楚,不是他们对帝王的效忠不诚挚,也不是他们的学术不正当,不是他们的道德操守不廉洁,而是他们常有一件东西,挂系在心里而不能舍弃。所以小人兴起就能蛊惑他们,顺从了小人之后就被玩弄,顺从到最后就被小人控制,君主也是表面上对他们敬重有礼而暗中菲薄他们。没有别的,就是名位而已。君子觉得快乐就加以行动,正在行动而有忧虑,有忧虑就表示所行与志愿不同;感到忧虑就要采取不同做法,改变了做法就又感到快乐,感到快乐就又可行了。向内审视自己,有大道足以自居,才能足以胜任,然后接受任命就无所推辞。对外忖度其他人,如果贤人汇集在一起升进,奸人早已退出,然后接受任命就无所推让。用这种要求衡量张齐贤、寇准、王曾、文彦博、富弼、杜衍等贤臣,在能超然地超越官位的升降兴废方面,他们就都有所遗憾。而王旦正好遇上真宗对他有深深的眷顾,那么他的声望越高,权越重,所想作为的事更为殷切,所可作为的事就更有难度,在此情况下努力去追求国家大事的完成,但不能实现他的胸怀,抱着愧疚而盖棺去世,都是因为名位的缘故。

呜呼!世教之衰,以成乎习俗之陋也。童而习之,期其至而不能必得,天子而下,宰相而已。植根于肺腑,盘结而不可锄。旦之幼也,其父祐植三槐于庭①,固已以是为人生之止境,而更何望焉。后世之人材所铄与古异也,不亦宜乎!

【注释】

①植三槐：王旦之父王祐，五代后唐时进士，仕后唐、后晋、后周，入宋后官至兵部侍郎，曾在庭中植三槐，称"吾之后世，必有为三公者"。

【译文】

呜呼！世道教化的衰败，由此形成了习俗的丑陋。从小习惯于这种陋习，期望某种境界的到来而不能必定得到，天子以下，就只有宰相而已。名位的观念，在肺腑中扎下了根，盘根错节而不能锄掉。王旦在年幼时，他父亲王祐在庭中种了三棵槐树，本来就已经以此作为自己人生的最高境界，还能期望有什么更高的境界呢？后世的人材凭借的理想与古代人材不同，因此结局不同，不也是很适当的吗！

六

宋初，吏治疏，守令优闲。宰执罢政出典州郡者，唯向敏中勤于吏事，寇准、张齐贤非无综核之才也，而倜傥任情，日事游宴，故韩琦出守乡郡①，以"昼锦"名其堂②，是以剖符为休老之地③，而不以民瘼国计课其干理也。且非徒大臣之出镇为然矣，遗事所纪者，西川游宴之盛，殆无虚月，率吏民以嬉，而太守有"遨头"之号④。其他建亭台，邀宾客，携属吏以登临玩赏，车骑络绎，歌吹喧阗⑤，见于诗歌者不一。计其供张尊俎之费，取给于公帑者，一皆民力之所奉也，而狱讼征徭，且无暇以修职守，导吏民以相习于逸豫，不忧风俗之日偷，宜其为治道之蠹也滋甚⑥。然而历五朝、百余年间，民以恬愉，法以画一，士大夫廉隅以修⑦，萑苇草泽无揭竿之起⑧。迄乎熙宁以后，亟求治而督责之令行，然后海内骚然，盗夷交起。繇此思之，人君抚有四海，通天下之志以使各得者，非一切刑名之说所可胜任，审矣。

【注释】

①韩琦(1008—1075)：字稚圭，号赣叟，祖籍河北赞皇(今河北赞皇)，后移居相州(今河南安阳)。与范仲淹在西北共同防御西夏，名重一时，时称"韩、范"。又与范仲淹、富弼等人推行"庆历新政"，励行改革。与欧阳修等人助仁宗确定以濮安懿王赵允让之子宗实(后赐名赵曙)为太子。太子继位，为宋英宗。神宗时，抵制王安石变法的青苗法、免役法、市易法等。传见《宋史·韩琦传》。

②昼锦：据《史记》，项羽灭秦之后，有人劝他留在关中，他说："富贵不归故乡，如衣锦夜行。"后来就称富贵还乡为"衣锦昼行"，省作"昼锦"。这里是指把自己做官的锦绣生活在白天都表现出来。

③剖符：古代帝王分封诸侯、功臣时，以竹符为信证，剖分为二，君臣各执其一。后以"剖符"、"剖竹"指分封、授官。

④遨头：宋代，成都民俗，自正月至四月浣花，太守出游，士女纵观，称太守为"遨头"。遨者游也，遨头，即带头游玩的人。

⑤阗(tián)：声音喧闹嘈杂。

⑥蠹：混乱、祸害。

⑦廉隅：棱角。比喻端方不苟的行为、品性。

⑧萑(huán)：芦苇类植物。

【译文】

宋朝初年，吏治不严，州郡的太守县令等职是休闲的。宰相罢官之后来到州郡任职，只有向敏中勤奋地操心官吏之事，寇准、张齐贤不是没有综合核查事务的才能，却倜傥放任性情，每天只是游玩饮宴，所以韩琦出外任郡守，就用"昼锦"作为厅堂的名称，这是把所受的任命当作了休息养老的地方，而不对民间疾苦、国家财政、督管官吏操心办理。而且不但大臣出镇州郡是这样，据宋人的遗事记载，西川官员盛行游玩饮宴，几乎没有空闲的日子，率领着属吏和民众一同嬉玩，而太守还有"遨头"的名号。其他的如修建亭台，邀请宾客，带着属吏登山临水观赏风景，车骑络绎不绝，歌舞音乐喧嚣嘈杂，这种情况在宋人的诗歌中能看到不少。估计这种游玩中所消耗的费用，都取自于公家的库藏，全都是民众所奉献的；而地方上狱讼征赋徭役等事众多，将没有时间来做好官员应有的职守；引导属吏和民众相互习惯于安逸嬉乐，不再担忧风俗的日益败坏，确实使治国之道蠹坏得更为严重了。然而经历五代皇帝、一百多年间，民众也变得安然愉乐，国家的制度也达到了划一，士大夫在品行方面也有修养，芦苇草泽之间没有揭竿而起的叛民。到了宋神宗熙宁年间以后，才急迫地追求治国而推行法令以进行督责，然后海内变得动乱不宁，盗贼的叛乱以及外夷的侵略交相出现。由此想来，人君安抚四海，贯通天下人的意志以使人们各有所得，不是那些主张以刑和法来治国的学说所能胜任的，这是很明白的。

　　子曰："一张一弛，文武之道也。"张弛之用，敬与简之并行不悖者也。故言治者之大病，莫甚于以申、韩之惨覈，窜入于圣王居敬之道。而不知其病天下也，如揠苗而求其长也。

【译文】

　　孔子说："一张一弛，是文武之道。"紧张与松弛的应用，就是敬重与简约的并行不悖。所以论治国的人的大弊病，最严重的是用申不害、韩非的残酷严峻之法混杂到圣王的居敬之道中。而不知道这会伤害天下，就像拔苗而求其迅速长高一样。

夫俭与勤，于敬为近，治道之美者也。恃二者以恣行其
志，而无以持其一往之意气，则胥为天下贼。俭之过也则
吝，吝则动于利以不知厌足而必贪。勤之亟也必烦，烦则责
于人以速如己志而必暴。俭勤者，美行也；贪暴者，大恶也；
而樊之流也，相乘以生。夫申、韩亦岂以贪暴为法哉？用其
一往之意气，以极乎俭与勤之数，而不知节耳。若夫敬者，
持于主心之谓也。于其弛，不敢不张以作天下之气。于其
张，不敢不弛以养天下之力。谨握其枢机，而重用天下，不
敢以己情之弛而弛天下也，不敢以己气之张而张天下也。
故敬在主心，而天下咸食其和。

【译文】

而节俭与勤勉，就与敬重相接近，这是美好的治国之道。但是依仗
这二者来恣意施行自己的意愿，又不能控制一向具有的意气，也都会造
成对天下的贼害。节俭过分了就是吝啬，吝啬的话，就会为利而动而不
知满足，因此必然会贪婪。勤勉过急就一定会烦琐，烦琐的话，就会要
求别人马上符合自己的意愿，因此就必然会残暴。节俭与勤勉，是美
行；贪婪与残暴，是大恶；但弊端的形成，却与美行相互关联着而产生。
申不害、韩非子哪里是以贪婪和残暴为法呢？仅是用他们一向具有的
意气，把节俭和勤勉做到了极端的程度，而不知道加以节制而已。至于
敬重，是说心中所具有的主导。在它弛缓的时候，不敢不使之紧张起来
以促进天下的气势。在它紧张的时候，不敢不使之弛缓下来以培养天
下的力量。谨慎地掌握着张弛变化的枢机，而小心地使用天下的人力
物力，不敢根据自己的情绪的弛缓而使天下弛缓，不敢因为自己的意气
的紧张而使天下紧张。所以敬重的作用在于主导内心，而天下全都随
之而享受敬重所带来的和谐。

　　夫天有肃,则必有温矣;夫物有华,而后有实矣。上不敢违天之化,下不敢伤物之理,则易简而天下之理得,固非外儒术而内申、韩者之所能与也。以己之所能为,而责人为之,且以己之所不欲为强忍为之,而以责人,于是抑将以己之所固不能为,而徒责人以必为。如是者,其心恣肆,而持一敬之名,以鞭笞天下之不敬,则疾入于申、韩而为天下贼也,甚矣!

【译文】

　　天有严肃,就必定会有温和;物有华叶,而后就有果实。上不敢违背天的化育,下不敢伤害万物的道理,于是通过易简就能得到天下的道理,这本来不是外表说着儒家的话而内中用着申不害、韩非子的思想所能做到的。用自己所能做到的,来责求别人也这样做,并且用自己所不希望做的强迫自己狠着心来做,而且以此要求别人,于是将会拿自己本来所不能做的,勉强要求别人必须这样做。像这样的人,其心恣意放肆,而持一个敬的名称,用来鞭挞天下的不敬,就会很快进入申不害、韩非子的学说而成为天下的贼人,这是太过分了!

　　夫先王之以凝命守邦而绥天下也,其道协于张弛之宜,固非后世之所能及。而得其意以通古今之变,则去道也犹近。此宋初之治,所以天下安之而祸乱不作者也。

【译文】

　　先王用教令严整来守住国家而安天下,其治国之道合乎张与弛的正当尺度,这本来就不是后世的人所能做到的。而掌握先王的这种思想来通融古今的变化,那么距离大道也还是很近的。这就是宋朝初年的治国,能让天下安宁而不发生祸乱的原因所在。

　　三代之治,其详不可闻矣。观于聘、燕之礼①,其用财也,如此其费而不吝;饮、射、烝、蜡之制②,其游民也,如此其裕而不烦。天子无狗马声色玩好之耽,而不以宵旦不遑者督其臣民;长吏无因公科敛、取货鬻狱之恶,而不以寝处不宁者督其兆庶。故《皇华》以劳文吏③,《四牡》以绥武臣④,《杕杜》以慰戍卒⑤,《卷阿》以答燕游⑥,《东山》咏结褵之欢⑦,《芣苢》喜春游之乐⑧,皆圣王敬以承天而下宜乎人者。其弛也,正天子之张于密勿以善调其节者也。

【注释】

①聘:诸侯之间互使大夫进行访问,称为聘,有相应的礼仪规定。
　燕:即宴,指聘问时的宴饮之礼。

②饮、射、烝、蜡(zhà):饮,指宾客宴饮的礼节,天子与诸侯有饮酒礼,民间亦有乡饮酒礼。射指射礼,如天子行大射礼,民间亦有乡射礼。烝,本指冬天的祭祀。蜡,指年终大祭万物。烝蜡又泛指各种祭祀。

③《皇华》:即《皇皇者华》,为《诗经·小雅》中的一篇。《诗序》说:"《皇皇者华》,君遣使臣也。送之以礼乐,言远而有光华也。"所以王夫之说是对文官的慰劳。

④《四牡》:是《诗经·小雅》中的一篇,诗序说此篇慰劳使臣归来,使臣有功而受到君主的褒赏,所以他很高兴。所以王夫之说是武臣的抚慰。

⑤《杕杜》:是《诗经·小雅》中一篇,《诗序》说这一篇是"劳还役",即慰劳服役回来的人。所以王夫之说是对戍卒的慰问。

⑥《卷阿》：是《诗经·大雅》中的一篇，其中说到"岂弟君子，来游来歌，伴奂尔游，优游尔休，尔受命长，弗禄尔康，纯嘏尔常"等，都是祝福的意思，所以王夫之说是宴游中的酬答。

⑦《东山》：是《诗经·豳风》中的一篇，其中说到的缡（lí），是古代妇女出嫁时所系的佩巾。所以王夫之说《东山》咏结缡之欢。

⑧《芣苢》：是《诗经·周南》中的一篇，即车前草，人们采车前草时所唱的歌。古人以为此诗反映了教化大行而风俗美好，家室和平，妇人无事，相与采摘芣苢而相乐。所以王夫之说此篇讲述春游时的快乐喜悦。

【译文】

夏、商、周三代的治国，其详细情况不能得知了。观看当时的聘问、宴乐之礼，他们使用财物，如此众多而不吝啬；当时的饮、射、烝、蜡等礼仪的制度，他们让民众游玩，如此地丰裕而不嫌烦琐。天子没有狗马声色嗜好的沉迷，而不会白天晚上繁忙无闲暇地督责他的官吏和民众；官长属吏没有因公而对民众征收聚敛、夺取财物和借狱讼收取贿赂的恶行，而不会顾不上从容休息来监督众多的百姓。所以《诗经》里的《皇华》篇是对文吏的慰劳，《四牡》篇是对武臣的安抚，《杕杜》篇是对戍卒的慰问，《卷阿》篇是宴游中的酬答，《东山》篇是歌咏结婚的欢乐，《芣苢》篇是说春游的快乐让人喜悦，都是圣王以敬重之心承受上天意旨而使下民都得适宜的情况。其弛缓，正是天子在勤勉努力的紧张中而又善于松缓调节的情况。

宋初之御天下也，君未能尽敬之理，而谨守先型，无失德矣。臣未能体敬之诚，而谨持名节，无官邪矣。于是而催科不促，狱讼不繁，工役不扰，争讦不兴。禾黍既登，风日和美，率其士民游泳天物之休畅，则民气以静，民志以平。里巷佻达之子弟，消其嚣凌之戾气于恬愉之下，而不皇皇然逐锥刀于无厌,怀利以事其父兄,斯亦平情之善术也。奚用矫情于所不堪,惜财于所有余,使臣民迫束纷纭,激起而相攘敚哉①?《易》曰:"乾始能以美利利天下②,不言所利。"不言利者,利之所以美也。内申、韩而外儒术,名为以义正物,而实道之以利也。区区以糜财为患者,守瓶之智,治一邑而不足,况天下乎!

【注释】

①攘敚(duó):即攘夺,抢夺。

②乾:在《周易》中乾代表天、阳、君等,王夫之是以《周易》这句话来说君主应该像乾一样,能用美利使天下得利,而不以利天下为已功。

【译文】

宋王朝开始治理天下,君主未能完全按照敬的道理来做,只是谨慎地守着先前的制度,没有失误的行为。大臣未能体会敬重的诚意,而谨慎地持守为臣的名节,没有为官的邪恶。在这种情况下,向民众催要征收赋税并不急促,判刑治罪的事并不繁多,也没有什么工程扰民,相互之间的争论攻击也没有出现。庄稼丰登,风和日丽,率领着他们的士人民众畅游于天然万物的休美和畅之中,于是民的心气安静,民的志虑平和。里巷的轻佻放达的子弟,在恬然欢愉之中消除了那种喧嚣凌傲的戾气,而不是怀着没有餍足的心情急迫地追逐蝇头小利,不是怀着求利之心来奉事他们的父兄,这也是使心情平静的良术。哪里用得着在不堪忍受的情况下让人矫情,在钱财有余的情况下吝惜钱财,使臣民在纷纭的事务中匆忙紧迫,激人生出事端而相互抢夺呢?《周易》中说:"乾始能以美好的利益而使天下得利,同时又不说自己让天下得利。"不言自己使天下得利,这样的利才是美好的利益。内为申不害、韩非的法家思想而外表上打着儒学的旗号,名义是用正义来纠正事物,而实际上是用利来引导。眼界狭小而以费财为忧患的人,用守住瓶口毫不外泄的小智慧,治理一个城邑还不够,何况来治天下呢!

　　夫财之所大患者,聚耳。天子聚之于上,百官聚之于下,豪民聚之于野。聚之之实,敛人有用之金粟,置之无用之窖藏。聚之之心,物处于有余而恒见其不足。聚之之弊,辇之以入者不知止,而窃之以出者无所稽。聚之之变,以吝陋激其子孙,而使席丰盈以益为奢侈。聚之之法,掊克之佥人日进其术①,而蹈刑之穷民日极于死。于是而八口无宿舂,而民多捐瘠;馈饷无趋事②,而国必危亡。然且曰:"君臣上下如此其俭以勤,而犹无可如何也。"呜呼! 劳形怵心以使金死于藏,粟腐于庾,与耳目口体争铢两以怨咨。操是心也,其足以为民上而使其赤子自得于高天广野之中乎?

【注释】

　　①掊(póu)克:又作"掊剋"、"掊刻",聚敛、搜括。佥(qiān)人:小人。
　　②馈饷(kuì yùn):为军队运送粮饷。

【译文】

　　钱财的最大患害,不过是聚敛而已。天子在上面聚敛,百官在下面聚敛,豪强在民间聚敛。聚敛的实质,是把人们有用的金钱粮食,放进无用的窖藏之中。聚敛的心思,是在物品有余的情况下还经常看到不足。聚敛的弊端,用车载着收进库中而不知停止,而被人偷窃出去的又无所检查。聚敛引起的变化,用吝啬鄙陋影响他的子孙,而使饮食丰盛变得更为奢侈。聚敛的方法,搜括钱财的小人日益改进他的方法,而触犯刑律的穷困民众日益穷困至极而至于死地。于是民众的八口之家没有隔夜的粮食,而更多的民众变得贫瘠;不会再有粮食可以输送,而国家必定危险灭亡。然而这种人还会说:"君臣上下如此节俭勤勉,却还是无可奈何。"呜呼!使身体辛苦而惊怵心神来使金钱死在仓库里,使粮食腐烂在粮仓里,与耳目口体争夺微小的分量而引起人们的怨恨。怀有这种心肠,他能作为民众的统治者而使他的赤子百姓在高天广野之中恬然自得吗?

　　夫官资于民,而还用之于其地,则犹然民之得也。贡税之入,既以豢兵而卫民,敬祀而佑民,养贤而劝民,余于此者,为酒醴豆边特赐之需,而用之于燕游,皆田牧市井之民还得之也。通而计之,其纳其出,总不出于其域,有费之名,而未尝不惠。较之囊括于无用之地者,利病奚若邪?

【译文】
　　官府所用的财物取自于民,而返回用于当地,则仍然还是民众的所得。赋税的收入,既已养兵来保卫民众,恭敬地用于祭祀而保佑民众,养了贤人而劝导民众,此外多余的,就作为酒水祭祀用品以及特定赏赐的需要,而用之于宴享和巡游,都让农民牧民市井之民重新得到了。统起来合计,其收入和支出,总体上没有超出各地的纳税,虽有用费之名,而未尝不让民众得到实惠。与聚藏在无用之地相比,两者的利与害又怎样呢?

　　子曰:"奢则不孙。"恶其不孙,非恶其不啬也。《传》曰:"俭,德之共也。"俭以恭己,非俭以守财也。不节不宣,侈多藏以取利,不俭莫大于是。而又穷日瘅夕、汲汲于簿书期会,以毛举纤微之功过,使人重足以立,而自诧曰勤。是其为术也,始于晏婴①,成于墨翟②,淫于申、韩,大乱于暴秦,儒之驳者师焉。熙、丰以降,施及五百年,而天下日趋于浇刻。宋初之风邈矣! 不可追矣! 而况《采薇》、《天保》雅歌鸣瑟之休风乎③?

【注释】

①晏婴(前 578—前 500):字仲,谥平,故又称晏平仲、晏子,夷维(今山东高密)人。历任齐灵公、齐庄公、齐景公三朝卿相,辅政五十余年。司马迁将他比为管仲。传见《史记·管子晏婴列传》。

②墨翟(dí,前 468—前 376):名翟,鲁阳(今河南鲁山)人。战国时期墨家学派的创始人,有《墨子》一书传世,主要有兼爱、非攻、尚贤、尚同、节用、节葬、非乐、天志、明鬼、非命等篇。他自称"鄙人",人称"布衣之士",也曾做过宋国大夫。当时与儒家并列,世称"显学"。

③《采薇》:《诗经·小雅》的一篇。薇,是一种野生豆类植物,又称"救荒野豌豆",可以食用。周武王平殷之后,伯夷、叔齐耻之,义不食周粟,到首阳山采薇而食。这里是指君主容忍人们能按自己的意愿选择自己的生活方式,不必为天子纳税。《天保》:《诗经·小雅》的一篇,据《诗序》,此篇是说君能谦下以成其政,臣能归美以服其上。是说君臣上下和谐,君不是为了钱财来对臣民盘剥。

【译文】

孔子说:"奢侈的话就不够敬顺。"这是厌恶不敬顺,不是厌恶不节俭。《左传》中说:"节俭,是德的恭敬。"节俭是为了使自己恭敬,而不是通过节俭来守财。不节俭就不能保证物资的使用,奢侈多聚藏来取利,这是最严重的不节俭。而又花费整天整夜的时间,迫切地进行计算登记,用琐细列举微小功过的办法,使人们为之恐惧而缩手缩脚不敢随意行动,还自我诧异说这就是勤勉。这种方法,开始于晏婴,完成于墨翟,到申不害、韩非就已过分,到暴秦时则造成大乱,儒生中的驳杂者却以此为师。在宋神宗的熙宁、元丰年间以后,延续了五百年,而天下日益变得浇薄严酷。宋朝初期的平和宽松的风气已很遥远了!不可追及了!更何况《采薇》、《天保》诗篇中吟咏的那种唱着雅歌、鸣着琴瑟的美好风气呢?

七

宋之以隐士征者四:陈抟、种放、魏野、林逋①。夫隐,非漫言者。考其时,察其所以安于隐,则其志行可知也。以其行,求其志,以其志,定其品,则其胜劣固可知也。

【注释】

①陈抟(871—989):字图南,号扶摇子,亳州真源(今河南鹿邑)人。五代后唐时举进士不第,隐居武当山九室岩,后移居华山等处。后周显德三年(956),世宗召见,赐号"白云先生"。宋太宗两次召见,赐号"希夷先生"。传见《宋史·隐逸传·陈抟传》和《唐才子传》。种放(?—1015):字明逸,河南洛阳人。父亲为长安主簿,父亲死后,种放奉母到终南山隐居,自号"云溪醉侯"。后受到张齐贤、钱若水、王禹偁、宋惟干等人推荐,真宗时召至京城,赐给官职、钱物、府宅等,种放辞谢归山。此后多次至京城朝见君臣,又随从真宗封禅泰山、祭祀汾阴。他所受赏赐甚多,晚年在长安广置良田,门人族属仗势横行,时人多有讥评。传见《宋史·隐逸传·种放传》。魏野(960—1019):字仲先,号草堂居士,原为蜀人,后迁居陕州(今河南陕县)。世代为农,在泉林间

弹琴赋诗。宋真宗请魏野出山为官,魏野辞谢。死后朝廷旌表为"陕州处士"。传见《宋史·隐逸传·魏野传》。林逋(bū,967—1028):世居福建长乐(今福建长乐),后迁居浙江奉化,又隐居杭州西湖,结庐孤山,终生不仕不娶,喜植梅养鹤,以梅为妻,以鹤为子,人称"梅妻鹤子"。死后赐谥"和靖先生"。传见《宋史·隐逸传·林逋传》。

【译文】

　　宋代作为隐士征召来朝的人有四位:陈抟、种放、魏野、林逋。至于隐居,不是漫无边际的说法。考察隐士的时代,观察隐士为什么安心隐居,那么隐士的志向和行为就可以知道了。根据隐士的行为,考察隐士的志向,根据隐士的志向,确定隐士的品位,那么隐士之间的优劣高下本来就是可以看出来的。

　　抟之初,非隐者也。唐末丧乱,僭伪相仍,抟弃进士举,结豪侠子弟,意欲有为。其思复唐祚,与自欲争衡也,两不可知,大要不甘为盗窃之朱温、沙陀之部族屈,而思诛逐之;力不赡,志不遂,退而隐伏,乃测天地之机,为养生之术,以留目而见澄清之日。迨宋初而其术成矣,中国有天子,而志抑慰矣。闲心云住,其情既定,未有能移之者。而天子大臣又以处轩辕集者待抟①,则不知抟也弥甚。但留其所得于化机之一端,传之李挺之、穆伯长以及邵氏②。虽倚于数,未足以穷神化于易简而归诸仁义,则抑与庄周互有得失而不可废也。抟之所用以隐者在此。使其用也,非不能有为于世,而年已垂百,志不存焉,孰得而强之哉?

【注释】

①轩辕集：唐代道士，生卒不详。唐武宗喜好神仙长生之术，召见轩辕集等人。宣宗即位后，将其流放到岭南罗浮山，后又召至长安，向他询问长生之术。他声称年过数百，颜色不衰，又能役毒龙猛兽，有分身术，善为人疗除疾病。

②李挺之：即李之才（980—1045），字挺之，青州（今山东青州）人。从穆修学《易》，弟子中以邵雍最著名。传见《宋史·儒林传·李之才传》。穆伯长：即穆修（979—1032），字伯长，郓州汶阳（今属山东汶上）人。师事陈抟，传其《易》学。大中祥符二年（1009）进士，宋仁宗为颍州文学参军，后徙蔡州，世称"穆参军"。传见《宋史·穆修传》。邵氏：即邵雍（1011—1077），字尧夫，自号"安乐先生"、"伊川翁"，人称"百源先生"。仁宗及神宗时，先后授官，皆不赴。著有《观物篇》、《先天图》、《皇极经世》等。哲宗时赐谥"康节"，故称"康节先生"。传见《宋史·道学传·邵雍传》。

【译文】

陈抟在早年并不是隐士。唐代末年天下大乱，僭越称帝称王的割据政权接连不断，陈抟于是放弃了进士科举，与豪侠子弟相交游，意欲有所作为。他想恢复唐王朝，还是自己想与这些割据者争衡，是两者中的哪一种已不可知晓，大体上是不甘心屈服于盗窃唐朝帝位的朱温和沙陀部族的统治，而想诛杀并驱逐他们；自己的力量不够，理想不能实现，就退身而隐居，于是观测天地变化的机关，从中研究养生的方法，以便使自己活到亲眼看到天下澄清的那一天。到了宋朝初年他的养生之术就成功了，中国有了天子，而他也得到了安慰。于是他就以一种闲淡之心隐居在山中云雾之间，他的这种心情已经确定下来，就没有人能改变它了。可是天子大臣又以唐代皇帝对待轩辕集的方式来对待陈抟，那么他们就是太不了解陈抟其人了。他只把自己多年练养的心得中关于事物转化枢机的一小部分，留下来传给李挺之、穆伯长以及邵雍。他的方法虽然依靠数字，但不足以穷尽事物的神妙变化使之达到易简的程度并且融入到儒家的仁义学说中，还是与庄周的学说有着关联而不可废除。陈抟据以隐居的原因和方法就在于此。假使他的学说和方法得到应用，不是不能在世间有所作为，但他到宋初已经年近百岁，早年的理想已经不存在了，谁能勉强他出来做官呢？

　　若种放，则风斯下矣。东封西祀①，蹑屩以随车尘②，献笑益工，腼颜益厚；则其始授徒山中高谈名理者，其怀来固可知已。世为边将，不能执干戈以卫封疆，而托术于斯，以招名誉；起家阀阅，抑不患名不闻于黼座③，诟谇交加，植根自固，恶足比数于士林邪！

【注释】

①东封西祀：指种放随从真宗封禅泰山和祭祀汾阴。

②蹑屩（niè juē）：指种放以隐居的平民身份出现，却跟随在帝王大臣的后面奔走。蹑，跟随，轻步行走的样子。屩，草鞋，指穿着草鞋。

③黼（fǔ）座：帝座。天子座后设黼扆，故名。又借指天子。

【译文】

至于种放，他的风度就比陈抟低下了。跟随真宗到东方封禅泰山，到西方祭祀汾阴，以隐士身份追随帝王大臣的车后灰尘，献媚的本领更为工巧，无耻的脸皮更厚；那么他最初在山中授徒高谈名理的行为，就有被帝王招徕的意图，这一点本来就可看出。种氏世代为边疆的武将，种放却不能拿起武器来保卫边疆，而托名神仙长生之术，以谋求名誉；他出身于官员家庭，也不用担心声名不被帝王闻知，却用这种方法引来人们交相诟病，用这种方法培植根基以巩固自己的名声地位，哪里值得在士大夫行列中列为一员呢!

　　魏野、林逋之视此,则超然矣。名已达于明主,而交游不结轸于公卿;迹已远于市朝,而讽咏且不忘于规谏。贫其义也,而安以无求;乐其情也,而顺以自适。教不欲施,非吝于正人也,以求己也。书不欲著,非怠于考道也,以避名也。若是者,以隐始,以隐终。志之所存,行则赴之,而隐以成。与抟异尚,而非放之所可颉颃久矣。

【译文】

　　魏野、林逋与种放相比,就显得非常超然了。声名已经传到明主耳里,而交游不与公卿来往;行迹已经远离城市朝廷,而文章的讽咏还不忘记对帝王大臣进行规劝。贫穷是他们所遵守的道义,于是就安心于贫而无所求;快乐是他们的心情,于是就顺从这种心情而使自己闲适。他们的学说不想施加给别人,不是对正人君子吝啬,而是用来要求自己的。书籍不想撰写,不是懒怠于考察大道,而是为了避开声名。像这样的人,以隐居开始,以隐居告终。其志向就在于隐居,于是行动上就去隐居,而隐居也就得以完成。与陈抟有不同的志趣,而不是种放所能比拟的,已是很久了。

　　乃以其时考之,则于二子有憾焉。子曰:"有道则见,无道则隐。"云有道者,岂时雍之代,无待于我,但求明主之知以自荣哉? 苟非无道,义不可辱,固将因时之知我不知而进退也。今二子者,当真宗之世,君无败德,相不嫉贤,召命已臻,受禄不诬,而长守荒山,骄称巢、许①,不已过乎? 前乎此者,郑云叟也;后乎此者,苏云卿、吕徽之也②。皆抢攘之世,道在全身，而二子非其时也。

【注释】

①巢、许：巢父和许由，传说中的隐士。《高士传》记载：尧要把天下让给许由，许由不接受而逃去，耕于中岳，颍水之阳，箕山之下。尧又召他为九州长，许由不想听，在颍水之滨洗耳朵。其友巢父牵牛犊来河边让牛喝水，见许由洗耳，问怎么回事。许由说："尧想召我为九州长，讨厌听这种说法，所以洗耳朵。"巢父说："你要是住高岸深谷之中，谁能见到你？你本来就是浮游，想借此来出名，不要弄脏了河水，让我的牛也脏了嘴巴！"于是牵牛犊到河的上游喝水。传说许由字武仲，阳城槐里（今登封箕山槐里村）人。

②苏云卿：生卒不详，广汉（今四川广汉）人。宋高宗绍兴年间，客居豫章东湖，人们称"苏翁"。布褐草屦，种蔬织屦以自给。年少时与张浚为友，张浚为相，招他做官，极力推辞，在墙上题诗后逃走。传见《宋史·隐逸传·苏云卿传》。吕徽之：生卒不详，据元末明初陶宗仪《南村辍耕录》记载，吕徽之在宋亡以后，隐居于万竹山。很有学问，擅长作诗，为人高洁，甘于贫穷。

【译文】

但是如果以他们所处的时代来考察，那么对于这两位隐士也是有所遗憾的。孔子说："有道则见，无道则隐。"所说的有道，难道是在和谐太平的时代，对我已无所期待，只求明主对我的赏识而使我荣耀吗？如果不是无道之世，从道义上说是不可辱的，本来就将要根据时代对我的赏识和不赏识而决定我是进还是退。现在这两位隐士，在真宗之世，君主没有败坏的德行，宰相也不嫉妒贤材，召见的诏命已经来到，所受的官禄也是真实的，却长久地守在荒山中，骄傲地以巢父、许由自称，不已是过分了吗？在他们之前的，有郑云叟；在他们之后的，有苏云卿、吕徽之。他们都是身处争乱之世，所要践行的道就是保全自身，而魏野、林遮两个人就不是生在那种时代了。

乃以实考之,抑有不足为二子病者。真宗召命下征之
时,宋有天下方五十年,而二子老矣!江南平、太原下之去
此也,三十二年尔。则二子志学之始,固犹在割据分争之日
也。惩无定之兴亡,恶乱人之去就,所决计以自命者,行吟
坐啸于山椒,耿介之志一定,而所学者不及于他。迨天下之
既平,二子之隐局已就,有司知而钦之,朝士闻而扬之,天子
加礼而愿见之,皆曰:"此隐君子也。"夫志以隐立,行以隐
成,以隐而见知,因隐而受爵;则其仕也,以隐而仕,是其隐
也,以仕而隐;隐且为梯荣致显之捷径,士苟有志,孰能不耻
哉?伊、吕之能无嫌于此者,其道大,其时危,沟中之民,翘
首以待其浣涤,故莘野、渭滨,非为卷娄集膻之地。若二子
之时,宋无待于二子也。二子之才,充其所能为,不能轶向
敏中、孙奭、马知节、李迪而上之也[1]。一旦晋立于大廷,无
所益于邱山;终身退处于岩穴,无所损于培塿。则以隐沽清
时之禄,而卒受虚声之诮,二子之所不忍为,念之熟矣。岸
然表异,以愧夫衒孤清而徼荣宠者,抑岂非裨益风教以效于
天下与来世哉!

【注释】

①马知节(955—1019):字子元,先后任彭州兵马监押、知秦州,又
　驻防博州,后为龙捷左厢都校、领江州防,善于治军,不辱使命。
　传见《宋史·马知节传》。李迪(970—1047):字复古,河北赞皇
　(今河北赞皇)人,后迁濮州(山东鄄城)。宋真宗时,历任将作监

丞、海州监税、知亳州、右谏议大夫、集贤院学士、知永兴军、同中
书门下平章事，受丁谓排挤，知郓州，后又为同中书门下平章事，
受吕夷简排挤，罢为刑部尚书，知亳州、彰信军节度使。传见《宋
史·李迪传》。

【译文】

　　就以实际情况来考察，也还有一些情况不能说成是魏野、林逋二人
的不足。真宗下诏征召这两位隐士的时候，宋王朝已经占有天下五十
年了，而魏、林二人已经老了！江南平定、太原攻克，离这时也有三十二
年了。那么魏、林二人早年有志于学的时候，当然还是处在割据势力分
占各地相互战争的时候。他们以没有安定的国家的兴亡为惩戒，厌恶
制造混乱的人随意改换主子，他们自己提出的要求，就是在山中行吟坐
啸，这种耿介之志一旦确定，那么他们所学的学术就不涉及其他内容。
等到天下已经太平，魏、林二人的隐居之势已经形成，官府知道他们而
加以敬意，朝廷士大夫听说之后加以表扬，天子提高礼遇而愿意接见他
们，人们都说："这是隐居的君子。"志向为隐居而树立，行动为隐居而完
成，因为隐居而被人赞赏，因为隐居而得到官爵；那么出仕做官，就是因
为隐居而做官，隐居不仕，就是因为做官而隐居；隐居将要成为获得荣
耀和显赫官位的捷径，士人如果有志向，谁能不认为这是耻辱呢？伊
尹、吕尚能在隐居和出来做官二者之间加以转换而不觉得有妨碍，是因
为他们所掌握的道非常大，而他们的时代是处于危亡之时，落在沟壑中
的民众，翘着头等待有人来消除祸难，所以伊、吕所处的有莘之野、渭水
之滨，不是他们养老和聚集的地方。而魏、林二人的时代，宋王朝并不
期待二人为之安邦定天下了。二人的才能，就算他们最大的作为，也不
能超过向敏中、孙奭、马知节、李迪而在这些人之上。一朝晋升立于朝
廷之上，对大山也没有助益；终身隐退在山中，也不会对小土丘有所损
害。那么靠隐居换取清平时代的官禄，而终受人们的指责，是魏、林二
人所不忍做的，他们对此已经考虑得非常成熟了。高傲地表示出与众

人的不同,以羞愧那些炫耀孤独清贫而邀求荣华恩宠的人,这难道不是有益于风俗教化而可使天下和来世加以仿效的吗!

　　君臣之义,高尚之节,皆君子之所重也,而要视其志之所存。志于仕,则载质策名而不以为辱;志于隐,则安车重币而不足为荣。苟非辱身贱行之伪士,孰屑以高蹈之名动当世而希君相之知乎?嗣是而后,陈烈以迂鄙为天下笑[①],邵康节志大而好游于公卿之间,固不如周子之不卑小官,伊川之不辞荐召,为直伸其志而无枉于道也。存乎其心之所可安者而已矣。

【注释】

①陈烈(?—1087):字季慈,号季甫,侯官(今福建闽侯)人。与陈襄、郑穆、周希孟被称"海滨四先生"。治学重视静养工夫,得到朱熹的赞赏。宋仁宗时,授将仕郎,试秘书省校书郎、福州州学教授,后命为安州司户参军、国子监直讲,皆不就。传见《宋史·隐逸传·陈烈传》。

【译文】

　　君臣之间的道义,高尚的节操,都是君子所重视的,但要看他的志向在什么地方。志向在于出仕做官,那么带着礼物以求列入官吏的名簿就不以为羞辱;志向在于隐退,那么帝王用安车重币来请就不足为荣耀。如果不是羞辱自身而行为低贱的虚伪之士,谁屑于用隐退的名声来打动当世的人们而希求君主宰相的赏识呢?在此之后,陈烈因为迂腐鄙陋而受到天下人的嘲笑,邵雍志向大而喜好在公卿之间交游,本来就不懂得周敦颐甘愿做小官也不认为低卑、程伊川不推辞朝廷征召,都是为了正直地伸展他们的志向而不枉曲于大道。这样做,不过是把自己的志向存放在自己的心安之处而已。

八

　　寇平仲求教于张乖崖①,乖崖曰:"《霍光传》不可不读②。"平仲读之,至"不学无术"而悟,曰:"张公谓我。"夫岂知其悟也,正其迷也? 故善听言者之难,善读书者之尤难也,久矣。

【注释】

①张乖崖:即张咏。他自题画像:"乖则违众,崖不利物,乖崖之名,聊以表德。"故称"张乖崖"。

②《霍光传》不可不读:据《宋史·寇准传》,张咏在成都时,听说寇准为相,对僚属说:"寇公奇材,惜学术不足。"后寇准到陕西,张咏自成都罢还,寇准招待张咏,然后送到郊外,问张咏:"有什么可以教我?"张咏说:"《霍光传》不可不读。"寇准不明白他的用意,回来后取《霍光传》来读,读到《传》的最后,有班固的赞辞,其中说霍光"不学亡术",于是笑着说:"这是张公在说我啊。"班固的评论说霍光对汉朝廷有许多大功,可与周公相比,但不学无术,不懂大道理,所以死后仅三年就使宗族遭到诛灭。霍光(?—前68),字子孟,河东平阳(今山西临汾)人。霍去病的同父异母之弟。汉武帝死前立刘弗陵为太子,霍光与车骑将军金日磾、左将军上官桀、御史大夫桑弘羊人为辅命大臣。刘弗陵即位为汉昭帝。昭帝病逝,霍光先立武帝的孙子刘贺即位,又立武帝曾孙刘询,即汉宣帝。宣帝继位后,霍光继续执掌朝政,直至宣帝地节二年(前68)病死。传见《汉书·霍光传》。

【译文】

寇准向张咏求教,张咏说:"《汉书·霍光传》不可不读。"寇准读《霍光传》,读到"不学无术"就醒悟了,说:"张公这是说我。"他哪里知道这种醒悟,正是他的迷惑呢? 所以真正听懂别人的话是很难的,善于读书就更难,这种情况已经很久了。

班史云"学",吾未知其奚以学也,其云"术",吾未知其术何若也。统言学,则醇疵该矣;统言术,则贞邪疑矣。若夫乖崖之教平仲也,其云术者,贞也;则其云学者,亦非有疵也。奚以知其然邪? 乖崖且死,以尸谏,乞斩丁谓头置国门,罢宫观以纾民命。此乖崖之术,夫岂摧刚为柔,矫直为曲,以希世免祸而邀荣之诡术哉?

【译文】

班固《汉书》所说的"学",我不知道他怎么学,他所说的"术",我不知道他的术是怎么样的。笼统地说学,其中是兼具纯粹与瑕疵的;笼统地说术,是贞正还是邪恶就令人怀疑了。至于张咏教寇准,他所说的术,是贞正的;而他所说的学,也不是有瑕疵的。怎么知道是这样的呢? 张咏将要死的时候,用自己的死来进谏,请求斩下丁谓的头挂在国门上,废除修建宫观以纾缓民众的生命。这是张咏的术,哪里是摧毁刚直使之变成柔弱,扭曲正直使之变为歪斜,以此希求世人、免除灾祸而邀求荣耀的诡诈之术呢?

术之为言,路也;路者,道也。《记》曰:"审端径术①。"径与术则有辨。夹路之私而取便者曰径,其共繇而正大者曰术。摧刚为柔、矫直为曲者,径也,非术也。平仲不审乎此,乃惩刚直之取祸,而屈挠以祈合于人主之意欲,于是而任朱能以伪造"天书"进②,而生平之玷,不可磨矣。抑亦徒为妖人大逆之媒③,而已且受不道之诛,谪死瘴疠之乡。则其惩霍光之失者,祸与光等,而污辱甚焉。术不如其无术,故曰:其悟也,正其迷也。

【注释】

①审端径术:出自《月令》:"孟春,皆修封疆,审端径术。"封疆指田地,径术指田中的道路,是说端正田中的道路,不得邪行。

②朱能:生卒不详。通过贿赂宦官周怀政,当上澄州团练使。真宗天禧年间,他献上《乾祐天书》,鼓吹祥瑞,受到真宗崇信,命为永兴军都巡检使,天禧三年(1019)反叛,兵败自杀。

③妖人大逆之媒:天禧三年(1019),真宗得了风疾,寇准建议真宗传位给太子,真宗同意。寇准于是密令翰林学士杨亿草表,请太子监国。此时宦官周怀政计划谋杀丁谓,以真宗为太上皇,传位太子,再以寇准为相。客省使杨崇勋等人向丁谓密告,丁谓通过宦官曹利用,向真宗报告,于是周怀政被处斩,丁谓又把寇准贬为道州司马。真宗并不知道寇准也被贬官,后来问左右:"怎么很久没看到寇准?"左右不敢回答。直到真宗去世前,还说只有寇准和李迪可以托付。

【译文】

术这个字,意思是路;路,就是道。《月令》中说:"审视田中的道路使之端正不邪。"径与术则有区别。夹在路之间而为了私人的方便而走的,就称为径,而众人全都沿它而行而且是正大的,就称为术。摧毁刚直使它变为柔弱,扭曲正直使它变为歪斜,这是径,不是术。寇准对此不加分辨,就以刚直会召来灾祸为戒,于是让自己屈服弯折以求合乎君主的意图欲望,在这样的情况下,就听任朱能伪造了《天书》进献给真宗,而寇准一生的污点,就洗磨不掉了。又还徒然地被妖人周怀政利用来策划大逆不道的阴谋,而使寇准自己受到犯了大逆不道之罪的惩罚,贬到南方的瘴疠之地,最后死在那里。那么寇准以霍光的过失为教训,而自己的灾祸又与霍光相同,则所受的污辱就更甚了。有术还不如无术,所以说他的醒悟,正是他的迷惑。

夫人之为心,至无定矣。无学以定之,则惑于多歧,而趋蹊径以迷康庄,固将以蹊径为康庄而乐蹈之。故君子不敢轻言术,而以学正其所趋。霍光之无术,非无张禹、孔光之术也①。其不学,非不如张禹、孔光之学也。浸令霍光挟震主之威,而藏身于张禹、孔光之术,则抑且为"伪为恭谨"之王莽,不待其子而身已膺渐台之天诛②。非唯乖崖不欲平仲之为此,即班史亦岂欲霍光之若彼哉?学也者,所以择术也,术也者,所以行学也。君子正其学于先,乃以慎其术于后。《大学》之道,正身以正家,正家以正天下。正身者,刚而不可挠,直而不可枉,言有物而不妄,行有恒而不迁,忠信守死以不移,骄泰不期而自远。光能以是为术,则虽有芒刺之君,无所施其疑忌;虽有悍妻骄子,不敢肆其凶逆;而永保令名于奕世矣。夫光立非常之功,居危疑之地,唯学可以消其衅。况平仲之起家儒素,进退唯君,无逼上之嫌者乎!伊尹之学,存乎《伊训》;傅说之学,存乎《说命》;周公之学,存乎《无逸》;召公之学③,存乎《旅獒》。张禹、孔光掇拾旧闻,资其柔佞,以正若彼,以邪若此,善读书者其何择焉?平仲怏怏于用舍,一不得当,刓方为圆④,扬尘自蔽,与王钦若、丁谓为水火,而效其尤。夫且曰吾受教于张公而知术矣。惜哉！其不得为君子,而自贻窜殛之灾。故曰:其悟也,正其迷也。

【注释】

①张禹(?—前5):字子文,河内轵(今河南济源)人。汉成帝时,为丞相。综合《鲁论语》和《齐论语》,形成"张侯《论语》"。东汉灵帝时,刻熹平石经,即以张侯《论语》为蓝本,一直流传至今。传见《汉书·张禹传》。孔光(?—5):字子夏,鲁国(今山东曲阜)人。孔子十四代孙,举为议郎,后为博士,历任谏大夫、仆射、尚书令、御史大夫、大将军,拜为丞相。后罢免还乡,讲学授徒。不久汉哀帝又令孔光入朝,授光禄大夫,拜为丞相。哀帝死后,汉平帝年仅9岁,王莽专权,孔光称病辞职。传见《汉书·孔光传》。

②渐台:汉武帝作建章宫,其中的太液池中有渐台,高二十余丈。汉末王莽篡汉,更始帝的部队进入长安,王莽逃至渐台,最后被兵士杀死。

③召公:即召(shào)公奭(shì),又称召伯、邵伯,姓姬,名奭。采邑在召(shào,今陕西岐山西南),故称召公或邵伯。他辅佐周武王灭商,封于北燕,建立燕国。他派长子克去管理燕国,自己仍在西周都城镐京(今陕西长安)。其后一支后裔世袭公爵,一直在王室辅佐周天子。周成王时,召公任太保,与周公旦、太公望同为三公,与周公旦分陕(今河南陕县)而治,陕以西,召公主之,陕以东,周公主之。传见《史记·周本纪》、《史记·燕召公世家》。

④刓(wán):削、刻。

【译文】

人的内心,是最没有一定之规的。没有学术来使内心安定,就会迷惑于多歧的邪路,会走上小径而迷失了康庄大道,更会把小径认为康庄大道而乐意去走小径。所以君子不敢轻易说术,而是用学来纠正他的趋向。霍光的无术,不是没有张禹、孔光的术。他的不学,不是不如张禹、孔光的学。假使霍光挟着震主的威风,而藏身在张禹、孔光的术中,则又将成为"虚伪地装成恭谨"的王莽,不用等到他的儿子而自身就会受到王莽式的渐台之诛。不仅张咏不想让寇准做这种事,即使班固的《汉书》难道也想让霍光如王莽一样吗?学,是为了选择术,术,是为了实施自己的学。君子端正学在前,尔后再来谨慎选择术。《大学》之道,先正身再来正家,正家之后再来正天下。正身,要刚直而不可弯曲,正直而不可邪曲,言而有物而不狂妄,行而有常而不乱变,坚守忠信至死不变,不用有意避免骄恣放纵就自会远离我身。霍光能以此作为术,那么虽然有如同芒刺在身的君主,也无处施展他的怀疑猜忌;虽然有悍猛的妻子和骄狂的儿子,也不敢放纵他们的凶恶邪逆,而会永保美名于历史。霍光立有非常的功劳,身居危险可疑的地位,只有学可以消除他的灾祸。何况寇准是通常儒生起家,他的进退全由君主主宰,是没有威逼君主之嫌疑的人啊!伊尹的学,保存在《尚书》的《伊训》篇中;傅说的学,保存在《尚书》的《说命》篇中;周公的学,保存在《尚书》的《无逸》篇中;召公的学,保存在《尚书》的《旅獒》篇中。张禹、孔光掇拾前人的旧说,加上他们的阴柔的邪佞,伊尹等人的学是那样的正直,张禹、孔光的学则是如此的邪佞,善读书的人要怎样选择呢?寇准面对君主对他的任用和罢免而感到怏怏不快,一不得当,就把方正的变成圆滑,扬起尘土自我掩饰,与王钦若、丁谓势如水火,却仿效他们的恶行。就这样还说我得到张公的教益而知道术了。可惜啊!寇准不能成为君子,而自己招来被流放而死的灾祸。所以说:他的醒悟,正是他的迷惑。

　　君子之学于道也,未尝以术为讳,审之端之而已矣。得失者,义利之大辨;审之也,毫发不可以差。贞淫者,忠佞之大司;端之也,跬步不可以乱。禄不可怀,权不可怙,君恶不可以逢,流俗不可以徇,妖妄不可姑为尝试,宵小不可暂进与谋。《诗》云:"周道如砥,其直如矢。"行之家而家训修,行之天下而天下之风俗正,行之险阻而险阻平;可荣可悴,可生可死,而心恒泰然。君子之以学定其心而术以不穷者,此而已矣。乖崖之言术者,此也。则意班史之言术者,亦应未远于此也。平仲所习闻于当世之学者,杨亿、刘筠①,彼所谓浮华之士也,则固不足以知学者之术矣,恶足以免于疚哉?

【注释】

①刘筠(971—1031):字子仪,大名(今河北大名)人。宋真宗咸平元年(998)进士,历任知制诰、知贡举、尚书兵部员外郎、翰林学士、御史中丞、礼部侍郎、龙图阁直学士等。传见《宋史·刘筠传》。

【译文】

君子的学对于道,未尝把术作为忌讳,只是要审察术、使术端正而已。得失,是义与利的最大区别;审察术,就要毫发不能有差失。贞正和淫恶,这是忠与佞的大事;使术端正,就要每一小步都不能乱。官禄不能怀恋,权势不能仗恃,君主的恶不能逢迎,对流俗不能随大流,妖妄的事不能姑且尝试,宵小之人不能暂且进用而与他谋划。《诗经》里说:"周的大道如砥石一样,周道的直如箭矢一样。"把它施行于家,家就和顺整齐,把它施行于天下,天下的风俗就正直,把它施行在险阻之处,险阻也就变得平坦;只要用这种学和术,就既可处于荣耀又可处于枯悴,既可以生又可以死,而心中总是泰然的。君子用学来定他的心,而术就会无穷无尽,不过如此而已。张咏说的术,也就是这个意思。那么品味班固《汉书》说的术,也应该离这个意思不远。寇准经常接触和交流的当世学者,像杨亿、刘筠这种人,他们正是所谓的浮华之士,那么本来就不足以懂得学者的术,又怎能避免过失灾祸呢?

九

小人之不容于君子,黜之、窜之、诛之,以大快于人心,而要必当于其罪。罪以正名,名以定法,法以称情。情得法伸,奸以永惩,天下咸服,而小人亦服于其罪而莫能怨。君子非求免怨于小人也,而怨以其理,则君子固任其愆。且使情不得而怨以其理者勿恤,则深文伎害之门启,而小人操此术以致难于君子也,靡所不至,遂以召罗织于无穷。故君子之治小人也,至于当其罪而止,而权术有所不用。不得,则姑舍而待其自毙。苟己无愆,得失治乱听之于理数,不得而无自失,不治而不酿乱,足以自靖而已矣。正大持理法之衡,刑赏尽忠厚之致,不可不慎也。

【译文】

君子容不得小人,就对小人废黜、流放、诛死,以此而大快人心,但关键是这些处罚必须与小人的罪过相当。治罪是为了端正事物的名义,端正名义是为了确定法制,确定法制是为了合乎实情,实情得到适当的法制才能伸展,奸人由此就会永远受惩罚,而天下就会全都心服口服,即使是小人也会服罪而无人能抱怨。君子不求避免小人的抱怨,但是如果小人有道理来抱怨你,那么君子本来就要承担其中的过失。而且假使不曾得到实情而让人有理由来抱怨,对此却又不加体恤,那么罗织罪名对人迫害的大门就会打开,而小人掌握这种方法来使君子受难,他们会无所不至,最终招来罗织的无数罪名。所以君子惩治小人,惩罚

到与他的罪行相当就停止,而有些权术就要有所不用。如果不能治小
人的罪,那么就姑且放过他,等他多行不义而自毙。如果自己没有过
失,让得失治乱听任于天理之数,即使做不到,自己也没有失误,虽然不
能治天下,也不会酿成动乱,足以让自己安宁就可以了。用正大的准则
来控制理与法的平衡,用刑罚和奖赏来尽到忠厚的极致,对此是不可不
谨慎的。

　　王曾,宋之君子也。丁谓之为小人,天下允之,万世允
之者也。真宗崩,嗣君始立,曾与谓分执政柄,两不相容。
谓之怨毒满天下,公恶遍朝廷,必不容于执政者,可计日待
也。即旦夕不可使尸辅弼之权,号于王庭而决去之,亦岂患
无辞?曾欲去之,诱谓留身,密陈其恶于冲主,权也,亦权之
不诡于正者也。乃以山陵改作,石穴水出,而为之辞曰:"谓
欲葬真宗于绝地,使无后嗣。"致雷允恭于大辟①,而窜谓于
海外。呜呼!此小人陷君子之术,而奈何其效之邪?舍其
兴淫祀、营土木、陷寇准、擅除授、毒民病国、妒贤党奸之大
罪,使不得昭著于两观②,而以诞妄亡实之疑案,杀不当杀
者,以致谓于羽山之殛③,则孰得曰曾所为者,君子之道哉?

【注释】

①雷允恭:生卒不详,开封人,真宗、仁宗时的宦官,真宗死后,宋仁
　宗继位,太后听政,当时因宋真宗陵墓的选址,太后命雷允恭负
　责其事。司天监邢中和认为在真宗陵墓原址向上移动百步,比
　原址对后世子孙更有利,雷允恭让他直接移动陵墓位置,自己来
　向太后汇报。太后认为不应轻易改动位置,但丁谓迎合雷允恭,
　不提异议。结果新址出现石与水,太后大怒,雷允恭赐死,丁谓

　　罢相。传见《宋史·雷允恭传》。

②两观:本指宫门前两边的望楼,孔子曾在两观诛少正卯,后指行
　　刑正法之所。

③羽山之殛(jí):羽山,山名,舜时把鲧流放到羽山。殛,杀死,这里
　　指流放。

【译文】

　　王曾,是宋朝的君子。丁谓是一个小人,这是天下都认同的,万世
都认可的。真宗去世,继位的君主刚刚登基,王曾与丁谓分别执掌朝政
的权柄,互不相容。丁谓的毒害充满天下,公开的邪恶遍布朝廷,必定
不会容忍于执政的人,这是可以计日而待的。即使最终不能让他主掌
辅弼皇帝的权力,在王庭中公布出来而决定除掉他,难道还担心没有理
由吗? 王曾想除掉丁谓,引诱丁谓留下来,暗中又向年幼的仁宗说丁谓
做过的恶事,这是权术,也是并不违背于正道的权术。就因为真宗陵墓
改换地址,发现了其下有石块并且出水,就为此说:"丁谓想把真宗埋葬
在子孙断绝的地点,让真宗没有后嗣。"让雷允恭受到斩首的死刑,而把
丁谓流放到海外。呜呼! 这是小人陷害君子的方法,而王曾为什么要
仿效呢? 却不说丁谓举办淫祀、大兴土木、陷害寇准、擅自派官、毒害民
众国家、妒忌贤人而与奸人结党的大罪,使丁谓的罪行不能通过正当的
刑罚昭示于天下,却用荒诞不实的疑案,杀死不当杀的人,并让丁谓受
到流放远方的惩罚,那么谁能说王曾的做法,是君子之道呢?

　　移山陵于水石之穴,以为宜子孙者,司天监邢中和之言
也;信而从之者,雷允恭也;谓无能为异而听之,庸人之恒态
也。苟当其罪以断斯狱,中和以邪说窜,允恭以党邪逐,谓
犹得末减,而不宜以此谴大臣。曾乃为之辞曰:"包藏祸心,
移皇陵于绝地。"其不谓之深文以陷人也奚辞? 夫穿地而得

水石，谓非习其术者，而恶能知之？石藏于土，水隐于泉，习其术者，自谓知之，以术巧惑人，实固不能知也。浸使中和、允恭告曾于石未露水未涌之时，而为之名曰宜子孙，曾能折以下有水石而固拒之乎？真宗既不葬于此矣，仁宗无子，继有天下者，非真宗之裔，又岂曾仍用旧穴之罪乎？中和以为宜子孙，妄也；曾曰绝地，亦妄也。两妄交争，而曾偶胜。中和、允恭且衔冤于地下，勿论谓矣。天下之恶谓怨谓，而欲其窜死也，久矣，一闻抵法，而中外交快。乃谓奸邪病国之辜，不昭著于天下以儆官邪，则君子不以为快。乘母后之怒，以非其罪而死谓于穷发瘴疠之乡，君子且为谓悲矣。谓以是而窜死，谓之荣也，而曾何幸焉？

【译文】

　　把真宗的陵墓迁移到有水有石的墓址，以为这个新址适合后世子孙，这是司天监邢中和的说法；相信而听从他的，是雷允恭；丁谓不能提出不同意见而听从了他们，这是庸人的常态。如果根据他的罪行而断这个案子，邢中和因提出邪说而被流放，雷允恭因为与邪人结党而被放逐，丁谓则应得到从轻处罚，而不宜以这种方式处罚大臣。王曾为此辩解说："他们包藏祸心，把真宗的皇陵迁到断绝子孙的地方。"这不是罗织罪名以陷害人还有什么解释？挖地而发现水和石，丁谓不是熟习风水术的人，他哪里能知道迁移的陵址是否合适？石头藏在土中，水隐藏在泉中，熟习风水术的人，自称知道陵墓的风水，用风水术巧妙地迷惑别人，而实际上本来是不能知道陵址好不好的。假使邢中和、雷允恭在石未露出、水未涌出的时候告诉王曾，声称这里适宜后世子孙，王曾能用下面会有水和石头为理由而驳斥他们吗？真宗既然不葬在这里，仁宗没有儿子，继承王位而据有天下的人，不是真宗的亲生儿子，王曾还能以真宗原有陵墓地址更好为理由而治邢、雷等人的罪吗？邢中和认为新陵墓地址宜于后世子孙，这是妄说；王曾说这是断绝子孙的陵墓地址，也是妄说。两种妄说相争，而王曾偶然取胜。邢中和、雷允恭将在地下含冤，就不用说丁谓了。天下的人厌恶丁谓、怨恨丁谓，想把他流放到海外而使他死在那里，这已经很久了，一听说丁谓已被法办，于是朝廷内外都感到高兴。可是丁谓奸邪害国的罪行，没有昭著于天下而使官吏的邪恶受到儆戒，那么君子对于这种加罪和处罚还是不以为快事的。利用母后的愤怒，用不是他的罪而让丁谓死在极为遥远的瘴疠之地，君子也将为丁谓悲哀了。丁谓因此被流放而死，是丁谓的光荣，而王曾又有什么可庆幸的呢？

呜呼！宋之以"不道"、"无将"陷人于罪罟者[1]，自谓陷寇准始。急绝其流，犹恐不息，曾以是相报，而益长滔天之浸。嗣是而后，章惇、苏轼党人交相指摘[2]，文字之疵，诬为大逆，同文馆之狱兴[3]，而毒流士类者不知纪极。君非褓襁之子，臣非拥兵擅土之雄，父子兄弟世相及而位早定，环九州以共戴一王，宗社固若盘石，孰为"无将"？孰为"不道"？藉怀不逞之心，抑又何求而以此为名，交相倾于不赦之罗网？曾欲诛逐小人，而计出于此，操心之险，贻害之深，谁得谓宋之有社稷臣哉！其君子，气而已矣。其小人，毒而已矣。气之与毒，相去几何？君子小人之相去，亦寻丈之间而已矣。天下后世之欲为君子者，尚于此焉戒之哉！

【注释】

①无将：原指不要存叛逆篡弑之心，后则反其意而用之，谓心存谋

逆为"无将"。将，指逆乱。

②章惇（1035—1105）：字子厚，福建浦城人。王安石变法时，建议建立三司会计司。元丰三年（1080），任参知政事，此时王安石退居金陵，章惇、蔡确为相，使新法得以延续。宋哲宗即位，司马光、吕公著主政，罢新法，章惇被罢职。元祐八年（1093），宋哲宗亲政，绍述熙宁、元丰新政，改年号为绍圣，起用章惇，又用新法。宋徽宗继位，用韩忠彦、曾布为相，章惇以罪贬逐。传见《宋史·章惇传》。

③同文馆之狱：宋哲宗绍圣年间，主张变法的新党重新执政，把反对变法的大臣称为元祐党人，他们根据一些人的书信和谈话中的一些言语，诬陷说元祐党人图谋反叛，要变神宗之法，还不愿哲宗亲政等。宋哲宗派人在同文馆办理此案，审问文彦博的儿子文及甫等人，但最后没有确切证据，只能将文及甫释放。新党蔡京、章惇等人不甘心，又找借口把以前反对变法的大臣吕大防、刘挚、苏辙、梁焘、范纯仁等人流放到岭南，将韩维、苏轼等三十余人贬官。

【译文】

呜呼！宋朝廷用"不道"、"无将"的说法让人陷入罪网之中，是从丁谓陷害寇准开始的。赶快断绝这种做法，还怕仍不停息，王曾却用这种罪名报复丁谓，而更助长了滔天的灾祸。继此之后，章惇、苏轼等结党之人交相攻击，文字中的纰漏，都诬告为大逆不道的罪名，于是产生了同文馆的文字狱，而流毒祸害士人也没有终止。君主不是襁褓中的婴儿，大臣不是拥兵割据土地的豪雄，父子兄弟一代代相继而帝位早已确定，整个九州共同拥戴一个皇帝，国家宗社固如磐石，谁会"无将"、谁是"不道"呢？假使一些人怀有某种野心，又何必找出这种罪名，交互诬陷倾轧让人落入不能宽赦的罗网之中呢？王曾想诛讨驱逐小人，而用这种计谋，用心之险恶，贻留祸害之深，谁能说宋朝还有捍卫社稷的大臣呢？人作为君子，只是有一股气而已，而作为小人，也只是一种毒而已。气与毒，相差多少呢？君子小人的相互差异，也只是在丈尺之间而已。天下后世想当君子的人，对此还要引为鉴戒啊！

卷四　仁宗

【题解】

　　宋仁宗（1010—1063），宋真宗第六子，北宋第四任皇帝，1023 至 1063 年在位。在位期间对外战争屡战屡败，边患危机始终未除。后曾推行"庆历新政"，也未能成功。

　　宋代党争是宋史中的重大问题，王夫之认为宋代朋党始于仁宗景祐时期的各位大臣。一般人都以为朋党是小人强加给君子的罪名，王夫之的看法与众不同。他认为在景祐之前，也有丁谓、王钦若一类奸佞之人，但王旦、马知节、张咏、李迪、王曾等正人君子能将这类小人沮折惩罚；小人方面，也有胡旦、翟马周、梅询、曾致尧等人，但都不能气势嚣张，压倒正人君子。双方没有形成群起讦讼的局面。而到仁宗之世，此前的敦庞笃厚之风消失了，人们以言论相攻击，逐渐使君子小人各自结党成群而攻讦不止，这就奠定了后来朋党之争的基础。君子小人形成朋党，又导致宋的乱政，王夫之认为神宗时的乱政实由仁宗开启。这一观点，值得研究宋史者重视。

　　王夫之认为，再好的制度法度，在施行过一定时间之后，就会产生弊端，这是"自然之数"。如何对待产生弊端的制度，需要认真思考和对待，不是只要进行改革就能成功的。急于变法的心情，并不能保证变法都一定正确，更不能保证变法必然成功。研究历史的人往往忽视了这一问题,认为凡变法就一定有进步意义,而不顾及变法带来的更多危害。

仁宗时期实行交子,在王夫之看来,这也是一大弊政。历史学家都称赞使用交子是一种进步,但王夫之认为交子、会子之类,不过是散纸,凡有纸有墨,就能印制,往往不能与真正的财富相对应,反而会影响国家财政金融,造成经济上的重大灾祸。因此王夫之总结说:"君天下者,一举事而大利大害皆施及无穷,不可不审。"任何变法新政都必须慎重地周密考虑,既要看到其利,也要看到其弊,并且要提前做好防止出现弊端的准备,不能认为凡言变法新政,都是有利而无弊的。

仁宗时期在科举问题上,范仲淹先试策论后试诗赋,王夫之认为科举考试中经义最重要,其次是策问,而诗赋最无用,范仲淹的主张很有道理。但经义之学,又不能只知"记诵",而忘了"演其精意",否则经义之学也会走上邪路。而策问也有弊端,如苏洵学孙、吴,王安石学申、商,在策问上似乎颇为有见识,实际上却"裂宋之纲维而速坠",这是范仲淹始料未及的。王夫之的批评值得深思。

一

曹魏严母后临朝之禁,君子深有取焉,以为万世法。唐不监而召武、韦之祸,玄宗既靖内难,而后为之衰止。不期宋之方盛而急裂其防也。仁宗立,刘后以小有才而垂帘听政①,乃至服衮冕以庙见,乱男女之别,而辱宗庙。方其始,仁宗已十有四岁,迄刘后之殂,又十年矣。既非幼稚,抑匪暗昏,海内无虞,国有成宪,大臣充位,庶尹多才,恶用牝鸡始知晨暮哉? 其后英宗之立②,年三十矣,而曹后挟鞠养之恩③,持经年之政;盖前之辙迹已深,后之覆车弗恤,其势然也。宣仁以神宗母④，越两代而执天下之柄，速除新法，取快人心，尧、舜之称，喧腾今古。而他日者，以挟女主制冲人之口实，授小人以反噬，元祐诸公亦何乐有此⑤。而况母政子政之说，不伦不典，拂阴阳内外之大经，岂有道者所宜出诸口哉？

【注释】

①刘后（968—1033）：真宗的章献明肃刘皇后，益州华阳（今四川双流）人。真宗即位，入宫为美人，郭皇后死后，立为皇后。性警悟，晓书史，真宗阅天下封奏，刘后也都预闻。天禧四年，真宗久病，政事多由刘皇后裁决。仁宗继位，刘后为皇太后，垂帘听政，称制十一年。传见《宋史·后妃传·真宗章献刘皇后传》。

②英宗：宋英宗（1032—1067），原名宗实，后改名赵曙，太宗的曾孙，濮王赵允让之子。仁宗无子，英宗幼年被仁宗接入皇宫抚养，被立为太子，嘉祐八年（1063）至治平四年（1067）在位。英宗体弱多病，继位后曹太后垂帘听政。传见《宋史·英宗纪》。

③曹后：宋仁宗的曹皇后（1015—1079），真定（今河北正定）人，曹彬的孙女。景祐元年（1034）册为皇后。英宗即位，尊为皇太后。英宗有病，太后垂帘听政。英宗病愈，撤帘还政。神宗继位，尊为太皇太后。传见《宋史·后妃传·仁宗曹皇后传》。

④宣仁：宋英宗的宣仁圣烈高皇后（1032—1093），亳州蒙城（今安徽蒙城）人。神宗之母。治平二年（1065）册为皇后。神宗继位，尊为皇太后。哲宗继位，尊为太皇太后。以司马光、吕公著为相，罢除熙宁年间的变法。临政九年，朝廷清明。史称"女中尧舜"。传见《宋史·后妃传·英宗高皇后传》。

⑤元祐：宋哲宗的第一个年号，从1086至1094年。

【译文】

　　曹魏时对母后临朝听政制定了严格禁止的国策,君子对此完全赞成,视为万世都应遵守的法度。唐代对此不能鉴戒,于是召来武后、韦后的灾祸,唐玄宗平定内难之后,太后把持朝政的现象就消失了。没想到在宋朝正兴盛的时候却突然破坏了这种防范制度。宋仁宗即位,真宗的章献明肃刘皇后靠着她有一点小才能得以垂帘听政,甚至穿上帝王的服装冠冕到太庙祭祀,打乱了男女区别的界线,使宗庙受到羞辱。在刘皇后开始听政的时候,仁宗已有十四岁了,到刘皇后去世,又过去了十年。皇帝既不是年幼的小孩子,也不是昏庸的人,海内没有可担心的乱事,国家有已成的制度,大臣各在其位,众多的官吏多是有才的人,哪里用得着用母鸡才知道拂晓和黄昏呢?其后英宗即位,年龄已有三十岁了,而仁宗的曹皇后仗着对英宗有养育之恩,也把持了多年的朝政;这是因为前面的陈轨已经很深,后来人沿着这条路走不担心会翻车,其情势就是这样的。英宗的宣仁高皇后作为神宗的母亲,超过两代人的时间把持天下国家大权,迅速废除新法,得到人心称快的效果,被称为女中尧、舜,在古往今来的历史上名声甚大。而后来的时间里,以皇后控制年幼的皇帝为借口,而让小人得以反咬一口,哲宗元祐时期的大臣们对此又有什么可高兴的呢?何况"母政"、"子政"的说法,不伦不类,违背了阴阳内外的根本道理,难道是有道之人应该说出口的吗?

　　夫汉、唐女主之祸,有繇来矣。宫闱之宠深,外戚之权重,极重难返之势,不能逆挽于一朝。故虽骨鲠大臣如陈蕃者[1],不能不假手以行其志。至于宋,而非其伦矣。然而刘后无可奉之遗命,而持魁柄迄于老死而后释,孰假之权?则丁谓之奸实成之也。谓以邪佞逢君,而怨盈朝野,及此而事将变矣,结雷允恭以奉后而觊延其生命,则当国大臣秉正以肃清内外,在此时矣。王曾执政,系天下之望者不轻,曾无定命之谟,倡众正以立纲纪,仍假手乞灵于帘内,以窜谓而求快于须臾;刘后又已制国之命,而威伸中外,曾且无如之何。然则终始十年,成三世垂帘之陋,激君子小人相攻不下之势,非曾尸其咎而谁委哉?曹后之悍也,先君慎择付托之嗣子,几为庐陵房州之续②,则刘后之逐宰相者,逐天子之笠也。微韩公伸任守忠之法③,而危词以急撤其帘,浸使如曾,宋其殆矣!韩公一秉道,而革两朝之弊。后起之英,守成宪以正朝廷,夫岂非易易者?而元祐诸公无怀私之慝,有忧国之心,顾且蹑曾之失,仍谓之奸,倒授宰制之权于簪珥,用制同异之见于冲人,以不正而临人使正,不已懵乎!

【注释】

①陈蕃(?—168):字仲举,汝南舆兴(今河南平舆)人。汉桓帝时为太尉,汉灵帝时为太傅。发生党锢之祸时,他上疏极谏营救。建宁元年(168),与窦武等人谋诛宦官,事泄被杀。传见《后汉书·陈蕃传》。

②庐陵房州:指唐中宗李显的事。李显是唐高宗的第七子,武则天的第三子。高宗病死后李显继位,尊武则天为皇太后,武后独掌大政,把中宗废为庐陵王,流放到均州(今湖北丹江口)、房州(今湖北房县)居住,长达14年时间,只有妃子韦氏陪伴。武则天圣历二年(699),武则天把李显召回京城,重新立为太子。

③任守忠:生卒不详,字稷臣。仁宗、英宗时的宦官,章献刘皇后听政时,任守忠受到宠任。英宗即位后,任守忠又在两宫中挑拨是非。司马光弹劾任守忠的离间之罪,请求将其斩首,宰相韩琦与参知政事欧阳修将他贬为保信军节度副使,押往蕲州安置。传

见《宋史·任守忠传》。

【译文】

说到汉代、唐代女皇帝的灾祸，它是有来由的。皇帝在宫廷里对某人的恩宠如果非常深，外戚的权力很大，形成了积重难返的形势，就不能在一个早上将它扭转过来。所以虽然有骨鲠刚直的大臣像陈蕃那样，也不能不借皇后和外戚的力量来达到自己的目的。到了宋代，就不是这种情况了。然而刘皇后没有可以依仗的先帝遗命，却把持朝政直到老死后才放手，这是谁给她的权力？这实在是丁谓的奸邪助成了她。丁谓用邪恶奸佞逢迎皇帝，而人们对他的怨恨充满朝野，到这时事情将要发生对丁谓不利的变化了，他就勾结雷允恭来讨好刘皇后而希望延续他的政治生命，那么主持朝廷大权的大臣秉持正义来肃清宫廷内外的奸人，就在此时了。王曾执政，身系天下极重的期望，王曾没有确定国命的谋略，提倡众多的正义来树立国家的纲纪，仍旧乞灵于垂帘之内的皇后，借她的手把丁谓流放，而在转瞬之间求得痛快；刘皇后又已控制国家的命运，而威势延伸到朝廷内外，王曾对此还是无可奈何的。那么从始至终的十年，助成了三代垂帘听政的陋轨，激起了君子与小人之间相互攻击不能取胜的形势，不是王曾承担责任又要推给谁呢？曹皇后很凶悍，先帝谨慎选择可以托付的继位之人，几乎成为第二个被贬到房州的庐陵王，这样刘皇后驱逐宰相，就是驱逐反映天子意志的人了啊。如果不是韩琦果断地对任守忠执法惩处，又用正直的言论让太后迅急撤掉听政的垂帘，假使也像王曾那样，宋王朝就危险了！韩琦一旦秉道而行，就革除了两朝的弊政。后起的英杰，守住成法来纠正朝廷中的过失，难道不是很容易吗？而元祐时期的诸位大臣没有怀着私心的奸恶，有忧国之心，反而继续王曾的过失，沿袭丁谓的奸邪，反过来把宰制国命的大权授给皇后，用来控制年幼皇帝的不同之见，自己用不正来管别人而让人端正，不已经是昏庸了吗？

　　夫昔之人有用此者,谢安是也。安图再造之功于外,而折桓氏之权于内①;苦势已重,不欲独任魁柄,以召中外之疑,贻桓氏以口实。抑恐群从子弟握兵柄,治方州,倚勋望以自崇,蹈敦、温之覆轨②。故奉女主以示有所禀,而自保其臣节。元祐诸公,夫岂当此时、值此势,不得已而姑出于是哉? 所欲为者,除新法也。所欲去者,章惇、蔡确邪慝之鄙夫也③。进贤远奸,除稗政,修旧章,大臣之道,大臣之所得为也。奉嗣君以为之,而无可避之权,建瓴之势,令下如流,何求不得? 而假灵宠于宫闱,以求快于一朝,自开衅隙以召人之攻乎? 易动而难静者,人心也。攻击有名、而乱靡有定之祸,自此始矣。用是术者,自王曾之逐丁谓倡之。韩公矫而正之,而不能保其不乱。邪一中于人心,而贤者惑焉,理之不顺,势不足以有行,而世变亟矣。

【注释】

①桓氏:指桓温(312—373),谯国龙亢(今安徽怀远)人。东晋权臣,曾三次出兵北伐,伐前秦、姚襄、前燕,功劳显赫,在海西公、简文帝、孝武帝期间独揽朝政,晚年欲废帝自立,未成而死。死后南郡公爵位由幼子桓玄继任,桓玄称帝后,追尊桓温为宣武皇帝。传见《晋书·桓温传》。

②敦:指王敦(266—324),字处仲,琅邪临沂(今山东临沂)人,娶晋武帝女儿襄城公主。早年与王导共同扶植司马氏,晋元帝重用刘隗、刁协,王敦在武昌(今湖北鄂州)起兵,攻入建康后,任丞相、江州牧,还兵武昌。晋明帝即位,自武昌移镇姑孰(今安徽当涂),自领扬州牧。明帝讨伐王敦,敦攻建康,明帝抵抗,王敦病卒,被戮尸。传见《晋书·王敦传》。

③蔡确(1037—1093)：字持正，泉州人。王安石变法时，为三班主
　簿、监察御史里行、御史中丞、领司农寺。王安石辞位后，蔡确坚
　持推行新法，为参知政事、尚书右仆射兼中书侍郎。哲宗时，转
　左仆射兼门下侍郎，司马光、吕公著主政后，元祐二年(1087)蔡
　确出知陈州、安州、邓州，贬英州别驾、新州安置。传见《宋史·
　蔡确传》。

【译文】

　　从前有人曾用过这种方法，那就是谢安。谢安在外为晋朝建立了
再造之功，在内打击了桓氏的专权；他担心自己的权势已经过重，不想
自己一个人执掌大权，而召来朝廷内外的猜疑，留给桓氏寻衅的借口。
又怕众多的宗族子弟手握兵权，掌控地方州郡，依仗着功劳和声望抬高
自我，重蹈王敦、桓温的覆辙。所以尊奉皇后以表示自己有所禀受，而
保住自己作为大臣的节操。元祐时期的诸位大臣，哪里是遇上这样的
时世、这样的形势，不得已而姑且出于这种原因呢？他们想要做的，是
废除新法。所想除掉的人，是章惇、蔡确这种邪恶的鄙夫。进用贤人远
离奸邪，废除恶政，修整旧的制度，这是大臣之道，是大臣所能做的。尊
奉继位的皇帝来做这些事，而没有需要避开的权势，形成高屋建瓴之
势，命令一发布就如同水往低处流一样通畅，求什么还得不到呢？为何
要借助后宫的恩宠，以求在一个早上达到目的而快乐，自我挑起衅隙而
召来别人的攻击呢？容易动而难以安静的，是人的心。让对手的攻击
有了理由、而乱子不能平定的灾祸，就自此开始了。用这种方法的人，
从王曾贬逐丁谓开始提倡。韩琦加以矫正，但不能保证不发生乱子。
邪恶一旦来到人的心中，贤人也就迷惑了，在道理上不顺，在形势上不
足以有所行动，而世道的改变很快就要到来了。

　　夫奉母后以制冲人，逆道也。躬为天子矣，欲使为善，
岂必不能？乃视若赘疣，别拥一母后之尊，临其上以相钳

束:行一政,曰:太后之忧民也;用一人,曰:太后之任贤也。非甚盛德,孰能忍此? 即其盛德,亦未闻天子之孝,唯母命而莫之违也。且以仁宗居心之厚,而全刘氏之恩于终始,其于政事无大变矣。而刘后方殂,吕夷简、张耆等大臣之罢者七人①,王德用、章德象俱以不阿附故②,而受显擢。则元祐诸公推崇高后以改法除奸,而求其志道之伸,保百年之长治也,必不可得矣。太后固曰:"官家别用一番人。"而诸公不悟,盱豫以鸣③,曾莫恤后灾之殆甚,何为者也? 王曾幸而免此者,仁宗居心之厚,而范希文以君子之道立心④,陈"掩小故以全大德"之言,能持其平也。观于此,而韩、范以外,可谓宋之有大臣乎?

【注释】

①吕夷简(978—1040):字坦夫,寿州(今安徽凤台)人。真宗初年进士,仁宗时任同中书门下平章事、集贤殿大学士,当时刘皇后称制十余年,吕夷简为相,天下晏然。传见《宋史·吕夷简传》。张耆(?—1048):初名旻,字元弼,开封人。真宗时为武信军节度使、同平章事,仁宗时,拜枢密使、加右仆射,封徐国公。传见《宋史·张耆传》。

②章德象:德,当作"得",章得象(978—1048),字希信,泉州人。在翰林十二年,在中书八年,不交结宦官皇戚。仁宗进用韩琦、范仲淹、富弼,与章得象一同谋划国家大事。传见《宋史·章得象传》。

③盱(xū)豫:出自《周易·豫卦》六三:"盱豫悔,迟有悔。"盱,又作"旴",指抬眼看上面。豫,指和乐、乐逸。指望着上面而豫乐。悔,指这样做的话,后来必有悔。王夫之用这个意思来批评元祐

依仗皇后而后来反遭新党打击,那时后悔也来不及了。

④范希文:即范仲淹(989—1052),字希文。吴县(今江苏苏州)人,宋仁宗时,官参知政事。西夏元昊反,以龙图阁直学士与夏竦经略陕西,号令严明,夏人不敢犯。庆历三年(1043)提出"十事疏",宋仁宗采纳,陆续推行,史称"庆历新政"。传见《宋史·范仲淹传》。

【译文】

尊奉皇太后来控制年幼的皇帝,这是逆行之道。已经身为天子了,想让他做善事,难道必定不能吗? 而把他看作累赘,另外拥护一位太后的尊贵,让她处在皇帝之上而对皇帝加以钳制约束。实行一个措施,就说这是太后忧民;任用一个官员,就说这是太后任用贤材。不是极高的盛德,谁能忍受这样做? 即使他有盛德,也没有听说天子的孝是唯母命是听而一点不敢违抗的。而且以仁宗的宽厚心肠,能让刘太后的母恩自始至终得以保全,对于政事也没有大的改变。而刘太后刚死,吕夷简、张耆等大臣就罢免了七个人,王德用、章得象都因为不阿附刘太后,而受到荣耀的提拔。那么元祐时期的诸位大臣要推崇英宗的高皇后来改变新法、除去奸臣,来求得自己的志向施展,保住百年的长治久安,一定是不可能的。太后本来就说:"皇帝他会另用一批人。"而这些元祐时的大臣并没有醒悟,而是仰仗着太后,快活地鸣说,不曾顾恤以后灾祸的危险和严重,这是为什么呢? 王曾幸免于此,这是因为仁宗居心仁厚,而范希文在心中树立君子之道,提出"掩盖小过错以保全大的德操"这种说法,是能持公平的。据此来看,在韩琦、范希文之外,能说宋朝有合格的大臣吗?

不可拂者,大经也;不可违者,常道也。男正位乎外,女正位乎内,既嫁从夫,夫死从子,妇道之正也。虽有庸主,犹贤哲妇。功不求苟成,事不求姑可,包鱼虽美,义不及宾①。

此义一差，千涂皆谬，可不慎与！

【注释】

①包鱼虽美，义不及宾：出自《周易·姤卦》九二："包有鱼，无咎，不
　利宾。"象曰："包有鱼，义不及宾也。"包，通"庖"，指庖厨。宾，指
　众人。朱熹认为鱼为阴物，要制之在己，还可以无咎，若不制之
　而使遇于众，则为害广。意思是说自己认为好的东西，不一定对
　众人也好，所以自己的想法不能强加于人，否则就会引起不好的
　后果。另外，《姤卦》的意思是说"女壮，勿用取女，不可与长"。
　《姤卦》又像一女遇五男，这个女为壮至甚，故不可取。王夫之用
　这个典故隐含了一个意思，即元祐时的诸大臣们作为男人，不能
　与太后这个女人长久合作，更不能依靠太后来处理朝政大事，这
　与"包鱼虽美，义不及宾"合起来看，就是说对于太后，要像朱熹
　所说的那样，要制之在己，这样可以无咎，如果控制不住太后，让
　她的主张主宰了朝政，危害就大了。因此也就说：功不求苟成，
　事不求姑可，意谓不能为了事功的苟且成功而不顾一切，包括依
　靠太后来废除新法、排挤主张变法的人。

【译文】

不可违背的，是长久不变的大经大道。男在外端正他的位置，女在
内端正她的位置，已经出嫁了就顺从丈夫，丈夫死了就顺从儿子，这是
妇人的正道。即使有昏庸的君主，还比智慧的女人贤明。功不求苟且
完成，事不求姑且可行，太后这条鱼虽然美好，但在道义上也不能让她
主宰一切，统治众人。这个道理一旦差了，一千条道路都会错，能不小
心吗！

二

仁宗之称盛治，至于今而闻者羡之。帝躬慈俭之德，而

宰执台谏侍从之臣，皆所谓君子人也，宜其治之盛也。夷考宋政之乱，自神宗始。神宗之以兴怨于天下、贻讥于后世者，非有奢淫暴虐之行；唯上之求治也已亟，下之言治者已烦尔。乃其召下之烦言，以启上之佚志，则自仁宗开之。而朝不能靖，民不能莫①，在仁宗之时而已然矣。

【注释】

①民不能莫：指民心不能安宁。莫，通"漠"，寂静，安定。

【译文】

仁宗之时被称为治国的盛世，至今还让听闻其事的人们美慕。仁宗躬行慈爱节俭的品德，而宰相台谏侍从的大臣，都是所谓的君子，当时成为治国的盛世，也是理所当然的。考察宋代政治的混乱，是从神宗时开始的。神宗让天下人怨恨、留下讥评给后人的，不是他有奢侈荒淫暴虐的行为；只是在于他在上追求大治过于急迫，而在下的人议论国家大治已很繁琐。但是招来在下的大臣提出繁琐的治国之论，而引起在上的皇帝有了过大的志向，则是从仁宗开其端的。朝廷不能安宁，民众不能心静，在仁宗的时候就已是这样了。

国家当创业之始，戡乱而治，则必有所兴革，以为一代之规。其所兴革不足以为规一代者，则必速亡。非然，则略而不详、因陋而不文、保弱而不竞者，皆有深意存焉。君德、民心、时会之所凑，适可至于是；既至于是，而亦足以持国于不衰，乃传之数世而弊且生矣。弊之所生，皆依法而起，则归咎于法也，不患无辞。其为弊也，吏玩而不理，士靡而亡实，民骄而不均，兵弛而不振；非其破法而行私，抑沿法而巧匿其奸也。有志者愤之，而求治之情，迫动于上，言治之术，竞起于下;听其言,推其心,皆当时所可厌苦之情事,而厘正之于旦夕,有余快焉。虽然,抑岂必归咎于法而别求治理哉?吏玩而不理,任廉肃之大臣以饬仕阶而得矣。士靡而亡实,崇醇雅之师儒以兴正学而得矣。民骄而不均,豪民日竞,罢民日瘠①,人事盈虚之必有也;宽其征徭,疲者苏而竞者无所容其指画矣。兵弛而不振,籍有而伍无,伍有而战无,战争久息之必然也;无荐贿之将,无私杀之兵,委任专而弛者且劝以强劲矣。若是者,任得其人,而法无不可用。若十一千百之挂漏,创法者固留有余以养天下而平其情。匹夫匹妇祁寒暑雨之怨咨,猾胥奸民为鼠为雀之啄龁②,恶足坏纲纪而伤教化?有天下者,无容心焉可矣。

【注释】

①罢:通"疲"。

②龁(hé):动物用牙齿咬人。

【译文】

　　国家在创业初期,由乱世而向治世转变,就必定会有所兴建和变革,以此作为一代的制度。那些经过兴建和变革而不足以作为一代制度的,则必定很快灭亡。如果不是这样,制度中那些省略而不详备、因陋就简而不完善、处于衰弱而不强大的部分,就一定都是含有某种深意的。君主的德行、民众的心愿、时势的变化几个方面凑在一起,正好到了这一步;既然已到了这一步,也足以保持国家的不衰败,但传了几代以后就会产生出弊端了。弊端的产生,都是依据制度而出现的,那么归咎于制度,是不怕没有说法的。作为弊端,如官吏玩弄制度而不加理会,士人侈靡而没有实际的才能,民众骄纵而贫富不均,军队松弛而不振奋强大,这些弊端不是破坏制度来推行私心,就是利用制度来巧妙地藏匿他们的奸邪。有志之士对此感到愤慨，于是追求国家大治的心情，急迫地打动在上的皇帝，讨论治国的方法，也在下面的大臣中竞相出现。倾听他们的言论，推察他们的心情，都是当时令人厌恶和痛苦的情与事，而在旦夕之间加以纠正，那是令人快乐的。虽然如此，难道一定要把原因归到制度上面而另外来寻求治国之道吗？官吏对制度玩忽而不理睬，对此只要任用廉洁严厉的大臣通过整顿官吏的等级就能加以解决。士人侈靡而没有实际的才能，对此只要尊崇醇正高雅的儒家学者来兴办符合正道的学术就可以纠正了。民众骄纵而贫富不均，豪强之民日益富裕，疲惫的弱民日益贫瘠，这是人们的事务中盈虚变化所必有的现象；对此只要放宽征税和徭役，让疲惫的民户得以苏缓，豪强之民就不能利用贫民有求于他们而谋利了。军队松弛而不振奋强大，有兵籍而军中没有兵员，在军中有兵员而没有战争，这是战争长久停息之后的必然现象；没有进献贿赂的将领，没有私自杀人的士兵，委任专人为将领而松弛的人就将勤勉而变得强劲了。像这样，委任将领是合适的人选，而制度就没有不可执行的。至于制度中还存在着各种缺漏，创建制度的人本来就是留有余地来养育天下而使天下之人的心情能够平静的。匹夫匹妇在严寒暑热暴雨时的怨尤，猾吏奸民像鼠雀一样啄食一点公家的财物，哪里足以破坏国家纲纪而伤害教化呢？统治天下的人，对这种情况不用计较就可以了。

　　宋自建隆开国，至仁宗亲政之年，七十余岁矣。太祖、太宗之法，敝且乘之而生者，自然之数也。夫岂唯宋祖无文、武之至德，议道之公辅无周、召之弘猷乎？即以成周治教之隆，至于穆、昭之世[①]，蛹蠹亦生于简策，固不足以为文、武、周、召病也。法之必敝矣，非鼎革之时，愈改之，则弊愈丛生。苟循其故常，吏虽贪冒，无改法之可乘，不能托名逾分以巧为吹索；士虽浮靡，无意指之可窥，不能逢迎揣摩以利其诡遇；民虽强可凌弱，无以启之，则无讦讼之兴以两俱受毙，俾富者贫而贫者死；兵虽名在实亡，无以乱之，则无游惰之民以枭张而起，进则为兵而退则为盗。唯求治者汲汲而忧之，言治者啧啧而争之，诵一先生之言，古今异势，而欲施之当时，且其所施者抑非先王之精意；见一乡保之利，风土殊理，而欲行之九州，且其所行者，抑非一邑之乐从。神宗君臣所夜思昼作，聚讼盈廷，飞符遍野，以使下无法守，开章惇、蔡京燀乱以亡之渐者②，其风已自仁宗始矣。前乎此者，真宗虽有淫祀骄奢之失，王钦若、丁谓虽有贪权惑主之恶，而李太初慎持之于前，王子明谨守之于后。迨乎天圣、明道之间，老成凋谢已向尽矣，仅一直方简重之李迪，起自迁谪，而任之不专。至若王曾等者，非名节之不矜也，非勤劳之不夙也，以术间道，以气矜刚；而仁宗耽受谏之美名，慕恤下之仁闻，欣然举国以无择于听。迨及季年，天章开③，条陈进，唯日不给，以取纲维而移易之；吏无恒守，士无恒学，民无恒遵，兵无恒调。所赖有进言者，无坚僻之心，而持之不固；不然，其为害于天下，岂待熙、丰哉？知治道者，不能不为仁宗惜矣。

【注释】

①穆：指周穆王姬满，周昭王之子，周王朝第五个帝王，在位时间约从前976到前922年。世称"穆天子"。据说他在位时，东征西讨，东至九江，西抵昆仑，北达流沙，南伐荆楚。事见《史记·周本纪》《国语·周语》。昭：指周昭王姬瑕，周王朝第四个帝王，

周康王之子。在位期间两次攻楚国,全军覆没,昭王死于汉水。南征失败,周王朝由盛到衰,楚国逐渐强大,雄踞南方。事见《史记·周本纪》《国语·周语》。

②爚(yuè)乱:炫惑别人而扰乱原有的秩序。

③天章:宋真宗天禧四年(1020)营建天章阁,收藏真宗的御集御书,又任命官员为天章阁侍制、直天章阁、天章阁学士等职。真宗去世后,仁宗与大臣多次去天章阁观书,拜谒太祖、太宗的御容御物,还在天章阁接见大臣,询问御边大略、军政要事,成为对大臣的最高待遇。仁宗庆历三年(1043)九月,仁宗为支持范仲淹、富弼推行新政,特地"开天章阁,召对赐坐,给笔札使疏于前"。王夫之用这个事情,说明帝王求治而对大臣实行特别的制度以咨询意见。

【译文】

宋代自太祖建隆年间开国以来,到仁宗亲政之年,已有七十多年了。太祖、太宗时制定的制度,弊端将随着时间而产生,这是自然的现象。难道是因为宋太祖没有周文王、武王的至高品德,议政的各位大臣没有周公、召公的宏大谋划吗?就拿西周初年的治国和教化的兴隆来说,到了周穆王、周昭王的时代,他们的制度中也产生了不少蠹坏,这本来不足以视为文王、武王、周公、召公的弊病。制度必会产生弊端,不是处于改朝换代的时候,越是对制度加以改革,则弊端就越会丛生。如果沿袭旧有的制度,官吏虽然贪婪,但是没有改革制度的可乘之机,不能假借改革的名义超过本分来巧取豪夺;士人虽然浮华侈靡,但是不能通过制度的改革来窥探君主大臣的意指,也就不能逢迎揣摩君主大臣的意图而希求不正当的恩遇;民众中虽然有豪强可以欺凌贫弱,但是如果不来改革制度,也就让他们找不到机会欺凌贫弱,那么民间就不会产生诉讼争端而使争讼的双方都被官府害死,造成富者变贫而贫者死亡的局面;军队虽然有名籍而实际并无其人,但是不改革制度也就不会使社会产生动乱，那么也就没有游手好闲的懒惰之民乘机闹事，进则成为乱兵而退则成为盗匪。只有想实现天下大治的人急切地对制度中的弊端感到担忧，对治国提出建议的人不停地进行争论，嘴上念叨着某位先生的话语，也不顾古今形势不同，就想把古代某位先生的说法在现时的社会中加以施行，况且他所要施行的事情并不是先王那种说法中的精髓思想；看到在一个乡村是有利的，不考虑各地的情况并不一样，就想把这种措施在全天下加以施行，况且他所要施行的，还不是一个地方所有的人都乐意顺从的。神宗君臣夜里所想和白天想实施的，使整个朝廷聚讼争论，紧急传下的政令遍地都是，而使下面的官员没有了法度和守则，开启了章惇、蔡京炫惑君主扰乱天下而使得宋王朝逐渐走向灭亡的路子，这种风气自仁宗就已开始了。在此之前的，真宗虽然有过分祭祀以及奢侈的过失，王钦若、丁谓虽然有贪恋大权和迷惑君主的恶行，但先有李沆谨慎地加以控制，后有王旦小心地进行守护。到了宋仁宗继位初期的天圣、明道年间，老成的大臣已经几乎全部凋谢了，仅有一位正直稳重的李迪，从贬谪中起任为大臣，却又不能专门任用他。至于王曾等人，不是不看重自己的名声和节操，不是不一向勤劳于国事，但爱用权术而与大道有了距离，爱用意气和仗恃刚强；而仁宗又过度喜欢纳谏的美名，仰慕能够恤怜臣下的仁爱名声，于是全国都欣然来提建议而仁宗却不能有所选择而听从。等到了仁宗晚年，实行了在天章阁召见大臣咨询政见的制度，于是大臣关于治国的奏章不断献上，仁宗每天应接不暇，就拿宋朝的制度来加以改变；使得官吏没有可以长久坚守的制度，士人没有可以长久专心的学术，民众没有可以长久遵行的制度，军人没有长久可以执行的调动之命。幸亏进献政见的人，没有坚定的心意，不能坚持意见；不然的话，他们对天下造成的危害，难道还用等到宋神宗的熙宁、元丰时期吗？所以懂得治国之道的人，就不能不为仁宗惋惜了。

夫秉慈俭之德,而抑有清刚之多士赞理于下,使能见小害而不激,见小利而不歆,见小才而无取,见小过而无苛,则奸无所荧,邪无能间;修明成宪,休养士民,于以坐致升平,绰有余裕。奈之何强饮疥癣之疾以五毒之剂,而伤其肺腑哉!故仁宗之所就者,概可见矣。迹其谋国,则屡败于西而元昊张,启侮于北而岁币增。迹其造士,则闻风而起者,苏氏父子掉仪、秦之舌;揣摩而前者,王安石之徒习申、商之术;后此之挠乱天下者,皆此日之竞进于大廷。故曰神宗之兴怨于天下、贻讥于后世者,皆仁宗启之也。

【译文】

仁宗秉有慈爱节俭的品德,而又有清廉刚正的众多人才在下面协助治国,假使他们能在看到小害时不激进改革,在看到小利时不羡慕,看到有小才能的人而不取用,看到人有小过失而不苛求,那么奸邪之人就不能加以迷惑和离间了;讲求而实施已有的法规制度,使士人和民众得到休养生息,就会坐致太平,而绰绰有余裕了。奈何因为有疥癣一样的小病就强行喝下五毒药剂,而伤害了自己的肺腑呢!所以仁宗所取得的成就,大体就可以知道了。考察他为治国所做的谋划,就是屡次败于西部边境而使元昊愈益嚣张,在北部边境引来了外侮而向契丹交纳的岁币增加。考察他对士人的培养,就会看到闻风而起的人,如苏氏父子卖弄张仪、苏秦式的三寸不烂之舌;还有揣摩心思而向前的人,如王安石一流学了申不害、商鞅的学说;此后扰乱天下的人,都是这时竞相在朝廷中奔趋求进的人。所以说神宗让天下人产生怨恨、给后世留下讥评,都是仁宗时开的头。

夫言治者,皆曰先王矣。而先王者,何世之先王也?孔子曰："吾从周。"非文、武之道隆于禹、汤也,文、武之法,民所世守而安焉者也。孟子曰："遵先王之法。"周未亡,王者未作,井田学校所宜遵者,周之旧也。官习于廷,士习于学,民习于野;善者其所夙尚,失者其所可安,利者其所允宜,害者其所能胜;慎求治人而政无不举。孔、孟之言治者,此而已矣。喷喷之言,以先王为口实,如庄周之称泰氏①,许行之道神农②,曾是之从,亦异于孔子矣。故知治者深为仁宗惜也。

【注释】

①庄周(约前369—前286):庄氏,名周,战国时宋国蒙(今河南商丘东北,一说今安徽蒙城)人,当过漆园吏,与老子并称"老庄",是先秦道家的代表人物。传见《史记·老子韩非列传附庄周传》。泰氏:据《庄子·应帝王》,蒲衣子称有虞氏不及泰氏。所说的有虞氏即虞舜。泰氏,或以为就是太昊伏羲氏。

②许行:孟子同时代人,楚国人。《孟子·滕文公》称许行"为神农之言",主张"种粟而后食","贤者与民并耕而食,饔飧而治",并与门徒数十人,穿粗麻短衣,在江汉间自耕而食。神农:传说的上古帝王,姜姓,以火德王。长于姜水,号历山,又称烈山氏、炎帝,曾砍木为耜,揉木为耒,教天下使用耜耒,种植五谷,又尝百草,故号神农。

【译文】

论说治国的人,都要称先王。而先王,是什么时代的先王呢? 孔子说:"我遵从周代的制度。"不是说周文王、武王的治国之道高于大禹和商汤,文王、武王的制度,人民是世代遵守而安于这种制度的。孟子说:"遵行先王的制度。"周未灭亡,真正的王没有兴起,井田、学校等制度所应遵守的,都是周代原有的制度。官员在朝廷中熟习这套制度,士人在学术中学习这套制度,民众在民间熟习这种制度;其中的好制度是人们一向崇尚的,其中不足的制度也是人们已经适应的,制度中有利的部分是人们所赞同和适宜的,有害的部分也是人们所能克服的;谨慎地寻求治国的人才就可以使国家的政治无不得以施行。孔子、孟子所说的治国,只是如此而已。纷纷的议论之言,拿着先王作为借口,就像庄周称颂泰氏,许行称道神农,如果听从这些议论,也就与孔子不一样了。所以懂得治国的人,深为仁宗惋惜。

三

仁宗有大德于天下,垂及今而民受其赐;抑有大弊政以病民者二百年,其余波之害,延于今而未已。盖其求治之心已亟,但知之而即为之,是故利无待而兴,害不择而起。

【译文】

仁宗对天下是有大德的,延续到今天而民众还受到他的恩惠;但也有大的弊政伤害了民众长达二百年,其余波造成的危害,延续到今天还没有停止。这是他追求大治的心太急切,只要一知道就马上去做,所以没有等利兴起,害不等你来选择就产生了。

其有大德于天下者,航海买早稻万石于占城①,分授民种是也。其种之也早,正与江南梅雨而相当,可以及时而毕树艺之功;其熟也早,与深秋霜燥而相违,可弗费水而避亢旱之害;其种之也,田不必腴而获不赀,可以多种而无瘠芜之田;皆其施德之普也。昔者周有天下,既祀后稷以配天②,

为一代之祖;又祀之于稷以配社,享万世之报。然则有明王起,饬正祀典以酬功德,奉仁宗以代周弃而享祀千秋,其宜也。惜乎无与表章者,史亦略记其事而不揄扬其美,则后王之过也。

【注释】

①占城:印度支那的古国,又称占婆补罗,简译为占婆、占波,中国古籍称为象林邑,简称林邑,五代时称占城。占城稻耐旱,适应性强,不择地而生,生长期短。宋真宗大中祥符四年(1012),江淮两浙大旱,宋真宗遣使到福建取占城稻种三万斛(hú,十斗为一斛),让江淮两浙播种,后又传到今河南、河北一带,南宋时期,占城稻遍布各地。王夫之说是仁宗时派人航海到占城取来稻种,似乎是误记。

②后稷:周王朝的始祖,名弃。擅长种植作物,尧举为农师,舜命为后稷,故又称后稷。事见《史记·周本纪》。

【译文】

仁宗对天下有大德的事,就是派人航海买来占城的早稻一万石,分发给民众种植。占城稻播种得季节早,正好与江南的梅雨季节相当,可以赶上季节而完成种稻的功效;占城稻成熟得早,正好可以错开深秋时节的霜寒,可以不用费水而避开干旱的灾害;而且种植占城稻,田地不必肥沃而收获量不少,可以多种占城稻而不再有贫瘠荒芜之地;这都是大德普施于天下。从前周有天下的时候,就把后稷与天帝一起祭祀,成为周代的祖先;又祭祀稷来与社相配,享受万代的祭拜。这样看来,如果有贤明的帝王兴起,整顿祭祀仪礼以酬答仁宗推广占城稻的大功大德,供奉仁宗来代替周代的后稷而享受千秋万代的祭祀,也是适宜的。可惜没有人来表彰仁宗的这一伟大功德,史书也是简略地记载了这件事而不表彰他的美德,这就是后代帝王的过错了。

　　若其弊之病天下者，则听西川转运使薛田、张若谷之言①，置交子务是也②。交子变而为会子③，会子变而为钞④，其实皆敝纸而已矣。

【注释】

①转运使：官名。唐玄宗开元二年(714)设置水陆转运使，掌洛阳、长安间粮食运输。宋初设置诸路转运使，名称为"某路诸州水陆转运使"，官衙称"转运使司"，俗称"漕司"。转运使掌握一路或数路财赋，兼管考察地方官吏、维持治安、清点刑狱、举贤荐能，成为一路的最高行政长官。后设提点刑狱司、安抚司等分割转运使的权力。薛田：字希稷，河中河东(今山西永济)人。生卒不详。他在益州(今四川成都)时，因大量的铁钱太重，民间私下用纸券代替铁钱进行交易，称为"交子"，但被少数富人专控，导致争讼。薛田请求设置交子务，管理交子的使用。传见《宋史·薛田传》。张若谷：生卒不详。字德繇，沙县(今福建沙县)人。仁宗时任淮南益州路转运使，与薛田一起奏请恢复蜀地交子制度。传见《宋史·张若谷传》。

②交子务：北宋仁宗时在益州设立的印行交子的专门机构。交子指代替官铸钱币而印行的纸币，最初出现在益州(今四川成都)的民间，益州转运使薛田上报朝廷，请求由官方正式印行交子，以防民间私印交子的各种弊端。仁宗天圣元年(1023)批准，在益州设交子务，次年印行交子。

③会子：南宋高宗时，在临安出现了便钱会子，即一种用于交易的汇票，绍兴二十年(1150)前后，成为兼有流通职能的铜钱兑换券。绍兴三十年(1160)后由朝廷正式发行，成为纸币。孝宗乾道三年(1167)，造新的会子，收换旧的会子。除此之外又有湖北会子、湖广会子、四川会子等，流通于不同地区。

④钞：度宗咸淳初年，发行金银关子，即见钱关子，废除会子而行关子。关子，是一种以信用保证为发行前提的纸质货币。

【译文】

至于仁宗伤害了天下的弊政，就是听从西川转运使薛田、张若谷的建议，设置交子务。交子后来变为会子，会子又变为钞，其实都是敝纸而已。

　　古之税于民也，米粟也，布缕也。天子之畿，相距止于五百里；莫大诸侯，无三百里之疆域；则粟米虽重，而输之也不劳。古之为市者，民用有涯，则所易者简；田宅有制，不容兼并，则所赍以易者轻①。故粟米、布帛、械器相通有无，而授受亦易。至于后世，民用日繁，商贾奔利于数千里之外；而四海一王，输于国、饷于边者，亦数千里而遥；转辇之劳，无能胜也。而且粟米耗于升龠②，布帛裂于寸尺，作伪者浥湿以败可食之稻麦，靡薄以费可衣之丝枲③。故民之所趋，国之所制，以金以钱为百物之母而权其子④，事虽异古，而圣王复起，不能易矣。乃其所以可为百物之母者，固有实也。金、银、铜、铅者，产于山，而山不尽有；成于炼，而炼无固获；造于铸，而铸非独力之所能成、薄赀之所能作者也⑤。其得之也难，而用之也不敝；输之也轻，而藏之也不腐。盖是数物者，非宝也，而有可宝之道焉。故天下利用之，王者弗能违也。唯然，而可以经久行远者，亦止此而已矣。

【注释】

①赍(jī)：携带。

②龠(yuè)：古代容量单位，等于半合(gě)。

③枲(xǐ)：枲麻，也泛指麻。

④母而权其子：见《国语·周语》：周景王二十一年将铸大钱，单穆公认为：民患轻则作重币，于是有母权子而行，民若不堪重，则多作轻，亦不废重，于是有子权母而行，无论小大，于民都有利。所以不能只行重钱而废轻钱，应该轻重兼用，相互协调，平衡物价，民才不受其害，如果废轻而只用重钱，民众就会失去他们的财产，国家也将会物质匮乏。《国语》所说的母指重钱（大钱），子指轻钱（小钱）。权指相互辅助兼用，保持钱币与物品的平衡。而王夫之这里所说的母则指金属钱币，子则指用钱币进行交易的物品。

⑤赀(zī)：资，财货。

【译文】

古代向民众征税，是收粮食和布匹。天子直接管辖的地区，相距只有五百里，最大的诸侯，没有超过三百里的疆域；那么所收的粮食虽然很重，但输送并不辛苦。古代的商业交易，民众所用的物品有限，那么他们的交易就很简单；民众各有田地和住宅，不容许兼并，那么他们所携带着进行交易的物品也就轻。所以粮食、布匹、器械互通有无，而交换也很容易。至于后世，民众使用的物品日益繁多，商人为了求利要到数千里之外购货；而四海都归一个帝王所有，输送到国都、输送到边境的物品，也要经过数千里的遥远运输；这样一来，输送物品的劳役，就无法胜任了。而且粮食还会有一定分量的耗费，布匹也会有少量的破裂，更有作伪的人把粮食弄潮湿而使本来可以食用的粮食不能食用，把布匹做得过薄而使本来可以穿着的布帛不能制作服装。所以民众的追求，国家的制度，都是用金属来制作钱币作为各种物品的母，而与作为子的物品相平衡。事情虽然与古代不同，但是就算再有圣王兴起，也不能改变这种情况。而可以作为各种物品之母的东西，本来就有一定的金属,这就是金、银、铜、铅,它们从山中产出,但不是所有的山都有这类金属;它们通过烧炼才从矿石中提炼出来,但提炼也不是必定会提炼成功;又要通过铸造而成钱币,而铸钱又不是个人的力量所能铸成的,不是只靠少量资费就能进行铸钱的。这类金属获得是困难的,使用起来也不会敝坏;输送时是轻松的,收藏时也不会腐烂。这是因为这几样金属虽不是宝,但它们有值得宝贵的原因。所以天下使用它们而有利,帝王也不能违背。只有这样,才可以经历长久的时间而通行到很远的地方,但也只是这样而已。

交子之制,何为也哉? 有楮有墨①,皆可造矣,造之皆可成矣;用之数,则速裂矣;藏之久,则改制矣。以方尺之纸,被以钱布之名,轻重唯其所命而无等,则官以之愚商,商以之愚民,交相愚于无实之虚名,而导天下以作伪。终宋之世迄于胡元,延及洪、永之初,笼百物以府利于上,或废或兴,或兑或改,千金之赍,一旦而均于粪土,以颠倒愚民于术中;君天下者而忍为此,亦不仁之甚矣! 夫民不可以久欺也,故宣德以来,不复能行于天下。然而余害迄今而未已,则伤诏禄之典,而重刑辟之条,无明王作,而孰与更始? 其害治亦非小矣。

【注释】

①楮(chǔ):纸。

【译文】

交子的制度,是要做什么呢? 有纸有墨,都可以造,只要造就都可以造成;使用起来快,但很快也就破了;收藏了很久,可制度又改变了。用一尺见方的纸,加上钱币的名称,它的轻重任由人们确定而没有等级,那么官就用它来愚弄商人,商人用它来愚弄民众,相互用没有实际意义的虚名来愚弄,而引导天下来作假。直到整个宋代结束又到元代,延续到明代的洪武、永乐年间初期,用纸钱交易各种物品而把利益收聚到官府手里,有时废除、有时又施行,有时让人们兑钱,有时又改变它们的比价,本来值一千金的纸币,一夜之间就变成了粪土,用权术把愚民颠来倒去;统治天下的人忍心做这种事,也是甚为不仁的了!民众是不可长久欺骗的,所以自明代宣德年间以来,纸币不再能通行于天下。然而余害至今没有结束,那么它伤害了天子为官员制定的俸禄制度,而加重了刑杀的律条,没有圣明的帝王兴起,又有谁能与他把这个大害改革掉呢?它对国家的治理为害也不小了。

　　钞之始制也,号之曰"千钱"则千钱矣。已而民递轻之,而所值递减,乃至十余钱而尚不售,然而"千钱"之名固存也。俸有折钞以代米,乃至一石而所折者数钱;律有估物以定赃,乃至数金而科罪以满贯。俸日益薄,而吏毁其廉;赃日益重,而民极于死。仅一钞之名存,而害且积而不去,况实用以代金钱,其贼民如彼乎?益之以私造之易,殊死之刑日闻于司寇,以诱民于阱而杀之,仁宗作俑之愆,不能辞矣。

【译文】

　　钞开始制造的时候,称为"千钱"就是一千钱了。之后民众不断把它的值减轻,它的值就不断减小,以至于减到十多钱还没人要,可是"千钱"的名称还照存不改。俸禄制度中有折成钞来代米的规定,以至于一石米所折的钞只有几钱;刑律制度中有对物品估价来定赃的规定,以至于达到数金就定为恶贯满盈的大罪。俸禄日益减少,而官吏就破坏了他们的廉洁;赃物标准日益加重,而民众都到了死地。仅仅保存了一个

"钞"的名称,而危害却积久而不能消除,何况是把钞上标出的数字当作实有的钱数用来代替金钱,而让民众受到重刑的残害呢? 加上容易私造,处以极刑的处罚天天从司法部门传来,引诱民众落入陷阱而杀害他们,仁宗始作俑的过失,是不能推辞了。

是故君天下者,一举事而大利大害皆施及无穷,不可不审也。听言轻,则从善如流,而从恶亦如流。行法决,则善之所及者远,而恶之所被者亦长矣。以仁如彼,以不仁如此,仁宗两任之,图治者其何择焉? 舜之大智也,从善若决江、河,而戒禹曰:"无稽之言不要听。"以其大智,成其至仁,治道尽此矣。

【译文】

所以作天下君主的人,一旦举办一件事,就会成为大利或大害而都要延续很长时间,所以不能不仔细考虑。轻率地听从大臣的建议,那么从善如流,而从恶也会如流。执行法规果决,那么好的结果会涉及很远,而恶的结果也会影响很长时间。作为仁爱如引进占城稻那样,作为不仁又如实行交子这样,仁宗对这两件事都由自己来做了,图求治国的人应该如何选择呢? 舜的大智慧,从善就像江河决口,他告诫大禹说:"无稽之言勿听。"用他的大智慧,完成他的大仁爱,治国之道到这种程度就算达到极点了。

四

大臣进位宰执,而条列时政以陈言,自吕夷简始。其后韩、范、富、马诸君子,出统六师,入参三事[①],皆于受事之初,例有条奏。闻之曰："天下有道，行有枝叶，天下无道，言有枝叶②。"以此知诸公失大臣之道。而明道以后，人才之寖降，风尚之寖卑，前此者吕、李、向、王之风轨，不可复追矣。

【注释】

①三事：出自《尚书·大禹谟》："六府三事允治。"古人解释为：正身之德，利民之用，厚民之生，此三事惟当谐和之。章炳麟认为水、火、金、木、土、谷谓之六府，正德、利用、厚生谓之三事。又指三公之事，即宰相所要处理的政事。

②"天下有道"四句：出自《礼记·表记》：子曰："君子不以辞尽人，故天下有道，则行有枝叶，天下无道，则辞有枝叶。"古人以为行有枝叶，是有益于人的品德，而言有枝叶，则是只有虚华之言而无实际行动，所以不光看人的言辞来判断人。也说明在天下有道的时候，人们注重实际的行动，在天下无道的时候则往往只有空虚的言论。

【译文】

大臣晋升官位当了宰相，而罗列时政向皇帝加以论述，是从吕夷简开始的。其后的韩琦、范仲淹、富弼、马知节等君子，外出统率六军，入朝参议国家的各种大事，都是在受任之初，照例要上疏奏论时政。我听说："天下有道，行为有枝叶，天下无道，言论有枝叶。"因此而知这些人丧失了大臣之道。而在仁宗明道年间以后，人才的品格逐渐下降，风气逐渐卑下，此前吕端、李沆、向敏中、王旦等人的风度，再也不能追及了。

《书》曰："敷奏以言，明试以功①。"以言者，始进之士，非言无以达其忱；上之庸之，非言无以知其志。故观其引伸，知其所学;观其蕴藉,知其所养;非必言之可行而听之行也。后世策问贤良,科举取士,其法循此,而抑可以得人;然而不能无不得之人矣。至于既简在位,或贤或否,则以功而明试之,非以言者之始测于影响,而下亦仅此以为自效之资也。且夫藉言以为羔雁者②,亦挟长求进之士尔。其畜德抱道、具公辅之器者,犹不屑此。而况大任在躬,天职与共,神而明之、默而成之者③,非笔舌之所能宣;而喋喋多言,以掩力行不逮之愆尤乎?

【注释】

①"敷奏以言"两句:出自《尚书·舜典》:"敷奏以言,明试以功,车服以庸。"意谓诸侯来见天子,要奏上治国之言,天子则要让他们去做,来看实际效果,如果如其所言那样获得成功,则予以奖赏。

②羔雁:据《尚书·舜典》,天子巡守各地时,五等诸侯来见,各执一种玉。其他的人则分别执三帛、二生、一死为贽。三帛,即三种颜色的帛,诸侯的世子执纁(浅红色)帛,公的儿子执玄(黑色)帛,附庸之君执黄(黄色)帛。二生,指卿执羔,大夫执雁。一死,指士执雉。生是活的羔和雁,死是死的雉。贽即见面时表示身份的礼物。王夫之这里是用羔雁比喻士人来见天子时所献上的言论,如同古代诸侯、公卿、大夫、士见天子时所执的礼物。

③神而明之、默而成之:出自《周易·系辞》:"极天下之赜者存乎卦,鼓天下之动者存乎辞,化而裁之存乎变,推而行之存乎通。神而明之,存乎其人。默而成之,不言而信,存乎德行。"神而明之,默而成之,即出自这段话,神而明之指靠神妙的认识而把相关的深奥道理加以阐明;默而成之,指不用言说而使之完成、成功,这是与那种以言论见知于天子的人对比而言的。

【译文】

《尚书》里说："用言论向天子奏进治国之道,天子则要用实际的效果来明明白白地测试他们的言论。"要靠言论来陈述治国之道,这是因为刚刚进用的士人,不通过言论就无法表达他的忠忱;君主用他,不通过言论也无法知道他的志向。所以观察他在言论中的引申发挥,以了解他的学问;观察他的知识,以了解他的素养;不是必定所说之言可行而君主听了之后就要施行。后代采取贤良对策和科举取士的方法,就是沿用《尚书》所说的"敷奏以言"的方法,也还是可以发现人材的;然而已经不能得到所有的人材了。至于已经选拔任命为官,那么他们是不是贤明,就要靠做事的功效来明确地测试了,不是根据他提出的言论的影响来测试,而在下的人也不是仅靠进言作为自己效命于君主的途径。而且借着一番言论当作与天子见面时的礼物,也只有那种怀着特长而求取进身为官的士人而已。那种蓄藏有高尚深奥的道德、具备了担任天子宰相能力的人,还不屑于靠言论来作晋见天子的见面礼。何况那种本身已被任命重大官职、与天子赋予的职责共为一体、又能靠神妙而明大道、沉默不语而能获得成功的人,这不是靠笔舌所能说出的;这种人还用得着喋喋不休地说很多话,来掩盖实施时能力不够的过失吗?

即以敷奏言之,射策之士,谏议之官,言不容已也,而抑各有其畔,不可越也。将以匡君之过与?则即以一德之凉,推其所失而导之以改,无事掇拾天德王道,尽其口耳之所记诵者,罄之于一牍也。非是者,为嚣才之曲士。将以指政之非与?则即一事之失,极其害之所至,而陈其所宜,无事旁推广引,泛及他端之未善,以责效于一朝也。非是者,为乱政之辩言。将以摘所用之非人与?则即以一人之罪状,明列其不可容,无事抑此伸彼,滥及盈廷,以唯吾所欲废置也。

非是者,为死党之恮人①。将以论封疆之大害与？则即以一计之乖张,专指而征其必偾,无事胪列兵法,画地指天,以遥制生杀之枢机也。非是者,为首祸之狂夫。且夫一言出,而且俟君之行此一言也,则事不冗,而力以暇而有余。一言出,而君既行此一言矣,则意相得,而后可因而复进。故志行而言非虚设。行与不行,皆未可必之于君心；姑且言出如哇,而唯恐不充于幅,诚何为者？况乎一人之识,以察一理,尚虑其义不精,而害且伏于其隐。乃搦管经营,旁搜杂引,举君德、民情、兵、农、礼、乐、水、火、工、虞无涯之得失,穷尽之于数尺之章疏。才之果胜与？念之果周与？发果以诚,而行果无不得与？问之心,而固不能自信；按之他日,而已知其不然。徒尔洋洋娓娓、建瓴倾水而出之,不少待焉；不怍之口②,莫知其咎,亦孔之丑矣。则在怀才初进之士,与职司言责之臣,犹不可不慎也。而得君已深,历任已夥,居密勿以静镇四海者,尤勿论矣。

【注释】

①恮（xiān）人：小人。恮,指邪佞。

②怍（zuò）：惭愧。

【译文】

　　即使就拿向天子陈述言论来说,参加策问的士人,负责谏议的官员,言论不能不说,但还是各有界线,不能逾越的。将要匡正君主的过失吗？那么就以一种德行的不够敦厚,推论它的失误所在而引导君主加以改正,不用把前人关于天德王道的说法都拾掇过来,尽着自己所能记忆和背诵的内容,全部写在一个奏章里。如果不是这样,那他就是卖弄才能的曲士。将要批评朝政的过失吗？那么就对一件事情的失误，论述它的危害能到什么地步，而陈述应该怎么做，不用广泛引述，泛泛地涉及其他事情的不够完善，来责求一个早上取得成效。如果不是这样，那就是扰乱朝政的善辩之言。将要指摘任用的人不合适吗？那就对一个人的罪状，明确地列出那些不能容忍的地方，不用批评这个而张扬别的，滥及满朝的大臣，要按我的愿望来对大臣罢官或任命。如果不是这样，那就是为别人做死党的小人。将要议论封疆大臣做事不当的重大危害吗？那就针对他的某条谋略的错误之处，专指此事而说明它是必会失败的，不用罗列兵法理论，指天画地，来远远地控制对大臣的生杀枢机。如果不是这样，那就是引起灾祸的狂人。况且就一个具体的事情提出了一条言论，还要等待君主来施行这条言论的主张，因为所说不杂不泛，所以做起来也不会繁冗，力量就有空暇和有余。一言既出，而君主既已施行此言的建议了，那就使君与臣的心意相合，而后可以在此基础上再提出新的言论。所以建言的人的志向就能得以施行而所提出的言论也不是虚设的了。施行还是不施行，都不可能一定合乎君主的心意；不顾及这一点，只顾滔滔不绝地提出言论，唯恐所说的没有充满篇幅，这又是为什么呢？何况一人的见识，来观察一个道理，都还担心其中的义理不够精到，还有危害隐藏在看不见的地方。不顾及这一点，就拿着笔来谋篇布局，旁搜杂引，凡是君德、民情、兵、农、礼、乐、水、火、工、虞各种事务中的无穷的得失，全都写进数尺的章疏中。才能果真胜任吗？思虑果真周到吗？发言果真出于诚心，而施行果真没有不得当之处吗？问及自己的内心，本来还不能自信；据以后时日的情况来考察，又已经知道不是自己所说的那样。只是洋洋洒洒、娓娓不绝、像是顺着屋顶上的瓦向下流水一样写出来，一会儿也不等待；嘴上说起来是那样不知惭愧，以为无人知道其中的过失，这样也太丑陋了。那么怀有才能刚刚受到进用的士人，与负责进言谏议的大臣，对此还是不能不谨慎的。而已经深得君主的了解和相信，任职已久，身居朝廷机密要地而镇守治理天下的人，就更不用说了。

　　明道以后，宰执诸公，皆代天工以临群动者也。天下之事，唯君与我坐而论之，事至而行之，可兴则兴之已耳，可革则革之已耳。唯道之从，唯志之伸，定命以辰告^①，不崇朝而遍天下，将何求而不得？奚待烦言以耸众听？如其微言而不悟，直言而不从，欲行而中沮，欲止而旁出；则有引身以退，免疚恶于寸心，而不待暴白以号于人曰："吾已缕析言之，而上不我庸也。"此宰执大臣所以靖邦纪而息嚣凌之枢要也。在昔李太初、王子明以实心体国，奠七十余年社稷生民于阜安者，一变而为尚口纷呶之朝廷，摇四海于三寸之管，谁尸其咎？岂非倡之者在堂皇，和之者尽士类，其所繇来者渐乎！宰执有条奏矣，侍从有条奏矣，庶僚有条奏矣，有司有条奏矣；乃至草茅之士，有喙斯鸣，无不可有条奏矣。何怪乎王安石之以万言耸人主，俾从己以颠倒国是；而远处蜀山闻风跃起之苏洵^②，且以权谋憯险之术^③，习淫遁之文章，售其尉缭、孙膑之诡遇^④，簧鼓当事，而荧后世之耳目哉？

【注释】

①定命以辰告：出自《诗经·大雅·抑》："订谟定命，远犹辰告。"定命，指确定教命，后引申指审定法令。辰告，指按时宣告于民，然后加以施行。

②苏洵（1006—1066）：字明允，眉州眉山（今四川眉山）人。仁宗嘉祐元年（1056）与二子苏轼、苏辙同至京师，谒见翰林学士欧阳修，得到赞赏，由韩琦荐任秘书省校书郎、文安县主簿、知项城。

传见《宋史·苏洵传》。

③憯(cǎn)：残暴。

④尉缭：生卒不详，魏国大梁(今河南开封)人。其姓已失传，名缭。
秦王政十年(前237)入秦游说，任为国尉，故称尉缭。为秦王政
出谋划策，被任为秦国尉。传世《尉缭子》一书，传说为尉缭所
著，在宋代与《孙子》、《吴子》、《司马法》等并称《武经七书》。

【译文】

仁宗明道年间以后，担任宰相的诸公，都是代替上天而俯临万物的
人。天下的事，只有君主和我坐着讨论它们，事情到了面前就去做它，
可以兴建的就兴建它，可以革除的就革除它，如此而已。只要顺从于
道，只求伸展志愿，确定法令，按时宣告于民，不等一个早上就传遍天
下，将求什么而得不到？等什么烦琐的言论来耸动众人的听闻呢？如
果大臣的微言大义君主听了并不理解，直言又不听从，想施行而又中途
沮止，想制止而又从侧旁施行；那就引身而退，在自己的内心免掉愧疚，
而不用说出来告诉众人："我已条分缕析给君主说了，但是君主不用
我。"这样做才是宰相大臣安定国家纪纲而停息纷嚣凌乱的枢机。在从
前有李沆、王旦出于诚实之心来治理国家，奠定了七十多年社稷人民安
定丰足的生活基础，在此时则一变而成为崇尚口舌纷扰的朝廷，用三寸
笔管摇动天下，谁承担这些过错？难道不是宰相大臣在殿堂开始提倡，
而与之唱和的全是士人，它的由来是从那时逐渐变来的吗？宰相大臣
有了条奏，侍从之臣就会有条奏了；众多僚属也就有条奏了，各个部门
也就有条奏了；甚至于民间的士人也都是有嘴就说话，无人不可以有条
奏了。这又哪里要怪罪王安石上万言书来耸动君主之心，使君主听从
自己而颠倒国家大政呢？更有远在蜀地的苏洵也闻风跃起，将要用权
谋残险之术和惯于使用淫词遁词的文章，兜售尉缭、孙膑那些用不正的
手段谋求利益的主张，向当权的人摇唇鼓舌，来迷惑后世的耳目了。

姚元之之以十事要玄宗也^①，在未相之先，谓不可行而己不敢相也，是亦慎进之一术也。既已为相，则唯其行之而无复言矣。陆敬舆之详于论事也，一事竟而又及一事，因时之迫以答上问，而非阔远迂疏以侈文章之富也。宰执之道，司听言以待黜陟耳，息浮言以正人心耳。言出而行浇，言长而忠薄，言之不已，而国事不可为矣。读者惑焉，诧为盛美，违山十里，蟪蛄犹闻^②，束宋人章奏于高阁，学术治道庶有瘳焉^③。俗论不然，宜中国之日疲以蹙也。

【注释】

①姚元之之以十事要玄宗：见《新唐书·姚崇传》：姚崇对唐玄宗提出十件事，希望玄宗去做，包括不用严刑峻法而行仁恕；不在边境开战；宦官犯法不要因为有恩宠而不治罪等。玄宗听了，表示都能做到。

②蟪蛄（huì gū）：蝉的一种。体短，吻长，黄绿色，夏季末期鸣声不止。

③瘳（chài）：病愈。

【译文】

姚崇提出十件事请求玄宗去做，是在他未担任宰相之前，意思是说这十件事如果不可行自己就不敢担任宰相，这也是在升进更高职位时谨慎行事的一种方法。已经任相之后，就只管去做而不再多说了。陆赞详细地论事，一事办完之后再涉及另一件事，因为君主时常逼问而回答君主的问题，所以他的言论也不是阔远迂疏来显示文章的富丽。宰相之道，是主持听取言论以等待罢职或升职而已，制止虚浮言论以纠正人心而已。言论发出但行动浇薄，有长篇大论而忠诚不足，还要论说不止，而国家大事就不可为了。读者为此感到迷惑，惊诧这些言论的盛美，好像离山十里还能听到螳蚣的叫声，应该把宋人的文章束之高阁，这样的话，学术和治国之道才差不多病愈。可是俗人的看法不是这样，所以中国就越来越疲弱而穷蹙了。

五

仁宗之生，以大中祥符三年，岁在庚申，及嘉祐二年乙酉，二十有六年①，拟之于古，未逮乎壮有室之齿也。曹后之立，未及期月，则皇子之生，非所绝望。乃育英宗于宫中，使后拊鞠之。呜呼！念宗社之重而忘私，是岂非能为人之所不能，足为万世法者哉！

【注释】

①及嘉祐二年乙酉，二十有六年：大中祥符三年庚申为1010年，嘉祐二年为丁酉，当公元1057年，相距47年，不是26年。此处的"嘉祐二年乙酉"应当是"景祐二年乙酉"，当公元1035年，这才符合所说的"二十有六年"之数。中华书局整理本《宋论》及湖南岳麓书社整理出版的《船山全书》中的《宋论》对此处"景祐"误为"嘉祐"均未出校，应改"嘉祐"为"景祐"。

【译文】

仁宗的出生，是在大中祥符三年（1010），为庚申年，到景祐二年乙酉，有二十六年，与古代相比，还没有到壮年有家室的年龄。把曹氏立为皇后还不到一年，那么期待皇子的出生，就还不至于绝望。就在宫中养育英宗，让曹后抚育英宗。呜呼！顾念宗庙社稷的重要而忘了私利，这难道不是能为人们所不能为，足以作为万代的榜样吗！

　　三王以后，与子之法立，苟为适长，道不得而废焉。汉明虽贤①，光武犹谓失德；晋惠虽暗②，武帝不任其愆③。故三代有豫教之法，尽人之所可为，而贤不肖治乱安危举而听之于天，亦且无如之何矣。乃无子而嗣未有定，以及乎危病之际，奸人妇寺挟私意以援立庶支，市德居功，而倒持魁柄，汉、唐之祸，率繇此而兴。其近正者，则辨昭穆，审亲疏，弟与从子以序而登，斯亦可以止争而靖国矣。而于帝王慎重天位之道，固未协也。夫唯适长之不容变置，为百王之成宪，而贤不肖非所谋耳。无子而授之同产之弟与从子之长，古未有法，道无可执。则天既授我以选贤而建之权，如之何不自化裁，可诿诸后以任臣僚之扳立邪？英宗方四岁而鞠之宫中，察其情志，审其器量，远其外诱，习其家法，而抑受恩勤之德于中宫。他日曰："宫中尝养二子，小者近不慧，大者可也。"帝之留心于国本，非一日矣。范、富、包、文、司马虽心是其请④，且不欲授以援立之权，独托腹心于韩公，然抑闻命而始请其名⑤，前此者亦未敢有所拟也。则熟筹密运于一人之心，又岂奸邪之得窥伺哉？

【注释】

①汉明：汉明帝（28—75），刘秀之子，初名阳，后名庄，建武中元二年（57）继位，在位期间，提倡儒学，注重刑名文法，为政苛察，总揽权柄。命窦固、耿秉分路征伐北匈奴，大获全胜。又派班超出使西域，置西域都护。传见《汉书·明帝纪》。

②晋惠：晋惠帝司马衷（259—307），字正度，晋武帝司马炎第二子，西晋第二代皇帝，290年即位，为人痴呆，太傅杨骏辅政，贾皇后

杀害杨骏后,掌握大权。在八王之乱中,先被篡位,又由齐王、成都王等扶持复位,最后由东海王司马越迎归洛阳。传见《晋书·惠帝本纪》。

③武帝:晋武帝司马炎(236—290),字安世,西晋开国君主。265年,继承父亲司马昭晋王之位,逼魏元帝曹奂禅让帝位,国号晋,建都洛阳。280年灭吴,统一全国。晋武帝在位时,分封宗室,允许诸王自选长吏,并设置军队,终使后来出现八王之乱与永嘉之乱。传见《晋书·武帝纪》。

④包:包拯(999—1062),字希仁,庐州合肥(今安徽合肥)人。历任监察御史、龙图阁直学士、御史中丞、三司使、枢密副使等。断狱英明,执法刚直,不避权贵,为后人传诵。传见《宋史·包拯传》。

⑤闻命而始请其名:《宋史·韩琦传》记载,嘉祐六年,韩琦请仁宗立太子,仁宗说:"朕有意久矣,谁可者?"韩琦惶恐地回答说:"此非臣辈所可议,当出自圣择。"仁宗说:"宫中尝养二子,小者甚纯,近不慧,大者可也。"韩琦请问其名,仁宗告诉他就是赵宗实。宗实,是英宗原来的名字,后改为赵曙。韩琦等人于是大力协助仁宗,确定了太子的人选。

【译文】

夏、商、周三王以后,传位给自己的儿子的制度就确立了,如果是嫡长子,传位给亲生儿子的办法就不能废除。汉明帝虽然贤明,汉光武帝还认为他的德行有缺失;晋惠帝虽然愚蠢,但晋武帝不应承担让惠帝继位的过失。所以三代有对帝王之子预先教育的制度,尽力做到人所能做到的,而后帝王之子是贤还是不肖以及国家的治乱安危就听由天定,而且也无可奈何了。可是帝王如果没有儿子,而且没有确定后继的人,那么到帝王病危之际,奸臣以及皇后宦官等人就会怀着私心扶立非嫡生的旁支子孙继位,由此换取新皇帝的感激来邀功,而把国家大权的权柄倒过来掌握在自己手中,汉代、唐代的灾祸,大体上都是由此而产生的。那些比较正派的人，就会分辨祖庙中的昭穆世系，审察皇族子孙与去世的皇帝之间的亲疏关系，对去世皇帝的弟弟和侄子们按照与去世的皇帝最亲近的顺序选定继位的人让他登基，这也可以止息纷争而使国家安定。但这样做对于帝王慎重确立继位人的正道，本来也还是不够符合的。只有嫡长子是不容更换其继承权的，这是百代帝王的固定规矩，而嫡长子是贤还是不肖，则是不用考虑的。皇帝没有儿子就传给同父的弟弟和侄子中的年长者，古代没有相关的制度，因此也就没有可以遵守的道理。那么上天既然授给我选择贤材而立为太子的权力，为什么不由自己判断和决定，还可以拖到以后听任臣子们来扶立某人登基为帝吗？英宗才四岁就收进宫中养育他，观察他的情怀和志向，审察他的器量，让他远离外面的诱惑，学习皇家的法规，而且还在中宫接受皇帝皇后辛勤培育的恩德。后来仁宗说："宫中曾经养育过两个孩子，小的近于不聪慧，大的是可以的。"仁宗留心为国家选择继承人，已经不是一天了。仁宗对范仲淹、富弼、包拯、文彦博、司马光等人，虽然心里也同意他们关于册立太子的请求，但不想把册立太子的权力交给他们，只是把内心的想法告诉了韩琦，但韩琦也只是在仁宗告诉他已选定了人之后才请求仁宗告诉此人的名字，在此之前也不敢建议立谁为太子。那么仁宗立太子是熟筹密运于自己的心中，又哪里是奸邪之人能窥伺的呢？

在《礼》有之曰："为人后者为之子。"非尽人无子而必为立后也。自大夫以上，有世禄、食采邑、建祖庙者，达乎天子。苟无子而必有后，则三代之兴，虽无子而固有子。豫立之典，虽不见于史策，而以为后之文推之，则苟有有世守，无无子者，必有子①，而与子之法固不以无出而废也。抑在《礼》有之曰："为人后者，为其父母服期。"本非期而加以期之谓也。若以亲疏序及,而所立者从子之长,则所生父母虽降,而固有叔父之亲,不必加隆而固服期。然则功缌以降之族子②,但使温恭之度形于早岁,皆择养而豫教之,无问亲疏亦明矣。汉、唐之君,轻宗社而怙其专私,未有能者。仁宗虑之早而断之决,以定百王之大法。于是高宗有所禀承,远立太祖之裔孙,而本支不敢妄争,臣民欣为推戴,两宫全其慈孝,社稷赖以小康,皆仁宗之贻谋为之先导也。

【注释】

①"有世守"三句:有世守,指有世袭爵位。无无子,没有无子,指不会有无子继承的情况。必有子,必定有后人来继承。此处无子和有子的"子",都是指后人,即继承人,但这个"子"并不一定是亲生的儿子。

②功缌(sī):指大功、小功、缌三种丧服。大功,丧服用熟麻布做成,比齐衰细,比小功粗。服期九个月。小功,用熟麻布制成丧服,比大功的丧服细,但比缌服粗。服丧五个月。缌,制作丧服的细麻布。疏远的亲属亲戚服缌麻,这种丧服称为缌服。服丧三个月。

【译文】

在《礼》有一种说法:"过继给别人就是别人的儿子。"不是所有的人没有生儿子而一定要立一个后人。自大夫以上,有世袭官禄、享用封邑、建有祖庙的人,向上一直到天子。如果没有生儿子但一定要有后人,那么三代的兴起,即使没有亲生儿子也本来会有儿子。预先选立太子的制度,虽然在史书中没有看到,但根据后来的记载看,就会知道:如果有人是有世袭官爵的,就不会没有后人,而是必定有后人来承袭其世官世禄,可知传位给继承人的制度本来就不会因为自己没有亲生儿子而作废。在《礼》还有一种说法:"过继给别人的,要为其父母服一年的丧。"这是指本来不是服一年之丧而增加了一年之丧而言的。如果按亲疏次序来看,所立的继承人如果是侄子中的长子,那么他的继父母虽然比自己亲生父母的丧服等级低,但他的继父对他本人来说,本来也有叔父之亲,那么为叔父服一年之丧并不是增加守丧的等级,而是本来就要服一年之丧。而那些本来应该服大功、小功、缌麻的同族之子,只是让他在早年就学会温良恭敬的礼数和行为,都要选择养育并且预先教育他们,这里就不用过问亲疏关系了,这是很清楚的。汉代、唐代的君主,轻视宗庙社稷而怙恃自己的私心,没有人能做到这一点。仁宗考虑得很早而且决断也很坚定,由此确定了百代帝王的重大制度。所以后来的宋高宗就有所秉承,从与自己关系很远的宋太祖的裔孙中选人立为太子,而他的本支子弟也不敢妄加争议,臣民都高兴地推戴这个太子继位,两宫皇后也能成全她们的慈孝,宋朝的社稷靠此而得以小康,这是仁宗当年的做法成为高宗此举的先导。

　　虽然,义隐于三代,而法沮于汉、唐,仁宗创起而决策,以至正之举,而有非常之疑,故任守忠惑曹后以起衅,而仁宗无虑也。有韩公在,制守忠之死命,而曹后黜于其义也。高宗无可恃之大臣矣,于是而内禅以定其位。然则心苟无私,变通在我,居天位之尊,承皇天之命,仰先祖之灵,奉名义之正,无志不可行,无谋不可定,何畏乎金壬①,何忧乎事变哉?

【注释】

①金壬(qiān rén):指阴险谄媚的小人。

【译文】

虽然这样，相关的义理在三代并没有明显地阐述出来，而相关的制度则在汉、唐两代又被破坏了，仁宗决策而创立了这一制度，采用最正确的举动，却在非常时期让人产生了疑惑，所以任守忠蛊惑曹皇后挑起争端，但仁宗对此是不用担心的。有韩琦在，将任守忠制以死命，而曹皇后也就屈服于道义了。高宗没有可以依仗的大臣，于是就采取内禅的办法来确定继任者的皇位。但是如果内心没有私心，那么如何变通就由我来决定，身居帝位的尊贵，承受有上天的大命，仰赖先祖的神灵，奉有正当的名义，没有什么想法不能实行，没有什么计划不能确定，又哪里惧怕阴险的小人、哪里担忧事情会有变故呢？

六

朋党之兴①，始于君子，而终不胜于小人，害乃及于宗社生民，不亡而不息。宋之有此也，盛于熙、丰，交争于元祐、绍圣，而祸烈于徽宗之世②，其始则景祐诸公开之也③。

【注释】

①朋党：指士大夫相互结党，形成意见的分歧，在政治上相互攻讦打击对方。又称党争。汉、唐、宋、明都出现过党争。

②盛于熙、丰，交争于元祐、绍圣，而祸烈于徽宗之世：神宗熙宁年间（1068—1077），王安石变法，司马光等人反对，形成两派，时称新党、旧党。神宗元丰年间（1078—1085），王安石离职，神宗继续实行新法，新旧党争并未停止。宋哲宗元祐年间（1086—1094），司马光为相，废除熙宁、元丰年间施行的新法，此时反对王安石新法的朝臣形成了三党，以洛阳人程颐为首的洛党、以眉

山人苏轼为首的蜀党、以河北人刘挚为首的朔党。哲宗绍圣年
间(1094—1098),章惇为相,又恢复新法,把司马光列为奸党。
宋徽宗时,蔡京为相,恢复绍圣时所行的新法,把反对新法的司
马光、苏轼等309人列为元祐奸党,并立碑刻名,分别处以惩罚。
③景祐:宋仁宗的年号,1034至1038年。景祐诸公,指景祐年间任
　相的王曾、王曙、吕夷简、王德用、范仲淹、欧阳修、章得象等人。

【译文】

朋党的兴起,开始于君子,而最终胜不过小人,危害却波及宗庙社
稷和民众,不到宋朝灭亡就不停息。宋朝出现朋党,在神宗熙宁、元丰
年间最严重,在哲宗元祐、绍圣年间相互争斗,而造成的灾祸在徽宗之
世最为惨烈,其开端则是由仁宗景祐年间的诸位大臣开启的。

国家刚方挺直之正气,与敦庞笃厚之醇风,并行而不相
悖害。大臣任之,而非但大臣任之也。人主平其情,以不迫
行其用舍,慎其听,以不轻动于人言;则虽有小人,不伤君
子,其有君子,不患其有小人;而国是贞矣,而嚣凌息矣。前
乎景祐者,非无丁谓、王钦若之奸佞也。而王旦沮钦若之登
庸,马知节折钦若之匿奏①,张咏且死请戮尸以贸丁谓之头,
李迪誓死而斥丁谓之奸,王曾且独任窜谓之举,而不劳廷臣
之交击。故钦若、谓非无邪党,亦以讦讼不行,而但偷容容
之福;胡旦、翟马周、梅询、曾致尧之徒②,或乍张而终替,或
胸缩而不前。盖大臣以国之治乱、人之贞邪引为己任,而不
匿情于且吐且茹之交,授发奸摘伏之权于锐起多言之士。
故刚而不挠,抑重而不轻,唯其自任者决也。而天子亦不矜
好问好察之名,闻人言而轻为喜怒。则虽有繁兴之众论,静
以听君相之从违,自非田锡、孙奭任谏诤之职者,皆无能骋

其辩也。

【注释】

①马知节折钦若之匮奏：据《宋史·马知节传》，马知节为枢密副使时，王钦若为枢密使，知节鄙薄其为人，遇事敢言，每次廷议，王钦若所奏如果不当，马知节即当面驳斥。

②胡旦（955—1034）：字周父，滨州渤海（今山东惠民）人。受太宗赏识。后因教唆翟马周上书攻击李昉，被贬为坊州团练副使，后又任为工部员外郎。传见《宋史·胡旦传》。翟马周：即翟颖，本是一个布衣，靠帮人抄书维持生计。端拱元年（988）二月，知制诰胡旦草拟一篇奏疏，控告宰相李昉不关心边防事务，只知道饮酒赋诗。然后找到翟颖，恭维他是唐朝马周再世，让他击登闻鼓，用"翟马周"名义，向皇帝上书。

【译文】

国家的刚强方正挺拔正直的正气和敦厚笃厚的淳朴风气，并行而不相悖相害。大臣要承担培养和维护的责任，但又不是仅由大臣来承担的。君主平静他的心情，由此而不急于对大臣进行任用或罢免，又要谨慎地听取言论，由此而不轻易被人们的言论打动；那么即使有小人，也不伤害到君子，只要有君子，就不用担心有小人；这样国家的大政就能保持正确，而纷扰嚣乱的议论就会停息了。在景祐之前，不是没有丁谓、王钦若这类奸佞。但王旦阻止对王钦若的重用，马知节当面驳斥王钦若的错误奏请，张咏甚至表示用死后戮尸来换取斩丁谓的头，李迪誓死驳斥丁谓的奸邪，王曾则独身一人做出流放丁谓的举动，而不用朝廷大臣交相攻击丁谓。王钦若、丁谓也不是没有邪恶的同党，但因为诬陷攻击不能得逞，而只能随从附和来求偷安之福；胡旦、翟马周、梅询、曾致尧之流，有的暂时得意而最终被罢免，有的畏缩而不敢向前。这是因为大臣都把国家的治乱、人们的正邪引为己任，而不是吞吞吐吐欲言又止来藏匿真情,却把揭发奸人隐恶的权力交给新进锐进的敢言之士。所以他们能做到刚正而不屈不挠,对奸邪之人抑制很重而不轻易放过,只由大臣担任职责者裁决。而天子也不以好问好察的名声自矜,听到人们的言论也不会轻易地为之喜怒。所以虽然也频繁出现众人议论,但发表言论的人都能安静地听从君主和宰相大臣的采纳与否,除了田锡、孙奭那种担任谏官之职的人,都不能放纵自己的善辩。

　　好善则进之,恶恶则去之,任于己以持天下之平者,大臣之道也。引之不喜,激之不怒,居乎静以听天下之公者,天子之道也。而仁宗之世,交失之矣。仁宗之求治也急,而性情之所偏倚者,宽柔也。宽柔者之能容物,人所知也。宽柔者之不能容物,非知道者不知也。至于前而有所称说,容之矣,未遽以为是,未遽以为非也。容之容之,而言沓至,则辩言者且将怒其所必怒,而终不能容。夫苟乐求人言,而利用其臧否,则君子小人莫能自必,而特以议论之短长为兴废。于是而小人之党,竞起争鸣;而自附于君子之华士,抑绰约振迅,饰其文辞,以为制胜之具。言满天下,蔚然可观,相传为不讳之朝。故当时士民与后世之闻其风者,所甚歆仰于仁宗,皆仁宗之失也。于是而宋兴以来敦庞笃厚之风,荡然不足以存矣。

【译文】

　　喜好善良就进用他,厌恶邪恶就罢掉他,由自己来任用他们而保持天下的公平,这就是大臣之道。引诱他不会喜,激怒他不会怒,居于冷静之中,听取符合天下公道的说法,这是天子之道。而在仁宗之世,这两者都失去了。仁宗求治过于急迫,而性情上偏重于宽柔。宽柔的人能包容人和事,这是人们所知道的。但是宽柔的人不能包容人和事,如果不懂得大道是不会了解这一点的。来到面前而有所论说,就容忍他了,不马上认为对,也不马上认为不对。就这样容忍而又容忍,于是言论纷至沓来,而辩论驳难之人就对他所愤可气的事感到愤怒,而最终就不能容忍了。如果乐于求得人们的言论,而善加利用言论中的是与非,那么君子小人无人能自信自己的言论必定被君主听取,只是因为议论有短有长而可能采纳或不采纳。于是小人的同党就会竞相起来发表言论而争相鸣说,而依附于君子崇尚华丽说辞的士人,也会用华美的言辞振奋而迅速地发表言论,修饰他们的文辞,作为辩论中的制胜工具。这样一来,言满天下,蔚然可观,人们也会传诵说这是不忌讳言论的时代。所以当时的士人与百姓以及后代听说这种风气的人,就对仁宗非常欣赏和崇尚了,这都是仁宗过于宽柔的过失。于是宋朝创建以来的敦朴宏大笃厚的风气,也就荡然不足以保存了。

抑考当时之大臣,则耆旧已凋,所仅存者,吕夷简尔。夷简固以讪之不怒、逐之不耻、为上下交顺之术,而其心之不可问者多矣。其继起当国能守正而无倾险者,文彦博也,而亦利用夷简之术,以自挫其刚方之气;乃恐其志不足以行,则旁求助于才辩有余之士,群起以折异己而得伸。韩、富、范、马诸公,虽以天下为己任,而不能自超出于此术之上。于是石介、苏舜钦之流[①],矫起于庶僚,而王素、唐介、蔡襄、余靖一唱百和[②],唯力是视,抑此伸彼,唯胜是求。天子无一定之衡,大臣无久安之计,或信或疑,或起或仆,旋加诸膝,旋坠诸渊,以成波流无定之宇。熙、丰以后纷呶嘈沓之习[③],已早见于此,而君犹自信曰:“吾能广听。”大臣且自矜曰:“吾能有容。”士竞习于浮言,揣摩当世之务,希合风尚之归,以颠倒于其笔舌;取先圣之格言,前王之大法,屈抑以供其证佐。童而习之,出而试之,持之终身,传之后进,而王安石、苏轼以小有才而为之领袖;皆仁宗君相所侧席以求,豢成其毛羽者也。乃至吕惠卿、邓绾、邢恕、沈括、陆佃、张耒、秦观、曾巩、李鹰之流④,分朋相角,以下逮于蔡京父子⑤,而后覆败之局终焉。呜呼! 凡此訾訾捷捷者,皆李沆、王旦所视为土偶,任其掷弃山隅,而不使司祸福者也。而仁宗之世,亟导以兴。其刚方也,非气之正也。其敦笃也,非识之定也。置神器于八达之衢,过者得评其长短而移易之,日刓月敝⑥,以抵于败亡。天下后世犹奖其君德之弘,人才之盛;则知道者之希,知治者之无人,抑今古之有同悲矣!

【注释】

①石介(1005—1045):字守道,又字公操,兖州奉符(今山东泰安)人。庆历三年(1043),范仲淹、富弼、欧阳修、杜衍等人被仁宗任用为高官,石介写《庆历圣德诗》,赞颂庆历新政,指责反对革新的夏竦等人为大奸。夏竦命佣人模仿石介笔迹,伪造石介致富弼的信,要废掉仁宗另立新君,致使范仲淹等人变法失败,庆历五年(1045),范仲淹等人相继罢职,石介也被列为朋党,贬为濮州通判。传见《宋史·石介传》。苏舜钦(1008—1048):字子美,梓州铜山(今四川中江)人。支持范仲淹的庆历革新,罢职后闲居苏州,后又起为湖州长史。传见《宋史·苏舜钦传》。

②王素(1007—1073):字仲仪,王旦之子,莘县(今山东莘县)人。不畏势权,正直敢言。传见《宋史·王素传》。唐介(1010—1069):字子方,江陵(今湖北荆州)人。仁宗明道年间,任监察御史里行、殿中侍御史、知谏院。以直声动天下。传见《宋史·唐

介传》。蔡襄(1012—1067)：字君谟，福建仙游人。蔡襄知谏院时，亦以正直敢言著称，与王素、唐介、余靖并称庆历四谏官。传见《宋史·蔡襄传》。余靖(1000—1064)：本名希古，字安道，号武溪，韶州曲江(今广东韶关)人。与王素、蔡襄等人，同以敢于进谏著称，曾提出"清、公、勤、明、和、慎"为"从政六箴"。传见《宋史·余靖传》。

③纷呶(náo)噂沓(zǔn tà)：纷呶，纷乱喧哗。噂沓，攻讦诋毁。

④吕惠卿(1032—1111)：字吉甫，泉州晋江(今福建晋江)人。对王安石变法曲意迎合。王安石去位后，他对安石极力排挤。后来章惇、曾布、蔡京等人执政，也畏恶其人，不敢引入朝内。传见《宋史·吕惠卿传》。邓绾(wǎn，1028—1086)：字文约，成都双流(今四川双流)人。王安石去位后，依附吕惠卿，王安石复相，又劾吕惠卿、章惇以讨好王安石。为人极为无耻，反复无常，遭到人们的责骂。传见《宋史·邓绾传》。邢恕(934—1004)：字和叔，郑州原武(今河南原阳)人。诌事蔡确，行职方员外郎。蔡京当权时，起为河东路经略安抚使，后又徙知太原等州府。传见《宋史·邢恕传》。沈括(1031—1095)：字存中，号梦溪丈人，杭州钱塘(今浙江杭州)人。仁宗嘉祐八年(1063)进士，熙宁年间为提举司天监、翰林学士、权三司使、知延州。晚年在镇江梦溪园，撰成《梦溪笔谈》一书，影响甚大。传见《宋史·沈括传》。张耒(1054—1114)：字文潜，号柯山，原籍亳州谯县(今安徽亳州)，后迁居楚州(今安徽淮安)。元祐元年(1086)，参加太学学士院考试，与黄庭坚、秦观、晁补之同被拔擢，称"苏门四学士"。传见《宋史·张耒传》。秦观(1049—1100)：字少游，一字太虚，号淮海居士，别号邗沟居士，扬州高邮(今江苏高邮)人。初为定海主簿、蔡州教授，后由苏轼拔擢，为苏门四学士之一。传见《宋史·秦观传》。李廌(zhì，1059—1109)：字方叔，号德隅斋，又号齐南

先生、太华逸民,华州(今陕西华县)人。应举落第,定居长社(今河南长葛县)。其文章颇受苏轼欣赏,称他的才华为万人敌,后又称他可与张耒、秦观相比。苏轼与范祖禹准备向朝廷推荐,因离职而未成。传见《宋史·李廌传》。

⑤蔡京父子:蔡京前有注,其长子蔡攸(1077—1126),字居安,徽宗宣和五年(1123)至钦宗靖康元年(1126),领枢密院事。不理政务,只知在帝侧论道家神变之事,演市井淫秽之戏以邀宠,为争权而与其父反目为仇,互相倾轧。后被贬诛死。传见《宋史·蔡攸传》。

⑥刓(wán):削,损坏。

【译文】

再来考察当时的大臣,则老臣已经凋零,仅存的老臣只有吕夷简了。吕夷简本来是讪骂他而不怒、驱逐他而不以为耻、对上下都要顺从,而他的实际想法如何就无法多问了。其后起用的宰相是文彦博,他执掌国家大政能守正道而不搞倾轧奸险的事,但他也用吕夷简的方法,锉掉自己的刚直方正之气;而怕自己的想法得不到充分施行,就广泛寻求富有才能和辩说能力的士人,让这种人形成群体来排挤异己而使自己的意图得以实现。韩琦、富弼、范仲淹、马知节等大臣,虽然也能以天下为己任,但不能让自己超越这种方法。于是石介、苏舜钦之流,就从属官中矫然崛起,而王素、唐介、蔡襄、余靖等人随之一唱百和,只看谁的力量大,压抑一方而伸扬另一方,只是要在争辩中求胜而已。天子没有一定的衡量标准,大臣没有长治久安之计,于是形成了或加信任或加猜疑、一时起用一时罢免的局面,一会儿把他捧在膝上,一会儿又让他掉到深渊,造成了波浪起伏不定的局面。熙宁、元丰之后人们的各种议论争辩嘈杂沓至的习气,已在此时就能看到了,而君主还自信地说:"我能广泛听取人们的意见。"大臣也自矜地说:"我能容忍众人的意见。"士人竞相运用浮夸不实的语言,揣摩君主宰相当时想要做的事情,迎合一时的风气,在笔头口舌上颠来倒去;找来先圣的名句格言和前王的大法,根据自己的意思加以曲解来作为自己论说的佐证。从小就学习这类文章,出来参加科举考试还用这种文章笔法,并将这种文章和方法用于一生,传给后来的士人,而像王安石、苏轼这种小有才能的人就成了他们的领袖;这都是仁宗君主与宰相们宽容谦恭所追求的,于是就使一批通过迎合君主和宰相需求的人如毛羽一样产生和发展起来了。于是就有吕惠卿、邓绾、邢恕、沈括、陆佃、张耒、秦观、曾巩、李鹰之流,分为朋党而相互角斗,再往后就是蔡京父子,最后就让宋王朝以覆败灭亡告终。呜呼!凡是这一类务求诋毁他人、频频发出言论的人,都是李沆、王旦视为泥偶的人,放手把他们抛弃在山脚下,而不让他们掌管有关国家祸福的事务。可是在仁宗之世,却急迫地引导这类人物出现。大臣的刚直方正,不是正气。他们的敦朴笃厚,并非确定无移的真知灼见。把国家权力放在四通八达的道路上,路过的人都能评论它的长短而加以改变,每日每月加以改变而使它不断敝坏,以至于败乱灭亡。天下后世却还赞扬这个君主的品德宽宏,人才兴盛;可知真正懂得大道的人之稀少,懂得治国者实无一人,对这种情况,无论古人今人都会有同样的悲伤了!

　　按仁宗之世,所聚讼不已者,吕夷简、夏竦之进退而已①。此二子者,岂有丁谓、王钦若蠹国殃民已著而不可掩之恶哉?夷简之罪,莫大于赞成废后。后伤天子之颊,固不可以为天下母,亦非甚害于大伦。竦之恶莫大于重诬石介。而介之始进而被黜,以争录五代之后②,亦宋忠厚之泽过,而无伤于教化;矜气以争,黜之亦非已甚。而范、余、欧、尹遽群起以去国为高③,投滴水于沸油,焰发而莫之能遏。然则吕、夏固不足以祸宋,而张逐虎之网,叫呼以争死命于麐兔④，何为者邪？天子不慎于听言，而无恒鉴；大臣不自秉国成，而奖浮薄；一彼一此，以气势为荣枯，斯其以为宋之季世而已矣。读其书，言不可胜求也；闻其名，美不可胜传也。即而察之，外强而中枯；静而诊之，脉浮而筋缓；起伏相代，得失相参。契丹胁之，而竭力以奉金缯；元昊乘之，而兵将血于原野。当时之效，亦可睹矣，奚问后世哉！

【注释】

① 夏竦（sǒng，985—1051）：字子乔，江州德安（今江西德安）人。仁宗天圣年间任参知政事，庆历年间任宰相，死后谥"文正"，因其奸邪，人们认为不宜谥"正"，改谥"文庄"。为人贪婪阴险，曾陷害欧阳修、富弼等人。传见《宋史·夏竦传》。

② 争录五代之后：据《宋史·仁宗纪》，明道二年，下诏录周世宗及高季兴、李煜、孟昶、刘继元、刘铢的后人。景祐二年，又下诏录五代及诸国君主的后人。据《宋史·石介传》，石介对此上书论说朝廷不当求五代及诸伪国后加以录用。

③ 范、余、欧、尹遽群起以去国为高：范、余、欧、尹，指范仲淹、余靖、欧阳修、尹洙。宋仁宗景祐三年（1036），权知开封府范仲淹进《百官图》，因宰相吕夷简专权、用人惟亲而发。吕夷简诬告范仲淹荐引朋党、越职论事、离间君臣。范仲淹被贬饶州知州。余靖上书称仁宗屡逐言事者，钳天下之口，也被贬监筠州酒税。馆阁校勘欧阳修亦斥责司谏高若讷不主持公道，是不知人间有羞耻事。馆阁校勘尹洙也替范仲淹申辩，欧阳修和尹洙都被贬到外地。范、余、欧三人前已有注。尹洙（1001—1047），字师鲁，河南（今河南洛阳）人，世称河南先生。范仲淹因指责丞相吕夷简被贬饶州，尹洙上疏言与仲淹义兼师友，当同获罪，于是也被贬官。

传见《宋史·尹洙传》。

④麕(jūn)：即俗称的獐子。

【译文】

在仁宗之世，人们聚讼不已的事情，是关于吕夷简、夏竦二人的官职进退而已。这二人，难道有丁谓、王钦若那种害国殃民的明显而不可掩盖的大恶吗？吕夷简的罪过，没有比协助仁宗废黜郭皇后更大的了。郭皇后划伤了仁宗的脸颊，本来不能作为天下母仪，但也不是严重危害国家大政的事。夏竦的恶行，没有比诬陷石介更大的了。而石介开始被进用而又被罢免，是因为他争论关于录用五代诸国后人的事情，这也是宋王朝对前代君主后人的忠厚恩泽有些过度，但石介的论争也未伤害教化；只是凭着意气来论争，罢免他也不过分。而范仲淹、余靖、欧阳修、尹洙等人马上就群起攻击夏竦，而以不惜离开朝廷中的职位为高尚，这样做就像把水滴入烧沸的油中，火焰发作起来而无人能遏止。这样看来，吕夷简、夏竦本来不足以祸害宋朝廷，可是人们却要张开驱逐老虎的网，呼喊着拼死命来与獐兔相争，这是为什么呢？天子在听取言论上有所不慎，而没有持久的标准；大臣不自掌国家大政，而鼓励只会用浮薄之言的人；彼此之间，只是以气势的强弱作为荣耀枯萎的标准，这种做法于是一直延续到宋的末年才结束。读他们的书，言论多得数不胜数；听他们的名声，美好得传不胜传。靠近了来观察，则是外强而中干；平静地加以诊断，则是脉搏虚浮而筋力松缓；起伏不断相互代替，其中各有得失。契丹前来威胁，就竭力献上金帛；元昊乘机挑战，而宋朝士兵将领的鲜血就洒在原野。当时这些君臣治国的功效，由此也就可以看到了，哪里还用问对后世的影响呢！

七

古者人得进谏于君，而谏无专官，不欲天下之以言为尚也。圣王乐闻天下之言,而恶天下之以言为尚;上下交责于己,而不攻人以求胜;治之所以定,功之所以成,俗之所以淳,乱之所以讫也。谏之有专官,自萧梁始,而唐因之。谏有专官,则以言为职矣。以言为职,则以言为尚矣。以言为职,欲无言而不可;以言为尚,求所以言者,但可言而即言之。于是进不揆于理,退不信于心;利其所病,病其所利,贤其所不肖,不肖其所贤;时之所趋,意之所动,闻见之所到,曲折以薪乎工,矫揉以成其是;科条繁而搏击鸷,枝叶盛而蔓延张,唯其所尚,以称其职,无不可言也。《易》曰:"乱之所繇生,则言语以为阶。"职此谓矣。

【译文】

古代人能向君主进谏,而没有专门的进谏之官,这是不想让天下人都崇尚进言。圣王乐于听到天下人的言论,但厌恶天下人都崇尚进言;上下交相责备自己,而不攻击别人以求驳倒别人;大治就由此而确定,事功就由此而完成,风俗就由此而淳朴,祸乱也就由此而终止。进谏有了专门官员,是从南朝萧梁开始的,唐代沿袭了这个制度。进谏有专门的官员,就以进言为专职了。以进言为专职,就以言论为高尚了。以进言为专职,想没有言论就不可能了;以进言为高尚,求他所以来论说的,就是只要可以论说的就会来论说它。于是进而不以理为准,退而不自信于内心;他的进言就会把弊说成利,把利说成弊,还会把不肖说成贤,把贤说成不肖;对于时势的趋向,心意的触动,见闻的所到,都会极尽手段来求得巧妙的论说,随意扭曲以证成论说的正确;在论说中引用繁多的科条,而对人的攻击就会凶狠,所说的事情枝叶繁多而非常蔓延,只知按照自己崇尚的事来进言,以求达到称职的目的,这样就没有什么事不可以进言了。《周易·系辞》里说:"祸乱产生的缘由,是以言语作为阶梯的。"就是说这种事情。

　　乃唐之有专官也,隶于门下省①,则与宰相为僚属,而听治于宰相,法犹善也。所以然者,天子之职,论相而已矣。论定而后相之,既相而必任之,不能其官,而唯天子进退之,舍是而天子无以治天下。夫天子无以博察乎人之贤奸而悉乎民之隐志,唯此一二辅弼之臣寄以子孙黎民者,为其所谨司。然而弗能审焉,则天子无以为天下君。若夫必置谏官以赞其不逮者有故:大臣者,一谏而善道之,再谏而昌言之,三谏而危言之;然而终不庸焉,则引身以退,大臣之道也。故唯宗社安危,贤奸用舍,生民生死之大司,宰相执之,以弼正天子之愆,而自度其去就。若夫天子一言之不合,一动之不臧,好尚之不端,喜怒之不节,见端于微,未形于大,宰相屑屑然以力争,争而不从,不从而不去,则辱其身;不从而急去,则遗其君。故宰相必靳于其小,而以封驳争论之权授之谏官,而后宰相得以持其大,而为进退之大经。故唐之制犹善也。

【注释】

　　①门下省:魏晋至宋的中央最高政府机构之一。东汉时设侍中,侍从皇帝左右,赞导众事,顾问应对。晋代设门下省,为皇帝的侍从机构。南北朝时权力扩大,北朝政出门下,成为中央政权机构之一。隋唐时与中书省同掌机要,共议国政,负责审查诏令,签署章奏。长官称侍中或纳言、左相、黄门监等,下有黄门侍郎、给事中、散骑常侍、谏议大夫、起居郎等官。宋初,门下省仅主朝仪

等事,神宗元丰时,增加审查诏令的职权。南宋初,中书与门下
合并为一。

【译文】

　　而唐代有进言的专官,隶属于门下省,为宰相的僚属,要听从宰相
的指令而被宰相管理,作为制度还是好的。所以如此,是因为天子的职
责,只是讨论宰相的人选而已。论定之后就以其人为宰相,任命为相之
后就必定要用他,在宰相职位做不好时,就只由天子来罢免他,除了这
个办法,天子无法治天下。天子无法广泛观察人们的贤良奸邪而全部
了解民众的心愿,只有这一两个辅政的宰相可以把子孙、黎民百姓托付
给他,让他为天子谨慎地主持国事。然而如果不能审察宰相大臣,那么
天子就不能成为天下的君主。必须设置谏官来协助天子了解不能顾及
的地方也有其原因的:大臣向天子进谏,第一次进谏时要委婉论说,第
二次进谏要直言不讳,第三次进谏则要说得严重,这样进谏了而终究不
被听取采纳,就引身而退,这是大臣之道。所以与宗庙社稷的安危、贤
人奸人的进用和罢免、百姓生死相关的大事,由宰相来掌管,来辅助和
纠正天子的过失,而自己则要衡量继续在任还是辞职离去。如果天子
的一句话与自己不合,一个举动不善,喜爱的事情不正,喜怒没有节制,
在事情的苗头微小时发现了端倪,还没有发展到很严重,宰相就琐碎地
来争论,争论了天子不听从,不听从还不辞职,这就羞辱了自身;如果天
子不听从就急忙辞职离去,这是抛弃他的君主。所以宰相必须不放过
天子的小过失,而把驳回相关争论的权力交给谏官,而后宰相才能掌控
大的事情,而以此作为担任宰相之职或辞职离去的重大原则。所以唐
代的制度还是好的。

　　宰相之用舍听之天子,谏官之予夺听之宰相,天子之得
失则举而听之谏官;环相为治,而言乃为功。谏官者,以绳
纠天子,而非以绳纠宰相者也。天子之职,止此一二日侍密

勿心膂之大臣，弗能决择而委之谏官，则天子旷矣。天子旷
而繁言兴，如是而不乱者，未之或有。仁宗诏宰相毋得进用
台官，非中丞知杂保荐者毋得除授，曰："使宰相自用台官，
则宰相过失无敢言者。"呜呼！宋以言语沓兴，而政紊于廷，
民劳于野，境蹙于疆，日削以亡，自此始矣。

【译文】

　　宰相的任用和罢免取决于天子，谏官的任命与罢免取决于宰相，天
子的得失则全部由谏官负责；相互配合着来治理政务，进言才能取得成
功。谏官，是来纠正天子的，而不是纠正宰相的。天子的职责，只是与
一两个每日侍从在身边而涉及机密大事的心腹大臣相处，对宰相的人
选不能选择决定而交给谏官，那么天子就失职了。天子失职就会使繁
多的言论出现，如此而不形成祸乱的，是不曾有的。仁宗诏令宰相不得
进用台谏官员，不是由御史中丞等官加以了解和相互保荐的人就不准
任用为谏官，还说："让宰相自己任用台谏官员，那么宰相的过失就无人
敢进谏了。"呜呼！宋朝因为言论杂沓而出，使朝廷的国政变得紊乱，民
众在田野中十分辛劳，而边疆的国土日益减少，整个王朝日益削弱而致
灭亡，就是由此开始的。

　　且夫宰相之非其人，有自来矣。上之所优礼而信从者，
必其所喜者也。下之诡遇而获上之宠任者，必上之所歆者
也。上喜察察之明，则苛烦者相矣。上喜呴呴之恩，则柔茸
者相矣。上贪黩武之功，则生事者相矣。上利锱铢之获，则
掊克者相矣。上耽宴安之逸，则擅权者相矣。上逐声色之
欲，则导淫者相矣。上惑佛老之教，则妖妄者相矣。上寄耳
目于宦寺，则结奄竖者相矣。上委国政于妃嫔，则交宫禁者

相矣。天下不患无君子,而不能获上于所不好。天下不能无小人,而不能惑上于无所迷。故谏官以其犯颜无讳之危言,绳之于早,纠之于微,则木不腐而蠹不生,形不污而影不黯;宰相之可否,入明鉴之中,莫能隐蔽。又岂待谏官之毛举细过以加其上,而使不足以有为乎?

【译文】

　　而且宰相不是合适的人选,也有其来由的。君主所优待而信从的人,必是他所喜欢的人。臣子通过不正当的手段而获得天子的恩宠,这种人一定是天子所喜欢的。天子喜欢明察一切,就会让对人苛烦检查的人任宰相。天子喜欢温和的恩惠,就会让温柔的人任宰相。天子贪图黩武战功,就会用挑起战端的人任宰相。天子喜欢把微小的金钱也积累起来,就会是残暴剥夺民利的人任宰相。天子喜欢宴享安适逸乐,就会让擅权的人任宰相。天子追逐声色欲望,就会用引导他荒淫的人任宰相。天子迷惑于佛教道教,就会是妖妄的人任宰相。天子让宦官做自己的耳目,就会是与宦官相勾结的人任宰相。天子把国家大政交给嫔妃,就会是与后宫之人交往的人任宰相。天下不用担心没有君子,但君子不能做天子所不喜好的事而获得天子的信任。天下不能没有小人,但小人不能用天子所不迷恋的东西迷惑天子。所以谏官用他们冒犯天颜而无所避讳的直言,在天子的过失还处于早期、还很微小时就加以纠正矫正,那么木就不腐烂而蠹虫也不会产生,身子不曾污秽而身影不会黯淡;宰相是否合适,就能进入天子的明鉴之中,无人能够隐藏。哪里又要等着谏官列举宰相的微细过失,而使宰相不足以有所作为呢?

　　是道也,自天子以至于修士,未有不以此为听言之经者也。言之益也,在攻其过,而诏以其所不知。然而有辨矣。

或听言而悟,或听言而迷。刚愎以自用,则祸至而不知。无主而听荧,则衅生于不审。故曰乐闻天下之言,而恶天下之以言为尚。道之迹相背而实相成者,唯君子能辨之。

【译文】

这个道理,从天子到正在学习的士人,都会以此作为听取言论的准则。言论的好处,在于批评他的过失,而使他看到所不知道的过失。然而在此还要有所分辨。有的人听了人家的进言就醒悟,有的人听了人家的进言却迷惑。刚愎自用的人,就会灾祸到了而不知道。没有主见的人,听了人家的进言就会迷惑,就会在不细加审查的情况下产生祸隙。所以说乐于听天下的进言,而厌恶天下都崇尚进言。道的外在行迹相互背反而实际则相互辅成,只有君子能明辨其中的道理。

有言于此,攻己之失而尽其辞,君子之所乐也。言虽不当,抑必有当焉者矣。即无所当,而不欲拒之以止人之忠告也。有言于此,攻人之失而发其隐,君子之所恶也。言虽非私,必有私者伏矣。即果无私,而不欲行之以启人之讦谤也。故君子之听言,止以自攻。

【译文】

有人在此发表言论,批评我的过失而全部表达出来,这是君子所乐意的事。他说的话虽然不得当,但一定会有得当的地方。即使没有得当的地方,也不想拒绝他来制止别人的忠告。有人在此发言论,攻击另一人的过失而且揭发此人的隐私,这是君子所厌恶的。此人的言论虽然不是为了私事,但一定有私心隐藏在其中。即使果真没有私心,也不想按他说的做而引起人们的相互攻击诽谤。所以君子听别人的言论,只用来批评自己的过失。

岂徒天子之于宰相为然邪？百执之得失，有司之功罪，司宪者治之矣。天子以含弘之德临其上，育其才而进之以所未逮。人乃以自劝于修为，而乐效其职。而越位以持人之短长者，矫举纤芥，摘发暮夜，以败人之名节而使自弃，固明主之所必远。

【译文】

难道只有天子与宰相是这样的吗？百官的得失，有关部门的功罪，负责监察的官员会加以治理。天子用宽容包含的大德君临其上，培育人们的才能而让他的不足得以长进。人们就会自己努力进行修养，而乐意尽力于自己的职务。但是越过职位来议论别人长短的人，用不实之词列举别人的微细过失，揭发别人夜晚的琐事，用来败坏别人的名声而使别人自暴自弃，这本来就是贤明的君主必须远离的。

抑岂徒天子之听谏官为然邪？庶士之族，亦有亲疏；闾里之交，亦有此耦；其离其合，自以其伦而为厚薄。而浮薄之士，喜谈臧否者，攻其所不见，述其所未闻，以使猜疑，固修士之所必绝。

【译文】

难道只有天子听取谏官的进言是这样的吗？庶民士人的宗族，也有亲疏；街坊里巷的交往，也有来往的朋友；相互之间有离有合，自然是根据他们的同类而有厚薄的不同。但轻浮浅薄的士人，喜欢对别人评头论足，用人家没见到的事攻击某人，用人家没听过的事说某人的坏话,使人产生猜疑,这本来就是修身的士人所必须要断绝的。

　　且岂徒攻人之过以相排陷者为然邪? 朝则有章,家则有法;先王之精意,不可以小利疑其不宜;先正之格言,不可以私心度其未至。而称引繁杂,琐陈利害,快愚贱之鄙心以要誉,乘时势之偶然以改图。一人之识,而欲尽天下之理;一端之得,而欲强百致之齐。凭臆见以亏短成法,倚古语以讥驳时宜,言不如其心,心不如其理,穷工极变,以蛊人心而乱常道。尤有道者之所必绝,而不使敢干①。

【注释】
　　①干(gān):冒犯,冲犯。
【译文】
　　而且难道只是攻击人家的过失来相互排挤是这样的吗? 朝廷有自己的制度,家族有自己的规矩;先王的精微意旨,不能用小的利益来怀疑它是不适宜的;先代学者的格言,不能用私心来忖度它有遗漏的地方。有些人却对先王的精义和格言繁杂地征引,琐碎地陈述利害,使愚贱的鄙陋之心感到痛快来求得声誉,利用时势的偶然机会主张改革。靠一个人的见识,就想说尽天下的道理;一个事情上有所得,就想强行把所有的事物都一样看待。凭着臆见来说已定之法不够完善,依靠古人之语来讥讽批评现时的事宜,说的与心里想的不一样,心里想的与事理不相符,穷极工巧加以极端的变化,用来蛊惑人心而扰乱大经大道。这更是有道者所必须根绝的,不让他扰乱正道。

　　夫君子所乐听人言者,嗜欲之不戢,器识之不弘,学问之不勉,好尚之不端,喜怒之不节,动止之不庄,出话之不正。勿惮我之威，勿疑我之拒，勿薄我为不足言，勿恕我以姑有待。如石攻玉，必致其精；如绳裁木，必壹于正。则薰沐以求之，拜稽以受之，而唯恐其易尽。如其刚直之气，不以加我而以加人，则小臣仆妾且将不可以一言入而刑赏及之，况仅此一二坐论之元臣，而授荣辱之大权于悠悠之心口哉？

【译文】

　　君子乐于听别人的进言，是想通过别人的批评看到自己的嗜欲不能收束，器识不够宏大，学问不够勤勉，喜好不够端正，喜怒不够节制，举动不够端庄，出言不够正确。要让进言的人不惧怕我的威势，不怀疑我要拒绝，不轻视我是不值得进言的人，不宽恕我而姑且等待我。别人的进言要让它像拿着石来攻玉一样，一定要让玉达到精致；像用墨绳来裁木材一样，一定要让木材全都正直。因此就要沐浴己身后来求别人的进言，下拜稽首来接受别人的进言，还唯恐他的进言轻易就说完。如那种刚直之气，不用来要求我而去要求别人，那么就连小臣奴仆都将不能听进一句话而使刑罚奖赏加到身上，何况仅有这一两个坐而论道的宰相大臣，能把决定荣辱的大权交给那些庸俗的用心和言论吗？

　　自仁宗之为此制也，宰执与台谏分为敌垒，以交战于廷。台谏持宰执之短长，以鸷击为风采，因之廷叱大臣以辱朝廷，而大臣乃不惜廉隅[①]，交弹而不退。其甚者，有所排击以建其所欲进，而巨奸且托台谏以登庸，害乃伏于台辅。宰执亦持台谏之短长，植根于内庭，而假主威以快其报复。于是或窜或死，乃至褫衣受杖，辱当世之士，而好名者且以体肤之伤毁为荣。其甚者，布私人、假中旨，以居掖垣，而自相攻击,害又中于言路。季世之天下,言愈长,争愈甚,官邪愈侈,民害愈深,封疆愈危,则唯政府谏垣不相下之势激之也。仁宗作法之凉,延及五百年而不息。求如唐之谏官宰相同寮而不忧其容隐者,且不可得,况古之无人不可谏,用匡君德,而不以尚口为习俗者,养敦庞刚正之元气以靖邦家,其得失岂寻丈之间哉?

【注释】

①廉隅:为人有原则,重名誉。

【译文】

　　自从仁宗制定这个制度后,宰相与台谏之官就分成敌对的营垒了,在朝廷中相互交战。台谏官员抓住宰相大臣的短处,以猛烈攻击他们作为自己的风采,因此就在朝廷上叱责大臣而使朝廷受辱,而大臣也不顾惜自己的品行,受到人们交相弹劾也不退职。其中严重的,还对台谏官员进行排挤打击来任用自己想进用的人,而大奸之人也靠台谏官员的吹捧而升到宰相之位,这就使祸害隐藏在台谏和辅臣之中了。宰相大臣也抓住台谏官员的短处,在朝廷中培植自己的人手,借着君主的威严对台谏进行报复而获得快意。于是有的人被流放,有的人被害死,甚至于被脱下衣服用棍棒责打,羞辱当世的士人,而爱好出名的人以自己身体肌肤的受伤被毁为荣耀。更有甚者,安插私人亲信,假借帝王的旨命,因身居朝廷大权中枢之地,而与他人相互攻击,祸害又伤及进言的官员。到了宋朝晚期,天下的言论越来越多,争斗越来越烈,官员的邪恶越来越重,民众受到的祸害越来越深,国家的疆域越来越危险,这只是朝廷中的谏官与宰相互不相让的形势激化而成的。仁宗制定这一制度在道德上的浇薄,延续了五百年还没停息。要找到像唐代谏官与宰相同处一个部门而不用担心他们包庇隐瞒,都已经得不到了,何况古代任何人都可进谏，用来匡正君主的德行，但不崇尚口头言论以形成风气，而是培养敦厚宽宏刚烈正直的元气来安定国家，两相比较，其间的得与失哪里是在丈尺之间呢？

自仁宗之为此制也，吕夷简即以逐孔道辅等十人^①，而余靖、孙沔旬日再窜^②。廷臣水火之争，迄于徽、钦，无日无人不争为鼎沸。论史者犹以为善政，则甚矣一曲之士，不足与言治道也！

【注释】

①孔道辅(987—1040)：字原鲁，初名延鲁，孔子四十五代孙。仁宗时曾任御史中丞、兖州知府等，仁宗欲废郭后，道辅与范仲淹等人极力劝阻，后被宰相张士逊陷害，贬知郓州，途中发病而死。传见《宋史·孔道辅传》。

②孙沔(996—1066)：字元规，越州会稽(今浙江绍兴)人。仁宗时曾任湖南路、江西路安抚使、枢密副使等。因残民不法，被劾致仕。传见《宋史·孙沔传》。

【译文】

自从仁宗制定这种制度，吕夷简就用它赶走了孔道辅等十个人，而余靖、孙沔十几天时间被两次流放。朝廷大臣如同水火不相容一样地争斗，一直到了徽宗、钦宗时期，没有哪一天没有人不争斗得如同鼎沸了一样。评论历史的人还说这是善政，那这类士人的认识也太褊狭了，是不足以与他们来讨论治国之道的！

八

元昊之必反，弗待其后事而知之。今立于五百年之余，不揣而信其必然,况当日乎? 粤自继迁之死,子弱国危,弗能制其死命,漫曰以恩致之,实则输锦绮以献笑,丐其不相凌暴而已。于是而西陲撤备,将帅戢身,戍兵束手者,垂三十年,而昊始反。计德明之世,无亡矢折镞之患,拥盐池苑马之资,藉中国金缯之利,休养其人,以矍岸于河山险固之地①,虽微元昊,且将鹰饱而飞;况昊以雄狡之才,中国久在其目中,而欲使弭耳以驯于柙也,庸可得乎?

【注释】

①矍(ào):通"傲"。矍岸,即傲岸,本指高傲、自豪;这里指高居,居高临下。

【译文】

元昊必定反叛,不用等以后的事就能知道。如今处在五百年之后,不用多想就相信那是必然的,何况当时呢? 早在李继迁死后,他的儿子弱小而国家危险,宋朝廷不能制他的死命,漫称用恩惠使他顺服,实际上却是送给他礼物而向他献媚,求他不对我凌暴而已。于是就在西部边境撤除了防备,让将领收敛、戍守的士兵束手,这样将近三十年,元昊才反叛。这样看来在李德明之世,没有用兵战败的忧患,拥有盐池养马的资源,借着中国送来金帛的利益,休养他的人民,在河山险要坚固地区居高临下,即使没有元昊,也将会如老鹰一样吃饱了而一飞冲天;何况元昊凭借着雄强狡诈的才能,中国的情况长期以来就被他看在眼里,而想让他俯首帖耳在笼子里驯服,哪里能做到呢?

于是而宋所以应之者,固宜其茫然也。种氏以外①,无一人之可将,中枢之地,无一策之可筹。仅一王德用之拥虚名,而以"貌类艺祖、宅枕乾冈"之邪说摇动之②,而不安于位。狄青初起,抑弗能乘其朝气、任以专征,不得已而委之文臣。匪特夏竦、范雍之不足有为也③,韩、范二公,忧国有情,谋国有志,而韬钤之说未娴,将士之情未浃,纵之而弛,操之而烦,慎则失时,勇则失算。吟希文"将军白发"之歌,知其有弗获已之情,四顾无人,而不能不以身任。是岂足与狡诈凶横之元昊争生死者哉? 其所用以直前者,刘平、石元孙、任福④,阘茸轻脆之夫也⑤。则昊之不能东取环、延,南收秦、陇,以席卷关中者,幸其无刘渊、石勒之才也。

【注释】

① 种(chóng)氏:种氏三代为宋代防守西北的名将,号"种家军"。第一代为种世衡(985—1045),字仲平,是宋初大隐士种放的侄子,北宋种家将的开山之人,洛阳(今河南洛阳)人。仁宗时守卫西部边境,使儿子种谔和孙子种师道都在西北边境出任经略安抚使。传见《宋史·种世衡传》。种谔(1027—1083),字子正,种世衡之子。与兄种古、弟种谊均为将才,号为"三种"。种师道(1061—1126),字彝叔,原名建中,因避讳宋徽宗建中靖国年号,改名师极,后徽宗赐名师道。父亲为世衡第七子种记。传见《宋史·种世衡传附种师道传》。

② 艺祖:出自《尚书·舜典》:"归,格于艺祖,用特。"后来用为开国帝王的通称。这里指宋太祖赵匡胤。

③ 范雍(981—1046):字伯纯,太原(今山西太原)人。仁宗时任工部郎中、右谏议大夫、枢密副使、河南知府等。传见《宋史·范雍传》。

④ 刘平:生卒不详,字士衡,祥符(今河南开封)人。任大理评事、监察御史、侍御史。康定元年(1040),宋夏延州(今陕西延安)之

战,刘平与石元孙奉命增援延州,恃勇轻敌,贸然轻进,遭西夏军偷袭,伤亡惨重,刘平退至三川口(今陕西志丹南)附近,向黄德和求援,黄德和逃跑不救,刘平、石元孙被元昊俘获,刘平后卒于西夏。传见《宋史·刘平传》。石元孙:生卒不详,石守信的孙子,三川口之战中,与刘平从庆州来援,战败被俘,宋夏议和后放还。任福(981—1041):字佑之,先为河东人,后徙居开封。因夜袭白豹城而成名。康定二年(1041),西夏攻渭州,统军迎击,中敌诱兵之计,至六盘山下,被包围而战死。传见《宋史·任福传》。

⑤闒(tà)茸:卑贱,低劣。

【译文】

于是宋王朝用来应付他的办法,自然就会很茫然了。种氏以外,没有一个人可以任将,朝廷中枢里,没有一条策略可以筹划。仅有一个王德用拥有知枢密院的虚名,但是人们却用"王德用相貌类似太祖,他的府宅处于乾卦之位的山冈上"的邪说来动摇君主对他的信任,让王德用不能安心处在知枢密院的职位上。狄青刚刚显示能力的时候,也不能乘着他有朝气而委任他去专门出征,不得已而把西方边境的事务交给文臣。不只是夏竦、范雍对边境事务不能有所作为,就是韩琦、范仲淹两位大臣,真心忧国,也有志气为国家谋划,但对于用兵的学说不够娴熟,与将士的感情也不够融洽,放纵军队就使战备松弛,抓紧控制又会造成烦琐,谨慎起来就错失战机,敢于作战的时候又谋划失算。吟诵范仲淹的"将军白发"的诗句,就知道他有不得已的心情,环顾四周没有可用的人才,而不能不靠自己来承担。这哪里足以与狡诈凶横的元昊进行生死争斗呢?仁宗所用来率军作战的,不过是刘平、石元孙、任福这一类无能轻率脆弱的武夫。那么元昊不能向东攻取环州、延州,南下占领秦陇地区,然后席卷关中,这是幸亏他不具备刘渊、石勒等人的才能而已。

故韩、范二公之任此，良难矣。三十年间，执国柄以赞庙谟者谁邪？李沆四方艰难之说，无可告语，而仅以属之王旦，旦亦弗能效也。曹玮忧元昊之状貌非常，不得昌言，而仅以语之王鬷①，鬷固弗能信也。君饰太平以夸骄虏，臣立异同以争口舌，将畏猜嫌而思屏息，兵从放散而耻行枚。率不练之疲民，驭无谋之塞帅，出入于夏竦、王沿之间②，吕夷简复以疲痹任心膂而可否其上，才即倍蓰于二公，亦弗能振宿萎之枝，而使翘然以起。则不能得志于一战，而俯首以和终，无足怪者。

【注释】

①王鬷（zōng，？—1040）：字总之，赵州临城（今河北临城）人。仁宗天圣年间（1023—1032）出使河北，过真定，曹玮说西夏元昊状貌异常，他日必为边患，要王鬷留意边防，防备西夏，鬷不以为意。后来元昊反叛，仁宗数问边事，鬷不能回答。宋军延州之战失利，仁宗怒，将王鬷与陈执中、张观罢相，不久得暴疾卒，谥"忠穆"。传见《宋史·王鬷传》。

②王沿（yán）：字圣源，大名馆陶（今河北馆陶）人。元昊出兵侵犯渭州，王沿率民守城，夏兵不得入。王沿好上书言事，论者以为无益，事后才知所言有理。传见《宋史·王沿传》。

【译文】

所以韩琦、范仲淹二位担任边境守卫的事务，实在是困难啊。三十年间，掌握国家大权来协助君主策划国家大事的人是谁呢？李沆只是说四方都很艰难，而没有更多地出谋划策，只是把事情交给王旦，而王旦也不能取得成效。曹玮担忧元昊的状貌不是通常人，但不能向朝廷提出更多的建议，只是告诉了王鬷，而王鬷本来也不会相信曹玮的说法。君主修饰太平来向骄狂的外敌夸耀，大臣互相间提出不同的政见而在口舌上争论不休，将领畏忌君主的猜疑而想着屏息小心不出差错，士兵被放纵散漫而以衔枚行军作战为耻。率领没有训练的疲惫之民，驾驭没有谋略的劣弱将帅，由夏竦、王沿轮流主持西部边境的事务，吕夷简又以麻木不仁的态度担任心腹大臣而在上决定大政方针，所以即使才能比韩琦、范仲淹加倍，也不能振兴早已枯萎的枝叶，而使它翘然上扬。既然是这样的情况，那么宋王朝不能下决心进行一次决战，而俯首以讲和告终，也就不足怪了。

乃以其时度其势，要其后效，宋之得免于危亡也，二公谋异，而范公之策愈矣。任福之全军覆没也，范公过信昊之可抚而堕其术中也。韩公力主进兵会讨，策昊之诈，而自戒严以行边，则失在范，而韩策为长。然范之决于议抚者，度彼度此，得下策以自全者也。

【译文】

就用当时的情况来判断形势，以求后效，使宋得以免于危亡，韩、范二公的谋略不同，相比之下，范公的策略就更为有效。任福全军覆没，范公过于相信可对元昊进行安抚而掉进他的骗术之中。韩公力主多路进兵会合讨伐元昊，考虑到元昊的狡诈，就自行戒严并巡行边防，在这一点上，失误在范公，而韩公的策略为优。但范公决定采取安抚政策，是考虑了彼我双方的情况，才找到这个下策以求自全。

古今有定势焉，弱者不可骤张而强，强者可徐俟其弱。故有不必危亡之势，而自贻以危亡者，以不可张之弱尝试而争乍张之强也。夫前之自萎以积弱而养昊之强者，已如彼矣。然彼虽强，而未尝无所惮也。以一隅而敌天下，则贫富不相若。以孤军而抗天下，则众寡不相若。内患未起，而人利于安存，则撼我也难。内治犹修，而人不思外附，则诱我也无术。固本自强，以待其疲，犹足恃也。而无识者，蹶然而起，以希非望之功。驱积衰之众，糜无益之财，投进有可前、退有可却之散地，挑进则利、却则死之狡寇，姑与薄侵其边疆，而堕其陷阱。一尝之而败矣，彼气增而我气折矣。再尝之、三尝之，而无不败矣，彼气弥增而我气折尽以无余矣。彼固未能如是其勇，我以勇贻之也。我且未必如是其怯，自教吾人以怯也。前之有所惮者，无可惮矣。有所疑者，无可疑矣。则虽有勇将劲兵以继其后，彼且无所惧，奋死以相搏，而势终不敌。元魏之于六镇，契丹之于女直，女直之于蒙古，皆是也。不然，以土地甲兵刍粮之富，率有余之众，卫久立之国家，以捍乍兴之小丑，奚其不敌，而瓦解以亡哉？

【译文】

　　古今事态都有一定的形势，弱者不能突然扩张而变得强大，对于强者则可以慢慢等待他变弱。所以虽有不一定危亡的形势，却会自己使自己危亡，这是因为用不可进行扩张的弱小尝试与突然扩张的强敌相争。以前的自我枯萎使己方积弱，而养成了元昊的强大，已像前面所说的那样了。但是敌方虽强，而未尝无所忌惮。凭着一隅之地与整个天下为敌，那么在贫富上是不能相敌的。凭着孤立的军队来与天下对抗，那么在人力的多少上也是不能相敌的。自己内部的患难还没有出现，人们就以平安生存为利，所以元昊要来撼我宋朝是很难的。宋朝的内部治国还是完好的,国人不想附顺于外敌,那么元昊要来引诱我方的人民也是没有办法的。加固根本使宋自强,以等待元昊的疲惫,这还是足以依赖的策略。而没有见识的人,突然跳起来,想求得不可指望的功劳。驱使积衰积弱的民众,浪费无益的钱财,把他们放在既可向前、又可后退的四散之地,去挑衅进军则有利、退却就会死亡的狡诈敌寇,姑且进逼侵犯他们的边疆,而落到他们的陷阱之中。一次尝试就战败了,敌方的士气大增而我方的士气受到挫折。再次尝试、三次尝试去进攻,结果是无不战败,敌方的士气更为增强,而我方的士气就损失殆尽而没有剩余了。敌方本来未能像这样勇强,是我方把勇气送给了他们。而且我方也未必如此怯弱,是自己教自己人懦弱的。此前敌方还有所忌惮,现在已经没有忌惮了;此前敌人还有疑虑,现在也没有疑虑了。那么我方虽然有勇敢的将领、强劲的士兵作为后继,敌方也将无所畏惧,奋死来相搏斗,而势头上终于不敌对方。元魏对于六镇,契丹对于女真,女真对于蒙古,都是这样的。不然的话,以土地、甲兵、粮草的富有,率领众多的军队,保卫立国长久的国家,来抵抗突然兴起的小丑,怎会不能抵挡而瓦解灭亡呢?

　　使如韩公徇夏竦之策,并数路之兵,同出一道,用争胜负,人怀异心,而投之虏穴。彼尽锐以攻其瑕,一将衅而全军骇溃,内地更无坚守有余之兵,岂徒鄜、延、泾、原之不可保哉[1]?关中糜烂,而汴、雒之忧亦棘矣。范公之镇延州也,兴营田、通斥候,修堡砦,种世衡城青涧以相策应,缓夏竦之师期,按兵不动,以观其衅。使得如公者以终其所为,财可充,兵可用,将可择,俟之俟之,元昊死,谅祚弱[2],无难折棰以收为外臣。即未能然,而不驱尝试之兵,送腰领以增其骄悍,金城屹立,士气犹存,元昊虽强,卒不能渡河而有尺土。

此范公之略，所繇愈于韩公者远也。

【注释】

①鄜（fū）：鄜州，治所在今陕西富县。泾：泾州，治所在今甘肃泾川。原：原州，治所在今宁夏固原。

②谅祚：李谅祚（1048—1068），西夏第二代皇帝，元昊的长子。即位后，母没藏氏以太后称制。太后死，太后兄没藏讹庞以女妻谅祚，把持国政。谅祚后杀讹庞及其家族。拱化五年（1067），诱杀保安军（今陕西志丹）宋将。又乘唃厮罗与契丹不和，率兵攻青唐城（今青海西宁），收降吐蕃首领禹藏花麻及木征等。传见《宋史·夏国上·谅祚传》。

【译文】

假使采用韩公向夏竦提出的策略，合并数路军队，同时向一个方向进军，用来争夺胜负，但是各路的人们各自怀着不同的心意，而把他们投到敌房的巢穴中。敌方会尽全部精锐来攻击我军的薄弱之处，一个将领战败就会引起全军惊骇和崩溃，内地再也没有多余的可以坚守的士兵了，哪里仅仅是鄜州、延州、泾州、原州不能保住呢？整个关中也会被蹂躏而糜烂，而对中原的汴京、洛阳的担忧也就变得严重起来。范公镇守延州，兴建营田、派出侦察、整修城堡寨垒，种世衡修建青涧城来与范公相互策应，但他推迟了与夏竦约定的会合时间，按兵不动，旁观战局的演变。假使能像范公设想的那样一直坚持到最后，就能使宋朝的钱财充足、军队可以作战、将领可以挑选，就这样不断地等下去，元昊死后，他的儿子谅祚弱小，不用折鞭就能把李谅祚收服为宋朝的外臣。即使不能这样，也不用驱使部队去尝试作战，送上自己的要害而增加对方的骄悍，而使我方的坚固防守屹立不倒，士气还得以保存，元昊虽然凶悍，最终也不能渡过黄河而占有我方的一尺土地。这就是范公的策略远超韩公策略的原因。

可移者石也，不可移者山也。无土以障之，则河不决；无水以溅之，则油不炎。使汉高以武帝之兵临冒顿，则汉必危；抑使杨镐、王化贞以范公之策保沈、辽①，则国必不毙。是道也，持于积弱之余，而以救其失者也。急庸人之所缓者，建威之弘略；缓庸人之所急者，定倾之成算。无事而嬉于堂，闻变而哄于市，今古败亡之券，可不鉴诸！

【注释】

①杨镐(？—1629)：字京甫，号风筠，商丘(今河南商丘)人。明万历二十四年(1596)，日本侵略朝鲜，他奉命经略援朝军务，明军在蔚山大败，被罢职。万历四十六年(1618)，建州女真叛乱，杨镐经略辽东，次年在萨尔浒(今辽宁抚顺东浑河南)战败，杨镐下狱，崇祯二年(1629)被杀。传见《明史·杨镐传》。王化贞(？—1632)：山东诸城人。萨尔浒之战后，王化贞任辽东巡抚。女真进犯西平堡，王化贞大败，广宁军全军覆没，广宁城失守，明军退至山海关。王化贞原是东林党人，此时背叛东林党，依附阉党魏忠贤，魏忠贤利用王化贞打击东林党人。崇祯继位后，对王化贞等人处以死刑。传见《明史·熊廷弼传附王化贞传》。

【译文】

可以移动的是石头，不可移动的是山。没有土来阻挡，河水就不会决口；没有水溅到油里，油也不会起火。假使汉高祖用汉武帝的军队来对冒顿，那么汉王朝就必定危险了；又假使让明朝的杨镐、王化贞采用宋代范仲淹的策略来守沈、辽，则明王朝必定不会灭亡。这个方法，在积弱之余来使用，能挽救积弱一方的不足。急速地把庸人拖延的事办好，这是建立威势的宏大战略；放缓庸人急于要办的事，这是使已经倾危的局势得以安定的成算。没有事的时候在朝廷上嬉戏，一听到边境有事就在闹市上哄吵，这是古往今来必定败亡的证据，能对此不加以借鉴吗！

九

人之不能有全才也，唯其才之有所独优也。才之所规，遂成乎量。才所独优，而规之以为量，则量穷于所规，规之内有余，而规之外不足。呜呼！夫孰知不足者之能止于其分，而无损于道；有余者求盈于所规之外，治之而实以纷之也。观于韩、范二公可见矣。

【译文】

人不能有全才，只要他的才能有独特的长处。才能有一定的限度，就决定了才能的度量。才能有独特的长处，受到限制而以此作为它的度量，那么它的度量只能用在一定的限度内，在限定的范围内是有余的，在限定的范围外就不足了。呜呼！有谁知道自己才能的不足而能不超出他的范围，又对大道没有什么损害？多余的才能想在才能的应用范围之外追求更多的效果，这样用他的才能来办事，实际上就会把事情搞得纷乱。这种情况只要看看韩、范二公就知道了。

韩公之才，磊落而英多，任人之所不能任，为人之所不敢为，故秉正以临险阻危疑之地，恢乎其无所疑，确乎其不可拔也。而于纤悉之条理，无曲体求详之密用。是故其立朝之节，直以伊、周自任，而无所让。至于人官物曲之利病，吉凶变动之机宜，则有疏焉者矣。乃以其长用之于短，其经理陕西也,亟谋会师进讨,而不知固守以待时;多刺陕西义勇^①,而不恤无实而有害;皆用其长而诎焉者也。若法度、典礼、铨除、田赋,皆其所短者。而唯其短也,是以无所兴革,而不启更张之扰。

【注释】

①刺陕西义勇:韩琦提出在陕西的民众中挑选二十万人组成民兵,称为义勇,在手上刺字以表示义勇的身份,但不作为正规部队,不派他们到边境戍边。司马光极力反对。宋英宗在治平元年(1064)实施了刺义勇的措施,组成了陕西义勇十五万人。

【译文】

韩公的才能,是为人磊落而多英豪之气,能承担别人不能承担的事,做别人不敢做的事,所以秉持正气来面对险阻危疑的局面,心胸恢广而无所疑虑,确切坚定而不可动摇。但他对于事物的纤细复杂的条理,就不能拿出经过详细考察的缜密措施。所以他立身于朝廷的节操,直接以伊尹、周公自任而无所避让。至于人物官吏间的曲折复杂的利害关系,吉凶变化的时势机宜,他在这些事情上就多有疏略了。却把他的长处用在他不擅长的地方,让他负责处置陕西边境面对元昊的事务,急切地策划会合部队出兵讨伐,而不知道固守以等待时机;在陕西征召许多民众组成义勇军,而不顾虑这样做没有实际效果而且会有危害;这都是想用韩公才能上的长处而不让它发挥所长。至于像国家的法度、典礼、选用官吏、征收田赋等事,都是韩公才能上的短处。而只是由于他有这些短处,所以他在制度上没有什么举措和变革,而没有引起改革制度的乱子。

　　而范公异是。以天下为己任,其志也。任之力,则忧之亟。故人之贞邪,法之疏密,穷檐之疾苦,寒士之升沈,风俗之醇薄,一系于其心。是以内行修谨,友爱施于宗族,仁厚式于乡闾,唯恐有伤于物,而恶人之伤物也独切。故以之驱戎,无徼功之计,而致谨于缮修自固之中策。唯其短也,而善用之,乃以终保西陲,而困元昊于一隅。若其执国柄以总庶务,则好善恶恶之性,不能以纤芥容,而亟议更张;裁幸滥,核考课,抑词赋,兴策问,替任子^①,综覈名实,繁立科条,一皆以其心计之有余,乐用之而不倦。唯其长也,而亟用之,乃使百年安静之天下,人挟怀来以求试,熙、丰、绍圣之纷纭,皆自此而启,曾不如行边静镇之赖以安也。

【注释】

①任子:父兄有功,可以保任子弟授予官职。范仲淹曾上书建议大臣不得荐子弟任馆阁之职,使任子之法不至于冗滥。

【译文】

而范公就与此不同。以天下为己任,这是他的志向。承担天下之事极为用力,于是他的担忧就特别急迫。所以人们的正邪、法度的疏密、穷民的疾苦、寒士的升降、风俗的厚薄,全都系于心头。所以他为人谨慎地修养个人的品行,对宗族的人施加友爱,在家乡以仁厚作为人们的表率,唯恐对物造成伤害,而厌恶人对物的伤害尤其严重痛恨。所以用他驱除外敌,就没有求取功名的用心,而采取了谨慎缮修城寨以求自固的中策。正是对他的短处善加利用,所以最终能保住西部边疆,把元昊困在一隅之地。如果他执掌朝廷大权来总管国家众多事务,就会因为他有喜好正义而厌恶邪恶的本性,不能容忍丝毫的邪恶,而急切地商议变革;裁减凭恩幸而多加任命的官员,核实对官员的考核,减去科举中的辞赋科目,重视科举中的策问科目,严格任子之法,综合考察名义与实际是否相符,建立许多条例规定,这都是因为他内心考虑得细致周密,乐意加以实施而不感到疲倦。这正是他的长处,但急切地加以使用,就使一百年来安静的天下,变得人人都挟着私心来到朝廷要求试用,熙宁、元丰、绍圣年间的纷纭混乱,都是由此而开始的,就不如镇守边境时采取安静无事的政策能使边境获得安宁。

繇是观之,二公者,皆善用其短,而不善用其长。故天下之不以用所长而成乎悔吝者①,周公而后仅见其人也。夫才之所优,而学亦乐赴乎其途;才既优之,学且资之,喜怒亦因之而不可遗。喜怒既行,而物之不伤者鲜矣。才注于斯,学效于斯,喜怒循斯以发,量之所规,不能度越乎斯,而欲以此概及乎规之所不至;则何如不足其所不足者,上怵心于天时,下增疑于物理,谨以待物之至,而治之以时,使可受益于天人,而量固未尝不弘远也。

【注释】

①悔吝:这是《周易》判断吉凶的术语,泛指不好的结果,令人悔恨或忧惧。《周易·系辞上》:"悔吝者,忧虞之象也。"

【译文】

由此看来,对韩、范二公,都善于使用他们的短处,而不善于使用他们的长处。所以天下没有因为用其所长而使人后悔不满,这在周公之后是极少见到的。才能有了这种长处,学问也乐于走同样的路;才能既已所长,学问也将会有所助益,因此喜怒也与之分不开。喜怒既已产生,而让物不受伤就很少了。才能集中于此,学问辅助于此,喜怒由此而产生,度量的适用范围不能超越于此,而想由此而达到适用范围之处;就不如知道自己的不足,向上在心中对天感到畏惧,向下对事物的道理增加疑问，谨慎地等待事物变化，根据时势加以治理，使它从天人那里都可受益，度量就不会不远大了。

才之英发者，扩而充之，而时履于危，危而有所惩则止。故韩公之于西夏，主战而不终，其刺义勇也，已敝而终改。若其折母后，定储位，黜奸奄，匡幼主，无所三思以直行其道，则正以不劳形怵心于细故，而全其大勇。而范公忧之已急，虑之已审，乃使纤曲脂韦之士，得依附以售其术，固自天下己任之日，极其量而不得有余矣。

【译文】

在才能上英气豪放的人，让它得到扩充，而有时就会行于危地，遇到危险有所惩戒后就停止。所以韩公对于西夏，主张开战而没有终究坚持，他主张刺义勇，事情已经敝坏而最终加以改正。至于他抑制母后的权力，确定太子的地位，废黜奸人宦官，匡助年幼的君主，没有反复思考就直接按照道义来做，就正是因为他没有费心费神考虑那些细小的枝节，而成全了他的大智大勇。而范公对天下之事极为担忧，思考得已很仔细，就使那些思考纤细详尽、为人阿谀圆滑的士人，得以依附他来兜售他们的奸术，本来从范公以天下为己任的那天，自己才能的度量就达到了极限而不能有余了。

苟为君子，则必知所敬矣。才所不足，敬自至焉。才所有余，不觉其敬之弛也。唯其敬也，是以简也。才所有余者，欲简而不能。才所不足者，欲不简而不得。简之必敬，敬则不容不简。以此而论二公，韩之蔽于所长者仅也，而范公已甚矣。天章阁开之后①，宋乱之始也。范公缜密之才，好善恶恶之量为之也。是以缜密多知之才，尤君子之所慎用也。

【注释】

①天章阁：宋真宗天禧四年（1020）营建，收藏真宗所集书籍。仁宗天圣八年（1030）置天章阁侍制，景祐四年（1037）置天章阁侍讲，庆历七年（1047）置天章阁学士、直学士。宋徽宗政和六年（1116）置直天章阁。学士、直学士、侍制均为侍从之职。南宋在临安府重建，藏图籍、符瑞、宝玩之物及宗室名籍，安奉宋历朝皇帝画像与即位前旌节，仍置学士等职。

【译文】

如果是做君子，就必定知道敬。才能有所不足，敬自然就会到来。在才能有余的地方，就不会察觉到敬心的松弛。正因为有敬，所以就会简约。才能有余的地方，想简约也做不到。才能不足的地方，想不简约也不可能。简约就一定会敬，敬就不能不简约。以此来论韩、范二公，韩公被他的长处蒙蔽的地方是很少的，而范公就严重了。天章阁的开设，就是宋朝内乱的开端。范公缜密的才能，喜欢正义、厌恶邪恶的度量使这种才能得到了应用。所以缜密而多知的才能，是君子特别要慎用的。

十

科举试士之法有三：诗赋也，策问也，经义也。宋皆用之，互相褒贬，而以时兴废。夫此三者，略而言之，经义尚矣。策问者，有所利用于天下者也。诗赋者，无所利用于天下者也。则策问之贤于诗赋，宜其远矣。乃若精而求之，要归而究之，推以古先圣王涵泳之仁、濯磨之义,则抑有说焉。

【译文】

　　科举考试士人的科目有三种:这就是诗赋、策问、经义。宋代三个科目都用,对采用三种科目各有褒贬,而根据时势或用或废。这三者,简略地说,经义最为尊高。策问,是对天下事务有所利用的。诗赋,对天下是无所利用的。那么策问应该是远远优于诗赋的。但要精细地考察它,从它的要点和目的来考究,再用古先圣王所涵泳的仁、所琢磨的义来推论,则中间还有事情需要论说。

　　经义之制,自唐明经科之帖经始。帖经者,徒取其记诵,则其待士者已末矣。引而伸之,使演其精意,而著为经义,道之所以明,治之所以定,皆于此乎取之。抑使天下之士,成童以后,日绅绎于先圣之遗书,以厌饫于道腴,而匡其不轨,故曰经义尚矣。然而不保其不敝者,习之斯玩之,玩之斯侮之,以仁义中正之格言,为弋利掠名之捷径。而支离者旁出于邪,疲苶者偷安于鄙,雕绘者巧乱其真,拘挛者法伤其气,皆所谓侮圣人之言者也。则明经而经以晦,尊经而经以亵,末流之所必趋,纠之以法,而法愈以锢人之心。是其为弊也,已弊而后知之,未弊之前,弊伏而不觉。故君子不能豫度士风之日偷,而废之于先。

【译文】

　　考试经义的制度,始于唐代明经科的帖经。帖经,只考士人对经书的记诵,那么以这种方法来考士人已是很差了。引而伸之,使士人推演经书中的精意而撰成经义,大道得以阐明,治国方策得以确定,都取之于此。还使天下的士人在童年以后，每天对先圣遗书的内容加以深入思考，来使他们充分享用道义的丰富内容，而匡正他们的不正，所以说经义是最尊高的。然而不能保证它没有弊端，学习经书就会狎玩经书，狎玩经书就会轻侮经书，拿经书中仁义中正的格言，作为弋取功利、获得声名的捷径。而支离破碎的人会朝不正的方向走上邪路，疲苶无能的人会在鄙陋中偷安，雕琢工巧的人会以工巧扰乱经义的真理，拘泥死板的人会损害经书的精神，这都是所谓侮辱圣人之言的人。那么明经科目的考试会使经义变得晦涩，尊重经书而使经书受到亵渎，末流的人必定会走上这样的方向，用法度来纠正他们，而法度更加禁锢人心。这是它的弊端，在出现了弊端之后才能知道，未出现弊端之前，弊端隐伏着不能察觉。所以君子不能预先估计到士人风气的日益苟且浅薄，而在事前就废除它。

而弊之显著于初者，莫诗赋若也。道所不谋，唯求工于音响；治所勿问，祗巧绘其茑花。其为无所利用于天下也，夫人而知之，夫人而能言之，则固不得与策问争长矣。策问之兴，自汉策贤良始。董仲舒《天人之对》[1]，历数千年而见为不刊。嗣起者，竞起以陈当世之务，为得为失，为利为病，为正为邪，为安为危，人百其言，言百其指，以争效之于天子。天子所求于士以共理天下者，正在于斯。以视取青妃白之章[2]，不亦远乎！然为此说者，抑未体乎先王陶淑之深心，以养士习，定国是，知永终之敝，而调之于早者也。

【注释】

①董仲舒(前179—前104)：广川(今河北枣强)人。汉景帝时任博士，讲授《公羊春秋》。"天人之对"，指汉武帝元光元年(前134)，

下诏征求治国方略,董仲舒奏上三篇策论,因首篇专谈"天人",故称"天人三策"。主要观点是罢黜百家、独尊儒术、天下大一统以及天人感应。董仲舒先后任江都王国相、胶西王国相,后辞职回家。著有《春秋繁露》。传见《汉书·董仲舒传》。

②取青妃白:指诗词的对偶。以青对白,以天对地之类。

【译文】

　　而弊端从开始就很明显的科目,以诗赋为最。诗赋一门并不谋求道的义理,只求在声音格律上写得工巧;治国的事不去过问,只求巧妙地描绘花鸟。这一科目对于天下没有用处,凡是人都会知道,凡是人都能说出,那它本来就不能与策问一争长短。策问一科的兴起,自汉代策贤良开始。董仲舒的《天人之对》,经历了数千年而被视为不刊之论。后来继起的,竞相起来论说当世的事务,事务为得为失、为利为病、为正为邪、为安为危,人们有成百种的说法,言论中有成百种的主张,争着向天子奉献。天子要与士人共同治理天下的目的,正在于此。拿来与讲究对偶辞藻的诗赋相比,不是远远超过它吗!但是倡导这一说法的人,并不是已经体会到先王陶冶士人的深刻用心,以此来培养士人的风气,确定国家的大政,并且知道其中会有影响长久至终的弊端,而能尽早加以调整。

　　夫先王之造士,岂不欲人抒其规画以赞政纪哉?乃汉之始策贤良也,服官之后,品行已征,成绩已著,三公二千石共保其为醇笃之儒①,而后策之。始进之士,固不以此为干禄之径,而自献以言,夫亦有深意存矣。道莫乱于多歧,政莫紊于争讼,士莫恶于揣摩天下之形势而思以售其所欲为。夫苟以策问进之,则士皆于策问习之。陈言不适于时,则倚先圣以护其迁,邪说不准于理,则援往事以文其悖。足未越乎闾门，而妄计九州之盈诎，身未试乎壁垒，而辄争一线之安危。于是诡遇之小夫，心胥史之心，学幕宾之学，依附公门以察其条教，窥探时局以肆其褒讥。人希范、蔡之相倾②，俗竞仪、秦之互辩，而淳庞简静之休风，斩焉尽矣。其用也，究以无裨于用也，其利也，乃以成其害也。言诡于下，听荧于上，而民不偷、国不仆者，未之有也。

【注释】

①二千石(dàn)：汉代官职等级的一种称呼，即郡守(太守)的通称。石是中国古代的一种容量单位，十斗为一石，汉代郡守的俸禄为两千石，即月俸一百二十斛，故称郡守为二千石。汉代官员的俸禄最高为一万石，其次是中二千石、真二千石、两千石、比二千石。

②范：指范雎(？—前255)。又写作范且，战国时魏国人，早年家境贫寒，后出使齐国，为魏中大夫须贾羞辱，后辗转入秦，出任秦相，辅佐秦昭王，提出"远交近攻"。传见《史记·范雎蔡泽列传》。蔡：指蔡泽。生卒不详，战国时燕国纲成(今河北怀安)人，善辩多智，游说诸侯，入秦使范雎甘拜下风，让位于他，成为秦昭王的丞相，居秦十余年，事秦昭王、孝文王、庄襄王及始皇帝，号"纲成君"。传见《史记·范雎蔡泽列传》。

【译文】

先王培养士人，难道不想人人阐述自己的规划来协助国家政治及其纪纲吗？所以汉代开始策问贤良，是在任官以后，品行已经得到证实，成绩已经显著，三公二千石等高官共同保证他是一个淳厚笃实的儒家学者，而后才来策问他。开始进用的士人，本来就以策问作为求得官禄的途径，而自己向君主献上策论，也是含有深意的。大道的最大混乱是出现了多种歧说,政事的最大紊乱是出现了争论,士人最坏的做法就是揣摩天下的形势而想使自己的意图得逞。如果用策问的途径进用他,那么士人都会来学习策问。所说的言论不适合于当时,就会倚重先圣的话语来掩盖自己的迂曲,邪说不合乎道理,就会援引往事来文饰自己的悖理。脚没有迈出街巷的门,就狂妄地谋划九州的盈屈得失,身体没有在壁垒中亲自作过战,就来争论前线的安危。于是以不正之道求得赏识的小人,其心如同小官吏的心一样,学习当幕僚宾客的学问,依附在高官之门以窥察高官的执政措施,窥探时局的变化来放肆地加以褒贬。人人都想学范雎、蔡泽的相互倾轧,风俗竞相推崇张仪、苏秦式的善辩,而淳厚宏大简约安静的美好风气就被斩杀已尽了。其作用,终究是无助于国家的实用,其利反而成了害。在下之人的言论诡诈,使在上的人受到迷惑,这样局势形成之后,民众不苟且、国家不灭亡,是不会有的。

　　且夫诗赋,则亦有所自来矣。先王之教士而升以政也,岂不欲规之使圆,削之使方,檠之使必正,束之使必驯,无言而非可用,无动而非可法,俾皆庄肃如神,乾惕如战[①],勤敏如疾风,纤密如丝雨,以与天下相临,而弘济艰难哉?然而先王无事此也。幼而舞勺矣[②],已而舞象矣[③],已而安弦操缦矣[④]。及其成也,宾之于饮,观之于射,旅之于语,泮涣夷犹,若将远于事情,而不循乎匡直之教,夫岂无道而处此?以为人之乐于为善而足以长人者,唯其清和之志气而已矣。不使察乎天下之利,则不导以自利之私,不使揣于天下之变,则不动其机变之巧,不使讦夫天下之慝,则无余慝之伏于心,不使测夫天下之情,则无私情之吝于己。荡而涤之,不以鄙陋愁其心,泳而游之,不以纷拏鼓其气。养其未有用之心，为有用之图，则用之也大，矜其无可尚之志，为所尚之道，则其所尚也贞。咏歌忾叹于人情物态之中，挥斥流俗以游神于清虚和畅之宇。其贤者，进于道，而以容四海、宥万民、而有余裕，不肖者，亦敛戢其乔野鸷攫之情，而不操人世之短长，以生事而贼民。盖诗赋者，此意犹存焉。虽或沉溺于风云月露之间，茫然于治理，而岂掉片舌、舞寸管，以倒是非、乱纲纪，贻宗社生民之害于无已哉？

【注释】

①乾惕：出自《周易·乾卦》的九三爻辞："君子终日乾乾，夕惕若。"意谓君子整日保持惕惧谨慎之心。如战：《周易·说卦》："帝出乎震，齐乎巽，相见乎离，致役乎坤，说言乎兑，战乎乾，劳乎坎，成言乎艮。"战乎乾，指阴阳相战于乾。

②舞勺：古代儿童学习文舞。见《礼记·内则》："十有三年，学乐、诵诗、舞勺。成童，舞象、学射御。"

③舞象：指武舞。郑玄注："先学勺，后学象，文武之次也。"指用干戈的小舞。舞勺舞象，指学习舞蹈。

④安弦操缦：出自《礼记·学记》："不学操缦，不能安弦。"操缦指抚弄琴弦，经反复练习才能熟悉琴弦，这叫安弦。此指学习音乐。

【译文】

考试诗赋，也是有其来由的。先王教导士人而进用他们来治理政事，难道不想教育他们懂得方圆，矫正他们使之必定正直，约束他们使之必定驯服，使他们的每句话都能用，每个行动都可效法，使他们全都庄重恭敬如面对神灵一样，整日惕惧如阴阳相互交战一样，勤敏如疾风，纤密如丝雨，以此来面对天下，而度过艰难吗？然而先王并不这样做。在年幼的时候就教他们舞勺，再长大一些，就学习舞象，此后又要学习弹琴。等他成人了，就要学习接待宾客的饮礼，学习射礼，外出时学习与人交谈，逐渐养成无拘无束从容不迫的风度，好像远离了具体事务，而不是只知用教化来匡救他们使之正直，难道没有道义来做这些事吗？先王认为人乐于为善而足以使人成长的，只有他的清和的志气而已。不让他们察辨天下的物利，就不会引导他们自利的私心，不让他们揣摩天下的变化，就不会触动他们用于机变的弄巧之心，不让他们攻击天下的邪恶，就不会有余恶藏匿在他们的心中，不让他们估测天下人的心情，就没有私情让自己吝惜。荡涤掉这些私心私情，不让鄙陋污染他们的心，让他们在舞蹈音乐中沉浸涵泳，不让纷扰杂乱的事鼓动扰乱他们的意气。培养他们未尝用于具体事务的心，以求将来有用，那么将来的用度就会宏大；使他们无所向往的志气矜持自重，养成对道的向往，那么他们的向往就会贞正。在人情物态中加以歌咏慨叹，挥斥掉流俗习气而让精神游动停留在清虚和畅的世界。其中的贤者，向着大道进步，让他们包容四海、宽容万民就会有余裕，他们之中不够贤明的人，也收敛了无赖野蛮凶狠不驯的感情，而不操弄人世间的飞短流长，来惹是生非而祸害民众。大致来说，诗赋这种东西，其中还保存着先王的这种用意。虽然有人沉溺于风云月露之间，茫然于治国之道，但难道会因玩弄口舌、舞动笔管就能颠倒是非、扰乱纲纪、给宗庙社稷和民众留下无止境的灾害吗？

繇此言之，诗赋之视经义弗若也而贤于策问多矣。范希文奋起以改旧制，于是而浮薄之士，争起而习为揣摩。苏洵以孙、吴逞，王安石以申、商鸣，皆持之以进，而为之和者，实繁有徒，以裂宋之纲维而速坠。希文之过，不可辞矣。若乃执政之党人，摘策问之短，为之辞曰："诗赋声病易考，策论汗漫难知。"此则卑陋已极，适足资希文之一笑而已。

【译文】

　　由此而言，可知诗赋虽然比不上经义却远远好于策问。范仲淹奋身而起要改正以前科举中考试诗赋的制度，于是浮华浅薄的士人，争相起来学习揣摩。苏洵以孙子、吴起的学说得逞，王安石以申不害、商鞅的学说发表政见，都拿着这类邪说得到进用，而与他们唱和的人，也大有人在，以此破坏了宋王朝的纲维而迅速坠亡。范仲淹的过失，是不可推辞的了。至于有些执政的党人，指摘策问的短处，为此而提出说法："诗赋声韵方面的毛病易于考察，而策论的汗漫迂腐则难以知晓。"这是卑陋至极的说法，只能供范仲淹付之一笑而已。

十一

　　上书纠察之言，有直，有佞，有奸。是天下之公是，非天下之公非，昌言而无讳者，直也。迎时之所是而是之，不顾其非，迎时之所非而非之，不恤其是，曲言而善辩者，佞也。是天下之公非，非天下之公是，大言以胁上者，奸也。要其所言者，必明察其短长。或以为病国，或以为冈上，或以为侵权，或以为废事，引国计之濒危，指登进之失序，自言妨忌者何人，直摘失谋者何事，乃以是其所是，非其所非。虽佞且奸，亦托之爱君忧国之直，而不避怨以相攻击，则人君为其所动也，亦有繇矣。

【译文】

　　上书纠察的言论，有直，有佞，有奸。赞成天下公认的正确，反对天下公认的不对，直言而无讳，这是直。迎合当时认为正确的而赞成它，不顾它的不正确，迎合当时认为不正确的而反对它，不体谅它的正确，

为此而曲解善辩的，这是佞。赞成天下公认的错误，反对天下公认的正
确，夸大其言来威胁君主的，这是奸。总之对这些言论，必须明察它们
的长短。有的是用言论害国，有的是用言论欺上，有的是用言论侵权，
有的是用言论废事，引导国家大计濒于危险，指责官员的升进失去次
序，自称有所妨害或所忌恨的人是什么人，直接指责为失谋的又是什么
事，因此就赞成他所认为正确的，反对他所认为错误的。虽然他的言论
既佞又奸，但也以爱君忧国的正直为幌子，而不躲避别人的怨恨来相互
攻击，那么人君被他打动，也是有原因的了。

　　乃三者之外，有妖言焉。非徒佞也，非徒奸也，托之于
直，以毁伤人之素履，言一发而无可避、无可辩也。若是者，
于草为堇①，于虫为蜮②，于鸟为鹏③，于兽为狐。风一倡，而
所号为君子者，亦用其术以加之小人，而不知其不可为也。
则其为妖也，不可辞矣。凡为此言者，其大端有四：曰谋为
叛逆，曰诅咒诽谤，曰内行不修，曰暗通贿赂。呜呼！使直
不疑、陈平不遇明主④，则废锢终身；狄仁杰非有天幸⑤，则族
灭久矣。不幸而为其所惑也，君以杀其体国之臣，父以杀其
克家之子，史氏且存其说，以污君子于盖棺之后。自春秋以
来，历汉、唐而不绝，犹妖鸟蠥狐之不绝于林莽也⑥，而宋为
甚。王拱辰之以陷苏舜钦摇杜衍也⑦，丁谓之以陷寇准也，
夏竦之以陷石介及富弼也，蒋之奇之以陷欧阳修也⑧，章惇、
苏轼之以互相陷也，莫非妖也。加之以“无将”之辟，则曰密
谋而人不觉。污之以帷薄之愆，则曰匿丑而迹不宣。喧之
以诽谤，则文字皆索瘢之资。讦之以关通，则礼际亦行私之
迹。辱之以赃私，则酒浆亦暮夜之投。人所不能言者言之

矣，人所不敢言者言之矣，人所不忍言者言之矣。于国计无与也，于官箴无与也，于民瘼无与也，于吏治无与也。大则施以覆载之不容，细亦被以面目之有靦。倾耳以听道路之言，而藏身托于风闻之误。事已白，而自谓责备之严；事无征，而犹矜诛意之效。无所触而兴，是怪鸟之啼于坐隅也。随其影而射，是蜮虫之藏于深渊也。虽有曲谨之士，无得而防；虽有善辩之口，无从而折。昏霾起而眉目不辨；疫厉兴而沿染无方，亦且终无如之何矣。

【注释】

①堇(jǐn)：多年生草本植物，茎细弱，叶呈肾脏形，边缘有锯齿，春末开白花，有紫色条纹，果实为中药，俗称乌头，有毒。

②蜮(yù)：传说一种在水里暗中害人的怪物。

③鵩(fú)：古代传说的一种不吉祥的鸟，形似猫头鹰。

④直不疑：生卒不详，南阳（今河南南阳）人。汉文帝时，任太中大夫。曾被人诬陷说与自己的嫂子私通，直不疑只是平静回答说："我没有兄长。"不多加辩解。景帝时，为御史大夫。汉武帝时，免官。传见《汉书·直不疑传》。陈平(？—前178)：阳武（今河南原阳）人。最初在项羽手下，后投奔刘邦，受到重用，将领不满，说他曾经与嫂子私通，又昧金受贿赂。刘邦质问他："你原来在魏王手下，后离开魏王投奔楚霸王，现在又来投奔我，让别人怀疑你的信义。"陈平说："魏王和霸王都不信任我，所以才来归附大王。我到这里，什么都没有，才接受人家的礼物。如果大王听信谗言，不信任我，我收的礼物可以全部交出来，请大王让我回家，老死故乡。"打消了刘邦的疑虑。此后陈平"六出奇计"，助刘邦夺取天下。汉文帝时，任右丞相、左丞相。传见《史记·陈

丞相世家》。

⑤狄仁杰(630—700)：字怀英,并州太原(今山西太原)人。武则天称帝时为宰相,后被人诬告谋反,逮捕下狱。按照当时法律,一经逮捕就承认谋反者可得减死,于是狄仁杰承认谋反,得以不死,又利用机会书写冤书向武则天鸣冤。武则天弄清情况,释放狄仁杰。此即王夫之所说天助的幸运。传见《旧唐书·狄仁杰传》、《新唐书·狄仁杰传》。

⑥蘖(niè)：同"孽"字,草木之怪谓之妖,禽兽虫蝗之怪謂之蘖。狐：古人认为狐能成精为妖,或变为人形以迷惑人。

⑦王拱辰(1012—1085)：原名王拱寿,字君贶,开封咸平(今河南通许)人。仁宗时任御史中丞、武汝军节度使等。论事强直,但因逐王益柔、苏舜钦以倾范仲淹,受到公议的鄙视。传见《宋史·王拱辰传》。

⑧蒋之奇(1031—1104)：字颖叔,常州宜兴(今江苏宜兴)人。仁宗时为太常博士、监察御史等。徽宗时,知枢密院事。传见《宋史·蒋之奇传》。欧阳修(1007—1073)：字永叔,号醉翁、六一居士,吉安永丰(今江西永丰)人,自称庐陵(今江西吉安)人。仁宗时与范仲淹、韩琦、富弼推行庆历新政。传见《宋史·欧阳修传》。

【译文】

在这三者之外,还有一种妖言。所谓的妖言不只是佞,不只是奸,假托为正直,来诋毁人家平常的行为,这种言论一旦说出,被指责的人就无可回避、不能辩解。像这样的,在草就是堇草,在虫就是蜮,在鸟就是鹏,在兽就是狐。这种风气一旦有人提倡,而号称为君子的人,就也要使用这种方法来对付小人,而不知这是不能做的事。那么它作为妖,也是推辞不了的。凡是说这种妖言的人,其大端有四种：说人家是阴谋叛逆,说人家是诅咒诽谤,说人家的私行丑恶,说人家暗中进行贿赂。

呜呼！假使直不疑、陈平没有遇到贤明的君主，就会因为有这种言论而被废锢终身了；狄仁杰如果不是有天助的幸运，也会因有这种言论而诛灭全族很久了。不幸而被这种妖言迷惑，君主就会杀掉他的忠心耿耿的大臣，父亲就会杀掉能继承家业的儿子，史家还会保存这种妖言，在盖棺之后来污蔑君子。自春秋以来，这种情况经过了汉、唐而没有断绝，好像妖鸟孽狐在森林中不曾灭绝一样，而在宋代这种情况尤其严重。王拱辰诬陷苏舜钦来打击杜衍，丁谓诬陷寇准，夏竦诬陷石介及富弼，蒋之奇诬陷欧阳修，章惇、苏轼互相诬陷，没有哪个不是妖言。再加上对"存心谋反"罪的惩处，那么就会有人诬告说某人密谋而没有人发觉。还会有人污蔑某人在家室之内的丑行，就会诬告说是藏匿丑行而行迹没有暴露。还有人喧哗着要诽谤别人，那么被诽谤者所写的作品就都会成为从中寻找毛病的资料。有人想攻击别人走门路，那么被攻击者与人礼节上的来往也成了与人勾结徇私的行为。有人想诬蔑别人进行贿赂，那么被诬蔑者与别人通常的吃饭饮酒也会说成是暗夜的奉送贿赂。于是人们不能说的就都会说出来，人们不敢说的也都会说出来了，人们不忍心说的也都会说出来了。所说的这些事与国家大政没有关系，与做官的准则没有关系，与民生疾苦没有关系，与吏治没有关系。大的就说成是天地所不容，小的也会让人家的脸面羞愧。竖着耳朵来听道路上的流言，藏起身来托言说是误听了传言。事情已经大白，还自称是对人的严格要求；事情没有证据，还自矜地说要诛讨人家有这种意图。没有什么触动就发出叫声，这是怪鸟在角落里啼叫。在水中对着人们的身影而射出毒沙，这就像孽虫藏在深渊中害人。虽然是谨慎小心的人，也无法防范这种妖言的攻击；虽然有善辩的嘴，也无从加以驳斥。昏暗的阴霾降临后就让人无法辨清眉目；瘴疠出现后就会无处不被污染，也将最终无法对付这种妖言了。

呜呼！苟有明君，亦岂必其难辨哉？天下方定，大位有归,怀逆何望也? 君不杀谏臣,士不惜直言,诽谤何为也?
既以登朝,谁能拒戚畹近信而弗与接也? 时方暇豫,谁能谢
燕游欢笑而无所费也? 至于宗族有谗人,而小缺在寝门,则
闲言起。婢妾有怨望,而嫌疑在欸笑,则丑诋宣。明主相信
以素履,相知以大节,度以势之所屈,揆以理之所无;则密陈
之而知其非忠,斥言之而知其非直,面相质讦,而知君子之
自爱,且代为之惭,而耻与之争。若夫人之为贤为奸,当其
举之于乡,升之于朝,进而与之谋国;独契之知,众论之定,
已非一日;何待怨隙开而攻击逞,乃俟宵人之吹索而始知
哉? 而优柔之主,无救日之弓以射妖鸟,则和颜以听,使尽
其词。辱朝廷羞当世之士,既已成乎风气。于是自命为君
子人者,亦倒用其术以相禁制。妖气所薰,无物不靡,岂徒
政之所斁乱哉? 人心波沸,而正直忠厚之风斩焉。斯亦有
心者所可为之痛哭矣!

【译文】

　　呜呼! 如果有贤明的君主,难道一定对此难以分辨吗? 天下已经
安定之后,皇位有了归属,人们谋反还想得到什么呢? 君主不杀进谏之
臣,士人不怕直言会有危险,再进行诽谤又是为什么呢? 既已成为朝廷
的官员,谁能拒绝亲戚同乡亲近之人而不与他们来往呢? 时世正是太
平,谁能谢绝游玩宴会的欢笑而没有一些消遣呢? 至于宗族中有进谗
言的人,在家内有一些小缺点,那么就会引起闲言碎语。婢妾等人有了
怨恨,在咳叹笑语之中就会产生嫌疑,于是就会引起丑话和诋毁。贤明
的君主相信某人一向的言行,在大节上对他有所了解,估计到所诬告的
事情在事实上是不成立的,考虑到所诬告的事情在道理上是不会有的;

那么有人来秘密陈说此事,就知道他是不忠的,有人斥责此事,就知道他是没道理的,当面质问这种诬告,而知道君子之人是自爱的,并且代为诬告之人感到惭愧,而羞耻与诬告之人争辩。至于某人是贤是奸,当他从乡里被举荐出来,升任到朝廷,又进用到要职而与他谋划国事时,君主与他志趣相投而有了独到的了解,众人对此人的评价也已经确定,这也不是一天所能形成的;哪里要等别人对他有了仇怨而加以攻击后,等着小人出来对他吹毛求疵后才能了解此人呢? 而优柔寡断的君主,没有救太阳的弓来射落妖鸟,就和颜悦色地倾听此类诬告,让人说完他的话。这对于朝廷和当世之士就形成了羞辱,已经成了风气。于是自命为君子的人,也反过来用这种方法来禁制小人。妖气的影响,没有什么不被它风靡,哪里只是国政为之紊乱呢? 人心如波浪般起伏,而正直忠厚的风气就被摧毁了。这也是有心之人可为之痛哭的局面了!

王曾舍丁谓之大罪,而以山陵水石诬其有不轨之心。唐介所称"真御史"也,张尧佐之进用①,除拟出自中书,责文彦博自有国体②,乃以灯笼锦进奉贵妃,诋诃之于大廷。曾言既用,谓虽殛而罪不昭。介贬虽行,彦博亦缘之而罢相。然则仁宗所终始乐闻者,以暧昧之罪加人。而曾与介身为君子,亦利用妖人之术,行辛螫以快其心。风气狂兴,莫之能止。乃至勒为成书,如《碧云騢》诸录③,流传后世,为怪诞之嚆矢。是非之外有毁誉,法纪之外有刑赏。中于人主之心,则淫刑以逞;中于士大夫之心,则机械日张。风俗之恶,一邑一乡之中,狂澜亦日兴而不已。有忧世之心者,且勿以奸佞为防,而急正妖言之辟,庶有瘳与!

【注释】

①张尧佐：生卒不详。字希元，河南永安（今河南巩义）人。他的堂弟张尧封，二女儿为温成皇后，故他是温成皇后的伯父。尧佐出身寒士，处世小心谨慎，通晓吏治，但贪恋恩宠，被世人鄙视。传见《宋史·张尧佐传》。

②责文彦博：唐介为殿中侍御史，因张尧佐短时间内被任命为宣徽、节度、景灵、群牧四使，唐介与包拯、吴奎等人加以批评并弹劾宰相文彦博。仁宗把唐介贬为春州别驾，同时罢了文彦博的宰相。由此唐介的直声动天下，士大夫称他为"真御史"。

③《碧云騢（xiá）》诸录：騢，又写作"霞"。此书由宋魏泰作，托名梅尧臣。其书前有短序，说真宗刘太后在仁宗即位初期垂帘听政时，西域献上一种名马，口旁有碧纹如云霞，称为"碧云霞"。但马身上有旋毛，世人以为丑，刘太后则以旋毛为贵。序中说："虽贵，病可去乎？噫吁哉！"用此马作为书名，是指一些名人虽然位高名重，但也有一些令人不齿的行为，汇集为一书，因此称为《碧云騢》。其中也记载了文彦博通过张贵妃而让仁宗知道自己，很快成为宰相的事情。

【译文】

　　王曾放过了丁谓的大罪，而用改变真宗陵墓地址出现水石的事情诬告他有不正的心思。唐介是被人称为"真御史"的，张尧佐的进用，任命出自中书，唐介要责备文彦博，自有国家的根本制度，却拿文彦博送灯笼锦给贵妃的事来谴责他，在朝廷上当着皇帝的面斥责文彦博。王曾的言论既被仁宗采纳，惩罚了丁谓，但丁谓的大罪并没有被揭发出来。唐介虽然被贬，文彦博也因此而被罢相。这样看来，仁宗始终乐于听到的，是用暧昧不清的罪名加在人们的头上。而王曾与唐介身为君子之人，也利用妖人的方法，螫毒别人而使自己快意。这种风气大为兴盛，无人能加以制止。乃至于编写成书，如《碧云騢》等书，流传到后世，成为怪诞言论的开端。在是非之外又有诋毁和赞誉,在法纪之外又有奖惩。合乎君主的心意,那么过分的刑罚就得逞了;合乎士大夫的心意,那么各种机巧手段就日益嚣张了。风俗的恶化,在一邑一乡之中,也如狂澜一天天扩大而不止。有忧世之心的人,且不要只知防备奸佞之人,还要紧急纠正妖言的邪僻,差不多才能治愈风俗的恶劣倾向吧!

十二

《传》曰:"一薰一莸,十年尚犹有臭①。"莸,臭也,间之以薰,则臭有所止息,而何以臭之十年邪? 知此者,而后可与言治。

【注释】

①一薰一莸(yóu),十年尚犹有臭:出自《左传》僖公四年,是说晋献公娶六个妻子,献公听信骊姬,要立她为夫人,算卦求签,得"一薰一莸,十年尚犹有臭"的签语,结果献公逼死公子申生,逼走公子重耳、夷吾等,国内长期大乱。薰指香草,莸指臭草。此句本来的意思是说薰莸混在一起,臭味长久不会消失。

【译文】

《左传》里说:"一薰一莸,十年尚犹有臭。"莸的意思是臭,用香草隔开它,那么臭味就有所停止,而为什么会臭十年呢? 知道其中的道理,而后就可以与他讨论治国了。

仁宗自明道二年刘后殂始亲政,讫乎帝崩,三十年,两府大臣四十余人。夷考其人,韩、富、范、杜诸公之大节炳然者,若而人矣。抑若吕夷简、夏竦、陈执中、高若讷①,清议所交谪者,抑繁有徒。他如晏殊、宋庠、王礼、丁度之浮沉而无定守者抑与焉②。其进也,不固进也,俄而退矣;其退也抑未终退也,俄而又进矣。人言一及而辄易之,互相攻击则两罢之;或大过已章而姑退之,或一计偶乖而即斥之。且诸人者,皆有所怀来,持以为用,一得位而即图尝试;而所与倡和以伸其所为者,勃然蹶起,乘所宗主者之大用,以急行其术。计此三十年间,人才之黜陟,国政之兴革,一彼一此,不能以终岁。吏无适守,民无适从,天下之若惊若骛、延颈举趾、不一其情者,不知其何似,而大概可思矣。

【注释】

①陈执中(990—1059):字昭誉,陈恕的儿子,洪州南昌(今江西南昌)人。仁宗时,任同知枢密院事、参知政事、同平章事兼枢密使。传见《宋史·陈执中传》。高若讷(997—1055):字敏之,并州榆次(今山西晋中)人。强学善记,精于天文、医学。官至参知政事、枢密使。传见《宋史·高若讷传》。

②晏殊(991—1055):字同叔,抚州临川(今江西抚州)人。真宗时为翰林学士等。学识渊博,办事干练,真宗每遇疑难,常以方寸小纸细书其事,咨询晏殊,殊将答奏慎密封上。仁宗时,与范仲淹倡导州、县立学,自京师至郡县皆有官学,史称"庆历兴学"。晏殊能唯贤是举,范仲淹、孔道辅、王安石均出其门下,韩琦、富弼、欧阳修等也经他荐引而得重用。传见《宋史·晏殊传》。宋庠(xiáng,996—1066):初名郊,字伯庠,入仕后改名庠,字公序,安州安陆(今湖北安陆)人。乡试、会试、殿试均名列第一,连中三元,官至同中书门下平章事。后因子弟有罪,遭包拯弹劾而罢相。传见《宋史·宋庠传》。丁度(990—1053):字公稚,开封人。

历任翰林学士、参知政事，与枢密使夏竦政见不合而罢职。传见
《宋史·丁度传》。

【译文】

仁宗从明道二年刘太后死后开始亲政，直至去世，执政三十年，两
府担任宰相的大臣共有四十余人。考察这些人，韩琦、富弼、范仲淹、杜
衍诸公的大节非常鲜明，像这类人都没有话说。但也有像吕夷简、夏
竦、陈执中、高若讷这一类人，是受到清议指责的人，这种人也为数不
少。其他如晏殊、宋庠、王随、丁度等人，是浮沉而没有固定操守的人，
也成为宰相行列中的人。他们的进用，不是固定的进用，不久就退下去
了；他们的退职也不是最终的退职，不久又进用了。人们指责的言论一
涉及某人，于是就撤掉此人，如果是互相攻击，就把双方同时撤掉；或有
大的过失已很明显就暂且让他退位，或有一条计谋不够得当也就斥退
了他。而且这些人，都怀有自己的目的，要加以实施，一旦得到宰相之
位就计划加以尝试；而与他们唱和以施展其作为的人，也就勃然蹶起，
乘着他们奉为领袖的人得到皇帝的重用，来急切地施行自己的治国之
术。综观这三十年间，人才的升降，国家政治的兴革，一会儿这样，一会
儿那样，不能坚持一整年。官吏无法适应，民众也无法适从，天下就像
惊鸟，伸着脖子抬起脚，不能保持同样的心情，不知道将要怎样，这是大
致可知的了。

数进而数退者，或贤或佞，固不可保矣。则政之所繇
乱，民之所繇伤，非但小人之亟代君子，君子之泽不及下逮
也。以君子亟代君子，其同也，则何取乎代之？ 其异也，则
亦旦之令不保于夕也。且以君子而亟代小人，吏民既已受
小人之虐，而降心茹荼以从之，从之已夙，亦不得已而安之，
而代之者又急反焉，则前劳费而后效亦不易收；且抑不敢信

以为可久,而志愈惑,力愈诎矣。况以小人而亟代小人,小人者,各有其私以相倾而相制者也,则且托于锄奸革弊之大名以摇天下。为害之实相若也,而名与法,则纷纠杂出而不可纪。进者退矣,已而退者又进矣。输忠者无可释之忧疑,怀奸者挟危机以观望。自非清刚独立之端士,且游移以冀两容;虽以利病昭著之谋猷,亦乍行而无成绩。害者害,而利者亦害;邪者邪,而贞者不能固保其贞。举棋之不定也,筑室之不成也,以求社稷生民之安平巩固于百年也,其可得乎?

【译文】

　　多次进用又多次退位的人,有的贤明,有的奸佞,本来就难以确保。于是国政由此而紊乱,民众因此而受伤害,不但小人很快就取代了君子,君子的恩惠不能落到下面的民众身上,就是君子取代了君子,他们既然同是君子,那又为何要取而代之? 其不同的地方,也是早上的政令持续不到黄昏。而且用君子很快地取代小人,此前官吏民众已经受到小人的残虐,也已降低了心愿忍受着苦难而顺从了小人,顺从他们也已有些时间,也是迫不得已而适应了小人,但取代他们的君子又急忙地反转过来,那么人们此前的辛劳和付出之后的效果也不易收到;而且还不敢相信现在的政策会长久保持,于是人们的思想更加混乱,力量也更加疲惫了。何况如果是用小人很快地取代了小人,那么小人是各有私心而相互倾轧和相互制约的,就要用假托锄掉大奸、革除弊端的宏大名义来使天下动荡。造成危害的实际情况是相似的,而所用的名义与制度,则纷乱杂出而没有条理。进用的人退位了,不久退位的人又进用了。忠诚国家的人对忧患和疑虑不能释怀,怀着奸心的人趁着危机而观望。如果不是清正刚强独立的正直之士,将会游移于其间希望得到双方的容忍;虽然所应用的治国谋划其利病都很明确,但也是短时推行一下而没有实际的成绩。有害的政策是害,有利的政策也成了害;邪恶的政策是邪恶,正直的政策也不能确保它的正直。举棋不定,筑室不成,以此来求社稷生民的安平巩固达到百年,能得到吗?

夫天子之无定志也,既若此矣。持之以静正,养之以和平,需之以从容者,固将望之有学有守之宰执,与忧国如家之谏臣。深知夫善政虽行而不能永也,危言虽听而不能终也;无亦奉祖宗之成宪以折其狂兴,息搏击之锋铓以杜其反噬,犹庶乎其有定也。而为大臣者,席未暖于紫禁,剑已及于寝门。议磨勘矣^①,覈任子矣,改科举矣,均公田矣,皇皇然若旦不及夕,而一得当以为厚幸。言路之臣,若蔡襄、唐介、孔道辅者,颊发于颜,发竖于额,以与当路争衡于笔舌,知不足以相胜也,而特以求伸于眉睫。乃至浮薄之士,心未喻君子之深衷,而闻风以遥和,身未试小人之沮害,而望影以争攻。一波乍兴,万波随涌。党邪丑正之徒,亦相师以相报。天子且厌闻之,而奸邪亦不以弹劾为耻。于是祖宗朝敦庞镇静之风日陵月替,而天下不可为矣。人知熙、丰以后,议论繁兴,毒痡四海,激盗贼,召夷狄,亦恶知滥觞之始,早在仁宗之世乎?

【注释】

①磨勘:唐代文武官吏由州府和百司官长考核,期满根据考绩决定升降,并经吏部和各道观察使复验,称为磨勘。宋代设审官院主持此事。

【译文】

天子没有固定的志向,已如此了。用安静正直作为国家政策,用和畅平稳来加以养育,用从容不迫的态度加以等待,本来就要指望有学问有原则的宰相,以及忧国如忧家一样的进谏之臣。深知善政虽得施行而不能长久,高明之言虽然听取也不能执行到最后;不如遵奉祖宗已定的制度而让狂妄的新建议作罢,停息攻击的锋芒来杜绝对手的反咬一口,这样差不多能将局势稳定下来。而当大臣的人,席子还没有在紫禁城里坐暖,刀剑已来到内室之门。一上任就商议对官吏的监察考核,核实官员子弟的荫封情况,改革科举的办法,平均国家的田地,惶惶不定地就像朝不保夕,而一次措施得当就以为是很大的荣幸。作为进谏的官员,像蔡襄、唐介、孔道辅等人,激动得脸色变红,头发竖起,来与宰相大臣在笔舌上争斗,知道不足以战胜宰相大臣,只是希望在眼下发表自己的想法。至于轻浮浅薄的士人,心中不懂得君子的深沉内心,听到风声就遥相呼应,自身没有尝试过小人的陷害,望见影子就争相攻击。一波才起,万波随之涌动。与邪人为党而丑化正人的徒众们,也相互效法而相互回应。天子尚且讨厌听到这些争论,而奸邪之人也不以被弹劾为耻辱。于是祖宗时期的敦朴厚重安静的风气就日益废坏,而天下之事就不可为了。人们都知道熙宁、元丰之后议论频繁地出现,毒害了四海,激起了盗贼,招来了夷狄,哪里又知道这种局面的开端,却早在仁宗之世就已出现了呢?

伊尹之训曰:"咸有一德①。"一者,慎择于先而谨司之于后也。王心载宁,而纲纪定,法守专,廷有亲臣,野无横议,天下永绥,外侮不得而乘焉。呜呼!三代以下,能以此言治者鲜矣,宜其举四海而沦胥之也。

【注释】

①咸有一德：《尚书·商书·咸有一德》篇，相传伊尹作，其中主张
君主要长久保持善德，不要随意改变，才能不致灭亡。王夫之据
此强调君主要坚守"一"，对于大臣和国策，都不要经常改变。

【译文】

伊尹的训条说："要保持君主之德的专一。"专一，就是谨慎地选择
在前而谨慎地主持在后。帝王的心安宁了，国家的纲纪就稳定了，法度
官守也就专一了，朝廷里有亲近的大臣，民间没有横生的议论，天下长
久安宁，外敌的入侵也不能乘着内乱而来。呜呼！三代以下，能以此来
讲治国的太少了，当然就使全天下都沦丧了。

十三

元昊死，谅祚初立，议者请饵其三将，破分其势，可以得
志。程琳曰①："幸人之丧，非所以柔远人。"立说之非，人皆
知之，诚哉其不可与谋也！《春秋》重伐丧之贬，予士匄之
还②，彼有取尔矣。邻国友邦，偶相失以相愈，兵临服罪，同
好如初，则乖约肆淫，大伤人子之心，信不仁矣。元昊者，沦
于夷之叛臣，为我蟊贼者也。死亦不足恤也。丧亦不足矜
也。如其可削平，以休息吾民，巩固吾宇，恶容小不忍以乱
大谋哉？故琳说之非，不可托《春秋》之义为之解也。

【注释】

①程琳（985—1054）：字天球，河北博野人。程琳是程颐、程颢的伯
父，宋仁宗时，任太常博士、工部尚书等。为人敏厉深严，长于政
事。章献刘太后在仁宗即位初期听政时，程琳献上《武后临朝

图》，把刘太后歌颂为武则天，因此被人鄙视。传见《宋史·程
琳传》。

②士匄（？—前548）：春秋时晋国人，祁姓，范氏，名匄，故称范匄，
范氏为士氏的旁支，故又称士匄，史称范宣子。晋平公时为中军
将，执掌国政。传见《史记·晋世家》。王夫之说的士匄之还，指
鲁襄公十九年，士匄率晋军讨伐齐国，听说齐侯去世，于是撤军
返回，没有攻打有丧事的齐国。《春秋》对士匄不伐丧加以褒扬。

【译文】

李元昊死了，儿子李谅祚刚即位，宋朝廷议事的人请求引诱他的三
个将领，分化西夏的势力，可以实现消灭西夏的目的。程琳说："以别人
的丧事为幸事，这不是怀柔远方之人的正道。"提出的说法不正确，尽人
皆知，确实不能与他共同谋事！《春秋》对趁着别国有丧事出兵攻打是
重加贬斥的，褒扬士匄撤军不攻有丧事的齐国，这是有其特定意旨的。
邻国友邦，偶尔失去和气而相互攻伐，其他国家的军队来到此国，此国
表示服罪，双方就和好如初，如果违背和约而放肆侵略，就会大为伤害
对方国家已经丧父的儿子的心情，实在是不仁。而元昊，已经沦为夷人
的叛臣，是我大宋的蠹贼。他死了也是不值得恤悯的。他的国家的丧
事也不值得为之哀伤。如果此时把他削平，使我国人民得到休息，巩固
我国的疆宇，哪里能说是小不忍而乱大谋呢？所以程琳的说法不对，不
能用《春秋》的大义为他辩解。

虽然，宋至此而欲乘丧以图谅祚，谈何容易乎？昔者继
迁死，德明弱，曹玮欲得精兵俘孤雏，郡邑其地；庙算无成，
而元昊嗣之以逞。今元昊死，为破分其国之说，亦师玮之
智，而奚谓其未可邪？夫所谓理势者，岂有定理，而形迹相
若，其势均哉？度之己，度之彼，智者不能违，勇者不能竞，

唯其时而已。

【译文】

即使这样,宋王朝到这时想趁着西夏有丧事而拿下李谅祚,又谈何容易呢?从前李继迁死后,李德明年幼弱小,曹玮想得到精兵俘获孤独幼小的李德明,把西夏的土地变成宋王朝的州郡;朝廷的谋划不成,而元昊接着就变强了。现在元昊死了,人们提出分化其国的说法,也是效法曹玮的智谋,而谁说这是不可以的呢?但所谓的理势,难道有固定的理,而表面情况相似,其形势就完全一样吗?估量自己,估量对方,智者所不能违背,勇者所不能相争的,只有当时的时机而已。

继迁虽悍不内附,收众侵边,宋弗能讨而抚之,然犹定难一节使耳。德明嗣立,需宋之宠命以雄长其部落,君臣之分尚在,则予夺之政犹行。力诎归降,自有余地以相待。弗能为窦融也,犹不害为田兴①;勿庸致死于我,而服之也易。元昊已俨然帝制矣,宋之待之者,名之曰"夏国"。则固不能以臣礼畜,而视为友邦矣。建郊庙,立宫阙,岂有一旦芟夷,俯首而从臣列。则谅祚虽孱,处于无可却步之势,其以死争存亡者,必也。且不徒谅祚已也。当德明之始,为之部曲者,亦节镇之偏裨,幕府之参佐也。元昊僭而百官设,中国叛人如张元辈者②,业已将相自居。束身归阙,不诛不废,而抑不能与徐铉、杨业同升显列。则人怀有死无降之志,以为谅祚效,其情其势,岂可旦暮亟摧者哉?继迁之叛也,虽尝诱杀边臣,袭据银州,而宋不能惩;然未尝一与交兵,受其挫窘,张彼势而自见其弱也。及元昊之世,宋一败于延州,而刘平、石元孙骈首受刃③;再败于好水川④,而任福全军覆没。
韩、范、王、庞分招讨之任⑤,仅保残疆,无能报也。则中国落
胆于西人,狡虏益增其壮气。元昊死而余威固在,度之彼势
既然矣。

【注释】

①田兴(764—821):即田弘正,本名兴,字安道,田承嗣的侄子,平
　州(今河北卢龙)人。唐宪宗元和七年(812),魏博节度使田季安
　(田承嗣孙子)死后,唐朝廷命他为魏博节度使,赐名弘正。后出
　兵助朝廷讨伐淮西吴元济,为成德军节度使。次年,被成德军都
　知兵马使王廷凑杀害。传见《旧唐书·田弘正传》、《新唐书·田
　弘正传》。

②张元(? —1044):华州华阴(今陕西华阴人),累试不第,与好友
　吴昊(原姓胡)来到西夏,改名为张元,胡姓好友改名为吴昊。一
　个名元,一个名昊,触犯元昊名讳,故被逮捕,审问时,二人说:
　"姓尚未理会,乃理会名耶?"元昊本姓拓跋,其先人受唐朝赐姓
　李、宋朝赐姓赵,听此回答,非常惊奇,于是对他们委以重任。事
　迹参见清人吴广成《西夏书事》。

③骈首:骈首就戮的省称。骈首,指并排地头靠着头。就戮,指俯
　首被砍头。

④好水川:今名甜水河,在今宁夏隆德县东,源于六盘山。1041年,
　元昊率西夏军进攻宋军,在好水川大败宋军。

⑤韩、范、王、庞分招讨之任:宋朝在好水川之战后转为守势,以庞
　藉守鄜延路、范仲淹守环庆路、王沿守泾原路、韩琦守秦凤路,建
　立四路防线对西夏采取守势。

【译文】

李继迁虽然凶悍,不来内地归附宋朝,聚集众人侵犯边境,宋朝不

能讨伐而安抚他,但他还是宋朝任命的定难军节度使。李德明继立,需要宋朝的恩宠之命在部落中称雄,君臣的名分还在,那么宋朝对他还能运用赐予或剥夺的权利。等他力量不足之后归顺投降,自有余地来对待他。即使不能让他成为窦融,还不妨成为田兴;即使不能为我效死命,而让他顺服是容易的。元昊已俨然建立帝制了,宋朝称为"夏国"。那么本来不能用臣子的礼节对待他,而要把他视为邻邦了。建立了宗庙,建立了宫阙,哪里有一旦就可消灭而让他俯首跟随在臣子行列中的道理呢? 那么李谅祚虽然孱弱,但处于无可退步的形势中,他以死来争存亡,是必然的。而且不只是李谅祚会这样。当李德明刚继位的时候,他的部曲,或是节镇的偏将,或是幕府的参佐。元昊僭越而设置百官,中国的反叛之人如张元之流,已在西夏身居将相之位。如果他们来身归顺朝廷,不诛杀也不废黜,也不能与徐铉、杨业等人一样升为显官之列。那么西夏的人都怀着至死不降的意志来为李谅祚效命,其情其势,哪里可以一朝一暮马上就能摧灭呢? 李继迁的反叛,虽然也曾诱杀宋朝边境的大臣,偷袭占据了银州,宋朝不能惩罚他,但也未尝与他交兵一次,受到他的挫败而窘困,从而增强他的势头而使宋朝自现衰弱。到元昊之世,宋朝一次战败于延州,刘平、石元孙并着脑袋被杀;再败于好水川,任福全军覆没。韩琦、范仲淹、王沿、庞籍分任招讨使的职务,仅能保住残破的边疆,不能进行报复。于是中国对西夏人已经吓破了胆,狡猾的敌虏更是增强了士气。元昊死了但余威还在,估量对方的形势已是这样了。

　　且宋当德明之世,去平江南、下西蜀、破太原也未久,兵犹习战。而曹玮以知兵世将,奋志请缨,豁其后效,固知其足恃也。及仁宗之季,其夙将死亡殆尽,厢、禁之兵[1],仅存名籍。王德用、狄青且颠倒于廷臣之笔舌。乃欲以机巧离其部曲,率屡败疲民以求逞,未有不自贻僵仆者矣,度之已者又然也。今之时非昔之时，而势可知已。势不相若，而安危存亡之理，亦昭然其不昧矣。

【注释】

①厢：指厢兵，宋代承担各种杂役的军队。北宋初，将各地藩镇的精兵抽调中央，剩余的老弱残兵留在本地，另加新设的供劳役的军队，组成厢兵。厢兵从事各种劳役，诸如修建、运输、邮传等等，劳役极其沉重，军俸微薄，死亡和逃亡现象严重。禁：指禁兵，本指皇帝的亲兵，北宋称正规军为禁军或禁兵，从各地招募，或从厢军、乡兵中选拔，由朝廷直接掌握，除防守京师外，并分番调戍各地，使将不得专其兵。士兵出自雇佣，且沿五代朱梁定制，文面刺字。北宋中叶，禁兵增至八十余万人。王安石变法时裁减兵额，置将分领。北宋末年，军队缺额极多，京师禁兵号称十万，实仅三万。

【译文】

而且宋朝在李德明之世，离平定江南、攻下西蜀、击破太原还不久，士兵还熟习作战。而且曹玮作为懂兵法的世代将门，奋勇请求率兵作战，根据他后来的战功，本来就知道他是值得依赖的。而到了仁宗的末年，宋朝的老将死亡殆尽，厢兵、禁兵，仅仅还保存着名籍。王德用、狄青正被朝廷大臣的笔舌反复攻击。就想用机巧分化西夏的部下，率领屡次战败的疲惫民众以求达到目的，没有不使自己遭到失败的，估量己方的形势又是这样。今之时不是昔之时，而形势如何就可知了。两个时候的形势不相似，而安危存亡之理，也是非常明显而不隐晦了。

抑以天下之大势言之，宋从曹玮之谋而克也，则威建而可折契丹之气，亦唯昔为然，而今不可狃也。当彼之时，宋

与契丹犹相角而不相下，则宋苟平西夏，契丹且避其锋。及
澶州之役一兴，而宋亟荐贿矣。刘六符片言恐喝[1]，而益币
称"纳"矣。契丹之得志于宋，不待夏人之援；而尽宋之力以
争夏，则鹬蚌之持，契丹且坐乘其弊。即如议者之志，三大
将离叛以卷土来归，一隅孤悬，契丹顺右臂而收之，一刘裕
之俘姚泓，徒为赫连效驱除耳[2]。关、陇且岌岌矣，奚能终有
河西以临朔漠哉？宋于此时，急在北而不在西，明矣。岁币
日增，力穷坐困，舍契丹以不虑，而外徼幸于斗绝之西陲，胜
不足以立威，败则益增召侮。瘠牛偾于豚上[3]，其如猛虎何
邪？况乎利诱三将之策，尤童昏之智，祇为夏人玩弄以相倾
覆也乎？以此思之，程琳之说非也，而有不能讼言以示弱
者，故假于伐丧之义，以止妄人之辩，琳或有深心焉，未可
知也。

【注释】

① 刘六符(? —约 1055)：河间(今河北河间)人。辽兴宗时任翰林
学士，重熙十一年(1042)赴宋，索取周世宗时攻取的十县土地。
后又赴宋，要求宋在向辽输出的岁币文书上称"贡"，宋人不同
意，争论了很久，最后确定采用"纳"而不用"贡"。传见《辽史·
刘景传附传》。

② 赫连：赫连勃勃(381—425)，字屈孑，匈奴铁弗部人，原名刘勃
勃，其父刘卫辰曾被前秦符坚封为西单于，督摄河西诸部。后归
附后秦姚兴，任骁骑将军、安北将军，封为五原公。后秦弘始八
年(406)出镇朔方，九年(407)反叛后秦，称大单于、大夏天王，改
姓赫连氏，国号夏，定都统万城(今内蒙古乌审旗南白城子)。
427 年，北魏攻取统万，431 年夏国灭亡。传见《晋书·赫连勃勃

载纪》。

③瘠牛偾于豚上：出自《左传》昭公十三年："牛虽瘠，偾于豚上，其
畏不死？"偾指倒下。言牛倒下压在猪身上，猪必被压死。比喻
强国虽然衰败，弱国也不是其对手。

【译文】

　　还可以根据天下的大势来说，宋朝采纳曹玮的谋略而战胜西夏，就
会建立军威而让契丹服气，也只是在从前可以这样，而到此时就不可拘
泥了。在曹玮之时，宋朝与契丹还能相互作战而互不相下，那么宋朝如
果平定了西夏，契丹就将躲避宋朝的锋芒。等澶州之役一打，宋朝马上
就送上金帛作为岁币。刘六符片言只语的恐吓，结果只能是增加钱币
而称为"纳"了。契丹对宋朝完全达到了自己的目的，不用等西夏人的
支援了；而宋朝使尽了力量来与西夏战，结果还是鹬蚌相持，契丹坐享
其利。即使如议事者的愿望那样，西夏的三大将叛离西夏，带着土地向
宋朝归顺，也是孤悬的一个角落，契丹顺着它的右臂就能收服它，完全
会像刘裕俘获姚泓，白白地替赫连氏驱除强敌而已。关、陇将要岌岌可
危了，哪里能最终占有河西以面向北方的沙漠呢？宋朝在此时，紧急的
地方在北方而不在西方，这是很明显的。岁币一日日增加，国力穷匮坐
受困窘，放下契丹而不考虑，而在西方边境期望侥幸攻打孤悬于一隅的
西夏，战胜了不足以建立国威，战败了就会召来更多的羞辱。瘦牛倒下
压在猪的身上，猪都要死，那他如何面对猛虎一样的强国呢？何况以利
引诱西夏三个将领的计策，更是小孩子的幼稚之智，只会被西夏人玩弄
而相互倾覆吧？据此想来，程琳之说是不对的，但也许有不能公开说出
来以示弱的意思，所以借着《春秋》不要出兵攻打有丧事的国家的义理，
以制止狂妄之人的辩解，程琳或许有他的深意，也未可知。

　　难得而易失者，时也，德明方弱之日也；已去而不可追
者，亦时也，元昊初丧之日也。齐桓陉亭之次，宋襄用之而

兵败身伤①；刘裕北伐之功，吴明彻效之而师歼国蹙②。知时以审势，因势而求合于理，岂可以概论哉？

【注释】

①宋襄：指宋襄公（？—前637），宋桓公的次子，子姓，名兹甫，前650年至前637年在位。周襄王十年（前642），助齐国平定内乱，于是宋襄公想继承齐桓公的霸业，周襄王十四年（前638），宋与楚战于泓水（今河南柘城西北），宋军大败，宋襄公重伤，次年去世。事见《史记·宋微子世家》。

②吴明彻（512—578）：字通照，秦郡（今江苏六合）人，南朝陈朝将领。陈宣帝太建四年（572）率军北伐，攻克寿阳。九年（577）北伐，击败北周梁士彦，进围彭城。北周王轨驰救，阻断陈水军退路。吴明彻在撤退中亲自断后，至清口，战船无法通过，陈军大败，吴明彻被俘。传见《陈书·吴明彻传》。

【译文】

难得而易失的，是时机，如李德明正弱小的时候；一个时机已经过去而不可追回的，也是时机，如元昊刚死的时候。齐桓公出兵陉亭，宋襄公加以仿效而战败身亡；刘裕北伐成功，吴明彻加以仿效而军队被歼国家困窘。知道时机而审察形势，根据形势而求行动合乎道理，岂可以一概而论呢？

十四

人在功名之际，难言之矣。蔑论小人也，为君子者，道相谋，志相叶，好恶相若，进退相待，无不可视人若己者，而于此有不能忘者焉。非其宠禄之谓也。出而思有为于当世,得君而事之,才可以胜,志可以伸,心可以无愧,大功可以成,大名可以立,而不得与焉,退处于无能有为之地,则悁悁之情,一动而不可按抑。于是而于友不纯乎信,于君不纯乎忠,于气不纯乎和,于品不纯乎正,皆功名之念为之也。故君子贵道德而贱功名,然后坦然以交于上下,而永保其贞。呜呼! 难言之矣!

【译文】

功名之际,是很难说的。不要说小人,作为君子的人,道同而共同讨论,志向相合,好恶相似,进退相互等待,把别人看得都能与自己一样,而对此还有不能忘记的事情。这不是指恩宠官禄之事。出仕就想在世上有所作为,得到赏识自己的君主而奉事他,于是才能可以胜任,志向可以实现,内心可以无愧,大功可以完成,大名可以建立。然而不能参与其中,退处在不能有所作为之地,那么忧闷的心情一旦活动起来就不能压抑下去。于是对朋友的信任就不纯粹了,对君主的忠诚也不纯粹了,在心气上也就不纯粹和畅了,在人品上也就不纯粹正直了,这都是功名之念引来的。所以君子看重道德而轻视功名,然后能与上下坦然交往,而永久保持自己的贞正。呜呼! 人在功名之际是很难说的啊!

韩、富二公之相为辅车也,旧矣①。富任中枢,而韩出安抚,不以为嫌也。富方报罢,而韩亟引退,深相信也。乃其后富有憾于韩,韩公死而不吊,隙末之衅,生死不忘,岂韩有以致之哉? 仁宗之建储也,范蜀公诤言于廷②,谏官交起以应之,而富公居中力劝其成,韩公尚未与也。已而韩公入相,富自以母丧去位,于是韩公面对,不恤恶怒,迫请英宗之名,起复之苫块之中,正名皇子③,韩公固独任焉,而富不与。逾年而仁宗崩,英宗立,宦官构曹后以思废立④,于是危言以镇压曹后,调和两宫⑤,宗社无动摇之衅,韩公亦独任焉,而富不与。曹后无归政之志,韩公厉声迫请撤帘于衣裾尚见之余⑥,韩公又独任之,而富不与。于是而富怏怏求罢,出守扬州,嫌郤自此开矣⑦。及乎英宗早折,韩公受凭几之命,请力疾书名以定神宗,而折太后旧窠求兔之邪心⑧,富既出守,韩公自独任之,富固不得而与也。凡此数不得与者,自后而言,富以含愠去,而自不欲居其任。自前而言,富以子道在而固不得与闻。乃持此以开隙于趣向同归之益友,富于是乎不得允为君子矣。

【注释】

①旧:指有交情,故旧。

②范蜀公:范镇(1007—1087),字景仁,华阳(今四川成都)人。英宗时,为翰林学士,在濮王之议中反对追尊濮王为帝。神宗时反对王安石新法。哲宗继位,拜端明殿学士。传见《宋史·范镇传》。

③正名皇子:仁宗嘉祐年间,宰相韩琦等人请求确立太子,仁宗说已经确定人选,即赵宗实,即位为英宗,改名赵曙。

④宦官构曹后以思废立:宦官指任守忠,前已有注。他对仁宗立英宗为太子不满,想通过曹皇后另立太子,未得逞。韩琦等人协助仁宗把英宗立为太子,并让英宗顺利即位。

⑤危言以镇压曹后,调和两宫:英宗即位后得病,曹太后垂帘听政。宦官任守忠等人向曹太后进谗言,说英宗的坏话,使太后与英宗关系紧张。邵伯温《闻见录》载:韩琦死后,其子孙著《家传》十

卷。其中说英宗即位之初，与曹太后不和，韩琦以危言来感动太后，说："若官家(指英宗皇上)失照管，太后亦未得安稳?"王夫之所说的"危言"，当是此类话。另一方面，英宗也抱怨太后对自己无恩。韩琦劝慰说："当父母不慈的时候，而子不失孝，才值得称道。"由此调和化解两宫的紧张关系。又在司马光协助下，不等英宗下诏，韩琦就拿出空白敕书一张，由欧阳修签字，然后派人把任守忠拿下，贬到蕲州安置，即日押行，以免生变。

⑥曹后无归政之志，韩公厉声迫请撤帘于衣裾尚见之余：英宗即位后，身体多病，曹太后垂帘听政。英宗病愈，曹后仍无还政之意。韩琦一天取十余事请英宗裁决，全都允当，韩琦又请太后裁决，太后看了英宗的裁决连连称善，韩琦向太后表示自己要退职，太后说："相公安可求退? 老身合居深宫，却每日在此，甚非得已。"韩琦当即称"太后如能还政，即为前人所不可及，不知决定何日撤帘?"太后于是起身，韩琦随即厉声命鸾仪司撤帘，帘子已经落下，还能看到御屏后面的太后衣襟。

⑦于是而富怏怏求罢，出守扬州，嫌郄自此开矣：据邵伯温《闻见录》：时富弼为枢密相，怪韩琦不通报让太后撤帘事，因此与韩琦产生嫌隙。欧阳修首议追尊濮安懿王，富弼说："此举，忘仁宗，累主上，欺韩公耳。"自此与韩琦、欧阳修绝交。富弼致仕住在洛阳，每年生日，韩琦不论远近，必遣使致书币甚恭，而富弼并不回信。

⑧英宗早折，韩公受凭几之命，请力疾书名以定神宗，而折太后旧窠求兔之邪心：英宗早折，指英宗在位时间很短，从1063年5月至1067年1月在位，在位期间一直多病。凭几，《尚书·顾命》中说："皇后凭玉几，道扬末命。"后以"凭几"指皇帝的临终付托。英宗治平三年(1066)冬，英宗病重，还没有确定太子。韩琦进言请英宗早定太子，英宗于是在病中写下太子的名字，确立颖王赵

颖为太子。治平四年(1067)正月,英宗病死,赵颖即位,即宋神宗。旧窠求兔,据邵伯温《闻见录》记载,韩琦子孙著《家传》中说:英宗不豫,韩琦奏曰:"大王(指神宗)长立,且与照管。"太后怒曰:"尚欲旧窠中求兔耶?"这是太后对韩琦的不满,认为他想再次在册立太子的事情上做主,与协助宋仁宗确立宋英宗为太子时一样,所以太后说他想在旧窠中求兔,重复前次的做法。

【译文】

韩琦、富弼二公关系密切,素有交情。富弼在中枢担任宰相时,韩琦出朝到地方任宣抚使,不以此为嫌疑。富弼刚罢相,而韩琦马上引退,双方深为信任。其后富弼对韩琦有了看法,韩公去世也不去吊唁,微小的隔阂,到死不忘,难道是韩琦有什么不对而导致这样的吗?仁宗在建立王储的事情上,范蜀公在朝廷里诤言相争,谏官交相起来响应他,而富弼居中努力使事情成功,韩公尚未参与此事。不久韩公入朝为相,富弼因有母丧而离位,于是韩公面对尚未确立太子人选的复杂局势,不顾别人的厌恶愤怒,向仁宗询问可立为太子之人的名字,又命他从守丧中出任官职,以定皇子,这些事情都由韩公一个人单独承担,而富弼没有参与其中。次年仁宗去世,英宗即位,宦官利用曹太后想废太子而另立他人,于是韩琦用危言镇住曹太后,调和两宫之间的关系,宗庙社稷没有动摇的灾祸,这是韩琦独自一人承担的,而富弼没有参与此事。曹太后没有归政的意思,韩琦又厉声迫使曹太后撤帘还政,撤帘之后还能看到太后在屏风之后的衣襟,韩琦独自承担此事,而富弼没有参与。于是富弼怏怏不快而求罢职,出为扬州太守,二人之间的嫌隙自此产生了。等到英宗早逝,韩琦接受了英宗的临终遗命,请英宗不顾病体写下太子人选的姓名,确定神宗为太子,由此折服了太后不想让韩琦再次主持其事的邪心。这是在富弼出为扬州太守以后,韩琦自己独力承担此事,富弼本来是不能参与其事的。凡是这几次不得参与的事,从以后来说,是富弼已含着愠怒离去,自己不想居宰相之职。从事前来说，富弼因为要为母亲守丧，这就要遵守子道，本来就无法参与其事。却因此而与志同道合的有益之友产生嫌隙，富弼在这件事上的做法不能认可他是君子了。

　　夫此二公者，或收功于西陲，或箸节于北使，出入两府①，通显已极，人望咸归，君心式重，与乎定策而位不加崇，局外置身而望不为贬，夫岂待是以收厚实哉？富亦辞荣有素，非有怀禄固宠之情也。然而捏目空花②，青霄为障③，几成张耳、陈馀之晚节④，无他，功不自己成，名不自己立，怀忠爱以求伸，不克遂其匡扶社稷之夙志，以正告天下后世，郁悒周章，成乎偏衷而不自释也。故曰功名之际，难言之也。是以君子以道义自靖其心，而贱功名为末节，诚有以也。

【注释】

①两府：宋代枢密院与中书省并称"二府"，为最高国务机关。

②捏目空花：捏目空花，又作捏目生花，指以无为有，把不实的当做实有的，类似俗话所说的疑生暗鬼。

③青霄为障：指眼中有云而被遮住了视线，看不到明显的事实。

④张耳（前264—前202）：大梁（今河南开封）人。秦末陈胜、吴广起义后，张耳与陈馀参加起义军，为左右校尉。后张耳为右丞相，陈馀为大将军。项羽自立为西楚霸王后，以张耳为常山王。后被陈馀击败，遂投奔刘邦，被封为赵王，不久去世。传见《史记·张耳陈馀列传》。陈馀（？—前204）：大梁（今河南开封）人。与张耳为好友，一同参加陈胜起义军，后在钜鹿被秦军围困，陈馀不进兵救援张耳。项羽解钜鹿之围，张耳收陈馀之兵，二人失和。项羽大封诸侯，未封陈馀为王。汉高帝三年（前204），韩信、

张耳伐赵,斩杀陈馀。传见《史记·张耳陈馀列传》。

【译文】

　　而富弼与韩琦二公,一个在西部边疆取得了成功,一个出使北方彰显了气节,二人都出入枢密与中书两府,显贵至极,人心的希望都归在二公身上,君主心里也对二公特别看重,参与商定国策而官位不会再增高,置身局外而威望也不会降低,哪里要等着做这类事以获得更好的名望呢?富弼也是一向都能推辞荣华的,没有心怀官禄、巩固恩宠的心情。然而他对韩琦无中生有,一叶障目,晚节几乎与张耳、陈馀一样了。没有别的,事功不是由自己完成的,声名不是由自己树立的,怀着忠诚爱护之心以求施展,却不能实现他的匡扶社稷的凤愿,以宣告于天下后世,因此就忧郁惆怅,形成了褊狭的心理而不能释怀。所以说人在功名之际是很难说的。因此君子要用道义来安定自己的心境,不看重功名,而把功名只当作末节,这确实是有原因的。

　　或且以致疑于韩公曰:“大功之所就,大名之所居,君子于此,有让道焉。则前之定议于密勿者,胡不待富于服阕之后?后之抗争于帝前者,胡不留富于请外之时?幸得同心之侣,与协恭以允济,而消疑忌于未形,韩公有余歉焉。”之说也,其于君子之道,名取而不以诚者也。夫苟秉拓达光大之衷,则宗社之事,苟有任之者,奚必在我?韩公固不以狭小之量拟富之必出于此。而天位去留之际,国家祸福之机,当间不容发之时,如其恤谦让之文,迟回而姑待,避怨憎之迹,作意以周旋;则事机一失,变故丛生。庸人误国以全身,胥此道耳。而公岂屑为之哉?且夫英宗之嗣,所欲决策者,仁宗之独断耳。英宗育于宫中二十八年矣,而皇子之名未正,仁宗之迟回而审可否者已熟。然而廷臣争请,牍满公车,未能决之一朝者,有间之者也。曹后之情,任守忠辈宵人之计,已岌岌矣。则斯举也,独任之则济,分任之则疑。韩公他日或告以蹉跌而身不保。公叹曰:"人臣尽力事君,死生以之,成败天也,岂可豫忧其不济。"以此为心,忘其身矣,而何有于人? 功可分,名可让,而死不可要人而与共;专死也,非专功也,何容轻议哉?

【译文】

或许有人要对韩琦表示怀疑,说:"大功的完成,居于大名之上,君子在这种情况,要有谦让之道。那么此前在机密要地商定大政,为何不等到富弼守丧之后? 后来在太后听政的帘子前进行抗争,为何在富弼要求辞相而去外地任职之时不予挽留? 有幸得到一个心志相同的伴侣,与他协同敬恭而使大事圆满成功,而让猜疑消失在未成形之前,在这一点上韩琦有令人遗憾的地方。"这个说法,它于君子之道,是只重名义而不是出自诚意。如果具有那种宽广正大的心境,那么宗庙社稷之事,如果有人可以承担,又何必非我不可? 韩琦本来不以狭小的度量估计富弼必定会有这样的想法。而在皇帝的去留之际,国家的祸福时机,处于间不容发的时候,如果他顾及为人谦让的表现文章,迟回犹豫暂且等待,避免引人怨恨的行迹,有心进行周旋;那么事机一旦失去,变故就会丛杂产生。庸人误国来保全自身,都是按这种方法来做人做事的。而韩琦难道会看重这种做法吗? 而且立英宗为继承人,所想决策的,只应该是仁宗独自的决断而已。英宗在宫中养育了二十八年,而皇子的名义还没有得到确定,仁宗在迟疑中审察其人是否得当也已成熟。然而朝廷大臣争相请求确立太子,奏章堆满了公车,未能在一个早晨决定,是因为有人在中间作梗。曹太后的心情,任守忠这伙小人的奸计,已经使形势岌岌可危了。那么立太子的这一举措,独自来担任就能成功,让人分担参与就会造成猜疑。后来有人劝告韩琦说这样做可能会招来不测而自身不保。韩公感叹地说:"人臣尽力为君主做事,死生不去管它,成败由天来决定,岂能担心事情的不成功。"以这种态度主宰自己的心情,就忘了自身的安危,而对别人还有什么顾虑呢?功劳可以分,声名可以让,而死不能约别人一起来承担;自己一个人来承担死,不是自己一个人来占有功劳,对此哪能轻率批评呢?

夫富公固非有异志者,而观其生平,每多周防免咎之意,故出使而发视国书,以免吕夷简之陷。则奋不顾身,以强人主,以犯母后,以折奸邪者,诚非富之所能与。使必相待而相让,不我沮也,而固不能我决也,且从容审量而授我疑也。仰质皇天,昭对皇祖,拊省梦魂,揭日月以正告于天下后世,可为则为之,可言则言之已耳。宾宾然以功为不可独成,名为不可独尸,期远怨于朋友而坐失事机,为社稷臣者岂若是?国家之不幸也多矣,伊尹迁桐①,莱朱不与②;周公破斧③,君奭弗闻④。富怀不平之心,自愧于君子,而韩公何憾焉?夫韩公不以功名之志期富,其待之也厚矣,惜乎富之未喻也。

【注释】

①伊尹迁桐:伊尹,生卒不详,商初大臣,名伊,一说名挚。本为奴隶,因母亲在伊水居住,故以伊为氏,尹为官名。曾在有莘之野躬耕务农,为了见到商汤,让自己作为有莘氏女的陪嫁之臣,借机向汤进言,后受成汤重用,任阿衡,委以国政,助汤灭夏。汤死后,历佐外丙、仲壬二王。仲壬死后,太甲即位,横行无道,伊尹将他流放到桐宫,令其悔过。三年后,迎回太甲复位。

②莱朱不与:莱朱(约前 16 世纪),又作浮莱,又名仲虺。与伊尹一
　齐辅佐成汤灭夏,商军回到亳都,三千诸侯来会,成汤因自己是
　以臣伐君,恐他人也来效仿,莱朱于是作《莱朱之诰》(又名《仲虺
　之诰》)诏告天下,说明成汤诛伐夏桀是因为桀无德残暴,汤则由
　天赐勇智,顺应天命,因此必须敬崇天道,以义制事,以礼制心,
　才能永保天命。

③周公破斧:"破斧"是《诗经》豳风中的一篇,反映参加周公东征讨
　伐管叔、蔡叔、霍叔及武庚叛乱的军人经过战争之后还能生还的
　心情,借指周公对叛乱者的出兵平定。

④君奭弗闻:成王继位后,召公奭为保,周公旦为师,共同辅助成
　王,召公对周王的子孙安于天命而不求进展有所不悦,于是周公
　作《君奭》告诫子孙,说如果没有老成人在位帮助年幼的成王,则
　听不到像凤凰鸣声一样的高明教导,这样的君王就不能胜任治
　理天下的重任。全篇强调事在人为,说明辅臣的重要作用,要与
　召公同心辅助成王,共同完成文王的功业。

【译文】

　　富弼本来就不是有异心的人,但观察他的生平,常常多有周密防范
以免祸咎的意思,所以他出国为使节就先要打开国书来看其中的内容,
以避免吕夷简的陷害。至于奋不顾身辅助君主而冒犯母后,并挫败奸
邪这种事,确实不是富弼所能参与的。假使一定要韩琦等着富弼并且
向富弼谦让,富弼不会阻止韩琦,但他本来也不能和韩琦一起决断,而
且还会周详地考虑而让韩琦产生很多疑虑。仰头让皇天审察,明明白
白地面对皇祖,拊胸反省内心的想法,向日月表明并且正告于天下后
世,可以做的就去做,可以说的就去说而已。谦逊地认为事功不能由一
个人来完成,名誉不能由一个人来独占,期望不让朋友怨恨自己而坐失
事情的良机,作为社稷之臣的人难道能这样做吗? 国家的不幸已经很
多了,伊尹把太甲流放到桐宫,莱朱要汤顺应天命;周公出兵东征,君奭

对子弟进行告诫。韩琦是在做类似的事情,而富弼怀有不平之心,是自己有愧于君子,而韩琦有什么遗憾呢？韩琦不用功名之志期望富弼,他对待富弼是很宽厚的,可惜富弼没有明白这一点。

卷五　英宗

【题解】

宋英宗赵曙（1032—1067），太宗的曾孙，濮王之子。仁宗无子，英宗幼年被接入皇宫抚养，后被立为太子继承帝位，是北宋第五任皇帝，1063 至 1067 年在位。在位期间，任用韩琦等人，与辽国和西夏没有发生战争。

史上对英宗评价很高，可惜在位时间太短，没有时间实现自己的理想。王夫之的评论只有两条，一是韩琦迫使曹太后停止垂帘听政，之后把任守忠贬到外地，处罚得果断及时，显示了韩琦的政治才干；一是关于濮王之议，是英宗期间的大事，引起大臣诸多争论，对明代也有重大影响。

韩琦是王夫之最为欣赏的宋代大臣，认为韩琦所作所为符合大臣之道。一是对应做的事敢于担当，体现在当面迫使曹太后不再垂帘听政，又能及时处置任守忠等人，当时如张升、曾公亮、赵概、文彦博、富弼等人，都不如韩琦这样具有直方刚大之气而敢于担当。王夫之还由此论及明代大臣，认为缺乏韩琦这样的大臣来解决如刘瑾等人的问题。所以王夫之说在三代以后，只有韩魏公能真正实践大臣之道。

对于濮王典礼之争，诸多学者和大臣都有自己的看法，王夫之认为在这个问题上集合了"古今之公论"。因此他作了精细的分析，认为人伦关系中有天下相同的道理,也有各人心情的不同,既要坚持天下的公理,又要顾及人心的实际情况,二者必须协调起来,才能妥善解决此类问题。如果只据公理而不顾及人心人情,那也不是好的理,只在理上争议,就会"辩愈繁而心愈离"。为此王夫之分析了司马光、欧阳修及王珪等人的论点,分别指出了他们说法中的不足之处。王夫之体谅英宗的心情,认为仁宗把英宗收进宫中养育二十五年,而不早正皇子之名,另为濮王立后,以定其世系,结果使英宗继位之后出现两不自胜之情。大臣们不顾及这一点,只知"孤持一义"而不能让英宗"悦诸心",从而形成了激烈的争议而难于定夺。王夫之此论对于理解某些类似的历史问题,有一定的启发性。

一

集思广益,而功不必自己立,大臣之道也。而抑有不尽然者,非光大宅心而忠忱不渝者,其孰能知之?夫博访于前,以尽人之才;分功于后,以奖人之善;是道也,则亦唯其当而已矣。用人则采公论,而后断之以其真;其合者,则曰此众之所允惬者也。行政则访群议,而后析之以其理;其得者,则曰此众之所襄成者也。此其所当者也。若夫宗社之所以安,大臣之所以定,奸邪窥伺于旁,主心疑贰于上,事机决于俄顷,祸福分于毫厘,则疏远之臣民,既非其所深喻;即同朝共事,无敢立异而愿赞其成者,或才有余而志不定,或志可任而才不能胜。徒取其志,则清谨自矜之士,临之而难折群疑;抑取其才,则妄兴徼利之人,乘之而倒持魁柄。如是者,离人而任独,非为擅也。知之已明,审之已定,握之于幽微之存主；而其发也，如江、河之决，不求助于细流。是道也，伊、周之所以靖商、周，慎守其独知，而震行无眚，夫孰得而与之哉？三代以还，能此者，唯韩魏公而已矣。

【译文】

　　集思广益，而事情的成功不必由自己建立，这是大臣之道。但还有不尽然的情况，如果不是心胸光明正大且忠诚不渝的人，有谁能懂得呢？事前进行广泛了解，以尽人们的才能；事后把功劳分给众人，以奖励别人的长处；这种方法，也必须用得得当才行。用人就要采纳公众的评价，而后根据真实情况进行裁断；那合乎人们评价的，就说这是众人认为可以的。处理政务就咨询众人的议论，而后根据道理加以折中；其合乎道理的，就说这是众人共同助成的。这就是所谓的得当。至于宗庙社稷之所以平安，大臣之所以安定，奸臣在一旁窥伺，君主在上面心存疑惑，事情的时机取决于转瞬之间，祸福的区分就在毫厘之间，那么与朝廷大事疏远的臣民，当然不能深知内情，即使是同朝共事，没人敢提出异议而愿意协助事情的成功，在这种情况下，主持其事的大臣或许是才能有余而意志不定，或许是有志气可以承担其事而才能又不能胜任。只凭着志气，那么清高谨慎自我矜持的士人面临大事就难以裁决众人的疑虑；如果是靠才能，那么狂妄生事以求取私利的人就会趁机反过来把权柄抓在自己手里。面临这样的情况，不与众人协商而由自己单独承担大事，就不是擅权。对事情已经知道得非常清楚，审查得已经非常确定，掌握在幽隐不显的心中；而事情的实施，就像江河的决口，不求助于细小的流水。这种方法，伊尹、周公用来安定了商、周，谨慎地遵守只有自己知道的方法，行动起来就震动四方而没有灾祸，谁能和他共同从事呢？三代以来，能做到这个的，只有韩琦而已。

　　霍光之敢于易位也①，张安世、田延年之共成之也②。所以然者,光于大臣之道未纯,而神志不足以充也。且其居功受赏之情,不忘于事后,则固断之以独而不可也。而韩公超然远矣。人主长矣,而母后之帘不撤;宵小持其长短,谤谮繁兴,以惑女主,而英宗之操纵,在其掌中。于斯时也,非独张昇、曾公亮、赵概之不能分任其死生③,即文、富二公直方刚大之气,至此而不充。故"决取何日"之言,如震雷之迅发,而叱殿司以速撤;但以孤忠托先君之灵爽,而不假片言之赞助。其坐政事堂,召任守忠,斥其恶而速驱以就窜,必不以告赵概,而制之以勿敢异同。呜呼! 以如此事,而咨谋于庶尹,会议于堂皇,腾书于章奏,求其事之不偾也,几何哉?

【注释】

①霍光之敢于易位:武帝后元二年(前87),武帝立刘弗陵为太子,霍光与金日磾、上官桀、桑弘羊等共同辅佐。昭帝即位后,上官桀及燕王刘旦、桑弘羊诬告霍光谋反,又计划暗杀霍光,霍光遂将上官桀、桑弘羊逮捕,诛灭全族。昭帝病逝后,霍光立武帝孙子刘贺即位,刘贺荒淫无道,霍光将他废黜,立武帝曾孙刘询为汉宣帝,此后霍光执政直到病死。

②张安世(? —前62):西汉丞相张汤之子,杜陵(今陕西西安东南)人。汉武帝时为尚书令、光禄大夫。汉昭帝时为右将军,以辅佐有功,封富平侯。昭帝死后,他与大将军霍光谋立宣帝有功,拜大司马。传见《汉书·张汤传》。田延年(? —前72):字子宾,阳陵(今陕西高平西南)人。先为大将军霍光的助手,后为河东太守、大司农。因修建昭帝刘弗陵墓扩,租赁民间车辆,贪污三千万钱,听到诏书到来时的鼓声,自刎而死。传见《汉书·酷吏

传·田延年传》。

③张昇(992—1077)：字杲卿，陕西韩城人。宋真宗时官至参知政事兼枢密使、同中书门下平章事。传见《宋史·张昇传》。曾公亮(998—1078)：字明仲，号乐正，泉州晋江(今福建泉州)人。仁宗时任参知政事、枢密使、同中书门下平章事等。传见《宋史·曾公亮传》。赵概(995—1083)：字叔平，虞城(今河南虞城)人。中进士后，历任枢密使、参知政事、吏部尚书。为人宽厚，常暗中帮人。传见《宋史·赵概传》。

【译文】

　　霍光敢于换皇帝，是由张安世、田延年共同协助而成的。所以能这样，是因为霍光尚未完全懂得这种大臣之道，他的神志不足做到这种大臣之道。而且他居功受赏的心情，在事后也没有忘怀，所以本来就不可能由他一个人单独决断。而韩琦则超然远在霍光之上。人主已经长大，而母后听政的帘子不撤；宦官中的小人利用英宗与曹太后在一些事情上的不同想法，不断地制造诽谤之言来迷惑曹太后，而对英宗的操纵，就掌握在他们的手中。在这个时候，不但张昇、曾公亮、赵概等人不能与韩琦分担死生重担，即使是文彦博、富弼二公虽然有着直方刚大之气，到这时也不够充足了。所以他问曹太后"决定在哪天还政"的话，就像震雷迅猛震响一样，于是他当场呵令宦官们马上撤掉帘子；这只靠韩琦孤独的忠诚之心而托了先君神灵，就不用再借其他人片言只语的协助了。他坐在政事堂，召来宦官任守忠，斥责他的罪恶而迅速地把他驱赶出宫，流放到远地，一定不会先向赵概通报，而且认定赵概不敢有不同意见而控制了局势。呜呼！以这样的事情，要是召集众大臣进行商议，公开会商集议，再通过章奏来回请示，再来求事情不会失败，那会相差多少呢？

　　刘瑾一导淫之小竖耳①，非有荧惑宫闱、动摇神器之危机也。韩文倡之②,李梦阳成之③,九卿随声而和之,刘、谢居中而应之④;李东阳、王鏊俯仰其间⑤,亦非素结瑾以徼荣者;而参差互持,竟以空朝廷而长宵人之气。况守忠所挟者,垂帘之母后,所欲动摇者,入继之嗣君。则天位危,而顾命大臣之窜死,在俄顷间;此何如事,而呼将伯之助,以召不测之忧哉?韩公之独任于己也,其志之贞,盟于梦寐;其道之正,积于生平;其情之定,忘乎生死;其力之大,发以精神。功何必不自己成,名何必不自己立,而初无居功立名之心,可揭日月以告之天下。《易》曰:"或从王事,知如字光大也⑥。"知光大者之独行而无所恤,乃可以从王事,臣道之极致也。文、富诸君子,且不难推而置之局外,而况他有所倚哉?赵汝愚之未能此也⑦,非韩侂胄不足以立功,而事权失矣,虽有朱子,不能善其后也。

【注释】

①刘瑾(1451—1510):本姓谈,陕西兴平(今陕西兴平)人,六岁时被太监刘顺收养,后入宫当太监,冒姓刘。武宗做太子时,他悉心侍奉,得到赏识,武宗继位后,他任司礼监掌印太监,与马永成、高凤、罗祥、魏彬、丘聚、谷大用、张永合称"八虎",专擅朝政,时人称他为"立皇帝",武宗为"坐皇帝"。排挤诬陷异己,迫害朝中正直官员。后被揭露,判以凌迟。传见《明史·刘瑾传》。

②韩文(1440—1526):字贯道,山西洪洞人,韩琦的后人。明成化二年(1466)进士,历任右副都御史巡抚湖广、南京兵部尚书、户部尚书等。刘瑾专权时,韩文和大臣上疏弹劾刘瑾等人,武宗宽宥刘瑾不问,韩文等人致仕,有五十三人列为同党,或下狱,或削

籍。传见《明史·韩文传》。

③李梦阳(1473－1530)：初名莘，字献吉，号空同子，甘肃庆阳(今甘肃庆阳)人。明弘治间任户部主事等，因触犯权贵而下狱。武宗时为户部员外郎，户部尚书韩文令梦阳作疏，即《代劾宦官状疏》，请求诛杀刘瑾，刘瑾遂大肆打击正直大臣，以五十三人为韩文同党，李梦阳即在其中，被逮捕下狱。传见《明史·李梦阳传》。

④刘：即内阁大学士刘健(1433—1526)，字希贤，河南洛阳人，先后在明英宗、宪宗、孝宗、武宗朝为官，官至内阁大学士。武宗继位后，刘瑾专权，刘健进谏，武宗不听，刘健等人决心铲除刘瑾，但未成功，刘瑾将刘健等五十三人列为奸党。嘉靖帝继位后，把他比做司马光、文彦博。传见《明史·刘健传》。谢：指内阁大学士谢迁(1449—1531)，字于乔，号木斋，浙江余姚人。历经明成化、弘治、正德、嘉靖四朝，政绩卓著，时人云"李公(东阳)谋，刘公(健)断，谢公尤侃侃"，世称"天下三贤相"。武宗时，与刘健等人谋诛刘瑾不成，被迫致仕。传见《明史·谢迁传》。

⑤李东阳(1447—1516)：字宾之，号西涯，长沙茶陵(今湖南茶陵)人。与内阁大学士刘健、谢迁为当时名相。武宗时，谋诛刘瑾不成，刘健、谢迁致仕，东阳暂留内阁。刘瑾被诛后，李东阳辞官，不久病逝。传见《明史·李东阳传》。王鏊(1450—1524)：字济之，号守溪，晚号拙叟，学者称"震泽先生"，吴县(今江苏苏州)人。成化十一年(1475)进士。后任户部尚书、文渊阁大学士。王鏊为人正直，时称"天下穷阁老"。尚宝卿崔睿等人被刘瑾毒打将死，王鏊当面斥责刘瑾："士可杀，不可辱。"刘瑾千方百计杀韩文、刘健、谢迁，王鏊力救得免。传见《明史·王鏊传》。

⑥《易》曰："或从王事，知光大也"：这是《周易·坤卦》六三的象辞。六三的爻辞说："含章可贞，或从王事，无成有终。"象辞说："含章

可贞，以时发也。或从王事，知光大也。"据王夫之的注，"知"读作智慧的"智"。这里是说作为大臣内含光明贞正之道，要在必要的时候发挥出来，例如有王命的时候，就要尽自己的能力去执行，即使不能完成任命，也要尽力做到最后，要靠自己智识的光大，来为王命效劳。

⑦赵汝愚（1140—1196）：字子直，饶州余干（今江西余干）人，宋宗室后裔。南宋光宗时，逼使光宗退位，拥其子嘉王赵扩继位，即宋宁宗，汝愚与留正辅政。时外戚韩侂胄以拥戴定策有功，渐掌宫内大权，汝愚罢右丞相，贬放永州（今湖南零陵）。行至衡州，得病暴卒。传见《宋史·赵汝愚传》。

【译文】

刘瑾不过是一个引着皇帝干些荒淫之事的小宦官而已，并不是当时就形成了迷惑整个宫廷、动摇帝位的大危机。对这样一个宦官，首先是韩文提出建议，再由李梦阳赞成这个建议，而朝廷的九卿都随声加以附和，刘健、谢迁在内阁加以呼应；又有李东阳、王鏊在中间上下配合，他们也不是素来勾结刘瑾以求荣华的人；这么多的人相互予以不同力量的配合支持，最终竟然是整个朝廷的大臣全都被贬斥还不能除掉刘瑾而助长了这些小人的志气。而任守忠所挟持的是垂帘听政的母太后，所想动摇的是入宫继位的新皇帝。那么在帝位危险的时候，顾命大臣被流放至死，是在转眼间的事；这是什么样的事？还要招呼诸多大臣的协助，以召来不测的灾祸吗？韩琦独自一人承担起这个大事，其志向的正直，早已与神灵相盟誓；其道义的正当，则在生平中积累而成；其心情的稳定，已忘了生死；其力量之大，从精神中发出。功不由自己来完成，名不由自己来建立，本来就没有居功立名的用心，这都可以揭诸日月而告之于天下。《周易》说："有时要为君王做事，将光明正大的能力全部发挥出来。"能力光明正大的人，独自一人担当重任就没有什么顾虑，这样才可以为君王做事，这也是为臣之道的极致。对于文彦博、富

弼诸君子，都不难以推开而把他们置之事外，何况还要倚靠其他的人
呢？赵汝愚做不到这一步，如果没有韩侂胄，赵汝愚就不足以立功，但
政事的大权也就丧失而被别人夺去了，虽然有朱熹，也不能为他善后。

　　夫韩公之坦然无惧而以为己任，非一日
也。其请皇嗣也，仁宗曰："朕有此意久矣！谁可者？"斯言也，在仁宗为偶
然之语，而使顾瞻愿谨者闻之，必震慄失守而不敢争。公且
急请其名，以宣示中外，视神器之所归，如献酬之爵，唯所应
得者而揖让以将之。此岂文、富诸公所能任？而内无可援
引之后妃，下无可居间之宦寺，则即有奸邪，亦不能挟以为
名而相忮害。为仁繇己，岂袭义者之所可与于斯乎①？无乐
取人善之虚衷，不足以经庶务；无独行其志之定识，不足以
任大谋。刚愎自用者，及其临事而待命于人。斗筲之器②，
所受尽而资于瓶盎，必然之势也。

【注释】

①袭义：出自《孟子·公孙丑》上，孟子解释浩然之气至大至刚，与
　义与道相配，是集义所生，而非义袭而取。集义是说积聚道义，
　义袭的袭如同作战的偷袭，谓取之不正，偶然得之。这样的气表
　面看来似乎正义，实际是不正之气。这说明一个人的行为是否
　合乎正义，是否光明正大，能否在关键时刻做出正确而重大的举
　动，不是靠一时的义气，而是靠平时对道义的长期积累。

②斗筲之器：出自《论语·子路》篇，子曰："噫！斗筲之人，何足算
　也。"比喻没有见识的人。筲，是很小的容器。

【译文】

韩琦坦然无惧而把大事作为己任，不是一天之内就能这样的。他

请仁宗确定皇太子,仁宗说:"朕有立皇子的意思已经很久了!谁可以呢?"这句话,在仁宗是偶然说出来的话,但要是让瞻前顾后小心谨慎的人听到,必定胆战恐惧守不住自己的心意而不敢争论。而韩琦却急忙请仁宗说出此人的姓名,向中外宣告,把帝位的归属,视同祭祀中献酒酬谢的酒杯,只有对应该得到的人才会向他揖让献上。这难道是文彦博、富弼诸公所能胜任的吗?而在宫内没有可以引为后援的后妃,下面也没有可以居间协调的宦官,那么即使有奸邪之人,也不能以此为名而来加以陷害。实行仁义要靠自己,难道偷取了一点道义的人就能参与这种大事吗?没有乐于汲取别人之善的虚心,不足以经营各种事务;没有独自实行自己志向的确定不移的见识,不足以承担重大谋略。刚愎自用的人,面临大事的时候就要等待别人的主意。见识度量很小的人,他所具有的见识能量用光了之后就会到另外的小瓶子碗中去找有用的东西,这是必然之势。

二

濮王典礼之议①,古今之公论集焉。夫粗而论之,亦易辨矣;精而论之,言必有所衷,道必有所察,彝伦不容以毫发差,名义不可以形似袭,未易易也。如苟古有可引而引之,言有可以夺彼而抗言之,则匪徒其邪也,其正者亦以戕天理而伤教本。岂易易哉?人之有伦也,有同焉者,有异焉者。同焉者,理之在天下者也。异焉者,理在夫人之心者也。胥天下而亲其亲,长其长,一也。统之于一,其义昭明,历古今、统上下、而不容异;无所异,则无所容其辩矣。乃人各亲其亲,非以天下之所必亲而亲之。人各长其长,非以天下之所必长而长之。则名同而实异,道同而德异,义理同而性情

异。执彼以概此,辩愈繁而心愈离,非精义以悦心者,弗能
与于斯。故曰"未易易也"。

【注释】

①濮王典礼之议:濮王赵允让(994—1059),字益之,宋太宗第四子
　商王赵元份第三子。仁宗时封为汝南郡王。嘉祐四年薨,追封
　濮王,谥安懿。濮王为宋英宗之父,仁宗之兄。仁宗无子,将濮
　王之子赵宗实接入宫中抚养,立为太子,后继位为英宗,改名曙。
　英宗继位后,要以濮王为皇考,引起大臣争议。王珪等人认为,
　英宗继仁宗而登基,应以仁宗为皇考,濮王是仁宗之兄,英宗只
　能称他为皇伯。韩琦、欧阳修等人赞同英宗,曹太后最初反对,
　后来亦表示同意,于是以濮王为皇考。

【译文】

　　对于英宗的生父濮王采用什么等级的礼仪的争议中,集中了古往
今来的公论。粗粗地来论,也容易辨别清楚;若是精细地来分析,使言
论必有内容,道义必有察识,伦理不容相差一丝一毫,名义不能只是外
形相似,就不容易了。如果古有可以引用的说法就引用它,言论有能驳
到对方的内容就提出反驳,那么不仅会看出其中的邪说,就是正确的说
法也会败坏了天理而伤害了根本道义。哪里是容易的呢?人有伦理,
其中有相同的,也有不同的。相同的,就是通行于天下的公理。不同
的,就是存在于人心中的道理。全天下都对亲人亲,对长者尊,这是一
样的。全部统于一,它的道义就很明显,经历了古今、统括了上下而不
容有差别;没有差别,就没有地方可以容忍相关的辩解了。而人各自亲
近他的亲人,不是根据天下必须亲近亲人的公理而亲近亲人。人各自
尊重他的长者,不是根据天下必须尊重长者的公理把他视为尊长。那
么名义上相同而实际上就不同了,道理上相同而德行上就不相同了,义
理上相同而性情上就不相同了。拿着这一方的道理来要求另一方,辩

论越是繁多而相互的心意就离得越远，如果不能阐明道理中的精义而让人心感到喜悦，就不能来讨论这个问题。所以说"是很不容易的"。

　　以汉宣之于史皇孙①，光武之于南顿府君②，例英宗之于濮王者，非也。汉宣虽继孝昭以立③，而孝昭不以宣帝为子，宣帝亦未尝以孝昭为父。非若英宗早育于宫中，业已正皇子之名也。光武上继元帝④，序七庙之昭穆而已⑤。光武之生，不逮元帝，遭国中圮，奋起庶宗，自百战以复汉社稷，其不父元帝而必父南顿，尤烈于汉宣。故必正名南顿府君曰"皇考"，亲奉祀焉，不可委之伯叔之子而自忘其所生也，则固与英宗无中兴之功烈，而仁宗实为其称异矣⑥。故以二帝拟英宗，而等仁宗于孝昭、孝元，不协于仁宗之心。不协于仁宗之心，则英宗之心亦不协。此温公欲以厚仁宗，而不知适以薄。故曰非也。

【注释】

①汉宣：指汉宣帝刘询（前91—前49），本名刘病已，字次卿，即位后改名询，前74年至前49年在位。是汉武帝刘彻的曾孙，戾太子刘据的孙子，史皇孙的儿子，幼年时流落民间，前74年被朝臣迎立为帝。传见《汉书·宣帝纪》。史皇孙：刘进（？—前91），汉武帝戾太子刘据的儿子。巫蛊之乱时，刘进与父亲刘据被江充、苏文等人迫害，在湖县（今河南灵宝）一同遇难。母亲为史良娣，刘进又是汉武帝的孙子，因此史称"史皇孙"。谥号"悼"，亦称"悼皇考"。刘进与王翁须所生的儿子刘询，就是汉宣帝。

②南顿府君：汉光武的父亲刘钦（？—3），曾任济阳县令，后任南顿县令（今河南汝州项城一带）。刘钦去世后，刘秀投靠叔父刘良，

　　时任萧县(今安徽萧县)县令。

③孝昭：汉昭帝刘弗(前94—前74)，原名刘弗陵，汉武帝少子，武帝
　　死后继位，更名刘弗。继位时年仅八岁，霍光辅政，在位13年。
　　传见《汉书·昭帝纪》。

④元帝：汉元帝刘奭(前75—前33)，是汉宣帝刘询与许平君所生的
　　儿子。他出生仅几个月，其父即位，两年后，其母许皇后被霍光
　　的妻子霍显毒死。霍光死后，刘奭被立为太子。宣帝死后继位，
　　在位16年。传见《汉书·元帝纪》。

⑤昭穆：指宗法制度中关于宗庙或墓地的辈次排列的规则和次序。
　　始祖居中，自始祖算起的第二世、四世、六世，位于始祖的左方，
　　称为"昭"，第三世、五世、七世，位于始祖的右方，称为"穆"。坟
　　地葬位的左右次序也按此规定排列。

⑥祢(mí)：古代对已在宗庙中立牌位的亡父的称谓。

【译文】

　　用汉宣帝与史皇孙的关系和汉光武帝与南顿府君的关系，来比较
英宗与濮王的关系，这是不对的。汉宣帝虽然继承了孝昭帝而立为帝，
但孝昭帝不以宣帝为自己的儿子，汉宣帝也未尝以孝昭为自己的父亲。
这不像英宗很早就在宫中养育，已有皇子的名义了。汉光武上继汉元
帝，这是根据七庙中的昭穆关系排出的次序而已。汉光武帝的出生，不
是在汉元帝之世，遇上国家中途灭亡，从皇家庶族中奋起，经过百战才
恢复了汉家的王朝，他不以元帝为父而一定要以南顿府君为父，这比汉
宣帝的功劳大得多。所以一定要为南顿府君正名称为"皇考"，亲自加
以祭祀，而不能交给伯叔的儿子而忘记谁生了他。那么这本来就与英
宗没有中兴之功、而仁宗实际是他在宗庙中所要祭祀的亡父是不相同
的。所以拿汉宣帝和汉光武帝来比拟英宗，把仁宗等同于孝昭帝、孝元
帝，就不合乎仁宗的心意了。不合乎仁宗的心意，那么英宗的心意也就
不会顺畅了。这就是司马光想厚待仁宗，却正好薄待了仁宗的原因，所

以说是不对的。

　　若夫欧阳永叔缘"为其父母"之文,以正濮王皇考之称,其不中于礼,夫人而知之,而未知其所以非也。为其父母服期,此大夫以降世禄之家①,为人后者,得伸于其所生尔。天子绝期,不得于此而复制期服。盖天子者,皇天上帝明禋之所主②,七庙先皇禘祫之所依③,天下生民元后父母之所托。故于伯叔父之应服期者,生而臣之,没而从为诸侯锡衰之礼④,尊伸而亲屈,是以绝期。而出后于天子,则先皇委莫大之任于其躬,可以夺其所自生之恩德,固与世禄之子仅保其三世之祀者殊也。则使英宗立而后濮王薨,不得为之服;不得为之服,则父母之称,不足以立矣。而时无能以此折永叔之非也。

【注释】

①世禄:指贵族,他们的爵位是世代继承,所以称为世禄。大夫则不是世代继承的,所以他的丧服等级就要低于世禄之家。

②禋(yīn):古代烧柴祭天的礼仪,这里指天子对皇天上帝的祭祀。

③禘祫(dì xiá):古代帝王对始祖的祭祀。

④"故于伯叔父之应服期者"三句:这几句是说英宗的父亲濮王是仁宗的哥哥,英宗继位之后,由于他是作为仁宗的儿子继位的,因此自己的亲生父亲濮王就相当于自己的伯父,不能再把濮王作为父亲而服三年之丧,只能把仁宗作为父亲来服三年之丧。生而臣之,是说濮王活着的时候是仁宗的臣。没而从为诸侯锡衰之礼,是说濮王死了以后,英宗要为他服皇帝对诸侯的丧,即锡衰之丧。下面说"尊伸而亲屈,是以绝期",意谓在这个问题

上,英宗要对地位最尊贵的仁宗尽三年之丧,而对自己的亲生父亲濮王则要改变服丧的关系,即不再把濮王作为伯父叔父来服一年的丧,而是把濮王作为诸侯,来服帝王对诸侯的锡衰之丧。锡衰,细麻布制成的丧服,是君为臣所穿的丧服。锡,通"绡",指较细滑的麻。衰,即"缞"(cuī),指丧服。衰本来是用粗麻布制成的丧服,也泛指丧服。

【译文】

至于欧阳修根据"为其父母"的文句,以纠正濮王皇考的名称,这一做法不合乎礼,是尽人皆知的,但还没有看出这种说法为什么不对。为自己的父母服一年的丧,这是大夫低于世禄之家的服丧等级,这种服丧,是让父母所生的后人,对自己的所生父母表达哀伤。天子不服一年的丧,不能为自己的所生父母再服一年的丧。这是因为天子,是对皇天上帝进行洁净祭祀的祭主,是靠他对七代宗庙中的先皇进行祭祀时所要依赖的人,是天下所有民众对皇帝父母尽哀的依托。所以对伯父叔父应服一年丧,其伯父叔父活着的时候是天子的臣子,死了就是天子的诸侯,而天子要对诸侯服锡衰之丧,所以要对尊贵的先帝服重丧,而让自己生身父亲的丧期低于先帝的丧期,所以英宗作为天子对濮王就不再看作伯父,而应看作天子的诸侯,因此不再为伯父服一年的丧。而作为前任天子的后人,是先皇帝把最大责任放在自己的身上,因此可以剥夺自己生父的恩德,这本来就与世禄之家的儿子仅能保住三代的祭祀是不一样的。那么让英宗继位而后濮王去世,英宗就不能作为儿子为濮王服三年之丧;不能为濮王服丧,那么父母的名称就立不住了。而当时没有人能驳倒欧阳修说法中的错误。

温公曰"宜准封赠期亲尊属故事[①],称为皇伯,高官大爵,极其尊荣"者,亦非也。濮王之始繇节度使而封郡王,繇郡王而赠濮王,皆以英宗故而受殊礼。则仁宗之为英宗报本地也,久矣。益其封赠,不为加荣,即如其前,不为有阙。子不得以其尊加之于所生,而驭以爵禄;固心之所有惮,而实心之所弗忍者也。则封赠之说,不可行矣。以所生言之,则父也。以族属言之,则犹之乎凡为伯父者之为皇伯也。固为伯父,不待立名;实非伯父,名非縣我。而为之名曰皇伯,固不如无为之名而心可以安。故温公之说,亦曲就而非正也。

【注释】

①期亲尊属:此句是说把要守一年丧的亲人列为特别尊贵的亲属,守丧制度上可以特别加重。期亲,指服一年丧的亲人,如侄对伯父叔父。尊属,指尊贵的亲属。

【译文】

司马光所说的"应该按照把守一年丧的亲人赠予名号封为尊贵亲属的旧例,把濮王称为皇伯,封给他高官和大爵位,让他达到极度的尊荣",这一说法也是不对的。濮王早先从节度使封为郡王,又由郡王赠为濮王,都是因为英宗的缘故而接受了特殊的礼遇。那么仁宗来为英宗酬报他的亲生父亲,也已很久了。再加封官职和爵位,不会增加荣耀,即使就按此前已有的封号来说,也不为少。儿子不能因为自己的尊贵而对生身父亲多赠封号,而用爵位官禄来加以控制;这是本来在心里就有所忌惮,而实为于心不忍的做法。那么封赠官禄爵位的说法,也是不可行的。以所生的关系来讲,濮王就是父亲。以宗族关系来说,就好比是凡为伯父的人就要称为皇伯。如果本来就是伯父,不用再加皇伯的名称;如果实际不是伯父,称不称皇伯的名称就不是由我来定的。而为他加上皇伯的称呼,本来就不如不为他加上这个称呼更令人心安。所以司马光的说法,也是曲说而不正确。

至若王珪之言曰①："陛下所以负扆端冕②，万世相承，皆先帝德也。"此言何为而至于人子之耳哉？以贵为天子、富有四海、传之子孙为德，而不可忘；则是以富贵故，而父非其父；以富贵所不在故，而不父其父。见利忘恩，人之所以异于禽兽者，泯矣。孝子于此，将有怀惭负痛、追悔出继之非，敝屣天下，脱之而逃耳。以小人之心，议天伦之大，没天地祖宗之重任，怀荣其身、庇其子孙之私恩。珪乃昌言此不道之说于廷，而当时犹以为允，世教之衰，非徒小人之乱之矣。

【注释】

① 王珪（1019—1085）：字禹玉，祖籍成都华阳（今四川成都），后迁舒州（今安徽潜山）。神宗时为相。在英宗欲尊称濮王为父的争议中，王珪据司马光起草的议书加以改定，主张按照《仪礼》"为人后者为之子"的原则，不能再照顾本来的父子关系，并且援引秦汉以来的史实，说凡是从旁支入继帝位的人，如果继位后又将亲生父母封为帝、后，都会受到当时及后人的批评，因此不赞成英宗称濮王为父，而应称濮王为皇伯。又为了照顾英宗的心情，提出仿效先朝封赠期亲尊属的旧例，对濮王加封高官和大诸侯国的爵位，表示极高的尊崇。当时韩琦与欧阳修等人顺从英宗的想法，不同意王珪的建议，认为出继之子对所继和所生父母皆称父母，大多数官员都赞同王珪等人的建议，于是形成分歧，争论不止。

② 负扆（yǐ）端冕：负扆，背靠屏风，指皇帝临朝听政。扆是皇宫内设在门和窗间的屏风。端冕，玄衣和大冠，古代帝王、贵族的礼服，指帝王穿戴整齐临朝听政。

【译文】

至于像王珪说的："陛下所以能背靠着屏风而穿上皇帝的服装,万代子孙继承下去,这都是先皇帝的恩德。"这样的说法为何就传到为人之子的耳中呢？以贵为天子、富有四海、传给后世子孙为德,而不能忘记;那么这是由于富贵的原因,而把不是父亲的人作为父亲;以没有给我富贵这个原因,就不把父亲作为父亲。这是见利忘恩,人之所以区别于禽兽的界限就泯灭了。孝子对此,将会怀有惭愧而负有悲痛、追悔离家过继的不对,而把天下看成破鞋子,脱下它逃走。以小人之心,议论天伦的大事,忘记了天地祖宗的重任,怀着荣耀其身、庇护其子孙的私恩。王珪竟在朝廷上提出这种不合道理的说法,而当时的人们还以为说得对,可知世风教化的衰落,不只是由小人来搅乱的了。

夫濮王既不可称考,抑不可称伯①,此中书所为驳珪等议,而议以当称何亲？珪等穷矣。苟据典礼以求其允惬,自可不穷。濮王已薨,书召弗及矣。若祭,则天子于伯叔无丧毕致祭之礼。濮王自有子孙,世其爵,延其祀,俾奕世勿绝,则所以报本者已遂。而岁时修举,自属濮国之小宗,天子弗与焉。天子弗与,则称谓可绝,又何必致疑于名之何称,而徒滋聚讼哉？然而英宗有难处者于此:君子之守道也,不昧其初。濮王之薨,英宗尝执三年之丧矣。未为天子而父之,已为天子而不父,则始末不相应。而前之哀戚,以大位而改其素,安能不耿耿焉。此则仁宗之过也。业已方四岁,而育之宫中者二十五年,知之非不深矣。濮王超进大国之封,为英宗故,立之非不决矣。而不早正皇子之名,别为濮王立后,以定其世系。仁宗一犹豫,而授英宗以两不自胜之情。故以韩公之秉正,而俯仰以从欧阳之议②,实有其难处者存也。处乎难处,而容以率然之心议之乎? 求尽人伦之至者,研义以极其精,乃能存仁以无所憾。孤持一义,不研诸虑以悦诸心,其不胜于邪说也,必矣。况如王珪之以人欲灭天理者乎?

【注释】

①不可称考,抑不可称伯:这是说英宗对濮王既不可称父亲,也不可称伯父。当时韩琦为相,中书省对王珪等人的驳斥,即韩琦等人的意见,要王珪等人再议应当对濮王如何称呼。考,父亲。伯,伯父。

②欧阳之议:指欧阳修的建议,提出同意英宗对濮王称父,韩琦表示赞同。

【译文】

濮王既不可称为父亲,也不可称为伯父,所以中书省驳斥王珪等人的建议,要王珪等人再议应当称呼什么? 王珪等人就无词以答了。如果根据经典礼书寻求最合适的做法,自然是不能无言以对的。濮王已经去世,再对他写诏书已是来不及了。如果对濮王进行祭祀,那么天子对于伯父叔父并没有守丧完毕之后再来祭祀的制度。濮王自有他的子孙,世代承袭他的爵位,延续他的香火,使他的宗族传世不绝,那么作为英宗来说他对本生父亲的报答之责就算完成了。而按照年月季节对濮王进行祭祀,自然属于濮王封国中的小宗的事情,而天子是不参与的。天子不参与对濮王的祭祀,那么相关的称呼就断绝了,又何必对采取什么称呼致疑,而徒然滋生众人聚讼呢? 但是英宗对此也是有难以处理的事情:君子遵守大道,不能把当初的事情搞得模糊不清。濮王去世,英宗曾为他执了三年的丧期。未成为天子而把濮王当做父亲,成了天子之后就不把濮王当做父亲,这就使当初的做法与后来的做法不相应了。而此前的哀戚,因为继承了帝位就加以改变,这怎能让英宗不耿耿于怀呢？而这就是仁宗的过失了。英宗已经四岁了，而把他收进宫中养育了二十五年，那么对英宗的了解就不是不深了。对濮王超过规定而提升了封国的等级，让他成为大诸侯国，这都是为了英宗的缘故，将英宗的生父立为濮王是早已确定的事。但不及早为英宗确立皇子的名号，另外再为濮王选择后人，以确定他的世系。仁宗在这件事上稍一犹豫，就让英宗产生了两方面都不能自我善处的想法。所以以韩琦的秉公正直，还要顺从英宗的意思而采纳欧阳修的建议，实在是英宗于此存在着难以处置的情况。处于难以处置的状态，还能用轻率的心思来议定这种事情吗？想在人伦上求得最好的处置办法，就要研究义理直达其中最为精微的地方，才能保存仁爱正义而没有遗憾。孤立地坚持一种意见，不研究人们的各种想法而让他们心中喜悦，那么不能战胜邪说，也就是必然的了。何况像王珪这种人还想用人欲来灭天理呢？

卷六　神宗

【题解】

宋神宗(1048—1085)，英宗的长子，1067至1085年在位。在位时期任用王安石进行变法，史称王安石变法，又称熙宁变法，维持新法近二十年。

王夫之重点评论了王安石，认为他以尧、舜为名义，用大话震慑神宗，又以桑弘羊、刘晏自任，因此认为王安石是一个小人。这种评价与现代史学家不一样。

另一方面，神宗重用王安石进行变法，也有自身的原因。他想解决国家财政不足的问题，所以被王安石提出的聚财之说迷惑，而在王夫之看来，聚财的方法并非真正的治国之道。王夫之对这一问题的分析，否定了王安石变法的根据，史学家往往顺着王安石的说法，以解决国家财政困难为前提，来评价王安石的变法。读了王夫之的相关分析评论，也提醒我们对于复杂的历史问题应该进行更为全面而深刻的分析研究。

王夫之又认为，王安石用尧、舜、《周礼》等儒家圣贤和经典作为变法的依据，使变法在表面上具有遵循"圣人之教"的性质，但这并不能保证他就是真正的儒家圣徒。王夫之强调对于儒家的典籍及其思想应该把重点放在"得其精意"上，而不是只凭书中的几句言辞。王安石的问题就在于他未能"得圣人之精意以行之"，而是"自立辟以扰多辟之民"，所以王夫之严厉批评他的变法及后果，认为这样的变法实际上就是苛政，只会"病国虐民"。更可怕的是苛政形成之后，又不停地变本加厉，采取一切办法压制批评意见，打击反对之人，最终必然导致"民乃益怨，衅乃俟生，败亡沓至而不可御"。王安石变法时，大臣们群起反对，王安石则强行推行新法，使新法变成苛政；为了维护新法苛政，不得不"与小人为类"，使危害得以蔓延，最终导致北宋灭亡，而不是从此使宋王朝真正兴盛强大起来。从这个角度讲，王夫之的批评值得后人思考。

一

言有大而无实，无实者，不祥之言也。明主知之，知其拓落而以是相震，则一闻其说，而屏退之唯恐不速。唯智小而图大，志陋而欲饰其短者，乐引取之，以钳天下之口，而遂其非。不然，望而知其为妄人，岂难辨哉？

【译文】

宏大而没有实际内容的言论，没有实际内容，这就是不祥之言。贤明的君主知道这是不祥之言，知道这种言论的宏阔而想用这种言论使我震动，那么一听到他的话，就会马上屏退他还惟恐不及时。只有智慧小而愿望大、志向鄙陋而想掩饰其短处的人，乐意引用和采纳它，用来钳住天下人的口，而实现其不正的目的。不然的话，一望就知道他是一个狂妄的人，难道很难分辨吗？

王安石之入对，首以大言震神宗。帝曰："唐太宗何如？"则对曰："陛下当法尧、舜，何以太宗为哉？"又曰："陛下诚能为尧、舜，则必有皋、夔、稷、契①，彼魏徵、诸葛亮者②，何足道哉?"呜呼!使安石以此对飏于尧、舜之廷,则靖言庸违之诛③,膺之久矣。抑诚为尧、舜,则安石固气沮舌噤而不敢以此对也。夫使尧、舜而生汉、唐之后邪,则有称孔明治蜀、贞观开唐之政于前者,尧、舜固且揖而进之,以毕其说,不鄙为不足道而遽斥之。何以知其然也?舜于耕稼陶渔之日,得一善,则沛然从之。岂耕稼陶渔之侣,所言善言,所行善行,能轶太宗、葛、魏之上乎?大其心以函天下者,不见天下之小;藏于密以察天下者④,不见天下之疏。方步而言趋,方趋而言走,方走而言飞;步走犹相近也,飞则固非可欲而得者矣。故学者之言学,治者之言治,奉尧、舜以为镇压人心之标的;我察其情,与缁黄之流推高其祖以树宗风者无以异。韩愈氏之言曰:"尧以是传之舜,舜以是传之禹",相续不断以至于孟子。愈果灼见其所传者何道邪?抑仅高举之以夸其所从来邪?愈以俗儒之词章,安石以申、商之名法,无不可曰尧、舜在是,吾甚为言尧言舜者危也。

【注释】

①皋:即皋陶(gāo yáo),又作皋繇,舜的重要辅臣之一,负责司法。夔:尧、舜时的重要辅臣,负责音乐事务。契:商朝的祖先,舜的时候为辅臣之一,曾助禹治水有功,封于商。

②魏徵(580—643):字玄成,巨鹿人(今河北巨鹿)人,唐太宗时任谏议大夫、左光禄大夫,封郑国公,以直谏敢言著称,是唐太宗的重要辅臣。传见新、旧《唐书·魏徵传》。诸葛亮(181—234):字孔明,号卧龙,琅琊阳都(今山东沂南)人。东汉末随叔父诸葛玄到荆州,居南阳邓县,常以管仲、乐毅比拟,后辅助刘备,与吴联

合,在赤壁击败曹操。汉献帝延康元年(220),曹丕称帝,次年诸
葛亮劝刘备称帝,任丞相、录尚书事。刘备死后,诸葛亮辅助幼
主刘禅,病故于军中。传见《三国志·蜀书·诸葛亮传》。

③靖言庸违之诛:据《尚书·尧典》记载,尧认为共工"静言庸违,象
恭滔天",是说共工言语虽善,而行为邪僻,面貌恭敬,实际不善。
故舜继位之后将共工流放到幽州。

④藏于密:出自《周易·系辞》上:"圣人以此洗心,退藏于密。"指洗
净内心的浮躁,后退而隐藏于密处,对事物进行观察和思考。

【译文】

　　王安石入宫回答神宗的询问,首先就用大话使神宗震惊。神宗说:
"唐太宗怎么样?"王安石回答说:"陛下应当效法尧、舜,为什么要当唐
太宗呢?"又说:"陛下真能成为尧、舜,就必定会有皋、夔、稷、契这样的
大臣,至于魏徵、诸葛亮这样的人,有什么值得称道的吗?"呜呼!假使
王安石用这样的话在尧、舜的朝廷上进行回答,那么他早就会受到尧、
舜对说大话而行动邪僻之人的惩罚了。而且如果真是尧、舜在位,那么
王安石本来也就会志气受沮、闭上嘴巴而不敢用这样的话来回答了。
假使尧、舜生在汉、唐之后,就会有人说此前已有孔明治蜀、唐太宗的贞
观之治,尧、舜也就会对说这话的人行礼进用,让他充分论说,而不会鄙
视孔明、唐太宗的治国是不足道的而马上斥责不用。根据什么知道会
是这样呢? 舜在耕作制陶捕鱼的时候,看到别人的长处,就会沛然依
从。难道与他一起耕作制陶捕鱼的伙伴,所言都是善言,所行都是善
行,能远远超过唐太宗、诸葛亮、魏徵吗? 使心胸宽大来容受天下的人,
就看不到天下的细小;使内心冷静而对天下进行细密观察的人,就看不
到天下的粗疏。我正在慢步行走,他就来说快步趋进;我正在快步趋
进,他就来说跑;正在跑,他就来说飞;行走与跑步还是相近的,飞就不
是可以想要就能得到的了。所以学者讲学问,治国的人讲治国,就尊奉
尧、舜作为使人心服的目标;观察这种人的心情,与佛教、道教的信徒推

崇他们的始祖来树立该宗教的风尚是没有不同的。韩愈说:"尧以此传
给舜,舜以此传给禹",连续不断传到孟子。韩愈果真明明白白地看到
他们相传的是什么道吗? 还是仅仅通过抬高这些人而夸耀自己的学说
传自尧、舜呢? 韩愈用俗儒的辞藻文章,王安石用申不害、商鞅的刑名
法家之说,都可以说尧、舜之道就在这里,我很为谈论尧、舜的人感到
危险。

　　夫尧、舜之学,与尧、舜之治,同条而共贯者也。安石亦
知之乎? 尧、舜之治,尧、舜之道为之;尧、舜之道,尧、舜之
德为之。《二典》具存,孔、孟之所称述者不一,定以何者为
尧、舜之治法哉? 命岳牧,放四凶①,敬郊禋,觐群后,皆百王
之常法。唯以允恭克让之心②,致其精一以行之③,遂与天同
其巍荡④。故尧曰"无名"⑤,舜曰"无为"⑥。非无可名,而不
为其为也。求一名以为独至之美,求一为以为一成之俩⑦,
不可得也。今夫唐太宗之于尧、舜,其相去之远,夫人而信
之矣。而非出号令、颁科条之大有异也。藉令尧、舜而举唐
太宗所行之善政,允矣其为尧、舜。抑令唐太宗而仿尧、舜
所行之成迹,允矣其仅为唐太宗而止。则法尧、舜者之不以
法法,明矣。德协于一,载于王心,人皆可为尧、舜者,此也。
道贞乎胜,有其天纲,汤、武不师尧、舜之已迹,无所传而先
后一揆者,此也。法依乎道之所宜;宜之与不宜,因乎德之
所慎。舍道与德而言法,韩愈之所云"传",王安石之所云
"至简、至易、至要"者此也。皋、夔、稷、契以其恭让之心事
尧、舜,上畏天命,下畏民喦⑧。匹夫匹妇有一善,而不敢骄
以所不屑,唐、虞之所以时雍也。顾乃取前人经营图度之苦

心以拨乱扶危者而凌躐之,枵然曰:"尧、舜之道至易,而无难旦夕致也。"商鞅之以胁秦孝公者⑨,亦尝用此术矣。小人而无忌惮,夫亦何所不可哉?

【注释】

①四凶:《尚书·尧典》中说,尧在位时,流共工于幽州,放驩兜于崇山,窜三苗于三危,殛鲧于羽山,四罪而天下咸服。四凶即指共工等四人。

②允恭克让:出自《尚书·尧典》:"允恭克让,光被四表,格于上下。"指帝王对治国之事勤奋敬重,不懈不怠。允指信、实。郑玄注:"不懈于位曰恭。"克让,即能谦让。

③精一:《尚书·大禹谟》中说:"人心惟危,道心惟微,惟精惟一,允执厥中。"孔传:"危则难安,微则难明,故戒以精一,信执其中。"精指精粹不杂,也指纯粹而不混杂其他东西。

④与天同其巍荡:《论语·泰伯》记载,子曰:"巍巍乎,舜、禹之有天下也,而不与焉。"子曰:"大哉,尧之为君也。巍巍乎,唯天为大,唯尧则之。荡荡乎,民无能名焉。巍巍乎,其有成功也。"孔子称赞尧、舜:巍巍乎,荡荡乎,巍巍是崇高的样子,荡荡是博大、宏大。王夫之这里形容尧、舜与天一样高大。

⑤尧曰"无名":见上条注释所引,孔子称赞尧"荡荡乎,民无能名焉"。是说尧治天下虽然成功,但民众并感受不到尧具体在做什么事而使天下达到大治。这正是尧治国的宽广宏大的荡荡之处。

⑥舜曰"无为":《论语·卫灵公》记载,子曰:"无为而治者,其舜也与? 夫何为哉? 恭己正南面而已矣。"称赞舜治天下无为而治。

⑦侀(xíng):已定型之物,引申指成事不可改变。

⑧民嵒(yán):民心不齐、民情险恶,指民众中发生的危险之事。

⑨秦孝公(前381—前338):嬴姓,名渠梁。秦献公之子。前361年至前338年在位。重用卫鞅(即商鞅)实行变法,奖励耕战,建立县制行政,开阡陌,增进农业生产。对外,秦与楚和亲,与韩订约,联齐、赵攻魏安邑(今山西夏县西北),拓地至洛水以东,自此国力日强,为秦统一中国奠定了基础。

【译文】

　　尧、舜的学问,与尧、舜的治国,是同条而共贯的。王安石也知道这一点吗? 尧、舜的治国,是据尧、舜之道来实施的;尧、舜之道,是依据尧、舜的德来实践的。《尧典》《舜典》全都保存下来了,孔子、孟子对尧、舜之道的称述也不一致,确定什么是尧、舜的治国方法了吗? 任命四方的诸侯首领,惩罚共工等四个恶人,敬重地进行祭天的仪式,接见各地的诸侯,这都是历代帝王的通常做法。只是凭借着信实恭勤而能谦让的心,要求达到精粹纯一的程度来施行治国之道,于是就能达到与天同样的崇高和宽广宏大。所以尧的治国就被称为"无名",舜的治国就被称为"无为"。不是不可名,而是不作成名的事。求取一个名声作为独有之美,求作一事作为一成不变的范式,这是不可得的。现在唐太宗与尧、舜相比,他相差很远,这是尽人皆知的。但不是在发号令、颁布制度上的大不相同。假使尧、舜来实行唐太宗所施行的善政,那他们本来还是尧、舜。如果让唐太宗来仿效尧、舜所施行的已成之事,那他确实还仅仅是唐太宗而已。那么效法尧、舜不应按照他们的制度来效法,这就很明白了。德要与内心的精粹纯一相协调,并保持在帝王心中,那么人人都可以成为尧、舜,就是这个道理。道以正道而取胜,自有它的天然纲纪,商汤、周武王不效法尧、舜已有的行迹,相互之间没有相传,但先后却能保持一致,也就是这个道理。制度根据大道所适宜的道理;适宜不适宜,根据德所要谨慎遵守的原则。舍弃了道与德而谈制度,就是韩愈所说的"传",王安石所说的"至为简单、至为容易、至为重要"。皋、夔、稷、契用他们的恭让之心来奉事尧、舜,上畏天命,下畏民乱。匹夫匹妇有一条善，也不敢骄傲地认为那是不屑一顾的，唐尧、虞舜因此能让国家和雍安泰。反而对前人用经营谋划的苦心来拨乱反正挽救危局的道德心境加以凌越，并且空洞地说："尧、舜之道是至为容易的，而不难在一天之内就使之来到。"商鞅用来胁迫秦孝公，也曾经使用这个方法了。小人而没有忌惮，那又有什么是不可以的呢？

扬尧、舜以震其君，而诱之以易；揭尧、舜以震廷臣，而示之以不可攻。言愈高者志愈下，情愈虚者气愈骄。言及此，而韩、富、司马诸公亦且末如之何矣！曹丕曰"吾舜、禹也"①，则舜、禹矣。源休曰"吾萧何也"②，则萧何矣。奸人非妄不足以利其奸，妄人非奸无因而生其妄。妄人兴而不祥之祸延于天下，一言而已蔽其生平矣，奚待其溃堤决岸，而始知其不可遏哉？

【注释】

①曹丕（187—226）：字子桓，曹操的儿子。曹操去世后，曹丕继位为魏王、丞相、冀州牧，不久逼迫汉献帝把帝位禅让给他，建立了曹魏，220—226年在位。在禅让期间，人们一再引用尧禅舜、舜禅禹的历史，来比喻汉献帝对曹丕的让位，故王夫之说曹丕自以为自己就是受人禅让的舜和禹。传见《三国志·魏书·文帝纪》。

②源休（？—784）：相州临漳（今河北临漳）人，唐德宗时，杨炎执政，以源休为京兆少尹，曾出使回纥，几乎被杀。泾原兵乱，叛军立朱泚为主，源休劝他称帝，朱泚以源休为宰相，故源休自比萧何，为朱泚出谋划策。当时人称："源休之逆，甚于朱泚。"源休又劝朱泚残杀唐宗室子孙及朝廷大臣。朱泚败死，源休逃到凤翔，

为部下所杀。传见《旧唐书·源休传》。

【译文】

宣扬尧、舜来使他的君主震惊，又用容易做到来引诱君主，举出尧、舜来使朝廷大臣震惊，又向他们显示我是攻不倒的。言论越高的人，志向就越低，心情越空虚的人，气就越骄狂。说到这里，而韩琦、富弼、司马光诸公也将拿他没办法了！曹丕说："我是舜、禹"，就成为舜、禹了。源休说："我是萧何"，就成为萧何了。奸人不狂妄就不足以有利于他的奸邪，狂妄的人没有奸邪也无法产生他的狂妄。狂妄的人出现之后，不祥之祸就漫延到天下，一句话就已经概括了他的平生，哪里要等到堤岸溃决才知道那是不可遏止的呢？

二

君子之道，有必不为，无必为。小人之道，有必为，无必不为。执此以察其所守，观其所行，而君子小人之大辨昭矣。必不为者，断之自我，求诸己者也。虽或诱之，而为之者，必其不能自固而躬冒其为焉。不然，荧我者虽众，弗能驱我于丛棘之中也。必为者，强物从我，求诸人者也。为之虽我，而天下无独成之事，必物之从而后所为以成，非假权势以迫人之应，则锐于欲为，势沮而中止，未有可必于成也。以此思之，居心之邪正，制行之得失，及物之利害，其枢机在求人求己之间，而君子小人相背以驰，明矣。

【译文】

君子之道，有必定不去做的，没有必定要去做的。小人之道，有必定要去做的，没有必定不去做的。拿这一条来观察其人遵守什么准则，观察他的行动,君子小人之间的根本区别就很清楚了。必定不去做的,是由我自己来决断,这是求之于自己。虽有人引诱他,而要去做某种事,必定是他不能稳住自己而要亲身去做此事。不然的话,迷惑我的人再多,也不能驱赶我到丛棘之中去。必定要做的,是指强迫他人顺从我,这是求之于别人。虽然由我来做这件事,但天下没有只靠一个人就能成功的事,一定要有人跟随着而后所做的事才能成功,如果不是借用权势逼迫别人响应自己,那么我锐意要做的事,势必受沮而中止,没有必定可以成功的。由此想来,居心的邪和正,控制行为的得与失,以及对于事物的利与害,其枢机在于求人和求己之间,而君子小人在求人还是求己上正好相背而驰,这是很清楚的。

　　夫君子亦有所必为者矣,子之事父也,臣之事君也,进之必以礼也,得之必以义也。然君子之事父,不敢任孝,而祈免乎不孝;事君不敢任忠,而祈免乎不忠。进以礼者,但无非礼之进,而非必进;得以义者,但无非义之得,而非必得。则抑但有所必不为,而无必为者矣。况乎任人家国之政,以听万民之治。古今之变迁不一,九州之风土不齐,人情之好恶不同,君民之疑信不定。读一先生之言,暮夜得之,鸡鸣不安枕而揣度之,一旦执政柄而遽欲行之,从我者爱而加之膝,违我者怒而坠诸渊,以迫胁天下而期收功于旦夕;察其中怀,岂无故而以一人犯兆民之指摘乎?必有不可问者存矣。夫既有所必为矣,则所迫以求者人,而所惘然忘者己矣。故其始亦勉自钤束,而有所不欲为;及其欲有为也,为之而成,或为之而不成,则喜怒横行,而乘权以逞。于是大不韪之事,其夙昔之所不忍与其所不屑者,苟可以济其所为而无不用。于是而其获疚于天人者，昭著而莫能掩。夫苟以求己、求人、必为、必不为之衡，而定其趋向，则岂待决裂已极而始知哉？

【译文】

　　君子也有必定要做的事，如儿子奉事父亲，臣子奉事君主，必须用礼来进用他，必须用义来得到他。但君子奉事父亲，不敢只讲孝，而要追求避免不孝；君子奉事君主，不敢只讲忠，而要追求避免不忠。用礼进用他，只是要求避免不合礼的进用，而不是必定进用他；用义得到他，只是要求避免不合义的得，而不是必定得到他。那么还是只有必定不去做的，而没有必定要去做的。何况担任人家的国家大政，而负责万民的治理。古今的变迁不一，九州的风土不齐，人情的喜好厌恶不同，君主民众的怀疑和相信也不一定。读到一位先生的话，晚上得到，天亮就不能安睡而揣度他的话，一旦掌握了大权就马上要施行它，顺从我的人就爱得放在膝盖上，违背我的人就恨不得让他坠入深渊，以此来胁迫天下，而期望在旦夕之间收到功效；观察这种人内心的想法，难道没有什么原因会使一人冒犯万民的指摘吗？一定有不可追问的事情在里面。既有必定要做的，那么所胁迫而要求的，就是别人，而惛然已经忘记的，则是自己了。所以他开始时也勉力自我约束，而有的事是不想做的；等到他想有所作为的时候，做了可能成功，做了也可能不成功，这就会放纵自己的喜怒来做事，并要利用权势来达到自己的目标。于是天下公认为不正确的事，从前不忍做与不屑做的事，此时如果可以助他成功也就无所不为了。在这种情况下，他做了愧对上天与众人的事，也就彰然昭著而无人能掩盖了。如果根据求之于己、求之于人、必定去做、必定不做这几条标准来确定他的趋向，难道还用等到事情完全败坏之后才能知道吗？

　　故王安石之允为小人,无可辞也。安石之所必为者,以桑弘羊、刘晏自任^①,而文之曰《周官》之法,尧、舜之道;则固自以为是,斥之为非而不服。若夫必不可为者,即令其反己自攻,固莫之能遁也。夫君子有其必不可为者,以去就要君也,起大狱以报睚眦之怨也^②,辱老成而奖游士也,喜诋谀而委腹心也,置逻卒以察诽谤也,毁先圣之遗书而崇佛、老也,怨及同产兄弟而授人之排之也,子死魄丧而舍宅为寺以丐福于浮屠也。若此者,皆君子所固穷濒死而必不为者也^③。乃安石则皆为之矣。抑岂不知其为恶而冥行以蹈污涂哉^④?有所必为,骨强肉愤,气溢神驰,而人不能遂其所欲,则荆棘生于腹心^⑤,怨毒兴于骨肉;迨及一踬^⑥,而萎缩以沉沦,其必然者矣。

【注释】

①桑弘羊(前152—前80):洛阳人,出身商人家庭,汉武帝时任大司农中丞、大司农、御史大夫等。元狩年间,主持实行盐、铁、酒官营及均输、平准、算缗、告缗等法。因贤良文学反对盐铁官营和均输平准,桑弘羊与之争辩,所论见《盐铁论》。后桑弘羊与燕王旦和上官桀谋反,被处死。传见《汉书·桑弘羊传》。刘晏(718—780):字士安,曹州南华(今山东东明)人。唐代宗时,任吏部尚书、同中书门下平章事,曾与户部侍郎第五琦分管全国财赋,唐德宗时,总领全国财赋,后被杨炎等人陷害至死。刘晏管理国家财政几十年,未尝搜求苛敛于民。传见新、旧《唐书·刘晏传》。

②睚眦(yá zì):发怒时瞪眼睛,借指因小事引起的仇恨。

③固穷:出自《论语·卫灵公》,孔子说:“君子固穷,小人穷斯滥

矣。"是说君子之人本来就会遇到挫折,但仍能坚守自己的理想和准则不去做坏事,而小人一遇挫折就会无所不为。

④冥行:出自扬雄《法言·修身》:"擿埴索涂,冥行而已矣。"冥行指在黑暗中行走,擿埴索涂是说像盲人拿着拐杖点地一样摸索路径。

⑤荆棘:这里指心里对别人的芥蒂和嫌隙。唐孟郊《择友》:"虽笑未必和,虽哭未必戚,面结口头交,肚里生荆棘。"宋苏轼《与刘宜翁书》:"胸中廓然,实无荆棘。"都是这种意思。

⑥踬(zhì):被绊倒,引申指做事受到挫折。

【译文】

所以王安石确实为小人,这是无法否认的。王安石必定要去做的,是以桑弘羊、刘晏自任,而用来文饰的说法就是周礼的制度和尧、舜之道;他对此是固以为是的,如果有人批评他不对他就不服。至于他必定不可做的事,即使他反过来自己攻击自己,本来都不能逃遁。君子有他必定不可去做的事,如拿自己的任职和离职以要挟君主,兴起大案来报复以前的微小怨恨,羞辱老成之人而重用游士,喜欢谄谀而依托为心腹,派出巡逻的士兵来侦察别人对自己的批评,毁坏先圣的遗书而崇尚佛、老之学,怨恨同胞兄弟而让人排挤他们,儿子死了就丧魂失魄而把住宅捐为佛寺来向佛陀求福。像这一类的事情,都是君子在穷困潦倒和濒于死亡时也必定不会做的,而王安石却把这些事都做了。难道还不知道做恶事就像黑暗中行路而会落入污秽的泥坑中吗?有的事情是必定要去做的,自己的骨肉就会变强而激愤,自己的神气就会溢满而驰骋,可是人们不能满足他的欲望,他就在心里产生嫌隙,在兄弟骨肉之间也会出现怨恨;等到一下子受到挫折,自己就萎缩而沉沦了,这是必然的。

　　夫君子相天之化,而不能违者天之时;任民之忧,而不能拂者民之气。思而得之，学而知其未可也；学而得之，试而行之未可也；行而得之，久而持之未可也。皆可矣，而人犹以为疑；则且从容权度以待人之皆顺。如是而犹不足以行，反己自责，而尽其诚之至。诚至矣，然且不见获于上，不见信于友，不见德于民；则奉身以退，而自乐其天。唯是学而趋入于异端，行而沉没于好利，兴罗织以陷正人，畏死亡而媚妖妄，则弗待迟回，而必不以自丧其名节。无他，求之己者严，而因乎人者不求其必胜也。唯然，则决安石之为小人，非苛责之矣。

【译文】

　　君子观察天地的变化，就知道不能违背的是天的时令；君子承担民众的忧愁，就知道不能违抗的是民众的意志。思考而懂得了这些事，经过学习而知道这种事是不可做的；通过学习而懂得了这些事情，又不可尝试着加以施行；施行之后而知道了这些情况，又不可以长久坚持去做。都能做到了，而人们还抱有怀疑；那就从容地加以权衡思考来等待人们都能赞同。如此而还不足以施行，就反躬自责，来尽到自己极致的诚意。诚意尽到了，还不被君主接受，不被朋友信任，不被民众认为是恩德，那就奉身而退，让自己顺乎自然而得到快乐。只有那种让学问走上了异端，行为沉溺于对利的喜好之中，罗织罪名来陷害正人君子，害怕死亡而去向妖妄献媚的人，才会不等徘徊犹豫，就必定不认为做上面这些事会让自己丧失名声节操。没有别的原因，君子做事是严格求于己而不求于人，知道靠别人就不能必定成功。正因为君子是这样的，所以就肯定王安石是小人了，而这并不是对他的苛责。

　　或曰："安石而为小人，何以处夫黩货擅权导淫迷乱之蔡京、贾似道者?"夫京、似道能乱昏荒之主,而不能乱英察之君,使遇神宗,驱逐久矣。安石唯不如彼,而祸乃益烈①。诙诙之辩②,硁硁之行③,奚足道哉!

【注释】

①安石唯不如彼,而祸乃益烈:意思是说王安石不像蔡京、贾似道那样有明显的邪恶,所以连神宗也无法看出来而重用了他,这就使王安石得以实行变法,所以他所造成的祸害就更大。如果他像蔡、贾一样,神宗也就不会重用他,也就不会出现变法害国的事情了。

②诙诙(jiàn):巧辩的样子。

③硁硁(kēng):形容浅陋固执。

【译文】

有人说:"王安石是小人的话,又怎样看待贪求钱财专擅大权引导帝王荒淫迷乱的蔡京、贾似道呢?"蔡京、贾似道能迷惑昏庸荒淫的君主,而不能迷惑英杰明察的君主,假使他们遇上神宗,早就会被驱逐了。王安石正是不像蔡、贾,他造成的灾祸才更为严重。口头上的巧言辩说,加上浅陋固执的行为,哪里值得称道呢!

三

神宗有不能畅言之隐,当国大臣无能达其意而善谋之者,于是而王安石乘之以进。帝初莅政,谓文彦博曰:"养兵备边,府库不可不丰。"此非安石导之也,其志定久矣。

【译文】

神宗有不能畅快说出的隐情，主掌国政的大臣无人能明白他的心意而善加谋划，于是王安石乘机进升。神宗刚即位时，对文彦博说："养兵防备边境，国家的仓库不能不充足。"这不是王安石引导他的，是他本人很早就立下了这种志向。

国家之事，相仍者之必相变也，势也。大张之余，必仍之以弛；大弛之余，必仍之以张。善治者，酌之于未变之前，不极其数；持之于必变之日，不毁其度。不善治者反此，而大张大弛，相乘以胜，则国乃速敝。夫神宗固承大弛而势且求张之日也。仁宗在位四十一年，解散天下而休息之。休息之是也，解散以休息之，则极乎弛之数，而承其后者难矣。岁输五十万于契丹，而颊首自名曰"纳"；以友邦之礼礼元昊父子，而输缯帛以乞苟安；仁宗弗念也。宰执大臣、侍从台谏、胥在廷在野、宾宾啧啧以争辩一典之是非，置西北之狡焉若天建地设而不可犯；国既以是弱矣。抑幸无耶律德光、李继迁鸷悍之力①，而暂可以赂免。非然，则刘六符虚声恐喝而魄已丧，使疾起而卷河朔以向汴、雒，其不为石重贵者，何恃哉？于是而神宗若处栌棘之台②，尽然不容已于伤心③，奋起而思有以张之；固仁宗大弛之反，授之以决裂之资。然而弗能昌言于众，以启劲敌之心，但曰"养兵备边"，待廷臣之默喻。宰执大臣恶容不与其焦劳，而思所以善处之者乎？

【注释】

①耶律德光：即辽太宗（902—947），契丹名字为尧骨，耶律阿保机

的次子。阿保机死后，耶律德光继位，后来南下中原灭掉后晋，在回军途中死在栾城，史称辽太宗。传见《辽史·太宗本纪》、《旧五代史·契丹传》。

②楗(jiàn)棘：用带刺的树木堵塞，古称囚诸楼台，楗之以棘，即被关押的地方。

③盫(xì)然：悲伤痛苦的样子。

【译文】

国家的事情，相继沿袭的制度必定会发生变化，这是事情的必然趋势。大力绷紧之后，接下来必定会是大为放松；大为放松之后，接下来必定会是大力绷紧。善于治国的人，在未变之前就加以思考，不让一种状态达到极点；在必定会发生改变的时候，又会加以控制，而不毁坏其分寸。不善于治国的人与此相反，他要从大力绷紧向大为放松变化，让两种状况相互争胜而剧烈转变，就会让国家迅速坏坏。神宗即位的时候本来是继承了此前大为放松之势而势必追求绷紧的。仁宗在位四十一年，让天下松散而得到休息。让天下休息是对的，但过于松散来休息，就使放松的程度走到了极点，而后继的人就难办了。每年送给契丹五十万金帛，自己还要向他们俯首称为"纳"；用友邦之礼礼遇元昊父子，还要向他们输送绢帛来乞求苟且的安宁；仁宗对此都不放在心里，而宰相大臣、侍从台谏官员以及所有在朝在野的人，就七嘴八舌乱纷纷地争论其中的是非，把西北的狡诈之人俨然当做天地所立而不可侵犯的，国家因此就已经变得衰弱了。幸好契丹和西夏没有当年耶律德光、李继迁那样凶狠强悍的力量，而暂时可以用金帛贿赂而避免战祸。如果不是这样，就不会在刘六符发出空虚的恐吓声之后就魂飞魄散，如果契丹迅疾出兵席卷河北再向汴京、洛阳进逼，宋朝皇帝不成第二个石重贵，还能等什么呢？于是神宗就像身处囚禁牢中一样，痛苦地不能让伤心停止，所以就要奋起而想采取办法使国家绷紧起来；这本来就是对仁宗大为散漫松缓的反向改变，使神宗有了理由痛加变革。然而这不能在众人面前说出,以激发劲敌的用兵之心,只是说"养兵守卫边境",等着朝廷大臣暗中理解。宰相大臣怎能不与神宗一起苦心思虑,而只想着自己在朝廷中如何可安全无事呢?

　　夫神宗之误,在急以贫为虑,而不知患不在贫,故以召安石聚敛之谋,而敝天下。然而无容怪也,凡流俗之说,言强国者,皆不出于聚财之计。太祖亦尝为此言矣。饱不宿,则军易溃;赏不重,则功不兴;器仗、甲胄、牛马、舟车、糗糒、刍藁、椎牛酾酒,不庀不腆①,则进不速而守不固。夫孰谓其不然者,要岂有国者之忧哉?汉高起于亭长②,无儋石之储,秦据六国之资,敛九州之赋于关中,而不能与争一战之生死,且以为兴亡之大数,置勿论也。刘裕承桓玄播乱、卢循内讧之余,以三吴一隅之物力,俘姚泓,缚慕容超,拓拔氏束手视其去来,而莫之敢较。唐积长安之金帛米粟,安禄山拥之,而肃宗以朔方斥卤之乡③,崛起东向,驱之速遁。德宗匹马而入梁州硗确之土④,困朱泚而诛夷之⑤。则不待积财已丰,然后可强兵而挫寇,亦较然矣。

【注释】

①庀(pǐ):具备。腆(tiǎn):丰厚。

②亭长:秦时地方低级官吏。秦制十里一亭,为路程中的住脚休息之处,亭长即管理亭的负责人。

③斥卤:盐碱地。

④梁州:本是古代九州之一,三国时在今陕西汉中设梁州,唐德宗曾避难于此,改名兴元府。硗确(qiāo què):多石而贫瘠的土地。

⑤朱泚(742—784):幽州昌平(今北京昌平)人。唐代宗时,为幽州

卢龙节度使,后加同平章事。德宗建中四年(784),泾原军哗变,
德宗逃往奉天,叛军迎朱泚为主,史称"泾卒之变"。朱泚自称大
秦皇帝,后兵败逃往宁州彭原,为部将梁廷芬等人杀死。传见
新、旧《唐书·朱泚传》。

【译文】

　　神宗的失误,在于急迫地忧虑国家贫困,而不知道祸害不在于国家
贫困,所以他就引来了王安石为国聚敛财富的谋略,而使天下受到祸
害。然而不值得奇怪,凡是流俗的见解,说到增强国力,都不会超出聚
敛钱财的办法。太祖也曾提出这种说法。认为没有过夜的军粮,军队
就容易崩溃;奖赏不重,就不会有人立下战功;武器装备、盔甲、牛马、舟
车、粮食、草料、杀牛备酒,如果不多多准备,军队进军就不会迅速而防
守就不会稳固。谁能说不是这样,这难道不是统治国家的人的忧虑吗?
汉高祖从亭长起家,没有一石粮食的储备,秦朝握有六国的资财,聚敛
九州的赋税放在关中,而不能与刘邦进行一次决战而定生死,而那些有
关天下兴亡的其他大事,还可暂且放下不说。刘裕在桓玄造成动乱和
卢循造成国内战争之后,凭借着仅为天下一角的三吴地区的物力,俘获
姚泓,捆缚慕容超,拓跋氏看着他在天下来来往往而束手无策,没有人
敢与他较量。唐代积储在长安的金帛粮食,被安禄山拥为己有,而唐肃
宗依靠北方盐碱贫瘠地区,崛起后向东出兵,把安禄山迅速驱赶逃走。
唐德宗匹马进入梁州的贫瘠之地,困住朱泚而诛灭了他。那么不用等
着积储钱财已经丰足,然后才能强兵而挫败敌寇,这也是很明显的了。

　　若夫仁宗之过于弛而积弱也,实不在贫也。密勿大臣
如其有定识与? 正告神宗曰:"以今日之力,用今日之财,西
北之事,无不可为也。仁宗之休养四十年,正留有余、听之
人心、以待后起之用。而国家所以屈于小丑者,未得人耳。
河北之能固圉以待用者,谁恃而可也? 绥、延之能建威以制

寇者,谁恃而可也? 守先皇之成宪,而益之殷忧,待之十年,
而二虏已在吾指掌。"则神宗不言之隐,早授以宅心定志之
弘图,而戢其求盈无已之妄;安石揣摩虽工,恶能攻无瑕之
玉哉^①?

【注释】

①恶能攻无瑕之玉:这一段是说如果有宰相大臣能针对神宗的难
  言之隐提出这样的方案,就会让神宗安静下来,不再有想把钱财
  存得更多的妄念,这样的话,王安石虽然善于揣摩帝王的心思,
  也会因神宗心中没有瑕疵而不被王安石的花言巧语蒙骗。

【译文】

至于仁宗过于松弛而积弱,实际上不在于贫。参与机密的大臣有
确定的见识吗? 就应该正告神宗说:"以今天的物力,用今日的财富,处
理西北西夏的事,没有什么事不可为。仁宗休养了四十年,正是留下有
余的财富、听从于人心所向、以等待后起之人来使用的。而国家之所以
屈服于西北的小丑,是没有得到合适的人才。河北能固守而等待用兵,
就要考虑哪个人可以依靠而可以让他用兵? 在绥州、延州能形成威严
而制服敌寇,就要考虑有谁可以依靠而可以任用? 守着先帝的成法,而
加上深深的忧虑,等个十年,两个敌寇就已在我的指掌之中了。"那么针
对神宗的难言之隐,就会及早提出让他安定心志的宏图大略,而收起追
求钱财丰足而不已的妄念;这样的话,王安石揣摩得虽然工巧,又怎能
攻下神宗心中没有瑕疵的玉呢?

夫宋之所以财穷于荐贿,国危于坐困者,无他,无人而
已矣。仁宗之世,亦孔棘矣。河北之守,自毕士安撤备以
后,置之若遗。西事一兴,韩、范二公小为补葺,辄贡"心胆

寒裂"之谣,张皇自炫。二公虽可分阃,固不能出张子房、李长源之上。藉使子房执枹鼓以敌秦、项,长源佩櫜鞬以决安、史①,势固不能。而其为彭、韩、李、郭者何人②?宋固不谋也。怀黄袍加身之疑,以痛抑猛士,仅一王德用、狄青,而猜防百至,夫岂无可恃之才哉?使韩、岳、刘、吴生北宋之代③,亦且束身偏裨,老死行间,无以自振;黄天荡、朱仙镇、藕塘、和尚原之绩④,岂获一展其赳雄邪?唯不知此,而早以财匮自沮,乃夺穷民之铢累,止以供无益之狼戾,而畜其所余,以待徽宗之奢纵。若其所恃以挑敌者,王韶已耳⑤,徐禧已耳⑥,高遵裕已耳⑦,又其下者,宦者李宪已耳⑧。以兵为戏,而以财为弹鹊之珠。当国大臣,无能以定命之讦谟,为神宗辰告,徒欲摧抑其有为之志,宜神宗之厌薄已亟,固必曰:"赞仁宗四十余年养痈之患者⑨,皆此侪也。"言之徒长,祇益其骄而已。

【注释】

①櫜鞬(tuó jiàn):泛指随身的武器装备。櫜,口袋。鞬,马上的盛弓器。

②彭:指彭越(?—前196),昌邑(今山东巨野)人,字仲,楚汉战争时汉军将领,曾任魏相国、建成侯,又封梁王。与韩信、英布并称汉初三大名将。后以谋反罪名,为刘邦所杀。传见《史记·彭越列传》、《汉书·彭越传》。韩:指韩信(约前231—前196),淮安(今江苏淮安)人。汉初历任大将军、左丞相、相国,封齐王、楚王,后贬为淮阴侯。为刘邦统一天下立下赫赫功劳,后来被控谋反,被吕雉(即吕后)及萧何处死于长乐宫钟室。传见《史记·淮

阴侯列传》、《汉书·韩信传》。李：指李光弼(708—764)，营州柳城(今辽宁朝阳)人，契丹人。唐天宝十五年(756)，郭子仪推荐他为河东节度副使，与郭子仪配合，平定安史之乱。乾元二年(759)，任天下兵马副元帅。广德二年，因受朝廷猜疑，抑郁而死。传见新、旧《唐书·李光弼传》。郭：指郭子仪(697—781)，华州郑县(今陕西华县)人，祖籍山西汾阳。安史之乱爆发后，担任朔方节度使，率军收复洛阳、长安，晋升为中书令。唐代宗时，平定了仆固怀恩的叛乱。屡建战功，使唐王朝安宁了二十多年。传见新、旧《唐书·郭子仪传》。

③韩：指韩世忠(1089—1151)，绥德(今陕西绥德)人，字良臣。金兀术南犯时，他引兵至镇江焦山寺，与金兵在黄天荡大战四十八天，使兀术无路北归。后有人向兀术献计，凿渠30里出江口而遁。宋金和议后，韩世忠言秦桧误国，乞解枢密职，罢为礼泉观使。传见《宋史·韩世忠传》。刘：指刘锜(1098—1162)，字信叔，德顺军(今宁夏隆德)人。绍兴十年(1140)在顺昌(今安徽阜阳)之战中大败金兀术，大破金兵号称"铁浮图"的重铠甲部队以及"拐子马"。又于柘皋(在今安徽巢湖)之战中在藕塘(今安徽定远)大破金兵。后金主完颜亮亲率大军南下，刘锜在扬州皂角林击败金兵。传见《宋史·刘锜传》。吴：指吴玠(1093—1139)，字晋卿，德顺军陇干(今甘肃静宁)人。绍兴元年(1131)，在大散关(今宝鸡西南)以东的和尚原，两度击败金军。之后因内部出现叛徒，吴玠败退，放弃和尚原，退守河池之南的仙人关，两次击退金军。和尚原、仙人关两次防守战均被称为南宋"中兴战功"。不久病死，年仅47岁。孝宗时追封为涪王。传见《宋史·吴玠传》。

④黄天荡：长江下游的一段，古名朝天湖，又名皇天荡。在今江苏吴江。古时江面辽阔，为南北险渡。宋高宗建炎四年(1130)，韩

世忠在此大败金兀术。朱仙镇:在河南开封西南。唐宋时,是水陆交通要道和商埠之地,岳飞在此大败金兵。藕塘:在今安徽定远东南。绍兴六年(1136)十月,宋军与金人扶立的伪齐军在此大战,大败齐军。和尚原:在今陕西宝鸡西南,与大散关同为控扼川、陕交通的要地。南宋绍兴元年(1131),吴玠在此击败金军兀术的进攻。

⑤王韶(1030—1081):字子纯,江州德安(今江西德安)人。宋神宗时,主洮、河安抚司事,招抚羌族首领俞龙珂,破蒙罗角、抹耳水巴等族,进取河州,击其部族首领木征。攻取宕州、岷州(今甘肃宕昌、岷县)二州,使叠州、洮州(今甘肃迭部、临潭)部族归附。木征围河州,王韶连破结河川(今甘肃临洮北)额勒锦与布沁巴勒等族,木征出降。传见《宋史·王韶传》。

⑥徐禧(1035—1082):字德占,洪州汾宁(今江西修水)人,赞同王安石变法,官至给事中。曾率军进攻西夏,不听部将所言,一意孤行,兵败永乐城,死伤13万多人,包括北宋精锐鄜延军。传见《宋史·徐禧传》。

⑦高遵裕(1027—1086):字公绰,蒙城(今安徽蒙城)人。岷州刺史、秦凤安抚副使,元丰四年(1081)冬,在灵武(今甘肃灵武)败于西夏。传见《宋史·高遵裕传》。

⑧李宪(约1035—约1086):字子范,开封祥符(今河南开封)人。神宗时任宣州观察位、宣政使、入内副都知、宣庆使,曾兼管财政,节省冗费十分之六。又拓地降敌,开建兰州城。传见《宋史·宦者传·李宪传》。

⑨养痈(yōng):不治疗肿毒而任其发展。

【译文】

宋王朝之所以因为要向契丹、西夏输送金帛岁币而财物不足,国家坐受其困而变得危险,没有别的原因,只是没有得力的人才而已。仁宗之世,就已经很艰难了。河北的防守,自从毕士安撤去战备以后,丢在那里就像遗忘了一样。西北的战事一起,韩琦、范仲淹二公只能采取小的补救措施,总会献上"心胆寒裂"的传言,夸张其事而炫耀自己。韩琦、范仲淹二公虽可分别率军,却不能超过汉代的张良、唐代的李泌。让二人像张良那样手执鼓槌来对抗秦和项羽,像李泌那样佩带上刀箭来与安禄山、史思明决战,势必是不可能的。而汉唐两代的彭越、韩信、李光弼、郭子仪又是什么样的人?宋王朝对此本来就没有认真思考。太祖心里怀有黄袍加身的疑虑,以此来对军队将领痛加贬抑,仅有的王德用、狄青,对他们还是百端地猜疑防备,难道是没有可以依靠的人才吗?假使韩世忠、岳飞、刘锜、吴玠生在北宋的时代,也将被束缚为偏将,老死在行伍之中,无法让自己振奋而有战功;黄天荡、朱仙镇、藕塘、和尚原的战绩,哪里还有机会一展诸人的雄赳之姿呢?只是不知道这一点,就早早地以钱财匮乏而自我沮丧,而来抢夺穷困民众的点滴积储,只来供给无益的凶狠官吏,而存储他们所余的财物,等待徽宗的奢侈放纵。像他们依靠来挑战敌寇的人,只有王韶而已,徐禧而已,高遵裕而已,更低能的,就是宦官李宪而已。以战争为游戏,而以钱财作为射鹊鸟的珠子,掌握国政的大臣,没人能拿出稳定国家命运的良谋,来向神宗告诫,只想摧毁他的有所作为的志气,所以神宗对他们的厌恶轻视也达到了极点,就必定会说:"帮着仁宗四十多年养成毒疮灾患的人,都是这伙人。"说出来只是出气,却只能增加他的骄妄而已。

呜呼!宋自神宗而事已难为矣。仁宗之弛已久,仍其弛而固不可,张其弛而又已乖。然而酌其所自弛以渐张之,犹可为也,过此而愈难矣。安石用而宋敝,安石不用而宋亦敝。神宗急进富公与谋,而无以对也。宋之日敝以即于亡也,可于此而决之矣。

【译文】

　　呜呼！宋王朝自神宗开始事情就已经难办了。仁宗的松弛已很久了，继续仁宗的松弛固然不可以，把松弛改成绷紧也已出了差错。然而分析仁宗松弛的不足而逐步地绷紧，还是可以有为的，过了这一步就更难办了。王安石被重用而宋王朝就被破坏了，王安石不被重用而宋王朝也会敝坏。神宗急于进用富弼与他谋议，他却不能提出建议。宋王朝一天天敝坏而走向灭亡，可以由此而确定了。

四

　　王安石之未试其虐也，司马君实于其新参大政，而曰"众喜得人"，明道亦与之交好而不绝，迨其后悔前之不悟而已晚矣。知人其难，洵哉其难已！子曰："不知言，无以知人也。"夫知言者，岂知其人之言哉？言饰于外，志藏于中；言发于先，行成于后。知其中，乃以验其外；考其成，乃以印其先。外易辨，而中不可测；后易覈，而先不能期。然则知言者，非知其人之所言可知已。商鞅初见孝公而言三王，则固三王之言矣。王莽进汉公而言周公，则固周公之言矣。而天下或为其所欺者，知鞅、莽之言，而不知三王与周公之言也。知言者，因古人之言，见古人之心；尚论古人之世，分析古人精意之归；详说群言之异同，而会其统宗；深造微言之委曲，而审其旨趣；然后知言与古合者，不必其不离矣；言与古离者，不必其不合矣。非大明终始以立本而趣时，不足以与于斯矣。

【译文】

在王安石尚未试行他的虐害时，司马光对王安石刚刚参与朝廷大政，而说"大家都为朝廷得到了人才而高兴"，程颢也与王安石交好而不断绝关系，等到他们后悔以前不能看透王安石时就已经晚了。了解一个人非常难，确实是很难的！孔子说："不了解他的言论，就无法了解这个人。"而所谓了解人家的言论，难道仅仅了解其人的言论吗？言论对外是有所修饰的，而心意则藏在心中；言论先说出来，行为在后面才做出来。了解他的内心想法，就来验证他对外说出的言论；考察他完成了的行为，再来印证他以前说的话。外表的言论容易分辨，而内心想法不能测知；后面的行为容易核实，而事先的意图不能预测。那么所谓了解他的言论，不是仅仅知道此人的言论可以了解。商鞅初来见秦孝公时就谈论三王，那么这固然就是三王的言论了。王莽进为汉公时而称说周公，那么这时固然就是周公的言论了。而天下的人被他欺骗，是仅知道商鞅、王莽的言论，而不了解三王与周公的言论。了解人们的言论，是通过古人的言论，看到古人的心思；还要讨论古人的时代，分析古人言论的精意所在；详细论述各种言论的异同，而贯通各种言论的宗旨与归宿；深入分析言论中微妙意旨的详细情况，而审察这种言论的宗旨和意趣；然后就会了解后人言论与古人言论的相合之处，其间不一定没有差距；言论与古人有差距的，它们不一定不相合。不充分明白道理的终始而立于根本之处并能切合不同时代的情况，就不足以了解古今的不同言论。

立圣人之言于此以求似，无不可似也。为老氏之言者曰"虚静"，虚静亦圣人之德也。为释氏之言者曰"慈闵"，慈闵亦圣人之仁也。为申、韩、管、商之言者曰"足兵食，正刑赏"。二者亦圣人之用也。匿其所师之邪慝，而附以君子之治教①，奚辨哉？揣时君之所志，希当世之所求，以猎取彝

训,而迹亦可以相冒。当其崇异端、尚权术也,则弁髦圣人
以恣其云为。及乎君子在廷,法言群进,则抑挹拾尧、舜、周
公之影似,招摇以自诡于正。夫帝王经世之典,与贪功谋利
之邪说,相辨者在几微。则苟色庄以出之,而不易其怀来之
所挟,言无大异于圣人之言,而君子亦为之动。无惑乎温
公、明道之乐进安石而与之言也。

【注释】

①管:管子,即管仲(约前 723 或前 716—前 645),名夷吾,颍上(今
　安徽颍上)人。早年与鲍叔牙为友,后至齐国,分别辅佐公子纠
　和公子小白。后公子小白立为君,即齐桓公。经鲍叔牙推荐,管
　仲成为桓公的上卿,辅佐齐桓公成为春秋第一霸主,齐桓公尊管
　仲为"仲父"。传见《史记·管晏列传》。

【译文】

　　在此树立了圣人之言来求得与它相似,就没有不能相似的。倡导
老子言论的人会说"虚静",可是虚静也是儒家圣人所重视的品德。主
张佛学言论的人会说"慈闵",但是慈闵也是圣人提倡的仁。主张申不
害、韩非子、管子、商鞅言论的人会说"足兵足食,端正刑赏制度"。但这
两条也是圣人所要用到的。把他所效法的邪恶隐藏起来,而用君子的
治国教化来附会,对此怎么分辨呢? 揣摩当时君主的志向,期待当权者
的需求,以此猎取前代圣人的格言和训条,而外在形迹也是可以相互冒
充的。当他崇尚异端、崇尚权术的时候,就会鄙视圣人而放纵自己的言
行。等到君子在朝廷的时候,人们纷纷提出合乎礼法的言论,他也会拾
起尧、舜、周公的话来加以模仿,作为招摇而让自己冒充正确。帝王治
国治世的典籍,与贪功谋利的邪说,相区别的地方只在细微之间。如果
用庄重的脸色说出他的言论,而不改变他心中早已怀有的意图,他的言

论与圣人之言没有多大差别，而君子也会被打动。所以就不要对司马光、程颐乐意推荐王安石而与他交谈感到迷惑了。

　　夫知言岂易易哉？言期于理而已耳，理期于天而已耳。故程子之言曰："圣人本天，异端本心。"虽然，是说也，以折浮屠唯心之论，非极致之言也。天有成象，春其春，秋其秋，人其人，物其物，秩然名定而无所推移，此其所昭示而可言者也。若其密运而曲成，知大始而含至仁，天奚在乎？在乎人之心而已。故圣人见天于心，而后以其所见之天为神化之主。知言者，务知其所以言之密藏，而非徒以言也。如其有一定之是非，而不待求之于心，则恻怛不生于中，言仁者即仁矣，羞恶不警于志，言义者即义矣；饰其言于仁义之圃，而外以毒天下，内以毁廉隅，皆隐伏于内，而仁义之言，抑可不察①。安石之所能使明道不斥绝而与之交者，此也。当其时，秀慧之士，或相奖以宠荣，或相溺于诗酒。而有人焉，言不及于戏豫，行不急于进取，则奉天则以鉴之，而不见其过，将以为合于圣人之言，而未知圣人之言初不仅在于此。乃揖而进之，谓是殆可与共学者与！实则繇言之隐，与圣人传心之大义微言相背以驰，尤甚于戏豫诡遇之徒。何则？彼可裁之以正，而此不可也。

【注释】

①抑可不察：中华点校本出校记："'察'作'穷'。"岳麓书社整理本校记："穷"，据嘉怡钞本改。马校："钞本'察'作'穷'，是。"据此改作"穷"。意思是说那种虚假的仁义之言也就会无穷无尽。但

据后面所论,王夫之是说程颢也不能察知王安石所说的仁义之言背后隐藏的真实用意,所以还是以作"察"为是。

【译文】

了解人们的言论难道很容易吗?对于言论只是期望它合乎道理而已,对于道理则期望它符合天意而已。所以程子说:"圣人以天为本,异端则以心为本。"虽然这样,这个说法,用来折服佛教的唯心之论,也还不是最好的说法。天有形成的物象,把春天当做春天,把秋天当做秋天,把人当做人,把物当作物,使它们都各有秩序和确定的名称而无所变化,这就是天昭示给人而可以论说的。如果天对万物是秘密运行而曲折完成的,知道了万事万物的最根本的开端和所含有的最高的仁之后,所谓的天又在什么地方呢?只是在于人心而已。所以圣人在心中认识了天,而后用他所看到的天作为神的主宰。所谓的知,是务求知道别人所以这样说的密藏之意,而不是只知道他所说出的言。如果言论有一定的是非,而不等在心中寻求到它,那么心中就不会产生恻隐之情,而以为所说的仁就是仁,意志中就不会有对羞恶的警示,而以为所说的义就是义。全用仁义一类的辞藻修饰他的言论,对外就会毒害天下,对内就会毁坏人们德行,奸恶的东西都隐藏在内心,而所说的仁义之言,也就不可察知了。王安石所以能让程颢不予以斥绝而与之交往的原因,就在这里。在那个时候,优秀聪慧的士人,有的人用官禄恩宠相互夸耀,有的人一同沉溺于诗酒之中。在这样的士人之中出现一个人,言论不涉及游戏逸乐,行为不急于升官,就会拿天道来鉴察他,而看不到他的过失,将会认为他的言论合乎圣人之言,而不知道圣人之言本来就不在于口头上的谈论。于是就尊礼而推荐他,以为这大概是可以与他共同研究学问的人了!实际上却是他在说出这种言论时内心隐藏的东西,与圣人以心相传给后人的微言大义是相背而驰的,这比沉溺于戏玩逸乐而以不正之道求进的家伙更坏。为什么呢?那种戏游逸乐的人可以用正道来裁决纠正,而这种说着圣人仁义之言而内心隐藏别的宗旨的人，却不能发现他的不正而予以纠正。

　　若温公则愈失之矣，其于道也正，其于德也疏矣。圣人之言，言德也，非言道也，而公所笃信者道。其言道也，尤非言法也，而公所确持者法。且其忧世也甚，而求治也急，则凡持之有故，引之有征，善谈当世之利病者，皆嘉予之，而以为不谬于圣人之言。于明道肃然敬之矣，于安石竦然慕之矣，乃至于荡闲败度之苏氏，亦翕然推之矣。侈口安危，则信其爱国；极陈利病，则许以忧民；博征之史，则喜其言之有余；杂引于经，则羡其学之有本。道广而不精，存诚而不知闲邪，于以求知人之明，不为邪慝之所欺，必不可得之数矣。凡彼之言，皆圣人之所尝言者，不可一概折也。唯于圣人之言，洗心藏密，以察其精义；则天之时，物之变，极乎深而研以其几。然后知尧、舜、周、孔之治教，初无一成之轨则，使人揭之以号于天下。此之谓知言，而人乃可得而知，固非温公之所能及也。穷理，而后诡于理者远；尽性，而后淫于性者诎，至于命，而后与时偕行之化，不以一曲而蔽道之大全。知言者"穷理尽性以至于命"之谓也[1]。明道早失之，而终得之。温公则一失已彰，而又再失焉；悔之于安石败露之余，而又与苏氏为缘。无他，在知其人之言，而不知古今先哲之言也。

【注释】

①穷理尽性以至于命：出自《周易·说卦》："和顺于道德，而理于义。穷理尽性，以至于命。"穷理，指穷尽客观事物的深妙之理。

尽性,指究尽一切生灵所禀赋的天性。命指命运,命运由天定,人不能定,但人可以通过穷理尽性而了解命。前面所说的和顺于道德而理于义,就是穷尽理与性之后所要采取的态度,如能做到这些,也就能顺乎命运,而无遗憾了。所以王夫之说圣人之言是言德,而不是言道,所言的道最终要归结到德上来。

【译文】

至于司马光的过失就更大了,他对于道的理解是正确的,但对于德的认识则是疏忽的。圣人之言,是讲德的,不是讲道的,而司马光先生所笃信的是道。圣人讲的道,更不是讲制度,而司马光先生所确定坚持的却是制度。而且他甚为世道担忧,急于追求治国,凡是持之有故、引用有据、善于谈论当世利病的人,都予以嘉奖赞赏,以为这些人所谈论的不违背于圣人之言。他对于程颢是肃然敬之的,对于王安石是惊悚而仰慕的,乃至于闲散放荡败坏法度的苏氏,他也与人们一起加以推奖。对侈谈国家安危的人,就相信他是爱国的;对极力论述国家利病的人,就赞许是忧民的;有人广博地征引史书,就喜欢他的言论内容丰富;有人杂引经书,就美慕此人的学术有根基。自己所论的道广泛而不精到,自己存有诚心而不知道防范别人的邪心,这样来求知人之明,不被邪恶之人欺骗,是必定不能做到的。凡是王安石的言论,都是圣人曾经说过的,不可一概驳斥。只是对于圣人之言,应该平心静气而退藏在隐秘之处,来观察圣人言论的精义;那么天时的转换,事物的变化,就都能探究到极深奥之处而研究出其中的微妙义理。然后就知道尧、舜、周公、孔子的治国之教,本来没有一成不变的规定,而可以让人讲出来以号令于天下。这就是了解别人的言论,而对提出这种言论的人就能加以了解,这本来就不是司马光先生所能做到的。穷尽了义理,而后对违背义理的人就会疏远;穷尽了人性,而后对不合乎人性的人就会鄙视,由此而达到命的境界,而后就会与时势的变化一同前进,不因一种曲说而遮蔽了道的整体和全部。了解人们的言论,就是《周易》所说的"穷理尽性以至于命"。程颢前有失误,但后来懂得了这个道理。而司马光先生在一次过失已经彰明之后,又再次出现失误;在王安石败露之后才有悔恨,而又与苏氏为友。没有别的原因,只在于他知道某些人的言论,而不知道古今各代先哲们的言论。

五

　　熙、丰新法,害之已烈者,青苗、方田、均输、手实、市易①,皆未久而渐罢;哲、徽之季,奸臣进绍述之说②,亦弗能强天下以必行;至于后世,人知其为虐,无复有言之者矣。其元祐废之不能废,迄至于今,有名实相仍行之不革者,经义也③,保甲也④;有名异而实同者,免役也⑤,保马也⑥;数者之中,保马之害为最烈。

【注释】

①青苗:王安石变法时实行的一项新法,规定以各路常平、广惠仓积存的钱谷为本,在粮价上升时,降价出售,遇市场价降,则以高价收购。其所存的钱物,每年分两期,可由农民借贷。收成后,随夏、秋两税,加息十分之二或十分之三归还。本意是平衡市场和照顾农民,但具体实施中出现强制借贷,引起的争议最大。方田:王安石变法中的一项新法,称"方田均税法",分方田与均税两部分。方田是每年九月由县令主持土地丈量,按土地肥瘠定为五等,均税是以方田丈量的结果为依据,制定税数。目的是清理隐瞒的土地,增加国家收入。均输:均输法也是王安石变法中的新法,在淮、浙、江、湖六路实行均输法。由发运使根据六路的财赋,与每年上供和京城所需物资进行平衡,徙贵就贱,用近易

远,以便变易蓄买,目的是节省价款和转运费。手实:王安石新法之一,其法是由国家把百姓家产分为五等,各有一定标准。百姓根据田地、房屋、牲畜、货物申报自己的等级,根据财产等级确定赋税。目的是让贫穷人家少交赋税,富家多交赋税。如果隐匿财产,允许检举揭发。市易:王安石新法之一,在开封设市易务,根据市场情况,决定价格,适时购入或售出货物,以平衡物价。商贩可向市易务贷款或赊购货物。后将市易务升为都提举市易司。市易法的目的是限制大商人垄断市场,由此增加朝廷财政收入。

②绍述:绍述指继承,重行新法。宋哲宗时,决定对神宗时期实行的新法,重建或续行。宋神宗熙宁、元丰时期,推行新法。神宗死,哲宗继位,年号元祐,太皇太后高氏主政,废除新法。太皇太后死后,哲宗亲政,改元绍圣,章惇执政,提出要"绍述"熙宁、元丰新法,恢复高太后时废除的新法。

③经义:科举考试科目之一。宋代以经书中的文句为题,应试者作文阐明其义理,故称经义。神宗熙宁年间,王安石变法,始行经义、诗赋两科考试,目的是用经义统一士大夫的思想。

④保甲:战国秦商鞅变法时实行连坐制,汉代实行乡里制度,五家为伍,十家为什,百家为里。唐代四家为邻,五家为保,百户为里。王安石变法时,实行保甲制。以户为基本单位,十户为一保,五保为一大保,十大保为一都保。保之下设甲,每甲设甲长,若干甲编作一保,每保设保长。凡家有两丁以上,出一人为保丁。农闲时集合保丁进行军训,夜间轮差巡查,维持治安。保甲法使各地壮丁接受军训,节省国家军费,又建立了严密的治安网。

⑤免役:又称募役法,王安石的新法之一。中国古代农民每年都要为朝廷服徭役,募役法是让原来轮流充役的农民可以交钱以代替服徭役,再由官府出钱雇人充役。宋朝原用差役法,将唐朝租

庸调中的调,即每年缴纳绢、绵、布、麻改为直接收钱。此法使原本可以免役的士绅也要交钱,所以遭到的反对也很强烈。

⑥保马:王安石新法之一。神宗时,宋朝战马只有十五万匹,为此鼓励西北边疆百姓代养官马。凡愿意养马的,由朝廷供给马匹,或由朝廷出钱让百姓购买,马有病或亡,就要赔偿。但瘟疫流行,马死得太多,徒增民扰,不久废止。

【译文】

熙宁、元丰时期的新法,祸害最严重的,是青苗、方田、均输、手实、市易等法,都在实行不久就逐渐废止了;哲宗、徽宗的末年,奸臣提出绍述的说法,也不能强迫天下必定执行这类新法;到了后代,人们知道它们的虐害,不再有人讲这些新法了。在哲宗元祐时期要废而不能废的新法,一直延续到现在,而且名义与实际情况都沿用下来加以实行而不加改变的,就是科举中的经义一科和保甲法;也有名义不同而实际情况相同的,就是免役法和保马法。在这几者之中,保马法的危害最大。

保马者,与民以值使买马,给以牧地而课其孳生以输之官。洪武以后,固举此政于淮北、山东、而废牧苑。愚民贪母马之小利于目前,幸牧地之免征于后世,贸贸然而任之。迨其子孙贫弱,种马死,牧地徒,间岁纳马,马不能良,则折价以输,一马之值,至二十五金,金积于阉寺,而国无一马,户有此役,则贫饿流亡、求免而不得,皆保马倡之也。夫马,非其地弗良,非其人弗能牧也。水旱则困于刍粟,寒暑则死于疾疫。唯官有牧苑,而群聚以恣其游息;官有牧人,而因时以蠲其疾;官有牧资,而水旱不穷于饲;则一虚一盈,孳产自倍。自成周以迄于唐,皆此制也。汉、唐车骑之盛,用捍边陲,而不忧其匮,奈何以诱愚民而使陷于死亡哉?行此法

者,曾不念此为王安石之虐政,徒以殃民而无益于国马,相
踵以行,祸延无已,故曰害最烈也。

【译文】

　　所谓的保马法,是给民众一定的钱让他们买国家的马,并给他们牧
地让他们替国家养马,再来考核他们的养马情况,把所生的小马交给官
府。明代洪武年间以后,一直在淮北、山东推行这套制度,而废除了国
家养马的牧场。愚蠢的小民贪图养母马的一点眼前小利,怀有侥幸心
理,以为以后会对牧地实行免征,就轻率地承担了为国家养马的责任。
等到他们的子孙变得贫弱,种马已经死了,牧地被迁移了,隔年收马,马
不是良马,就折价交给官府,一匹马的价值,达到了二十五金,换来的金
钱贮藏在宦官手中,而国家没有一匹马,民户还有养马的赋役,于是贫
穷饥饿的民众四处流亡,要求免除保马的赋役也得不到允许,这都是保
马法造成的恶果。说到马匹,不是合适的牧地就不会成为良马,不是合
适的人来养也养不好马。发生了水旱灾害时会使喂马的草料不够而受
困,天气寒冷或炎热之时马又会死于疾病。只有官府有专门的牧场,而
让马匹成群地聚在里面任由它们在里面活动和休息;只有官府有专门
的牧马人员,会根据时节而避免马匹的疾病;只有官府有放牧的费用,
发生了水灾旱灾都不会缺乏饲料;官府与民众相比,一亏一盈之间,所
生出的小马自会有成倍的差别。从西周到唐代,都是官府养马的制度。
汉、唐两代车马强盛,用来捍卫边防,而不担忧马匹会匮乏,为什么引诱
愚民而让他们陷于死亡呢? 实行保马法的人,就不曾顾及这是王安石
的虐政,只会让民众遭殃而无益于国家马匹的增多,相继而实行,灾祸
延续不止,所以说危害最为严重。

　　保甲之法,其名美矣,好古之士,乐称说之;饰文具以塞
责之俗吏,亟举行之。以为可使民之亲睦而劝于善邪? 则

非片纸尺木之能使然矣。以为团聚而人皆兵,可以御敌邪？
则寇警一闻而携家星散,非什保之所能制矣。以为互相觉
察而奸无所容邪？则方未为盗,谁能诘之；既已为盗,乃分
罪于邻右,民皆重足以立矣。以为家有器仗,盗起而相援以
擒杀之邪？则人持数尺之仗、蚀锈之铁,为他人以与盗争生
死,谁肯为之？责其不援而加以刑,赇吏猾胥且乘之以索
贿①,而民尤无告矣。如必责以器仗之精,部队之整,拳勇者
赏之,豪桀者长之；始劝以枭雄,终任以啸聚。当熙、丰之
世,乘以为盗者不一,而祸尤昭著者,则邓茂七之起②,杀掠
遍于闽中,实此致之也。溺古不通之士,无导民之化理、固
国之洪猷,宝此以为三代之遗美,不已愚乎！

【注释】

①赇(qiú)：贿赂。

②邓茂七(？—1449)：原名邓云,江西南城(今江西南城)人。明英
　宗正统初年,与兄弟杀豪强后改名为茂七、茂八,逃亡福建沙县。
　当地官府编民为甲,邓茂七任总小甲,后为二十四都总甲,后杀
　死官府弓兵,于正统十三年(1448)二月在沙县陈山寨起义,自号
　铲平王。正统十四年(1499)二月,中伏阵亡。

【译文】

　　保甲之法,其名称是很美好的,喜好古代历史的士人,乐于称赞保
甲法；修饰表面文章来塞责的俗吏,急切地实行了保甲法。以为保甲法
可以使民众亲睦而引导他们向善吗？那么这不是只靠一片纸、一尺木
板就能使他们这样的。以为保甲法能让民众团聚而人人皆兵,可以抵
御敌寇吗？那么敌寇来犯的警报一旦响起,他们就带着家人四处逃散,
不是保甲制度所能控制的。以为保甲法能让民众互相监视而奸人奸事

无处可藏吗？那么在民还没有成为盗匪的时候,谁能怀疑他呢？在他
已经成为盗匪的时候,就让罪过由邻居们分担,民众于是就会缩手缩脚
而更胆小了。以为保甲法可以让民众每家都有武器,盗匪出现之后可
以相互支援而擒杀盗匪吗？那么每人手持数尺的棍棒、生锈的铁器,替
别人来与盗匪拼死搏斗,谁肯做这种事？责备他们不相互支援而施加
刑罚,贪官恶吏将要乘机索取贿赂,而民众更是无处可告了。如果一定
要责求他们武器精良、部队严整,对有武艺而敢战的人就予以奖赏,对
豪杰就让他当保长甲长;那么开始用为人枭雄激励他们,最终将会听任
他们啸叫着成群地变为盗匪。当熙宁、元丰之世,乘机做了盗匪的人不
少,而祸害尤其昭著的,就是邓茂七的起兵,在闽中杀掠一遍,确实就是
由保甲法导致的。溺于古代历史而不通的士人,没有引导民众化为良
民的办法,没有巩固国家的宏大谋略,却珍爱这个保甲法,把它作为三
代留下的好制度,不已是很愚蠢了吗!

免役之愈于差役也^①,当温公之时,朝士已群争之,不但
安石之党也。民宁受免役之苛索,而终不愿差役者,率天下
通古今而无异情。驱迟钝之农人,奔走于不习知之政令,未
受役而先已魂迷,既受役而弗辞家破,输钱毕事,酌水亦甘,
不复怨杼柚之空于室矣^②。故免役之害日增,而民重困者,
有自来也。自宇文氏定"租、庸、调"之三法以征之民也^③,租
以田,庸以夫。庸者,民之应役于官,而出财以输官,为雇役
之稍食也。庸有征而役免矣。承平久而官务简,则庸恒有
余,而郡库之积以丰,见于李华所论清河之积财^④,其征也。
及杨炎行"两税"之法^⑤,概取之而敛所余财归之内帑,于是
庸之名隐,而雇役无余资。五代僭伪之国,地狭兵兴,两税
悉充军用,于是而复取民于输庸之外,此重征之一也。安石

唯务聚财,复行雇役之法⑥,取其余羡以供国计,而庸之外又征庸矣。然民苦于役,乃至破产而不偿责,抑不复念两税之已输庸,宁复纳钱以脱差役之苦。繇是而或免或差,皆琐屑以责之民;民虽疲于应命,然止于所应派之役而已。朱英不审⑦,而立"一条鞭"之法⑧,一切以输之官,听官之自为支给。民乍脱于烦苛,而欣然以应。乃行之渐久,以军兴设裁减之例,截取编徭于条鞭之内,以供边用。日减日削,所存不给,有司抑有不容已之务,酷吏又以意为差遣,则条鞭之外,役又兴焉。于是免役之外,凡三征其役,概以加之田赋,而游惰之民免焉。至于乱政已亟,则又有均差之赋而四征之。是安石之立法,已不念两税之已有雇赏;而温公之主差役,抑不知本已有役,不宜重差之也。此历代之积弊已极,然而民之愿雇而不愿差者,则脂竭髓干而固不悔也。

【注释】

①差役:宋代官府按照税钱、物力的多寡,将乡村民户分为五等,再按户等的高下及丁口多少轮流负担官府的相应事务,称为差役。一般下户所要承担的职役少,上户则较多较重,这使上户在乡村以至州县的各色官府事务中具有了一定的权力。从乡到州县的官府之役分很多细目,如乡村的里正、耆长、户长、壮丁到州县的衙前、人吏、承符、散从、步奏官、弓手、手力、院虞侯、杂职、斗子、拣子、掏子、秤子、仓子、解子、拦头、医人、所由等。下户只能担任低等的差役,上户才能承担权力较大的差役,甚至可以补为官。

②杼柚(zhù zhóu):也作"轴杼"。本指织布机上的两个部件,用来持纬线的梭子和用来承经线的筘,故又代指织机,引申指纺织。

③租、庸、调：唐代前期的税收制度，凡受田农民应向国家负担租庸调。租指丁男每年交纳粟二石或稻三石，调指丁男每年交纳绢、麻、布等，庸是丁男每年应服劳役二十天，不服徭役，可以折成绢、布代替。

④李华（715—766）：字遐叔，赵州赞皇（今河北赞皇）人。唐玄宗时任官监察御史。安禄山陷长安时，任凤阁舍人。安史之乱后，贬为杭州司户参军。后来隐居山阳，信奉佛法。传见新、旧《唐书·李华传》。

⑤杨炎（727—781）：字公南，号小杨山人，天兴（今陕西凤翔）人。唐德宗建中元年（780），废除租庸调制，推行两税法，后代沿用。为人睚眦必仇，果于用私，以刘晏曾弹劾自己，执政时把刘晏贬到忠州，又诬而杀之。传见新、旧《唐书·杨炎传》。"两税"之法：把征收谷物、布匹等实物为主的租庸调法，改为征收金钱为主，一年两次征税，称为两税法。唐德宗建中元年（780）开始实行。对民户和人丁，统一编入州县户籍，就地纳税。

⑥雇役之法：即免役法，雇人服役。王安石新法之一，令民输钱于官，另外募人代役。

⑦朱英（1416—1484）：字时杰，汝城（今湖南汝城）人。明正统年间，曾任右副都御使、右都御使、掌都察院事。为政清廉，皇帝赏赐玺书金币，他只收玺书，把金币归入库府。传见《明史·朱英传》。

⑧"一条鞭"之法：明代改革赋役，初名条编，又名类编法、明编法、总编法。编，又作"鞭"、"边"。总括一县的赋役，全部合并为一条，先将赋和役分别合并进行计算，最后将役银与赋银合并征收。

【译文】

免役法比差役法好，在司马光的时候，朝廷大臣已经群起争论了，不只是王安石的同党参与争论。民众宁愿遭受免役的苛刻盘剥,最终也不愿意承担差役,在这个事情上,整个天下和古往今来都没有不同的想法。驱赶迟钝的农民,奔走在不熟习的政令之间,还没有承受赋役先就已经迷惑了,当已承受赋役之后而不辞家庭破碎,交钱完事,喝水也觉得甜,不再怨恨家里空无财产了。所以免役法的危害日益增加,而民众越来越贫困,是有来由的。自宇文氏开始就规定用"租、庸、调"三种赋税方法来向民众征收,租是根据田地征收,庸是根据人头来分担。庸,就是民为官府服劳役,或拿出财产交给官府,作为官府雇人服役的报酬。所以如果征收了庸钱就可免除劳役。天下太平时间久了,官府的事情也很简单,那么庸总是有余的,而州郡的仓库也渐渐积储得丰足,这一点看李华关于清河积财的论说就可证明。到杨炎实行"两税"法,把租和庸都作为两税收取,而把剩余的钱财收进宫内仓库,于是"庸"的名称就渐被淡忘了,而雇役也没有多余的钱了。五代僭越称帝的国家,地域狭小而不断用兵,两税所收全部充为军用,于是又在民众输送田租和服劳役之外再收赋税,这是过重征收赋税的一种情况。王安石只求聚敛钱财,又实行雇役法,取其剩余以供国家开支,这是在已有了庸之外再收庸。而民众为劳役所苦,乃至破产而不能偿债,也不再顾及两税已经交了租和庸,宁愿再次交钱以摆脱差役的痛苦。由此或免了差役,或仍要服差役,都琐碎地要民众来承担;民众虽然疲于应命,但也仅限于所应派的差役而已。明代的朱英不审察这一情况,而建立了"一条鞭"法,一切都交给官府,任由官府自己支出。民众一时摆脱了烦苛的赋税,于是高兴地响应"一条鞭"法。但是实行时间逐渐长久之后,由于不断用兵而设立了裁减的条例,在"一条鞭"内截取部分数额作为徭役来用,以供应边境用兵。不断地减削,所储存的就不够供给了,有关部门也有不能停止的事务,酷吏又根据自己的意思加以差遣,就在"一条鞭"之外,又出现了徭役。于是在原来所免的徭役之外,又三次征发徭役,都一概加在田赋中,而游手不劳的懒惰之民却不用交这种新加的田赋。到了乱政达到极点的时候，就又有均差之赋，成为第四种多征的赋役。可知王安石设立的免役法，不考虑两税法中已有雇人代役的费用；而司马光主张的差役，又不知本已有徭役，不应重复差遣。这是历代积弊达到极点，这样民众愿意雇人代役而不愿意受差遣去服役，就是脂髓抽吸已干也不会后悔的。

　　若夫经义取士，则自隋进士科设以来①，此为正矣。纳士于圣人之教，童而习之，穷年而究之，涵泳其中而引伸之。则耳目不淫，而渐移其不若之气习。以视取青妃白，役心于浮华荡冶之中者，贞淫之相去远矣。然而士不益端，学不益醇，道不益明，则上之求之也亡实，而下之习之也不令也。六经、《语》、《孟》之文，有大义焉，如天之位于上，地之位于下，不可倒而置也。有微言焉，如玉之韫于山，珠之函于渊，不可浅而获也。极之于小，而食息步趋之节，推求之而各得其安也。扩之于大，经邦制远之猷，引伸之而各尽其用也。研之于深，保合变化之真②，实体之而以立其诚也。所贵乎经义者，显其所藏，达其所推，辨其所异于异端，会其所同于百王，证其所得于常人之心，而验其所能于可为之事，斯焉尚矣。乃司试者无实学，而干禄者有鄙心，于是而王鳌、钱福之徒③，起而为苟成利试之法。法非义也，而害义滋甚矣。大义有所自止，而引之使长；微言有所必宣，而抑之使隐；配之以比偶之词，络之以呼应之响，窃词赋之陋格，以成穷理体道之文，而使困于其中。始为经义者，以革词赋之卑陋，继乃以词赋卑陋之成局为经义，则侮圣人之言者，白首经营，倾动天下，而于道一无所睹。如是者凡屡变矣。而因其变以变之,徒争肥瘤劲弱于镜影之中,而心之不灵,已濒乎死。风愈降,士愈偷,人争一牒,如《兔园》之册④,复安知先圣之为此言者将以何为邪? 是经义之纳天下于聋瞽者,自成、弘始,而溃决无涯,岂安石之为此不善哉?

【注释】

①进士科:隋唐科举制度取士的科目之一,用分科考试的方法来选拔官员,隋以后各朝选拔官吏都用进士科为主要科目。考试内容,以时务策为主,后或加试杂文。宋以后进士科成为科举的唯一科目。考试内容,自王安石提倡实学,用经义、策论取士,后虽屡变,终于以经义为主。

②保合:出自《周易·乾卦·彖辞》:"保合大和,乃利贞。"是说需要保合大和才能实现利贞。保合指保守合会,达到大和,才能使万物得利而贞正。

③钱福(1461—1504):字与谦,号鹤滩,松江华亭(今上海松江)人。明弘治时任职翰林院修撰,性坦率,喜饮酒,每饮至醉,往往言语伤人,不为同列所喜,致招谤议。传见《明史·钱福传》。

④《兔园》之册:即《兔园册府》,据说是唐代李恽的下属杜嗣先根据科举中的条目,用问答体,引用经史,加上注释而编成,唐以后成为民间村塾俚儒教人读书来应付科举的通俗读物。李恽是太宗之子,于是就用汉梁孝王的"兔园"作为书名。或说虞世南著。省称"兔册"。

【译文】

至于在科举中用经义科来取士,则自隋设立了进士科以来,这就是最正当的一科。让士人接受圣人的学说,在儿童时就开始学习,整年都来研究圣人的学说,沉浸在里面而引导他们不断增长见识。那么耳目就不淫乱,逐渐地改变他们不合乎正道的习气。拿这种学习来比较学对偶作诗词、让学生在浮华冶荡的事情上用心,两种学习的贞正与邪淫就相差很远了。然而士人仍不端正,学问仍不醇粹,道义仍不明白,这就是在上的人要他们学习的是没有实际内容的东西,而在下的人学习的东西也就不会贞正了。六经、《论语》、《孟子》的文章,里面有重大的义理,如同天的位置在上,地的位置在下,是不可倒置的。里面又有微妙的意旨,如同玉埋在山中,珠藏在深渊,不是浅浅而学就能获得的。学问的极小之处,也有饮食止息行步趋进的节度,要推求其中的道理而分别获得正确的理解。扩大来看,治理国家控制远方的谋略,也要把学问中的道理引申过来而分别尽到它们的用处。研究到深处,对于其中保安合和以及事物变化的真理,要切实体会出来并由此树立起自己心中的诚意。经义科考试最为宝贵的,是把圣人学问中隐藏的义理揭示出来,让这些义理达到所能推及之处,分辨出它与异端之学的不同之处,在历史上的君王那里加以会通而看出共同的治国之道,又在常人的心里证明这种心得,并验证它在可为之事中能如何应用,这就算达到上等层次了。可是主管科举考试的人却没有实际的学问,而通过科举考试想求取官禄的人又有鄙陋的用心,于是王鳌、钱福这种人,就起而采用苟且而便利的考试方法了。有关的制度并不是义理,但危害义理却更为严重。重大的义理自有它的界限,却要拉伸使它扩大;微言大义有些内容必须要宣示出来,却又压抑它们使之隐晦;用对偶的辞藻来配合,在文章写法上又用前后呼应联络的方法,窃用词赋中的卑陋格律,以此撰写成应该穷尽义理体会大道的文章,就使士人困窘于这套科举考试的制度之中。开始采用经义科目的人,是用来革除辞赋的卑陋,继而竟然把用卑陋的词赋方式写成的文章作为经义,那么羞辱了圣人之言的人,耗费一生精力来钻研经义,使整个天下都来从事这种经义之学,而对于大道一无所知。像这样的情况已经屡次变化了。而根据它的变化再来变化,徒然地在镜子的影子里争相比较文章的肥和瘦、强和弱,而人心的不灵,就已濒于死亡。风气愈益下降,士人愈益苟且偷懒,人们争相去读那种教人写科举文章的书,如《兔园册府》一类,又哪里知道先圣说的那些话是为什么呢？这就是经义科目把天下读书人都笼罩起来使他们变成了聋子瞎子,自明代成化、弘治年间开始,以后就像黄河决口一样泛滥得无边无际了,哪里是王安石做成的不善之事呢？

　　合此数者观之,可知作法之难矣。夫安石之以成宪为流俗而亟改之者,远奉尧、舜,近据《周官》,固以胁天下曰：“此圣人之教也。”夫学圣人者,得其精意,而古今固以一揆矣。《诗》云：“思无疆,思马斯臧①。”此固自牧畜之证,而保马可废矣。子曰：“苟子之不欲,虽赏之不窃。”此不责民以弭盗之证也,而保甲徒劳矣。《周官》行于千里之畿,而胥盈于千,徒溢于万②,皆食于公田,此民不充役之验也。则差役之虐政捐,而免役之诛求亦止矣。《记》曰：“顺先王《诗》、《书》、《礼》、《乐》以造士。”则经义者,允为良法也。而曰顺者,明不敢逆也。为琐琐之法以侮圣言者,逆也。绌其逆,而士可得而造,存乎其人而已矣。诚得圣人之精意以行之,而天下大治。自立辟以扰多辟之民③,岂学古之有咎哉？

【注释】

①思无疆,思马斯臧：出自《诗经·鲁颂·駉》,传说此篇赞颂鲁僖公治国遵守伯禽之法,推其诚心,反复思考治国之事,其思虑无所不及,不能遍举,只举养马一事,说他思虑了养马,马就养得好。比喻君主为了治国而无不思考,所思又无有不善。思无疆,指思无疆域。臧,善、好。

②胥盈于千,徒溢于万：胥、徒,出自《周礼·天官·序官》：“胥,十有二人,徒,百有二十人。”泛指高级官员之下的低级属吏。王夫

之引用来说明周代有众多的低级官吏,为国家服务,而不用民众来服徭役。

③立辟、多辟:出自《诗·大雅·板》:"民之多辟,无自立辟。"民多辟,是说民众多有邪恶。立辟,指君主立法。意思是说民众的行为多有邪恶,乃是你君臣的过失,不要把自己所订立的都称为法律,来约束民众。所以《晏子春秋》中也说:"无以多辟伤百姓。"都是说君主官府多立法律只能伤害百姓,并不能把国家治理好。

【译文】

将这几件事合起来看,可知制定制度是很难的了。王安石把已成的制度看作流俗而想马上加以改革,远的就尊奉尧、舜,近的就依据《周礼》,本来就是用这些来威胁天下人,说:"这是圣人的经学。"学圣人的人,得到圣人经学中的精意,而古今本来就是一个道理。《诗经》里说:"思虑无疆界,想到养马,马就养得好。"这本来就是国家自己养马的证明,而保马法就可以废除了。孔子说:"如果你不想偷,虽然有人奖赏你,你也不会去偷。"这是不责求民众来以消除盗匪的证明,而保甲法也是徒劳的了。《周礼》里说:在上千里的王畿里巡行,就有成千上万的胥徒,都靠公田生活,这是民众不为官府服徭役的证明。那么差役法的虐政废除之后,而免役法对民众的责求也应停止了。《礼记·王制》中说:"顺应着先王的《诗》《书》《礼》《乐》来培养士人。"那么科举中的经义科目,确实就是好办法。而说的"顺应",表明是不敢违逆的。制订了琐碎的法律来羞辱钻研圣人学术的人,就是违逆。废除这种违逆,士人就能培养出来,但这些事要由合适的人来做才行。真的得到圣人学说的精意而加以实行,天下就能大治。自己立法来骚扰多有邪辟的民众,难道是学习古代而有了咎误吗?

六

老氏之言曰:"以正治国,以奇用兵。"言兵者师之,为乱而已矣。王韶请击西羌、收河湟、以图夏①，王安石称为奇策而听之。诚奇矣，唯其奇也，是以进无尺寸之功，而退有邱山之祸也。以奇用兵而利者有之矣。正不足而以奇济之，可以暂试，不可以常用；可以脱险，不可以制胜；可乘疲寇而速平，不可御强敌而徐效。如其用之，抑必有可正而后可奇也。舍正用奇，而恃奇以为万全之策，此古今画地指天之妄人，误人家国者所以积也。论者皆咎陈馀之不用李左车也②，使馀用左车之策，韩信抑岂轻入其阱中者？前军偶涉，伏起受挫，信亦自有以制之。以汉之强、信之勇，加脆弱之孤赵，井陉小蹶③，四面环攻，馀固无术以继其后，恶足以救其亡哉④？一彼一此，一死一生，视其力而已矣。唯在两军相持而不犯，不须臾之顷，姑试其奇，发于其所不及防而震挠之，可矣。然而其不可震挠者，固自若也。议之于朝廷，传之于天下，明示以奇，而延之岁月以一试，吹剑首者之一吷而已矣⑤。

【注释】

①河湟：今青海省和甘肃省境内的湟水与黄河合流处，吐蕃自唐肃宗以来占领此一地区，即河西、陇右之地。湟水是黄河上游支流，源出青海东部，流经西宁，至现在的甘肃兰州西汇入黄河。

②李左车（jū）：生卒不详，柏人（今河北邢台隆尧）人。秦末辅佐赵王歇，封广武君。韩信灭赵，向李左车咨询攻取燕、齐的谋略，李左车提出与其屯兵齐、燕坚城之下，胜负难决，不如按甲休兵，镇赵安民，以兵威说降，齐燕可定。韩信采纳，顺利收取燕、齐。

③井陉：在今河北西部，太行山东麓，是冀与晋的通衢要冲，历代兵

家必争之地,韩信背水沉舟之战,就发生在井陉。

④"四面环攻"三句:韩信与张耳准备通过太行山井陉口攻赵。赵王与成安君陈馀率军二十万在井陉口阻截。广武君李左车向陈馀建议出奇兵攻击韩信的辎重部队,断其归路,同时在正面坚守不出战,这样就可取胜,陈馀不听。韩信得知后离井陉口三十里驻扎,让一支部队背水而阵,引诱赵军出击。韩信又预先派出伏兵趁赵军出击之时,进入赵军空虚的营垒,使赵军攻而不胜,退而无营,于是大败赵军,斩杀陈馀,活捉赵王歇、李左车等。

⑤吹剑首:出自《庄子·则阳》篇:"吹剑首者,吷(xuè)而已矣。尧舜,人之所誉也,道尧舜于戴晋人之前,譬犹一吷也。"吹剑首,指吹剑环头上的小孔,发出的声音微弱而不动听。比喻影响很小,微不足道。吷,口吹剑首发出的声音。王夫之用此比喻王韶的奇计不值一谈。

【译文】

老子的话说:"以正治国,以奇用兵。"论兵的人以此为师,不过是带来乱子而已。王韶建议攻击西羌,收复河湟,以便攻击西夏,王安石称为奇策而采纳。奇实在是奇,只是因为它是奇策,所以向前没有尺寸之功,后退却有如山一样的大祸。以奇用兵有时会有利。正面进攻不足以取胜时就用奇计加以协助,可以暂且试用,不可以经常使用;可以帮助脱险,不可以克敌制胜;可以利用敌人的疲惫而迅速平定,不可以抵抗强敌而取得长期的效果。如果使用奇兵,就还必须有堂堂正正的进攻而后可以用奇兵。放弃了正面进攻而用奇兵,依仗奇兵以为是万全之策,这是古今指天画地的妄人,误人家国的人就是这样积累而成的。论史的人都责怪陈馀不用李左车的计谋,假使陈馀用了李左车的计谋,韩信难道还会轻易进入他的陷阱吗?前锋部队偶然涉足,伏兵冲出使我受挫,韩信也自有办法制服它。以汉的强大、韩信的英勇,对脆弱的赵国用兵,井陉的小小失败,四面包围攻击,陈馀本来就没有办法后继再攻,哪里足以挽救赵国的灭亡呢？彼此比较,一方死一方生,就看哪一方的力量更大而已。只有在两军对峙而互不攻击的时候,在转瞬之间,姑且试用奇兵,用在对方不及防备之处,对敌方产生震动惊扰的作用,这样用奇兵才是可以的。然而敌方不会被我方奇兵震动惊扰的地方,本来还和原来一样。在朝廷上进行议论,将消息传播到天下,公开显示为奇计,拖延了岁月只作一次尝试,这不过是吹剑首小孔时发出的一点小小声音而已。

　　夏未尝恃西羌以为援,西羌未尝导夏以东侵,河、湟之于朔方,不相及也。拓拔、赫连端视刘裕之拔姚泓而不为之动,知裕之适为己灭泓也。则使宋芟尽群羌,全有河湟之土,十郡孤悬,固不能守,祗为夏效驱除,其能乘风席卷,进叩谅祚之垒乎？如其能大举以西征与！择大将,整六师,压谅祚之疆以讨僭逆之罪,而谅祚据贺兰以自保,于是遣偏师掠西羌以溃其腹心,是或一策也,收蜀者栈道、剑门夹攻之术也①。然而西羌各保其穴,固且阻顿而不能前。今一矢不及于银、夏,而远涉沙碛河、洮之险②,薄试之于羌,一胜一负,一叛一服,且不能制羌之死命,夏人睥睨而笑之。然且栩栩自矜曰："此奇策也。"安石之愚,不可砭矣。

【注释】

①栈道:沿悬崖峭壁修建的道路。为了在深山峡谷通行,便在悬崖绝壁上开凿一些棱形的孔穴,孔穴内插上石桩或木桩,上面横铺木板或石板,可以行人和通车,称为栈道。为防止木桩和木板不因雨淋而朽腐,又在栈道顶端建房亭(亦称廊亭),称为阁,故又名栈阁或栈阁之道,简称栈道。秦惠王始建陕西褒城褒谷至郿

县(今眉县)斜谷的褒斜栈道,秦伐蜀时修了金牛道,被后世称为南栈道。剑门:剑门关,在四川剑阁县南,地处大、小剑山中断处,两旁断崖峭壁,峰峦似剑,两壁对峙如门,故称剑门,是我国最著名的天然关隘之一。三国蜀汉丞相诸葛亮曾在此修筑栈道30里,设关守卫,称剑阁。诸葛亮六出祁山,北伐曹魏,在此屯粮、驻军、练兵;又在大剑山断崖之间的峡谷隘口砌石为门,修筑关门,派兵把守。

②沙碛(qì):沙漠。河、洮(táo):河州和洮州。河州,治所在今甘肃临夏回族自治州。洮州,治所在今甘肃临潭西南。

【译文】

西夏未尝倚仗西羌作为声援,西羌也未尝引导西夏向东侵犯,河州、湟州与朔方地区,本来是没有关系的。拓跋氏、赫连氏眼看着刘裕攻下姚泓而不为此出动,他们知道刘裕只是为他自己去消灭姚泓。那么假使宋王朝把羌人部落全部平定,完全占有河湟的土地,也是孤悬于西北的十个郡,本来也无法守住,这只是帮西夏驱除了西羌的威胁,宋还能乘风席卷西夏,再进军攻击李谅祚的城垒吗?如果宋王朝能大举出兵西征西夏,选择大将,整顿六师,大兵压西夏之境,讨伐西夏的僭逆之罪,李谅祚就会背靠贺兰山而自保,这时再派一支偏师攻掠西羌来击溃西夏的心腹,或许还算是一条奇计,这是征服西蜀的人使用奇兵通过栈道、剑门进行夹攻的方法。然而西羌各部落分别守着他们的巢穴,宋军本来就将要受阻停顿而不能前进。如今一支箭矢都没射到银州、夏州,而出兵远行越过河州、洮州的沙漠险地,在西羌尝试用兵,可能胜,也可能负,西羌可能反叛,也可能顺服,仍然不能制西羌的死命,西夏人就会斜着眼看宋人的笑话了。这样还自以得计而自矜地说:"这是奇策。"王安石的愚蠢,真是不可救药了。

　　在昔继迁死,德明弱,傥从曹玮之请,捕灭之,可以震詟契丹者^①，彼一时也，席太宗全盛之余，外无澶州纳赂之辱，宋无所屈于契丹，内无军士各散居归农之令，兵虽力未有余，而尚未自形其不足。且继迁肉袒称臣^②，与契丹为唇齿，则威伸于德明而契丹自震，固必然之势也。抑谓兵不可狃于不战，而以征夏之役，使习勇而不倦；亦其时夙将犹存，部曲尚整，有可用之资，勿以不用窳之也^③。今抑非其时矣。弛不虞之防、狃安居之乐者，凡数十年。徒以群羌散弱，乘俞龙珂内附之隙^④，徼幸以图功；然且谋之五年而始城武胜^⑤，七年而始降木征^⑥。操弹雀之弓，欲射猛虎，恶足以自强，而使彼畏我以不相侵乎？木征之降未几，而羼懦之秉常且凭凌而起^⑦，宋之死者六十万人。其于正也，无毫发之可恃，而孤持一奇以相当，且其奇者，又非奇也。然而不败者，未之有也。

【注释】

①慴(zhé)：丧胆、惧怕。

②继迁肉袒称臣：宋太宗太平兴国七年(982)，李继迁族兄李继捧献地朝宋，继迁出奔地斤泽(今内蒙古伊金霍洛旗西南)，不向宋臣服，不断攻宋。其后不断向契丹和宋表示臣服，一会儿倒向契丹，一会儿又向宋表示归顺，并且不断攻击宋军，直到咸平六年(1003)，宋遣使与他议和，割让了银、夏等五州。后在攻吐蕃时中箭逃归而卒。

③窳(yǔ)：恶劣，粗劣。这里指战争物资的废坏。

④俞龙珂：生卒不详，北宋时岷山一带青唐羌族首领，归顺宋朝廷，神宗命为西头供奉官，赐姓名包顺。

⑤武胜：今属四川广安，原称定远，属合州，民国三年改称武胜县。

⑥木征：生卒不详，北宋时青海东部吐蕃首领。先居河州（今甘肃临夏东北），后徙安江城（今青海循化）。熙宁七年（1074）以洮、河二州降宋，赐名赵思忠，后官至合州防御使。

⑦秉常（1061—1086）：李谅祚的长子。1067—1086 年在位。继位时仅七岁，其母梁太后主持朝政。夏大安三年（1076），秉常亲政，大安八年（1081），梁太后将秉常软禁，皇族和大臣各自拥兵自重。梁太后在夏大安十年（1083）让秉常复位，派遣使臣向宋上表请和，宋则恢复对西夏的岁币。

【译文】

从前李继迁死的时候，李德明年幼而软弱，如果听从曹玮的建议，捕获他而消灭西夏，就可以震慑契丹，这是那时的形势。乘着太宗全盛的余威，对外还没有澶州交纳岁币的耻辱，宋王朝没有什么可屈服于契丹，内部没有军人士兵各自解散归乡务农的命令，军队虽然力量不够绰绰有余，但也没有显示出兵力的不足。而且李继迁赤裸上身向契丹、宋表示服罪称臣，而与契丹结为盟国，此时宋王朝如果趁李继迁死掉而出兵西夏，就会使国威伸展到李德明身上而使契丹感到震惧，这本来也是必然之势。而且兵不可习惯于不作战，就可以通过征讨西夏的战役，让兵士熟习作战的勇气而不懈倦；那时老将还在，部队还完整，有可用的物资，不要因为不用来作战而使它们废坏。如今就不是那时的形势了。不加防备的边防已经松弛，习惯于安居玩乐，这种情况已经有数十年了。只因各部落的羌人分散衰弱，乘着俞龙珂内附的机会，侥幸以求战功；就这样还谋划了五年才修筑武胜城，七年才降服木征。拿着弹射鸟雀的弹弓，想射猛虎，哪里足够做到自强，而使对方畏惧我而不相侵扰呢？木征投降不久，西夏年幼孱弱的小皇帝秉常凭空而起，宋对西夏作战死者有六十万人。宋王朝在正常用兵上，没有丝毫可以倚恃的东西，而单独靠着一条奇谋来对付西夏，而且所谓的奇计，又不是什么奇计。这样还不失败，是不会有的。

是故奇者,举非奇也。用兵者,正而已矣。不以猜疑任将帅,不以议论为谋略,不以文法责进止。峙刍粮,精甲仗,汰老弱,同甘苦,习击刺,严营陈,堂堂正正以临之,攻其所必救,搏其所必争。诚有余也,而后临机不决①,间出奇兵以迅薄之,而收速效。故奇者,将帅应变之权也,非朝廷先事之算也。赵充国曰②:"帝王之兵,以全取胜。"此之谓也。老氏者,持机械变诈以徼幸之祖也,师之者,速毙而已矣。

【注释】

①不决:各本均如此,但据文意此处不当说"临机不决",当作"临机而决"。

②赵充国(前137—前52):字翁孙,原为陇西上邽(今甘肃天水)人,后移居湟中(今青海西宁)。随武帝征讨匈奴,又随贰师将军李广利击匈奴,被匈奴围困,充国带领壮士百余人在前突围,李广利和大军跟随在后,全身受伤二十多处,终于解围而出。昭帝时,出击匈奴,生擒西祁王,升为护羌校尉、后将军。后督兵西陲,挫败羌人进犯。传见《汉书•赵充国传》。

【译文】

所以所谓的奇计,都不是奇计。用兵这种事,不过是正常用兵而已。不用猜忌怀疑来任用将帅,不以大臣的议论为谋略,不用文字上的法令责备军队的前进与休止。储备粮草,精造武器,淘汰老弱,与士兵同甘共苦,练习击刺技术,严整军阵,堂堂正正地面对敌军,攻击对方必定要去救的地方,在对方必定要来争的地方进行搏杀。确实都准备得充分而有余了,而后面临战机而作出决断,偶尔派出奇兵迅速逼迫敌军,由此收到速效。所以所说的奇计,就是将帅应变的权宜之计,不是朝廷事先的计划。赵充国说:"帝王之兵,靠全面的准备来取胜。"就是说的这种情况。老子,是靠机谋变诈以求侥幸成功的祖师爷,以他为师的人,只会很快自毙而已。

七

国民之交敝也,自苛政始。苛政兴,足以病国虐民,而尚未足以亡;政虽苛,犹然政也。上不任其君纵欲以殄物,下不恣其吏私法以戕人,民怨渐平,而亦相习以苟安矣。惟是苛政之兴,众论不许,而主张之者,理不胜而求赢于势,急引与己同者以为援,群小乃起而应之,竭其虔矫之才、巧黠之慧、以为之效①。于是泛滥波腾,以导谀宣淫蛊其君以毒天下,而善类壹空,莫之能挽。民乃益怨,衅乃倏生,败亡沓至而不可御。呜呼!使以蔡京、王黼、童贯、朱勔之所为②,俾王安石见之,亦应为之发指。而群奸尸祝安石、奉为宗主、弹压天下者,抑安石之所不愿受。然而盈廷皆安石之仇雠,则呼将伯之助于吕惠卿、蔡确、章惇诸奸,以引凶人之旅进,固势出于弗能自已,而聊以为缘也。势渐迤者趋愈下,志荡于始而求正于末者,未之有也。是故苛政之足以败亡,非徒政也,与小人为类,而害乃因缘以蔓延。倡之者初所不谋,固后所必至也。

【注释】

①虔矫:本作矫虔,出自《尚书·吕刑》:"罔不寇贼,鸱义奸宄,夺攘矫虔。"矫虔,指矫称上命以取人财,如同自己固有的财物,泛指

官吏假借国家的名义巧取豪夺民财。这里指小人利用官府名义
盘剥欺压人民。

②王黼(1079—1126)：字将明，原名甫，后改黼，开封祥符(今河南
开封)人。徽宗时因助蔡京复相，升御史中丞。又勾结宦官梁师
成，进封太傅、楚国公。祸国殃民，为害甚多。陈东上书，列为
"六贼"之一。钦宗即位，抄没其家，流放永州(今湖南零陵)，开
封尹聂山派武士在途中将他杀死。传见《宋史·王黼传》。童贯
(1054—1126)：字道夫，一作道辅，河南开封人。为徽宗搜括书
画奇巧，助蔡京为相，领枢密院事，掌兵权二十年，时称蔡京为
"公相"，童贯为"媪相"。宣和七年，金兵南下，钦宗即位后处死。
传见《宋史·奸臣传·童贯传》。朱勔(miǎn，1075—1126)，苏州
(今江苏苏州)人。为宋徽宗搜求珍奇花石，在苏州设应奉局，勒
取花石，从淮河、汴河运入京城，号称"花石纲"。钦宗即位，罢官
抄家，发现他占有田地多达三十万亩，流放循州(今广东龙川)，
随后处死。被陈东列为"六贼"之一。传见《宋史·奸臣传·朱
勔传》。

【译文】

　　国家与民众交相疲敝，是从实行苛政开始的。苛政兴起，足以使国
家出现弊病而虐害民众，但尚不足以使国家灭亡；国政虽然苛刻，仍然
还是国政。上不放任君主纵欲以败坏物资，下不让官吏恣意用私法残
害人民，民众的怨恨会逐渐平定，也会相互习惯而求苟且偷安。苛政的
出现，众人的议论不会赞同，主张实行苛政的人，在道理上不能说服众
人而追求在权势上取胜，就急切地引用与自己意见相同的人作为声援，
成群的小人就会起来响应他，竭尽他们狐假虎威的才能、巧妙狡黠的智
慧来为这种人效力。于是掀起阵阵波浪泛滥翻腾，来引导人们谄谀而
肆行荒淫，蛊惑君主而毒害天下，使得善人君子在朝廷空无一人，没人
能够挽救局势。民众就会更为怨恨，祸隙于是不断发生，败亡接连到来

而不可抵御。呜呼！假使把蔡京、王黼、童贯、朱勔所干的事让王安石看到，也应该为之发指。而成群的奸人以王安石为祖师，奉之为宗主，用来弹压天下的手段，也是王安石所不愿接受的。然而满朝廷都是王安石所仇视的人，他就想从吕惠卿、蔡确、章惇诸奸臣那里得到有力的协助，于是引来凶恶之人并不断进用，这本来就是势所难免而不能自行止息的，于是诸奸人以此为机缘就借以得逞了。形势不断延续下去就更趋恶劣，在开始就让自己的志向放纵而想在后来求得正当，这是不会有的。所以苛政足以让国家败亡，不只是因为苛政本身，而是因为实行苛政的人与小人为同类，而使祸害借着机缘而逐渐蔓延。这是提倡者在开始时所没有想到的，但却是后来会必然到来的。

　　夫欲使天下之无小人，小人之必不列于在位，虽尧、舜不能。其治也，则惟君子胜也，君子胜而非无小人。其乱也，则惟小人胜也，小人胜而固有君子。其亡也，则惟通国之皆小人。通国之皆小人，通国之无君子，而亡必矣。故苛政之兴，君子必力与之争；而争之之权，抑必有所归，而不可以泛。权之所归者，德望兼隆之大臣是已。大臣不能持之于上，乃以委之于群工，于是而争者竞起矣。其所争者正也，乃以正而争者成乎风尚，而以争为正。越职弗问矣，雷同弗问矣，以能言为长，以贬削为荣，以罢闲为乐，任意以尽言，而惟恐不给。乃揆其所言，非能弗相刺谬也；非能弗相剿袭也；非能无已甚之辞，未然而斥其然也；非能无蔓延之语，不然而强谓然也。挢举及于纤微之过①，讦谪及于风影之传，以激天子之厌恶，以授群小之反攻，且跃起而自矜为君子，而君子小人遂杂糅而莫能致诘。如攻安石者，无人不欲言，无言不可出，岂其论之各协于至正，心之各发于至诚乎？乃至怀私不逞之唐坰②，反覆无恒之陈舜俞③，亦大声疾呼，咨嗟涕洟，而惟舌是出。于是人皆乞罢，而空宋庭以授之小人。迨乎蔡京、王黼辈兴，而言者寂然矣。通国无君子，何怪乎通国之皆小人哉？

【注释】

①挢(jiǎo)举：纠正。

②唐坰：生卒不详，支持王安石变法，曾说："青苗法不行，宜斩大臣如韩琦者数人。"后对王安石不满，在皇帝面前读其奏疏，对王安石等大臣一一指责，当时视为狂人，贬官监广州军资库。传见《宋史·唐坰传》。

③陈舜俞(？—1074)：字令举，湖州乌程(今浙江吴兴)人。初曾弃官居秀州白牛村，自号"白牛居士"。王安石变法时，推行青苗法，陈舜俞时为山阴县令，不予执行，上疏自劾，贬为监南康军盐酒税。传见《宋史·陈舜俞传》。

【译文】

要想让天下没有小人，让小人必定不在大臣行列之中，就是尧、舜也做不到。国家大治的时候，只是君子胜过小人，君子胜过小人并不是没有小人。国家在动乱的时候，就只是小人胜过君子，小人得胜也还是有君子。国家在灭亡的时候，就只会是全国都是小人。全国都是小人，全国没有了君子，国家的灭亡就是必然的了。所以苛政的兴起，君子必须极力与之相争；而相争的权力，也还是必须有所归属，而不可泛滥。权力的归属，就是归到那种品德与人望都很高尚的大臣。大臣不能在上面坚持正道，就把这种事交给众臣，于是争论就竞相出现了。他们所争的是正当的事，但以争为正当而形成了风气，就会把争斗作为正当的事了。越职的事也不过问了,议论雷同也不过问了,就以能发表言论为长处,以受到贬官削职为荣耀,以罢官赋闲为乐事,任意地发表言论,而唯恐来不及发表言论。但是考察他们的言论,不能不相互指责错误,不能不相互抄袭,不能没有过分的语词,而是事情尚未如此就斥责已是如此了;不能没有枝蔓夸张的话,而事情是不是如此就强说已是如此了。对别人的指责纠正到了细微过失也不放过的地步,攻讦指摘到了捕风捉影的程度,以此来激起天子对此人的厌恶,来让成群小人进行反攻,并且跳起来自矜为君子,于是君子小人就混乱杂糅而无人能加以诘问了。如攻击王安石的人,没有人不想发言,没有什么话不能说出,难道他们的言论都符合至正之道,他们的内心都是出于至诚吗?就连怀着私心有不可告人目的的唐坰,反复无常的陈舜俞,也大声疾呼,感叹流涕,由着舌头发表言论。于是人人都求罢职,让宋的朝廷空无一人而把朝廷交给了小人。到了蔡京、王黼这伙人出来时,发表言论的人就沉寂了。整个国家已无君子,哪里能怪整个国家都是小人呢?

　　乃其在当日也,非无社稷之臣,德重望隆,足以匡主而倚国是,若韩、富、文、吕诸公者①,居辅弼之任,而持之不坚,断之不力,如先世李太初之拒梅询、曾致尧,王子明之抑王钦若、陈彭年,识皆有所不足,力皆有所不逮。而以洁身引退,倒授其权于新进之庶僚,人已轻而言抑琐,不足耸人主之听,祗以益安石之横。且徒使才气有裨之士挫折沉沦,不为国用;而驱天下干禄者,惩其覆轨,望风遥附,以群陷于邪。诸公过矣,而韩公尤有责焉。躬任两朝定策之重,折母后之垂帘,斥权奄以独断,德威树立,亘绝古今。神宗有营利之心,安石挟申、商之术,发乎微已成乎著,正其恩怨死生独任而不可委者。曾公亮、王陶之琐琐者②,何当荣辱,而引身遽退,虚端揆以待安石之纵横哉? 韩公尤过矣! 虽然,抑非公之过也。望之已隆,权之已重,专政之嫌,先起于嗣君之肺腑。则功有不敢居,位有不敢安,权有不敢执,身有不可辱,公亦末如之何也。夫秉正以拒邪,而使猝起争鸣之安石不得逞者,公之责也。斥曾公亮之奸,讼韩公之忠,以觉悟神宗安韩公者,文、富二公之责也。乃文之以柔居大位,无独立之操;富抑以顾命不与,怀同堂之忌;睊韩公之远引,而隐忍忘言。及安石之狂兴,而姑为缓颊,下与小臣固争绪论,不得,则乞身休老,而自诩不污,亦将何以质先皇而谢当世之士民乎? 韩公一去,而无可为矣。白日隐而繁星荧,嘒彼之光③,固不能与妖孛竞耀也④。

【注释】

①吕:指吕公著(1018—1089),字晦叔,寿州(今安徽寿县)人,吕夷简之子。神宗时为翰林学士,反对王安石新法,哲宗时为司空,同平章军国事,与司马光同时辅政,司马光病重时,独自当国三年。传见《宋史·吕公著传》。

②王陶(1020—1080):字乐道,京兆万年(今陕西西安)人。仁宗庆历二年(1042)进士,后任右正言、知制诰、御史中丞、权三司使,知蔡州、河南府、汝州等。传见《宋史·王陶传》。

③嘒(huì)彼之光:微光,光线微弱。

④妖孛:妖星、孛星,古时指不正常出现的星象,以为这种星象出现,预示将有灾祸。泛指不正常的邪恶征兆。这里把王安石比作妖孛之星,众小人为众小星,所以说不能与妖孛竞耀。

【译文】

神宗在当时不是没有社稷之臣,德高望重、足以扶助君主而托付国家大政的人，如韩琦、富弼、文彦博、吕公著诸人，身负辅助大臣的重任，但对政策的坚持不够坚定，对事情的决断也不够得力，不像从前李沆拒斥梅询、曾致尧，不像王旦抑制王钦若、陈彭年，见识都有所不足，力量都有所不及。而为了名声高洁就引退，把权柄倒送给新进的众僚属，不在宰相位上，人就变得轻微而言就变得琐碎，不足让君主听从自己的话，只能增加王安石的骄横。而且使才气有助国政的士人挫折沉沦，不为国家重用；又使得天下追求禄利的人，以他们的翻车下台为教训，望着王安石的风声而遥相依附，而使众人都陷于奸邪。韩琦等人在这时都有过失，而韩琦尤其有责任。身任两朝确定太子继承人的重担，挫败了母太后的垂帘听政，以一个人的决断斥退了专权的宦官，品德与威望都已树立，如此功劳旦绝古今。神宗有营求财利的心愿，王安石怀揣申不害、商鞅的学说，在不显眼的情况下开始提出而在完成时就已显著，对于这些，正是韩琦要独自担任恩怨死生之责而不可推托的。曾公亮、王陶这类琐小之辈，哪里当得上荣辱的名分，却急忙引身退去，空出宰相之位来等待王安石任意横行呢？可知韩琦先生的过失尤其大啊！虽然如此，还不全是韩琦先生的过失。声望已经很高，权势已经很重，擅权专政的嫌疑，首先就在继位君主的心中产生。那么有功而不敢居功，有官位而不敢安于其位，有权力而不敢执掌，有身体而不可让它受辱，韩公对此也是无可奈何的。秉持着正道来抗拒邪恶，而使突然出现进行争鸣的王安石不能得逞，这是韩公的责任。斥责曾公亮的奸邪，为韩公的忠诚进行争辩，以此来让神宗醒悟而让韩公得以平安的，这是文彦博、富弼二公的责任。可是文彦博却以柔顺的态度居于相位上，没有独立担当的节操；富弼还因为未能参与后继君主的顾命，也对同为宰相的韩琦心怀忌恨；冷眼旁观韩公的远远引去，而隐忍着忘了发言。等到王安石的狂妄发作之后，还姑且替他婉言劝解，又与下面的小臣为了人们的言论进行争辩，争论不成，就请求引身退休养老，还自诩没有污点，又将拿什么来面对先皇而向当世的士人民众解释呢？韩公一旦离去，就无可作为了。明亮的太阳隐去之后,繁多的星星就发光了,但星星的小光,本来就不能与妖星争光芒。

夫神宗有收燕、云定银、夏之情,起仁宗之积弛,宋犹未敝,非不可图也。和平中正之中,自有固本折衝之道①。而筹之不素,问之莫能酬答,然且怀私以听韩公之谢政,安得谓宋有人哉?无大臣而小臣瓦解;小臣无可效之忠,而宵小高张;皆事理之必然者。司马、范、吕诸公强挽已发之矢而还入于彀②,宜其难已。然则宋之亡也,非法也,人也。无人者,无大臣也。李太初、王子明而存焉,岂至此乎?

【注释】

①折衝:使敌人的战车后撤。指制敌取胜。衝,一种战车。

②彀(gòu):箭袋。

【译文】

神宗有收复燕云、平定银夏等州的心愿,这起源于仁宗时期的长期松弛,此时宋王朝还没有敝坏,不是不能谋求这种目标。在和平中正之中,自有巩固根本再来取胜的方法。但没有充分筹划,询问起来就无人能回答,而且还怀着私心听从了韩公辞职的要求,怎能说宋王朝有人材呢?没有了大臣,众小臣就会瓦解;小臣没有可以效命的忠诚,于是小人就会势力大增;这都是事理的必然情况。司马光、范仲淹、吕公著诸位大臣强行挽住已经射出的箭要把它收回箭袋里,当然是很难的。这样说来,宋的灭亡,不是因为制度,而是因为人材。没有人材,就没有好的大臣。李沆、王旦还在的话,难道会到这一步吗?

八

论人之衡有三：正邪也，是非也，功罪也。正邪存乎人，是非存乎言，功罪存乎事。三者相因，而抑不必于相值。正者其言恒是，而亦有非；邪者其言恒非，而亦有是；故人不可以废言。是者有功，而功不必如其所期；非者无功，而功固已施于世。人不可以废言，而顾可以废功乎？论者不平其情，于其人之不正也，凡言皆谓之非，凡功皆谓之罪。乃至身受其庇，天下席其安，后世无能易，犹且摘之曰："此邪人之以乱天下者。"此之谓"不思其反"①。以责小人，小人恶得而服之？已庇其身，天下后世已安之而莫能易，然且任一往之怒，效人之诃诮而诃诮之；小人之不服，非无其理也，而又恶能抑之？

【注释】

①不思其反：出自《诗经·卫风·氓》："及尔偕老，老使我怨。淇则有岸，隰则有泮。总角之宴，言笑晏晏。信誓旦旦，不思其反。反是不思，亦已焉哉！"与信誓旦旦连言，是说当年信誓旦旦，现在反而不再记着。对当年的誓言不再记着，也就算了吧！王夫之引用此句是说不去反思当初是怎么回事。

【译文】

评论人的标准有三个，这就是：正邪、是非、功罪。正邪存在于人，是非存在于言，功罪存在于事。三者相互为契因，而又不必定相等。贞正的人，他的言论通常都是对的，但也有不对的；奸邪的人，他的言论通常都是不对的，但也有对的；所以人不可以不让他发言。说得对就有成功，但成功不必定像他最初说的那样完善；说得不对就没有成功，但事情也会做成而施展到世间了。人不可以不让他发言,但能让他不做成事吗?评论的人不平静自己的心情,对于不正的人,就认为凡是他说的全都不对,凡是他做成的事全都称为罪。以至于自身还受到他的庇护,天下享受他的安宁,后世不能改变,还要指摘他说:"这是邪人扰乱天下的事。"这就称为"不思其反"。以此来责备小人,小人哪能心服?已庇护了其人,天下后世已经安心而无人能改,这样还要放任已往的愤怒,仿效别人的苛责而苛责他;小人的不服气,不是没有他的道理,哪里又能抑制他呢?

章惇之邪,灼然无待辨者。其请经制湖北蛮夷,探神宗用兵之志以希功赏,宜为天下所公非,亦灼然无待辩者。然而澧、沅、辰、靖之间①,蛮不内扰,而安化、靖州等州县②,迄今为文治之邑,与湖、湘诸郡县齿,则其功又岂可没乎?惇之事不终,而麻阳以西③,沅、溆以南④,苗寇不戢,至今为梗。近蛮之民,躯命、妻子、牛马、粟麦莫能自保。则惇之为功为罪,昭然不昧,胡为乐称人之恶,而曾不反思邪?

【注释】

①澧:澧州,今湖南澧县,是湘西北通往鄂、川、黔的重镇,因澧水贯穿全境而得名。沅:沅州,治所在卢阳(今湖南芷江侗族自治县)。辰:辰州,治所在今湖南沅陵县,湘西门户。靖:靖州,治所在今湖南靖州苗族侗族自治县。

②安化:今湖南安化。

③麻阳:今湖南麻阳苗族自治县。

④沅、溆(xù):沅水、溆水,河流名,在今湖南。

【译文】

章惇的奸邪，是灼然明显不用分辨的。他请求前去平定湖北蛮夷，试探神宗用兵的志向以此来求得功赏，当然要受到天下公众的非议，这也是灼然明显而不用分辨的。然而在澧、沅、辰、靖州之间，蛮夷之人不再扰乱内地，而安化、靖州等州县，至今都是以文化治理的郡县，与湖、湘的各郡县相邻，那么章惇的成功难道是可以埋没的吗？章惇办的事没有结尾，而麻阳以西，沅、溆两州以南，苗人的盗寇未被平定，至今还是朝廷的麻烦。靠近蛮夷的民众，他们的身体性命、妻子、牛马、粮食没人能自己保得住。那么章惇是有功还是有罪，是明白而不隐晦的，为什么乐于称人家的恶，而不反思人家的善呢？

乃若以大义论之，则其为功不仅此而已也。语曰："王者不治夷狄①。"谓沙漠而北，河、洮而西，日南而南②，辽海而东③，天有殊气，地有殊理，人有殊质，物有殊产，各生其所生，养其所养，君长其君长，部落其部落，彼无我侵，我无彼虞，各安其纪而不相渎耳。若夫九州之内，负山阻壑之族，其中为夏者，其外为夷，其外为夏者，其中又为夷，互相襟带，而隔之绝之，使胸腋肘臂相尤悖而不相知，非无可治，而非不当治也。然且不治，则又奚贵乎君天下者哉？君天下者，仁天下者也。仁天下者，莫大乎别人于禽兽，而使贵其生。苗夷部落之魁，自君于其地者，皆导其人以驵戾淫虐④，沉溺于禽兽，而掊削诛杀，无间于亲疏，仁人固弗忍也。则诛其长，平其地，受成赋于国，涤其腥秽，被以衣冠，渐之摩之，俾《诗》、《书》、《礼》、《乐》之泽兴焉。于是而忠孝廉节文章政事之良材，乘和气以生，夫岂非仁天下者之大愿哉？以

中夏之治夷，而不可行之九州之外者，天也。其不可不行之
九州之内者，人也。惟然，而取蛮夷之士，分立郡县，其功
溥，其德正，其仁大矣。

【注释】

①王者不治夷狄：《春秋》隐公二年："公会戎于潜"，何休为《春秋穀
　梁传》作注时说："王者不治夷狄，录戎来者不拒，去者不追也。"
　是说天子不直接治理夷狄。夷狄，中国古代对周围少数民族的
　称呼。

②日南：日南郡，汉代所设的郡，秦代为象郡，汉初为南越国，汉灭
　南越国后，设十个郡，其中之一就是日南郡，在今越南境内。

③辽海：古代中国指辽河流域以东至海地区。

④斁（zhì）戾：蛮横凶暴。淫虐：过多或过分。

【译文】

　如果用大义来评论它，那么他的成功也不仅此而已。古人说："王
者不治夷狄。"这是说沙漠以北、河洮以西、日南以南、辽海以东，天有不
同的气候，地有不同的地理，人有不同的体质，物有不同的物产，各自产
生本地所能生长的，养育本地所能养育的，以自己的君长为君长，以自
己的部落为部落，你没有我的侵犯，我没有对你的担心，各自安于自己
的制度而不相互侵犯。而在中国的九州之内，背靠着山以沟壑为险阻
的部族，其里面为华夏，其外面就是夷狄，其外面为华夏，其里面就又为
夷狄，相互之间如襟带一样缠连着，而又相互隔绝，使胸腑肘臂相背相
抗而不相互了解，不是没有可以治理的事，而不是不应当治理。然而还
是没有治理好，则君临天下的人又有什么可贵的呢？君临天下的人，是
仁爱天下的人。仁爱天下的人，最大的事情是把人与禽兽相区别，而使
人重视自己的生命。苗夷部落的首领，在他的地盘上自为首领，都用野
蛮凶狠和荒淫暴虐引导他的民众，沉溺于禽兽的行为之中，而盘剥诛

杀,不分亲疏,这是仁爱的人所不忍做的。那么诛讨他们的首领,平定他们的地域,由国家来接受当地的赋税,改变他们的落后,让他们穿戴上衣冠,逐渐教化他们,使诗、书、礼、乐的恩泽在这些地区出现。于是就有懂得忠孝廉节文章政事的优良人材乘着和气产生出来,这难道不是仁爱天下的人的大愿望吗? 用中原华夏文化治理夷狄,而不能推行到九州之外,这是天然的限制。而不能不推行到九州之内,则是人的问题。只有这样,取得蛮夷的土地,分别设立郡县,其功劳就很广博,其德行就很正当,其仁爱就很伟大了。

　　且夫九州以内之有夷,非夷也。古之建侯也万国,皆冠带之国也①。三代之季,暴君代作,天下分崩。于是而山之陬,水之滨,其君长负固岸立而不与于朝会,因异服异制以趋苟简。至春秋时,莒、杞皆神明之裔,为周之藩臣,而自沦于夷。则潞甲之狄②,淮浦之夷③,陆浑之戎④,民皆中国之民,君皆诸侯之君,世降道衰,陷于非类耳。昭苏而薶祓之⑤,固有待也。是以其国既灭,归于侯服⑥,永为文教之邦,而彝伦攸叙。故《春秋》特书以大其功,岂云王者不治,而任其为梗于中区乎? 永嘉之后⑦,义阳有蛮夷号⑧,仇池有戎名⑨,迨及荡平,皆与汴、雒、丰、镐无异矣。然则辰、沅、澧、靖之山谷,负险阻兵者,岂独非汉、唐政教敷施之善地与? 出之泥滓,登之云逵,虽有诛戮,仁人之所不讳。而劳我士马,费我刍粮,皆以保艾我与相接壤之妇子。劳之一朝,逸之永世,即有怨咨,可弗避也。君天下者所宜修之天职也。

【注释】

①冠带之国：指礼仪之国及其受到教化的民众。冠带，帽子和带子。

②潞甲之狄：潞，春秋国名。潞氏，单称潞或路。赤狄的一支，在今山西潞城东北。狄，古代的北方民族之一。春秋前，活动于齐、鲁、晋、卫、宋、郑等国之间，居住于北方，又称北狄。狄又作"翟"。

③淮浦之夷：泛指东方的夷人。汉武帝元狩六年(前 117)，置淮浦县(在今江苏涟水)，属临淮郡。东汉光武帝将临淮郡并为东海郡，淮浦属东海郡。夷，古代东方的民族，通称东夷。

④陆浑之戎：春秋时，陆浑戎居住在今河南嵩县东北一带，汉代在此置陆浑县，后并入伊阳县。戎，古代泛指西方的民族，如西戎。

⑤昭苏：苏醒，开豁，指使之醒悟。衅祓(fú)：意谓使之教化，接受先进文明，改变落后习惯。衅，指熏香斋戒沐浴。祓，指蛮夷的服装。

⑥侯服：古代王城外围，按距离远近划分的区域之一。夏代指离王城一千里的地方。五百里甸服，甸服外之五百里为侯服。周代指王城周围方千里以外的方五百里的地区。方千里曰王畿，其外方五百里曰侯服，又其外方五百里曰甸服。侯，候也，斥候而服事。服，服事天子。

⑦永嘉之后：指永嘉之乱以后。永嘉之乱发生于永嘉五年(311)，前赵主刘聪遣石勒、王弥、刘曜等攻晋，在平城(今河南鹿邑西南)大败晋军，之后攻入京师洛阳，俘获晋怀帝。永嘉，东晋怀帝年号，307 至 313 年。

⑧义阳：今河南信阳。

⑨仇(qiú)池：甘肃仇池山。

【译文】

而且九州以内有夷狄，这并不是夷狄。古代建立诸侯有上万的诸侯国，都是实行礼乐的国度。三代的末年，暴君一代代出现，天下分崩离析。于是在山脚水滨，当地的首领就仗恃着地势险要而参与诸侯对天子的朝拜，于是就用不同的服装和不同的制度以趋向于简便。到春秋时代，莒、杞等国都是古代神明圣王的后裔，作为周天子的屏藩之臣，而自己沦落为夷狄。那么潞甲的狄人，淮浦的夷人，陆浑的戎人，他们的民众都是中国的民众，他们的首领都是诸侯之君，只是因为世道衰落，而沦落为与中华不同的族类而已。让他们醒悟过来而受到中原礼乐的熏陶教化，本来就是对天子的期待。所以他们的国家灭亡之后，就划归为侯服，永远成为文明教化的邦国，而天子的大法就在那里得以施行。所以《春秋》对这种事特地加以记载以表彰这种功劳，难道说王者不加治理，而任由他们在九州之内作梗吗？晋代永嘉年间之后，义阳有蛮夷的名号，仇池有戎的名称，等到天下平定之后，就都与汴京、洛阳、丰、镐地区没有不同了。这样说来，辰、沅、澧、靖州的山谷，背靠着险要而阻挡军队的地方，难道独独不是汉、唐时期广泛施以政教的好地方吗？从泥淖中出来，登上走向云端的大路，虽然也有诛戮，但也是仁爱之君所不讳言的。虽然劳费朝廷的士兵马匹，耗费朝廷的粮草，但都是为了保护养育与我接壤的地区的妇女儿童。在一个朝代辛劳一次，使之永久获得闲逸，即使还有怨恨，也可以不用回避。这是君临天下的人所应尽到的天职。

　　夫章惇之立心，逢君生事以邀功，诚不足以及此。而既成乎事，因有其功；既有其功，终不可以为罪。迄于今日，其所建之州县，存者犹在目也。其沿之以设，若城步、天柱诸邑之棋布者①，抑在目也。而其未获平定，为苗夷之穴，以侵陵我郡邑者，亦可睹也。孰安孰危，孰治孰乱，孰得孰失；征诸事，问诸心，奚容掩哉？概之以小人，而功亦罪，是亦非，自怙为清议,弗能夺也。虽然,固有不信于心者存矣。

【注释】

①城步:在今湖南城步苗族自治县,境内中部巫水流域及岭南之境,古为五溪蛮地,有西原蛮地、桂州蛮地等名。天柱:今贵州天柱县,有侗、苗等少数民族。

【译文】

那章惇的用心,是逢迎君主弄出事来以邀功,确实不足以达到这种意境。但既然做成了事,于是就有他的功;既然有他的功,就最终不能作为他的罪。直到今天,他所设立的州县,仍然存在,都还在人们眼中。他沿用以前的地名所设置的,如城步、天柱等星罗棋布的郡县,也还在人们的眼中。他未获得平定的地方,作为苗夷的巢穴,还要侵犯我朝郡邑的那些地方,也是可以看到的。何为安,何为危,何为治,何为乱,何为得,何为失? 用事实来验证,问问人们的心,怎容掩盖呢? 一概而论地说他是小人,把他的功也说成罪,他做得对的也说成不对,把这种做法自称为清议,这种清议,是别人不能剥夺的,虽然这样,有些事情本来还是让人心中不能相信的。

全本全注全译丛书

中华
经典
名著

刘韶军◎译注

宋论 下

中華書局

卷七　哲宗

【题解】

　　宋哲宗赵煦（1076—1100），宋神宗第六子，北宋第七任皇帝，1086年至1100年在位。即位时仅九岁，由高太后听政，用司马光为宰相，把熙宁新法全部废止。高太后死后，哲宗亲政，起用章惇、曾布等人，恢复某些新法。因此在哲宗时期，围绕变法出现反复，而使不少大臣受到牵连。

　　王夫之认为，变法的根本道理在于势、理、天三者的关系。势是客观的形势及其演变，能不能变法，要仔细分析当时的形势及演变趋势，不能只看眼前的情况，这就需要具有历史的眼光和发展变化的眼光。势的变化有必然之理，理的自然性就是天。势的发展变化，不过是天与理的表现而已。所以变法的依据是基于对天、理的认识，从而分析势的变化，由此真正奠定变法的基础，不致于盲目采取行动。治国的人不知天、理、势而盲目行动，必然会造成大的错误。

　　在历史上，帝王想有所作为而在不知不觉之中导致了繁苛之政，这对于治国来说，有害而无益。最好的治国，应该是顺应天理，也就是顺乎客观的自然之势，而不要凭着主观意愿盲动，这样才会如《周易》所说的"自天祐之，吉无不利"。

　　哲宗初期，在位的大臣匆忙间采取措施，将新法一概废除，似乎是大快人心事,却反映了他们不能清醒认识势的发展变化,所以后来激起了变法党人的反扑。这是令王夫之最为痛心之处。

就当时的代表人物司马光来说,他是废除新法最得力的大臣,但王夫之认为他有三个毛病:一是不过问具体的财政问题;二是为了防止君主实行弊政,不让君主了解国家的具体情况;三是君臣在治国上都没有适当方法,最终不能治理好国家。王夫之对哲宗元祐时期的反变法党人非常失望,认为后来新党再次上台而使这些大臣备受打击,有其必然性。

王夫之并不是对某个人治国不成而感到失望,而是对宋王朝由此走向更加混乱、最终导致危亡而痛心。他说"哲宗在御之世,贸贸终日,而不知将以何为",这样的君臣,确实让王夫之感到无可奈何!

一

极重之势,其末必轻,轻则反之也易,此势之必然者也。顺必然之势者,理也;理之自然者,天也。君子顺乎理而善因乎天,人固不可与天争,久矣。天未然而争之,其害易见;天将然而犹与之争,其害难知。争天以求盈,虽理之所可,而必过乎其数。过乎理之数,则又处于极重之势而渐以向轻。君子审乎重以向轻者之必渐以消也,为天下乐循之以不言而辨,不动而成,使天下各得其所,嶷然以永定而不可复乱。夫天之将然矣,而犹作气以愤兴,若旦夕之不容待,何为者邪? 古之人知此也,故审于生民涂炭之极,察其数之将消,居贞以俟,徐起而顺众志以图成。汤之革夏,武、周之胜殷,率此道也。况其非革命改制之时乎?

【译文】

极重的势,到它的末期必定会变得很轻,轻就容易扭转过来,这是势的必然情况。顺着必然的势,这就是理;理的自然,就是天。君子顺应理而善于顺应天,人本来不能与天相争,这是很久以来的道理。天还没有使事情成为那个样子就与它相争,其危害容易看到;天要使事情成为那个样子还要与它相争,其危害就难以知道。与天相争以求盈多,虽是理所许可的,而必定会越过天的界限。越过了天理的界限,则又会处于极重之势而逐渐向轻转化。君子看清楚形势由重向轻的转化,知道它是必然逐渐消失的,为天下而乐意遵循势的这种转化,以不用发言而得到分辨,不用行动而得到成功,使天下各得其所,巍然屹立永远稳定而不能再次出现乱子。天将要使事情变成那个样子了,还要鼓起气用愤慨来相争,似乎旦夕之间都不能等待,这是为什么呢?古代的人是懂得这个道理的,所以对于生民涂炭受苦的极端情况审视得非常清楚,观察天数将要消失,居于贞正来等待,徐徐而起以顺从众人的志愿以求成功。汤对夏的革命,武王、周公战胜殷商,都是遵行这个道理。何况那种不是从事革命和改制的时候呢?

汉武帝锐意有为,而繁苛之政兴,开边牟利,淫刑崇侈,进群小以荼苦其民,势甚盛而不可扑也。然而溢于其量者中必馁,驰于其所不可行者力必困,怨浃于四海者,心必怵而不安。故其末年罢兵息役,弛刑缓征,不待人言之洊至,而心已移矣,图已改矣。其未能尽革以复文、景之治者,霍光辅孝昭起而承之,因其渐衰之势,待其自不可行而报罢。于是而武帝之虔刘天下者,日消月沉,不知其去而自已。无他,唯持之以心,应之以理,一顺民志,而天下不见德,大臣不居功,顺天以承祐。承天之祐者,自无不利也。

【译文】

汉武帝锐意有所作为,而产生了繁苛的政事,开拓边疆牟取利益,多用刑罚崇尚奢侈,进用成群的小人来让他的民众受苦,势头非常盛而不可扑灭。然而超出了限度中间就必会虚空,在不可行的地方驰奔的话,力量必会困乏,怨恨遍布于四海,心里必定怵惧而不安。所以汉武帝在末年停止用兵,停息赋役,松弛刑罚,放缓征召,不等待人们言论的频繁到来,而他的心就已经改变了,他的谋划就已经改变了。他未能完全革除敝政而恢复到文、景之治,就由霍光辅助孝昭帝继位而加以继承,顺着那种逐渐变衰的势头,等它自己不可施行就宣告废止。于是武帝危害天下的那些弊政,就日渐消失沉寂,没看到它们的消失就自行停止了。没有别的原因,只有在心里加以掌握,顺应天理,完全顺应民意,而天下看不到有什么恩德,大臣不居功,顺着天就得到保佑了。顺着天而得到的保佑,自然就没有什么不利的。

考神宗之初终,盖类是矣。当其始也,开边之志,聚财之情,如停水于脆土之堤而待决也。王安石乘之以进,三司条例使一设①,而震动天下以从其所欲。于是而两朝顾命之老,且引退而不能尽言;通国敢言之士,但一鸣而即逢贬窜;群小揣意指而进者,喧不可息也。此势之极重者也,然而固且轻矣。安石之所执以必为者,为之而无效矣。河不可疏,而淤田不登矣;田不可方,而故籍难废矣;青苗之收息无几,而逋欠积矣;保马之孳息不蕃,而苑牧废矣;民怨于下,士怨于廷,而彻乎上听矣。高遵裕之败,死尸盈野,弃甲齐山,而天子且为之痛哭矣。安石则不肖之子挠之于内,反面之党讼之于廷,神宗亦不复以心膂相信。邓绾、吕嘉问且婴显罚②,王安礼纠兄之过③,而呕进升庸。手实、方田,自安石创者,皆自神宗而报罢矣。使神宗有汉武之年,其崩不速,则轮台之诏④,必自己先之,弗待廷臣之亟谏。盖否极而倾,天之所必动,无待人也。几已见矣,势已移矣。则哲宗立,众正升,因其欲熠之余焰,撤薪以息之者,平其情,澄其虑,抑其怒张之气以莅之。其不可行者,已昭然其不可行;无所利者,已昭然其有害;敝而弗为之修,弛而弗为之督,三年之中,如秋叶之日向于凋,坐而待其陨矣。而诸君子积怒气以临之,弗能须臾忍也,曾霍光之弗若,奚论古先圣哲之调元气而养天下于和平哉?

【注释】

①三司条例使:宋代制置三司条例司的省称,熙宁二年(1069)设置。掌管筹划国家经济,改变旧法,制定并颁布新法,由参知政事王安石、知枢密院事陈升之主持,次年,并归到中书省。

②吕嘉问:生卒年不详。字望之,寿州(今安徽凤台)人。吕嘉问偷了他的从祖吕公弼论新法的奏稿,以示王安石,吕公弼因此被贬,吕家把吕嘉问视为"家贼"。王安石罢相后,他依附章惇、蔡卞,多杀无辜,焚去案牍以灭口。传见《宋史·吕嘉问传》。

③王安礼(1034—1095):字和甫,临川人(今江西抚州),王安石之弟。历任崇文院校书、知润州、知湖州、知制诰、尚书左丞,参与执政议事。元丰七年(1084),被弹劾,知江宁府。传见《宋史·王安礼传》。

④轮台之诏:汉武帝征和四年(前89)颁布的罪己诏,被誉为"仁圣之所悔"的诏书。汉武帝致力开拓西域,国力大损,晚年深加悔恨,弃轮台之地,下诏罪己,事见《汉书·西域传赞》。

【译文】

考察神宗的始与终,也与此类似。当他开始为帝的时候,开拓边疆的志向,聚集钱财的心情,就像把大水停在脆弱的土堤上而等着决口。王安石乘机进言,一旦设立了三司条例使,就使天下震动而一切都由着他的意欲了。于是曾经做了两代皇帝的顾命老臣,就要引退而不能充分发表意见;整个国家敢言的士人,只要说一句话就遭到贬官和流放;成群的小人揣摩皇帝的意旨而得到进用,喧哗着停不下来了。这是势已极重的表现,然而本来还将会变轻。王安石提出来必须做的事,做了之后都没有效果。河不能疏浚,于是淤泥之田就不能登记入册了;田地不能丈量,于是原有的土地登记就难以废除了;青苗法所收的利息没有多少,于是拖欠的款项就越积越多了;民间养马的保马法使所生的小马不够多,于是牧场就废了;民众在下面怨恨,士在朝廷上埋怨,于是就传到皇帝的耳朵里了。高遵裕的战败,死尸遍野,抛弃的盔甲与山一样高,于是天子就为此而痛哭了。王安石既有不肖之子在内阻挠他,又有反对党在朝廷中来批评他,神宗也不再把他当做心腹而相信他了。邓绾、吕嘉问都受到了公开的惩罚,王安礼纠正其兄的过失,假使很快得到了进用。手实、方田法,由王安石创立的新法,都由神宗废除了。假使神宗有汉武帝的年龄,不是很快去世,那么类似汉武帝的轮台之诏,必定先由自己作出,不用等朝廷大臣多次进谏。这是事势坏到了极点就会转变,天必然会有这种变动,不等人来促成它。征兆已经看到了,事势已经转变了。那么哲宗继位,众多正人升到重要位置,趁着将要熄灭的火的余焰,撤去木柴来熄灭它,平静心情,澄清心思,压抑下愤怒乖张的心气来面对它。那些不可施行的事,已很明显是不能施行的;那些没有好处的事,也已明显是有害的;已经敝坏了的不替它修整,已经松弛了的不替它督紧,三年之中,就让它们像秋叶一天天走向凋零,静坐着就能等到它们陨落了。而这时的各位君子积聚了满腔的怒气来对待它,不能再忍一小会儿,连霍光都不如,哪里能比得上古代先圣哲人通过调整元气而在和平的气氛中来养育天下呢？

　　牛之斗虎，已毙而斗之不已，牛乃力尽而死。安石既退，吕惠卿与离叛而两穷。吕申公、司马温公以洎孙固、吴充①，渐起而居政地。彼蔡确、章惇、王珪、曾布之流②，无安石博闻强识之学、食淡衣粗之节，岂元祐诸公之劲敌哉？操之已蹙者，畏之已甚；疾之已亟者，疑之已深，授之以不两立之权，而欲自居于畸重，则昔之重在彼者轻，而今之重在诸公者，能长保其重哉？天方授我，而我不知，力与天争，而天且去之矣，夫岂有苍苍不可问之天哉？天者，理而已矣；理者，势之顺而已矣。此之不察，乃曰："天祚社稷，必无此虑。"天非不祚宋也，谋国者失之于天，而欲强之于人以居功而树德者为之也。

【注释】

①吕申公：或说为吕夷简，此时已死，当是其子吕公著（1018—1089），亦封申国公，哲宗元祐时为相，与司马光一同辅政。孙固（1016—1090）：字和父，郑州管城（今郑州管城）人。神宗即位，任工部郎中、同知枢密院事、枢密副使等，哲宗时拜门下侍郎、知枢密院事。传见《宋史·孙固传》。吴充（1021—1080）：字冲卿，建州浦城（今福建浦城）人。王安石离相后，代为同中书门下平章事，召还司马光等人。传见《宋史·吴充传》。

②曾布（1036—1107）：字子宣，江西南丰人。曾巩异母弟，与吕惠卿参与制订青苗、助役、保甲、农田法，是王安石变法的重要助手。司马光执政时，拒绝改役法，后支持章惇绍述之议，附和宣仁太后，拥端王为徽宗。徽宗时独揽大权，继续主张绍述。传见

《宋史·奸臣传·曾布传》。

【译文】

　　牛与虎斗，已经倒下了还搏斗不止，牛就会力气全部用完而死。王安石已经退位，吕惠卿叛离了王安石，两人都处于穷窘地步。吕公著、司马光以及孙固、吴充，渐被起用而居执政之位。推行新法的蔡确、章惇、王珪、曾布之流，没有王安石博闻强记的学问和吃粗茶淡饭穿粗布衣服的节操，哪里是元祐时期任职的各位宰相大人的劲敌呢？推行新法已经困惫的人，对这些人的畏惧已很厉害；仇恨新法已很痛切的人，对推行新法的人已有很深的怀疑，授给双方势不两立的权力，而想让自己对一方特别偏重，那么从前重用的那些推行新法的人，现在地位已经变轻，而现在重用的这些大臣们，能长久保持对他们的重用吗？天正授给我机会而我不知道，极力与天相争，而天就将会离你而去了，哪里有不可问的苍苍之天呢？天不过是理而已，理不过是对势的顺应而已。不明白这一点，却说"上天保佑社稷，一定没有这种担心。"上天不是不保佑宋王朝，而是为国家谋划的人违背了天理和趋势，却想强行要人用居功而树立恩德的人来做这种事。

二

　　毕仲游之告温公曰①："大举天下之计，深明出入之数，以诸路所积钱粟，一归地官②，使天子知天下之余于财，而虐民之政可得而蠲。"大哉言乎！通于古今之治体矣。温公为之耸动而不能从。不能从者，为政之通病也，温公不免焉。其病有三：一曰惜名而废实，二曰防弊而启愚，三曰术疏而不逮。

【注释】

①毕仲游(1047—1121)：字公叔，郑州管城(今河南郑州)人。毕士安曾孙。举进士后，任霍丘主簿、开封府推官、河东路提点刑狱、礼部郎中等。后列入元祐党人籍。传见《宋史·毕仲游传》。

②地官：儒家经典《周礼》中设有地官，又称司徒，唐武则天时曾一度把户部改称为地官，所以后人又用地官指户部。

【译文】

毕仲游告诉司马光说："对全天下的钱财进行总的统计，深入地弄清楚支出与收入的数字，把地方上各路积储的钱粮，全部收归朝廷的户部管理，让天子知道天下的钱财是有余的，那么对民众征收赋税过重的制度就可以废除了。"这个建议很宏大啊！贯通了古今的治国之体。司马光听了之后也为之震动但不能听从。不能听从，是执掌国政者的通病，司马光也不能避免。他的弊病有三个：一是为了爱惜名声而毁坏了实际政治，二是为了防止弊端而采取了愚蠢办法，三是方法疏阔而不切合实际。

天子不言有无，大臣不问钱谷，名之甚美者也。大臣自惜其清名，而又为天子惜，于是讳言会计，而一委之有司，是未察其立说之义，而蒙之以为名也。不言有无者，非禁使勿知之谓也，不于有而言无以求其溢，不于无而计有以妄为经营。知其所入，度其所出，富有海内，不当言无也。不问钱谷者，非听上之糜之，任下之隐之，而徒以自标高致也。出入有恒，举其大要，业已喻于心，而不屑屑然问其铢累也。若乃宾宾然若将浼己而去之，此浮薄子弟之所尚，而可以为天子、可以为大臣乎？自矜高洁之名，而忘立国之本，此之谓惜名而废实。习以为尚，而贤者误以为道之所存，其惑久矣。

【译文】

天子不讲钱财的有无，大臣不问钱谷的事情，这是非常美的名声。大臣珍惜自己的清高名声，而又为天子顾惜名声，于是讳言关于钱财的统计，而将此全部委托给有关部门，这是没有弄明白有关说法的真义，而把空虚的名声作为蒙在外面的皮。不讲钱财的有无，不是说禁止天子知道钱财的情况，而是说不在国家有钱财时而说没有，以免过分增多钱财；不在国家没有钱财时说有，以免用狂妄手段经营钱财。知道钱财的收入情况，估量钱财的支出情况，整个天下都为天子所有，如此富有就不应当说是没有。所谓不问钱谷之事，不是听任天子挥霍，听任下属隐瞒，而空洞地标榜自己清廉高雅。支出收入有一定的常规，掌握它们的大致情况，在心里弄清楚，而不是琐碎地询问具体细微的数字。至于对钱财敬而远之，让自己干干净净地离开钱财的事，这是轻浮浅薄的子弟所崇尚的，这样做的人还可以当天子、还可以当大臣吗？用清高清廉的名声自矜，而忘记了立国的根本，这就是为爱惜名声而毁坏了实际政治。习惯了这种做法还作为风尚，而贤人还误以为这里就有着道义，他们的迷惑已经很久了。

为弼成君德之说者曰：天子不可使知国之富也，知之则侈心生。于是而幸边功、营土木、耽玩好、滥赐予之情，不可抑止。李林甫、丁谓之导君以骄奢①，唯使知富而已。禁使勿知，而常怀不足之心，则不期俭而自俭。之说也，尤其大谬不然者。天子而欲宣欲以尚侈乎，岂忧财之不足而为之衰止哉？高纬、孟㫤、刘鋹仅有一隅②，物力凡几？而穷奢以逞。汉文惜露台之费③，非忧汉之贫也。奄有九州之贡税，即不详知其数，计可以恣一人之挥斥者，虽至愚暗，不虑其无余。唐玄、宋真既有汰心，侵令日告虚枵，抑且横征别出。夫颦眉坐叹而相戒以贫，鄙野小人施之狂子弟，而徒贻其笑。欲止天子之奢，而勿使知富，则将使其君如土木偶人，唯人提掇而后可乎？为新法者，本以北失燕、云，西防银、夏为忧，则亦立国之本图，固不当以守财坐叹，导其君以抱璧立枯也。此防弊者之迂疏，为谋已下也。

【注释】

①李林甫（683—752）：小字哥奴，李渊叔伯兄弟李叔良的曾孙。初为吏部侍郎，交结宦官、妃嫔，讨好巴结武惠妃，升黄门侍郎。开元二十二年（734）为礼部尚书、同中书门下，为相十九年。玄宗对他深信不疑，李林甫表面上甜言蜜语，背后阴谋暗害，人称"口有蜜，腹有剑"。传见新、旧《唐书·李林甫传》。

②高纬：北朝齐后主（556—577），字仁纲，565年至577年在位。河清四年（565），其父北齐武成帝禅位于他，隆化二年（576），他又禅位于长子高恒。高纬宠任陆令萱、和士开、高阿那肱、穆提婆、韩长鸾等人，杀害宗室及大臣，后被北周武帝宇文邕讨伐，高纬被俘。传见《北齐书·后主纪》《北史·后主纪》。

③汉文惜露台之费：汉文帝刘恒为政节俭，即位二十三年，宫室、苑囿、车骑、服御无所增益，曾想建造露台，经过计算，需用百两黄金，文帝认为百金就是十户中等人家的财产，使用先帝留下来的宫室，都时常觉得有愧，不用建造新台，遂不复建造。事见《汉书·文帝纪》。

【译文】

提出助成君德之说的人说：对于天子不可让他知道国家的富裕，他知道了就会产生奢侈心。这样天子在边境用兵的侥幸之心、大兴土木、耽于玩乐奢好、对人们滥给赏赐的心情，就不可抑止了。李林甫、丁谓用骄淫奢侈引诱君主，正是让他们知道了国家富裕而已。让天子不知道国家的富裕，就会常常怀有国家财用不足的心情，那么不用期望他节俭而他也会自己节俭了。这个说法，尤其是大谬不然的。作为天子而想发泄欲望来崇尚奢侈的时候，他哪里会担心钱财不够而为此减轻这种欲望从而停止奢侈呢？高纬、孟昶、刘铱只有一个角落的领土，物力总共能有多少？却穷奢极欲以求满足自己的欲望。汉文帝舍不得修建露台的费用，不是因为汉王朝的贫困。他掌有全天下的赋税，即使不详知具体的数字，估计是足以让一个人恣意挥霍的，即使是最愚蠢的人，都不会担心钱财没有剩余。唐玄宗、宋高宗已经有了奢侈之心，即使国库天天宣告虚空，还将会另外横加征收。那种皱着眉头坐着叹气而用穷困来相互告诫的人，是鄙野的小人用来警告狂妄子弟的，只会被人笑话。想制止天子的奢侈之心，而不让他知道国家的富裕，就会使君主如同土木做的偶人，只由人在背后加以操纵而后才可以吗？制定新法的目的，本来所担忧的是北方失去了燕、云，西方要防备银州、夏州，那么这也是谋求立国的根本，本来就不应为了守财而坐着叹气，引导他的君主抱着宝贝而过穷苦日子。这就是所说的为防止弊端所想出的迂腐办法，作为谋略已是很低级的了。

乃若术疏而不逮，则虽博练如温公，吾不能信其不然矣。天子之不能周知出入之数、畜积之实者有故：方在青宫之日①，既无以此为其所宜闻而详告者矣；迨其嗣立，耽宴乐而念不及之者勿论已；即在厉精之主，总其要不能察其详；抑以此为有代我以来告者，而弗容亟问也。若大臣则亦昔之经生，学以应人主之求者耳。乃其童之所习，长之所游，政暇公余之所涉猎，即不以宴游声色荡其心，而所闻所知者，概可见矣。下者，词章也；进而上焉，议论也；又进而上焉，天人性命之旨也。即及于天下之务，亦上推往古数千年兴废得失之数，而当世出纳之经制，积聚之盈歉，未有过而问者。故亿其有，而不知其未必有也；亿其无，而不知其未尝无也；知其出，而不知其出之何所支也；知其入，而不知其入之何所藏也；知其散，而不知合其散者之几何也；知其合，而不知合之散者几何也。虽以温公经济之实学，上溯威烈②，下迄柴氏，井井条条，一若目击而身与之；然至于此，则有茫然若群川之赴海，徒见其东流，而不知归墟者何天之池矣。则虽欲胪列租税之所登，度支之所余，内府之所藏，州郡之所积，计其多寡，而度以应人主有为之需，固有莫扪朕舌而终以吃呐者。则学之不适于用，而一听小人之妄为意计也，其能免乎？

【注释】

①青宫：古代太子住在东宫，五行中东方属木，五色中东方又属青，所以东宫又称青宫，又进而引申指太子。

②威烈：即周威烈王（？—前402），名姬午，周考王之子。前403年封晋国大夫韩虔、赵籍、魏斯为韩侯、赵侯、魏侯，即三家分晋，此年为春秋与战国的分界线。司马光编纂《资治通鉴》，纪事从周威烈王三家分晋开始，到五代后周柴氏王朝结束，所以下面说司马光虽然也有关于国家经济的实学，向上追溯到周威烈王，向下叙述到五代的后周。这是证明前面说大臣涉及当代的事务，也只是向上推到以往古代数千年的兴废得失的情况，而并不真切

了解当时的国家财政事务。

【译文】

至于所说的方法疏阔而不切实际,那么虽是博雅干练像司马光这样的人,我不能相信他不是这样。天子所以不能完备地知道支出收入的数字和积储的实际情况是有原因的:当他还是太子的时候,就已经没有人认为这些事情是太子所应知道的而向他详细报告了;等太子继位之后,有的帝王就耽于宴乐游玩而心思没有顾及钱财的事情,这就不用说了;即使有的帝王励精图治,能总体上掌握概况,但也不能仔细地了解详细的数字;还有的帝王会认为这些事会有人向我来报告的,就不用急于询问了。而大臣们也是从前读经书的士人,所学是为了应对君主的求问而已。至于他们从小所学的知识,长大后的交游,政事之暇和公务之余所涉猎的书籍,即使不是用饮宴游乐声色玩好来放荡自己的心思,那他所闻所知的事情,也是大致可知的。低下的人,就只是研究辞章;高明一点的人,就是写些议论人物政事的奏章;再高明一点的人,就是研究天人性命的义理宗旨。即使涉及天下的事务,也是向上推到以往古代数千年的兴废得失的情况,而对于当代的钱财的支出收入的制度,钱财积聚的盈亏,也是没有人来过问的。所以估计国家有钱财,也不知道钱财未必有;估计国家没有钱财,也不知道钱财未尝没有;知道钱财的支出,也不知道是如何支出的;知道钱财的收入,也不知道其收入是如何储藏的;知道钱财的分散,也不知道将分散的钱财合起来是多少;知道钱财的聚合,也不知道已经聚合的钱财又失散了多少。虽然司马光也有关于经济的实学,向上追溯到周威烈王,向后直到后周柴氏王朝,叙事井井有条,完全就像自己目击和亲身参与的一样,但是到了当代的事务,就茫然得像是众多的江河奔流到大海,只看到它们向东流去,而不知道最终的归宿是哪个天上的池子了。那么虽然想罗列租税的收入数字以及国家开支的节余,内府的储藏,各州郡的积聚,统计它们的多少,再估计君主有所作为时需求多少,本来就只能摸抚着胸口、张口结舌而最终像是口吃一样而无法说出。那么学问的不适于实用，而完全听任小人狂妄地提出主意和办法，他能避免这个结局吗？

　　夫王安石之唯不知此也，故妄亿国帑之虚，而以桑、孔之术动人主于所不察①。元祐诸公欲讪其邪，而惛然者亦安石耳。则相惝相值，勿问贞邪，而各以时竞，何异两盲之相触于道？其交诛也必矣。夫唯大臣之不以此为务，而俾天子之卒迷也，故其害有不可胜言者。守之者，胥隶也；掌之者，奄宦也；腐之者，暗室也；籍之者，蠹纸也；湮沉而不可问，盗窃而不可诘。呜呼！此皆蔀屋小民粟粟而获之②，丝丝而织之，铢铢而经营之，以效立国久长之计，使获免于夷狄盗贼之摧残者。而君臣上下交置之若有若无之中，与粪土均其委弃；智者所不能自已，抑仁者所不忍忘者也。天子大臣非山椒水涘携杖观云之畸士，而曰此非所宜知也，则孔子曰"足食足兵"③，其为俗吏之嚆矢与？丁谓上《会计录》以后④，至熙宁元年，六十年矣，中历仁宗四十一年之节俭，民无流亡，国之所积可知也。青苗、均输、农田、水利之所获，一部娄之于泰山⑤。诸君子不能举此以胜安石之党，且舌挢而不能下，徒以气矜，奚益哉？

【注释】

①桑、孔之术：桑弘羊与孔仅的理财术。孔仅：生卒年不详，南阳人，大盐铁商。武帝元鼎二年（前115），任大农令，领盐铁事，主管盐铁专卖。后任大司农。

②蔀（bù）屋：草席盖顶之屋，泛指贫家幽暗、简陋之屋。

③足食足兵：出自《论语·颜渊》篇：子贡问政，子曰："足食，足兵，民信之矣。"王夫之认为孔子提出治国要足食足兵，表示治国者要重视食与兵的事情，而后来的君臣不把钱财等事放在心上，只让低级的官吏去管理计算，这样看来，孔子所说的足食足兵的主张，只对后世管理国家钱粮的俗吏有意义，所以说孔子这一主张是后世俗吏的先声。

④《会计录》：唐朝有《国计簿》，宋朝有《会计录》，都以每年的户籍及赋税等资料归类汇总而成。宋代曾有《景德会计录》、《祥符会计录》、《皇佑会计录》、《绍兴会计录》等十几种，杨时曾编纂《宣和会计录》、《建炎会计录》。

⑤部娄：出自《左传》襄公二十四年："部娄无松柏。"部娄又作"附娄"，指小土山。

【译文】

王安石正是不懂得这一点，所以妄加估计国家钱财的空虚，而用桑弘羊、孔仅等人的办法，在君主没有觉察的情况下来打动君主。元祐时期的诸位大臣想贬斥王安石的邪恶，但也昏昏然如王安石一样。于是在相互照面时相互失望，不问是正是邪，而各在不同的时候进行竞争，这与两个瞎子在路上相遇有什么区别？双方相互责骂也就是必然的了。正是大臣不务求弄清国家的钱财情况，而使天子最终感到迷惑，所以它的危害就无法一一说出了。守藏钱财的，是低级的官吏；掌管钱财的，是宦官；使钱财腐坏的，是幽暗的仓库；对钱财加以登记的，是虫子咬了的旧纸。钱财湮没而无法细查，钱财被盗窃了也无法追查。呜呼！这都是草屋的小民一粒粒粮食收获来的，一条条丝织出来的，一文文钱经营来的，用来供国家的长久之计使用，以使他们免于夷狄盗贼的摧残。而君臣上下把它们置于若有若无的状态下，与粪土一同丢弃；但这又是智者不能不问的，也是仁者不忍忘记的。天子大臣不是隐居在山脚水边带着手杖观看云彩的畸形之士，而说这不是应知道的，那么孔子说的"足食足兵",难道就成为俗吏的先声了吗？丁谓献上《会计录》以后，到熙宁元年，已有六十年了，中间又经过仁宗四十一年的节俭，民众没有流亡，国家积储的情况就可想而知了。青苗、均输、农田、水利等新法所获得的钱财，不过是一座小山丘来与泰山相比。诸位君子不能用这个事实来战胜王安石的党徒，而且张口要说话却说不出，只靠一种自矜的气势，又有什么益处呢？

三

《易》曰："天下之动，贞胜者也①。"贞胜者，胜以贞也。天下有大贞三：诸夏内而夷狄外也，君子进而小人退也，男位乎外而女位乎内也。各以其类为辨，而相为治，则居正以治彼之不正，而贞胜矣。若其所治者贞，而所以治者非贞也，资于不正，以求物之正。萧望之之于恭、显②，刘琨之于聪、勒③，陈蕃之于宦寺，不胜而祸不旋踵；小胜而大不胜，终以裁及其身④，祸延于国。故君子与其不贞而胜也，宁不胜而必固保其贞。元祐诸公昧此，以成绍圣以后之祸。善类空，国事乱，宗社亦靡以倾，亦惨矣哉！

【注释】

①天下之动，贞胜者也：《易·系辞下》："吉凶者，贞胜者也。天地之道，贞观者也。日月之道，贞明者也。天下之动，贞夫一者也。"王夫之把它合为一句：天下之动，贞胜者也。并把贞胜解释为"胜以贞"，贞就是正，意谓要靠正道来取胜。

②萧望之（约前114—前47年）：字长倩，萧何的六世孙，东海兰陵（今山东苍山兰陵）人。汉宣帝时受到重用，任谏大夫、丞相司

直。霍氏因谋反被灭族后,萧望之受重用,官至御史大夫。宣
帝病重,萧望之受遗诏辅政。宦官弘恭、石显在宣帝时就任中
书令,萧望之认为应当革除宦官专制的弊制以士人代替宦官担
任的要职,弘恭、石显诬告萧望之,逮捕下狱,被迫饮鸩自杀。
传见《汉书·萧望之传》。恭:指弘恭(? —前47),沛(今安徽濉
溪)人。汉宣帝时任中书令,汉元帝时与石显专权,诬告前将军
萧望之、光禄大夫周堪及宗室刘更生等,使萧望之自杀。弘恭
也在同日死,中书令由石显继任。传见《汉书·弘恭传》。显:
指石显(前? —前32),字君房,济南(今山东章丘西)人。汉宣
帝时,与中书令弘恭久掌内朝之政。汉元帝时,弘恭病死,石显
继任中书令。元帝不亲政事,石显专权,为人外巧慧而内阴
险,常持诡辩以中伤人,先后谮杀萧望之、京房、贾捐之,斥罢
周堪、刘更生等。成帝即位后,徙归故郡,途中死。传见《汉
书·石显传》。

③刘琨(271—318):字越石,中山魏昌(今河北无极)人,晋愍帝时
刘琨为司空,都督并、冀、幽三州诸军事,败于石勒,投奔幽州刺
史段匹磾,后被段匹磾杀死。传见《晋书·刘琨传》。聪:指刘聪
(? —318),字玄明,一名载,新兴(今山西忻州)人,匈奴人。十
六国时汉国(后改称前赵)光文帝刘渊(字元海)的第四子。刘渊
死后,永嘉四年(310)继位,派兵攻破洛阳和长安,俘虏并杀害晋
怀帝、晋愍帝,使西晋灭亡,史称"永嘉之乱"。采用胡、汉分治的
制度,极为残忍,大行杀戮。传见《晋书·刘聪载记》。

④裁(zāi):同"灾"。

【译文】

《周易》说:"天下之动,都会是贞胜。"所谓贞胜,就是以正道来取
胜。天下有三种大的正道:诸夏为内而夷狄为外,君子要进用而小人要
退斥,男的位置在外而女的位置在内。各以其类进行区别,而配合起来

作为治，那么居于正道来治理对方的不正，正道就取胜了。如果他所治的人或事本来贞正，而用来治的手段或方法不贞正，这就是依靠不正来求事物的贞正。萧望之对于弘恭、石显，刘琨对于刘聪、石勒，陈蕃对于宦官，不能取胜而灾祸不等转身就临头了；小事取胜而大事不能取胜，最终就让灾祸降临自身，还使祸害涉及国家。所以君子与其不正而取胜，宁可不胜而必要保住自己的贞正。元祐时期的诸位大臣不明白这个道理，就构成了绍圣以后的灾祸。朝廷中的正人君子被一扫而空，国家大事一片混乱，宗庙社稷也因此而倾倒，也是很悲惨的啊！

　　新法之为民病，甚矣。诸公顺民之欲，急起而改之，不谓其非贞也。即疑于改父之非孝，而奉祖宗之成宪，以正先君之阙失，亦不可谓非孝之贞也。乃改之者，诸公不自任其责，嗣君不与闻其谋，举而仰听于太后。于是盈廷之士，佥曰"后，尧、舜也[①]"；普天之下，胥曰"后，尧、舜也"；乃至传之史册，而后世道听之说，犹曰"后，尧、舜也"。取后而跻之尧、舜，曰"后，尧、舜矣"；其可抑尧、舜而匹之后，曰尧、舜，后邪？故曰："拟人必于其伦。"伦者，不相夺也。诸公跻后而尧、舜之，群小抑后而吕、武之；以伦求之，吕、武虽不肖，犹其等伦，而尧、舜悬绝焉。则吕、武之说，足以争胜而亡忌。伦也者，类也，天之生是使别也。草与木并植，而芝兰之芳，不可以为梁栋；鸟与兽并育，而翟雉之美，不可以驾戎车；天子与后敌尊，而母后之贤，不可以制道法。非是者，自丧其贞，而欲以胜物，匪徒小人之反噬有辞也，天所弗佑，祖宗之灵所弗凭依，天下臣民亦怀疑而其情不固。不贞者之不胜，古今之通义，不可违也。

【注释】

①金曰"后，尧、舜也"：哲宗即位初期，英宗的高皇后作为太皇太后临朝听政，她造成司马光等人废除神宗时的新法，因此被当时的人们称为"女中尧、舜"。见《宋史·后妃传上·英宗高太后传》。

【译文】

　　新法成为民众的病痛，是很严重的了。元祐时期的诸位大臣顺应民众的愿望，急忙站出来改掉新法，不能说这是不贞正的。即使怀疑改变先皇帝的制度是不孝的，但遵奉祖宗的成法，以纠正先皇帝的阙失，也不能说是不孝。而改掉新法的事，诸位大臣不由自己来担任其职责，继位的君主也不参与其谋划，全部听从上面的高太后。于是满朝廷的官员，都说"高太后是尧、舜"，普天下的人也都说"太后是尧、舜"，乃至于传留下来的史书，和后世道听途说的记载，也还是说"太后是尧、舜"。把太后抬到与尧、舜一样的高度，说"太后是尧、舜"；他们可以贬低尧、舜来与太后相比，说尧、舜如太后一样吗？所以说："拿人相比一定是同一种伦类。"伦类，是不能混乱的。诸位大臣抬高太后而将之比作尧、舜，成群的小人则贬低太后而将她比作吕后、武后；按照伦类来说，吕后、武后虽然不像高太后，但她们还是属于同一种伦类，而尧、舜与太后的伦类就差得太远了。那么把她比做吕后、武后的说法，足以争胜而没有忌讳。所谓的伦，就是类，是天然让事物属于不同的伦类而有所区别的。草与木同样栽种，但芝兰的芳香，不能拿来做栋梁；鸟与兽同时养育，而长尾山鸡的美丽，不能拿来驾战车；天子与皇后处于同样尊贵的地位，但母后的贤明，不能用来制定制度法规。如果不是这样，就是自己丧失了贞正，还想战胜别人，不只使小人有了借以反咬一口的托词，上天也不保佑，祖宗的神灵也不能依赖，天下的臣民也会产生怀疑，而支持你们的心情也不会稳固。不贞正的人不能取胜，这是古今的通义，是不可违背的。

哲宗之立，虽仅十龄，乃迨高后之殂，又七年矣。后一日不亡，帝一日不得亲政，则此七年者，月之朗于夜，非日之昱于昼也。且昼虽阴，而以照物，其能俾人洞见者，视月远矣。天子虽幼，而以莅众，其能俾人信从者，视后多矣。而不但此也，位尊权重，可以唯其所为，然且惮于恶而强为善者，自非上哲，亦唯其名而已。夫为恶而恶之名归之人而己不与，则无所惮，而有委罪之路。为善而善之名归之人而己不与，则不能强，而徒挟不平之情。实则资己之权藉以为之，名则去之，严父不能得之于子，而为人臣者，欲以得之君，不已悖乎？

【译文】

哲宗继位时虽仅有十岁，而等到高太后去世，又过了七年。太后一日不死，哲宗就一天不能亲政，那么这七年时间，是月亮在夜里发光，不是太阳在白天发光。白天虽然是阴天，但此时照着东西，能使人看得清楚，是远远超过月亮的。天子虽然年幼，但他君临众人，能使人信任而听从的地方，就比太后多。而且不但如此，哲宗地位尊高、权力大，可以任由自己来做想做的事，这样还惧怕恶而勉强为善，自然就不是高明的哲人，也只是有"哲"的名声而已。如果是作恶而恶名归于别人却与自己无关，那就无所惧怕，而有推托罪名的路子。为善而善名归于别人却与自己无关，那就不能勉强为善，而只是怀着不平的心情而已。实际上是借助君主的权势来为善，但君主的善名则要除去，严父也不让自己的儿子这样做，而作为大臣的人，想让君主这样做，不是已经悖理了吗？

新法之弊，神宗之暮年亦自知之矣。永乐之败①，悔不用王安礼之言。王安石子死魄丧，其志已衰。王雱、吕惠卿自相龁蹶[②]，而神宗已厌之矣。邓绾、吕嘉问秽迹彰明而见黜矣，蒲宗孟诋司马君实而见诃矣[③]，孙固、吕公著渐进而登两府矣。则使当国者述神宗之志，以遗诏行之，蠲青苗之逋欠，弛保马之孳生，缓保甲之练习，以次而待哲宗于识知之后，告以民生之艰苦，示以祖法之宽弘，次第而除之，使四海慕新主之仁，而不掠美以归牝鸡之啼曙[④]，夫岂不可必得者？计不出此，拥女主以行其志，后一日不死，天子一日隅坐画诺，如秉笔之内竖，奉教而行。即以韩维、苏轼、刘挚、朱光庭辈处此[⑤]，其能俯首以听焉否邪？故人谓温公守贞有道而未通乎变者，非也。温公之所不足者，正未能贞也。贞之大者，天之经也，地之义也，人之彝伦也，事之纲纪也。以阴御阳，以女制男，何殊乎以夷狄令中国，以小人治君子乎？《坤》之初六曰："履霜，坚冰至。"当坤之初，阴无失德，非有坚冰之祸；而发端之始，与乾相革，则所秉不正，在希微之间，而诡于其涂，不可以复暄和高朗之宇，固无待血战而始知其害也[⑥]，温公胡不闻焉？

【注释】

①永乐之败：宋神宗元丰四年（1081）出兵在庆州（今甘肃庆阳）击溃夏军，给事中徐禧攻入西夏，在永乐川筑永乐城（又名银川砦，今陕西米脂西），种谔认为永乐三面绝崖而无水泉，不赞成在此修城。城筑成后，西夏出三十万人攻永乐城，截断水源，宋军士卒渴死者大半。鄜延道总管种谔因怨恨徐禧，不去援救。后天降大雨，新建城墙浸水后被西夏军擂垮，城遂破，徐禧等人死难，宋军二十多万士卒役夫阵亡。史称永乐城之战。

②王雱(1044—1076)：字元泽，临川（今江西抚州）人，王安石的儿子。神宗时，任太子中允，为王安石变法的得力助手。熙宁九年（1076）升龙图阁直学士，不久病故。传见《宋史·王雱传》。龁踶(hé tí)：龁，咬。踶，即"蹄"字，指用蹄踢。这里比喻攻击对方。

③蒲宗孟(1022—1088)：字传正，阆州新井（今四川阆州）人。王安石变法时曾参与制定手实法。神宗尝叹无人才，宗孟说人才半为司马光邪说所坏。传见《宋史·蒲宗孟传》。

④牝鸡之啼曙：出自《尚书·牧誓》："牝鸡无晨。牝鸡之晨，惟家之索。"牝鸡即母鸡，无晨，是说母鸡不能打鸣报晓。如果母鸡硬要做公鸡的事，就会使家败坏至尽。啼曙即报晓。这里比喻高太后为牝鸡，她的临朝听政就是代替公鸡来报晓。

⑤韩维(1017—1098)：字持国，开封雍丘（今河南杞县）人。神宗时为翰林学士、知开封府。与王安石议论不合，出知襄州等地。哲宗时为门下侍郎等。绍圣二年(1095)，被定为元祐党人，再遭贬谪。传见《宋史·韩维传》。刘挚(1030—1098)：字莘老，永静东光（今河北东光）人。刚直不阿，王安石推行新法，刘挚上书神宗，陈述新法弊病。元祐三党中，刘挚为朔党的领袖。宋哲宗时为尚书右仆射，与尚书左仆射吕大防同时执政，废弃新法。后哲宗又推行新法，刘挚流放新州。传见《宋史·刘挚传》。朱光庭(1037—1094)：字公掞，偃师（今河南偃师）人。曾任万年县主簿，人称"明镜"。哲宗时，请求废除青苗法，后与贾易成为洛党领袖。洛党式微，又入朔党。光庭以胡瑗为师，学以忠信为本，终身行之。传见《宋史·朱光庭传》。

⑥血战：出自《周易·坤卦》上六："龙战于野，其血玄黄。"《坤卦·文言传》："阴疑于阳必战。"是说阴与阳不为同类，故相战而有血。王夫之用来比喻太后与皇帝一为阴一为阳，不属同类，必有矛盾，会引起血战，借此批评司马光等人不依靠哲宗而依赖

太后。

【译文】

　　新法的弊害,神宗在暮年,自己也已知道了。永乐一战的失败,他后悔不听王安礼的意见。王安石在儿子死了之后就丧失了魂魄,他的意志也已衰弱了。王雱、吕惠卿自相攻击,而神宗已经厌恶他们了。邓绾、吕嘉问的污秽行迹已经暴露而被贬黜了,蒲宗孟攻击司马光也被呵斥了,孙固、吕公著逐渐进用而成为两府中的大臣了。那么假使当时主持国政的大臣追述神宗暮年的意志,根据他的遗诏来实行,废除民众因青苗法所造成的欠款,放松保马法所要求增加的马数,放缓保甲的训练,逐渐等待哲宗对情况有所了解之后,告诉他民生的艰苦,向他展示祖宗制度的宽宏,逐渐废除新法,使四海的民众都仰慕新皇帝的仁爱,而不把美名夺去送给代替公鸡打鸣报晓的母鸡,这难道不是必然能做到的吗?不拿出这样的方案,而拥护女主来实现他们的意志,太后一天不死,天子就每天坐在角落里画圈,就像拿毛笔的宦官,遵奉命令来行事。就是韩维、苏轼、刘挚、朱光庭等人处于这种情况下,他们能否俯首听从于太后呢?所以人们说司马光守正有道但不懂得变通,事实不是这样。司马光所不足的,正是不能做到贞正。大的贞正,是天之经、地之义、人之伦理、事之纲纪。用阴控制阳,用女控制男,这与让夷狄命令中国、让小人治理君子有什么不同呢?《周易·坤卦》的初六说:"踩到霜的时候,坚冰就要到来了。"在坤卦的开初,阴的德行没有过失,还没有坚冰一样的灾祸;但坤在开始发端之处,就与乾卦不同,那么坤所秉持的就不贞正,这种差别开始时还很微小而不明显,但却走上了不同的路,不能再有太阳高照的明朗世界,这本来是不用等着阴与阳血战之后才会知道其危害的,司马温公怎么不知道这个道理呢?

　　呜呼!国之将乱也,黄发耇臣老死而无与继者①。神宗之季年,韩、富二公先后而逝,文潞公虽存,年已迟暮,且仁柔以召物议，众望所不归也。使有秉国钧者，如韩公于英、仁二庙嗣立之初，持德威以翼戴，当元祐三四年间，撤太后之帘，以兴革之权、进退之柄归之天子，则群小无言可执、无隙可乘，而国定矣。温公权藉既轻，道亦逊焉，徒恃愚氓浮动之气、迁客跃起之情，迫于有为而无暇择焉，其能济乎？权轻者，非势之胜也；道逊者，非理之贞也。捷反捷覆，捷兴捷废，天下皆丧其贞，则女贞之失先之也[2]。故曰古今之通义，不可违也。

【注释】

① 黄发：老人头发变白，但白了很久以后又会变黄，所以黄发指老人。又指年老而富有经验的大臣，见《尚书·秦誓》："尚猷询兹黄发，则罔所愆。"是说如果向黄发的老臣咨询，在治国时就不会有过失。耆臣：也是指老臣。

② 女贞之失先："女"字，中华书局校点本出校："'女'字刻本阙，据校记补。"岳麓书社整理本说这是据马氏的校语补上的字。不过"女"字在这里的意思不好解释，如果非要解释的话，就只能说是"在太后的问题上，司马光就先已失去了贞正。"

【译文】

呜呼！国家将要发生祸乱的时候，黄发的老臣年老去世而没有后继者。神宗晚年，韩琦、富弼二公先后去世，文彦博先生虽然还在，但年纪已是迟暮，而且因为仁爱柔弱而招来人们的议论，众人的希望没有归向他。假使有人此时掌握国家大权，如韩琦先生在英宗、仁宗两皇帝刚继位时那样，持有德望与威严来辅助二皇帝，在元祐三四年的时候，撤除太后临朝听政的帘子，把制度兴革的权力和进退大臣的威权交还天子，那么小人们就无话可说、无隙可乘，而国家就稳定了。司马光权势还轻,道义上也有些不如韩琦,只是仗着愚民对新法不满的浮动心气、流放到外地的官员想重新跃起的心情,又因要有所作为的形势逼近而没有时间进行选择,他能成功吗? 权势轻的人,不是靠权势就能取胜的;道义不及的人,也不合乎义理的贞正。急速反复,急速地兴建和废除,天下都丧失了贞正,那么司马光在依赖太后的时候就已失去了贞正。所以说,古今的通义是不可违背的。

四

置一说之短长,以通观一时之措施,则其治乱安危,可未成而决其必然于先,旷千载而信其所以然于后,无有爽也。哲宗在位十有五年,政出自太后者凡八年,哲宗亲政以还凡六年。绍圣改元而后,其进小人、复苛政,为天下病者,勿论矣。元祐之政,抑有难于覆理者焉。绍圣之所为,反元祐而实效之也。则元祐之所为,矫熙、丰而抑未尝不效之,且启绍圣而使可效者也。呜呼! 宋之不乱以危亡者几何哉?

【译文】

根据一种说法的长处和短处,来通观一时的措施,那么它的治乱安危,可在未成的时候就预先判断出它的必然趋势,可以在经过了千年之后仍可相信它之所以是这样的,这是没有差错的。哲宗在位十五年,由太后主政共有八年,哲宗亲政以后共有六年。改为绍圣年号之后,他又进用小人、恢复苛政,为天下所诟病,这就不用说了。太后主政的元祐时期的政治,也还有难于认可的地方。绍圣年间的所作所为,表面与元祐时相反而实际上还是仿效元祐的。那么元祐时的所作所为,对熙宁、元丰时的做法加以矫正,也是未尝不加以仿效的,而且开启了让绍圣时期也可加以仿效的先例。呜呼! 宋王朝不因为危亡而大乱的制度和做法还有多少呢?

天子进士以图吾国,君子出身以图吾君,岂借朝廷为定流品、分清浊之场哉? 必将有其事矣。事者,国事也。其本,君德也。其大用,治教政刑也。其急图,边疆也。其施于民者,视其所勤而休养之,视其所废而修明之,拯其天灾,惩其吏虐,以实措之安也。其登进夫士者,养其恬静之心,用其方新之气,拔之衡茅,而相劝以君子之实也。岂徒绍圣哉,元祐诸公之能此者几何邪? 所能卓然出其独至之忱,超出于纷纭争论之外而以入告者,刘器之谏觅乳媪而已①。伊川请就崇政、延和讲读,勿以暑废而已,范淳夫劝帝以好学而已②。自是而外,皆与王安石已死之灰争是非,寥寥焉无一实政之见于设施。其进用者,洵非不肖者矣,乃一唯熙、丰所贬斥之人,皇皇然力为起用,若将不及。岂新进之士,遂无一人可推毂以大任之③,树百年之屏翰者;而徒为岭海迁客伸久郁之气,遂可无旷天工乎④? 其恤民也,安石之新法,在所必革矣。频年岂无水旱? 而拯救不行;四海岂无冤民? 而清问不及;督行新法之外,岂无渔民之墨吏? 而按劾不施;触忤安石之余,岂无行惠之循良? 而拔尤不速。西陲之覆败孔棘,不闻择一将以捍其侵陵;契丹之岁币屡增,不闻建一谋以杜其欺侮。夫如是,则宋安得有天下哉? 一元祐诸公扬眉舒愤之区宇而已矣。

【注释】

①刘器之(1048—1125)：刘安世,字器之,号元城、读易老人。魏
　(今河北大名)人。以直谏闻名,时称"殿上虎"。章惇为相时,贬
　到英州、梅州。徽宗继位,知衡、鼎、郓州及镇定府。传见《宋
　史·刘安世传》。
②范淳夫：即范祖禹(1041—1098),字淳甫,又作淳夫,一字梦得,
　成都华阳(今四川成都)人。跟随司马光编修《资治通鉴》,书成
　之后,司马光荐为秘书省正字。哲宗时,欲以章惇为相,范祖禹
　极力反对,贬为昭州别驾。有史论《唐鉴》,探讨唐代三百年间的
　兴衰治乱,学者称祖禹为"唐鉴公"。传见《宋史·范祖禹传》。
③推毂(gǔ)：推车前进,指推动和协助。
④旷天工：出自《尚书·皋陶谟》："无旷庶官,天工人其代之。"是说
　不要让百官之位空缺,天的职责还是要由人来代替它来完成的。
　指皇帝任用百官不要有所废缺。

【译文】

天子进用士人以求治理好国家,君子出仕以求得到信任我的君主,
哪里是借朝廷作为确定人物等级、区分清浊的场所呢? 为此必将有相
应的事情。所谓的事,就是国家的事务。它的根本,是君主的德行。它
要大力应用的,是国家用来治理教化的政治制度。所要紧急谋求的,是
边疆的事。所要施行于民众的,是看到民众的辛苦而让他们得到休养
生息,看到制度的废坏而加以修整补救,拯救天灾造成的破坏,惩罚官
吏的残虐,用实际的行动使天下和民众安定。天子进用士人,培养他们
的恬静之心,用他们的新生的志气,从民间提拔上来,而用真正的君子
劝勉他们。不仅绍圣时的大臣,就连元祐时的诸位大臣,能做到这些的
有几个人呢? 能够卓然显示出他的独有的忠忱,超出纷纭的争论之外
而来进言的,只有刘器之对寻找奶妈一事的进谏而已。程伊川请求皇
帝到崇政殿、延和殿讲学读书,只是要求不要因为夏天天热就废止而

已,范淳夫也只是劝说皇帝要喜好读书而已。除此之外,都是只就王安石变法名存实亡的措施争论是非而已,关于现实政治的具体设施极少,甚至看不到一人论说。他所进用的人,也确实不是不肖之人,但只要是熙宁、元丰时被贬斥的人,就急于大力起用,好像来不及起用一样。难道新进用的士人,就没有一个人可以帮助朝廷而大加任用,可以成为长达百年的屏卫大臣;只是让贬到岭南海外的官员舒展他们长期郁积的闷气,就可以不让代替天工的百官有所旷缺吗?在顾恤民众方面,王安石的新法,每条也都必须加以革除。连年以来难道没有发生过水旱灾害吗?却没有加以拯救;四海难道没有含冤的民众吗?但清审详问并不涉及这些;督行新法之外,难道没有鱼肉民众的贪官污吏吗?而不加以监察弹劾;触犯违逆王安石之后,难道没有对民众实行恩惠的循良官吏吗?可是却不能尽快得到提拔。西部边境战败后的困局,没有听说挑选一名将领来抵抗西夏的侵犯凌辱;送给契丹的岁币不断增加,没有听说有人提出一个主意来杜绝契丹的欺侮。就像这样,宋王朝怎能据有天下呢?不过是一个让元祐时期的诸位大臣扬眉吐气的世界而已。

马、吕两公非无忧国之诚也①,而刚大之气,一泄而无余。一时蠖屈求伸之放臣②,拂拭于蛮烟瘴雨之中,惝惝自得③。上不知有志未定之冲人,内不知有不可恃之女主,朝不知有不修明之法守,野不知有难仰诉之疾苦,外不知有睥睨不逞之强敌,一举而委之梦想不至之域。群起以奉二公为宗主,而日进改图之说。二公且目眩耳荧,以为唯罢此政,黜此党,召还此人,复行此法,则社稷生民巩固无疆之术不越乎此。呜呼!是岂足以酬天子心膂之托,对皇天,质先祖,慰四海之孤茕,折西北之狡寇,而允称大臣之职者哉?

【注释】

①马、吕：指哲宗初年用为相的司马光、吕公著。

②蠖（huò）屈求伸：人屈居下位时要像尺蠖一样的屈曲，然后找机会求得伸展。

③愔愔（yīn）：静寂，沉寂。

【译文】

　　司马光、吕公著两位大臣不是没有忧国的诚意，但刚直正大之气，一泄无余。一时受到委屈而想伸展的流放官员，在蛮荒地区的烟瘴风雨之中拂拭灰尘准备返回京城，为此而暗暗得意。上不知有意志尚未确定的年幼皇帝，内不知有不可依靠的女君主，朝内不知有尚未修整得当的法度，民间不知有难以向上倾诉的疾苦，外不知有觊觎领土尚未得逞的强敌，全都拿来托付给梦想不曾达到的地方。人们群起而奉司马光、吕公著二位大臣为领袖，天天献上改革制度的建议。司马光、吕公著二位大臣将要目眩耳惑，以为只要废掉新法，罢黜推行新法的官员，召还反对新法的大臣，恢复实行新法以前的制度，让社稷民众得以永远巩固的方法不超过这些。呜呼！这哪里足以报答天子任命他们为心腹大臣的重托，来面对皇天、面对先祖、慰藉四海的孤穷民众、折服西北的狡诈敌寇，作为大臣又怎能真正称职呢？

　　吾诚养君德于正，则邪自不得而窥；吾诚修政事以实，则妄自无从而进；吾诚慎简干城之将以固吾圉，则徼功生事之说自息；吾诚厘剔中饱之弊以裕吾用，则掊克毒民之计自消；吾诚育士以醇静之风，拔贤于难进之侣，为国家储才于百年，则奸佞之觊觎自戢，而善类之濯磨自弘。曾不出此，而夜以继日，如追亡子：进一人，则曰此熙、丰之所退也；退一人，则曰此熙、丰之所进也；兴一法，则曰此熙、丰之所革也;革一法,则曰此熙、丰之所兴也。然则使元祐诸公处仁、英之世,遂将一无所言、一无所行、优游而聊以卒岁乎?未见其有所谓理也,气而已矣。气一动而不可止,于是吕、范不协于黄扉^①,雒、蜀、朔党不协于群署^②,一人茕立于上,百尹类从于下,尚恶得谓元祐之犹有君、宋之犹有国也!而绍圣诸奸,驾驷马骋康庄以进,莫之能御矣。反其所为者,固师其所为也。是故通哲宗在位十四年中,无一日而不为乱媒,无一日而不为危亡地,不徒绍圣为然矣^③。

【注释】

①吕:吕大防(1027—1097),字微仲,京兆蓝田(今陕西蓝田)人。元祐初年(1086)拜尚书左仆射兼门下侍郎,与范纯仁同时辅政,后为章惇等人诬陷,贬死。传见《宋史·吕大防传》。范:范纯仁(1027—1101),字尧夫,吴县(今江苏苏州)人,范仲淹次子。哲宗时任吏部尚书、知枢密院事、尚书右仆射兼中书侍郎。以上疏论吕大防不当窜岭南,贬知随州,永州安置。徽宗时,为观文殿大学士。传见《宋史·范纯仁传》。黄扉:古代丞相、三公等高官办事的地方,以黄色涂门,故称为黄扉。

②雒、蜀、朔党:宋哲宗元祐年间,朝中大臣形成三党:洛党、蜀党、朔党。洛党以程颐为首,主要成员有朱光庭、贾易等。因程颐是洛阳人,故称。蜀党,苏轼为领袖,包括吕陶、苏辙、黄庭坚、秦观、张耒等人。蜀党也叫川党。朔党,刘挚为领袖。三党皆反对王安石新法,苏轼与洛党程颢、程颐交恶,两党互相攻击,势如水火。

③绍圣:哲宗的第二个年号,自1094年至1098年。

【译文】

我真的让君主养成贞正的德行，邪恶自然就不能窥伺；我真的把政事加以切实的修整，妄人自然就无从可进；我真的谨慎挑选出能够卫国的将领来加固国家的边境，求功生事的主意自然就会停息；我真的清除掉官吏的中饱之弊来使国家的财政富足，盘剥毒害民众的心计自然就会消失；我真的用淳朴宁静的风气培养士人，从难被任用的人才中提拔贤材，为国家储备可用百年的人才，奸佞之人对于权势的觊觎自然就会消失，而正人君子的自我磨砺自然就会更为普遍。不曾来做这些，而是夜以继日，就像追逃亡者一样；进用一人，就说这是熙宁、元丰时期贬退的人；贬退一人，就说这是熙宁、元丰时期所进用的人；建立一个制度法规，就说这是熙宁、元丰时期所废除掉的；革除一个制度法规，就说这是熙宁、元丰时期新建的。这样不等于说元祐时期的诸位大臣在仁宗、英宗的时候，竟是一无所言、一无所行、优游地虚度岁月吗？没有看到这有所谓的理，只看到一种意气而已。意气一发动就不能停止，于是吕大防、范纯仁就在两府内不能协调一致，就使分属洛党、蜀党、朔党的官员们在各部门里不能协调一致，一人独立在上，上百的官员分类从附于下，又怎能说元祐年间还有君主、宋还有国家呢！而到绍圣时代，各个奸人驾着驷马在康庄大路上前进，就没人能阻挡他们了。将以前所做的事全都反过来做，这本来就是效法从前那种做法。所以整个哲宗在位的十四年中，没有一天不成为祸乱的媒介，没有一天不成为危亡之地，不只是在绍圣时期才这样的。

　　当其时，耶律之臣主亦昏淫而不自保，元昊之子孙亦偷安而不足逞；藉其不然，靖康之祸，不能待之他日也。而契丹衰，夏人弱，正汉宣北折匈奴之时会。乃恣通国之精神，敝之于一彼一此之短长，而弗能自振。呜呼！岂徒宋之存亡哉？无穷之祸，自此贻之矣。立乎今日，以覆考哲宗之代之所为,其言洋溢于史册,以实求之,无一足当人心者。苟明于得失之理,安能与登屋遮道之愚民同称庆快邪?

【译文】

在那个时候,契丹的君臣也昏庸荒淫而不能自保,元昊的子孙也偷安而不足以去干恶事;假使不是这样,靖康之祸也不用等到以后了。而契丹衰败,夏人虚弱,正是汉宣帝北上折服匈奴的时机。而宋朝廷却恣意地让全国的精神在新旧党派的争论短长中逐渐败坏,而不能自我振作。呜呼! 难道仅仅是宋王朝的存亡吗? 无穷的灾祸,自此就埋下了种子。站在今天,再来考察哲宗时代的所作所为,那些洋溢在史书的言论,据实考察,没有一条完全合乎人心。如果明白了得失之理,怎能与登上屋顶遮满道路的愚民一同欢呼称快呢?

夫君子之自立也有节,而应天下也有道。心之无私,不待物之不我辱而后荣;为之有实,不待法之无所檠而后治。故入其朝,观其所为;读其书,观其所成。聚天下之聪明才力,以奉一人而理万物,不期正而无不正,然后其兴也,必也。此则君子以自靖而靖天下者也。岂徒伊、吕哉^①? 两汉之盛,唐、宋之初,无有不然者。夫谁如哲宗在御之世,贸贸终日,而不知将以何为也!

【注释】

①吕:指吕望(? —约前1015),姜尚,名望,字子牙,东海上(今地不详)人。因为封于吕,故又称吕尚。西周初年,被周文王封为"太师",尊为"师尚父",后辅佐周武王灭商。灭商之后,封于齐,为齐国始祖,故称"太公望",俗称"姜太公"。事迹见《史记·齐太

　　公世家》。

【译文】

　　君子自我立身是有节操的,而对应天下也是有道的。心的无私,不等外物不羞辱我才有荣耀;做事有实际内容,不等制度没有弊坏而后才能治国。所以进入他的朝廷,观察他的作为;阅读他的书,观察他所完成的事情。聚集天下人的聪明才力,来事奉一个人而治理万物,不要求正当而无不正当,然后这个时代的兴盛,就是必然的。这就是君子通过安定自身而来安定天下。难道只有伊尹、吕望能做到这样吗? 两汉的兴盛,唐、宋两代的初期,没有不是这样的。又有谁像哲宗登基之时,人们终日纷纷扰扰,而不知将要做什么呢!

卷八　徽宗

【题解】

　　宋徽宗赵佶(1082—1135)，神宗第十一子，哲宗的弟弟，1101 至 1126 年在位。在位期间，重用蔡京、王黼、童贯、梁师成、朱勔、李邦彦等奸臣，又迷信道教，大建宫观。宣和七年(1125)，金军南下攻宋，他传位钦宗，自称太上皇。靖康元年(1126)，金军攻占汴京，靖康二年(1127)二月，徽、钦二帝被金人废为庶人，北宋灭亡。二帝被押往北方，绍兴五年(1135)，病死于五国城(在今黑龙江依兰)。

　　北宋到徽宗时期，已临近灭亡，王夫之对这一不可逆转的趋势，做了深刻分析。认为从徽宗的大观到靖康年间，自徽宗至满朝大臣，全都"醉梦倾颓，无有止讫"，最终没有一个人"能挽海宇之狂趋以救死亡"。这种局面的形成，由来已久，在景祐时期为一变，熙宁时为再变，元祐时为三变，绍圣时为四变，到徽宗时就是第五变了。数十年间，小人迭进，而朝廷中已无公忠刚直之臣。可知王朝的衰弱灭亡是一个过程，不及早加以扭转，后来谁也无法挽救，这样的历史教训，不能不令后人警醒。

　　王夫之认为，乱天下者，非乱法乱之，而是由乱人乱之，乱人就是掌握了权力的小人。王安石变法的最大祸害是任用吕惠卿、邓绾、章惇、曾布一类小人，他们蒙蔽皇帝的奸术，又全被蔡京继承，所以王夫之认为是王安石"贻败亡于宋"。因此君主治国的关键是任贤，大臣辅助君主治国,关键是推举贤人。推举任用一个贤人,更多的贤人就会以类相聚而越来越多,举用一个小人,同样也使更多的小人以类相聚而越来越多。治理天下最重要的一条,是把培养正人君子作为百年大计,以保证好的制度有贤才来推行,避免小人控制权力,把国家政治搞到弊端丛生的地步。王夫之认为王安石变法的最大恶果,就是使小人在朝廷中越来越猖狂,而正人君子终无立足之地。

　　王夫之还认为蔡京与徽宗都不把治国当做正事,而当做游戏。这是王夫之的独到见解。徽宗把治理国家当做游戏,所以他选人当宰相就把此人视作弄臣,蔡京也懂徽宗的这一心理,所以他以弄臣自处。这样的君臣,其所作所为,在王夫之看来,无非一场场游戏:花鸟、图画、钟鼎、竹石、步虚、受箓、倡门、酒肆,都是游戏,开熙河、攻交趾、延女真、灭契丹、策勋饮至、献俘肆赦,也都莫非游戏。君臣如此治国,历史上确实罕见,其后果可想而知。王夫之能够揭示北宋晚期政治的这一性质,是一种卓见,也是后人研究宋史所不能忽视的。

一

　　徽宗之初政,粲然可观,韩忠彦为之①,而非韩忠彦之能为之也。未几而向后殂②,任伯雨、范纯礼、江公望、陈瓘以次废黜③,曾布专,蔡京进,忠彦且不能安其位而罢矣。锐起疾为而不能期月守,理乱之枢存乎向后之存没,忠彦其能得之于徽宗乎?循已覆之轨者倾,仗非其所仗者踬。以仁宗之慈厚居心,而无旁窥怀妒之小人,然且刘后殂,而张耆、夏竦不能复立于廷,王德用、章德象以与刘后异而急庸。若高后晨陨,群奸夕进,攻击元祐,不遗余力,前事之明鉴,固忠彦等所在目方新者。仍拥一母后以取必于盛年佻达之天子,仕者非所仕也。则邢恕、章惇、蔡卞虽已窜死④,岂无继者? 祸烈于绍圣,而贞士播弃终身,以恣噂沓之狂夫动摇社稷⑤,后车之覆,甚于前车,亦酷矣哉!

【注释】

①韩忠彦(1038—1109):字师朴,安阳(今河南安阳)人。韩琦的长子,神宗时为礼部尚书,哲宗时为户部尚书,知枢密院事。徽宗时为吏部尚书、门下侍郎、尚书右仆射兼中书侍郎,与右相曾布不协,出知大名府。传见《宋史·韩忠彦传》。

②向后:指神宗的向皇后,河内(今河南沁阳)人。神宗病重时,向皇后协助英宗高皇后确定太子人选,继位后即哲宗。哲宗去世,向后决策迎立端王,即徽宗。徽宗请向皇后一同处理国家大事,把章惇在绍圣、元符年间废罢的士大夫逐渐召还任用。

③任伯雨(约1047—1119):字德翁,眉州眉山(今四川眉山)人。徽宗初,弹劾章惇、蔡卞罪状,后为蔡卞所陷,与陈瓘、龚夬、张庭坚等人贬官,编管通州,又徙昌化军、道州。传见《宋史·任伯雨传》。范纯礼(1031—1106):字彝叟,吴县(今江苏苏州)人。范仲淹第三子。哲宗时为光禄卿、给事中、枢密都承旨。徽宗时知开封府、尚书右丞,后贬静江军节度副使。传见《宋史·范纯礼传》。江公望:生卒不详,字民表,建德(今浙江建德)人。曾力谏皇宫内苑畜养珍禽异兽,徽宗随即将所有珍禽异兽遣放,只留一只白鹇。徽宗又在杖头刻下江公望的姓名,以记其谏。公望上疏弹劾奸相蔡京,被贬安南军。传见《宋史·江公望传》。陈瓘(1057—1124):字莹中,号了斋,沙县(今福建沙县)人。绍圣元年(1094),章惇为相,以司马光为元祐党人,陈瓘为司马光辩护,被贬通判沧州。徽宗时,上书奏请惩治蔡京等人,贬为扬州粮科院监官。陈瓘之子陈正汇弹劾蔡京,蔡京以同谋罪逮捕陈瓘,贬

　　置通州。传见《宋史·陈瓘传》。

④蔡卞(1058—1117)：字元度，仙游(今福建仙游)人。蔡京之弟，
　王安石之婿。神宗熙宁三年(1070)进士，任调江阴主簿、知谏礼
　部侍郎、尚书左丞等，徽宗时，知枢密院。传见《宋史·蔡卞传》。

⑤噂沓(zǔn tà)：攻讦，诋毁。

【译文】

　　徽宗初期的国政粲然可观，韩忠彦做了这些事，但不是韩忠彦能做到的。不久向皇后去世，任伯雨、范纯礼、江公望、陈瓘依次废黜，曾布专权，蔡京进用，韩忠彦就不能安于其位而罢职了。锐起急用而不能坚守一年，治乱的枢机依靠向皇后的在世和去世，韩忠彦他能得到徽宗的支持吗？循着已经倾覆的轨迹向前走也就会倾覆，依靠不是可以依靠的人而行走就会绊倒。以仁宗慈厚的居心，而没有在一旁窥伺怀着妒忌的小人，然而在刘皇后去世后，张耆、夏竦不能再在朝廷上立足，王德用、章德象因为与刘皇后意见不一而很快受到重用。如果高太后早晨去世，群奸在晚上就会进用，攻击元祐党人，不遗余力，前事的明鉴，本来就是韩忠彦等人不久前所看到的，可他仍要拥戴一位母后来求得盛年轻浮的天子必定任用自己，那么他所依靠的人不是可以依靠的。而邢恕、章惇、蔡卞虽然已经流放而死，难道没有同类的后继人吗？灾祸在绍圣年间最重，而正人君子终身弃置流放，让攻讦诋毁别人的狂夫恣意地动摇社稷，后车的倾覆，比前车更为惨烈，这也太残酷了啊！

　　忠彦虽为世臣，而德望非温公之匹，任伯雨诸人亦无元祐群贤之凤望。一激不振，士气全颓，举天下以冥行而趋于泥淖，极乎靖康，无一可用之材，举国而授之非类，无足怪者。将雪之候，先有微温，其温也，岂暄和之气哉？于是而诸君子之处此也，未易易矣。太后不可恃也，忠彦斯不可恃

也;李清臣、蒋之奇之杂进^①,愈不可恃也;曾布之与忠彦互相持于政府,弥不可恃也。然而温诏之颁,起用之亟,固自朝廷发矣。范忠宣曰:"上果用我矣,死有余责。"伊川曰:"首被大恩,不供职,何以仰承德意!"苏子瞻海外初还,欣然就道。夫固有不可恕于君臣之际者,知其不可恃而犹欣跃以从,亦君子宅心之厚与?

【注释】

①李清臣(1032—1102):字邦直,魏(今河北大名)人。神宗朝进士,哲宗时,恢复青苗、免役等法。徽宗时,为门下侍郎,被曾布诬陷,出知大名府。传见《宋史·李清臣传》。

【译文】

韩忠彦虽然是连续任职两朝的大臣,但他的德行声望不能与司马光相比,任伯雨等人也没有元祐时期群贤的素有声望。一次激奋不能振作,士气就全都颓废了,全天下就如在黑暗中行走一样必然会陷入泥淖,到了靖康年间,没有一人是可用之材,全国都交给小人掌控了,这是不足奇怪的。将要下雪的征候,是先有微温,但微温怎能与温暖的天气相比呢?于是诸君子处于此时也是很不容易的。太后不可仗恃,韩忠彦就不可依靠;李清臣、蒋之奇的杂相进用,就更不可依靠,曾布与韩忠彦在相位上互相对峙而并立,就更不可依赖。然而温和诏书的颁布,起用的急迫,本来是由朝廷发出的。范纯仁说:"皇上果真用我,死有余责。"程伊川说:"首先受到皇上的大恩,不能供职,怎么向上承应皇上的恩德之心!"苏子瞻刚从海外返回,欣然上路。在君臣之际本来就有不可淡然的事,知道他不可依仗还欣然起身跟从他,这也是君子居心的宽厚吗?

虽然,酌之以道,规之以远,持之以贞,而善调元气以使无伤,固有道焉。天下有道,道在天下,则身从天下以从道。天下无道,道在其身,则以道爱身,而即为天下爱道。以道爱身者,喜怒不轻动于心,语默不轻加于物,而进退之不轻,尤其必慎者也。执之仇仇,而知仇仇者之必不我力,不可得而执也。爱而加膝,念加膝者之无难投渊,不以身试渊也。夫且使昏庸之主,知我之不以欣欣而动,弗得以我为赖宠。夫且使邪佞之党,见我之迟迟以进,弗得疑我之力争。夫且使天下之士,惜其名节,念荣宠之非荣,而不辱身以轻试。夫且使四海之民,知世之方屯①,隐忍以茹荼苦,而不早计升平,以触苛虐而重其灾。故范淳夫劝蜀公之不赴,而尹和靖疑伊川之易就②,非独为二公爱其身也,为天下爱道,而道尚存乎天下也。

【注释】

①屯(zhūn):困难,艰难。

②尹和靖(1061—1132):名焞,字彦明,一字德充,洛(今河南洛阳)人。程颐的学生,隐居不仕,靖康初召至京师,赐号"和靖处士"。绍兴四年(1134)授左宣教郎、崇政殿说书、权礼部侍郎兼侍讲。传见《宋史·尹焞传》。

【译文】

虽然这样,根据大道加以斟酌,进行长远规划,来坚持贞正,善加调护元气而使它不受伤害,本来也是有其方法的。天下有道的时候,道在天下,那么自身就跟随着天下来顺从于道。天下无道的时候,道就在自身,那么就以道来爱护自身,这也是为天下爱护正道。以道爱护自身的人,喜怒不轻易在心中发动,对于事物不轻率发表言论或沉默不语,至于不轻率地进用和退身，就是更为慎重。视之为仇敌，就要知道仇敌必不会为我效力，所以就不可以让别人视为我仇敌。爱就放在膝盖上，但要想到可以放在膝盖上的人也不难把他扔到深渊中，所以不要让自己被人扔进深渊。而且让昏庸的君主知道我不会欣欣然地为他而动，不能把我作为他的依赖和恩宠之人。让邪佞之人看到我迟迟地受到进用，不会怀疑我在起用后会与他力争。让天下的士人珍惜声名和节操，懂得荣华恩宠并不是荣耀，而不去有辱自身以轻率尝试获得这种荣耀。使四海的民众知道世道正处于困顿之时，于是克制忍耐以忍受苦难，不会认为太平日子能很快来到，而触犯苛政暴虐以加重灾祸。所以范祖禹劝范镇不要赴任，而尹和靖也对程伊川轻易赴任表示疑虑，不只是替这两位先生珍爱他们的生命，而是为天下爱护正道，而天下就还保存着正道。

以爱君之切，而不忍逆君之命；以忧国之至，而迫欲为国宣力；以恤民之笃，而辄思为民请命；则小人之占风而趋、待隙而钻者，固将曰："彼犹我也。"一虚一实迭相衰王，而凶威可试，不遗余力，以捋采而尽刘之；昏庸之主，亦将曰："此呼而可来者，麾而可去，天下安得有君子哉？"唯予言而莫违，否则窜之诛之，永锢而无遗种，亦不患国之无人也。后生者，不得与于直道之伸，亦将曰："先生长者，亦尝亟于进矣。"则弗待君之果明，臣之果直，未进而获进焉，无不可也，奚必与世龃龉哉？于是而小人有可藉之口，庸主有轻士之情，人士无固穷之节。朝为无人之朝，野为无人之野。则大观以后，迄于靖康，醉梦倾颓，无有止讫，终无一人焉能挽海宇之狂趋以救死亡，不亦痛与！

【译文】

　　因为爱君主的心切,而不忍违逆君主的命令;因为极为忧国,而迫使自己为国效力;因为怜恤民众的心情太笃厚,而总是想为民请命;那么观察风向而趋进、等待缝隙而钻营的小人就将会说:"他也和我一样想当官。"虚与实相继在盛衰间转换,而对凶残的威权就有人认为可以尝试着应用,于是就不遗余力地捕捉仇人而全部杀害;那么昏庸的君主也将会说:"这种人可以呼之即来,也可以挥之即去,天下哪里能有君子之人呢?"认为自己的话无人敢于违抗,否则就把他流放或诛杀,永远禁锢而不留遗种,也不担心国家没有人才。后来出生的人,不能参与正直之道的伸张,也将会说:"年长的先生们,也曾经急于求进。"他们也就不等君主果真贤明,大臣果真正直,不当进用而获求进用了,就会认为没有什么事不可以做,何必让自己与世道对抗呢?于是小人就有了可以凭借的理由,昏庸的君主就有了轻视士人的心情,士人就丧失了君子固穷而不可滥的气节。这样一来,朝廷就成了没有正人君子的朝廷,民间就成了没有正人君子的民间。那么从徽宗大观年间以后,直到钦宗靖康年间,人们就在醉生梦死之中变得颓废而没有终止,天下最终没有一个人才能起来制止全天下的狂乱趋势而挽救宋王朝的死亡,不也是很悲痛的吗!

　　宋之不靖也,自景祐而一变矣,熙宁而再变,元祐而三变,绍圣而四变,至是而五变矣。国之靡定,不待智者而知也。乃数十年来,小人迭进,而公忠刚直之臣项背相依。然求其立难进易退之节、足以起天子之敬畏、立士类之坊表者,无其人焉。骐骥与驽骀争驾,明星与萤火争光,道已贬,身已媒,世安得而不波流,国安得而不瓦解哉?韩忠彦孤立以戴女主,而望起两世之倾危,诸君子何其易动而难静也!

伊川贬，而尹和靖、张思叔诸学者皆罹"伪学"之禁①。韩侂胄之恶，自此倡之，则非祸中于国家，而且害延于学术矣。建中靖国之初政，有识者所为寒心也，奚粲然可观之有？

【注释】

①张思叔（1071—1108）：张绎，字思叔，河南寿安（今河南宜阳）人。投程颐门下求学，读《孟子》"志士不忘在沟壑"，遂以功名为轻，道德为重。朝廷三次召他任官，都婉言谢绝。卒赠翰林学士。传见《宋史·道学传·张绎传》。

【译文】

宋王朝的不安宁，从宋仁宗景祐年间就有了第一次变化，到宋神宗熙宁年间就出现了第二次变化，在宋哲宗元祐年间就出现了第三次变化，在哲宗绍圣年间就出现了第四次变化，而到徽宗在位期间就出现了第五次变化。国家的不安定，不用等智者就会知道了。这数十年来，小人不断进用，而公正忠诚、刚烈正直的大臣也是接连出现。但是要找一个具有难于进用而容易退去的节操、足以让天子产生敬畏心情、可以作为士人的榜样的人，却没有这样的人了。骏马与驽马争夺驾车的位置，明星和萤火虫争夺谁更有光亮，大道已经被贬低了，自身已经被轻侮了，世道怎能不随波逐流，国家怎能不瓦解呢？韩忠彦孤立一人拥戴皇后，而期望能够挽救绵延了两代人的危局，这些君子们是多么容易采取行动而难于安静啊！程伊川被贬官，尹和靖、张思叔诸位学者都遭受了"伪学"的禁锢。韩侂胄的恶行，由此开始，那么就不仅使国家受到了祸害，而且让祸害波延到学术了。徽宗即位时的建中靖国年间的最初国政，是让有识者为之寒心的，哪里有什么粲然可观可言呢？

二

政之善者，一再传而弊生，其不善者，亦可知矣。政之善者，期以利民，而其弊也，必至于厉民。立法之始，上昭明之，下敬守之，国受其益，人受其赐。已而奉行者非人，假其所宽以便其弛，假其所严以售其苛，则弊生于其间，而民且困矣。政之不善者，厉民以利国，而其既也，国无所利，因以生害，而民之厉亦渐以轻。立法之始，刻意而行之，令必其行，禁必其止，怨怒积于下而不敢违，已而亦成故事矣。牧守令长之贤者，可与士民通议委曲，以苟如其期会而止，而不必尽如其法。若其不肖者，则虽下不恤民嚣，上亦不畏国法，但假之以济其私，而涂饰以应上，亦苟且塞责而无行之之志。则其为虐于天下者，亦渐解散而不尽如其初，则害亦自此而杀矣。故即有不善之政，亦不能操之数十年而民无隙之可避。繇此言之，不善之政，未能以久贼天下；而唯以不善故，为君子所争，乃进小人以成其事，则小人乘之以播恶，而其祸乃延。故曰："有治人，无治法。"则乱天下者，非乱法乱之，乱人乱之也。

【译文】

即使是好的制度，一传再传之后就会产生弊端，而不好的制度，也就可想而知了。好的制度，目标是利民，而它的弊端，必定会走到害民的地步。开始建立制度的时候，君主明白宣布它，官员们都恭敬地遵守它，国家得到它的好处，人民得到它的恩惠。之后奉行这套制度的不再是合适的人，就会利用制度的宽大之处而方便地废弛制度，利用制度的严厉之处而兜售他们的苛刻，那么弊端就在其间产生出来了，而民众就将受困了。不好的制度，使民众受害而让国家得利，而到最后，国家得不到利益，于是就产生害处，而民众所受的祸害也渐渐变轻。建立制度在开始时刻意地推行它，令必须要执行，禁必须要停止，怨怒在下面积聚而不敢违抗，之后也就成为旧的制度了。地方官员当中的贤明者，可以与士民一起协商具体情况，以大致符合制度的要求为止，而不必完全按照制度来执行。如果是不贤明的地方官员，就会是对下不怜恤民众的哀痛，对上也不畏惧国法，只是利用制度以满足他的私欲，而做表面文章来应付上面，也会采取苟且塞责的态度而没有执行制度的愿望。那么它对天下的危害，也会渐渐地消散而不尽如当初那样严厉，那么危害也从此而减小了。所以即使有不好的政治，也不能推行数十年而让民众没有空子可躲避。由此说来，不好的政治，不能长久地祸害天下；而正是因为制度不好，会受到君子的批评争辩，于是就进用小人来执行这项制度，那么小人就乘机把奸恶传播开来，而它的祸害也就延长和扩大了。所以说："有治国的人，没有治国的制度。"那么扰乱天下的，不是混乱的制度扰乱了天下，而是乱臣贼子扰乱了天下。

　　蔡京介童贯以进，与邓洵武、温益诸奸剿绍述之邪说[①]，推崇王安石，复行新法。乃考京之所行，亦何尝尽取安石诸法，督责吏民以必行哉？安石之昼谋夜思，搜求众论，以曲成其申、商、桑、孔之术者，京皆故纸视之，名存而实亡者十之八九矣。则京之所为，固非安石之所为也。天下之苦京者，非其苦安石者也。是安石之法，未足以致宣、政之祸；唯其杂引吕惠卿、邓绾、章惇、曾布之群小，以授贼贤罔上之秘计于京，则安石之所以贻败亡于宋者此尔。载考熙、丰之时，青苗、保甲、保马、市易之法，束湿亟行，民乃毁室鬻子，残支体,徙四方,而嗁号遍野②。藉令迄乎宣、政,无所宽弛,则天下之氓,死者过半,揭竿起者,不减秦、隋之季。乃绍圣踵行,又二十余年,而不闻天下之怨毒倍于前日。方腊之反③,驱之者朱勔花石之扰,非新法迫之也。此抑可以知政无善恶,俱不足以持久,倚法以求赢,徒为聚讼而已矣。

【注释】

①邓洵武(1057—1121):字子常,成都双流(今四川双流)人。哲宗时,为国史院编修官、起居舍人、中书舍人、吏部侍郎。徽宗时为尚书右丞、中书侍郎、知枢密院。传见《宋史·邓洵武传》。温益(1037—1102):字禹弼,晋江(今福建晋江)人。徽宗时,为太常少卿、给事中、吏部尚书、尚书右丞。依附蔡京。史称温益仕宦,没有善事可纪,为人狡谲。传见《宋史·温益传》。

②嗁(tí)号:啼哭呼叫。嗁,即"啼"。

③方腊(? —1121):又名方十三,歙州(今安徽歙县)人,后迁至睦州青溪(今浙江淳安)。宣和年间,朱勔等人在东南各地,为徽宗搜刮花石竹木和奇珍异宝,用大船运向汴京,每十船为一纲,时称"花石纲"。方腊居住的青溪多产竹木漆,征收颇多,又值大旱,官吏逼税。方腊揭竿而起,打下六州五十二县。宣和三年(1121)战败被俘,押至汴京处死。传见《宋史·童贯传附方腊传》。

【译文】

蔡京得到童贯的帮助而进用为相,与邓洵武、温益诸奸人抄袭绍述的邪说,推崇王安石,恢复推行新法。考察蔡京的行为,又何尝完全恢复王安石的各种新法,督责吏民必须执行呢? 王安石昼思夜想,搜求众多的论说,以婉转地构成他所提倡的申不害、商鞅、桑弘羊、孔仅的主张,蔡京全都视为故纸,十之八九都名存实亡了。那么蔡京所作所为,本来就不是王安石的所作所为。天下是遭受蔡京的苦痛,不是遭受王安石的苦痛。王安石的新法,未足以导致徽宗宣和、政和年间的祸害;只是他杂乱地进用吕惠卿、邓绾、章惇、曾布这群小人,而让蔡京学会了迫害贤人欺骗君主的秘计,这才是王安石遗留下来祸害宋王朝的东西。考察熙宁、元丰时期,青苗、保甲、保马、市易等新法,官吏们苛酷急切地加以推行,民众才毁了家室卖了儿女,弄残肢体,流亡四方,并且啼号遍野。假使新法到宣和、政和年间还没有松弛,那么天下的民众就会死者过半,揭竿而起的人,不会比秦朝、隋朝末年少。而哲宗绍圣时期继续实行新法,又有二十多年,却没有听说天下对新法的怨恨比王安石时期成倍增加。方腊的造反,原因是朱勔花石纲的扰害,不是新法逼迫的。这也可以知道制度没有好坏,都不足持久,依靠制度求胜,只是让人聚众争论而已。

　　神宗之求治也迫,安石之欲售其邪僻之术也坚,交相骛而益之以戾气,力持其是,以与君子争,无从欲偷安之志以缓之,故行之决而督之严,吏无所容其曲折,民无所用其推移,则如烈火之初炎,而无幸存之宿草。及哲宗而以怠心行之,及徽宗而抑以侈心行之矣。则吏民但可有盈余以应诛求,饰文具以免勘督者,自相遁于下而巧避之。且如保甲之法,固可以一纸报成功;青苗之息,固可洒派于户口土田①。醉梦之君,狭邪之相,苟足其欲,而以号于人曰:"神宗之所为,吾皆为之矣。"而民之害,亦至此而稍纾矣。

【注释】
　①洒派:古代富户为了逃税赋,把自己的田地分派到他人名下。

【译文】

神宗追求治国很急迫,王安石想兜售他的邪僻之术也很坚决,双方互有所求而加上暴戾之气,极力坚持他们认为正确的,来与君子争辩,没有纵欲偷安的意志把事情放缓,所以推行起来坚决而且督管得很严,官吏没办法夹杂他们的想法,民众也没办法躲避和钻空子,那么就像烈火开始燃烧,而没有幸存的旧草。等哲宗用懈怠之心来推行新法,到徽宗就又用奢侈之心推行新法了。于是官吏民众只要有盈余以应付新法的监管和征收,做表面文章加以修饰以免除检查督察的,就都在下面逃遁和巧避新法了。就像保甲之法,本来就可以用一张纸来汇报已经执行成功;青苗法的利息,本来可以按户口田亩数量分别承担。醉生梦死的君主,狭隘邪恶的宰相,如果满足他们的欲望,就会向人们宣称说:"神宗的所作所为,我也都做到了。"而民众所受的祸害,也因督察得不严而稍微纾缓了。

　　繇此言之,政无善恶,统不足以持久。吏自有其相沿之习,民自有其图全之计。士大夫冒谴以争讼于庭而不足,里胥编户协比以遁于法而有余。故周公制六官,叙《六典》,纤悉周详,规天下于指掌,勒为成书,而终不以之治周。非不可行也,行之而或遁之,或乘之,德不永而弊且长也。

【译文】

由此说来,制度不论好坏,都不足以持久。官吏自有他们相沿袭的习惯做法,民众自有他们谋求安全的办法。士大夫顶着别人的谴责在朝廷进行争讼还感到不满足,基层官吏和编在户籍中的民众相互合作来逃避制度的苛求也是有余裕的。所以周公制定六官的制度,分成《六典》加以叙述,非常详细完备,把天下所有事务都在指掌之中加以控制了，并且编纂成书，却最终不能在周代用来治国。不是不可行，而是如果推行就有人逃避，有人乘机用来谋私，恩德不会长久而弊害却很长久。

人主而为国计无疆之休，任贤而已矣；大臣而为君建有道之长，进贤而已矣。所举贤，而以类升者，即不如前人之懿德，而沿流风以自淑，必不为蟊贼者也。所举不肖，而以类升者，岂徒相效以邪哉？趋而愈下，流而愈淫，即求前人之不肖而不可得。呜呼！安石岂意其支流之有蔡京哉？而京则曰："吾安石之嫡系也。"诸君子又从而目之曰："京所法者，安石也。"京之恶乃益以昌矣。故善治天下者，章民者志也，贞民者教也，树之百年者人也。知善政之不足恃，则非革命之始，无庸创立己法；知恶政之不可久，则虽苛烦之法，自可调之使驯。读一先生之言，欲变易天下而从己，吾未见其愈于安石也，徒为蔡京之口实而已。

【译文】

君主为国家谋划永久之福，只有任用贤人而已；大臣为君主任用有道的官长，只有推举贤人而已。大臣推举的贤人，是按同类提升的，即使不具有如前人的美德，但也会继承前人传下来的风气来增强自己的善德，必定不会成为蟊贼。大臣推举不贤之人，是按同类提升的，难道这种人只会相互仿效邪恶吗？他们只会变得愈来愈低下，变得越来越荒淫，即使想找前人的不善也是不可能的。呜呼！王安石哪里想到他的后继者会有蔡京这种人呢？而蔡京则说："我是王安石的嫡系。"诸位正人君子又看着他说："蔡京所效法的，就是王安石。"蔡京的邪恶于是就更加严重了。所以善于治天下的人，让民众明白的，是志向；使民众正直的,是教化;培养可以使用百年的,是人才。知道好的制度不足依赖,则不是改革的开始,不用创立自己的制度;知道恶的制度不可长久,那么虽然是苛刻烦琐的制度,自可调整它使之顺畅。读到一位先生的话,就想按照自己的想法来改变天下,在这方面我没有看到谁能超过王安石,只是让蔡京用作自己的借口而已。

三

　　靖康之祸,自童贯始。狡夷不可信而信之,叛臣不可庸而庸之,逞志于必亡之契丹,而授国于方张之女直。其后理宗复寻其覆轨,以讫其大命。垂至于后,犹有持以夷攻夷之说取败亡者,此其自蹈于凶危之阱,昭然人所共喻矣。而宋之一失再失以陨命者,不仅在此。藉令徽宗听高丽之言①,从郑居中、宋昭之谏②,斥童贯、王黼之奸③,拒马植、张毂之请④,不以一矢加辽,而且输金粟、起援兵、以卫契丹,能必耶律淳之不走死乎⑤?能必左企弓之固守燕山而不下乎⑥?能使女直不压河北而与我相迫乎?能止女直之不驰突渡河而向汴乎?夫然,则通女直之与不通,等也;援辽之与夹攻,等也。童贯兴受其败,而宋之危亡,非但贯之失算也。

【注释】

①徽宗听高丽之言:据《宋史·高丽传》,宣和四年(1122),高丽睿宗王俁(1105—1122 在位)去世,其子王楷(1123—1146 在位)立,称仁宗。睿宗在位时,曾向宋求医,宋派二名医生前往,二年后返回。他们在高丽时,王楷曾对他们说:"听说朝廷将与女真合兵伐契丹。契丹若存,犹足为朝廷捍边。女真如狼虎,不可

交。愿二医回国向天子汇报,宜早为备。"两位医生回国后转达
了这个警告,但徽宗并未听从。

②郑居中(1059—1123):字达夫,开封(今河南开封)人。徽宗时领
枢密院事,助蔡京复相,后又与京作对。当时蔡京等人主张遣使
与金相约夹攻契丹,郑居中极力反对。其后金人不断攻打契丹,
王黼、童贯又建议出兵夹击契丹,郑居中仍表示反对,未被采纳。
传见《宋史·郑居中传》。宋昭:生卒年不详,徽宗时为朝散郎,
宣和四年,宰相王黼以辽宣宗耶律淳死,命童贯、蔡攸治兵,准备
北伐,宋昭上书谏阻,王黼大怒,将宋昭除名、勒停,流放广南编
管。事见《宋史·徽宗纪》。

③王黼(1079—1126):字将明,原名甫,赐改为黼,开封祥符(今河
南祥符)人。徽宗时,助蔡京复相,又勾结宦官梁师成,后来代替
蔡京执政,苛取水陆珍异之物。宋朝廷欲联金攻辽,王黼趁机搜
刮,买五六座空城伪称胜利。钦宗即位,抄没其家,开封尹聂山
则派人将他杀死。传见《宋史·王黼传》。

④马植(?—1126):燕(今河北北部地区)人。世为契丹大族,官至
光禄卿。徽宗政和元年(1111),童贯使辽,马植向他提出"联金
灭辽"之策,童贯为他改名为李良嗣。归宋后,徽宗赐姓赵。宣
和间七次赴金与阿骨打约定攻辽。钦宗靖康元年(1126)因金兵
南侵,贬郴州处死。传见《宋史·赵良嗣传》。张毂(jué,?—
1123):又名张觉,平州义丰(今河北卢龙)人,原为辽兴军节度副
使,驻守平州(今河北卢龙),金军攻下燕京,命他为同平章门下
事。宣和五年(1123)降宋,不久金军来讨伐,张毂逃入郭药师军
中。宋徽宗怕金人以此为借口攻宋,杀死张毂及其二子。传见
《宋史·奸臣传·赵良嗣传附张觉传》。

⑤耶律淳:即辽宣宗(1062—1122)。1122年,金军攻辽,天祚帝逃
入夹山,宰相李处温等拥耶律淳为帝,史称北辽。耶律淳称帝

后,欲与北宋缔结和约。北宋不同意,出兵攻讨。耶律淳请求作
为金国的附庸,金未答复,耶律淳病死。传见《辽史·宣宗纪》。
⑥左企弓(1051—1123):字君材,蓟州(今北京)人。辽国进士,历
任来州观察判官、中京副留守、知三司使事、同中书门下平章事。
金太祖克辽燕京,左企弓降金。后与虞仲文等人路过平州,被平
州留守张觉派人杀死,张觉随后叛金降宋。《金史·左企弓传》。

【译文】

靖康年间的祸害,是从童贯开始的。狡诈的夷狄不可相信却相信
他们,叛逃的臣子不可任用却任用他们,让自己的愿望在必定灭亡的契
丹身上实现,而把国家的命运交给正在兴起的女真。其后理宗又踏上
他的覆车之轨,而使宋的命运告终。延续到后来,还有人用这种以夷攻
夷之策而自取败亡,这是他自己踏进凶危的陷阱,事情非常明白,是人
所共知的。而宋王朝一失再失以至于国命灭亡,其原因又不仅仅在此。
假使徽宗听从了高丽人的建议,采纳了郑居中、宋昭的进谏,斥退童贯、
王黼的奸邪,拒绝马植、张毂的请求,不用一支箭射向辽国,并输送钱
粮、出动援兵来保护契丹,能一定让耶律淳不逃窜死亡吗?能必定让左
企弓固守燕山而不被攻下吗?能让女真不逼压河北而与我相逼吗?能
制止女真不驰马冲击渡过黄河而向汴京进军吗?如果是这样,那么与
女真联不联合,就都是一样的;援辽和与金人夹攻辽国,也都是一样的。
童贯执政以来承受了这些失败,而宋王朝的危亡,却不只是因为童贯的
失算。

　　辍夹攻之计以援辽,辽存而为我捍女直,此一说也。宋
岂能援契丹而存之者?以瓦解垂亡之契丹,一攻之,而童贯
败于白沟矣①;再攻之,而刘延庆、郭药师败于燕山矣②。攻
之弗能攻也,则援之固弗能援也。不可以敌熸火将熄之萧
幹③,而可以拒燎原方炽之粘没喝乎④?拒契丹而勿援,拒女

直而勿夹攻,则不导女直以窥中国之短长,守旧疆以静镇之,此一说也,近之矣。乃使女直灭辽,有十六州之地,南临赵、魏,以方新不可遏之锐气,睥睨河朔之腴土,遣一使以索岁币,应之不速而激其忿怒,应之速而增其狎侮。抑能止锋戢锐、画燕自守,而不以吞契丹者龁我乎? 然则夹攻也,援辽也,静镇也,三者俱无以自全。盖宋至是而求免于女直也,难矣。

【注释】

① 白沟:白沟河,发源于太行山,途经山西东部、河北张家口、保定等地,最后流入白洋淀。白沟河形成于唐代之前,是宋与辽的界河。

② 刘延庆(1068—1127):保安军(治在今陕西志丹)人。与西夏战有功,官至鄜延路总管、马军副都指挥使、保信军节度使、马军副都指挥使。宣和四年(1122),督兵十万屯于卢沟(在今北京西南)南,败于辽将萧幹,熙宁、元丰以来的储藏军备全部丧失。靖康之变时,守京城,城破遁走,为追骑所杀。传见《宋史·刘延庆传》。郭药师:生卒年不详。渤海铁州(今辽宁盖平东)人。辽募辽东人为兵,号称"怨军",药师为帅。辽亡,药师归宋。金天会三年(1125,宋宣和七年),金兵两路攻宋,郭药师在白河兵败降金。后随金兵攻宋,知宋之虚实,使金军获胜。传见《宋史·郭药师传》《金史·郭药师传》。

③ 萧幹(? —1123):辽朝奚王,辽天祚帝保大三年(1123),自称奚国皇帝,改元天复。契丹名为回离保,又作和勒博、古尔班、夔离不等,传见《辽史·回离保传》。

④ 粘没喝:即完颜宗翰(1080—1137),本名黏没喝,又名粘罕,女真

人。阿骨打起兵反辽后,宗翰拥立阿骨打称帝,天会二年(1124)灭辽,天会四年(1126)灭北宋,宗翰均为副帅之一。天会十年(1132),宗翰兼都元帅,为金朝最高军事长官。扶立合剌(完颜亶)即金熙宗即位,后因高庆裔犯罪而受株连,宗翰愤懑而死。传见《金史·宗翰传》。

【译文】

停止宋与金夹攻辽的计划来援救辽,辽国得以保存而替我大宋抵御女真,这是一种说法。宋王朝难道能援救契丹而保存它吗?以瓦解垂亡的契丹来说,宋一旦进攻它,童贯就在白沟吃了败仗;再次攻击它,刘延庆、郭药师又在燕山战败了。攻击它而不能攻克,那么援救它也本来是不可能的。不能与火苗将要熄灭的辽国萧干相对抗,还能抗拒如同燎原之火正处于炽热状态的金国粘没喝吗?拒绝契丹而不救援,拒绝女真而不夹攻辽国,就不会导致女真来窥伺中国的虚实,守着旧的边疆来冷静镇守,这一种说法,就比较有道理了。却让女真攻灭辽国,占有了十六州之地,向南面对赵、魏地区,用其正在新生而不可遏止的锐气,窥视河北的沃土,派出一个使节来索求岁币,回应得不快就激起了金人的愤怒,回应快了又增加了金人对我的狎侮,还能制止金人的锋锐、以燕地为界守住自身,而让金人不用吞灭契丹的手段来吞灭我吗?这样说来,无论是宋与金对辽的夹攻,还是救援辽国,还是冷静镇守,三种方法都无法使宋自全。这是因为宋王朝到此时而想求金人不吞灭自己,已经很难了。

自澶州讲和而后,毕士安撤河北之防,名为休养,而实以启真宗粉饰太平之佚志,兴封祀、营土木者十八载。仁宗以柔道为保邦之计,刘六符一至,而增岁币如不遑,坐销岁月于议论之中者又四十一年。神宗有自强之志,而为迂谬之妄图,内敝其民于掊克,而远试不教之兵于熙河①。契丹一索地界,则割土以界之,而含情姑待,究无能一展折冲之实算。元祐以还,一彼一此,聚讼盈廷,置北鄙于膜外者又二十余年。阃无可任之将,伍无可战之兵,城堡湮颓,戍卒离散。徽宗抑以嬉游败度,忘日月之屡迁。凡如是者几百年矣。则攻无可攻,援无可援,镇无可镇。请罢夹击之师者,罢之而已;抑将何以为既罢之后画一巩固之谋邪?故曰童贯误之,非徒童贯误之也。

【注释】

①熙河:宋熙宁五年(1072)置熙河路经略安抚使,治所在熙州(今甘肃临洮)。徽宗时,宋与吐蕃在熙河进行的战役,史称熙河之战。宋英宗治平二年(1065)吐蕃唃厮啰去世,第三个儿子董毡继位,王韶建议先取河湟,再取西夏。宋神宗熙宁六年(1073),王韶发兵攻打河州的木征,次年木征与董毡等入侵河洲,宋军景思立战败而死,王韶疾驰熙州,木征等人退走,王韶赶到白城,杀戮甚众,木征投降,赐名赵思忠。

【译文】

自从在澶州与契丹讲和之后,毕士安撤除了河北的防备,称为休养,实际上引导了宋真宗粉饰太平的放侁之志,于是真宗举办泰山封禅和西封后土、大兴土木长达十八年。仁宗用柔软之道作为保国之计,但辽国的使臣刘六符一到,就增加了岁币还怕来不及,坐等岁月在议论之中消失,这样又过去了四十一年。神宗有自强之志,但采取了迂谬狂妄的谋划,国内使民众受到盘剥而疲敝,而让没有训练的士兵到远方的熙河去与西夏作战。契丹一索求土地,就割让土地送给他们,而忍着心暂且等待,终究不能一展对抗取胜的切实手段。元祐年间以来,新党旧党彼此双方,满朝聚讼争论,把北方边境置之度外又有二十多年。国内没有可以任用的将领，军中没有可以作战的士兵，城堡颓坏，守边的士卒离散。徽宗又以嬉乐游玩败坏制度，忘记了日月的不断消失。像这样的情况将近一百年了，于是就使进攻没有可以进攻的力量，救援没有可以救援的手段，镇守也没有可以镇守的能力。请求罢止夹击辽国的军队，也只是罢止而已；还将靠什么在罢止夹击之后筹划一条巩固国家的谋略呢？所以说童贯误导了徽宗，但不全是童贯的失误。

　　虽然，宋即此时，抑岂果无可藉以自振者乎？以财赋言，徽宗虽侈，未至如杨广之用若泥沙也。尽天下之所输，以捍蔽一方者，自有余力。以兵力言，他日两河之众，村为屯、里为砦者，至于飘泊江南，犹堪厚用。周世宗以数州之士，乘扰乱之余，临阵一麾，而强敌立摧，亦非教练十年而后用之也。以将相言，宗汝霖固陶侃之流匹也①。张孝纯、张叔夜、刘子羽、张浚、赵鼎俱已在位②，而才志可征。刘、张、韩、岳，或已试戎行，或崛起草泽，而勇略已著。用之斯效，求之斯至，非无才也。有财而不知所施，有兵而不知所用。无他，唯不知人而任之，而宋之亡，无往而不亡矣。

【注释】

①宗汝霖：即宗泽（1060—1128），字汝霖，浙江义乌人。靖康元年（1126），康王赵构准备赴金议和，行至磁州，宗泽劝阻。建炎元年（1127），宗泽任东京留守，屡破金兵，金人畏惧，称"宗爷爷"。力劝宋高宗还京，收复北方失地，为奸佞所阻。宗泽忧愤成疾，疽发于背，连呼"渡河！渡河！渡河"而逝。传见《宋史·宗泽传》。陶侃（259—334）：字士行（或作士衡），鄱阳（今江西鄱阳）人。晋怀帝时任武昌太守、荆州刺史、都督八州诸军事。传见

《晋书·陶侃传》。

②张孝纯(? —1144)：字永锡，滕阳(今江苏徐州)人。徽宗宣和七年(1125)，金军围困太原，张孝纯坚守逾年。靖康元年(1126)，太原城破，被俘拒降，囚归云中，后降金。天会八年(1130)，金人立刘豫为大齐皇帝，张孝纯为丞相。传见《宋史·张孝纯传》。张叔夜(1065—1127)：字嵇仲，永丰(今江西广丰)人。靖康元年，金军南侵，率兵入援京师，拜签书枢密院事。与徽宗、钦宗同时被俘，押往金国，行至白沟，绝食而死。传见《宋史·张叔夜传》。刘子羽(1096—1146)：字彦修，建州崇安(今福建崇安)人。宋徽宗时，破方腊有功，后为知镇江府兼沿江安抚使，以不附秦桧，罢职。传见《宋史·刘子羽传》。张浚(1097—1164)：字德远，汉州绵竹(今四川绵竹)人。高宗初年，负责防御金兵南下，与韩世忠平定苗傅、刘正彦叛乱，又在关陕、江淮组织宋军抵抗金兵，对稳定局势起了重要作用。传见《宋史·张浚传》。赵鼎(1085—1147)：字元镇，自号得全居士。解州闻喜(今山西闻喜)人。南宋初期名相，与李纲齐名。他荐岳飞、韩世忠等人，积极抵抗金兵，反对秦桧和议，遭秦桧打击迫害，罢相，出知泉州，又移漳州、潮州安置，再移海南吉阳军。知秦桧必欲杀己，绝食而死。传见《宋史·赵鼎传》。

【译文】

即使这样，宋在此时，难道就真的没有可以凭借的出路而使自己振奋吗？以财赋来说，徽宗虽然奢侈，还没有像隋炀帝杨广那样如同使用泥沙一样使用国家的钱财。用天下输送的全部财赋来捍卫一方的领土，自有多余的力量。以兵力来说，当年两河作战的兵士，以村落为屯、里巷为寨的人们，后来漂泊到江南，还足以重用。周世宗就用几个州的兵士，乘着天下纷乱的机会，临阵一挥，就把强敌顿时摧毁，也不是经过十年教训而后才能用来作战的。以将相来说，宗泽本来就是与陶侃之流相匹敌的文臣。张孝纯、张叔夜、刘子羽、张浚、赵鼎都已在官位上了,而他们的才能志气都可以使用。刘锜、张俊、韩世忠、岳飞,或已在军队中得到任用,或已从草泽中崛起,而他们的勇敢和谋略也已表现出来。任用他们就会取得效果,寻求他们就会到来,不是没有人才。有财赋而不知用在哪里,有兵士而不知用在何方。没有别的原因,只是不识人才而任用他们,由此宋王朝的灭亡,就不论走到哪里都会灭亡了。

不知犹可言也,不任不可言也。是岂徒徽宗之暗、蔡京之奸败坏于一旦哉?自赵普献猜防之谋,立国百余年,君臣上下,惴惴然唯以屈抑英杰为苞桑之上术①。则分阃临戎者,固以容身为厚福,而畏建功以取祸。故平方腊,取熙河,非童贯以奄宦无猜,不敢尸战胜之功。哓哓者满堂也②,而窥其户,久矣,阒其无人矣③。虽微童贯挑女直以进之,其能免乎?汉用南单于攻北单于④,而匈奴之祸讫;闭关谢绝西域,而河西之守固;唯其为汉也。庙有算,阃有政,夹攻可也,援辽可也,静镇尤其无不可也。唯其人而已矣。

【注释】

①苞桑:《周易·否卦》:"其亡其亡,系于苞桑。"苞桑,指桑树的树干。系于苞桑,是说若能随时记着将会灭亡,为此而自我戒慎,就会像系在苞桑之上一样不会倒掉和灭亡。王夫之这里指宋王朝拿猜忌大臣作为保全国家的手段。上术:指上等方法。

②哓哓(xiāo):吵嚷,唠叨。

③阒(qù):寂静。

④南单于:建武二十四年(48),匈奴内部发生分裂,匈奴头曼和冒顿单于的后裔单于比得到八部大人的拥护,拥立为呼韩邪单于,

向东汉朝廷献上匈奴地图，献上五原塞，愿永为藩蔽，扞御北匈奴。光武帝同意，于是单于比自立为呼韩邪单于，而匈奴始有南北单于之分。建武二十六年(50)，南单于被北单于击败，光武帝命南匈奴单于入塞居云中郡。此后，设置使匈奴中郎将，派兵监护。北单于：优留单于的弟弟，生卒不详。东汉章和二年(88)，鲜卑攻击北匈奴，杀死北匈奴优留单于，立其弟为单于。东汉永元元年(89)，东汉大败北匈奴，北单于奔走。汉又与南匈奴包围北单于，北单于逃走。之后北单于再次被东汉打败，逃亡后不知所在。他的弟弟右谷蠡王於除鞬自立为北匈奴单于，后被东汉出兵消灭。

【译文】

不知道人才还有话可说，不加任用就无话可说了。这哪里只是徽宗的愚暗、蔡京的奸佞使人才败坏于一个早上呢？自赵普献上猜疑防范的计谋，宋王朝立国一百余年，君臣上下，心中小心翼翼只以压抑英杰人才作为保住国家安全的高明方法。于是分兵与外敌作战的人，本来就把保住自己的安全作为最大的福分，而害怕建功带来灾祸。所以平定方腊，攻下熙河，如果不是因为童贯作为一个宦官使皇帝对他没有猜疑，他也不敢占有战胜的功劳。满堂都是吵嚷和争论，而窥视他们的门户，就会发现很久就空无一个人了。即使没有童贯挑动女真南下进攻契丹，宋王朝还能避免被灭的危险吗？汉代让南单于攻打北单于，匈奴的祸害就终止了；闭关不与西域来往，河西的守御也就巩固了；这正是汉成为汉的原因。庙堂有长远的谋划，治军有固定的制度，就可与金人夹攻辽国，也可以求援辽国，而冷静镇守更是可以做到的。只在于要有人才而罢了。

四

奸人得君久，持其权而以倾天下者，抑必有故。才足以代君，而贻君以宴逸；巧足以逢君，而济君之妄图；下足以弹压百僚，而莫之敢侮；上足以胁持人主，而终不敢轻。李林甫、卢杞、秦桧皆是也。进用之始，即有以耸动其君，而视为社稷之臣；既用之，则信向而尊礼之；权势已归，君虽疑而不能动摇之以使退。故高宗置刀鞾中以防秦桧①，而推崇之益隆；卢杞贬，而德宗念之不衰；李林甫非杨国忠之怀忮以相反②，玄宗终莫之轻也。而其时盈廷之士，无敢昌言其恶，微词讥讽而祸不旋踵矣。而蔡京异是。

【注释】

① 鞾（xuē）：兽皮做成的靴子。

② 杨国忠（？—756）：本名杨钊，蒲州永乐（今山西芮城）人。杨玉环的族兄，得到大富翁鲜于仲通的资助，进京见杨氏姐妹，引见给玄宗，得到玄宗的信任，玄宗赐名国忠。天宝十四载（755）爆发安史之乱。安禄山以讨杨国忠为名。叛军攻陷潼关，玄宗逃往四川避难，走到马嵬驿（今陕西兴平），将士将杨国忠杀死，杨贵妃也被缢死。传见新、旧《唐书·杨国忠传》

【译文】

奸人长久得到君主的信任，把持大权而倾倒天下，是必有其原因的。他的才能足以代替君主，而让君主专心饮宴游玩；他的机巧足以迎合君主，而助成君主的狂妄愿望；向下足以弹压百僚，而无人敢抗拒他；向上足以胁持人主，而人主最终不敢轻视他。李林甫、卢杞、秦桧都是这种人。刚开始进用的时候，就有某种主张让君主为之耸动，而把他视为社稷之臣；重用之后，则君主信任他而加以尊重和礼遇；权势已归到他的手中之后，君主虽然怀疑但不能动摇他的地位让他退位。所以高宗靴子中放了刀子以防备秦桧，而对秦桧的推崇却更隆重；卢杞被贬，而唐德宗想念的心情还不衰减；李林甫不像杨国忠那样怀有忮害之心进行反叛，唐玄宗最终不能轻视他。而在奸人掌权之时，满朝廷的士大夫，无人敢公开说他的恶行，如果用微词加以讥讽，灾祸就会马上临头了，而蔡京却不是这样。

　　徽宗之相京也，虽尝赐坐而命之曰："卿何以教之？"亦戏也，实则以弄臣畜之而已。京之为其所欲为也，虽奉王安石以为宗主，持绍述之说以大残善类，而熙、丰之法，非果于为也，实则以弄臣自处而已。其始进也，因与童贯游玩，持书画奇巧以进，而托之绍述，以便登揆席。其云绍述者，戏也。所师安石以《周官》饰说者，但"唯王不会"之一言①，所以利用夫戏也。受宠既深，狂嬉无度，见安妃之画像②，形之于诗；纵稚子之牵衣，著之于表；父子相仍，迭为狎客。乃至君以司马光谴臣，臣以仁宗谴君，则皆灼然知其为俳优之长，与黄幡绰、敬新磨等③。帝亦岂曰此可为吾任社稷者？京、攸父子亦岂曰吾为帝腹心哉④？唯帝之待之也媟，而京、攸父子之自处也贱，故星变而一黜矣，日中有黑子而再黜矣，子用而父以病免，不得世执朝权矣。在大位者侯蒙、陈显⑤，斥之为蟊贼，而犹优游以去；冗散之臣如方轸⑥，草泽之士如陈朝、陈正汇⑦，诃之如犬豕，而犹不陷于刑。未尝有蟠固不可摇之势也，徽宗亦屡欲别用人代之矣。而赵挺之、何执中、张商英之琐琐者⑧，又皆怀私幸进，而无能效其尺寸。是以宠日以固，位日以崇，而耆老不死，以久为贼于天下。计自其进用以迄乎南窜之日，君亦戏也，臣亦戏也。嗣之者，攸也、絛也⑨；偕之者，王黼也、朱勔也、李邦彦也⑩；莫非戏也。花鸟、图画、钟鼎、竹石、步虚、受箓、倡门、酒肆^⑪，固戏也；开熙河、攻交趾、延女直、灭契丹、策勋饮至、献俘肆赦^⑫，亦莫非戏也。如是而欲缓败亡之祸，庸可得乎？

【注释】

①唯王不会(kuài)：《周礼·膳夫》：“岁终则会，惟王及后世子之膳不会。”郑玄注：“不会计多少优尊者。”指只有王的用费不加总计。蔡京用这句话说帝王的用费不必计算，于是徽宗心安理得地奢侈使用钱财。

②安妃：宋徽宗的妃子之一，姓刘，本酒保家女，天资警悟，善迎合旨意，又善于涂饰，道士林灵素进宫，称她为九华玉真安妃，画其像置于神霄帝君之左。事见《宋史·后妃传下·刘贵妃传》。

③黄幡绰：生卒年不详，生于凉州（今甘肃武威），为宫廷乐师，在宫内三十多年，侍奉唐玄宗。善言辞，多次使用滑稽风趣的语言，谏劝玄宗不要轻信安禄山。安史之乱，黄幡绰陷于叛军，被迫为安禄山表演。安史之乱后，玄宗不以为有罪，将他开释。敬新磨：生卒年不详。后唐庄宗宠爱的优伶之一，多次以滑稽之言劝谏后唐庄宗。传见《新五代史·伶官传》。

④攸：指蔡攸（1077—1126），字居安，蔡京长子。初在京城，遇端王赵佶则毕恭毕敬，佶继位后为领枢密院事，不理政务，唯知在帝侧论道家神变之事，演市井淫秽之戏以邀宠。后被贬诛死。事见《宋史·蔡京传》。

⑤侯蒙（1054—1121）：字元功，密州高密（今山东高密）人。徽宗时为户部尚书、同知枢密院事，后罢知亳州，徙知东平府。传见《宋史·侯蒙传》。陈显：事迹不详。

⑥方轸：生卒年不详，莆田（今福建莆田）人，大观元年（1107），蔡京复任宰相，方轸上疏列举蔡京过失，蔡京要判方轸死罪，诏令免

死,编管岭南。

⑦陈朝:事迹不详。陈正汇:陈瓘的儿子。徽宗时,正汇在杭州上
书揭发蔡京有动摇东宫之罪,被执送京师,陈瓘也被逮捕,陈正
汇以所告失实流放海上,陈瓘安置通州。

⑧赵挺之(1040—1107):字正夫,密州诸城(今山东诸城)人。哲宗
时为监察御史、中书舍人、御史中丞,力主绍述之说,排击元祐诸
臣。后与蔡京争权。大观元年(1107),蔡京再相,赵挺之罢相。
传见《宋史·赵挺之传》。何执中(1044—1118):字伯通,处州龙
泉(今浙江龙泉)人。追随蔡京,任尚书左丞,迎合帝意,粉饰太
平。政和元年(1111),与蔡京同为宰相。传见《宋史·何执中
传》。张商英(1043—1121):字天觉,号无尽居士,蜀州新津(今
四川新津)人。徽宗时,被列入元祐党籍,后为尚书左丞、尚书右
仆射,出知河南府等。传见《宋史·张商英传》。

⑨绦(tāo):指蔡绦,蔡京之子,生卒年不详。宣和六年(1124),蔡京
第四次为相,已七十八岁,眼睛昏花,公事全由蔡绦代为办理,且
代蔡京入宫奏报,于是恣为奸利,窃弄威柄。其兄蔡攸亦不能忍
受,揭发其恶行。钦宗时,蔡京流放到潭州(今湖南长沙),死于
路途之中,蔡京的子孙二十三人同时流放,蔡绦流放到白州(今
广西博白),最终死在该地。事见《宋史·蔡京传》。

⑩李邦彦(?—1130):字士美,怀州(今河南沁阳)人。徽宗时,为
尚书左丞,靖康之难时,为投降派奸臣之首,主张割地议和。高
宗即位后被贬逐,死于桂州。传见《宋史·李邦彦传》。

⑪竹石:即花石,徽宗喜欢花石,所以蔡京、童贯等人为他在各地搜
罗奇巧的花石,运到东京,时称“花石纲”。步虚:本指道士唱经
祈祷等,借此指道教的养生等事。受箓(lù):指皇帝接受道士画
的符书。箓,道士画的符书。倡门:即娼妓之门,指徽宗与李师
师等娼妓的来往。倡,即“娼”。

⑫策勋饮至、献俘肆赦：策勋，指把战功记在策书上，指战争结束后
记录功勋。饮至，指诸侯朝会盟攻伐完毕，在宗庙祭祀并饮酒庆
祝，后指出征后到宗庙祭祀宴饮庆功。肆赦，即缓刑、赦免，指作
战取胜后对罪犯的赦免。

【译文】

徽宗以蔡京为相，虽然曾经赐他就座而且命令他说："卿有什么可以告诉我的？"也只是戏弄他，实际是把他看作供自己娱乐的弄臣而加以畜养而已。蔡京的为所欲为，虽然奉王安石为宗主，拿着绍圣之说大肆残害正人君子，而王安石在熙宁、元丰时期的新法，蔡京并不是真的实行，实际上也是把自己当做供徽宗戏弄的臣子。他开始被进用的时候，利用与童贯一同游玩的机会，靠着书法绘画和奇巧器玩得到进用，而托名绍述前代的新法，以便登上宰相之位。他说的绍述前代的新法，是游戏。他以王安石为师，用《周官》修饰他的主张，只不过是"唯王不会"这一句话，用这句话使徽宗便于游戏玩乐。他受宠已经很深之后，狂妄嬉乐没有限度，看到安妃的画像，就在诗里描述出来；放纵幼子牵扯衣服的事，也在上表中描写出来；父子相继，前后都成为皇帝的狎玩之客。以至于君主拿司马光来嘲笑大臣，大臣用宋仁宗来嘲谑君主，这些事都明显地让人知道他擅长做帝王的俳优，与黄幡绰、敬新磨这种人是一样的。皇帝难道还会说"这是我可以托付国家大政的人"吗？蔡京、蔡攸父子难道还会说"我是皇帝的心腹"吗？正因为皇帝以狎侮的态度对待他，而蔡京、蔡攸父子也把自己放在低贱的地位上，因此一发生星象的灾变就第一次被废黜了，太阳中出现黑子就再次被废黜了，任用了儿子，父亲就因病而被免职，不得世代执掌朝廷大权了。在大臣之位的侯蒙、陈显，斥责他们是蛊贼，他们还优哉游哉地离去；处于冗散职位的官员如方轸，身为民间士人的如陈朝、陈正汇，呵斥他们就像对待猪狗一样，都还不会受到刑罚。他们未尝有那种盘根错节的不可动摇的盘踞之势，徽宗也屡次想另外用人来代替他们了。而赵挺之、何执

中、张商英等委琐的人，又都是怀着私心侥幸得到进用，而不能为皇帝奉效尺寸之功。所以他的恩宠日益加固，官位日益升高，而年老不死，长久地贼害天下。估量自他开始被进用到最后流放到南方的时间，君主也是一场游戏，臣子也是一场游戏。继任的人，就是蔡攸、蔡絛；与之相伴的，就是王黼、朱勔、李邦彦；这些人没有谁不是拿着国政当游戏的。他们为徽宗收集献上的花鸟、图画、钟鼎、竹石、步虚、受箓、倡门、酒肆，本来就都是游戏之事；而开熙河之战、攻打交趾、与女真通好后夹攻消灭契丹、记录战功、在宗庙祭祀庆祝、献上俘虏、赦免罪犯等，也莫不是儿戏。像这样还想延缓王朝败亡的灾祸，怎么可能呢？

故有李林甫，不足以斩肃宗之祚；有卢杞，不足以陷德宗于亡；有秦桧，不足以破高宗之国。京无彼三奸之鸷悍，而祸乃最焉。彼之为恶者，犹有所为以钳服天下；而此之为戏者，一无所为也。彼之得君者，君不知其奸，而奸必有所饰；此之交相戏者，君贱之而不能舍之，则无所忌以无不可为也。即无女直，而他日起于草泽，王善、李成、杨么之徒[①]，一呼而聚者百余万，北据太行，南蹂江介，足以亡宋而有余矣。撄狁强锐起之天骄，尚延宋祚于江左，幸也。虽然，唯其戏也，含诟忍耻以偷嬉宴，则其施毒于士民者亦浅，固有可以不亡者存焉。京年八十，而与子孙窜死于南荒，不得视林甫、杞、桧之保躯命于牖下也，足以当之矣。

【注释】

①王善：生卒年不详，字子善，真定藁城（今河北藁城）人。北宋末起兵，拥众十万，活动在今河北、河南、安徽等地。靖康之变时，宗泽至其营，说服王善降宋。后又降金。事见《宋史》宗泽传、岳

飞传、忠义传等。李成：生卒年不详。字伯友，雄州（今河北雄县）人。弓手出身，能拉三百斤硬弓，以勇悍闻名。宋宣和时任淮南招捉使，后投降伪齐和金，绍兴三年（1133）进占襄阳，被岳飞击溃。绍兴十年（1141），跟随兀术攻陷洛阳。传见《金史·李成传》。杨么（？—1135）：名太，南宋初期参加洞庭湖钟相起义，钟相死后，杨么为首领，南宋军多次征讨均大败而归。绍兴五年（1135），宋高宗调岳飞镇压，杨么部下黄佐、杨钦叛变，杨么被俘处死。

【译文】

所以有李林甫，不足以断绝唐肃宗的帝位；有卢杞，不足以让唐德宗陷于灭亡；有秦桧，不足以破灭宋高宗的国家。蔡京没有这三个奸人的凶悍，但造成的灾祸却最严重。其他人的为恶，还有所作为来钳服天下；而蔡京的嬉戏玩乐，没有任何作为。其他人得到君主的信任，君主不知道他们的奸邪，而奸邪必定有所修饰；而蔡京与徽宗的交互戏乐，君主鄙视他却不能舍弃他，于是他就无所顾忌而什么事都敢做了。即使没有女真，而以后从草泽中起来的反叛者，如王善、李成、杨么之徒，一声呼喊而聚集的人就达一百余万，在北方占据太行，在江南蹂躏长江流域，足以使宋灭亡还有余。抵抗狡诈、凶强、锐起的天骄蒙古军队，还在江南延续了宋王朝的国命，这是侥幸。即使这样，正是因为蔡京是与徽宗嬉戏玩乐，他就忍受诟骂辱耻而在嬉宴中偷安，那么他对于士民施加的毒害也就较浅，本来就有可以让宋王朝不亡的因素存在。蔡京年已八十，而与子孙流放死在南方蛮荒地区，不能比李林甫、卢杞、秦桧保住身躯性命在家中，这也足以合乎他的情况了。

五

杨龟山应诏而出①，论者病之，亦何足以病龟山哉？君子之出处,唯其道而已矣。召之者以道,应之者以道,道无不可,君子之所可也。徽宗固君也,进贤者,君之道也。蔡京固相也,荐贤者,相之道也。相荐之,天子召之,为士者无所庸其引避。天下虽无道,而以道相求,出而志不行,言不庸,然后引身而退,未失也。龟山何病哉?当其时,民病亟矣,改纪一政而缓民之死,即吾仁也;国危迫矣,匡赞一谋而救国之危,即吾义也。民即不能缓其死,而吾缓之之道不靳于言;国即不能救其危,而吾救之之方不隐于心;则存乎在我者自尽,而不以事之从违为忧。君子之用心,自有弗容已者。徽宗虽暗,而犹吾君;蔡京虽奸,而犹吾君之相;相荐以礼,相召以义,奚容逆亿其不可与有为而弃之。病龟山者,将勿隘乎?

【注释】

①杨龟山:即杨时(1044—1130),字中立,将乐县(今福建明溪)人。熙宁九年(1076)进士,先后投程颢、程颐门下治学,杜门不仕近十年。后任防御推官、教授、通判等,知刘阳、余杭、萧山三县。高宗时,以龙图阁直学士致仕,学者称为"龟山先生"。《宋史·道学传·杨时传》。

【译文】

杨龟山响应皇帝的诏书而出山做官,发议论的人对此加以指责,这哪里又值得怪罪杨龟山呢?君子的出仕和退处不仕,只是要合乎正道而已。召用他的人是以道来召用的,响应诏命的人也以道来应诏,按照道来说都是可以的,那么君子就可以这样做。徽宗本来是君主,进用贤人,是君主之道。蔡京本来是宰相,推荐贤人,是宰相之道。宰相推荐他,天子召用他,作为士人就不用引退和躲避。天下虽然无道,但根据道来相求,出仕之后自己的志向得不到实行,自己的主张得不到应用,然后引身而退,也还是没有过失的。杨龟山哪里值得怪罪他呢? 在那个时候,民众的痛苦已经很严重了,对国政做一项改革而能延缓民众的死亡,这就是我的仁;国家已经受到危险的逼迫,提出一条谋略而能挽救国家的危亡,这就是我的义。民众即使不能延缓他们的死亡,而我延缓民众死亡的道是不吝惜于言论的;国家即使不能挽救它的危亡,而我救助它的方法是不会隐藏在心里的;那么存在于我的能力自会全部施展出来,而不用担忧事情的顺利与否。君子的用心,自有不容停止的。徽宗虽然愚暗,但还是我的君主;蔡京虽然奸邪,但还是我的君主的宰相;用礼节来推荐,用道义来召用,哪里容许事先预料事情不能与他们有所作为而放弃它呢? 指责杨龟山的人,岂不是太狭隘了吗?

　　虽然,试设身以处,处龟山之世,当重和之朝廷,而与当时在位之人相周旋,固有大难堪者。不知龟山之何以处此也?《易》于《艮》之三曰:"艮其限,列其夤,厉熏心①。"曷厉乎? 厉以其熏也。立孤阳于四阴之中,上无与应②,熏之者莫非阴浊也,故危也。孔子之道大矣,非可凌躐而企及者。然而其出也,以卫灵公之荒淫③,而固有蘧瑷、史鱼在也④,则立乎其廷,周回四顾,而可与为缘者不乏,则群小之熏,不能乱君子之臭味。故季斯、公山弗扰、佛肸皆可褰裳以涉⑤;而女乐一归,则疾舍宗国而不为忍⑥。何也? 奸邪者,君子之所可施其檠括⑦。而同昏之朝,腥闻熺然⑧,环至以相熏,则欲姑与之处,而无以自置其身。孔子且然,况不能为孔子者乎? 龟山方出之时,何时邪? 徽宗如彼矣,蔡京如彼矣,蔡攸、王黼、童贯、梁师成之徒又如彼矣⑨。而一时人士相趋以成乎风尚者,章醮也⑩,花鸟也,竹石也,钟鼎也,图画也。清

歌妙舞,狭邪冶游,终日疲役而不知倦。观乎靖康祸起,虏
蹂都城,天子嘬号,万民震慄,而抄剟金帛之役⑪,洪刍、王及
之辈⑫,皆一时自标文雅之士,劫宫娥以并坐,歌谑酺饮,而
不以死为忧。则当时岂复有奸邪哉? 聚鸟兽于君门,相为
蹢躅而已⑬。龟山以严气正性之儒者,孤立于其间。槐棘之
下,谁与语者⑭? 待漏之署,谁与立者? 岁时往还之酬答,谁
氏之门可以报谒? 栟棘及肤⑮,丛锥刺目,彼则无惭,而我能
自适乎? 庄生曰:“撄而后宁⑯。”亦必有以宁也,亦必相撄而
后相拒以宁也。不能撄我,而祇以气相熏染,厉而已矣,奚
宁哉? 念及此,则龟山之出,诚不如其弗出矣。

【注释】

①艮其限,列其夤(yín),厉熏心:艮,止。限,指身体中部,连接上部
　与下部,就是人的腰胯处。列,通“裂”。夤,指中脊之肉,人的身
　体在中部分裂,就称为“列其夤”。列其夤就会使人忧危熏心。
　厉,危。熏,指烧灼。用来比喻君臣要共为一体,若身体中断断
　裂不通,就会君臣不接,上下离心而国丧亡。因为有这种危险,
　所以心如烧灼一样不安。王夫之引用时把“熏”的意思加以改
　动,他说“厉以其熏”,“熏之者莫非阴浊也,故危也”,是把熏解释
　为影响。即周围小人成群,他们的影响非常危险,因此王夫之理
　解的“厉熏心”,就是恶劣环境对人心的影响。他又说“群小之
　熏,不能乱君子之臭味”,意谓正人君子应该在这样的环境中保
　持正道,不受影响,不同流合污。臭味,指气味。
②立孤阳于四阴之中,上无与应:《艮》卦共有六爻,从下向上,这六
　爻分别是阴、阴、阳、阴、阴、阳,第三爻为阳,它的下面和上面都
　是两个阴爻,所以说“立孤阳于四阴之中”。而上面与它相应的

位置是第六爻，又是阳。相应的爻则以阳与阴相合为相应，艮卦
的第三爻与第六爻都是阳爻，所以是不相应的，所以说"上无
与应"。

③卫灵公(？—前493)：姬姓，卫氏，名元。春秋时卫国国君，前534
年至前493年在位，爱好男宠，多猜忌，脾气暴躁。但能任用贤
人，如仲叔圉、祝鮀、王孙贾、史鱼、蘧伯玉等人。事见《史记·卫
康叔世家》。

④蘧瑗(约前585—约前484)：字伯玉，卫国人。在卫献公初年入
仕，献公在位中期为卫国贤大夫，历卫献公、殇公、灵公三代。蘧
伯玉是孔子的好友。事见《史记·卫康叔世家》。史鱼：卫国大
夫，也称史鰌，字子鱼，名佗，卫灵公时任祝史，故称祝佗。吴延
陵季子过卫，赞史鱼为卫国君子、柱石之臣。孔丘称赞说："直哉
史鱼，邦有道如矢，邦无道如矢"。事见《史记·卫康叔世家》。

⑤季斯：即季孙斯(？—前492)，春秋鲁国大夫，姬姓，季氏，名斯，
谥"桓"，史称"季桓子"。其父季平子(季孙意如)，是鲁国权臣，
摄行君位近十年。其子季康子，迎孔子归鲁。事见《史记·鲁周
公世家》。公山弗扰：即公山不狃。季桓子的家臣。季桓子器重
公山不狃，让他担任季氏私人领地费邑的邑宰。公山不狃后与
阳虎联合反对季氏，抓捕季桓子，季桓子逃脱，阳虎兵败逃亡齐
国。佛肸(bì xī)：春秋末年晋国卿赵鞅赵简子的家臣，为中牟县
宰，反叛赵简子，欲召孔子前去，孔子也想前去，说："我岂匏瓜也
哉，焉能系而不食？"参见《史记·孔子世家》。襄裳以涉：指撩起
下裳渡过河流。出自《诗经·襄裳》："子惠思我，襄裳涉溱。"比
喻孔子认为一些人可以与之合作来实现自己的理想。

⑥女乐一归，则疾舍宗国而不为忍：鲁定公时，孔子为鲁国相，齐国
选了漂亮女子八十人，衣文衣，舞康乐，加上文马三十驷，送到鲁
国，季桓子观看了三次，想要接受，就劝鲁君去看齐国送的女乐，

鲁君看了一整天，怠于政事，就让季桓子接受了齐国的女乐，并一连三日不听政。孔子于是辞职离开鲁国前往卫国。

⑦檠(qíng)括：约束矫正。

⑧腥闻熺(xī)然：腥闻，指酒腥上闻于天，比喻丑恶名声传得很远。熺，放射，传播，不知收敛。

⑨梁师成(？—1126)：字守道，徽宗时的宦官，深受宠信，凡御书号令皆出其手，并找人仿照帝字笔迹伪造圣旨，人称"隐相"。钦宗即位后，贬为彰化军节度副使，在途中被杀。传见《宋史·宦者传·梁师成传》。

⑩章醮(jiào)：拜表设祭，是道教的祈祷活动之一。

⑪抄剳(zhú)金帛之役：靖康之变时，金兵攻下汴京后，在城内大肆搜刮抢劫，逼迫宋朝官员交纳犒军费，金一百万锭、银五百万，十日内交纳完毕，如果数量不够，就用妇女抵充。帝姬、王妃一个人可抵准金一千锭，其他各级贵族官员家的女性也各自抵不同数量的金银，据史书记载，被抵押折价的各类女子共有11635人。金军既把汴京城中公私钱财物资搜掠一空，又掳掠大量宋朝官员和百姓，以女性为主，带回北方。

⑫洪刍：生卒年不详，字驹父，南昌(今江西南昌)人。徽宗时列为元祐党人。钦宗时为谏议大夫，靖康之祸时，他替金人搜刮钱财，仗势要挟宫女劝酒。宋高宗时，流放沙门岛(今山东蓬莱西北海中)，永不放还。王及之：靖康之祸时，与王时雍、徐秉哲、吴开、莫俦等人帮着金人逼迫徽、钦二帝及太子，搜捕宫女和皇族人员等，人称"国贼"。高宗时，与王时雍、洪刍、周懿文等人一起治罪。事见《宋史·宗室传》及《马伸传》等。

⑬踯躅(zhí zhú)：徘徊不前的样子。

⑭槐棘之下，谁与语者：周代朝廷种三槐、九棘，公卿大夫分坐其下，以定三公九卿之位。后来就用槐棘比喻三公九卿的官位，另

外也指高官听讼的处所。

⑮梏(jiàn)棘：出自《左传》哀公八年：囚诸楼台，梏之以棘。是说在
　关押囚犯的地方，周围用刺棘堵塞，使人不能逃出。

⑯撄而后宁：撄宁，指接触外物而不为所动，保持心神宁静。出自
　《庄子·大宗师》篇："其为物无不将也，无不迎也，无不毁也，无
　不成也，其名为撄宁。撄宁者，撄而后成者也。"撄，指扰动。宁，
　指心中宁静。

【译文】

即使这样，试着为他设身处地考虑，在杨龟山受到召用的时代，正
是徽宗重和年间的朝廷，而他与当时在位之人进行周旋，本来就有很多
难以忍受的地方。不知杨龟山如何面对这种情况？《周易》艮卦的第三
爻说："在人的腰部中止，将贯穿全身的脊柱之肉断裂开，于是危险就会
影响人的内心。"是什么危险呢？是受当时形势影响的危险。一个孤单
的阳爻处于上下四个阴爻之中，上面也没有与之相应的人，熏染他的全
都是阴浊之人，所以危险。孔子的道是很大的，不是可以凌越而企及
的。然而他出仕的时候，以卫灵公那样荒淫，但由于卫国本来还有蘧
瑗、史鱼等贤人，所以孔子立于卫国的朝廷上，环顾四周，而可与之交往
的人并不缺乏，那么众多小人的熏染，就不能扰乱君子的正气。所以季
斯、公山弗扰、佛肸都可以借助来实现其理想；但是等到季桓子接受了
齐国送的美女乐队，孔子马上就离开了宗主国而不再忍受。这是为什
么呢？奸邪的人，君子可以对他们加以约束矫正。但同处于黑暗的朝
廷，丑恶之事远传还不加收敛，周围全是这种小人相互熏染，那么要想
与他们相处，就无法自置其身在这种环境中。孔子都是这样，何况不能
成为孔子的人呢？杨龟山刚刚出仕的时候，是什么样的时代？徽宗就
像那样了，蔡京就像那样了，蔡攸、王黼、童贯、梁师成之徒也像那样了。
而一时的士大夫共同趋往而成为风气的，就是道教的祈祷，玩花鸟、竹
石、钟鼎、图画。在清歌曼舞之中，邪淫地放纵游玩，整天忙于这种事情

而不知道疲倦。观看靖康灾祸发生的时候，敌虏踩躏京城，天子啼哭，万民震惧，在金兵发动搜刮金银财宝及妇女的行动时，洪刍、王及之这伙人，都是一时自我标榜为文雅的士人，也帮着金兵劫持宫女，与金人一起坐享歌舞谑乐、酣饮美酒，而不为死亡担忧。那么当时难道还有更奸邪的人吗？在君主门下聚集了这种与鸟兽一样的人，相互徘徊不前而已。杨龟山作为气度严谨、性格正直的儒家学者，孤立于这些人之间。三公高官中间，有谁可以与之交谈呢？在等待进宫朝见皇帝的官署里，有谁可以与之并肩而立呢？岁时季节来往的应酬，谁家的大门可以为杨龟山通报呢？就像被囚禁之中触处都是棘刺，成丛的尖锥刺着人的眼睛，他们是没有惭愧的，而我自己能适应他们吗？庄子说："外物扰乱之后使心宁静。"也必须是心中有道才能让我心宁的，必须在外物扰乱之后凭借这种道来拒绝外物的扰乱而使内心宁静。外物不能扰乱我的心，而只是用意相互影响，就只是危险而已，哪里要宁静呢？想到此，那么杨龟山的出仕，就真的不如他不出仕了。

　　于是而尹和靖之坚不欲留，尚矣。《艮》之上曰："敦艮，吉。"超出群阴之上，与三异志，而时止则止，非道之必然，心之不得不然也。道生于心，心之所安，道之所在。故于乱世之末流，择出处之正者，衡道以心，而不以心仿道，无以熏其心而心泰矣。尚奚疑乎？

【译文】

　　于是尹和靖坚持不想留下，就很高尚了。《艮》卦上九爻辞说："诚恳地止于其处，就会吉利。"超越到群阴之上，与《艮》卦第三爻的志向不同，而时势当止就止，这不是大道必须这样，而是心情不能不这样。道从心中生出，心所安宁的地方，就是道所在的地方。所以在乱世的末流之中,选择出仕还是退隐的正确道路,用自己的心来衡量道,而不用心来模仿道,就能不让其他人影响我的心而内心泰然了。还有什么疑惑呢?

六

　　势极于不可止,必大反而后能有所定。故《易》曰:"倾否,先否后喜①。"否之已极,消之不得也,倾之而后喜。惜其倾而欲善保其终,则否不倾而已自倾。谋国者,志非不忠,道非不正,不忍视君之琐尾、民之流离②,欲因仍而补救之,其说足以耸动天下,乃弗能救也,而祇甚其危亡③,则唯惜倾而靳于倾者使之然也。④

【注释】

　　①倾否(pǐ),先否后喜:这是《周易》否卦上九爻的爻辞。否指天地不通,人处此时就会不顺,所以否卦表示小人道长,君子道消。但恶劣的时势也开始发生转机,所以象辞说"否终则倾,何可长也!"否不可长,所以先否后喜。后人以倾否指丧乱、危殆的时势。

　　②琐尾:出自《诗经·旄丘》:"琐兮尾兮,流离之子。"琐为细,尾为末。事物非常细微,就容易流离漂散。后来用以形容人们的颠沛流离,处境艰难。这里形容北宋灭亡,徽、钦二帝被俘北去,人民流离失所。

　　③祇(zhī):应该为"祇(zhǐ)"。意为"只"。

　　④"势极于不可止"至"使之然也":这一段是对李纲的批评。当金军围困汴京时,王夫之认为李纲应该保护徽宗撤离汴京,再做下

一步打算。可是李纲不愿意让徽宗离开汴京，认为徽宗离开汴京就象征宋王朝的覆亡，所以他想通过保卫汴京来使全国军民团结而让宋王朝不致灭亡。因此王夫之认为他的这个主张足以耸动天下，但却不能真正挽救宋王朝的覆亡，反而加重了危亡的局势。虽然是不想让宋王朝倾覆，而所采取的办法却使宋王朝最终倾覆。

【译文】

时势到不可停止的时候就到了极点，必定会发生大的转变而后能有所定。所以《周易》否卦上九爻辞说："危亡之时，先是无路可走然后为喜。"无路可走已经到了极点，不能让它消失，等它倾覆之后才会有喜。不愿看到它的倾覆而在最终时想善加保护它，那么极坏的时势不倾覆而自己就已倾覆。为国家谋划的人，志向不是不忠，道不是不正，不忍看着君主漂散、民众流离失所，想在这种形势下继续有所作为而进行补救，李纲的论说足以耸动天下，却不能挽救这种危亡的时势，而只会加重时势的危亡，那就只能是因为痛惜宋王朝的倾覆而采取的种种做法，却使宋王朝最终倾覆了。

宋至徽宗之季年，必亡之势不可止矣。匪徒女直之强不可御也，匪徒童贯之借金亡辽之非策也，尤匪徒王黼受张觳之降以挑狡虏也。君不似乎人之君，相不似乎君之相，垂老之童心，冶游之浪子，拥离散之人心以当大变，无一而非必亡之势。于是而宇文虚中进罪己之言①，吴敏、李纲定内禅之策②，不可谓非消否之道也。乃汴都破，二帝俘，愈不可挽矣。内禅者，死守之谋也，死守则必有死守之具矣。任庙算者唯纲，纲之外无人矣；任戎阃者唯种师道，师道之外无人矣。尽纲之谋，竭师道之勇，可以任此乎？朱子固已论之曰:"不足恃也。"且微徒纲与师道也,婴孤城,席懈散之势,一日未亡,一日有处堂之计。人心不震,规画不新,虽诸葛孔明不能止荆州之溃,虽郭子仪不能已陕州之奔。何也?势已倾者不倾,而否亦不倾也。乱起于外者,制之以中;乱集于中者,制之以外。处于有余之地,而后可以自立;可以自立,而后可以御人。先王众建诸侯以为藩屏,时巡其守,王迹以通,五服四方皆天子之外舍也③。故幽王死于宗周④,而襄王存于氾水⑤。《春秋》记之曰:"天王出居于郑。"居者,其所宜居也。举天下而皆其所居,则皆其所自立矣。皆其所居,而拘挛于不可久居者以自困,则有余之地皆非其地,有余之人皆非其人,畏倾而倾必及之,否岂有自消之理哉?

【注释】

①宇文虚中(1079—1146):初名黄中,宋徽宗改名虚中,字叔通,别号龙溪居士,广都(今成都双流)人。宋徽宗时出使金国时被扣,尊为"国师",后因图谋归宋而被杀。进罪己之言:徽宗宣和七年,金人南下,徽宗问宇文虚中怎么办?虚中说:"宜先降诏罪己,更革弊端,备御之事,将帅可以任之。"即命宇文虚中起草罪己诏。传见《宋史》、《金史》中的《宇文虚中传》。

②吴敏(?—1131):字元中,真州(今江苏仪征)人。金兵南下,徽宗命吴敏草诏传位,钦宗继位。吴敏主张与金人和议,被御史中丞李回弹劾罢相。传见《宋史·吴敏传》。李纲(1083—1140):字伯纪,邵武(今福建邵武)人。靖康元年(1126)金兵包围汴京,任京城四壁守御使,击退金兵。高宗即位,起用为相,仅七十七天又遭罢免。多次上疏主张抗金,未被采纳,后贬鄂州、海南万安军。传见《宋史·李纲传》。

③五服：古代王畿外围，五百里为一区划，由近及远，分为侯服、甸服、绥服、要服、荒服，合称五服，有时又称为侯、甸、男、采、卫服。或又分为九服：侯服、甸服、男服、采服、卫服、蛮服、夷服、镇服、藩服。

④幽王（前795—前771）：周宣王之子，姬姓，名宫涅，西周末代君主，前781年至前771年在位。幽王不问政事，立褒姒为后，致使申侯、缯侯和犬戎攻周。周幽王为取悦褒姒，数举骊山烽火，失信于诸侯。最后被犬戎杀死于骊山之下，西周灭亡。事见《史记·周本纪》。宗周：指周天子的王都镐京。

⑤襄王存于氾（fán）水：周襄王（？—前619），姬姓，名郑，周惠王之子，前651至前619年在位。当时诸侯争霸，齐桓公、晋文公先后为霸主，凌驾于周王之上。郑国也把周王的使臣囚禁不放，襄王借助翟人伐郑，翟人与襄王之后母惠后联合，进入周都，襄王逃到郑国，郑国人让襄王住在氾。后来晋文公帮助襄王平定王子带之乱，却以诸侯身份把襄王召到河阳相见。氾水，河流名，流经当时的郑国，现在已经湮没，故道在今河南中牟南。

【译文】

　　宋王朝到了徽宗的晚年，必亡的形势已经不可阻止了。不只是女真的强横不能抵抗，不只是童贯借助金人灭亡辽国的主意不是好计策，更不只是王黼接受了张觉的投降而挑起了狡猾的金人进军。君主不像人们的君主，宰相不像君主的宰相，一个是年纪已老的人还有玩乐的童心，一个是爱好冶游的浪子，拥有已经离散的人心来面对大的事变，没有哪一条不使形势必然趋于灭亡。于是宇文虚中献上颁布罪己诏的建议，吴敏、李纲定下禅位给钦宗的策略，不能说不是消除恶劣形势的办法。可是等到汴京被攻破，徽、钦二帝被俘，恶劣形势就更加不可挽回了。向钦宗禅位，就是死守京城的策略，死守就必须有死守的资本。担任朝中出谋划策的人只有李纲，李纲之外没有其他人了；担任军中将帅的人只有种师道,种师道之外就没有其他人了。用尽了李纲的谋略,竭尽了种师道的勇气,能够胜任扭转这种时势的重任吗? 朱子本来就已评论说:"这是不足依靠的。"而且不是只有李纲和种师道,守卫孤城,处于懈散的形势下,一天没有灭亡,就一天还有身处其时的办法。人心不震动,谋划不更新,即使是诸葛孔明也不能止住荆州的溃败,即使是郭子仪也不能制止陕州的逃奔。为什么呢? 时势已经倾覆但还没有最终倾覆,而颓败之势也就不会倾覆。乱子在外部发生,靠内部想办法来制服它;乱子集中在内部,就在外部想办法制服它。让自己处于有余之地,而后就可以自立;可以自立了,而后就可以抵御对方。先王建立众多的诸侯作为自己的外围屏障,按一定的时节进行巡视,天子的行迹也就通于天下,五服四方就都是天子在外地的住处了。所以周幽王死在宗周。而襄王能在氾水呆下来。《春秋》记载说:"天王出了都城,居住在郑国。"所谓的居,是天子适宜居住的地方。整个天下都是他居住的地方,那么就都是他自立的地方了。整个天下都是他居住的地方,却在不能久居的地方拘束着让自己困窘,那么其他有余的地方也就都不是他可以居住的地方了,各个地方有余的人也就都不是他的人了,害怕倾覆而倾覆必定会到来,颓败之势难道有自己消失的道理吗?

徽宗南奔以避寇,势迫而不容弗避,避之尚未足以亡也。以势言之,头不刲者命不倾①;以理言之,死社稷者,诸侯之道也,非天子之道也。诸侯弃其国而无国,天子弃都城而固有天下,未丧其世守也,故未大失也。其成乎必亡者,内禅而委位于钦宗也。委位于钦宗,则徽宗非天下之君矣。本不可以为人之君,而又委位以自失其柄,为萧然休老之人,则处有余之地而非其地,抚有余之人而非其人。权藉之所归,据之以抗强虏者,犹然子处危城之嗣主。是出奔犹未失，而内禅之失不可救矣。唐玄宗走蜀，而太子北走朔方，犹太子也。玄宗犹隐系东南人心，而人知有主。太子虽立，而置身于外，以收西北之心，故可卷土重来以收京阙。钦宗受内禅之命，是天子固在汴京，走而东者，已非天子也。盈廷之士，类皆谗贼之余；婴城之众，徒恋身家之计。纲以此曲徇其意，拥钦宗以迟回于栈豆②，为之名曰"效死弗去"。肩货贿以惜迁徙之愚氓，群起欢呼，以偷一日之安。怀、愍之覆辙③，憯莫之惩④，以冥行而蹈之，不亦悲乎！

【注释】

①刓(tuán)：割断，截断。

②栈豆：本指马房豆料，比喻才智短浅的人所顾惜的小利。

③怀：即晋怀帝司马炽(284—313)，字丰度，西晋第三代皇帝，307至313年在位。初封豫章王，惠帝时立为皇太弟。司马越毒死惠帝，扶持司马炽为帝。传见《晋书·怀帝纪》。愍：即晋愍帝司马邺(300—317)，字彦旗，西晋第四代皇帝，晋武帝司马炎之孙，吴孝王司马晏之子。永嘉六年(312)，晋怀帝被刘曜俘虏，群臣立他为太子。建兴元年(313)，怀帝被毒死，鞠允、索琳、梁芬等人在长安扶立他为帝。建兴五年(317)，刘曜围攻长安，愍帝出城投降。西晋至此灭亡。后被刘聪杀害。传见《晋书·愍帝纪》。

④憯(cǎn)莫之惩：出自《诗经·十月之交》："震电不宁不令，百川沸腾，山冢崒崩，高岸为谷，深谷为陵，哀今之人，胡憯莫惩。"是说灾害甚重，天崩地裂，天翻地覆，然而可哀的是，人们却不曾接受教训，不加改正。胡憯莫惩，是说为何不曾引为鉴戒，接受教

训。懵，曾。

【译文】

徽宗南逃来躲避敌寇，形势紧急而不容不躲避，如果逃到南方躲避就尚未足以灭亡。以形势来说，头不割断，命就不会结束；以事理来说，为社稷而死，是诸侯之道，不是天子之道。诸侯放弃他的国家就没有国家了，天子放弃都城还是有天下的，没有丧失世代所守的天下，所以还没有形成大的亡失。使必亡得以到来的，是徽宗禅位给钦宗。禅位给钦宗，徽宗就不是天下人的君主了。本来不可以作为人们的君主，而又禅位给钦宗而使自己丧失了大权，成为一个萧然休息的老人，这就使自己本来可以处于有余之地而现在都不是自己可居的地方了，本来可以拥有的人马而现在就不是自己可以拥有的人马了。权势归属钦宗，依靠他来抵抗强大的敌寇，但他还是一个独孤地处在危城之中的继承王位的人。这就是为什么说徽宗出奔还没有失误，而禅位给钦宗，其失误就是不可挽救的原因了。唐玄宗逃到蜀，而太子向北逃到朔方，他还是太子。玄宗还能维系东南的人心，而人们还知道有君主。太子虽然立了，但置身在外地，来收聚西北的人心，所以可以卷土重来收复京城。钦宗接受徽宗禅位的命令，这就是天子仍在汴京，出城到了东方的人，已经不是天子了。此时满朝廷的士大夫，全都属于进谗言贼害国家的人；守城的众人，只做留恋自己身家的打算。李纲用这种人守城来曲从自己的意愿，通过拥立钦宗而留恋眼前的小利，还把这称之为"为国家效死命而不离去"。背负着财物而不愿迁徙的愚民，对李纲群起欢呼，企图获得一天的苟且偷安。晋怀帝、愍帝的覆辙，不曾引以为戒，在暗中行走而重蹈他们的覆辙，不也是可悲的吗！

　　向令内禅不行，徽宗即出，人知吾君之尚在，不无奋死之心；帝持大柄以旁招，尚据河山之富；群小抱头以骇散，不牵筑室之谋；太子受钺以抚军，自效广平之绩①；揆其时势，较康王之飘泊济州者,尚相什百也。唯纲昧此,惜此四面受敌之孤城,仍此议论猥繁之朝廷,率此奸邪怙党之佥壬,殉此瞻恋秾华之妇稚。虏兵乍退,歌舞仍前,夫且曰:"微纲之使有君而有国也,安得此晏处之休哉? 是奠已溃之宗祊而宁我妇子也,功施不朽矣。"《盘庚》曰:"胥动以浮言②。"非此谓与?

【注释】

①广平:指唐代宗。安史之乱时,玄宗逃到蜀,其第三子李亨则到西北即位,为唐肃宗,时肃宗长子李豫随从,为广平王,后以兵马元帅名义率军收复洛阳、长安两京。

②《盘庚》曰:"胥动以浮言":《尚书·盘庚》篇:"汝曷弗告朕,而胥动以浮言。"盘庚,商代祖丁的儿子,阳甲的弟弟。阳甲死后继位,为商代第二十任国王,把商的都城从奄(今山东曲阜)迁到殷(今河南安阳),商朝也因此被称为殷。当时许多贵族反对迁都,所以盘庚几次进行告谕,后被写成《尚书·盘庚》篇。胥动以浮言,是指相互传播浮言,使人心骚动。浮言,指无根据的传言、谣言。

【译文】

此前假使不实行禅位,徽宗即使离开汴京,人们知道我们的君主还在,不会没有奋死抵抗的心情;徽宗掌握着大权广招各地兵马,还会据有富饶的河山;众小人害怕而逃散,也不会受筑室之谋的牵累;太子接受指挥军队的大权来监抚军队,自会完成如同广平王一样的功绩;考察当时的时势,这比康王赵构漂泊在济州,其力量还能超过十倍百倍。只是李纲看不到这些情况,顾惜汴京这座四面受敌的孤城,靠着这个言论猥琐繁杂的朝廷,率领这些奸邪结党的小人,顺着这些贪恋繁华的妇人小孩。金兵乍一撤退,歌舞仍然如以前一样,而且都还说:"不是李纲使我们有君主而有国家,怎会得到这个美好的太平安处呢? 这是安定了已经崩溃了的国家而让我们妇人小孩得到安宁,功劳可以称为不朽了。"盘庚说:"相互传播不实之言以扰乱人心。"不就是说的这种情况吗?

　　徽宗以脱屣自恣之身①,飘然而去,翩然而归,既不能如德宗之在奉天②。钦宗以脆弱苟延之命,有召不应,有令不行,抑不能如肃宗之在灵武③。都城官吏军民,以浮华安佚之累,倏然而忧,俄然而喜,终不能如朔方、邠、宁之军④,愤起反攻,以图再造。祸在转盼,而犹为全盛之图,纲何未之思也! 其在当日者,城连万雉,阙启千门,鸡犬方宁,市廛未改,不忍弃之一朝,而思奉一人以固守,夫岂非忧国恤民之至意? 而目前之殷盛,一俄顷之浮荣;转盼之凋残,成灰飞之幻梦。卒使两君俘,六宫虏,金帛括尽,冻饿空城,曾不得逸出以谋生,而上下交绝其大命。如是而以为不忍,其忍也,不已惨乎? 故所咎于纲者,有所惜而忘所大惜也。邪说行,狂夫逞,敷天之痛,纲其罪之魁与!

【注释】

①脱屣(xǐ):脱掉鞋子,比喻把一个事情看得很轻,无所顾恋就抛弃掉,不让它成为自己的包袱。

②奉天:今陕西乾县。唐德宗建中四年(783)因朱泚之乱,逃到奉天避难,叛乱平定之后,兴元元年(784)升奉天为赤县,由京都直辖。

③灵武:古称灵州,今宁夏灵武,属银川。唐安史之乱时,肃宗李亨

于756年在此即位。

④朔方：西汉武帝时设朔方郡，治所在今内蒙古自治区乌拉特旗东。因为位于长安正北方，取《诗经》"城彼朔方"之意，命名朔方郡。唐开元时置朔方节度使，治所在灵州（今宁夏灵武）。邠、宁：唐肃宗乾元元年，将朔方节度使所辖的泾、原、宁、庆、坊、鄜、延等州，归属邠宁节度使。邠州原称豳州，开元十三年（725）改称邠州，治所在新平，今陕西彬县。宁州，隋时称豳州，改称北地郡。唐武德元年（618），改为宁州，天宝元年（742），改为彭原郡，乾元元年（758），改为宁州。治所在今甘肃宁县。

【译文】

徽宗离开汴京就像脱掉鞋子而让自己能够恣意行动一样，飘然而去，翩然而归，也就不会像唐德宗在奉天那样了。钦宗以苟延残喘的脆弱命运，虽发出召命也得不到响应，虽然发出命令也不能执行，也不能如唐肃宗在灵武一样了。都城的官吏军民，因为受了贪图浮华安逸的拖累，忽然因金兵围城而惊扰，很快又因金兵撤走而高兴，终究不能像朔方、邠州、宁州的军队那样，奋起反攻，以求再建国家的大业。灾祸就在人们转盼之间，可人们还做着全盛时期的打算，李纲对此为什么没有思索呢？他在当时，看到京城有上万城墙垛口，全城也有上千的门户可以开启，鸡狗还很安宁，市场街道没有改变，不忍在一个早上放弃，而想尊奉一个皇帝来固守京城，这难道不是忧国恤民的至诚之意吗？而眼前的兴盛景象，在一转眼之间就会变成虚浮的荣华；转眼之间的凋残，就使繁华的京城成为灰飞烟灭的幻梦。最终使得徽、钦二帝被俘，六宫被虏，金帛被搜刮一尽，在冻饿之中而使汴京变成空城，人们不曾有机会逃出来谋生，而上下全都断绝了他们的生命。像这样而不忍撤离汴京，所忍心做的事，结果不也是很悲惨吗？所以怪罪于李纲的，是他顾惜了一座京城而忘了更大的应加珍惜的东西。邪说得到实施，狂夫得逞，普天下遭受痛苦，李纲就是此罪的魁首吧！

卷九　钦宗

　　宋钦宗赵桓(1100—1156)，宋徽宗赵佶的长子。宣和七年(1125)金人入侵，徽宗禅位于他，靖康二年(1127)与徽宗一起被金人押往北方，高宗绍兴二十六年(1156)病死于燕京。

　　钦宗继位时，正是徽宗焦头烂额之时，把烂摊子丢给钦宗，钦宗也无能为力，只能遭受靖康之辱。靖康之变时，李纲想挽救宋的倾覆，但王夫之认为他没有抓住根本，虽然根源可追溯到王安石变法，但已不是当时面临倾覆的根本原因了。

　　一个王朝将要倾覆，就要有人出来"扶危定倾"。王夫之认为不能等到将要倾覆了才采取措施，应在事势没有发展到这种地步时就采取正确的措施防止倾覆的出现。一个王朝有没有人在这个问题上有先见之明，并成为得力之人，就决定了这个王朝的最终命运。王夫之对此深有感触，宋与明在这个事情都做得不好，所以王夫之对此有深刻分析。王夫之虽然身处数百年后的明末清初，仍能切身感受到宋亡对于中国造成的灾祸之深远影响。

　　王夫之论述了宋王朝内部的上下交争，认为这只能使"其国必倾"。这样的争论，无非都是"浮言"，没有切实内容，只是意气相争而已。且更会促使某些人借助权势地位，压制不同意见，而不是真正讲论道理和明辨是非。面对强敌之时，内部还如此相争，怎能对抗外敌？不走向灭亡还能有什么结果？所以王夫之说"任国事者"要按孔子说的"君子无所争"，内部团结一致，才有可能对抗强敌。

一

扶危定倾有道，于其危而扶之，不可得而安也；于其倾而定之，不可得而正也。倾危者，事势之委也，末也；所以致倾危者，本也。循其所以危，反之而可以安；矫其所以倾，持之而可以正。故扶危定倾者，其道必出于此。虽然，本之与末，有发端而渐启者，有切近而相因者。则正本之图，有疏有亲，有缓有急，必审其时而善持之。不然，则穷溯其本而不足以救其末，无益也。发端而渐启者，其始之弊，未至于此，相沿以变，而并失其旧，乃成乎切近相因之害；于此图之，而已得倾危之本。若其始之所启，虽害繇此以渐兴，而时移势易，无所复用其匡正，其本也，而固非其本矣。

【译文】

出现了危难、将要倾覆的时候扶助它并稳定下来是有方法的，在它已遭危难时再来扶助，就不能获得安定；在它已经倾覆的时候再来稳定它，就不能把它挽救起来。倾覆和危难，是事势的演变，属于事情的最后阶段；而导致倾覆和危难的，才是事情的根本。追溯产生危难的原因，采取相反的措施就可以让它安定；对造成倾覆的原因进行矫正，坚持这点就能把它重新扶正。所以挽救危难、扶定倾覆，其道必定要用这种方法。即使如此，事情的根本与末节，有的是事情发端而后渐渐引起了变化，有的事情近况是由以前的情况演变而来。那么扶正根本的方

法,就要分清距离根本原因的远和近,采取的措施也要分清缓和急,这
就必须审查事情的时势采取适当的办法。如果不这样做,就算追溯到
事情的最初原因也不足以挽救事情发展到最后阶段的倾覆和灭亡,这
是没有益处的。事情发端后渐渐引起的危害,在开始时的弊端,还没有
发展到最后阶段的严重程度,而是不断地从开始演变而来,完全失去了
事情开始时的状况,而成了最后时期所形成的危害;针对这种状况来挽
救事情的倾覆危亡,就是已经抓住了倾覆危难的根本。至于事情开始
时所引起的事端,虽然危害由此逐渐演变出来,但后来随着时势的改
变,就不能再对事情开始时的情况进行匡正,它虽然是事情在最初时的
根本原因,但到最后阶段它就不再是这场倾覆危亡的根本原因了。

　　今夫河之为患,遏之于末流,不得也。神禹为之疏之,
循其本矣。然载始者,壶口也①,而冀州平②。溯其横流于中
州者③,则抑以厎柱以东④,出山而溢于荥、瀁者⑤,为众流之
本。若其发源昆仑⑥,在西极之表者,岂非河之大源哉?而
于彼穷之,终不能已兖、豫之泛滥⑦。故言治河者,未有欲穷
之于其源者也。

【注释】

①壶口:东濒山西吉县壶口镇,西临陕西宜川县壶口乡。黄河至此
　　两岸石壁峭立,河口收束狭如壶口,形成瀑布,故名壶口。

②冀州:上古九州之一,《尚书·禹贡》记载九州:冀、豫、雍、扬、兖、
　　徐、梁、青、荆。后泛指黄河以北地区。

③中州:指北宋都城汴京,即东京、东都,今河南开封。又指中原,
　　即今河南地区,意为国之中、华夏之中。

④厎(dǐ)柱:又作"砥柱"。即今河南三门峡段黄河中的三门山,后

因修水库,山已不见。

⑤荥(xíng)、灅(lěi):古代两条河流名,在今河南境内。

⑥昆仑:即昆仑山,西起帕米尔高原东部,横贯新疆、西藏间,延伸至青海境内,全长约 2500 公里。

⑦兖:兖州,古代九州之一,指济水与黄河之间的地区。豫:豫州,古九州之一,在兖州之西的中原地区。

【译文】

如今黄河成为灾害,在黄河的末流处进行过堵,是不能制止它的危害的。大禹对它进行疏导,这就抓住根本了。但黄河水灾的开始处,是壶口,到了冀州就成了平原而没有什么危害了。追溯起来,黄河从中州地区横流而过,就还是在底柱以东,从山中流出后在荥、灅一带泛滥,成为众多河流的本源。至于黄河从昆仑山发源,那是在西方极远处之外,难道不是黄河的最大源头吗?而溯源到那里,最终也不能制止黄河在兖州、豫州一带的泛滥。所以讲治河的人,没有人想上溯到黄河最初源头。

　　靖康之祸,则王安石变法以进小人,实为其本。而蔡京之进,自以书画玩好介童贯投徽宗之好,因蹑大位,引群小导君于迷,而召外侮。其以绍述为名,奉安石为宗主,绘形馆阁、配食孔庙者,皆假之以弹压众正,售其佞幸之私而已矣。夫安石之修申、商之术,以渔猎天下者,固期以利国而居功,非怀私而陷主于淫惑,此其不可诬者也。安石之志,岂京之志?京之政,抑岂安石之政哉?故当靖康之初,欲靖内以御外,追其祸本,则蔡京、王黼、童贯、朱勔乱于朝,开衅于边,允当之矣。李邦彦、白时中、李梲、唐恪之流①,尸位政府,主张割地,罢入卫之兵,撤大河之防者,皆京、贯辈同气相求、因缘以进者也。出身狭邪，共习嬉淫，志芥气枵②，抱头畏影，而蕲以苟安③，岂复知有安石之所云云者？师京、贯之术，以处凶危，技尽于请和，以恣旦夕之佚乐而已。京、贯等虽渐伏其罪，而所汇引之宵人，方兴未殄。则当日所用为国除奸者，唯昌言京、贯之为祸本，以斥其党类，则国本正，而可进群贤以决扶危定倾之大计，唯此而可以为知本矣。骨已冷、党已散、法已不行、事势已不相谋之安石，其为得为失，徐俟之安平之后而追正之，未为晚也。舍当前腹心之蛊，究已往萌蘖之生，龟山、崔鶠等从而和之④，有似幸国之危以快其不平之积者。而政本之地<u>立</u>者皆疲茸淫荡之纤人，顾弗问也。则彼且可挟安石以自旌曰："吾固临川氏之徒也。弹射我者，元祐之苗裔，求伸其屈者，非有忧国之忱者也。"荧主听，结朋党，固宠利，坏国事，恶能复禁哉？

【注释】

①白时中（？—1127）：字蒙亨，寿州寿春（今安徽寿州）人。靖康之变时，建议钦宗弃城逃跑，后被弹劾。传见《宋史·白时中传》。李棁：生卒年不详。钦宗时为吏部尚书，与吴敏同知枢密院事，李纲为东京留守，李棁为其副手，因其主和，而与李邦彦等人同时被罢黜。事见《宋史》李邦彦传、李纲传等。唐恪（？—1127）：生卒年不详，字钦叟，余杭钱塘（今浙江杭州）人。金军南侵时，唐恪与耿南仲等人力主和议，各路勤王军至，唐恪下令不准妄动，于是勤王军不战而散。金军提出划河为界，唐恪又怂恿钦宗完全遵从，随从钦宗巡城，遭到军民唾弃和怒打，于是罢相。徽、钦二帝被俘后，金军立张邦昌为帝，唐恪在推戴状签名后服毒自尽。传见《宋史·唐恪传》。

②荼(nié)：疲倦，精神不振。

③蕲(qí)：求。

④崔鷃(yǎn)：生卒年不详。宋徽宗继位后，上书颂扬司马光，被蔡
　　京免官。钦宗即位，以谏官召用，上书论蔡京之奸，时北宋垂亡，
　　他深知局势难以挽回，每叹天下事不可为，不久病死。传见《宋
　　史·崔鷃传》。

【译文】

追溯靖康年间灾祸的源头，则王安石变法而进用小人，确实是这场
灾祸的根本原因。但蔡京的进用，自是利用书画玩乐一类的嗜好通过
童贯来投徽宗之好的，于是越级而升到相位，引来成群小人诱导君主走
到迷惑的地步，进而召来了外敌的欺侮。他以绍述为名义，把王安石奉
为宗主，在馆阁中绘制王安石的画像、在孔庙中让王安石与孔圣人配
享，都是借之用来弹压众多正人君子，兜售他的佞幸之私而已。王安石
研究了申不害、商鞅的学说，用来获取天下的财利，本来是期望以利国
而居功的，不是怀着私心而使君主陷于淫侈迷惑之境的，这是不可诬蔑
他的地方。王安石的志向，难道是蔡京的志向吗？蔡京的政治，又难道
是王安石的政治吗？所以在靖康初期，想安定国内以抵御外侮，追溯当
时灾祸的根本，应该是蔡京、王黼、童贯、朱勔在朝廷中造成混乱，在边
境挑起战争，这才是最符合当时情况的根本原因。李邦彦、白时中、李
棁、唐恪之流，在政府中把持权位，主张割地，罢止前来保卫京城和皇帝
的军队，撤掉黄河的防守，这些都是与蔡京、童贯一流同气相求、利用关
系而得到进用的人。他们出身褊狭邪恶，共同热衷于嬉乐荒淫，志气软
弱空虚，抱头畏惧敌人的影子，只求苟且偷安，哪里还知道有王安石以
及他所讲过的道理呢？他们都是仿效蔡京、童贯的伎俩，在面临凶险危
亡之时，只会讲和而没有别的办法，想通过讲和让自己恣意于旦夕的佚
乐而已。蔡京、童贯等人虽然渐渐都俯首认罪了，但他们引来的成群的
小人，还正处于得势状态而没有消灭。当时用来为国家除去奸人的人，

就只是大讲蔡京、童贯等人是灾祸的本源,以此来斥退他们的同党,那么国家的根本就贞正了,就可以进用众多的贤人来决定扶救危亡倾覆的大计,只有这样才能说是知道了消除这场灾祸的根本之道。此时尸骨已冷、同党已经散去、新法已经不再推行、事势已经不再与他相关的王安石,他的是非得失,等到天下太平之后再慢慢地来追究和纠正,也不为晚。放下当前的心腹之患不顾,却去追究已往的过失如何产生,杨龟山、崔鹏等人也跟着附和这种做法,这似乎是对国家的危难幸灾乐祸而使自己长期积累的不平心情加以发泄而求痛快之举,而对主持国家大政、成群居于官位的软弱淫荡的小人,却不加过问。而且这些小人还要借着王安石的名义自我标榜说:"我们本来就是临川王安石先生的学生,弹劾攻击我们的人,是元祐党人的后代,想通过弹劾我们来消除他们的委屈,并不是有忧国热忱的人。"用这种说法来迷惑君主的视听,结成朋党,巩固已有的恩宠和利禄,毁坏国家大事,又怎能再禁止他们呢?

　　杨国忠受戮于马嵬①,而唐再造,无庸究李林甫之奸也。辨学术,正人心,善风俗,定纲纪,前不能伸于建中靖国之初,而事已大败,乃泄其久蕴之忿怒,所本者,非本矣。辽绝而不相及,泮涣而不相济,何为者邪? 迨及建炎之后,安石之说不待攻击而自销亡,亦足以知安石之不足攻,而非靖康之急务矣。竭忠尽力,直纠京、贯之党,斥其和议之非,以争存亡于庙算,言不溢而事不分,此之谓知本。

【注释】

①马嵬(wéi):马嵬镇,又称马嵬驿,在今陕西兴平境内,东晋太元十八年(393),朝廷派马嵬在此筑城而得名。唐玄宗天宝十四载(755),唐玄宗西逃至此时,爆发"马嵬兵变",杨国忠被杀,杨贵

妃被逼自缢身亡。

【译文】

杨国忠在马嵬坡受到诛戮，而唐朝就得以再次兴起，不用再去追究以前李林甫的奸邪。辨章学术，端正人心，改善风俗，稳定纲纪，不能向前延伸到徽宗建中靖国年间的初期，而到靖康之时国事已经大为毁败时，却发泄自己长期积聚的愤怒，将追究很早以前的人和事视为导致国家危难的根本原因，而这就不是真正的根本原因了。时间已很遥远了而不相关，其间的联系已很松散而互不涉及了，这样做又是为了什么呢？等到高宗建炎年间以后，王安石的学说不等人们攻击就自行销亡了，这也足可明白王安石不值得攻击，追究王安石的过失不是靖康时急着要办的事了。竭尽忠心和力量，直接纠正蔡京、童贯的同党，斥责他们主张和议的错误，以此而在朝廷高层争议国家存亡的方针，这样做的话，言不用多，而事情也不会被分散，这就叫做知道扶救倾覆的根本。

二

女直胁宋以割三镇、割两河①，宋廷之臣，争论不决，于其争论而知宋之必亡也，抑以知宋亡而贻中国之祸于无已也。李邦彦、聂昌、唐恪之徒②，固请割地以缓须臾之死者勿论已。徐处仁、吴敏以洎李伯纪、杨中立之坚持不割之策③，义正矣。虽然，抑有能得女直之情，而自善其不割之计者乎？不得其情，虽为之计无补也，况乎其无能为保固三镇、两河之计也。

【注释】

①三镇：即河北三镇，平卢、魏博、成德的统称，是唐代在北方设置

的三个重要藩镇。因都在唐朝的河北道,故称河北三镇,又称河朔三镇。两河:唐安史之乱后,称河南、河北二道为两河。宋代则称河北、河东地区为两河。

②聂昌(1078—1127):原名山,字贲远,临川(今江西抚州)人。靖康年间,聂山上书,主张诛奸臣,全力抗战。宋钦宗赞赏他有"周昌抗节之义",为他改名聂昌,又派聂昌和耿南仲到金营议和,金国竟将聂昌杀害。传见《宋史·聂昌传》。

③徐处仁(1062—1127):字择之,应天谷熟(在今河南商丘东南)人。钦宗时,建言储粮修战备以御金兵。金军北撤,又请伏兵袭其后队。靖康元年(1126),为中书侍郎。传见《宋史·徐处仁传》。杨中立:即杨时,字中立。

【译文】

女真用割三镇和两河来威胁宋,宋代朝廷的大臣,争论不决,看他们争论就知道宋是必亡的,还可以知道宋亡之后留给中国的祸难也是没有尽头的。李邦彦、聂昌、唐恪之徒,坚持请求割地以延缓转眼之间的死亡,这就不用评论了,徐处仁、吴敏以及李纲、杨中立坚持不割地的方针,道义上是正确的。即使这样,还有能得知女真的用心而有更好的不割地的办法吗?不知道对方的用心,虽然商量对策也是无补于事的,何况他们并没有能够保住和稳固三镇、两河的办法。

　　胁人以割地者,契丹之胁石晋也,秦人之胁三晋也①,皆未能得而须其自割也。契丹胁石晋于求援之日,地犹王从珂之地,而两非所有。秦人之胁三晋,三晋虽弱,抑婴城固守,必覆军杀将、旷日持久而后得之,故胁其割而后得不劳。而女直之势异是。自败盟南侵以来,驰突于无人之境,至一城则一城溃,一城溃则一路莫不溃矣。欲三镇即可得三镇,欲两河即可得两河,何为哓哓然竟使命之唇舌,而莫能使其必从邪?呜呼!当时议者盈廷,曾无一人焉察及于此,中国之无人久矣,祸乃延及无穷而不可遏矣。

【注释】

①三晋:周成王封叔虞于唐,唐在黄河和汾河之东。唐叔虞的儿子燮改国号为晋。春秋时,晋最大的贵族分为智、赵、魏、韩、范、中行六家,智伯伙同韩氏、魏氏瓜分了范氏、中行氏的邑地,赵襄子则联合韩、魏杀死智伯。前453年,赵、韩、魏三家把晋国分为三国。周威烈王二十三年(前403),赵、魏、韩被周天子受封为诸侯,于是晋国变成了三晋。参见《史记·晋世家》。

【译文】

用割地来威胁别人,以前有契丹威胁石敬瑭的后晋,还有秦国威胁三晋,都未能得到地而要等它自己割让奉送。契丹威胁石敬瑭的后晋是在石敬瑭向契丹求援的时候,土地还是王从珂的土地,而不是契丹和石敬瑭的土地。秦人威胁三晋,三晋虽然弱,如果环城坚守,必会使攻城一方军队将士有很大伤亡,需得旷日持久的攻战之后才能得到,所以威胁对方割让之后就能不费力地得到这块土地。而女真的形势与此不同。自从毁约南侵以来,如同在无人之境奔驰冲击,到达一城,一城就崩溃,一城崩溃就使一路无不崩溃。想要得到三镇即可得到三镇,想要得到两河即可得到两河,为何喋喋不休地让使者费尽口舌,而不能使宋人必定听从呢?呜呼!当时议政的人满朝廷,不曾有一个人考虑到这一点,中国没有人才已经很久了,灾祸于是就延及无穷而不可遏止了。

辽之既灭,女直之志已得,未尝有全举中国之成心也。宋人召之挑之,自撤其防以进之,于是而欲逞志于宋,乃且无定情焉。而教之以胁地胁赂者,郭药师也。药师者,亦习乎契丹之所以加宋者,而欲效之女直,求地耳,求赂耳,求为之屈耳。是故终女直之世,止于此三者。而大河以南,国破君俘,城空千里,且举以授之张邦昌、刘豫而不欲自有①,夫岂贪之有所止,而戢自焚之兵哉? 永嘉以来,南北分而夷、夏各以江、淮为守,沿而习之,局定于此,志亦仅存乎此也。汴京破而立张邦昌、刘豫者,修石晋之故事也。和议成而画淮以守者,循拓拔氏之已迹也。盖自苻坚溃败以后,王猛之言②,永为定鉴。故拓拔佛狸临江而不敢渡③。正统之名,天式临之;天堑之设,地固限之;虽甚鸱张④,罔有越志。然则宋持其不敢擅有中夏之情,苟须地必待我之割之也,则固有以处此矣。不割三镇,必有以守三镇。不割两河,必有以守两河。欲守三镇、两河,必固守大河以为之根本。欲守大河,必备刍粮,缮城堡,集秦、陇、吴、蜀、三楚之力以卫京邑。此之不谋,但曰“祖宗之疆土,不可与人”。即不与之,不能禁其不取。空谈无实,坐废迁延,而三镇、两河不待割而非己有矣。轻骑驰突于汴京,而宗祧永丧矣。疆土任人之吐茹,而何割与不割之有哉?

【注释】

①刘豫(1073—1146):字彦游,景州阜城(今河北阜城)人。金兵南下时弃官潜逃,建炎二年(1128)降金,四年(1130)九月被金人立为“大齐”皇帝,七年(1133)被金帅挞懒黜为蜀王,后改曹王。绍兴七年(1137)被废,居临潢(在今内蒙古)而死。传见《宋史·叛

臣传·刘豫传》、《金史·刘豫传》。

②王猛(325—375):字景略,北海剧县(今山东潍坊寿光)人。辅佐符坚的十年之间(366—376)战功赫赫,基本统一北方,东晋无人再敢北伐。建元十一年(375),王猛病重,临终前告诫符坚,不可期望攻灭东晋,但要铲除鲜卑、西羌。符坚忘记王猛的遗教,建元十九年(383)攻东晋,在淝水大败。而王猛要除掉的鲜卑、羌族贵族,如慕容垂、慕容冲、姚苌之流,符坚却未除掉,建元二十一年(385),符坚被姚苌杀死。不久前秦灭亡,传见《晋书·符坚载纪附王猛载纪》。

③拓拔佛狸(408—452):即拓跋焘,字佛狸,鲜卑族拓跋部人。北魏太武帝,423—452年在位。在历次战争中,拓跋焘常亲自率军出征,决策雄断,部署周密,讲究战法,临阵勇猛,多获胜利。传见《魏书·太武帝纪》、《北史·世祖太武帝纪》。

④鸱(chī)张:像鸱鸟张翼一样,比喻嚣张、凶暴。鸱,古指鹞鹰。

【译文】

辽已灭亡,女真的愿望已经达到,不曾有攻下整个中国的既定用心。宋人召来女真并向其挑衅,自撤防线让女真前进,于是女真就想进攻宋了,但还没有定下决心。而教女真向宋威胁割地威胁贿赂的人,是郭药师。郭药师这个人,也熟知契丹向宋提出的要求,而想教给女真,目的只是求取割地,求取贿赂,求取宋向女真屈服而已。所以在整个金朝,也只是向宋提出这三个要求而已。而黄河之南,国家残破,君主被俘,偌大的城邑都空无一人,女真还要把这些地区全部交给张邦昌、刘豫而不想由自己占有,难道是他们的贪心有所止限,而收敛自焚之兵吗?晋代永嘉以来,南北分为夷狄与华夏,各自以长江、淮河为界而相互防守,沿袭这种态势已经习惯了,局势就这样稳定下来,女真的愿望也只是到这一步。汴京被攻破就扶立张邦昌、刘豫,就是想重新使用石敬瑭后晋的先例。和议谈成后就以淮河为界各自防守,是沿用拓拔氏已有的做法。自从符坚在淝水之战溃败之后，王猛告诉符坚的话，就永远成了北人固守的鉴戒。所以北魏的拓拔佛狸兵临长江而不敢渡江。南方王朝具有国家正统的名义，这是上天对它的关照；长江如同上天所设的壕沟，在地势上本来就限制了南北来往；虽然北方的军力非常强悍，但也都没有敢于越过长江的愿望。这样的话宋就掌握了女真不敢擅有中原的心情，如果女真想得到地，就必须等我割让给他，那么本来就有办法面对女真的割地要求。不割让三镇，也必须要有守卫三镇的办法。不割让两河，也必须要有守住两河的办法。想守住三镇、两河，必须固守黄河为作根本。想守住黄河，就必须储备粮草，修缮城堡，召集秦、陇、吴、蜀、三楚的人力、物力来保卫京城。不谋划这些事，只是说"祖宗的疆土，不能送给别人"。即使不想送给别人，却又不能禁止他不来夺取。空谈而没有实际对策，坐失良机而拖延下去，于是三镇、两河不用割让就不是自己的了。女真的轻骑在汴京奔驰冲击，而宋王朝的宗庙社稷就永远丧失了。疆土任由人家吞进和吐出，还有什么割与不割的事情可言呢？

　　然而女直之所欲者，且自三镇而止。彼且曰："天以中原授中原之主，吾不得而力争。"故挞懒、兀术[①]，人异其志，金山之匹马[②]，且以得返为幸，完颜亮马一南牧[③]，而群下叛离以致之死。然则处当日之情形，勿问三镇也，勿问两河也，抑可弗问汴京之守与不守也。名号存，呼召集，亲统六师以与相颉颃[④]；充彼之欲，得河北而其愿已毕，气已折，力已疲，且安坐而饱饫以嬉游，天下事尚可徐图其大定。即令不克，亦岂授女直以意想不及之弋获，而无所讫止乎？意想不及之获，可以获矣。立邦昌，而邦昌不能有；立刘豫，而刘豫不能有。大河以南人无主，而戴之以为君，则江、淮以南，何不可戴之以为君？蒙古氏乃以知天之无有定情,地之无有定域,而惟力是视,可有者无不可有矣。呜呼！不测其不敢深求之情,弱者靡、强者嚣,纵使氾澜而流及于广远,天且无如人何,而万古之纲维以裂。故曰中国之无人,非一晨一夕之故也。

【注释】

①挞懒:即完颜昌(? —1139),女真族,女真名挞懒。金太祖时的主要将领。传见《金史·宗室传·挞懒传》。兀术:即完颜宗弼(? —1148),本名斡啜,又作兀术、斡出、晃斡出。女真族。阿骨打第四子。多次率军南下攻宋,取得不少战功,逼宋向金称臣,官至太傅、太师。传见《金史·宗弼传》。

②金山之匹马:指兀术大败而逃。此指韩世忠与兀术在黄天荡进行的一战。南宋建炎三年(1129)十月,金军第三次南下深入长江地区,攻破建康,直逼临安。第二年二月,金军北撤。宋浙西制置使韩世忠率水军赶至镇江,截击金军于焦山、金山(在今江苏镇江)之间,重挫金军。金军溯江而上,韩世忠率军沿江追击,将金军逼进死港黄天荡(位于栖霞山和龙潭之间大江支汊湖荡),进退无路,长达四十天。后兀术得人建议,一夜之间凿通老鹳河故道三十里,逃出黄天荡,反居宋军上游。

③完颜亮(1122—1161):即金废帝,女真名迪古乃,字元功,阿骨打孙,史称海陵王。正隆六年(1161),在采石矶准备渡长江,被宋朝名将虞允文击败。又准备从瓜洲(今江苏扬州南)渡江,此时军中发生叛变,被浙西兵马都统制完颜元宜等人砍伤,最后用绳勒死。传见《金史·海陵亮纪》。

④颉颃(xié háng):对抗。

【译文】

　　然而女真所想得到的,也只是三镇而已。他们已说:"上天把中原交给中原的君主,我不能凭力来争。"所以挞懒、兀术,每人的心愿都不一样,兀术在金山战败带着残余部队,只以能够返回为幸运,完颜亮的战马向南方一放,成群的下属就叛乱而使他死亡。这样的话,处于当时的情况,就不要问三镇了,也不要问两河了,还可以不用问汴京能不能守住。只要宋的名号还存在,号召各地的部队才能够聚集起来,亲自统帅六军来与女真相对抗;满足女真的欲望,他们得到河北就已达到目标了,士气已经衰弱,力量已经疲惫,而且安然坐着饱食嬉乐游玩,这样宋还可以慢慢地谋求天下的更大安定。即使不能这样,还要让女真获得意想不到的战果而不停止吗? 意想不到的收获,可以获得了。立张邦昌称帝,而张邦昌不能占有这块土地,立刘豫为帝,而刘豫也不能占有这块土地。黄河以南的人们没有君主,拥戴占有这块土地的人为君主,那么长江、淮河以南,怎么不可以拥戴占有它的人为君主呢? 蒙古人知道上天没有固定的心意,土地也没有固定的界限,只看谁的力量更大,可以占有它的人就没有一处不能占有了。呜呼! 不能测知女真当时不敢深求中原土地的心情,因此而使弱者更软弱、强者更嚣张,纵使这种情况泛滥开来而延续得更广更远,上天也将对他们没有办法,而万古传下来的纲纪就被破坏了。所以说中国没有人才,不是一朝一夕的原因。

　　谢安石之知及此矣,故以一旅抗百万之众而不慑。自立也有本,则持重以待之,而其锋自折。气矜取胜,茫然于彼己之情伪,徒为大言以耸众听,流俗惊为伟人,而不知其无当于有无之数也,是可为大哀也矣!

【译文】

　　谢安石的智慧已经知道这一点了,所以用一支部队抵抗百万大军而不胆战。自立时有了根本，就会重视根本来维持它，而对方的锋锐自会挫折。而当时宋朝的大臣自矜于气势来取胜，对敌我双方的真假茫然不知，只是说大话来耸人听闻，流俗惊叹他是伟人，而不知道他并不能决定大局的成败之数，这是他非常可悲的地方啊！

<h1 style="text-align:center">三</h1>

上与下交争者，其国必倾。惟大臣能得之于上，而不使与下争；惟君子能辑之于下，而不使与上争。听其争而不能止者，具臣也。以身为争之衡，而上下交因之以争者，自居于有为有守，而实以贻上下之灾。衰乱之世，恒多有之，是人望之归也，而有道者弗取焉。

【译文】

君主与臣下交互争论，国家必会倾覆。只有大臣能了解上面君主的情况，不让君主与下面的民众相争；只有君子能和睦下面的民众，不让他们与上面的君主相争。听任上下相争而不能制止它，这就是占了官位而未尽职的大臣。以自身作为争论的衡量标准，而上与下都要利用他来相争，他自居于有所作为有所职守的地位上，而实际上则造成了上与下的灾害。在衰乱之世，常常有不少这种人，他们是人心所仰望的，而有道的人不会采取这种做法。

凡争之兴，皆有名可据，有故可循。而上不见信，下不相从，乃相持而不相下。迨乎争矣，则意短而言长，言顺而气烈。气之已烈，得失、利害、存亡、生死皆所不谋，而愤兴于不自已。故《盘庚》之诰曰："而胥动以浮言。"言勿问是非，一浮而是者已非，有道者甚畏天下之有此，而岂其以身为之的乎？气之浮也，必乘乎权，而后其动也无所复惮。上之权，以一人而争天下，以其崇高也；下之权，以匹夫而争天子，以其众多也。权者，势之所乘；发以气，乘以势，虽当乎理，而亦为乱倡。故曰"其国必倾"。汉、唐之季，其倾也皆然，而宋为甚。上之争下也，斥之、诎之、窜之、禁之，乃至刊之于籍，勒之于石，以大声疾呼而告天下。自熙宁以后，一邪一正，皆归于此，而王安石、司马光实以身受其冲。于是而下之争起矣。登屋援树，喧呼以争命相之权者，其流风所鼓，乃至万众奔号，蹙君门而为李纲鸣其不平。上既违之，下乃愤之；下且竞之，上愈疑之。交相持，而利害、生死俱所不恤。

【译文】

　　凡是争论的产生，都有名义可以依据，也有缘故可以追寻。但上面的人不被信任，在下的人也不听从他，就会相持而不相屈服。等到了争论的时候，就会没有多少思想而言语却很多，语言顺畅而意气却很烈。意气已经暴烈，得失、利害、存亡、生死都没有加以考虑，只有气愤产生出来而不能结束。所以盘庚的诰言中说："就用虚浮的传言相互动摇。"言论不问是与非，一旦虚浮就使正确的变成错误的，有道的人非常害怕天下有这种情况，难道会以他自身作为天下攻击的靶子吗？意气虚浮，必定要利用权力，而后他的活动就不再怕什么了。在上之人的权力，用一个人与天下相争，是靠他的地位崇高；在下之人的权力，是以匹夫来与天子相争，是靠他们的人数众多。权力，是势力所要利用的；用意气发作出来，利用势力，虽然合乎理，但也会引起祸乱。所以说"他们的国家必会倾覆"。汉代、唐代的末年，国家的倾覆也都是这样，而宋王朝的这种情况更为严重。在上的人与下面的人相争,对在下的人斥责、罢官、流放、禁锢,乃至于登录成册,并把名字刻在石碑上,大声疾呼宣告于天下。自宋神宗熙宁年间以后,一方是邪恶的人,一方是正直的人,都被这样对待,而王安石、司马光都首当其冲地被这样对待。于是在下面的人就产生了争论。在下的人登上房屋爬上树,大声喧呼来争论任命宰相的权力,受到这种风气的鼓动,以至于万人奔走呼号,在皇宫门前逼迫君主为李纲打抱不平。在上的人已经违背了他们的意志,在下的人就感到愤怒;在下的人还要来争,在上的人就更怀疑他们。相互争持不让,而国家的利害、个人的生死就都不顾了。

夫新法之病民,迫欲司马之相以蠲除之者①,犹情理之正也。然而朝廷之用舍,国政之兴革,岂此喧呶一往之气所可取必者哉②?至若纲之得众心者,惟请内禅,守京都,保市廛庐舍之鲜华③,偷朝菌蟪蛄之宴乐。而他日者,括金帛,掠子女,百万生齿流离于雨雪泞淖至之下,死者过半,则固不如早捐其总于货贿之情,远避凶危,以保妻子,尚可生生自庸也。而妇人稚子感纲之德,交赞于室,以动蚩蚩之众,攘臂而前,蔑君民之礼,践蹂宫门,国其尚可以安存乎?

【注释】

①蠲(juān)除:废除,免除。

②呶(náo):喧哗,争吵。

③廛(chán)庐:古代城市平民一户人家所居的房地称为廛,在城内称为廛,在城外称为庐。又泛指城内的民居区域。

【译文】

新法让民众受苦,急于想让司马光任宰相来废除新法,这还是正当的情理。但是朝廷的任用和罢官，国家政事的兴建和改革，哪里是靠这种争吵以宣泄以往的意气所能形成必定办法的呢？至于李纲能得到众人拥护一事，只有请求徽宗禅位给钦宗，守住京城，保住市街房屋的繁华，使人们能像朝生暮死的菌类和夏生秋死的蟪蛄一样在宴乐中偷安。而后来金钱财物被金军搜刮一尽，妻子儿女被金人抢走，百万百姓在雨雪交至的情况下流离失所，死者过半，本来就不如及早放弃贪恋财物的心思，远走躲避凶险危难，以保住妻子儿女，还可以让自己生生不已。而妇人小儿还感谢李纲的恩德，在家里交相称赞，鼓动天下的无知百姓挥着手臂向前，蔑视百姓与君主的礼节，践踏宫门，国家还能安然存在吗？

　　且夫司马之不得行其志者，正以此也。故哲宗亲政之后，天子厚其疑忌，以为是率乱民而胁上以相己者，固已目无君上。则勒名党碑之首①，尽反元祐之为，以恣章惇、蔡京之奸，皆此致之。若纲，识虽不足，忠则有余，暗里主奸臣，固无得闲以相为仇忌；而一窜再窜，志终不伸。迄高宗之世，可以白矣，而指为朋党，以宋世不再举之刑，施之陈东②。无他，惟伏阙呼号者不逞，而与天子争权，迹已逆而心终不可白矣。

【注释】

①党碑：北宋徽宗时期刻立的党人石碑。神宗时，学者中有关学、洛学、蜀学、新学的分派，相互之间产生学统之争。到熙宁（1068—1077）、元丰（1078—1085）年间王安石变法时，学派之争扩展到朝臣之间，不少人交朋结党，彼此倾轧，演变为党争。哲宗元符年间（1098—1100），司马光为相，废除熙宁、元丰间的新

法,恢复旧制。反对王安石变法的大臣们,曾被支持变法的新党压制,此时则建立元丰党籍,斥逐新党诸人。绍圣元年(1094),章惇为相,恢复熙、丰之制,斥司马光为奸党,贬逐出朝。徽宗崇宁元年(1102),蔡京为相,恢复绍圣之法,仿元祐旧党故事,立碑于端礼门,上录司马光等三百零九人罪状,称为党人碑。此碑后因星变灾异而毁掉。后来,这些党人的子孙更以先祖之名曾列入此碑为荣,重行摹刻。

②陈东(1086—1127):字少阳,镇江丹阳(今属江苏)人。钦宗时,陈东联合太学生上书,要求起用李纲,后因黄潜善等人进谗言,使高宗在建炎元年(1127)八月二十五日,将陈东与欧阳澈处死。传见《宋史·忠义传·陈东传》。

【译文】

而且司马光不能实行他的志向,正是因为这个。所以哲宗亲政以后,天子加重了对他的猜忌,他与元祐年间全部相反的做法,让天子认为这是率领乱民来威胁君主而让自己任宰相,本来就已是目无君主了。那么把他列为元祐党人碑名单的第一个,把元祐年间废除新法的做法全部纠正过来,让章惇、蔡京恣意来做奸邪之事,都是这种情况导致的。至于李纲,见识虽然不够,忠诚却是有余的,昏暗的君主和奸邪的大臣,本来就没有借口以李纲的任相为仇忌;但他被一再流放,志向最终不得伸展。到高宗在位时,李纲的冤屈本可以昭雪了,却把陈东说成李纲的同党,把宋朝不再使用的死刑,用到陈东身上。没有别的原因,正因陈东曾率众到宫门口跪着呼号而没有得逞,这是与天子争权,行为已是叛逆,而心愿就最终不能得到表白了。

温公律己之严,非有所召致,而引儿童走卒以为羽翼,固已。即在纲也,危亡在目,殷忧在心,抑必不操券以致陈东,使率众以颂己。其当众情沸腾之下,固且无如之何,而不足为二公病。虽然,君子静天下之人心以靖国者,固有道矣。尽忠以与君谋,其可赞以必行者,言不容长也。秉正以与僚友谋,其所引以自任者,旁无所待也。同乎我者受之,而得当以行,喜勿遽也。异乎我者听之,裁之在我,怒勿形也。退而缄之于心,不以忼慨之容动众,而使依己以为宗也。不用而奉身以退,不自暴白其心,而激人以归怨于上也。失职之士,怨恣之民,达其愤,恤其隐,而勿引之以使尽其不平之鸣也。夫然,则谋定而人不知,功成而言不泄。忠不行,道不试,而微罪以去,恒有余地以待君之悟,而无所激以成乎不可已之争。则朝野兵民,各居静以待命,虽有巨奸猾寇,亦弗能窥我之涯际,而闲宵小以起收其利。如其终不见信于天子,不胜于奸邪,则亦天也。吾之自靖自献者无尤,则一死以报宗祊而无愧。而士民嚣陵之戾气,无自而开,则祸亦不永。君子之以靖共尔位,邀神听之和平者,此而已矣。以此求之,岂徒纲哉?温公固未之逮矣。

【译文】

司马光律己很严,不会招徕民众,却让儿童走卒作为自己的羽翼,这是肯定的。即使是李纲,因为看到国家的危亡,心中充满对国家的担忧,否则也必不会拿国家政事招来陈东,让他率众来歌颂自己。在众情沸腾的情况下,本来就已经是无可奈何了,所以这种事不足以成为两位先生的毛病。即使这样,君子安静天下的人心来安定国家,本来是有方法的。竭尽忠诚来与君主谋划,那些可以赞同而必定实行的,言论上不用说得多。秉持正义来与同僚友人谋划,那些引为己任的,旁人是无所等待的。与我相同的就接受它,得当就实行,不要急于高兴。和我不一样的就听他说,由我来裁决,愤怒不要表现出来。退而藏在心里,不用慷慨的神情打动众人,而使他们依从自己作为宗主。不任用就藏身后退,不暴露告白内心的想法,来激怒众人而归怨于在上的帝王。失职的士人,怨怒的民众,了解他的愤怒,怜悯他的痛苦,不要引导他们发泄不平之鸣。如果能这样,就会谋划已定而人们不知,事功已成而言语不会泄露。自己的忠诚不能实行,道义不能试用,有小罪就离去,常留有余地以等待君主的醒悟,不要激愤以形成不可停止的争论。于是朝廷内外以及兵士和民众,各自安静地等待着命令,虽然有大奸人和狡诈的敌寇,也不能窥伺我的想法究竟怎样,而防止小人起来活动收取利益。如果他最终不被天子信任,不能战胜奸邪之人,那也是天意。我让自己冷静和对君主的奉献没有过错,可以通过一死来报答国家而无愧疚。而士人和民众喧嚣陵暴的狠戾之气,没有机会发泄出来,灾祸也不会长久。君子用冷静和恭敬来对待他的官职,求神灵在和乐平静中听任他的行为,就是这样而已。用这种做法去要求,哪里只是李纲做不到呢?司马光本来也没有做到。

　　谢安石抗桓温,却苻坚,而民不知感。郭子仪厄于程元振①,困于鱼朝恩②,而众不为伸。种师道耄老无能③,而褰帷呼跃④。成败之殊,其持之者异也。已乱者先已其争,争不甚者危不㾏,存乎任国事者之有道也。子曰:"君子无所争。"已且不争,况使君与民挟己以为争端乎?

【注释】

①厄(è):与"厄"同,被困,被排挤。程元振(?—764):京兆三原(今陕西三原)人,唐肃宗、代宗时的宦官。恃权陷害大将来瑱和李怀让,斥逐宰相裴冕,诋毁李光弼等,各藩镇对他切齿痛恨。传

见新、旧《唐书·程元振传》。

②鱼朝恩(722—770):唐代宦官,掌握朝廷大权,大历五年(770)三
　月,唐代宗捕杀鱼朝恩。传见新、旧《唐书·鱼朝恩传》。

③耄(mào):年老。

④搴(qiān):揭起,掀起。

【译文】

　　谢安抗御桓温,击退苻坚,而民众不知道感恩。郭子仪受到程元振
的排挤,受困于鱼朝恩,而众人不为他申冤。种师道年老无能,而掀开
帐幕呼喊、跳跃。成败不同,如何对待都是不同的。事情已经出现混
乱,先要停止争论,争论不严重的,危难就不紧急,这要靠担任国家大事
的人掌握大道。孔子说:"君子没有什么可去争夺的。"自己都不争,怎
能使君主与民众把自己作为争论的开端呢?

四

　　曹操之雄猜也,徐庶以刘先主之故①,终身不为一谋。
操能杀荀彧②,而不能杀庶,委顺可为也,然犹曰庶未尝触操
之忌也。司马昭之很也③,阮籍为草表④,而以箕、颍之节期
之⑤。昭能杀嵇康⑥,而不能杀籍,隐默可为也,然犹曰微辞
而未斥言之也。郅恽上书王莽⑦,陈谶纬⑧,谏其复汉室而归
臣服。莽弗能杀,而及见光武之兴,婉曲可为也,然犹曰诡
托符命以术制莽也。马伸于张邦昌之僭立⑨,上申状以请复
辟,至再至三而不已,邦昌惧而从之。弗畏于逆臣,弗惧于
狡虏,弗忧于吴开、莫俦之群小⑩,志至气充,不知有死,而死
亦终弗及焉。然则士苟有志,昭昭然揭日月而行之,夷、齐
扣马之谏⑪,奚必武王而后可施哉?

【注释】

①徐庶：生卒年不详，本名福，后因友人杀人而逃难，改名徐庶，字元直，颍川（今河南禹州）人。先在刘备手下任职，后因曹操囚禁其母而投曹操。事见《三国志·蜀书·诸葛亮传》。

②荀彧（163—212）：字文若，颍川颍阴（今河南许昌）人。曹操谋臣，为曹操举荐了不少人才，如钟繇、荀攸、陈群、杜袭、司马懿、郭嘉等。传见《三国志·魏书·荀彧传》。

③司马昭（211—265）：即晋文帝，司马懿的次子，晋武帝司马炎之父。字子上，河内温（今河南温县）人。传见《晋书·太祖文帝纪》。很：通"狠"。

④阮籍（210—263）：字嗣宗，陈留尉氏（今河南尉氏）人。建安七子之一阮瑀的儿子。曾任步兵校尉，世称"阮步兵"。与嵇康、刘伶等七人为友，世称"竹林七贤"。传见《三国志·魏书·王粲传附阮籍传》《晋书·阮籍传》。

⑤箕、颍之节：指许由、巢父躲到箕山隐居和许由颍水洗耳。相传尧访求贤人，想把天下禅让给他，访得许由，尧让他替自己治天下，许由以为是一种羞辱而不肯接受，逃而耕于箕山之下。尧又召许由任九州长，许由认为听到这个任命等于玷污了自己的耳朵，于是洗耳于颍水之滨。后世以此比喻远离世俗事务的清高节操。

⑥嵇（jī）康（224—263）：字叔夜，原籍会稽（今浙江绍兴），后为谯国铚（今安徽濉溪临涣镇）人。与魏宗室通婚，娶长乐公主，拜中散大夫，世称"嵇中散"，为竹林七贤之一。传见《三国志·魏书·王粲传附嵇康传》《晋书·嵇康传》。

⑦郅恽（yùn）：生卒年不详，字君章，汝南西平（今河南西平）人。西汉末年，曾上书王莽，告诫他：神器有命，不可虚获。王莽不听，将郅恽逮捕入狱，后以赦得出。传见《后汉书·郅恽传》。

⑧谶(chèn)讳：谶指将来能应验的预言、预兆，是秦汉时期一些巫师、方士编造出来的隐语。纬即纬书，是汉代儒生假托古代圣人名义编造的解释经书的各种著作，因为内容荒诞，故后来将谶纬合称。

⑨马伸(?—1128)：字时中，东平(今山东东平)人。汴京被金军攻陷后，金人立张邦昌为帝，召集百官，以士兵包围并威胁众臣推戴张邦昌。马伸与御史吴给约秦桧共为议状，乞存赵氏，复嗣君位。邦昌称帝后，马伸首先具书请邦昌速迎康王赵构，邦昌因此气沮。传见《宋史·马伸传》。

⑩吴开(jiān)：生卒年不详。字正仲，滁州(今安徽滁州)人。靖康间，与耿南仲力主割地，并出使金营。金人欲立张邦昌，吴开与莫俦来回传导其意旨，京师人称他们为"捷疾鬼"。莫俦(1089—1164)：湖州(今浙江湖州)人，一说吴县(今江苏吴县)人，字寿朋。徽宗、钦宗被俘后，莫俦投靠金国，金国扶持张邦昌称帝，莫俦任尚书右丞相。高宗继位后，张邦昌伏诛，莫俦亦获罪，押送全州安置，再转广南，死于潮州。

⑪夷、齐扣马之谏：伯夷和叔齐对周武王伐纣的劝谏。伯夷，是商末孤竹君的长子，孤竹君欲传位给次子叔齐，叔齐让位给伯夷。伯夷逃跑，叔齐也逃走而不肯继位。听说武王伐纣，伯夷和叔齐叩马而谏："父死不葬，爰及干戈，可谓孝乎？以臣弑君，可谓仁乎？"姜太公以为"义人"。武王灭周后，他们逃到首阳山，不食周粟而死。传见《史记·伯夷叔齐列传》。

【译文】

曹操固然雄豪猜忌，徐庶却因刘先主的缘故，终身不为曹操出一个计谋。曹操能杀荀彧，而不能杀徐庶，向曹操表示顺从是徐庶可以做到的，但还要看到徐庶没有触及曹操的猜忌。司马昭固然凶狠，阮籍为他起草奏疏，司马昭却以许由、巢父的节操期待他。司马昭能杀嵇康，而不杀阮籍,说明隐忍沉默是可以做到的,但还要看到阮籍仅是用婉言表达自己的感情,而没有直接斥责司马昭。郅恽向王莽上书,陈述谶纬的事情,劝谏他恢复汉室而回归为臣。王莽却不能杀他,而他就能等着看到汉光武帝的中兴,说明委婉曲从是可以做的,但还要看到他应对王莽假托符命的说法,是用术数来约束王莽的。马伸对于张邦昌的僭越称帝,献上申诉的奏疏来请他把帝号交还宋王朝,一而再再而三地不停止,张邦昌害怕了就听从了他。是因马伸不畏惧叛逆之臣,不畏惧狡诈的敌寇,也不畏惧吴开、莫俦这些小人,志气充足身心,不知道怕死,而死最终也没有降临他的身上。这样的话就可知士人如果有志气,昭然如日月闪亮而加以实行,那么伯夷、叔齐扣马劝谏,何必等着看到武王出兵而后才这么做呢?

　　呜呼!士不幸而生于危亡之世,君已俘,宗庙已墟,六宫尽辱,宗子无余,举国臣民寄死生于异类之手,而听其嚼啮,奸宄施施且拥叛逆而为主①,不死而何以自堪?乃自梅执礼、吴革、刘韐、李若水、张叔夜之外②,非有可死之几③,死且无裨于名义,故张浚、赵鼎、胡寅唯匿形免污以自全④,无死地也。伸居台谏之职,欲求死地以致命,则唯有直责邦昌使奉康王之一说,可以自慰其梦魂而无疚憾。忤邦昌者,死地也。邦昌之从己而避位,非伸之所取必者也。岂有人方求为天子,而助逆者又进骑虎之说以怵之,可以笔舌力争夺其尊富哉?故曰死地也。稍一迟回,而姑为隐忍矣。以死为心,以成败委命,以纲常名义自任,而不求助于人,则亦何不可揭日月以行,而言犹嚅嗫乎?

【注释】

① 奸宄(guǐ):奸邪。

② 梅执礼(1079—1127):字和胜,浦江通化(今浙江兰溪)人。为官刚正严明,不避权贵。宋金交战期间,为主战派。传见《宋史·梅执礼传》。吴革(？—1127):字义夫,华州华阳(今四川双流)人。为抗金主战派。传见《宋史·吴革传》。刘韐(gé,1067—1127):字仲偃,崇安(今福建武夷山)人。钦宗靖康元年(1126),充河北、河东宣抚副使,又任京城四壁守御使。京城失守后,出使金营,金人欲劝降,不屈,自缢而死。传见《宋史·刘韐传》。李若水(1093—1127):原名若冰,钦宗为改名若水,字清卿,广平曲周(今河北广平)人。靖康二年(1127),跟随钦宗至金营,备受羞辱,李若水怒斥金国粘罕不讲信义,粘罕劝降,李若水骂不绝口,粘罕命人割下李若水舌头,李若水仍怒目而视,以手相指,又被挖目断手,最后殉难。传见《宋史·李若水传》。

③ 几(jī):机会。

④ 胡寅(1098—1156):字明仲,学者称致堂先生,建州崇安(今福建武夷山)人。秦桧当国,胡寅要求致仕,回到衡州。因讥讪朝政,被贬新州安置。秦桧死后,恢复官职。传见《宋史·胡寅传》。

【译文】

呜呼！士人不幸生在危亡之世,君主已经被俘,宗庙已成废墟,六宫中的人全都受辱,皇族子弟没人生存下来,全国的臣民都把自己的生死交在异族手中,而听任他们啃噬,奸邪之人得意地拥护叛逆者为主人,此时不死自己又如何受得了？自梅执礼、吴革、刘韐、李若水、张叔夜之外,没有可死的机会,死了也无助于名义,所以张浚、赵鼎、胡寅只有藏起来避免羞污以自我保全,这是因为没有死的地方。马伸身居台谏之职,想求得一处死地来效命,那就只有直接斥责张邦昌让他尊奉康王为帝这一个办法,可以慰藉他的梦魂而没有愧疚遗憾。抵忤张邦昌,这就是他的死地。张邦昌听从马伸而避让了帝位,不是马伸必定想得到的结果。难道有人正在求做天子,而助他邪逆的人又献上骑虎难下之说让他害怕,对此可以通过笔墨口舌进行力争而夺掉他的尊富吗?所以说这是马伸的死地。稍一犹豫,就只能对张邦昌的称帝姑且忍耐了。抱定了一颗必死之心,把成败交给命运,以纲常名义自任,而不求助于人,那又为何不能把自己的行动宣告给日月,却吞吞吐吐地不敢说出口呢?

子曰:"邦无道,危行言孙①。"无道者,君不明,而犹故国之君;俗不美,而犹中国之俗;非国破、君辱、逆臣窃位之谓也。言孙者,道不可亟明,则以微言待后;志不可急白,则以谦让自居;非谈笑以道君父之危,缓颊而免乱贼之怒也。当伸之世,操伸之志,以为伸之所得为,岂谓此哉?且伸之言,亦未尝不孙也。其申状于邦昌也,仍以台官上申宰相之礼;其进说也,仍期以定策立元辅之功。则以视段秀实之笏击朱泚也②,犹从容而不迫。非伸之气苶于秀实也,彼已成乎不可挽之势,而此则有可转之机也。然使邦昌怙恶而不从③,群奸交怼其异己④,则伸亦与秀实同捐其肝脑。其危也,孙也;而其孙也,未尝不危也。伸于是合乎刚柔之节矣。

【注释】

①"邦无道"二句:出自《论语·宪问》。孙,通"逊"。

②段秀实(718—783):字成公,陕西千阳(今陕西千阳)人。唐德宗建中四年(783),发生泾原兵变时,人们拥朱泚称帝,他当廷勃然而起,以笏板痛击朱泚,即被杀。

③怙(hù)恶:坚持作恶而不悔改。

④怼(duì)：怨恨。

【译文】

　　孔子说："国家无道，就要采取正直的行为和谦逊的言论。"国家无道的时候，君主虽然不明智，但他还是故国的君主；风俗虽然不美，但它还是中国的风俗；无道并不是说国家破败、君主受辱、叛逆之臣窃取了帝位。言语小心，是说大道不能急切间阐说明白，就用委婉的话语等待以后的变化；志向不能急着表白，就要以谦让的态度处世；不能用谈笑的方式告知君主、父亲，就通过委婉说情而免除叛乱贼子的愤怒。在马伸那时，具有马伸的志向，以为马伸所能做的，难道就是这个吗？而且马伸的言论也未尝不谦逊。他向张邦昌上书，仍是按照台谏官员给宰相上书的礼仪；他提出的建议，仍然期望张邦昌来确定天子而完成身为宰相的事功。这与段秀实用笏板痛击朱泚相比，还是从容不迫的。不是马伸的志气比段秀实弱，而是因为段秀实之时已经到了不可挽回的局势，而马伸之时则还有可转之机。然而假使张邦昌坚持作恶不悔改而不听从马伸的建议，群奸交互攻击马伸是异己分子，那么马伸也就会与段秀实一样不惜牺牲他的生命。他行为的正直，就是谦逊；而他的谦逊，未尝不是正直。马伸在这个时势下的言行是符合刚柔节奏的。

　　夫人之于义也，岂患不知哉？患无其志耳。抑徒患其志之不存哉？患其气之不充耳。邦昌之不可帝也，天子之不可听女真立也，为宋之臣民不可戴邦昌为君也，夫人而知之，夫人而亦有其心矣。若有所覆而不得露，若有所掣而不得舒，若有所隔而不得吐，皆气不胜也。故持其志者，以气配义，而志乃伸。

【译文】

人对于道义,难道是担心不知道它吗? 不是的,是担心没有实践道义的志向而已。还是仅仅担心这种志向不存在吗? 不是的,是担心这种志气没有充满于心中而已。张邦昌不可称帝,天子不可听由女真来立,作为宋的臣民不能拥戴张邦昌为君主,凡是人都知道,凡是人也都会有这种心意。如果自己的志气有所覆藏而不能显露,如果有所牵掣而不能舒展,如果有所隔阂而不能吐出,就都是因为志气没有取胜。所以持有其志气的人,用志气与道义配合,他的志气就能伸展了。

卷十　高宗

【题解】

宋高宗赵构（1107—1187），南宋第一任皇帝，宋徽宗第九子，宋钦宗之弟。靖康元年（1126），金兵南侵时，他奉钦宗之命出使金国求和，经过磁州（今河北磁县），州官宗泽劝他停止不去，于是驻留相州（今河南安阳）。靖康二年（1127），金兵攻陷汴京，北宋灭亡。赵构在南京应天府（今河南商丘南）即位，建立南宋。在位初期，用李纲、宗泽等人抗金，后重用黄潜善、汪伯彦，把宋军防线从黄河一线后退到淮、汉、长江一线，金兵进入中原。高宗逃至临安（今浙江杭州），从此偏安一隅，又重用秦桧，迫害岳飞，与金朝订立"绍兴和议"。绍兴三十二年（1162）退位，禅位于太子赵昚，自称太上皇。

高宗时期是两宋转换过程中的重要时段，王夫之的评论较多，其中如高宗屈辱于女真、李纲向高宗建言、岳飞的渡河之志及他的立身定交、秦桧诛逐异己及他的真实野心等，都是重要问题，也是王夫之着重加以评论之处。

王夫之认为宋高宗是不合格的皇帝，最严重的问题是他对女真的畏惧达到无以复加的地步，对逃跑和屈膝求和又毫无愧耻。其原因在于他曾作为人质在金人国中亲身感受到金人的剽悍凶疾之气，加上朝中大臣普遍主张屈辱求和，就连主战的大臣也是首鼠两端，因而更助长了高宗的胆怯畏葸之心。

对李纲向高宗的进言,王夫之认为其根本不足,是他提出的种种事情,如报君父之仇、复祖宗之宇、远小人、亲君子以及议巡幸、决战守、择将帅、简兵卒、抚河北、镇荆襄等,都没有抓住要害。王夫之认为,最关键的是君主要有志向,有志向,这些事都不待言,无志向,虽言也无益。所以李纲向高宗的进言,说了等于没说。如果没有切实的措施和办法,还"不如其无言。"

胡安国是宋代著名学者,王夫之认为他的某些言论与秦桧不谋而合。胡安国在《胡氏春秋传》中主张攘夷尊周,但却根据公子翚伐郑、公子庆父伐于余邱等事,强调"兵权不可假人",这正是宋太祖以来防范军事将领的思想。兵权不可以假人的说法,在宋代非常有害,尤其在面对金人入侵之时,其危害就更为严重。王夫之指出,这种防范之心,并不是胡氏一个人的见解,宋之君臣上下长期以来就以此"为藏身之固"。对于军事将领,君主与文臣都怀着"菹醢之心",甚至"不惜长城之坏"。王夫之的这一批评,值得研究历史者注意。

对于岳飞的命运,人们都深为痛惜,但王夫之批评岳飞为人处世也有不当之处,这是对君子的严格要求,对后世君子也有警醒作用。王夫之认为帅臣不可求令誉,只把将领的本职做好就行。如果让民之誉、士之誉、公卿百僚之誉都归于己,反而不是好事,会使自己有危险。在宋代那种猜忌武将的时代,一个帅臣而有令誉,就必然会有危险,这是王夫之为岳飞所惋惜之处。王夫之认为,人们对于岳飞的悠悠之歌颂,甚至比小人的诽谤更具危害性,更可怕。

至于秦桧的真正野心,前言中已有阐述,此略。

一

光武跳身河北,仅有渔阳一旅①,而平定天下者,收群盗之用也,故有铜马帝之号焉②。宗汝霖之守东京以抗女直,用此术也。考之史册,光武所受群盗之降,几二千万。王莽之季,盗虽蜂起,亦不应如彼其多。盖降而或复叛,归于他盗,已而复降,至于三四,以有此数。不然,则建武之初,斥土未广,何所得粟以饲此众邪?宗汝霖所收王善等之众二百余万③,其聚而有此众者,亦非尽剽悍贸死之壮夫也。徽宗之世,河北之盗已兴。迨及靖康,女直破汴京而不有,张邦昌僭大号而不尸,高宗远处淮左而不能令。郡邑无吏,吏无法。游奕之虏骑,往来蹂践,民莫能自保其命。豪强者聚众砦处④,而农人无可耕之土,市肆无可居之廛⑤,则相率依之,而据太行之麓,以延旦夕之命。室无终岁之计,瓮无宿舂之粮,鸟兽聚而飞虫游,勿问强弱,合而有此数也。闻汝霖受留守之命,依以自活,为之美名曰"忠义"以抚之,抑岂诚为忠义者哉?故汝霖之用之也,欲其急也。

【注释】

①渔阳:秦、汉、魏、晋代渔阳郡,治所在今北京密云。隋末改无终县为渔阳,即今天津蓟县,隋唐渔阳郡治所在此。今蓟县西北有一山,名渔山,县城在山南,故名渔阳。

②铜马帝:即汉光武帝刘秀。铜马指铜马军,是西汉末年的农民起义军,后刘秀击败铜马军,把投降的士兵分给部下各将,使军力大增,所以当时关西人称刘秀为铜马帝。

③宗汝霖:即宗泽。

④砦(zhài):营垒。

⑤廛(chán):古代平民一家在城邑中所占的房地。泛指民居、

市宅。

【译文】

东汉光武帝从河北轻身逃出时，只有渔阳一支部队，而他能平定天下，是收服了各地的起义军来做到的，所以他有铜马帝的称号。宗泽守卫东京以抵抗女真，也使用这个方法。考察史书的记载，光武帝所接受投降的各地起义军，将近二千万。王莽末年，起义虽然成群出现，也不应有如此之多。大概是投降后又反叛，归附其他的起义首领，之后又向光武帝投降，以至于反复多次，所以才有二千万的数量。不然，在光武帝建武初年，所占土地不广，从哪里得到粮食来养这么多的部队呢？宗泽收服的王善等各部兵员二百多万，他招聚的兵员有如此之多，并非全部都是剽悍敢死的勇壮士兵。徽宗时期，河北已经出现起义。等到了靖康年间，女真攻破汴京而不占据京城，张邦昌僭越称帝而不能成为君主，高宗远在淮河一带而不能号令中原。郡县没有官吏，官吏也没有国法可遵。游弋的金人兵马，往来蹂躏，民众无人能保住自己的生命。豪强之人聚众筑寨防守，农民没有可以耕种的土地，城中商户也没有可以居住的房屋，就会相率来依附豪强，占据太行山麓，以延续旦夕不保的生命。每家都没办法过完一整年，缸里没有过夜的粮食，像鸟兽一样聚合，又像飞虫一样游走，不问是强是弱，实应有这种情况。他们听说宗泽接受了留守汴京的命令，就来依靠宗泽保命存活，宗泽也替他们取了一个好听的"忠义"名称来安抚他们，难道还真的就是忠义之人吗？所以宗泽使用他们，只是想应对这种紧急情况。

　　光武之用群盗，唯知此也，故用之以转战，而不用之以固守。来者受之，去者不追，迨其有可归农之日，则自散归其田里。是以天下既定，此千余万者，不知其何往。用之以转战，而不用之以固守者，乘其方新之气也。来者受之，去者不追，可不重劳吾河内、宛、雒之民①，竭赀力以养之也。

汝霖之在当日，盖东京尚有积粟，可支二百万人一二岁之食，过此而固不能矣。是以汝霖自受命守京，迄于病卒者仅一年，而迫于有为，屡请高宗归汴，以大举渡河，知其乍用而可因粮于敌，不可久处而变生于内也。奸邪中沮，志不遂而郁邑以陨命。渡河之呼，岂徒恸大计之不成？抑且虑此二百余万人非一汴之所能留也。汝霖卒，而复散为盗，流入江、湘、闽、粤，转掠数千里，不待女直之至，而江南早已糜烂。非韩、岳亟起而收之，宋必亡矣。

【注释】

①河内：郡名，楚汉之际置，治在今河南沁阳。隋朝将野王改为河内县，1913 年改名沁阳。宛：今河南南阳。春秋初期，楚国向北吞并汉水流域诸国，吕、申两国被楚文王所灭，在此地建置宛邑。雒：即洛阳，简称洛，因地处古洛水北岸而得名。

【译文】

　　光武帝使用各地的起义军，也正是知道这一点，所以用他们进行转战，而不用他们固守城池。来投奔的人就接受他们，离去的人也不追赶，等到他们有一天可以返乡务农，就自会解散返回他们的家乡。所以天下安定之后，这一千多万的人，也不知他们都到哪里去了。用他们进行转战，而不用他们进行固守，这是要利用他们刚刚新生的士气。前来的人就接受他们，离开的人也不追赶，可以不用让我国河内、宛、洛地区的民众加重负担，竭尽他们的人力物力来养这么多的投奔者。宗泽在当时，是因为东京还有积储的粮食，可以供二百万人吃一两年，超过这个限度也就不能支撑了。所以宗泽自从接受命令守卫汴京，到他病逝仅仅一年，迫于要有所作为，屡次请求高宗返回汴京，以便大举渡河，这是知道暂时用兵可以利用敌人手中的粮食，但不能让这么多的投奔之人长久停留在汴京一带而使内部发生变乱。受到奸邪之人在中间阻挠，他的志向不能实现，于是忧郁地死去。宗泽临终前连呼"渡河"，哪里只是因为大计不能完成而悲怆呢？更是担心这二百多万人不是一个汴京所能容纳的。宗泽去世，这些人又都分散到各地成为盗匪，流窜到江、湘、闽、粤地区，流动数千里进行劫掠，不等女真来到，江南早已经被他们严重破坏了。如果不是韩世忠、岳飞紧急用兵收服他们，宋王朝必定已经灭亡了。

　　无食不可以有兵，无士不可以得食，不进不可以有土。待食足而兴兵者，处全盛之宇，捍一方之寇，如赵充国之策羌是也。不可以用乌合之众，撄方张之虏，保已破之国，审矣。念吾之且必穷，知众之不久聚，忧内之必生变，更无余法以处此，唯速用其方新之气而已。急用而捷，所杀者敌也；急进而不利，所杀者盗也。鼓之舞之，使无倒戈内向者，则存乎主帅之恩威。夫此二百余万之盗，固皆有山砦可为退处之穴，而收吾简练之禁旅，进可为之援，退亦不恣其反噬。然此要非久留聚处，耗吾刍粟，扰吾农人，以生其狎侮之所能胜。是则汪、黄内蛊[①]，高宗中馁，旷日迁延，迟回汴土，即令汝霖不没，而事亦渐难矣。群盗之流入内地者，韩、岳竭力以芟夷之，歼杀过半，弱者抑散而佣食于四方，然后收其仅存之可用者以为吾用。非尽此食甚之鹑[②]，可帅之以所向无前也。故汝霖亦知独力任此之不足也，亟请高宗返驾京阙以弹压群桀，且可辇输东南之粟帛，调发入援之兵卒，而为可继之图。若孤恃汝霖之志义，而无刘裕匡复之威望以詟群雄，抑无郭子仪朔方之部曲以立根本，仰给不赡，徒贻怨玩,刘越石之困于段匹磾者③,其前鉴也。上无君,内无相,始而盛者渐以衰,悲愤中来,坐视其败,虽欲不悒悒以自陨天年,其可得乎?

【注释】

①汪:即汪伯彦(1071—1144),祁门(今安徽祁门)人。康王赵构奉使赴金,至磁州,汪伯彦遣兵把康王迎回相州。康王继位即宋高宗,汪伯彦任同知枢密院事、知枢密院事。汪伯彦主和,促请高宗南迁扬州。后金兵陷扬州,汪伯彦黜居永州。传见《宋史·汪伯彦传》。黄:即黄潜善(1078—1130),字茂和,祖籍邵武(今福建邵武)人,后为汀州宁化(今福建宁化)人。宋室南渡后,任右仆射兼中书侍郎,主张和议,与金人画河为界。因与李纲意见不合,遂与汪伯彦贬逐李纲。传见《宋史·黄潜善传》。

②食葚之鸮(xiāo):食葚,比喻受人恩惠。鸮,即猫头鹰,其叫声本为恶音,后止于泮水木上,食其桑葚,于是叫声变成善音,比喻人因感恩而发生变化。

③段匹磾(dī,? —322):西晋时段部鲜卑首领,曾被晋愍帝封为左贤王、抚军大将军。建武元年(317),与刘琨联合攻讨石勒,又与刘琨上书劝琅琊王司马睿称帝。318年,自立为辽西公。又杀刘琨,因败于石勒而投降,后因谋乱而被杀。传见《晋书·段匹磾传》。

【译文】

没有粮食就不可以用兵,没有兵士就不能得到粮食,不用兵士进军就不可能占有土地。等到粮食足够了才用兵,是全盛时期的天下,来对抗一方的敌寇,就像赵充国对付羌人的策略那样。不能用乌合之众抵抗力量正强的敌寇和保卫已经残破的国家,这是非常明白的。想到我方必将粮食用尽,知道投顺的众人不能长久聚在一地,担心内部必会发

生变乱,更没有其他的办法来对付这些情况,只有尽快使用他们刚刚新
生的士气而已。紧急用他们作战而能取胜,所杀的是敌寇;紧急进兵作
战如果不利,被杀的也是那些盗匪。鼓舞他们,让他们不要倒戈而在内
部作乱,就取决于主帅的恩威如何使用。这二百多万人的盗匪,本来都
有山寨可以作为自己退回去的巢穴,而集中朝廷精锐的禁军,进可以作
为声援,退也可以防止这些盗匪掉头对我攻击。但这样做的关键是不
让他们长久集中停留在汴京,消耗朝廷的粮草,扰乱朝廷的农民,而使
他们能狎侮和取胜我朝廷。不能妥善处理二百多万人的问题,于是汪
伯彦、黄潜善就在内作恶,高宗内心气馁,旷日拖延,迟迟不回汴京,即
使宗泽不死,而事情也逐渐难办了。众多的盗匪流入内地,韩世忠、岳
飞竭力加以剿灭,歼杀过半,弱小者也被打散而四处觅食,然后收服其
仅存的可以为我所用的人员来为朝廷效力。但这种改恶为善的人员不
是全都可以率领来所向无前的,所以宗泽也知道单靠自己的力量来做
这件事还是不够的,紧急请求高宗的车驾返回汴京来弹压这些盗匪中
的豪强人物,而且还可以输送东南地区的粮食布匹,调拨前来援救的部
队,而谋求以后的发展。如果单靠宗泽的志气道义,而没有刘裕匡复晋
朝的威望以震慑盗匪中的强豪人物,又没有郭子仪所统率的北方的部
队作为宋朝廷的根本,所依赖供给的物资又不够,就只会给人留下怨恨
和狎侮,那么刘琨被段匹磾困窘的事,就是宋王朝的前车之鉴了。上面
没有君主,朝内没有宰相,开始时的兴盛就会逐渐衰弱,悲愤从心中产
生,坐视它的败亡,虽然想不忧郁地自尽天年,能够做到的吗?

　　故谓汝霖不死,凭恃此众可席卷燕、云者,非能知汝霖茹
荼之苦心也。驭之必有其权,养之必有其具,然后此二百余万
乌合之旅,可收其利而不逢其害。非光武之聪明神武,而欲驯
扰不轨之徒,以与虎狼争生死,岂易言哉! 岂易言哉!

【译文】

所以,说宗泽如果不死,凭恃这些众多的盗匪就可席卷燕、云的人,是不能了解宗泽含辛茹苦的苦心的。驾驭他们必须有相应的权力,养活他们必须有一定的物资,然后对这二百余万的乌合之众,可以收获利益而不会遇上其危害。没有汉光武帝的聪明神武,而想驯服这种不轨之徒,来与虎狼之敌进行生死之争,哪里是说得那么容易的呢! 哪里是说得那么容易的呢!

二

高宗之畏女直也,窜身而不耻,屈膝而无惭,直不可谓有生人之气矣。乃考其言动,察其志趣,固非周赧、晋惠之比也①。何以如是其馁也? 李纲之言,非不知信也;宗泽之忠,非不知任也;韩世忠、岳飞之功,非不知赏也;吴敏、李棁、耿南仲、李邦彦主和以误钦宗之罪②,非不知贬也。而忘亲释怨,包羞丧节,乃至陈东、欧阳澈拂众怒而骈诛于市③,视李纲如仇雠,以释女直之恨。是岂汪、黄二竖子之能取必于高宗哉? 且高宗亦终见其奸而斥之矣。抑主张屈辱者,非但汪、黄也。张浚、赵鼎力主战者,而首施两端,前却无定,抑不敢昌言和议之非。则自李纲、宗泽而外,能不以避寇求和为必不可者,一二冗散敢言之士而止。以时势度之,于斯时也,诚有旦夕不保之势,迟回葸畏,固有不足深责者焉。苟非汉光武之识量,足以屡败而不挠,则外竞者中必枵,况其不足以竞者乎? 高宗为质于虏廷,熏灼于剽悍凶疾之气,俯身自顾,固非其敌。已而追帝者,滨海而至明州④,

追隆祐太后者⑤，薄岭而至皁口⑥，去之不速，则相胥为俘而已。君不自保，臣不能保其君，震慑无聊，中人之恒也。亢言者恶足以振之哉？

【注释】

①周赧(？—前256)：亦称王赧，东周最后一位国王。姬姓，名延，周慎靓王之子。前314年至前255年在位。其统治仅限于东周都城洛邑一带，当时秦以西戎霸主自居，周赧王五十九年(前256)，西周公降秦，周赧王六十年(前255)，秦取九鼎，后七年，秦灭东周。参见《史记·周本纪》。

②耿南仲(？—1129)：字希道，汴京(今河南开封)人。宋钦宗时，任签书枢密院事，金军入侵，他力主割地求和。宋高宗继位，以其主和误国，责临江军居住，南雄州安置，行至吉州而卒。后人评论说："南仲在内，李纲无功。潜善秉成，宗泽殒命。"是当时投降派的代表。传见《宋史·耿南仲传》。

③欧阳澈(1097—1127)：字德明，抚州崇仁(今江西崇仁)人。身为布衣，敢于直言，以国事为己任。靖康初年，上疏奏论弊政三十余事，陈安边御敌十策。高宗继位后，伏阙上书，力言李纲不能罢，黄潜善、汪伯彦、张浚等人不可重用，并请御驾亲征。高宗把他与陈东一起处死。传见《宋史·忠义传·欧阳澈传》。

④明州：今浙江宁波。北宋建隆元年(960)称明州奉国军，南宋绍兴三年(1133)置沿海制置使，庆元元年(1195)，升为庆元府。

⑤隆祐太后(1073—1131)：哲宗的废后孟氏，洺州(今河北永年)人。元祐(1086—1094)中，册立为皇后。后因宫内秘狱，被废，降居瑶华宫。哲宗死后，徽宗曾将孟氏恢复为皇后，但不久又废。金兵攻陷汴京，掳徽、钦二帝及皇室人员，她因不在宫中而幸免于难。金人立张邦昌为帝，张邦昌迎孟氏入宫，尊为太后，

并请她垂帘听政。孟氏于是派人到济州要康王继位,又颁布手书告天下,安抚全国百姓。康王在南京即位后,太后也离汴南下,被尊为隆祐太后。

⑥薄岭而至皂口:薄岭,指接近五岭。岭,指五岭,即大庾岭、骑田岭、都庞岭、萌渚岭、越城岭。皂口,在今浙江龙泉市。龙泉位于浙、闽、赣边境,为由浙入闽通道。此句与"滨海而至明州"是说金兵追赶高宗和太后,已经来到海滨和接近五岭了。此句的"薄岭",与上句的"滨海"相对而言。

【译文】

高宗畏惧女真,自身逃窜而不以为耻辱,屈膝而没有惭愧,真不可说他还有一个活人的气息了。再考察他的言行,考察他的志趣,本来就不是周赧王、晋惠王所能比的。为什么会像这样气馁呢?对李纲所说的话,不是不知道相信;对宗泽的忠诚,不是不知道信任;对韩世忠、岳飞的战功,不是不知道奖赏;对吴敏、李梲、耿南仲、李邦彦主张议和以耽误钦宗的罪行,不是不知道贬斥。但他忘记亲人,释怀怨恨,忍着羞辱,丧失气节,以至于对陈东、欧阳澈,违逆众人之怒而把他们在市场上并首诛杀,把李纲视如仇人,以解消女真对他的愤恨,这难道是汪伯彦、黄潜善两个小人能必定让高宗做的事吗?而且高宗最终也看到这两人的奸邪而斥退了他们。主张采取屈辱态度的人,不只是汪伯彦、黄潜善两个人。张浚、赵鼎是力主对金作战的人,也首施两端,进退不定,也不敢公开批评和议的不对。那么除了李纲、宗泽之外,主张必不能求和的人,只有一两个作为冗散之人的敢言士人而已。以时势来衡量,在这个时候,确实是旦夕不保的形势,犹豫畏葸,本来就有不能深为责备的。如果没有汉光武的见识度量,能够屡次战败而不挠,那么对外与人竞争的人心中必定会虚空,何况是那种不足以对外与人进行竞争的人呢?高宗曾到金人军中作人质,受到金人剽悍凶疾之气的影响,俯下身子自我顾视,就会认为自己本来就不是金人的对手。之后金兵追赶高宗的部队,滨临海边而到了明州,追赶隆祐太后的金兵,逼近南岭而到了皂口,逃跑得不快,就会相继全部被俘而已。君主不能自保,臣子不能保卫他的君主,因为没有人可以依赖而感到震惧,这是中等人的常情。说大话的人怎能足以让他振奋呢?

　　靖康之祸,与永嘉等,而势则殊矣。怀、愍虽俘,晋元犹足以自立者^①:以外言之,晋惠之末,五胡争起^②,乱虽已极,而争起者非一,则互相禁制,而灭晋之情不果。女直则势统于一,唯其志之欲为而无所顾也。以内言之,江南之势,荆、湘为其上游,襄、汉为其右臂。晋则刘弘凤受方州之任^③,财赋兵戎听其节制,而无所掣曳,顾、陆、周、贺诸大族^④,自孙氏以来^⑤,世系三吴之望,一归琅玡^⑥,而众志交孚,王氏合族拥众偕来以相扶掖。宋则虽有广土,而无绥辑之人,数转运使在官如寄,优游偃息,民不与亲,而无一兵之可集、一粟之可支。高宗盱衡四顾^⑦,一二议论之臣,相与周旋之外,奚恃而可谋一夕之安? 琐琐一苗、刘之怀忿^⑧,遽夺其位而幽之萧寺^⑨,刘光世、韩世忠翱翔江上^⑩,亦落拓而不效头目之捍。自非命世之英,则孑然孤处,虽怀悲愤,抑且谁为续命之丝^⑪? 假使晋元处此,其能临江踞坐,弗忧系组之在目前哉? 故高宗飘摇而无壮志,诸臣高论而无特操,所必然矣。

【注释】

①晋元:即司马睿(276—323),东晋开国皇帝。字景文,河内温县(今河南温县西)人。司马懿的曾孙,八王之乱后期依附东海王司马越。建兴四年(316),刘曜攻陷长安,俘获晋愍帝,西晋灭

亡。司马睿即晋王位,改元建武,318 年即位,史称东晋。传见
《晋书·元帝纪》。

②五胡:指匈奴、鲜卑、羯、氐、羌,晋代八王之乱及永嘉之乱,中原
政权衰弱,北方少数民族纷纷进入中原,建立政权,共有十六国,
即前凉、后凉、南凉、西凉、北凉、前赵、后赵、前秦、后秦、西秦、前
燕、后燕、南燕、北燕、夏、成汉,史称"五胡乱华"。

③刘弘(236—306):字和季,沛国相(今安徽濉溪)人。西晋时为荆
州都督、镇南大将军,时天下大乱,刘弘专督江、汉,威行南服,士
民感恩,后以老病卒于襄阳。传见《晋书·刘弘传》。

④顾、陆、周、贺:指三国时孙吴的将相周瑜、顾雍、陆逊和贺齐。孙
氏政权以吴郡四姓:顾、陆、朱、张为骨干,代表人物为顾雍、陆
逊、朱桓、张温,而贺齐是会稽士族,为后将军,雄姿武毅,立功当
世,勋成绩著,也成为孙吴政权的骨干。

⑤孙氏:指三国孙氏所建的吴国。早在汉末黄巾起义时,孙坚随朱
儁镇压黄巾军,转战于江南诸郡。孙坚死后,其子孙策向江东发
展,建安元年(196)献帝封孙策为吴侯。孙策死,其弟孙权继续
统治东南。黄龙元年(229),称帝,建都武昌,后迁建业(今江苏
南京)据有今福建、广东、广西、江西、湖南地区。西晋咸宁五年
(279),晋武帝伐吴,次年孙吴灭亡。

⑥琅玡:指王氏的王敦、王导。王敦,前已有注。王导(276—339),
字茂弘,琅琊临沂(今山东临沂)人。琅琊王氏,从太保王祥以
来,一直是名门望族,王祥族孙王衍,官至司空、司徒、太尉,王导
是王衍的族弟。王导承袭父爵,随司马睿,任安东将军司马,拥
立司马睿为帝,即晋元帝,建立东晋。此后王导在元帝、明帝、成
帝三朝总揽国政,其从兄王敦都督江、扬六州军事,家族弟子均
居要职,时有"王与马,共天下"之说。传见《晋书·王导传》。

⑦盱(xū)衡四顾:指扬目观察政局。盱衡,举眉扬目。

⑧苗、刘：指苗傅、刘正彦。建炎元年(1127)，赵构即位，为宋高宗，为躲避金兵追击，从南京逃到扬州、镇江、临安(今杭州)。建炎三年(1129)三月，负责护卫皇帝及皇室的统制苗傅、刘正彦发动政变，逼高宗让位给钦宗的太子，又请隆祐孟太后听政，孟太后拒绝。张浚与韩世忠、张俊、吕颐、刘光世等人出兵讨伐苗傅，攻入临安，苗傅与刘正彦逃奔富阳、衢州、信州等地，终被俘获，与刘正彦同时被杀。

⑨萧寺：即佛寺。唐李肇《唐国史补》称："梁武帝造寺，令萧子云飞白大书'萧'字，至今一'萧'字存焉。"因称佛寺为萧寺。

⑩刘光世(1089—1142)：字平叔，保安军(治所在今陕西志丹)人。南宋初军事将领之一，畏惧金军，每逢奉诏移驻前线，总是设法退避，又治军不严，招降大量流寇、叛军，成为当时人数最多的军队之一。又常虚报军额，多占军费，作战时则不亲临前线，以便逃跑。绍兴十一年(1141)，与韩世忠、张俊、岳飞一起被罢兵权。传见《宋史·刘光世传》。

⑪续命之丝：又作"续命缕(lǚ)"，古人在端午节时在手臂上系上彩丝，以为可以避灾延寿，故名"续命丝"。

【译文】

靖康之祸，与晋代永嘉之乱一样，但形势却不同了。晋怀帝、晋愍帝虽然被俘，晋元帝还足以自立：从外部的情况来说，晋惠帝的末年，五胡争相崛起，祸乱虽然已达到极点，但争相崛起的部族不止一个，而且他们也互相牵制，消灭晋朝的决心也不坚定。女真在形势上则只有这一个崛起的民族来与宋朝为敌，因为它有灭宋的意愿而无所顾忌。从内部的情况来说，江南的形势，荆、湘是宋的上游，襄、汉是宋的右臂。而在晋代，刘弘一向被朝廷任命为这一地区的最高长官，当地的财赋兵戎都听从他的指挥调用，无所掣肘和拖累，而顾、陆、周、贺这几个大家族，自从孙氏控制东南以来，世代都是三吴的望族，一旦归属晋代，而众人的内心都相互忠诚,王氏又带着全族人众一起来到东南与晋王朝相互扶助。而宋王朝虽有广阔的土地,但没有安定这片广阔土地的人,几个转运使在官位上就像在旅途中寄宿的人一样,在当地做官也是只顾优游偃息,民众不与他们亲近,而且没有一个士兵可以召集,没有一点粮食可以支用。高宗环顾四周,除了一两个议论的大臣与自己周旋以外,仗恃谁才能谋划一晚的安定呢?官位很低的苗傅、刘正彦两个人因为怀着愤恨,突然夺去高宗的帝位而把高宗幽禁在寺庙中,刘光世、韩世忠在长江一带率军来往游动,也是豪放不羁而未尽到对帝王的保护之责。自己如果不是命世的英才,就只能孑然孤处,虽然怀有悲愤之心,但又有谁是自己的"续命丝"呢?假使晋元帝处于这种情况,他还能面对着大江傲然坐着,不担忧眼下就会被人俘虏吗?所以高宗飘摇不定而没有壮志,诸臣只会发表高论而没有特出的节操,也是必然的了。

于是而知国之一败而不可支者,唯其孤也。有萧何在关中,而汉高泗水之败[①],得有所归。有寇恂在河内[②],而邓禹长安之败[③],散而复合。崛起者且如是矣,若夫唐室屡覆,而朔方有可藉之元戎,江、淮有可通之财赋,储之裕而任之人者勿猜,非一朝一夕之积矣。宋则奄有九土[④],北控狁夷,西御叛寇,而州无绥抚之臣,郡无持衡之长,军卫为罪人之桎,租庸归内帑之藏。吏其土者,浮游以需,秩满而飏去。一旦故国倾颓,窜身无所,零丁江介,俯海澨以容身。陈东、欧阳澈慷慨而谈,其能保九子仅存之一线[⑤],不随二帝以囚死于燕山乎[⑥]?《传》曰:"周之东迁,晋、郑焉依。"言其必有依也。《诗》曰:"池之竭矣,不云自频。"外已久枯,而中存之勺水一洄而无余也。宋自置通判于诸州[⑦],以夺州镇之权,大臣出而典郡者,非以逸老,则为左迁。富庶之江南,无人也；岩险之巴、蜀，无人也；扼要之荆、襄，无人也；枢要之淮、徐⑧，无人也。峨冠长佩，容与于天下，贤者建宫墙以论道，其次饰亭榭以冶游，其下攘民财以自润。天子且安之，曰："是虽不肖，亦不至攘臂相仍，而希干吾神器者也。"则求如晋元以庸懦之才，延宗社而免江、淮之民于左衽⑨，不亦难乎？故以走为安，以求和为幸，亦未可遽责高宗于一旦也。

【注释】

①汉高泗水之败：汉王元年（前205），刘邦利用项羽出兵攻齐的机会，从汉中出兵攻占关中，又进军洛阳，聚集各地诸侯联军，占领了项羽的都城彭城（今江苏徐州）。项羽留部将继续攻齐，自己率精兵南下，切断刘邦退路，由西向东反攻。刘邦疏于防范，被项羽击败。在灵璧（今安徽濉溪西南）被楚军包围，值大风骤起，飞沙走石，刘邦率数十骑逃走。

②寇恂（？—36）：字子翼，上谷昌平（今属北京）人。刘秀起兵后，和耿弇投奔刘秀，其后寇恂战功甚多，列为云台二十八将之一。传见《后汉书·寇恂传》。

③邓禹（2—58）：字仲华，南阳新野（今河南新野）人，游学长安时与刘秀结识。刘秀起兵后，邓禹至邺（今河北临漳），与刘秀相见，任前将军。天下平定，光武帝封邓禹高密侯，后任司徒。传见《后汉书·邓禹传》。

④九土：九州的土地，泛指九州，即整个天下。

⑤九子仅存之一线：九子，指宋太宗共有九子，从真宗、仁宗、英宗、神宗、哲宗、徽宗、钦宗，都是太宗后裔子孙，钦宗时北宋灭亡，与徽宗及皇族全部被金兵俘虏押往北方，只有其弟康王赵构当时在外地，没有被俘，于是继位为宋高宗，故称"九子仅存之一线"。

⑥燕山:在今北京。宋钦宗靖康二年(1127)七月被金兵押送到燕山,与徽宗会合。后又迁到中京(今内蒙古宇城西大明城),皇族一千多人仍留在燕山。天会六年(1128),钦宗又被迁到通塞州(今吉林四平一面城),金人分给 1500 顷田地,让他们自己耕垦种植。后来又迁到金国的上京(黑龙江阿城市南白城)、韩州(今辽宁昌图县八面城)。

⑦通判:官名,在知府下掌管粮运、家田、水利和诉讼等事。宋初,武将解除兵权后,往往以朝臣身份出守州郡,官名为"权知军、州事"。权,表示临时。又在州郡设通判,作为副职,与权知军、州事共同处理政事,通判还要对所部官员的善否及职事修废情况向上级进行报告。

⑧淮:即淮河,源于河南桐柏山,流经安徽、江苏进入洪泽湖。徐:即徐州,本为上古九州之一,汉以后所设徐州,地域在今淮北一带,以彭城(今江苏徐州)或下邳(今江苏邳县)为治所。此处所说的淮、徐即泛指中原以东地区。

⑨左衽(rèn):古代少数民族服装的前襟向左,而中原人民则为右衽。衽,衣襟。

【译文】

于是就知道国家的一次战败而无法支撑的原因,就只是它的孤单。有萧何在关中,所以汉高祖在泗水战败,还有地方可以回去。有寇恂在河内,所以邓禹在长安战败,还可以打散之后再次聚合。新近崛起的人既是这样,而本来就有天下的人如唐皇室屡次被打败,但在北方有可以依赖的大将,江、淮有可以输送的财富,存储充足而对任用的人没有猜疑,这不是一朝一夕的积累。宋王朝占有了整个天下,北方控制住契丹,西方抵抗了反叛的敌寇,但是在州一级地方没有安抚的大臣,郡一级没有掌控平衡的官长,各地设置的军卫是流放罪人的地方,从百姓手里征收的租庸都归属内府收藏。在各地任职的官吏,用浮动游玩的态度等着调走,任期一满就扬长而去。一旦故国倾覆,无处可以让自身流窜,只有飘零到江南,逃窜到海边来容身。陈东、欧阳澈慷慨而谈,他们能保住太祖九子中的最后一个子孙、让他不随着徽钦二帝被囚禁在燕山而死去吗?《左传》里说:"周王朝向东迁徙,就依靠晋、郑两国。"是说周王朝必定有所依靠。《诗经》里说:"池中的水全都干了,没有说是自己干涸的。"池外已经长久干枯,而池中所存的一勺水也就全部干涸而无余了。宋自从在各州设置了通判官,用来剥夺州镇的权力,大臣从朝中出去主管一郡,不是因为养老,就是因为贬职。富庶的江南,没有人才;险要的巴、蜀,没有人才;占据扼要地带的荆、襄,没有人才;处于枢要之地的淮、徐,也没有人才。官员们穿戴着高高的帽子和长长的佩带,在天下各地优游闲适,贤明的人建立了书院的高墙来论道,其次的人修饰了亭榭来游玩,再下等的人就攘取民财来让自己发财。天子还对这种情况感到安宁,说:"这种人虽然不贤明,但也不至于攘臂挥动,而希求我的帝位。"那么要像晋元帝那样以庸懦的才能来延续国家命运,而使江、淮地区的民众避免被异族统治,不也是很困难吗?所以高宗以逃走为安宁,以求和为幸运,也未可在一个早上就忙着来责备高宗了。

乃其后犹足以支者,则自张浚宣抚川、陕而奉便宜之诏始。宋乃西望而犹有可倚之形。且掣肘之防渐疏,则任事之心咸振。张、韩、岳、刘诸将竞起,以荡平群盗,收为部曲。宋乃于是而有兵。不縶其足者,不仆其身;不刘其枝者,不槁其本。故垂及秦桧斫削之余,而逆亮临江,高宗不为骇走,且下亲征之诏。则使前此者,有威望之重臣镇江、淮,以待高宗之至,亦未必气沮神销之至于如斯也。

【译文】

可是他到后来还足以支撑,就是从张浚任川、陕宣抚使时高宗赐给诏书让他可以根据情况随时加以处置开始的。宋王朝于是就在西方又有了可以依靠的形势。而且宋王朝对于将领掣肘而加以防备的心理逐渐松弛,于是人们承担重任的心情就都振奋起来。张浚、韩世忠、岳飞、刘锜等将领竞相崛起,以荡平各地的盗匪,收编为自己的部队。宋王朝于是就增多了兵力。如果不捆住一个人的腿,就不会使他的身体仆倒;不砍掉枝叶,就不能让它的树干干枯。所以等以后秦桧对军事将领们打击之余,完颜亮来到长江北岸,高宗没有被他吓走,而且还颁布了亲征的诏书。那么假使在此之前,让有威望的重臣镇守江、淮,以等待高宗的到来,也未必志气沮丧、精神毁败到这种程度。

首其谋者,唯恐天下之不弱;继其后者,私幸靡散之无忧。国已蹙,寇已深,而尸位之臣,争战争和,穴中相讼,无一人焉,惩诸路勤王之溃散,改覆辙以树援于外。宋本不孤,而孤之者,猜疑之家法也。以天子而争州郡之权,以全盛而成贫寡之势,以垂危而不求辅车之援①,稍自树立,而秦桧又以是惑高宗矣。和议再成,依然一毕士安之策也。岳飞诛死,韩世忠罢,继起无人,阃帅听短长于文史,依然一赵普之心也。于是举中原以授蒙古,犹掇之矣②,岂真天骄之不可向迩哉③?有可藉之屏藩,高宗犹足嗣唐肃之平安史;无猜忌之家法,高宗犹足似唐德之任李晟④。故坏千万世中夏之大闲者⑤,赵普也。以太祖之明,而浸润之言,已沁入于肺腑,况后之豢养深宫,以眇躬莅四海者乎?光武不师高帝之诛夷,上哲能之,非可期于中材以下也。

【注释】

①辅车：辅为脸颊，车为牙床，二者互相依存又互相帮助。

②犹掇之矣：语出《庄子·达生》篇："仲尼适楚，出于林中，见痀偻者承蜩，犹掇之也。"承蜩，即以竿取蝉。掇之，是从树上取蝉之后，又从地上把蝉拾取起来，是说先取后拾，把所要获取的目标彻底拿到手。

③天骄：汉代人称北方匈奴单于为"天之骄子"，后来称某些北方强盛的民族或是他们的君主也为天之骄子，简称"天骄"。这里指蒙古民族。

④李晟(727—793)：字良器，洮州临潭（今甘肃临潭）人。十八岁投奔名将河西节度使王忠嗣，王忠嗣称他是"万人敌"。安史之乱时，李晟多次击败吐蕃的进犯，唐德宗即位后，长安被朱泚占领，李晟率兵收复长安，剿灭叛将李希烈，因功封西平郡王，拜太尉、中书令。传见新、旧《唐书·李晟传》。

⑤大闲：指基本的行为准则。出自《论语·子张》篇："大德不踰闲。"因此后人常说"节谊为天下大闲"。

【译文】

首先提出防备军事将领这一谋略的人，唯恐天下不弱；后继的人，私自庆幸天下分散和软弱可让皇帝不用担忧。国家已经被困，敌人已经深入，而占据重要官位的人，争论是战是和，都是在洞穴中相互争论，朝廷中没有一个人吸取诸路勤王部队溃散的教训，痛改前车颠覆的做法而在外地建立援兵。宋王朝本来并不孤立，而让它孤立的原因，是宋王朝对将领猜疑的家法。作为天子来争夺州郡的权力，处于全盛时期却形成了贫弱的形势，在垂危的时候而不寻求可以互相帮助的支援，这种外援稍加建立，秦桧又拿在外地重用将领的事情来迷惑宋高宗了。宋与金的和议再次达成，仍然还是当年那个毕士安的办法。岳飞被杀，韩世忠罢官，后继也没有人，军事将帅要听从文官判断事情是短是长，这仍然还是那个赵普的用心。于是把整个中原交给蒙古，还让它彻底占领了，难道天之骄子的蒙古真是不可接近的吗？宋王朝有可以凭借的各地军队作为屏藩，高宗就还足以像唐肃宗平定安史之乱一样；宋王朝没有猜忌军事将领的家法，高宗就还足以像唐德宗任用李晟一样平定战乱。所以破坏了华夏传承了千万代的重大准则的人，就是赵普。以宋太祖的贤明，而让赵普不断进用的谗言浸染得已经沁入了肺腑之中，何况后来那些在深宫中养大而在年幼时就亲身君临天下的人呢？汉光武帝不效法汉高祖诛杀功臣的做法，只有最高明的人才能这样，不可以期望中等才能以下的人也能做到那样。

三

言有纲，道有宗。纲宗者，大正者也。故善言道者，言其宗而万殊得；善言治者，言其纲而万目张。循之而可以尽致，推之而可以知通，传之天下后世而莫能摘其瑕璺①。然而抑必有其立诚者，而后不仅以善言著也，且抑必听言者之知循知推，而见之行事者确也。抑亦必其势不迫，而可以徐引其绪；事不疑，而可以弗患其迷也。如是，则今日言之，今日行之，而效捷于影响。乃天下之尚言也，不如是以言者多矣。疏庸之士，剽窃正论，亦得相冒以自附于君子之言；宗不足以为万殊之宗，纲不足以为万目之纲，寻之不得其首，究之不得其尾，泛然而广列之，若可以施行，而莫知其所措。天下有乐道之者，而要为觲悦之华②，亦奚用此喋喋者为哉？

【注释】

　①瑕璺(wèn)：本指玉上的斑点和裂纹，比喻人的瑕疵和不足。

②鞶帨(pán shuì)：腰带和佩巾，又指古代妇女用的小香囊和毛巾，此处比喻外饰华丽。

【译文】

言有纲要，道有宗旨。纲要和宗旨，就是大正。所以善于论说大道的人，阐明它的宗旨就能掌握万事万物的不同情况；善于论述治国的人，说明它的纲要就能统领事情的所有细节。遵循纲要和宗旨就可以掌握所有的情况和细节，把纲要和宗旨加以推论就可以贯通所有的事情，传给天下后世就让任何人都不能指责它有瑕疵。然而这还必须要求论说的人树立诚意，而后不仅仅是靠善于言论，而且听他论说的人还必须知道遵循、推广，而在实际中加以切实推行。这还必须是形势不紧迫，而可以徐徐地引出事情的端绪；还必须是事情无疑，而可以不担心他的迷惑。如果像这样，那么今日说了这件事，今日就来实行，其效果快得就像马上看到影子和听到回声。可是天下崇尚言论，而不像这样来发表言论的人太多了。疏浅平庸的士人，剽窃正确的言论，也能冒充这种正确的言论让自己依附在君子之言的名义下；其言论的宗旨不足以作为万事万物的宗旨，纲要不足以作为所有细节的纲要，寻讨起来找不到它的首，探究起来看不到它的尾，泛泛地广博列举，似乎可以施行，而没有人知道它应怎样着手。天下有乐于称道这种论说的人，而大致上就是一种外在修饰的华丽，又哪里用得着这种喋喋不休的言论呢？

高宗南渡，李伯纪之进言数矣。其言皆无可非也，顾其为纲宗者，报君父之仇也，复祖宗之宇也。又进而加详焉，远小人，亲君子也；议巡幸，决战守也；择将帅，简兵卒也；抚河北，镇荆、襄也。如纲之言，循之推之，以建中兴之业，允矣其无瑕璺矣。故天下后世无有得议其非者，而咎高宗之不用。虽然，以实求之，而奚足以当纲宗哉？足以立纲宗而非其诚，则纲宗者，虚设之纲宗，固无当也。

【译文】

　　高宗南渡，李纲多次向高宗进言。他的言论都不可以非议，但他的言论的纲要和宗旨，就是报君父之仇，恢复祖宗的天下。在这个宗旨的基础上进而提出更详的内容，这就是疏远小人，亲近君子；商议让高宗巡幸各地，决定作战守地；选择将帅，挑选兵卒；安抚河北，镇守荆、襄地区。如李纲所言，遵循它、推行它，以建立中兴的功业，确实它是没有瑕疵。所以天下后世没有人能评议其说法不对，而咎怪高宗不采用李纲的进言。即使这样，以实际情况来考察他的进言，又何足以作为纲要和宗旨呢？足以立为纲要和宗旨但那不是出自他的诚意，那么纲要和宗旨，就是虚设的纲要和宗旨，本来就是不当的。

　　君父之痛，土宇之蹙，诚不容已者。然其容已与不容已，系乎嗣君之志而已。有其志，不待言也；无其志，言无益也。有其志而不知所以为之，弗示以方，固弗能奖也。故此二言者，人皆可言，人皆可信，而究止于空言也。进而加详，则固愿终其说以导之而出于迷涂，天下后世之所乐听，或亦高宗之所欲闻乎！其云亲君子，远小人，尚矣。苟非清狂不慧者，孰以为不然？乃君子小人，有定名而无定指者也。以小人为君子，而君子矣；以君子为小人，而小人矣。故诸葛《出师表》必目列其人以当之。今不直简贤而求其进，斥奸而请其退，则奚以知汪伯彦、黄潜善之非君子，而赵鼎、胡寅之非小人邪？议巡幸，决战守，急矣。而行伍之凭借，孰为干城？强敌之争趋，何从控御？刍粮何庤以不匮[①]？器仗何取以求精？岂天子匹马以前，疲卒扶羸以进，遂足定百年之鼎，成三捷之功乎？择将帅，简兵卒，尤其要者。抑就莅戎行而数奔者择之邪？无亦求之偏裨，求之卒伍，求之草泽而择之邪？天子自择之邪？纲可代为之择邪？天子自择之，则亦非不有所任用矣。纲可代择之，则胡不心维口诵于坐论之下，如赵普之为太祖谋者，而但虚悬一择之之号，以听人之诡遇乎？惊奔之余，兵卒之不足久矣。集之必有其方；部之伍之，必有其制；教之练之，督之绥之，必有其将。河北之南来，闽海、楚、蜀之新募，必有其可使战可使守之势。合其散而使壹，振其弱而使强，必有其道。纲诚以一身任安危之寄，则躬任之，默识之，日积月累，以几于成，尤非大声疾呼、悬一榜、下一令之所能胜也，则尤不可以空言效也。抚河北，镇襄、邓，诚形势之不容缓矣。河北之待抚，岂徒号于上曰"吾不割也"，众志遂以成城乎？其吏民为朝廷守者，孰可任也？孰未可任，而急须别拣将帅以任之也？张所、傅亮固未足以胜任②，即令任之，而所以安所、亮而使尽其力者何术也？襄、邓之财赋兵戎，其可因仍者何若？其所补葺者何从？专任而无旁挠者何道？凡此，皆就事而谋之，因势而图之，非可一言而据为不拔之策。国政在握，成败在于目睫，迫与天子谋之，进群策以酌之，固有密藏于夙夜而研几于俄顷者，岂建鼓而亡子可追哉③？乃纲但琅琅乎其言之矣。一言而气已竭矣。则汪、黄之党且笑之曰：是老生之常谈，谓饥当食，而为无米之炊者也。恶足以拯吾君于危殆而措之安哉？于斯时也，二帝俘矣，两宫陷矣，自河朔以向江、淮，数千里城空野溃,飘摇徐、兖之郊,内顾而零丁孑处。纲以一身系九鼎之重,则宜以一言而析众论之归。犹且组练篇章,指未可遽行之规画,以祈免乎瑕璺。夫岂贾、董际汉盛时^④,高论以立令名之日? 则言之善者,不如其无言也。

【注释】

①庤(zhì):储备。

②张所(？—1127):青州(今山东益都)人。靖康元年(1126),金兵围汴京,他招募河北兵民十七万人。高宗即位后,曾上书提出还都汴京,收复失地。被黄潜善贬为凤州团练副使。李纲为相时,他任河北西路招抚使,提升岳飞为统制。李纲罢相后,他谪居广南,后至潭州遇害。传见《宋史·张所传》。傅亮(374—426):字季友,灵州(今宁夏灵武)人。东晋末年大臣,佐助刘裕代晋建宋有功,任中书令、尚书仆射等。刘裕临死,与徐羡之、谢晦、檀道济为顾命大臣。宋少帝继位,不理政事,傅亮与徐羡之、谢晦杀少帝,迎立宋文帝。元嘉三年(426),与徐羡之被宋文帝杀死。传见《南史·傅亮传》、《宋书·傅亮传》。

③建鼓:古时军队作战,用晋鼓指挥进退,称为建鼓。

④贾、董:贾谊和董仲舒。贾谊(前200—前168):洛阳(今河南洛阳)人。年少时有才名,由廷尉吴公推荐,文帝召为博士,又任太中大夫。文帝欲委以重任,绛侯周勃、颍阴侯灌婴、东阳侯张相如、御史大夫冯敬等人反对,文帝于是疏远贾谊,出为长沙王太傅。后命为梁怀王太傅,文帝十一年(前169),梁怀王坠马而死,贾谊深自歉疚,忧伤而死。传见《汉书·贾谊传》。董仲舒,前已有注。

【译文】

君父被俘的悲痛,领土的蹙迫,确实是不容置之不顾的。但是是否对这些事情加以容忍,都直接与继位君主的志向相关联了。有报仇复土的志向,不用大臣来进言;没有这种志向,大臣进言也没有益处。有这种志向而不知怎样来做,不向他展示方法,本来就不能帮助他。所以说这两件事,所有的人都可以说,所有的人都会相信,而最终不过是空言。进而更详细的论说,本来愿意把他的想法都说完而引导高宗脱离迷途,应当是天下后世的人所乐于听到的,或者也是高宗所想听到的吧! 他说亲近君子,疏远小人,这是很高尚的。如果不是狂妄不聪慧的人,谁会认为说得不对呢? 而君子小人,是有一定名义却没有具体指向的名词。把小人看作君子,那他也就是君子;把君子看作小人,那他也就是小人。所以诸葛亮《出师表》必要列出相关人物的姓名来与所谓的君子和小人对应。如今不直接推荐贤材而求得进用他们,斥退奸邪而请求把他们贬退,那么怎么能知道汪伯彦、黄潜善不是君子,而赵鼎、胡寅不是小人呢? 建议高宗巡幸各地,决定作战和守御,这是很紧急的事情。但是部队要依靠的将领,有什么人可以任命为主将来守卫宋王朝呢? 强敌朝着宋王朝趋近争夺,如何加以控制和防御? 粮草怎样储藏而不致匮乏? 武器装备采用什么办法求得精善? 难道要天子单人匹马向前,让疲惫的士卒羸弱地跟进,就足以恢复宋王朝百年的王权,完成多次作战的胜利吗? 选择将帅,挑选士兵,尤其是最重要的事情。是亲临军队在多次逃奔的人中选择吗? 不然又从偏将裨将中寻找、在士卒中寻找、在民间挑选吗? 是天子自己来选择呢? 还是李纲可以代替天子来选择呢? 天子自己选择将领,那么也不是不会有所任用。李纲可以代替天子来选择,那么为何不在坐着发表言论之后为天子用心思考并亲口讲诵,像赵普为宋太祖那样谋划,而只是空虚地提出一个选择将领的说法,而听任人们用不正当手段求得任用呢? 在惊恐逃奔之后,兵卒早已不足。召集兵卒,必须有它的方法;对兵卒加以编制部署,必须要有它的制度;训练兵卒,督导安定他们,必须要有将领。河北的士卒来到南方,闽海、楚、蜀等地新招募的士兵,必须要有可以让他们作战和守御的形势。聚合四散的士兵使之统一起来，振奋疲弱的士兵使之强大起来，必须要有它的方法。如果李纲真是靠自己一个人来担当天下安危的重任，就要亲身承担这些事情，默默地了解这些情况，日积月累，以接近事情的成功，尤其不能只靠大声疾呼、悬挂一张布告、下达一个命令就能取得的，而且尤其不能用空言来为天子效命。安抚河北，镇守襄阳、邓州，形势实在是不能迟缓了。河北等着安抚，难道只是向天子宣称"我们不能割让河北"，就能让人们众志成城吗？那些官吏和民众之中为朝廷守卫这些地区的官职，谁是可以任用的？谁是不可以任用的，而必须紧急地另外选择将领加以任用？张所、傅亮本来不足以胜任，即使让他们担任这个职务，又有什么方法让张所、傅亮能安心并完全奉献力量？襄阳、邓州的财富兵力，它们又怎样可以依靠来进行防御？所要补充的人力物力又从哪里得到？专门任用张所、傅亮而没有其他人从一旁加以干扰，又有什么办法？凡是这些事情，都要根据其事而进行谋划，根据形势而加以策划，不能只听一句话就当作不可更改的国策。国家大政握在手中，成败就在转瞬之间，紧急地与天子进行谋划，进用众人的各种谋略而加以斟酌，这些事情就应在早晚之时加以密藏而在极短的时间内加以研究，哪里是立起军鼓就能追击逃亡的敌军呢？可是李纲只是声音琅琅地谈论这些事。说了一次，气就已经用尽了。于是汪伯彦、黄潜善的党徒就嘲笑他说：这是老生常谈，是说肚子饿了就应当吃饭，但提出的办法则是无米之炊。哪能从危险之中拯救我们的君主而把他放到安全的地方呢？在这个时候，徽、钦二帝都已被俘，两宫都已被攻陷，从河北到江、淮一带，数千里城邑空无一人，人们溃散到田野之中，在徐州、兖州的郊野中飘摇流离，反顾自己则是孤苦伶仃孑然独处。李纲以自己的一身维系着整个国家的重任，就应该用一句话来分析众人的言论而做出归纳。可是他还在雕琢篇章，提出不能马上实行的规划，以求避免过失瑕疵。这哪里是贾谊、董仲舒处于西汉强盛时期发出高论以建立美名的时候呢？那么在这时发表高明的言论，不如没有言论。

　　夫宋之所以浸弱浸削至于亡者，始终一纲宗之言，坐销岁月而已。继纲而献策者，杨中立、胡敬仲犹是也①。后乎此而陈言者，刘共父、真西山犹是也②。乃前乎此而倡之者，景祐以来，吕、范诸公以泊王介甫之邪僻，苏子瞻之纵横，无非是也。以拟诸道，皆提其宗；以考诸治，皆挈其纲。孰得指其瑕璺者？而求其言之即可行，行之即可效者，万不得一焉。故曰："其言之不怍③，则为之也难。"不怍者，可正告于天下后世，而不违于纲宗之大正者也。叩其所以为之而不得，则难矣。夫言也，而仅以祈免于怍也与哉？陆敬舆以奏议辅德宗，而反奉天之驾，一议为一事而已，非建立纲宗、统万殊万目于数纸之中也，斯则诚为善言者乎！

【注释】

①胡敬仲：指胡安国，字康侯，建宁崇安（今福建武夷山）人。高宗时召为中书舍人兼侍讲，献《时政论》二十一篇，有《定计》、《建都》、《设险》等。又为侍读，专讲《春秋》。后纂《春秋传》。传见《宋史·胡安国传》。

②刘共父：即刘珙（1122—1178），字共父，崇安（今福建武夷山）人。曾任湖南安抚使、同知枢密院事、参知政事等。传见《宋史·刘珙传》。真西山（1178—1235）：真德秀，字景元，后改为希元，福建浦城（今浦城晋阳人），本姓慎，避孝宗讳改姓真。真德秀于宁宗后期，忧患国事，屡屡进言，引起权相史弥远的忌恨。传见《宋史·真德秀传》。

③其言之不怍（zuò），则为之也难：出自《论语·宪问》篇。怍，惭愧。意为他说起来毫无愧疚之感，但做起来就难了。比喻言谈

容易实行难。

【译文】

宋王朝之所以逐渐衰弱、逐渐丧失国土而至于灭亡，其原因就是始终只谈论一条可以作为纲要和宗旨的言论，坐等着岁月流逝而已。在李纲之后来献上谋略的人，如杨时、胡安国也还是这样。在此之后向朝廷提出论说的人，如刘珙、真德秀也还是这样。而在此之前提出种种言论的人，景祐年间以来，吕夷简、范仲淹等大臣以及王安石的偏邪、苏轼的议论纵横，无不是这样。拿来与大道相比，都揭示了道的宗旨；拿来考察政治，都归纳了国政的纲要。谁能指斥他们的言论有瑕疵呢？但是追究他们的言论能否立即可以施行，施行了能否当即有效，那就是一万条里找不到一条了。所以孔子说："他言谈起来不愧疚，做起来就难了。"不愧疚，是说其言论可以正告于天下后代，而不违背纲要宗旨的大正。但是叩问如何来做到就得不到回答了，于是就难了。人们的言论，仅仅要求说出来而免于愧疚吗？陆贽用他的奏议辅助唐德宗，而让德宗逃到奉天的车驾返回到长安，一个奏议就为一件事而发，不是提出纲要宗旨、在数页纸中统赅万事万物，这样的话就真是善于发表言论的人了！

四

屈身逆乱之廷，隐忍以图存社稷，人臣之极致也，而抑视乎其所处矣。测其有可图之几，以待天下之变，姑且就之，两处于有余之地，以存其身与其禄位，而遽许之为行权以济险；则名义之途宽，而忠孝之防裂，君子所必严为之辨者也。其所处者可以置吾身，身虽危，犹安也。安其身而动，动而利，可以出君父于险；动而不利，不丧其身之所守；

则生死成败,皆可以自靖,如是者尚矣。其次,则身非可安,而无可安之土,乃以身试不蠲,而思以济其志。志之得,则可以大有为于天下;志之不得,犹不以身为罪罟①,而毁分义之防。故陈平、周勃俯仰于吕后之侧②,非徒志在安刘也。惠帝崩,后宫之子,犹高帝之苗裔,可以为君者,依之以待吕氏之变,而伸其诛锄,固未尝一日辱其身于异姓也。王导之于苏峻③,王坦之、谢安之于桓温④,忍其熏灼,阳与相亲,贼未篡,吾君尚在,弗容立异以激祸之成。峻诛、温死,而其志伸;峻不诛,温不死,晋社已移,终弗能救,而后死之,未晚也。"苏武节"之诮⑤,不足以为之病矣。狄仁杰之仕于伪周也,庙已改,君已囚,无可仕矣。而仁杰当高宗之世,未与大臣之列,则舍武氏不仕,而更无可执国柄、进忠贤、以为兴复之基。灼知其逆,而投身以入,不恤垢辱以与从逆之臣齿,非但一死之不惜,操心愈隐,怀贞愈烈,尤非夫人之所可托者也。审此,则吕好问、朱胜非无所逃其同逆之辜⑥,不能为之掩覆矣。

【注释】

①罪罟(é):即罪恶的媒介。罟,用鸟作诱饵,诱捕同类鸟。引申指媒介。

②周勃(约前240—前169):沛(今江苏沛县)人,秦末随刘邦起兵,由汉中进取关中时,屡建战功。汉高祖六年(前201),封为绛侯。又讨平韩信叛乱,升为太尉。刘邦死后,吕后专权,吕后死后,周勃与陈平等合谋夺取吕禄的军权,谋灭吕氏诸王,拥立文帝。传见《史记·绛侯周勃世家》《汉书·周勃传》。

③苏峻(? —328)：字子高，长广郡掖县(今山东莱州)人。西晋永嘉之乱，他从家乡率所部数百家泛海南行，来到广陵(今江苏扬州)。晋元帝时破王敦有功，为冠军将军。庾亮执政时，解除苏峻兵权。咸和三年(328)，他以讨庾亮为名，与祖约起兵反晋，攻入建康。不久温峤、陶侃起兵讨伐苏峻，战败被杀。传见《晋书·苏峻传》。

④王坦之(330—375)：字文度，太原晋阳(今山西太原)人。出身世家大族，曾任大司马桓温的长史、参军，桓温死后，与谢安等人共辅幼主晋武帝，官至中书令。传见《晋书·王坦之传》。

⑤苏武(前140—前60)：字子卿，杜陵(今陕西西安东南)人。汉武帝时为郎，持节出使匈奴，被扣留。匈奴威胁利诱，不失气节，后把他迁到北海(今贝加尔湖)牧羊，声称公羊生子方可放他回国。苏武留居匈奴十九年，持节不屈。始元六年(前81)，获释回汉。死后，汉宣帝将他列为麒麟阁十一功臣之一。传见《汉书·苏建传附苏武传》。

⑥吕好问(1064—1131)：字舜徒，寿州(今安徽寿县)人。靖康之难时，金人立张邦昌，以吕好问为事务官，吕好问劝张邦昌迎立赵构为帝。他与杨时并为当时有名学者，时称"南有杨中立，北有吕舜徒"。传见《宋史·吕好问传》。朱胜非(1082—1144)：字藏一，蔡州(今河南汝南)人。北宋亡，劝赵构称帝。高宗时，为尚书右仆射、同中书门下平章事、知枢密院事。岳飞要求北伐，收复中原失地，朱胜非与参知政事赵鼎都加以支持。秦桧为相，朱胜非因政见不合，废职家居。事见《宋史·朱胜非传》。

【译文】

　　在叛逆的朝廷屈身为臣，隐忍着以求保存正统朝廷的社稷，这是为人臣子的极致做法，但还要看他处于什么样的情况。估计这时还有可以利用的机会，以等待天下的变化，姑且屈身为臣，在正统朝廷和叛逆朝廷两方都留有余地，以保存自身及其禄位，如果马上称许这就是采取权变以渡过险难时期；就会使名义的范围过宽，而忠孝的防线破裂，君子对此必须严加辨析。如果他所处的情况是可以保存自身，自身虽危险，也还是安全的，使自身安全而后采取行动，行动的结果会有利，可以让君父脱离危险；即使行动的结果不利，不丧失其自身所要坚守的准则；那么生死成败，都可以让自身安心，像这样做就是最好的了。其次，就是自身不能安全而没有安全的地方，就让自身试着采取不被蠲免的行动，而考虑以此实现自己的志向。志向实现了就可以在天下大有作为；志向不能实现，还不使自身成为罪犯，而毁坏名分大义的防线。所以陈平、周勃在吕后身旁屈身俯仰与她周旋，不只是把安定刘氏王朝作为自己的志向。汉惠帝去世，后宫中的皇子，还是汉高帝的直系后裔，可以成为君主，依靠这些后裔来等待吕氏的变化，而实现他们诛锄叛逆的愿望，本来就没有在异姓统治之下使自身受到一天的羞辱。王导与苏峻，王坦之、谢安与桓温，都忍受着苏、桓的权势，表面上与他们相互亲近，贼人未篡夺皇位，我的君主还在，不容另立异谋以激成灾祸的形成。苏峻被诛、桓温死去，王导等人的志向就得到了伸张；苏峻不诛，桓温不死，晋王朝皇权已经转移，最终不能挽救晋王朝，而后再为晋王朝去死也不算晚。嘲笑他们这样做是"苏武式的守节"，这不足以算是他们的毛病。狄仁杰在武周朝做官，宗庙已经改变，唐朝的君主已被囚禁，没有正统的王朝可以做官了。但狄仁杰在唐高宗的时候，还没有进入大臣的行列，那么放弃在武氏朝中做官，就更没有机会能执掌国家大权、进用忠贤之人，并以此作为兴复唐王朝的基础。明知武氏是叛逆，而投身进入武氏的朝廷，不顾受到垢辱而与附从叛逆的大臣为同僚，这不只是舍不得为唐王朝去死，而是用心更为深远，心怀的忠贞更为刚烈，尤其不是一般人所能寄托的。明白这个道理，那么吕好问、朱胜非就无处可以逃避他们附同叛逆的罪过，不能再为这种罪过遮掩了。

　　好问自中丞迁少宰，参国政久矣。张邦昌受虏册以篡大位，此何时也？ 马伸等犯死以争，而好问无言；赵鼎、胡寅洁身以逃，而好问不出。邦昌舞蹈以受冕旒，好问从容而充陪列。已知众志之不归，乃问邦昌曰："真欲立邪？ 否邪？"邦昌遽有"不敢当"之对。则亦探邦昌不决之情，而姑为变计。然则高宗不系人望于济州，通国且戴邦昌以为主，好问受伪命之已久，又奚以自拔于逆廷哉？ 夫好问之心，固非若吴开、莫俦之夸佐命也，亦非决志不污，如洪皓之誓死以不从刘豫也①。权处于进可宋、退可邦昌之歧途，以因风而草偃。则募人通帛书于高宗，亦游移两全之巧，无往而不足以自容。及王宾摘发已穷②，犹曰："世被国恩，受贤者之责③。"将谁欺邪？ 且使于邦昌无"真立"之问，于高宗无尺帛之书，宋遂终无如邦昌何哉？ 密奏不足为有无，嗣君非因其护戴，唯此七尺之躯，一污而终不可浣。好问曰："闭门洁身，实不为难。"洁身而身存之非难，洁身而身死之岂易乎？ 果其为段司农不辱之身④，则又能闭门而全其躯命邪？ 以此质之，好问之论定矣？

【注释】

①洪皓（1088—1155）：字光弼，乐平（今江西乐平）人。高宗时，出使金国被扣留，威武不屈，曾被流放到冷山（今黑龙江五常大青顶子山），时人赞为"宋之苏武"。有《松漠纪闻》一书，专门记述在金国时的见闻。传见《宋史·洪皓传》。

②王宾：宋高宗时任侍御史。摘（tī）发：揭露。王宾揭露吕好问，是因吕好问在徽、钦二帝被俘之后，金人立张邦昌为帝，以吕好问

为事务官等事。但在金兵计划出兵攻击康王赵构时，吕好问派人向康王报信。又劝张邦昌向康王表示推戴之意，让邦昌派人奉传国玺送至康王大元帅府。金兵撤退以后，吕好问又派人劝康王继位，并请元祐太后垂帘听政。高宗继位后，太后派吕好问来见高宗。高宗认为：在张邦昌僭号之初，吕好问就派人通风报信，金兵一退，就派人劝进，内心还是忠于宋王朝的，所以并不问罪。但吕好问自惭，力求辞官。王夫之对吕好问的批评，就基于这些事实。

③贤者之责：《春秋》经常责备贤者，是对贤者求全责备。吕好问的意思是说人们对他的责备是对贤者求全责备的意思，但自己还达不到没有任何缺点的贤者境界。

④段司农：即唐代的段秀实，曾任四镇北庭行军泾原郑颍节度使，总揽西北军政，使吐蕃不敢犯境。后为礼部尚书，但因杨炎进谗，而贬为司农卿。唐建中四年（783），泾原兵在长安发动兵变，拥朱泚为大秦皇帝，段秀实当庭勃然而起，以笏板击朱泚，因此被朱泚杀害。因他当时为司农卿，故称段司农。

【译文】

吕好问从中丞升为少宰，参与国家大政已经很久了。张邦昌接受金人的册封来篡夺皇位，这是什么时候？马伸等人冒死来争斗，而吕好问此时没有说一句话；赵鼎、胡寅逃离张邦昌的朝廷以保持自身的高洁，而吕好问却没有从张邦昌的朝廷中出走。张邦昌手舞足蹈接受了皇帝的冠冕，吕好问从容地充当陪同的大臣。他已经知道众人的志向是不归附张邦昌了，才问张邦昌说："你真的想立为帝吗？还是不想立为帝呀？"张邦昌这才有了"不敢当"的回答。那么这也是试探张邦昌是不是有称帝的决心，而姑且作为以后改变自己态度的计谋。这样看来，如果宋高宗在济州没有受到人们的拥戴，全国都将拥戴张邦昌作为君主，吕好问则接受张邦昌伪朝任命已经很久，又怎能让自己摆脱张邦昌的伪朝廷呢？吕好问的心意,本来不像吴开、莫俦等人是以辅佐张邦昌称帝来自矜的,但也不是决心不与伪王朝同流合污,像洪皓那样誓死不附从刘豫。他是权且处于进可投奔宋王朝、退可辅助张邦昌的岔路口上,像草一样根据风向决定朝哪边倒。那么他招募人给宋高宗送上帛书以示好,也是游移在两方而求两全的手法,不论到哪个朝廷都能使自己容身。等王宾已把他的事情全部揭发出来,他还说:"我家世代受到国家的恩典,受到人们对贤者的求全责备。"还要欺骗谁呢？况且假使张邦昌没有听到吕好问"是否真想立为帝"的责问,对宋高宗也没有送过一尺绢帛的书信,宋王朝最终就对张邦昌无可奈何吗？不管有没有给宋高宗的密奏,继位的君主都不是靠他的拥戴,只是他的这个七尺之躯,一旦有了在伪朝任职的污点就终究洗刷不掉。吕好问说:"闭门不出而让自身高洁,实际并不困难。"高洁自身而让自身得以生存并不困难,高洁自身而让自身为宋王朝去死难道就容易吗？他果真成为像段秀实不受朱泚屈辱那样的人,则又能闭门不出而保全他的身躯性命吗？用这个问题质问他,对吕好问的评价就可以确定了。

　　若夫朱胜非者,尤不足齿于士类者也。苗、刘,二健卒耳。权藉不重,党类不滋,逆谋不夙,所欲逞志者,王渊、康履而止①。浸淫及上,遂敢废人主而幽之萧寺。胜非躬秉大政,系百僚之望,使有不可夺之节,正色立朝,夫二贼者,讵敢尔哉？乃内禅之举,胜非且尸陪列之长,为下改元之诏。德不重,才不赡,志不固,贼之藐之也久,故其胁之也轻,而胜非之从也易。乃使其祸不惩,则宋之危也亦亟矣。夫二贼所挟持以逞者,其心可洞见也。女直临江而思渡,江东之不保在旦夕矣。二贼岂有为宋守吴、会之心乎？始立婴儿以待变,女直至,则弑高宗,执子旉以纳降;女直不至,则徐揽众权,要九锡而规篡②。藉令三方之义师不星驰而至,贼势已成,虏兵且进,胜非其能事从中起,枭贼首以复辟乎?如其能之,则他日之自辩曰:"偷生至此,欲图今日之事。"固可解也。而悲愤始于张浚,成谋定于吕颐浩③,奋勇决于韩世忠,胜非何与焉?其志欲图者,果何图也?察所怀来,一冯道、范质之心而已。胜非之生,无豪毛之益也。如其死也,则以明夫苗、刘之为贼,而激忠义之人心以起,诚重于泰山矣。无靖康之祸,有所奉之君,名义自己而立衡,存亡即于己而取决。事易于邦昌挟女直之势,而抑无好问通闲道之书。事定之余,优游以去,而贬窜不加焉,宋安得复有王章哉?

【注释】

①王渊(1076—1129):字几道,号方渠,原为熙州(今甘肃临洮)人,后迁居环州(今甘肃环县)。金人攻汴京,王渊奉命守卫皇家宗庙。高宗即位后,器重王渊,任御营司都统制、保大军承宣使等。统制官苗傅,发动政变,杀害王渊等人,叛乱平定后,高宗追赠王渊开府仪同三司,加少保。传见《宋史·王渊传》。康履(?—1129):高宗时的宦官,高宗在扬州时,金兵突然到来,高宗仓促逃亡,身边只有康履等五六人,因此更受恩宠。但康履常凌辱将领,故受军人忌恨,又纵情享乐,激起众人愤慨。苗傅与刘正彦发动兵变,将他腰斩枭首。传见《宋史·宦者传·蓝珪传附康履传》。

②九锡:古代天子对诸侯、大臣赐给九种器物表示最高礼遇,即车马、衣服、乐则、朱户、纳陛、虎贲、弓矢、钛钺、秬鬯。

③吕颐浩(1071—1139):字元直,先为乐陵(今山东德州)人,后迁

徙齐州(今山东济南)。宋高宗时,任同签书枢密院事、同中书门下平章事。吕颐浩专权自用,排挤李纲等人,但与张浚等人平定苗傅之乱。后力批秦桧专主和议,植党专权,而使秦桧罢相七年。传见《宋史·吕颐浩传》。

【译文】

至于朱胜非这个人,更是不足厕身士大夫之列的。苗傅、刘正彦,不过是两个健力兵将而已。他们的权势不重,同党不多,也不是素有叛逆的阴谋,所想得逞的目的,不过是杀死王渊、康履而已。逐渐发展,最终敢于废黜君主而把他幽禁在寺庙中。朱胜非本身秉持国家大政,身系百官的期望,假使他有不可剥夺的气节,一脸正气立于朝廷上,苗、刘两个叛贼敢这样做吗? 至于逼迫高宗禅让帝位给钦宗幼子赵旉的举动,朱胜非又居于百官之长的地位,为之颁下改变年号的诏书。他的威德不重,才能不足,意志不坚定,贼人藐视他已很久了,所以苗、刘二人稍微威胁他,朱胜非就轻易地听从了他们。假使他们造成的灾祸不受惩处,宋王朝的危亡也就很快到来了。苗、刘二贼所挟持以求得逞的事,其心是可以洞见的。女真兵临长江而想渡江,江东已是旦夕不保了。苗、刘二贼难道还有为宋王朝坚守吴郡、会稽的愿望吗? 开始扶立婴儿赵旉以等待时局的变化,女真到了,就弑杀高宗,挟持着赵旉投降;女真不来,就慢慢地揽取各种权力,要挟小皇帝获得九锡而谋划篡位。假使三方的义师不是星夜奔驰而来,贼人的势头就已形成了,女真的军队将要前进,朱胜非他能在中间起事,斩下二贼的首级让高宗恢复帝位吗? 如果他能做到,那么以后他自会辩解说:"偷生到今天,就是为了谋划今日的事。"这本来是可以解释的。但是对于苗、刘二贼的叛逆,开始最先悲愤的是张浚,平定叛乱的谋划是由吕颐浩决定的,奋勇杀敌则取决于韩世忠,朱胜非在这一过程中又参与了什么? 他的志向想有所谋求,到底是谋求什么呢? 观察他所怀的用心,完全是冯道、范质的心意而已。朱胜非的活着,没有一丝一毫的益处。如果他死了,就能表明苗、刘二人为叛贼，激起忠义之人的平叛之心，这就真的重于泰山了。没有靖康之祸，而有要尊奉的君主，名义由自己确立标准，存亡由自己的行动而获得决定。这比张邦昌仗着女真之势称帝更容易，而且还没有吕好问派人向高宗送密信的麻烦。反叛平定之后，优游地离去，而贬官流放就不会落到自己身上了，不这样做，宋王朝怎能还有王法呢？

　　士所出身以事者，君也；所以事君者，身也。身之已辱，功且不足以盖之，而况其不足以言功也。身之所履，因乎心之所安；心之所安，因乎时之所处。有以处身而心乃裕，有以处心而事乃贞。大白不缁，有其大白者存也。屈以求伸，有其必伸者在也。功名授之事外之人，节义存乎当局之正。好问死，不患拥戴康王之无将相；胜非死，不患革除明受之无义师。王蠋捐躯而齐复振①，翟义夷族而汉复兴②。死且非徒死而无益也，然而非果于义者之所期也。立身则有本末矣，立朝则有风裁矣，立志则有衮影矣③。安能一日缓颊于乱贼之前，以观望其情，而徐图转计哉？留余地以待他日之辩，辩则辩矣，吾不知其启口之际，何以自扪其心也！

【注释】

①王蠋：战国时期齐国画邑（今山东临淄高阳乡）人。前284年，燕将乐毅攻破齐国临淄，乐毅以重金聘请王蠋，封万户封邑，王蠋拒绝。乐毅威胁说，如果不从，将引三军屠画邑，王蠋自缢而死。齐国大夫无不感奋，共奔莒州，随从齐愍王，以谋复国。事见《史记·田单列传》。

②翟义（？—7）：字文仲，汉代上蔡（今河南上蔡）人。王莽时，翟义起兵，立刘信为帝，自号大司马柱天大将军。后被王莽击败，被

杀。事见《汉书·翟方进传》。

③衾影：汉代贾谊《新论·慎独》篇中说："独立不愧影，独寝不愧衾。"由此形成成语"衾影无愧"，指在没有别人监督的情况下仍能做到没有丧德败行之事，问心无愧。衾，即被子。

【译文】

士人出仕来奉事的，是君主；用来奉事君主的，是自身。身已受辱，功不足以超过辱，何况那些不足以言功的人呢？自身的履行，依据自己内心的安宁；内心的安宁，又根据当时处于什么样的时势。有可以处身的时势，内心就会宽裕；有可以让内心安宁的时势，事情就会做得贞正。最大的白不会变黑，这是因为有能让它成为最大之白的原因存在。委屈以求得伸展，是因为有让志向必定能够伸展的原因存在。把功名交给此事之外的人，让节义存在于当时局势的贞正之中。吕好问死了，不用担心没有将相拥戴康王称帝；朱胜非死了，不用担心没有义师平定苗、刘的叛逆。王蠋捐躯而齐国再次振兴，翟义全族被杀而汉朝得以复兴。死并不是白白死了而没有益处，然而这不是能果断根据道义做出决断的人所期望。人的立身有本有末，立于朝廷则有相应的风采，立志就会做到衾影无愧。怎能在叛乱的贼人面前缓言求情一日，以观望贼人的心情，而慢慢地策划转身的计谋呢？留下余地等待他日的辩解，辩解是辩解了，我不知道他在开口之际，靠什么自己摸着自己的心口而无愧！

五

兀术渡江而南，席卷吴、会，追高宗于四明①，东迤海滨；其别将追隆祐太后，南至于虔州之皂口②，西掠楚疆，陷岳、潭③，而武昌在其怀袖④。当是时也，江南糜烂，宋无一城之可恃,韩、岳浮寄于散地,而莫能自坚。此苻坚所几幸而不得,拓拔佛狸所迁延而惮进者也。举天下而全有之,奚待蒙古于他日哉?然而兀术急于渡河而归,高宗且可画淮而守,此可以知国家安危之机,非一朝一夕之故矣。

【注释】

①四明:浙江宁波的别称,以境内有四明山得名。

②虔州:今江西赣州。赣州历史上有庐陵郡、南康郡、南康国、虔州以及百胜军、镇南军等名。

③岳:即岳州,今湖南岳阳,历史上曾有巴陵郡、巴州、岳州、罗州等名。潭:即潭州:今湖南长沙。历史上曾有潭州、长沙郡等名。

④武昌:今湖北武昌。223 年,吴主孙权在江夏山(今蛇山)东北筑夏口城,即后来武昌城的前身,晋武帝以后,沙羡县的治所移到夏口城。南朝刘宋武帝设郢州在夏口城,故武昌又称郢城。隋文帝开皇九年(589)废江夏郡,置鄂州,所以武昌又有鄂州、江夏之称。

【译文】

兀术渡过长江南下,席卷吴郡、会稽一带,将高宗追赶到四明,向东进至海滨;他的部将追赶隆祐太后,向南到达虔州的皂口,向西掠劫楚地疆界,攻陷岳州、潭州,而武昌就已在他们的怀袖之中了。当这个时候,江南全被踩蹦得糜烂,宋王朝没有一座城池可以依恃,韩世忠、岳飞漂浮分散寄居在不同地区,而不能自行坚守。这就是苻坚怀着非分企求而没有得到,拓拔佛狸犹豫迁延而害怕进军的地方。整个天下被全部占有了,哪会等到以后的蒙古人来占领呢?然而兀术急于渡过黄河返回,宋高宗又能以淮河为界而守住南宋的领土,由此就可以知道有关国家安危的枢机,其原因不是一朝一夕形成的。

女直之不能久处江东也,若有所怵惕,而梦寝不安。非其欲之有所厌也,非其力之不足恃也;攻有余而守不足者,无与故也。杜充之降①,疑有与矣。而充不足以当有无之数,孑然自以其身降,而号令不能及众;则女直之不能凭借以有江、淮,深知之矣。深入国境而能因而据之者,必有拥众降附代为招集之人。故刘整、吕文焕降于蒙古②,而后宋不能免于土崩。地非其地也,人非其人也,风土之刚柔,山川之险易,人心之向背,乍履其地而无以相知。安能孤军悬处,设守令,索刍粮,以无忧其困?师行千里而不见敌者,心必危;乌合以附而无任其安辑者,信之必不固。则兀术之方胜而惧,得地而不敢有,所必然矣。

【注释】

①杜充(?—1141):字公美,相州(今河南安阳)人。高宗建炎二年(1128),宗泽死,杜充代为东京留守,嫉贤妒能,宗泽所招两河忠义军皆离去。此年冬,金兵南下,杜充弃城南逃,决黄河大堤,使今河南、山东、安徽、江苏一带百姓淹死二十万以上。驻守建康,金兵渡江,杜充弃城逃往真州,随即降金。传见《宋史·叛臣传·杜充传》。

②刘整(1212—1275):字武仲,邓州穰城(今河南邓县)人。金末时投奔南宋,隶属名将孟珙,后随李曾伯入蜀,升任泸州知府兼潼川路安抚副使。刘整以武功升迁,引起襄阳守将吕文德嫉妒。吕文德与四川制置使俞兴勾结,迫害刘整。刘整遂以泸州及所属十五郡三十万户向元军投降,为元军组建水军,使南宋水军优势荡然无存,于是元军得以长驱直至临安,使南宋灭亡。传见《宋史·刘整传》、《元史·刘整传》。吕文焕:生卒年不详,安丰

（今安徽寿县西南）人。南宋度宗咸淳四年（1268），任知襄阳府兼京西安抚副使，开始守卫襄阳，元军围攻五年，终因樊城被克，襄阳孤立无援，向元军投降。后随伯颜攻下临安。传见《新元史·吕文焕传》。

【译文】

女真不能长久驻在江南，好像有所畏惧而梦寐不安。不是他们的欲望有所满足，也不是他们的力量不足依靠；他们进攻有余而驻守不足的原因，是没有人协助他们。杜充的投降，似乎是在协助他们了。但杜充不足以决定大局的成败之数，孤单地只以一人投降，而他的号令也不能指挥大众；那么女真不能凭借这种人占有江、淮，对此也是深为了解的。深入国境而能够占据，必须要拥有众多的降附者和能代替金人对降附者进行招集的人。所以刘整、吕文焕投降蒙古，而后宋王朝就不能避免土崩瓦解。土地不是金人自己的土地，人民也不是他们自己的人民，风土的刚柔性质，山川的险易形势，人心的向背，刚刚踏上这样的土地是无法了解的。怎能让孤军驻守在这样的地方，设置郡县的守令，向当地民众索取粮草，而不担忧会受到困扰呢？军队行走了千里而不见敌人，他的内心必定感到危险；乌合之众向我投降而没有可以安抚招集他们的人可以任用，对这些投降者的信任必定不会强固。那么兀术刚刚取胜而感到畏惧，得到了土地而不敢占领，就是理所必然的了。

夫宋之得此，于天下虽无片土之安，而将帅牧守相持以不为女直用，固有以致之也。其于士大夫也，亦几失其心矣；然而诛夷不加也，鞭笞愈不敢施也。祖宗之家法定，奸邪虽逞，而天子不为之移，则奸邪亦知所禁而弗能播其凶德。其于武臣也，猜防之而不使展其勇略，是以弱也；然而有功而未尝故挫抑之，有过而未尝深求之，危困而未尝割弃之，败衄而未尝按诛之。待之也既使有余，而驭之也亦有其制。不使之擅部曲而听其去来，不使之幸寇存以胁吾权宠。不纵之于先而操之于后，则怨不深；不操之已穷而纵之使傲，则情不悖。故武人犹思媚于君，而部曲不从逆以靡。天下之大势，十已去其八九，而士心协，民志定，军情犹固；宋之所以立国百余年如一日，而滨危不改其恒也。

【译文】

　　宋王朝会有这样的结果，对于天下虽然没有一片安全的土地，而将帅和地方官员全都坚持不受女真的任用，本来就有原因导致这种情况。宋王朝对于士大夫，也几乎让他们丧失忠心了；但对士大夫既不加诛夷之刑，更不敢施用鞭笞之刑。祖宗的家法确定下来，奸邪之人虽然有时得逞，但天子不为他们所改变，那么奸邪之人也就知道哪些事是被禁止的而不能放纵他们的凶残。宋王朝对于武臣，猜疑防备而不让他们施展勇敢和谋略，因此宋王朝就很弱；然而武臣立有功劳时则未尝故意压抑他们，有了过失也未尝深加责怪，遇到危困时也未尝割舍抛弃他们，作战失败了也未尝治罪诛杀他们。对待他们已是宽容有余的，而驾驭他们也是有一定制度的。不让他们擅自领有部曲而听任他们的来去，不让他们以敌寇尚存而存侥幸心理以胁迫宋王朝对他们放权和恩宠。不先放纵他们而在事后操控他们，他们的怨恨就不会深；不在他们处于穷困时操控他们，又不放纵他们让他们傲慢，他们在情感上就不会背叛。所以武臣还想向君主献媚，而部队也不跟从叛逆之人投降金人。天下的大势，十分已去其八九，而士人的心还是一致的，民众的意志还是稳定的，军队的情况还是稳固的；这就是宋王朝之所以能建立国家一百多年如一日，濒临危险时不会改变他们的正常情况的原因。

　　至于史嵩之、贾似道起①,尽毁祖宗之成法,理宗汶弱而莫能问,士心始离,民心始散。将帅擅兵,存亡自主,而上不与谋,然后望风瓦解。蒙古安驱以入,晏坐以抚,拾天下如一羽而无所疑。不然,刘、吕虽降,安能举我所豢养之吏士直前相搏,而乐附狡夷如其父兄也哉? 斩刘哑,则小人易激;鞭笞用,则君子亦离。部曲众而封赏早,则去来自恣;孤旅危而应援绝,则反噬必深。上与下泮涣而不相知,敌乃坐收之,而反为吾腹心之患。宋之乱政,至蔡京当国、童贯临戎而极矣。而凡数者之病犹未剧也,是以高宗跳身航海而终不亡也。

【注释】

　　①史嵩之(? —1256):字子由,鄞县(今浙江宁波)人。理宗时,金亡,反对出兵收复河南,主张与元讲和。任右丞相时,专权独断,排斥异己,为公论所不容。后罢归闲居。传见《宋史·史嵩之传》。

【译文】

　　到史嵩之、贾似道等人占据了高位,就全部毁坏了祖宗的成法,理宗为人文弱而不能过问政事,士人的心才开始离散,民众的心才开始散乱。将帅擅有军队,存亡由自己做主,而在上的人不与他们谋划,然后就对蒙古军望风瓦解了。蒙古军队安心地长驱直入,安稳地坐着就抚定了天下,占领天下就像拾取一根羽毛而没有任何的疑虑。如果不是这样,刘整、吕文焕即使投降,蒙古又怎能得到宋王朝豢养的全部官吏士人而直往向前来与宋朝廷作战,并让宋人对狡诈的蒙古乐于依附就像依附他们的父兄一样呢? 对士大夫斩杀太多,就易于激怒小人;对士大夫使用鞭笞,即使君子也会离去。所辖的部队太多而且封赏太快,他们的来去就会全然任由自己的心意；孤军危险了而朝廷不派出救援，他们反叛投降的心情就会加剧。上与下涣散而不相互了解，敌人就坐收其利，反而让投降的官员、军队成为宋王朝的心腹之患。宋王朝的混乱政治，到蔡京掌握国家大权、童贯带领军队时就达到了极点。但这几种弊病还没有达到严重的程度，所以高宗时还能逃身到海上而最终没有亡国。

六

　　人之为言也，贸贸而思之，绵绵而弗绝，天可指，地可画，圣人可唯其攀引，六经可唯其摭拾，而以成乎其说。违道之宜而以为德，大害于天下而以为利。探其所终，必不能如其言以行，而辄欲行之。时而有达情以体物、因势以衡理者，主持于上，必不听之以行。乃以号于天下曰："吾说之不行，世衰道降，无英君哲相志帝王之盛治者使然也。"于是而有传于世，乃使殃民病国之邪臣，窃其说以文其恶，则民之憔悴，国之败亡，举繇乎此。要其徒以贼民而无能利国，则亦终莫能如其说以行也，祗为乱而已矣。

【译文】

　　人提出言论，轻率地思考问题，绵绵不断地加以论说，天可以评说，地可以指画，圣人可以任由他攀援引用，六经可以任由他采用，而来完成他的论说。违背合乎大道的应做之事却视之为德，对天下有大害而视之为利。探讨他的最终结果，必定不能如他所说的那样来行动，却总是想付诸行动。有时会有人了解人们的心情且能体察事物、根据时势来衡量道理，在上面主持大政，必定不会听任这种人去行动。这种人就会对天下的人宣告说："我的主张得不到实行，世道衰落，是没有英明的君主和智慧的宰相有志于帝王的大治使之这样的。"于是就会流传到世间，让祸国殃民的奸邪之臣窃取他的说法来文饰自己的邪恶，那么民众的憔悴和国家的败亡，就都是由此而造成的。总之，持这种论说的人只会害民而不能利国，并且最终也不能按他的说法加以实行，只会造成祸乱罢了。

当建炎之三年，宋之不亡如缕，民命之死生，人心之向背，岌岌乎求苟安而不得矣。有林勋者①，勒为成书，请行十一之税。一夫限田五十亩，十六夫为井，井赋二兵一马，丝麻之税又出其外。书奏，徽一官以去。呜呼！为勋干禄之资，则得矣。其言之足以杀天下而亡人之国，亦惨矣！时亦知其不可而弗行，而言之娓娓，附古道以罔天下，或犹称道之弗绝。垂至于贾似道，而立限以夺民田为公田，行经界以尽地力而增正赋，怨讟交起②，宋社以墟，盖亦自此启之也。

【注释】

①林勋：生卒年不详，桂岭（今广西贺州）人。高宗时，献《本政书》十三篇，主张仿古代井田之制，使民占有田地，从事耕作，则国家富裕，社会安定。其后，又献《比较书》二篇，谓桂州农田税收之事，得到朱熹、陈亮的称赞。

②怨讟（dú）：怨恨诽谤。

【译文】

在高宗建炎三年的时候，宋王朝灭亡的命运命已系一线，民众的死生，人心的向背，都已非常危急，想求得苟且偷安也做不到了。有一个名叫林勋的人，编写了一部《本政书》，请求实行在十分之中征收一分的税法。他主张一个农夫限田五十亩,十六夫的土地构成一井,每井交赋二兵一马,另外再交纳丝麻税。这部书上奏到朝廷,要求朝廷给他一个官而离去。呜呼!这部书及其主张作为林勋求官的资本,目的是达到了。他的主张足以害天下而让国家灭亡,也是非常悲惨的了!当时也知道他的主张不可行而没有实行,但书中的论说娓娓不绝,依附古人的大道来欺骗天下,还有人称赞说是大道没有断绝。后来到了贾似道的时候,就立下限度来夺取民众的田地作为公田,实行经界法以充分挖掘土地的产力而增加了正赋,人们的怨恨就交相产生,宋王朝的社稷于是变得虚弱,大致也是由林勋的主张引起来的。

　　古之言十一者,曰中正之赋。而孟子曰:"轻之者貉道也①。"汉乃改之为三十而一,然则汉其貉乎?何以一人陶济万室之邑②,历千年而不忧其匮也?夫以天下而奉一人,礼际禄廪宫室车服之费则已约矣,非百里一邦制度繁殷之比也。而不但此也,古者建国分土,民各输于其都,自远郊而外,道里之远者,即在王畿,亦五百里而近。莫大诸侯,不过二百余里而已。而大夫之有采地者,即其都邑以出纳。唯然,则名十一而实亦十一已耳。自汉合四海以贡天府,郡县去天子之畿,有逾于五千里者矣,其以输塞下养兵卫民者,又过于是。逆流而漕,车舆驴马任輂以行,其费不赀。使必盈十一以登太仓,三倍而不足以充。故合计民之所输将,名三十而实且溢于十一矣。且欲立取民之制,求盈于十一,民之膏脂尽于此,而尚足以生乎?今使勋计其亩田,令输十一于京、边,勋其能之而无怨邪?抑徒为此不仁之言,以导君于贪暴邪?况乎古之十一者,有田有莱,有一易再易之差,则亦名十而实二十。汉之更制,乃以革李悝之虐,而通周制之穷,百王之大法也,其何容轻议哉?

【注释】

①貉道:指二十税一。据《孟子》记载,白圭主张实行二十税一,孟子说这是貉道。貉,即貊,指北方夷貊之人因天气寒冷,不生五谷,所以只能实行二十税一的税法,这比中原地区的十一之税要轻。

②陶济:出自《抱朴子外篇·广譬》篇:"阴阳以广陶济物,三光以普照著明。"陶,指陶冶。济,指使之成就。这里指养育、养活。

【译文】

古代所说的十分之一的税法,称为中正之赋。而孟子说:"税率再比这个轻,那就是北方少数民族的税法了。"汉代把十一之税改为三十税一,那么能说汉代实行貉道了吗?为什么一个人靠万户家室的城邑来养活,历经千年而不担忧它的匮乏呢?这是因为以整个天下来奉养一个人,用于礼仪官禄以及宫室车马服装的费用已经非常简约了,不是方圆百里的一个小国的繁多制度所需的费用可比的。而且不但如此,古代建国分封土地,民众各自输送赋税到各国的都城,从都城的远郊往外,路途远一点的,即使在天子的王畿范围内,也不超过五百里。而最大的诸侯国,距离也不过二百多里而已。而大夫有采地的,就在他的都邑内输送交纳。只有这样,则名义上是十一之税,而实际上也正是十一之税而已。自从汉代让整个天下向朝廷输送赋税,郡县离天子的都城,有超过五千里的地方,还有用来养兵的赋税输送到边境地区,则又超过了五千里。在河里逆着水流进行漕运,车辆驴马拉车行走,所耗费的财物不少。在这种情况下假使必须按十分之一税赋的足够数量送到都城的仓库,那么就必须交纳三倍的数量还不够输送到都城仓库。所以合计起来,民众输送给朝廷的赋税,名义上是三十税一,而实际上已超过了十一之税。而且想建立从民众手中征收赋税的制度,要满足十一之税的数量,民众的财富就全被交纳赋税的事榨取光了,还足以让他们生存吗?如今假使林勋统计各地的田亩,命令从其中征收十分之一输送到京城和边境,林勋他能做到让民众没有怨恨吗?还是仅仅空谈这种不仁义的话来引导君主变得贪暴呢?何况古代的十一之税,农夫的田地中既有每年耕种的田地,也有轮耕的田地,这中间就有轮耕间隔一年、两年乃至三年的差别,那么也名为十一之税而实际是二十税一。汉代改变赋税制度,乃是革除李悝收税过重的虐政,而变通周代制度的不足,这是百代帝王都要沿用的大法,哪里容得人们轻率评议呢?

至欲于一井四百五十亩之中,赋二兵一马,以充戎行,不知勋之将以何为也。将以战与?则驱愿懦之农人,以与闵不畏死之盗贼、乐杀无厌之夷狄,贸躯命于喋血屠肝之地,一兵死而更责一兵,不杀尽农人而不止。无诛夷之峻法以督之,则闻金鼓而骇溃,国疾以亡。将以戍与?则荷戈而趋数千里之绝塞,饥寒冰雪,仅存者其余几何?抑且重为征发,而南亩之余以耕者,又几何也?三代之兵,所戍者,百里之疆场也;所战者,乍相怨而终相好之友邦也;所争胜负者,车中之甲士也;追奔不穷日,俘馘不尽人。乃欲以行之后世流血成渠之天下,虽微仁人,亦不禁为之恸哭矣。若马,则国有坰牧,而益以商贾之征,固未尝责农人供戎车之用。勋欲更取盈焉,商鞅、李悝所不忍为而欲为之,亦可谓覆载不容之凶人矣!

【译文】
　　至于想在一井的四百五十亩之中,征收二人为兵以及一匹战马的

兵赋,以补充军队,不知林勋将要用他们做什么?将要用来作战吗?那
就是驱赶胆小怕死的农民,来与拼命不怕死的盗贼、乐于杀人而没有满
足的夷狄作战,在血腥屠杀身体的战场出卖身体性命拼杀,一兵战死就
再命一兵去作战,不杀光农民而不止。没有诛杀的严刑峻法来督管他
们,那么他们一听到金鼓的声音就吓得崩溃了,国家很快就会灭亡。将
要用来戍守边疆吗?那就是让农民走到数千里之外的绝路边塞,在冰
雪之中忍受饥寒,仅能存活的人会剩下多少?而且还要重复征发兵役,
那么农田里剩下来耕种的人,又有多少呢?夏、商、周三代的兵役,所戍
守的边疆,离家不过百里左右;所要从事的征战,是短时有仇而最终友
好的友邦;真正作战争胜负的,是在战车中的披甲兵士;追击败军不会
一整天,也不会把所有的人都捉来当俘房。而想应用这种制度在流血
成河的后代天下,虽然不是仁义之人,也会不禁为它恸哭了。至于征收
的马,因为国家有专门的牧场养马,再加上从商人那里征收的马匹,本
来就不曾要求农民提供马匹给战车使用。林勋想另外征收足够的马
匹,这是商鞅、李悝不忍做的事而林勋却想来做,也可以说是天地所
不容的凶恶之人了!

 夫勋固曰:"此先王之法也。"从而称之者,亦曰:"此先
王之制也。"建一先王以为号,而胁持天下之口,诚莫有能非
之者。而度以先王之时,推以先王之心,其忍此乎?抑使勋
自行之,而保民之不揭竿以起乎?且使行之于勋之田庐,而
勋不弃产以逃乎?夫亦扪心而自问乎?

【译文】
 那林勋坚持说:"这是先王的制度。"跟着称赞他的人也说:"这是先
王的制度。"把一个先王立起来作为名号,而来胁持天下人之口,确实没

有人能非议他。但是用先王的时代来衡量,推察先王的用心,他们会忍心这样做吗? 还是让林勋自己来实行它,能保证民众不揭竿而起吗? 而且让他在林勋的田地和房屋中实行这种税法,林勋能不弃掉家产而逃跑吗? 他也会扪心而自问吗?

　　奉一古人残缺之书,掠其迹以为言,而乱天下者,非徒勋也。庄周之言泰氏也,许行之言神农也,墨翟之言大禹也①,乃至御女烧丹之言黄帝也,篡国之大恶而言舜、禹也,犯阙之巨盗而言汤、武也,皆有古之可为称说者也。古先圣王之仁育而义正者,精意存乎象外,微言善其变通,研诸虑,悦诸心,征之民而无怨于民,质之鬼神而无恫于鬼神,思之慎而言之讷,恶容此呫笔濡墨求充其幅者为哉? 前乎勋而为王安石,亦《周官》也;后乎勋而为贾似道,亦经界也。安石急试其术而宋以乱,似道力行其法而宋亡。勋唯在建炎惊窜不遑之日,故人知其不可行而姑置之。陈亮犹曰②:"考古验今,无以加也。"呜呼! 安得此不仁之言而称之也哉?

【注释】

①禹:姒姓,名文命,号禹,为夏后氏首领。父亲名鲧,治水不成,他继续治水,获得成功,又将中国划为九州。以治水成功,史称大禹。舜封禹为伯,以夏为封国。之后,舜又禅让帝位给禹,禹称帝后,以安邑为都,国号夏,故又称为夏禹。事见《史记·夏本纪》。

②陈亮(1143—1194):原名汝能,后改名陈亮,字同甫,号龙川,婺州永康(今浙江永康)人。喜谈兵,不喜理学之学,擅长政论、史论,向皇帝献上《中兴五论》。孝宗时,到皇宫门前上书,批评秦

桧以来的苟安国策，受到孝宗赏识，准备擢用，陈亮拒绝任官。传见《宋史·陈亮传》。

【译文】

遵奉一位古人的残缺之书，劫掠书中的遗迹作为自己的言论，而来搅乱天下的，不只是林勋。庄周论泰氏，许行谈神农，墨翟论大禹，乃至于讲房中术和炼丹的人论说黄帝，篡国的大恶人谈论舜、禹，侵犯宫阙的巨盗谈论汤、武，他们都有古代的先王可以引用论说。古代先圣先王所论的仁育而义正的说法，其中的精意存在于事象之外，微言大义重在善于变通，在思虑中加以研究，在内心感到愉悦，征求于民而无怨于民，求证于鬼神而无惧于鬼神，思考慎重而不善言谈，哪里容得这种吸吮笔头沾着墨汁以求扩充其篇幅的人来引用呢？在林勋之前的是王安石，他也称引《周官》；在林勋之后的为贾似道，他也引用经界说。王安石急着试用他的方法而宋王朝就出现了动乱，贾似道极力推行他的制度而使宋王朝灭亡。林勋的说法只是在高宗建炎年间惊慌逃窜来不及安定的时候，所以人们也知道他的说法不可行而姑且置之未用。陈亮还说："考察古代并在当今验证，没有人能超过他。"呜呼！怎能用这样不仁的话来称赞他呢？

七

绍兴诸大帅所用之兵，皆群盗之降者也。高宗渡江以后，弱甚矣。张浚、岳飞受招讨之命，韩、刘继之。于是而范汝为、邵青、曹成、杨么之众皆降而充伍[①]，乃以复振。走刘豫，败女直，风闻惊窜之情，因以有定。盖群盗者，耐寒暑，撄锋镝，习之而不惊；甲仗具，部队分，仍之而无待，故足用也。不然，举江南厢军配囚脆弱之众[②]，

恶足以当巨寇哉？

【注释】

①范汝为(？—1131)：建州瓯宁(今属福建建瓯)人。宋高宗建炎四年(1130)，在福建瓯宁吉阳回源洞起义，打败官军，后被招安。绍兴元年(1131)十月，再次起兵，占据建州，进入江西，逼近临川。高宗调韩世忠入闽，攻克建州，范汝为退到回源洞，自焚而死。事见《宋会要辑稿·兵·范汝为》。邵青：宋高宗绍兴元年的反叛者，本为溃军之将，后以船为军，招集民众，四处劫掠，当时称为"水贼"，活动于太平州、平江、真州、当涂、芜湖、泗州、秀州、崇明、通州、镇江、江阴、常熟等地，后被宋朝招安，归入御前忠锐军，隶步军司。曹成：生卒年不详，南宋初，与其弟曹亮在两淮间兴兵为盗，手下有杨再兴、何元庆等猛将，后被岳飞、韩世忠征剿，曹成、曹亮归降韩世忠，杨再兴、何元庆归降岳飞。

②脆：脆弱，虚弱。

【译文】

绍兴年间的诸位大帅所用的士兵，都是各地盗匪的投降者。高宗渡江以后，军力已经非常弱了。张浚、岳飞接受了朝廷对盗匪的招抚讨伐命令，韩世忠、刘锜之后也接到这种命令。于是各地盗匪如范汝为、邵青、曹成、杨么的部队都投降朝廷而被补充为朝廷的军队，宋王朝的兵力才重新变强。击走刘豫，战败女真，人们风闻敌人一来就四处惊窜的心情，于是才得以安定下来。这是因为各地的盗匪，能耐寒暑，敢于作战，习惯了战争而不会受到惊吓；把他们收编之后补充了武器装备，分到各个部队，直接改编为朝廷军队而不用等待重新招募和训练，所以足够用来作战。不然的话，整个江南厢军多是流放的囚犯等脆弱的士兵，哪里能够抵挡强大的敌寇呢？

乃考之古今,用群盗者,大利大害之司也。受其归者有权,收其用者有制。光武收铜马而帝,曹操兼黄巾而强,唐昭用朱温而亡,理宗抚李全而削①。盗固未可轻用也。以弱而受强,则宾欺其主;以强而受强,则相角以机;以强而受弱,则威生其信。无故而来归者,诈也。挫于彼而归于此者,弗能为助者也。以名相服,而无其实者,乍合而终离也。故欲抚群盗者,必先之以剿;而群盗之欲降也,抑先战胜而后从。虽已为我之部曲,犹以强弱与我争主客之权。唐何挟以受朱温?宋何恃以受李全?温与全且睥睨我而倒持其制,翱翔自得,复将谁与禁之?唯绍兴诸帅之知此也,风驰雨骤而急与之争,一败之,再败之,无不可败之盗,而后无不可受。群盗岂徒畏我哉?抑信其可恃为吾主,而可无衅折死亡之忧矣。此其受之之权也。

【注释】

①李全(1190—1231):潍州北海(今山东潍坊)人。金章宗至宁元年(1213)起兵,后与山东红袄军杨安儿之妹杨妙真结婚,统率各路起义军,宋嘉定十一年(1218),依附南宋。金兴定三年(1219),金兵攻宋,李全协助宋军攻击金兵,迫使金兵撤退。宋朝让李全屯守淮东楚州(今江苏淮安)。金正大三年(1226),元军进攻山东青州,李全次年五月出降。后又从元归宋,表面归附宋朝,暗中依附元朝。宋出兵讨伐李全,绍定四年(1231)正月,李全战败逃走,被宋兵杀死。传见《宋史·叛臣传·李全传》。

【译文】

再考察古往今来的情况,使用众多盗匪为自己的部队,这会决定是有巨大利益还是有巨大危害。接受盗匪投降的人要有权势,而使用来降盗匪的人要掌握控制权。汉光武帝收服了铜马军而称帝,曹操兼并了黄巾军而变得强大,唐昭宗招用了朱温而使唐王朝灭亡,宋理宗招抚了李全而使宋王朝削弱。盗匪本来就不是可以被轻意利用的。自己本身弱而接受强大的盗匪投降,就会使降服的盗匪作为宾客而欺侮他的主人;自身强大而接受强大的盗匪投降,就会让他利用机会来与我相互角斗;自身强大而接受弱小的盗匪投降,就会产生威望而让他们信服。没有原因就来归顺的,这是诈降。在彼处受挫而到此方来归顺的,这是不能对我有帮助的。在名义上表示归服,而没有实际的降服,就会短暂地降服而最终仍要叛离。所以要想安抚众多的盗匪,必须先要进军攻剿;而盗匪们想投降,也必须先战胜他们而后允许他们投降。即使已经成为我的部下,他们还会根据自身的强弱来与我争夺为主为客的权力。唐王朝倚仗什么而接受朱温的降服?宋王朝又倚仗什么接受了李全的降服?朱温与李全对朝廷还是不屑一顾,而朝廷就让他倒持权柄而受他的制约,使他们能自由行动,又将和谁来禁止他们?只有绍兴年间的诸位大将帅懂得这些奥妙,让军队风驰电掣地对他们紧急进攻,一次击败他们,再次击败他们,没有不能击败的盗匪,而后就没有不能接受降服的盗匪了。盗匪们难道只是畏惧朝廷吗?他们只是相信朝廷的将帅可以作为自己的主人,而可以不用担忧再受攻击和死亡了。这就是接受盗匪降服所应有的权势。

　　若夫所以用之者,尤有可用不可用之辨焉。均为盗,而既为之长矣,固袖然自大,而以为我有此众也。受命归降,而又崇其秩以统其众,则虽有居其上以控制之者,尊而不亲,而不能固保其尊。其来也,因之而来;则其去也,因之而去。其顺也,因之而顺;则其逆也,因之而逆。天子且拥虚名,元戎徒为旒缀①。夫且肉袒而市我于敌,夫且怀奸而代我以兴,矧望其策心戮力以死相报乎？故盗可用,而渠帅不可用也。

【注释】

①旒(liú)缀：旌旗的垂饰,系结于旌旗之上。喻附属、附赘。

【译文】

　　至于所要使用的降服盗匪,更有可用和不可用的区别。同样是盗匪,而已经成为盗匪的首领,这种人本来就会自大,他会以为是自己统领这些部队的。接受朝廷的命令而归降,却又抬高这种人的官位让他继续统率他的部队,那么即使在上面还有人来控制他,但他对于上面的人只会尊重你而不亲近你,而且不能长久保持这种尊重。盗匪来降服,是跟着这种首领来降服的；那么他们的逃走,也是跟着这种首领而离去的。他们的归顺,是跟着这种首领来归顺的；那么他们的反叛,也会跟着这种首领而反叛。天子对这种降服的盗匪只有一个虚名,军队将领也只能用这种降服的盗匪作为自己外在的装饰。这种人将会裸露上身向敌人投降来出卖我方,还将会怀着奸心要取代我方而兴起,又怎能指望他们忠心耿耿地为朝廷戮力杀敌拼死命来报效朝廷呢？所以降服的盗匪可用,而他们的首领是不可用的。

　　乃尤有固不可用者,即其戢志无他,而必不可图功。盖其初起也,皆比闾之俦伍①,无权藉以相事使,而群推一人以为长,此一人者,何以能折虓傲之众使不离哉？固有工于为盗之术,而众乃弭耳以听。其为术也,非有规恢天下之略也,抑非智勇过人,而战无不胜也,不以败为忧,不以走为耻,不以旦此夕彼为疑。进之务有所卤获以饱众,退之知不可敌,而急去以全其军。得地而无固守之情,以善其规避；

一战而不求再战，以节其劳疲；志在偷以求全其部曲，而不期乎功之必成。于是徜徉不幸之地，凭恃山川之险，以免其人于屠戮之苦，而有旁掠之利。于是贸贸而起者，乐推奉而戴之为尊。夫如是，欲使之争封疆于尺寸，贸身首以立功，未有能胜者也。败亦走，胜亦走，无所不走者，无所不掠。甚则坐视国家之倾危，而乘之收利。或叛或篡，皆其习气之无恒，熟用之而不恤者也。威不足以詟之，恩不足以怀之，非徒唐昭、宋理之无以驭之也②；即光武亦奚能洗涤其顽诡，使媚已以共死生哉？故光武于赤眉之帅，诮以"铁中铮铮"③，唯待以不死；曹操收黄巾之众，终不任以一将之功。而朱温、李全仍拥部曲，屹为巨镇，进则败而退则逆，为盗魁者，习与性成，终不能悛也。

【注释】

①俦伍：同类之人，同等之人。

②唐昭：即唐昭宗李晔（867—904），原名杰，又名敏，即位后改名晔，唐懿宗第七子，唐僖宗之弟。在位十六年，先后被宦官和藩镇控制，最后朱温从李茂贞等手中夺到昭宗，并杀掉所有宦官，天复四年（904）将昭宗带到汴梁，不久弑杀昭宗。传见新、旧《唐书·昭宗纪》。

③光武于赤眉之帅，诮以"铁中铮铮"：见《后汉书·刘盆子传》，赤眉军忽遇刘秀大军，惊震不知所为，于是乞降，问："刘盆子率百万大军投降，陛下如何对待他？"刘秀说："待汝以不死耳。"赤眉军于是投降。刘秀又对赤眉军的将领樊崇、徐宣等人说："得无悔降乎？"众人皆叩头说："今日得降，犹去虎口归慈母，诚欢诚喜，无所恨也。"刘秀说："你们所说的铁中铮铮，不过是佣中佼

佼。"所说的佼佼,是指比凡佣之人稍胜。王夫之以此典故说明号称铁中铮铮的大军,徒有虚名,因此投降后只能用不杀头对待他们,不会多有封赏。

【译文】

而且更有一种人本来就不可用的,即他们收敛起当盗匪的心志而没有别的意图,朝廷也必定不能靠他们来求取战功。这是因为他们最初起兵的时候,都是同一个里巷的同伙,没有谁有权势能指使其他人,而起兵之后就由众人推举其中一人作为首领,这样的一个首领,靠什么能让傲慢的众人折服而让他们不离开自己呢?这是他本来就有善于作盗匪的手段,而众人才俯首帖耳地听从他的指挥。这种人的手段,不是那种夺得整个天下的谋略,也不是他的智勇过人而能战无不胜,而是这种人不担心失败,也不以逃走为耻辱,也不会因早晨在此处晚上到彼处而有犹豫疑虑。他率领众人进军就是为了有所虏获而让众人满足,知道打不赢时就撤退,急忙逃走以保全他的军队。占领一个地方没有固守的心情,以求善于躲避;打一次仗后不想再次作战,以免部下疲劳;他的志向是偷安求生保全自己的部队,而不想做事必定成功。于是他们就在朝廷大军没有来到的地方游动,凭借山川险要,以避免他们的部队遭受屠戮的苦难,而且还有四周抢掠的好处。于是纷纷起兵的人,就乐于推戴这种人作为首领。正是因为这样,所以想让这种人为朝廷争夺一尺一寸的领土,卖身卖命来建立战功,就未有能取得胜利的。败了也是逃走,胜了也是逃走,无处不逃走,无处不抢掠。甚至更会坐视国家的倾覆而不顾,并且乘机牟求私利。或是叛变,或是篡权,都因为他们的习气是不能固定不变的,经常变来变去也不会觉得有什么不妥。威严不足以镇服他们,恩宠也不足以让他们顺从,不只是唐昭宗、宋理宗没有办法驾驭他们,即使是光武帝又怎能除掉他们的顽劣诡诈,让他们向自己献媚而同生共死呢?所以光武帝对于赤眉军的将领,只是讥称为"铁中铮铮",只是用不处死来对待他们;曹操收服大量的黄巾军,终究不任用其中的一个首领为将帅来求取战功。而朱温、李全却是仍旧拥有自己的部队，如同巨大的一方军镇屹立着，进军时就战败，撤退时就叛逆，作为盗匪首领的人，他们的习惯与本性都已形成，终究是不能改变的。

　　绍兴诸帅用群盗而废其长，张用、曹成、黄佐仅得生全①，范汝为、杨么皆从斩馘，李成、刘忠宁使之北降刘豫②，而不加收录。则根既拔者枝自靡，垢已涤者色以新。人皆吾人也，用唯吾用也，指臂相使之形成，以搏撠有余力矣③。宋之抚有江、淮，贻数世之安，在此也。荡涤尽，则民力裕；战胜频，则士气张；大憝诛④，则叛逆警；部曲众，则分应周；控制专，则进退决。故以走刘豫，挫兀术，而得志于淮、汴。垂及异日，完颜亮犹不能以一苇杭江而逞，皆诸帅决于灭贼之功也。非高宗之志变，秦桧之奸售，宋其兴矣。

【注释】

①张用：相州（今河南安阳）人，宋高宗建炎三年（1129）至四年（1130），张用与王善等人在淮宁府、确山、汉阳军至江西一带叛乱，张俊、杜充、岳飞等人率兵讨伐。岳飞与张用同为相州人，于是致信招抚，张用得信投降。黄佐：湖南人，参加钟相、杨么起义，为杨么主要将领之一，后向岳飞投降，忠心为岳飞效力。

②刘忠：高宗建炎三年至绍兴三年（1333）间在蕲州起兵，时称"淮贼"，曾占领舒州，又占据岳州平江县白面山。绍兴二年（1332），韩世忠在岳州长乐渡大破刘忠，刘忠投奔刘豫，后为部下王林所杀。

③撠（jǐ）：击，刺。

④大憝（duì）：首恶之人。

【译文】

绍兴年间的各位大帅使用降服的盗匪时却废黜了他们的首领,张用、曹成、黄佐等人仅能得到活命,范汝为、杨么就全部被斩首,李成、刘忠宁等人,就让他们到北方投降刘豫,而不加收编录用。这就使盗匪的根本被拔掉而枝叶自然就委靡了,污垢已被洗涤而颜色就变新了。人都成了我的人,使用也只听我的指挥,形成了手臂指挥手指的形势,用来搏斗就有多余的力量了。宋王朝能抚有江、淮地区,让数代人安定,原因就在于此。把各地的盗匪都扫荡一光,就使民力充裕了;用来作战能频频取胜,士气就高涨起来了;首恶被诛杀,想要叛逆的人就受到了警示;降服的部队人多,分到各处对应敌寇就周全了;对他们能进行专一的控制,进军或是撤退就能决定了。所以能够击走刘豫,挫败兀术,而在淮、汴地区取得胜利。这种局势延续到后来,完颜亮也不能乘船渡过长江而得逞,都取决于绍兴年间各位大帅击灭各处盗匪的功劳。如果不是高宗的志向变了,让秦桧的奸邪得逞,宋王朝也将会重新兴起了。

八

上有不能言之隐,下有不能变之习,贤者且奉之以为道之纲,奸人遂乘之以售其忮害之术。迨乎害之已著,且莫知弊之所自,而但曰:"知人其难!"故贤为奸惑,而庸主具臣勿论也,夫岂然哉?

【译文】

在上的人有不能言说的隐秘,在下的人有不能改变的习惯,贤者还要把这奉为大道的纲要,奸人于是利用这种情况来兜售他制造祸害的手段。等到祸害已经很明显了，还不知道弊病从哪里产生出来的，而且只会说："知人是多么困难！"所以贤人被奸人迷惑，而昏庸的君主和占着官位无所作为的人就更不用说了，难道真是这样吗？

　　尝读胡氏《春秋传》而有憾焉。是书也，著攘夷尊周之大义，入告高宗，出传天下，以正人心而雪靖康之耻，起建炎之衰，诚当时之龟鉴矣。顾抑思之，夷不攘，则王不可得而尊。王之尊，非唯诺趋伏之能尊；夷之攘，非一身两臂之可攘。师之武，臣之力，上所知，上所任者也。而胡氏之说经也，于公子翚之伐郑①，公子庆父之伐于余邱②，两发"兵权不可假人"之说。不幸而翚与庆父终于弑逆，其说伸焉。而考古验今，人君驭将之道，夫岂然哉？前之胤侯之于夏③，方叔、召虎、南仲之于周④；后之周亚夫、赵充国之于汉⑤，郭子仪、李光弼之于唐；抑岂履霜弗戒⑥，而必于"今将"也乎⑦？"天下有道，征伐自天子出。"自出者，命自上行之谓也。故《易》曰："在师中，王三锡命⑧。"锡命者王，在师中者"长子"。在其中，任其事，而以疑忌置之三军之外，恩不浃，威不伸，乍然使之，俄然夺之，为"弟子"而已。弟子者，卑而无权之谓也。将而无权，舆尸之凶，未有免焉者也。唯胡氏之言如此，故与秦桧贤奸迥异，而以志合相奖。非知人之明不至也，其所执以为道者非也。

【注释】

　　①公子翚(huī)：姬姓，又称羽父，春秋时期鲁国贵族。鲁隐公四年（前719），宋国、陈国、蔡国、卫国邀请鲁国伐郑国，鲁隐公不同

意,羽父一再请求,鲁国终于出兵,打败郑国。鲁隐公十年(前713),公子翚联合齐国、郑国攻伐宋国,鲁隐公十一年(前712),公子翚劝鲁隐公杀死他的弟弟公子允,鲁隐公不同意。公子翚就联合公子允杀害鲁隐公,立公子允为国君,即鲁桓公。伐郑:即与宋陈等国攻打郑国。

②公子庆父(? —前660):即共仲、仲庆父,姬姓,谥为"共",鲁庄公的长弟,三桓之一孟孙氏的始祖,又称孟氏。前662年,叔牙想拥立庆父为君,被弟弟季友毒死。鲁庄公死后,公子班继位为鲁君子般,庆父私通鲁庄公的夫人哀姜,杀死鲁君子般,赶走弟弟季友,立哀姜的妹妹与鲁庄公所生的儿子公子启方继位,即鲁闵公。前660年,庆父与哀姜谋杀闵公,想自立为君。鲁人要杀庆父,庆父逃到莒国,哀姜逃到邾国。季友回国,立公子申为鲁僖公。季友让莒国送回庆父,庆父求公子鱼说情,季友不答应,庆父于是自缢而死。后人把制造内乱的人比为"庆父",史称"庆父不死,鲁难未已"。事见《左传》和《史记·鲁世家》。伐于余邱:事在鲁庄公二年。于余邱:《公羊传》和《穀梁传》都以为是邾国的一个邑,《左传》没有记载此事,杜预注《春秋左传》以为是鲁国附近的小国,具体地点不详。胡安国《春秋传》说:于余邱是邾国之邑,按照《春秋》笔法,攻打一个国家才称为"伐",于余邱是一个邑,不应该用"伐"字而用了"伐"字,这是为了强调"庆父得兵权"。

③胤侯:夏朝的一个诸侯,担任夏朝天子仲康的大司马,主管军事。当时掌管天地四时的官员羲氏、和氏,嗜酒成性,不履行责任,仲康震怒,令胤侯率兵讨伐。见《尚书·胤征》。

④方叔:周宣王时的大臣。周宣王时,方叔先后奉命征伐东方的淮夷和北方的猃狁,又率军讨伐不听号令的楚国,建有功勋,使周得以中兴。召虎:又称召穆公,姬姓,名虎。周厉王暴虐,国人围

攻王宫,召虎把太子靖藏匿在家,以自己的儿子替太子靖死。厉
王死后,召虎拥立太子靖继位,即周宣王。周宣王时,淮夷不服,
宣王命召虎平定淮夷。事见《史记·周本纪》。南仲:周文王时,
开拓西方疆域的名将。周文王东进灭商之前,对西方的昆夷、鬼
方、猃狁进行征讨,使之服从于周。当时西方最强的是猃狁(又称
猃狁,秦汉时称匈奴),活动于汧、陇之间(今陕西千阳、陇县)。
文王命南仲征伐猃狁,南仲受命稳扎稳打,步步进逼,等到猃狁懈
怠,发动突袭,猃狁大败。

⑤周亚夫(前199—前143):沛县(今江苏沛县)人。周勃的次子,因
周勃长子周胜之犯罪,文帝让周亚夫继承周勃的绛侯爵位。汉
文帝六年(前158),以河内郡守,率军驻细柳,治军有方,深受文
帝赞赏,负责京城治安。景帝三年(前154),吴楚等七国叛乱。
周亚夫代行太尉之职,三个月平定叛乱,升为太尉。五年后又升
任丞相。后与景帝在处理匈奴的问题上意见不合,被免相。因
其子犯罪,受到牵连,被捕入狱,绝食而死。传见《史记·绛侯周
勃世家》、《汉书·周勃传附周亚夫传》。

⑥履霜:《周易》坤卦初六爻辞:"履霜坚冰至。"后以"履霜坚冰"比
喻事态逐渐发展,将有严重后果。

⑦今将:按胡安国的说法,鲁国君主对公子翚和庆父都是长期让他
们掌握兵权,因此他们能够按照自己的意志指挥军队,而国君无
法控制军队。所以胡氏认为国君不能让一个人长期为将而掌握
兵权,只应临时任命将帅,让他们带兵作战,这就称为"今将"。
王夫之根据胤侯在周朝、周亚夫等在汉朝、郭子仪等在唐朝的情
况,知他们都不是临时被任命的,而是让他们长期执掌兵权,这
样才能使他们更好地指挥军队来为朝廷作战取胜。

⑧在师中,王三锡命:这是《周易》师卦九二爻的爻辞:"在师中,吉,
无咎,王三锡命。"三锡命,指周代帝王任用官吏时下达三道命

令：一命授职，再命授服，三命授位。引申指得到天子的重用。

【译文】

我曾阅读胡安国的《春秋传》而对书中所论抱有遗憾。这部书，主张攘平外夷而尊重周天子的大义，在朝廷内献给了宋高宗，又从朝廷传到天下，用来端正人心而雪靖康之耻，改变高宗建炎年间的衰弱，确实在当时可以奉为龟鉴了。但又思考一下，外夷不平定，那么天子就不能得到尊重。天子的尊严，不只是对他唯唯诺诺趋进跪拜所能尊重的；外夷的攘平，不是一个身体两只臂膀所能攘平的。军队的武勇，臣子的得力，是天子所要知道，天子所要任用的。而胡安国对《春秋》的解说，对于公子翚的攻伐郑国，公子庆父的攻伐余邱，两次提出"兵权不可以借给别人"的说法。公子翚和公子庆父不幸最终干了弑君的事，胡氏的说法就得以成立了。但是考察古往今来，君主驾驭将领的方法，难道是这样的吗？在此之前的胤侯之于夏朝，方叔、召虎、南仲之于周朝；在此之后的周亚夫、赵充国之于汉朝，郭子仪、李光弼之于唐朝；难道这些王朝的帝王也不把古人"履霜坚冰至"的说法引为鉴戒，而必须在有战事时才"于今时任为将"吗？孔子说"天下有道，则礼乐征伐自天子出。"自天子出，是说命令由上面颁布下来。所以《易》里说："在军中，天子对将领要三次颁发命令。"颁发命令的是天子，在军中任将领的是"长子"。在军中，担任将领的事务，而把对于将领的疑忌置之三军之外，恩宠不广，威严就得不到伸展，突然之间任命他，忽然又剥夺他的军权，这只是把他当做"弟子"而已。所谓的弟子，是说地位低卑而没有权力的意思。作为将领而没有兵权，车载尸体的凶险结果，就未有人能避免了。只是胡氏的说法如此，所以与秦桧相比，胡氏为贤而秦桧为奸，这是二人迥异之处，但却在志意上相合而相助。这不是他没有知人之明，而是他所尊奉的道错了。

然此非胡氏专家之说也，宋之君臣上下奉此以为藏身之固也,久矣。石守信、高怀德之解兵也^①,曹翰之不使取幽州也,王德用、狄青之屡蒙按劾也,皆畜菹醢之心^②,而不惜长城之坏。天子含为隐虑,文臣守为朝章,胡氏沿染余风,沁入心肾,得一秦桧而喜其有同情焉。呜呼! 夫岂知疑在岳、韩,而信在滔天之秦桧,其子弟欲为之盖愆,徒触怒以窜死,而终莫能挽哉!

【注释】

①高怀德(926—982):字藏用,真定常山(今河北正定)人。宋太祖的妹夫,娶宋太祖之妹燕国长公主,以拥立赵匡胤称帝有功,任殿前副都点检。后与石守信等人,顺太祖之意,杯酒释兵权。死后追封渤海郡王。传见《宋史·高怀德传》。

②菹醢(zū hǎi):古时一种酷刑,把人杀死后,剁成肉酱。

【译文】

但这不是胡氏一家的说法,宋王朝的君臣上下遵奉这种观点作为牢固守身的办法,已经很久了。石守信、高怀德被解除兵权,不让曹翰率兵夺取幽州,王德用、狄青屡次受到弹劾,都是怀着对将领治罪的心情,而不惜保卫国家的长城受到破坏。天子将这种想法隐藏在心底,文臣遵守这种做法作为朝廷的制度,胡安国沿袭这种余风,其影响深沁到心肾之中,遇到一个秦桧就高兴地认为有人与我是同一种想法了。呜呼! 哪里知道对岳飞、韩世忠怀有猜疑,而对犯了滔天大罪的秦桧却怀着信任,秦桧的子弟想为秦桧掩盖罪行,只是触犯了天子的怒气而被流放至死,最终不能改变对岳飞、韩世忠怀有猜疑防范的想法啊!

桧之自虏归也,自谓有两言可以耸动天下。两言者:"以河北人归女直,河南人归刘豫也"。是其为说,狂骇而必不可行①。匪直资千秋之笑骂,高宗亦怒而榜其罪于朝堂。然而胡氏以管仲、荀彧期之,高宗终委国而听之,虽不知人,宁至于是!夫桧所欲遣归女直、刘豫者,非泛谓沦处江东之士民也。凡扈从南来分节建旟诸大帅,皆夹河南北之部曲,各有其军。而高宗宿卫之旅,不能与较盈虚。高宗惩苗、刘之难,心惴惴焉。桧以为尽遣北归,则枝弱者干自强,而芒刺之忧以释。盖亦与《胡氏春秋》之旨相符。特其奸计未周,发言太骤,故高宗亦为之愕异。而韩、岳之勋名尚浅,高宗亦在疑忌相参之际,故不即以为宜。而胡氏促膝密谈,深相契合者,犹未可即喻之高宗也。

【注释】

①狂骙(sì):指人狂妄。骙,指野兽快跑。

【译文】

秦桧从金人手中逃回,自己说有两个主意可以耸动天下。两个主意是:"把河北人交给女真,河南人交给刘豫。"他的这两个主意,狂妄而必定不能实行。不只是让千秋万代的人因此而笑骂他,高宗也愤怒而把他的罪状公布在朝廷上。然而胡安国用管仲、荀彧来期许秦桧,高宗最终也把国家大权交给秦桧听任他来处理,即使不了解人,何至于到这种地步!那秦桧想送给女真、刘豫的人,不是泛指沦落在江南的士民。凡是跟随高宗南来分别建立了旗号的各位将帅,都带领着河南河北人组成的部下,各自有他们的部队。而高宗的警卫部队,不能和他们比较高低。高宗以苗傅、刘正彦的叛变为教训,心里感到害怕。秦桧以为把河南河北的人全部遣送回北方,就会使枝叶弱的树干自然变强,就能消释对背上芒刺的担忧。这大致也是与《胡氏春秋》的宗旨相符。只是由于他的奸计还不周密,过快说出了自己的看法,所以高宗也为此而感到惊愕诧异。而韩世忠、岳飞的功名还不大，高宗对他们还处于疑忌和信任参半的情况下，所以没有马上采纳秦桧的主张。而胡安国与秦桧促膝密谈，其中深相契合的内容，还不能马上告诉高宗。

已而群盗平矣，诸帅之军益振矣，屡挫女直之功日奏矣。三军之归向已深，万姓之凭依已审，士大夫之歌咏已喧，河北之企望已至，高宗之忌之也始甚。桧抑术愈工，志愈惨，以为驱之北而不可者，无如杀之罢之，权乃尽削而事易成。故和议不成，则岳飞之狱不可起，韩世忠之兵不可夺，刘光世、张俊不戢翼而效媚以自全[1]。高宗之为计也，以解兵权而急于和；而桧之为计也，则以欲坚和议而必解诸将之兵；交相用而曲相成。在廷之臣，且以为子翚、庆父之祸可永杜于百年。呜呼！亦孰知桧之别有肺肠，睥睨宗社，使不死，乌可制哉？

【注释】

①张俊(1086—1154)：字伯英，成纪(在今甘肃天水)人。早年为弓箭手，宋徽宗宣和年间(1119—1125)与西夏作战，后为种师中部下，高宗即位后，为御营司前军统制。平定苗傅、刘正彦之乱，与岳飞、韩世忠合称三大将。后转而主和，授枢密使，又附和秦桧陷害岳飞。传见《宋史·张俊传》。

【译文】

不久各地的盗匪都被平定了，各位大帅的军队也更为强盛了，屡次挫败金兵的战功天天都奏报上来了。三军对大帅们的向往也已加深，万民对他们的依赖也已明白无疑，士大夫对他们的赞颂也已扬溢起来，河北对诸大帅的盼望之意也已传来，高宗对他们的猜忌就开始加重了。

秦桧此时也使自己的权术更为工巧，志向更为惨毒，认为既然不能把河北河南人都驱赶回去，那就不如杀了他们、罢了他们，各位大帅的兵权都全部被剥夺而后他的阴谋才容易成功。所以宋金不谈和议，岳飞的案子就不可能发生，韩世忠的兵权就不能被剥夺，刘光世、张俊就不会收敛而向自己献媚以求自我保全。高宗所设的计划，是解除各位大帅的兵权而急于与金人讲和；而秦桧所设定的计划，则是想让高宗坚定和议的念头而必须解除各位将领的兵权；高宗与秦桧二人是相互借用而想尽办法实现他们各自的目的。在朝廷的大臣，还以为公子翚、公子庆父的灾祸可以在百年之中永远杜绝。呜呼！又谁知秦桧另有一番心肠，他窥伺着宋王朝的国家宗庙，假使他不死掉，怎可制住他呢？

九

　　高宗决策选太祖后立以为嗣①，道之公也，义之正也，保固宗祧之大计也。而其议发于上虞丞娄寅亮②，疏贱小臣，言出而天子之位定，大臣无与者，宋之无人久矣！寅亮之言，定一代之纲常，协千秋之公论，诚伟矣哉！顾其为人，前此无学术之表见，后此无德业之传闻，固非议定于诚，以天下为己任者也。高宗于此，犹在盛年，度以恒情，必逢恶怒。越位危言，曾不忧及罪罟，夫寅亮何以任此而无疑哉？盖高宗之畜此志久矣，其告范宗尹者明矣③。故溢传于外，寅亮与闻而深信之，以为先发夫人之所未发者，功可必，名可成，有荣而无辱也。是谋也，宗尹闻之，中外传之，寅亮处下位而深知之。在位大臣充耳结舌，曾无有能赞一言者，故曰宋无人也。

【注释】

①太祖后：太祖的后裔，指宋孝宗赵昚(shèn，1127—1194)，名伯琮，后改名瑗，赐名玮，他是宋太祖的七世孙。宋高宗只有一个儿子元懿太子，夭折后没有嗣子，最后选定孝宗继位，为南宋第二位皇帝，1162年至1189年在位。

②上虞：今浙江上虞。秦始皇时初置上虞县，属会稽郡，后屡有变迁，1992年，上虞县改为市。娄寅亮：生卒年不详，字陟明，永嘉(今浙江永嘉)人。高宗时上疏建议选太祖、太宗的后裔，视秩亲王，使牧九州。后擢监察御史，为秦桧迫害，罢职后废除名籍。传见《宋史·娄寅亮传》。

③范宗尹(1100—1136)：字觉民，襄阳邓城(今属湖北襄阳)人。高宗时任参知政事、同中书门下平章事兼御营使。后被秦桧排挤落职。传见《宋史·范宗尹传》。

【译文】

　　高宗决策选取宋太祖的后裔立为继承人，合乎公道，符合正义，这是保住巩固宗庙社稷的重大计划。但这个议论却由上虞丞娄寅亮提出，一个疏远低贱的小臣，一提出这个主张就确定了天子的皇位，大臣却没人参与这件事，可知宋王朝没有人材已经很久了！娄寅亮的建议，确定了一代的纲常，合乎千秋的公论，确实是伟大的！考虑到他的为人，在此之前没有表现出他的学术，在此之后也没有留传下什么德业，可知他本来就不是出于忠诚而提出这个建议，不是以天下为己任的人。高宗在这时，犹是盛年，用常情来衡量，谁提这件事一定会让高宗大怒。娄寅亮越级提出直言，不曾担忧会被治罪，娄寅亮靠什么来做此事而没有疑虑呢？这是因为高宗心里怀有这个想法已经很久了，他对范宗尹说的话已经非常明白了。所以流传到宫外，娄寅亮听说后就深信不疑，认为自己可以讲出别人尚未说出的话，功就一定可成，名也可立，是有荣而没有辱的。高宗的这个想法，范宗尹也听到了，朝廷内外都在流传,娄寅亮处于低级的官位而深加了解。在位的大臣却充耳不闻、结舌不语,不曾有人对此事提出一句话,所以说宋王朝早已没有人材了。

夫宗尹诚不足道矣。张德远新平内难①,任授分陕,赵惟重系属本支②,尊参坐论;君有志而不能知,君有美而不能成,君有宗社生民之令图而不能决。所谓"焉用彼相"者,责奚辞哉?故高宗之任二相也不专,谋和与战也不定,以其无忧国之忧也。乃使自虏来归之秦桧,一旦躐级其上,而执诛赏之大权,诚有以致之者,而不足深怪也。

【注释】

①张德远:即张浚,字德远。

②赵惟重:事迹不详。

【译文】

范宗尹实在是不足道的。张浚在平定内难之后,授命分任川陕事务,赵惟重属于皇家宗族的本支,地位尊贵而参与坐论国家大事;君主有志向而不能了解,君主有美意而不能完成,君主有关于宗庙社稷生民的美好计划而不能决定。所谓"哪里要用他这个宰相",他怎能辞掉责任呢? 所以高宗任命的两个宰相都不专一,谋和还是谋战又不确定,这是因为他没有忧国的热忱。却使从金人那里逃回来的秦桧,一旦越级而登上相位,就执掌了诛赏的大权,实在是有导致这一局面的原因,就不足深怪了。

治末者先自本,治外者先自内。匡君之失者,必奖其善。欲行其志者,必有以大服君民上下之心。当其时,雪二帝之耻,复祖宗之地,正夷夏之防,诚切图矣,而抑犹其末也。阐太祖之幽，盖太宗之愆①，立义自己，以感天人之丕应，付畀得人，以垂统绪于灵长者，本也。故张子房当草昧之初，而亟垂家法；李长源当扰乱之世，而决定嫌疑。然后天子知有忧国如家之忠爱，而在旁之浸润不入；宵人知我有赞定大策之元功，而瓯臾之流丸自止②。自宫中以迄四海，咸知国家之祚胤方新。而谋自我成，道惟君建，则倾心壹志以待我之敷施。身居百僚之长，日与密勿之谋，曾此弗图，而借手望轻志末之小臣，进而与天子商天位之简畀③，是犹足推诚委国、争存亡胜败于强敌者乎？

【注释】

①太宗之愆：指宋太宗在宋太祖之后继位，本来应该按照杜太后的安排，再把帝位传给太祖的儿子，但太宗把太祖的儿子逼死，最终把帝位传给了自己的儿子，后人认为这是太宗的过失。到高宗时又选了太祖的七世孙赵昚传承帝位，所以说是阐太祖之幽，后人认为这又恢复了太祖的帝位世系。

②瓯臾：瓯与臾，比喻地面洼陷不平之处。流丸：滚动的丸。《荀子·大略》："语曰：流丸止于瓯臾，流言止于知者。"

③简畀：谓经过选择而付与。

【译文】

治理末节的人要先从根本上着手，治理外部的人要先从内部着手。匡正君主的过失，必须扶助君主的善。想实行自己志向的人，必须要让君民上下对自己大为信服。在当时，要雪徽钦二帝被俘的耻辱，恢复祖宗的领土，纠正夷人与华夏的界线，确实是急切要谋求的事，但这还是事情的末节。而阐扬太祖的神灵，掩盖太宗的过失，由自己来树立道义，以感应天人之际的相应，选择正确的人选继承帝位，把宋王朝的统系传给太祖的后人，这才是事情的根本。所以张良在汉朝创立之初，就赶紧把传位的家法确定下来；李泌在动乱的世代，就要为唐王朝如何选取帝位继承人排除嫌疑。然后天子才知道要有忧国如家的忠爱，而天子身旁的小人的奸谋就不会得逞；小人知道这样的大臣有协助确定帝位继承人的首功，那些居心叵测的流言就会自动停止。这样的话，从宫中直到整个天下，都会知道国家的命脉正处于一个新的阶段。而这样的谋划是由这个大臣来完成的，大道则只由君主来建立，君主就会全力专心致志地等待由这个大臣来采取各种治理国家的措施。身居百官的最高地位，天天与天子密商国家大事，却不与天子对这些事进行商议，却借手那种人望轻浅而志向低下的小臣，进而与天子商议帝位继承人的选择与付与，这还足以推诚心委托国事、与强敌争存亡胜败吗？

张德远之不及此，犹有说也。皇子旉之速毙①，有物议焉，不敢称立嗣于高宗之前，有所避也。赵惟重何为者，而亦懵然弗问耶？高宗之世，将不乏人，而相为虚设久矣。其贤者，皆矜气近名，一往而无渊停岳立之弘猷者也。高宗几信几疑，而不见其可恃。故汪、黄、秦、汤术虽陋②，志虽邪，而犹倾心吐意，以违众直行，敢于自任，无迟回濡待之情。是以去此取彼，而从之若崩。藉令得韩、范以为肺腑之臣，则引社稷之存亡于一身，生死以之，而密谋皆夙，夫岂奸回之能遽夺哉？济济盈廷，而不能为寅亮之言，其为上所轻而斥之窜之，不伸其志，非其自处者之自致乎？

【注释】

①皇子旉(1127—1130)：即高宗的儿子赵旉，高宗只有这一个儿子，建炎三年(1129)，金兵南下，高宗逃到杭州时，苗傅、刘正彦

发动叛乱，逼迫高宗退位，让赵旉即位，不久宰相张浚等人杀死刘正彦等人，赵旉退位。此后，赵旉从扬州回临安，途中生病，受惊后去世。

②汪、黄、秦、汤：即汪伯彦、黄潜善、秦桧、汤思退，这四人先后在高宗时期任宰相。

【译文】

张浚没有考虑这些事情，还有原因可说。皇子赵旉很快就死了，这就引起了人们的议论，不敢在高宗面前提出立太子的事，这是有所回避的。赵惟重又为什么，竟然也昏昏然不过问这件事？高宗时期，将领并不缺人，而宰相就长期是虚设的了。其中的贤者，都只看重名气，全都不是深沉宁静特立卓立能定大谋的人。高宗对他们或信或疑，但看不出他们是可以依靠的。所以汪伯彦、黄潜善、秦桧、汤思退的权术虽然浅陋，志向虽然奸邪，但还能对高宗倾心表达自己的心意，违背众人的意志而直接按自己的想法办事，敢于自我承担，没有犹豫停留等待的心情。所以舍弃这些人而用那些看重名声的人，高宗听从他们就会使形势崩坏。假使高宗能得到韩琦、范仲淹这样的人作为肺腑大臣，他们就会把社稷的存亡放在自己身上，把自己的生死全部交给国家，而对重大事情的密谋也早就确定下来，哪里能让奸邪之人仓促间加以改变呢？满朝廷的众多士大夫，而不能像娄寅亮那样提出确立太子的建议，他们受到天子的轻视而被斥责流放，不能伸展自己的志向，不是他们自己这样处事而咎由自取吗？

十

自宋以来，州县之庭立《戒石铭》①，蜀孟昶之词也。黄庭坚书之②，高宗命刻石焉。读者金曰："励有司之廉隅，恤生民之疾苦，仁者之言也。"呜呼！儒术不明，申、韩杂进，夷人道之大经，蔑君子之风操，导臣民以丧其忠厚和平之性，使怀利以相接而交怨一方者，皆此言也。孟昶僭伪亡国之主，无择而言之，可矣。君天下者，人心风化之宗也，而可揭此以正告天下乎？

【注释】

①《戒石铭》：五代蜀主孟昶有一篇《令箴》，原文二十四句，宋太宗摘取其中"尔俸尔禄，民膏民脂，下民易虐，上天难欺"四句，颁于各州县，敕令刻石立于衙署大堂前。州主县令坐堂理事，即可见此十六字，以警戒其秉公办事，从政为民，称《御制戒石铭》。宋哲宗曾书《戒石铭》赐各郡县。南宋高宗绍兴二年(1132)，黄庭坚也曾书写《戒石铭》，颁于各郡县。

②黄庭坚(1045—1105)：字鲁直，自号山谷道人、涪翁，又称豫章黄先生，洪州分宁(今江西修水)人。英宗治平四年(1067)进士，历任叶县尉、国子监教授、校书郎、著作佐郎、秘书丞、起居舍人等。绍圣初年，新党以其修史多诬，贬涪州别驾，安置黔州。徽宗初年，羁管宜州。传见《宋史·黄庭坚传》。

【译文】

自从宋王朝建立以来，在州县的衙门庭院里就立有一块刻着官戒铭文的石碑，碑上的铭文是后蜀孟昶撰写的官戒。后来又由宋朝的黄庭坚书写出来，宋高宗时又下令把官戒刻成石碑。读到这条记载的人都说："激励官员们遵守清廉，体恤民众的疾苦，真是仁者之言。"呜呼！儒家学术得不到阐明，申不害、韩非的学说混杂着得到进用，毁灭了人道的根本原则，破坏了君子的风度操守，引导臣民丧失了他们的忠厚和平的本性，让他们怀着求利的心相互来往而在一个地方交互怨恨，都是因为这种官戒之言。孟昶是僭越伪国的亡国君主，他没有别的选择而对官员提出这样的戒语，那是可以的。作为天下的君主，是人心教化的宗主，还能提出这样的戒语来正告天下吗？

　　夫谓吏之虐取于民者，皆其膏脂，谓夫因公而科敛者也，峻罚其锾金者也①，纳贿而鬻狱者也，市贾而无值者也。若夫俸禄之颁，惟王所诏，吏不自取也。先王所制，例非特创也。小人耕而以其有余养君子，君子治而受其食以勤民事。取之有经，班之有等，民不怨于输将，上不勤于督责。天尊地卑，而其义定；典叙礼秩，而其分明。若曰是民之膏脂也，则天子受万方之贡赋，愈不忍言矣。率此言也，必天下之无吏而后可也；抑将必天下之无君，而后无不可矣。是之谓夷人道之大经也。

【注释】

　　①锾（huán）金：锾本是古代的重量单位，后以锾金代指罚金。

【译文】

　　所说官吏残虐地从民众手里榨取的东西都是民脂民膏，所说官吏利用公家的名义而对民众进行搜刮，他们的方法就是对民众罚以很重的罚金，接受贿赂又借着审理案件而收取金钱，还让百姓购买没有价值的东西。至于官吏俸禄的颁发，只是听从天子的诏命，官吏不会自己伸手来要。先王定的制度，照例都不是为某些人特地设立的。百姓耕种而用他们多余的粮食养活君子，君子治理国家而享受百姓的粮食来为百姓的事辛勤工作。取得俸禄是有一定原则的，颁发给他们也是有一定等级的，百姓不怨恨向国家输送粮食，在上的人也不过多地督责百姓交纳赋税。天处于尊位，地处于低位，而天地的道义就确定了；典礼制度确定了秩序和等级，而各自的本分就明确了。如果说这是民脂民膏，那么天子享受天下百姓献的赋税，就更不忍心说出了。若要遵守这种官戒,那就必须是天下没有官吏而后才是可行的;或是将要使天下必须没有君主,而后才是无不可行的。这就叫做毁灭人道的根本原则。

君子之道,以无伤于物者自旌其志,苟非人所乐与者,一介不取,弗待于人之靳之也。如其所受之禄,斥言之曰此民之膏脂矣,恶有君子而食人之膏脂者乎?上既酬而升之,揖而进之,寄之以民社,而谓之曰:"吾取民之膏脂以奉汝。"辱人贱行,至于此极,欲望其戒饬自矜,以全素履,其将能乎?是以谓毁君子之风操也。

【译文】
　　君子之道,以不伤害万物作为他的志向而由自己宣示出来,如果不是人们所乐于赞同的,就连最小的一点儿都不取,不等人们舍不得拿出来。如果是他所应得到的俸禄,却斥责说这是民脂民膏,那么哪里会有君子还榨取人们的膏脂呢?君主既然酬报他而把他提升到官位上,向他行礼并进用他,把民众及国家的事情交给他,而且对他说:"我拿民脂民膏给你用。"这就是羞辱人并把他的行为看得低贱,到了这种极端的程度,那么还想让他自己戒惧修饰而自我矜持,以保全他平素的节操,他还能做到吗?所以说这是破坏君子的风度节操。

易动而难静者,民之气也。得利为恩,失利则怨者,民之情也。故先王惧其怀私挟怨之习不可涤除,而政之所扬抑,言之所劝戒,务有以养之,而使泳游于雍和敬逊之休风,以复其忠顺之天彝。故合之于饮燕,观之于乡射,逸之于大蜡①,劳之于工作,叙之以礼,裁之以义,远之于利,禁之于争,俾怨讟不生,而民志允定。今乃揭而示之曰:"凡吏之受禄于国者,皆尔小民之膏脂也。"于是乍得其欢心,而疾视其长上。其情一启,其气一奔,则将视父母之食于其子者,亦其子之膏脂;趋利弃义,互相怨怒,而人道夷于禽兽矣。先王以君子长者之道期天下,而人犹自弃,则克己自责,以动之于不言之化。今置其土木、狗马、声色、宴游之糜民财者,曾不自省;而以升斗之颁指为朘削②,倡其民以嚣陵诟谇之口实③,使贼其天良,是之谓导臣民以丧其忠厚和平之性也。

【注释】

①大蜡(zhà):古代年终合祭农田诸神,祈求来年不降灾害,这是天子所要进行的一种祭祀。

②朘(juān)削:剥削,搜刮。

③嚣陵:喧嚷争吵。诟谇(suì):辱骂,责骂。

【译文】

容易躁动而难以安静的,是民的心气。以得到好处为恩,失去了好处则怨恨,这是民众的普遍心情。所以先王怕他们怀私心挟怨恨的习气不能涤除,就在政治上有所抑扬,在言语上有所劝诫,务求有方法来培养他们,而让他们沐浴在雍和敬逊的美好风气中,以恢复他们忠顺的天性。所以用饮烝的礼仪来聚合他们,用乡射的礼仪来观察他们,让他们在大蜡礼仪中放松,在工作中辛劳,用礼制分出秩序,用道义加以裁定,让他们远离物利,禁止争夺,使他们不产生怨恨,而民众的心志就能安定了。如今却要写出来向他们告示说:"凡是官吏所享受的俸禄,都是你们小民的民脂民膏。"于是就暂时讨得到了民众的欢心,而仇视他们的官长。这种心情一旦开启,这种心气一旦奔腾,就将把父母享受子女的食物,也看做是子女的脂膏;就使民众奔向物利而抛弃道义,互相怨恨,而人道就被禽兽破坏了。先王用君子长者之道期望于天下,而人们还会自我抛弃,于是先王就克制自己、自我责求,用不言之教来感化天下之人。如今设置了土木建设、狗马玩好、声色享乐、宴享游乐这些事来耗费民众的财物,对此不曾自我反省;却说对官吏所颁发的几升几斗的粮食是盘剥民脂民膏,引导民众以此为理由来喧嚷、争吵、辱骂,使他们伤害了天生的善良本性,这就叫做引导臣民丧失了他们忠厚和平的天性。

迪君子以仁民者,教之有术也;进贤士以绥民者,选之有方也;饰吏治以勿虐民者,驭之有法也。仁不能教,义不能择,法不能整,乃假祸福以恐喝之曰:"上天难欺。"无可如何,而恃鬼神之幽鉴。惟孟泉以不道之身,御交乱之众,故不得已而姑为诅咒,为人君者而焉事此乎?

【译文】

启迪君子要仁爱民众,教育官吏是有方法的;进用贤士来安定民众,选择贤士也是有方法的;整顿吏治不让他们虐民,驾驭他们是有方法的。不能教他们学会仁,不能让他们选择义,有制度不能整顿,却利用祸福来威吓他们说:"上天难欺。"没有办法,就依靠鬼神在冥冥中的鉴照。只有孟泉因以自身无道,来统治交相混乱的民众,所以不得已而姑且进行诅咒,当人君的人怎能做这种事呢?

王者之道,无不敬而已。敬天,而念天之所鉴者,惟予一人而已,非群工庶尹之得分其责也。敬民,而念民有秉彝之性,不以怀利事其长上,务奖之以坦然于好义也。敬臣,而念吾之率民以养贤者,礼必其至,物必其备,辞必其顺,而与共尽天职勤民事也。天子敬臣民,臣民相胥以敬天子,而吏敬其民以不侮,民敬其吏以不嚣。无不敬者无不和,则虽有墨吏,犹耻讥非;虽有顽民,犹安井牧①。畏清议也,甚于鬼神;贱货财也,甚于鞭挞。以宽大之心,出忠厚之语,平万族之情,定上下之纪,夫岂下急刻峭之夫所得与也? 君子出其言不善而千里违之,诅怨之言,何为在父母斯民者之庭哉?

【注释】

①井牧:本来指按照土质划分田地,有的作为井田进行耕作,有的作为牧地进行畜牧,二牧相当于一井,以便朝廷向民众授田和收取贡赋。这里指朝廷对民众授田和收赋税。

【译文】

王者之道,只是没有不敬而已。敬天,就要想着上天所鉴照的只有我一个人而已,不是众大臣官员们能分担其责任的。敬民,就要想着民有秉持常道的本性,不以怀着私利之心来奉事官长,务求鼓励他们以坦然的心胸喜好道义。敬臣,就要想着我率领民众来养育贤者,礼节必须达到极致,物品必须达到完备,言辞必须敬顺,并且与他们一起尽到天职而为民众之事辛勤工作。天子敬重臣民,臣民全都来敬重天子,而官吏敬重他所管的民众而不侮辱民众,民众敬重他们的官吏而不喧嚣作乱。相互无不敬重就会无不和谐,那么即使会有贪官,还会以被别人批评非议为耻辱;即使有顽劣之民,还会安心从事农耕放牧和交纳赋税。畏惧清正舆论的评议,认为比鬼神还可怕;看轻财货,认为比受到鞭挞还严重。用宽大的心怀,说出忠厚的话语,让万族的心情都很平静,确定上下的秩序纲纪,哪里是严酷峻急的人所能参与做到的? 君子说出的话如果不善,就会使方圆千里的人们都违背你,那种诅咒怨恨的话,为什么会出现在作为民众百姓父母官的衙门里呢?

十一

尽南宋之力，充岳侯之志，益之以韩、刘锜、二吴①，可以复汴京、收陕右乎？曰，可也。由是而渡河以进，得则复石晋所割之地，驱女直于塞外；不得，亦据三关②，东有沧、瀛③，西有太原，仍北宋之故宇乎？曰，不能也。凡得失之数，度之于彼，必察其情；度之于此，必审其势；非但其力之强弱也。情有所必争，力虽弱，未可夺也，强者勿论已；势有所不便，力虽强，未可恃也，弱者勿论已。

【注释】

①二吴：指吴玠与吴璘兄弟，是南宋镇守川陕地区的军事将领。

②三关：瓦桥关，在今河北雄县，唐末在此设关防契丹。在瓦桥关东北又设益津关、淤口关，合称三关。淤口关在今河北霸县东，益津关在今霸县。五代周显德六年（959），周世宗夺取瀛洲、莫州后，以此三关与契丹分界。

③沧：沧州，今河北沧州市，位于河北省东部，东临渤海。瀛，瀛洲，今河北河间市，北魏时开始在此设瀛洲，后曾称河间郡、瀛洲。

【译文】

使用南宋全部的力量，满足岳飞的愿望，再加上韩世忠、刘锜、吴玠吴璘兄弟，可以收复汴京、收复陕右吗？回答说，真可以。由此而渡过黄河进军，取胜就收复石晋割让给契丹的土地，把女真驱赶到塞外；不能取胜，也可占据三关，东有沧州、瀛洲，西有太原，恢复北宋原有的领土吗？回答说：不能。凡是得失的限度，要估计对方的情况，必须了解他们的想法；估计己方的情况，必须考虑整个形势；又不只是比较力量的强弱。对方心里想着有些地方必须争夺，对方的力量虽然弱，己方也不能夺到手,对方的力量强大时就更不用说了;形势上有所不便,自己的力量即使强大,也不能仗恃,力量弱小时就更不用说了。

　　以河南、陕右言之:女直之初起也,积怨于契丹而求泄,既胜以还,亦思夺其所有之燕、云而止。及得燕而俯视河朔,得云而下窥汾、晋,皆伸臂而可收也,遂有吞并关南之志。乃起海上,卷朔漠,南掩燕南,直数千里,斗绝而难于遥制,故乘虚袭取三河、两镇①,而所欲已厌矣。汴、雒、关、陕②,宋不能守,势可坐拥神皋③,而去之若惊,不欲自有,以授之叛臣,则中原之土非其必争之地,明矣。朱仙一败,卷甲思奔,非但其力之不足也,情不属也。而宋自收群盗以后,诸帅愤盈,东西夹进,东清淮、泗④,略梁、宋⑤,有席卷之机;西扼秦、凤⑥,指长安,有建瓴之势;岳侯从中而锐进,交相辅而不虑其孤,走兀术,收京阙,画河以守新复之疆,沛然无不足者,故可必也。

【注释】

①三河、两镇:当作"两河、三镇"。宋称河北、河东地区为两河,即今河北、山西地区。据《宋史·李纲传》,在河北置招抚司,河东置经制司,不忍弃两河于敌国。三镇,本指唐代在河北地区所设的三个重要藩镇:平卢、魏博、成德三镇,后泛指河北地区具有重要意义的军事要点。

②汴、雒、关、陕:指汴京、洛阳、关中、陕西,即今河南中部到陕西一带。

③神皋:指京城地区。南宋时京城偏安于东南,最后以临安(今浙江杭州)为都。

④淮、泗:淮河、泗水流域,在今河南东部、安徽、江苏北部至山东南部一带,为南宋防守北方强敌的东部。

⑤梁、宋:梁指战国时的魏国,曾以大梁(今河南开封)。宋指周代的诸侯国,在今河南商丘一带。梁、宋泛指河南西部地区。

⑥秦:秦州,在今甘肃天水。凤:凤州,在今陕西凤县。北宋时,秦凤合为秦凤路,南宋绍兴十四年(1144),凤州隶属利州西路,后又隶属兴元府。

【译文】

以河南、陕右而言:女真初起的时候,与契丹有长久积压的仇怨而想发泄,战胜契丹之后返回,还想夺取契丹所占有的燕、云才停止。等到夺取了燕北而俯视着河北时,得到了云州而向南窥视着汾州、晋州的时候,以为都是伸出手臂就能拿到手中的,于是就有了吞并关南地区的想法。于是就从海上起兵,席卷北方沙漠,向南攻击燕南地区,直下数千里,孤军深入而难于遥控,所以乘虚袭击攻占了两河、三镇,而他们的欲望也已满足了。汴京、洛阳、关中、陕西地区,宋朝不能守住,在形势上又可以夺得宋王朝的京城地区,但女真离去时却像受到了惊吓,不想由自己来占领,就把这一地区交给宋朝投降的叛臣,这样一来,中原地区就不是他们的必争之地了,这是很明白的。朱仙镇一战失败之后,女真卷起甲兵想逃回去,不只是他们的力量不够了,他们的愿望也不在此了。而宋王朝自从收服各地的盗匪之后,各位大帅气愤满胸,东西夹击进军,在东方肃清了淮河、泗水一带,又攻下汴梁及以东地区,就会有席卷取胜的机会;在西方扼守住秦州、凤州,攻势指向长安,有高屋建瓴的气势;岳飞从中路锐利进军,各方交互协助而不担心自己孤军深入,逐走兀术,收服京城,以黄河为界来守卫新近收复的领土,力量充沛而没有不足,所以说可以肯定能收复汴京和陕右地区。

以河北、燕南言之:女直自败盟而后,力未能得,而胁割于宋①，以其为燕之外护也，以其为刍粮金帛之所取给也，以其士马之可抚有而弥强也。郭药师一启戎心，而女直垂涎以歆其利，久矣为必争之地矣。军虽屡折，而宿将未凋，余威尚振。使宋渡河而北，则悉率海上之枭，决死以相枝拒，河阻其归，敌摧其进，求军之不覆没者，十不得一也。宋之诸将，位相亚，权相埒，力相等，功亦相次。岳侯以少年崛起而不任为元戎者，以张俊之故为主将，从中而沮之也。韩、刘、二吴，抑岂折节而安受其指麾？则雁行以进，麋骇而奔，功不任受，咎亦无归。故五国合从之师衅于函关②，山东讨卓之兵阻于兖、豫，九节度北伐之军溃于河南，其不如刘裕孤军直进，擒姚泓、俘慕容超者，合离定于内，而成败券于外，未有爽焉者也。乃欲合我不戢，撄彼必争，当百战之骄虏，扼其吭而勿忧其反噬乎？若此，则虽高宗无疑畏之私，秦桧无腹心之蠹，张俊、刘光世无从旁之挠，且将忧为吴明彻淮北之续，退且河南之不保；而遥指黄龙③，期饮策勋之爵，亦徒有此言，而必不能几幸者也。

【注释】

① 胁割于宋："宋"原作"众"，岳麓书社整理本的校记认为应当据嘉怡钞本改为"宋"，本次注译据此校改译。

② 函关：指函谷关。战国时秦在今河南灵宝境内设关，因路在谷中，深险如函，故名。西汉元鼎三年（前114），移至今河南新安县境内，离原来的旧关有三百里远。

③ 黄龙：黄龙府，在今吉林农安县，是辽、金两代的军事重镇和政治中心，借指辽、金的老巢。

【译文】

以河北、燕南的情况来说：女真自从撕毁盟约之后，他们的力量不能得到河北、燕南地区，而向宋王朝威胁要求割让这一地区，作为他们在燕地的外围保护带，作为他们粮草金钱布帛的供给地，还可以在这一地区获得士兵马匹而使自己更强。郭药师一旦开启了敌人的野心，女真就对这一地区垂涎而心中慕求其利，这一地区成为必争之地已经很久了。宋军虽然屡次受挫，但老将还没有凋败，余威尚可振起。假使宋王朝渡过黄河向北进军，女真就会调动海上的全部枭兵，决死来与宋军抗拒，黄河阻断了宋军的归路，敌人又挫败宋军前进的锋芒，要想宋军不覆没，就没有十分之一的可能。宋王朝的诸位将领，地位相仿，权力相当，力量相等，功劳也相差不多。岳飞年轻而崛起，但没有担任统军的主帅，是因为张浚原来就是他的主将，从中沮止了岳飞的提升。韩世忠、刘锜、吴玠、吴璘兄弟，难道还要折节而安心接受张浚的指挥吗？因此如果进军就会是如大雁飞行一样的阵势，一旦受惊也会像麋鹿一样逃奔，有功也不能接受，有过也无所归咎。所以从前五国合纵的部队在函谷关挑衅，山东讨伐董卓的部队在兖州、豫州受阻，九个节度使进行北伐的部队在河南崩溃，这样的进军就不如刘裕率领一支部队孤军直进，擒捉姚泓、俘虏慕容超，其原因就在于自己的内部能决定是分还是合，而让成败取决于对外的作战，这就不会有差失了。宋朝却想聚合不能约束的各支部队，挑战敌人必争之地，与经过了百战的骄狂敌军对阵，扼住对方的喉咙而不担心他们会反咬一口吗？像这样的情况，虽然高宗没有对将领们猜疑畏惧的私心，秦桧没有在朝廷内的破坏，张俊、刘光世没有从一旁的阻挠，都还要担心吴璘在淮北的断后不能成功，如果宋军撤退就使河南地区保不住；而遥指黄龙府，约定痛饮记录功勋时的庆功酒，也就是只有其言，而必不能靠侥幸获得成功了。

是故《易》言鬼方之伐^①，忧其难为继也；《春秋》许陉亭之次,谓其可以止也。自赵普沮曹翰之策,而燕、云不可问矣。自徽宗激郭药师之叛,而河北不可问矣。任诸帅阃外之权,斥奸人乞和之说,弃其所不争,攻其所不可御,东收徐、兖,西收关、陇,以环拱汴、雒而固存之;支之百年,以待兴王之起,不使完颜氏归死于蔡州②,以导蒙古之毒流四海,犹有冀也。然抑止此而已矣。如曰因朱仙之捷,乘胜渡河,复汉、唐之区宇,不数年而九有廓清③,见弹而求鸮炙④,不亦诞乎!

【注释】

①鬼方:商周时期,位于西北方的少数民族,商周两代曾多次出兵攻打鬼方,使之远迁。经考古发掘,得知鬼方迁到南西伯利亚的贝加尔湖至巴尔喀什湖一带。

②完颜氏归死于蔡州:完颜氏,指金。蔡州,治所在今河南汝南。宋绍定六年(1233)十月至瑞平元年(1234)一月,宋与元联合,攻克金哀宗完颜守绪固守的蔡州。在守城期间,金哀宗完颜守绪传位给完颜承麟,宋与元军攻入城内后,金哀宗自杀,完颜承麟被杀,金朝灭亡。

③九有:指九州,即整个天下。

④见弹而求鸮炙(xiāo zhì):出自《庄子·齐物论》。鸮炙,指炙鸮鸟为食。鸮,古时认为是鹛鸟,形如雌鸡,肉美,可作羹,故炙鸮鸟为食。

【译文】

所以《周易》说到讨伐鬼方,就担忧出兵之后难以为继;《春秋》赞许齐军驻扎在陉亭,也要说到这里就可以停止了。自从赵普沮止了曹翰的用兵谋略之后,燕、云地区的收复就是宋朝不能再来过问的事了。自从徽宗激起了郭药师的叛变,收复河北的事情也就不可过问了。如果对诸位将帅授以在各地战场作战的权力,斥退奸人求和的说法,放弃对方不来争夺的地区,攻击对方不能防御的地方,在东方收复徐州、兖州,在西方收复关中、陇右地区,以此构成环形来拱卫汴京、洛阳地区而加以固守;这样支撑一百年,以等待中兴之王的出现,不让完颜氏后来死在蔡州,以引导蒙古的毒害流及天下,宋王朝就还是有希望的。但是也只能到这一步而已。如果说在朱仙镇取胜之后,乘胜渡过黄河,收复汉、唐两朝的领土,不用几年就扫清天下的敌人,就像刚刚看到弹子就想用弹子打下鸮鸟烤来吃,不也太荒诞了吗!

十二

　　相臣而立武功,周公而后,吾未见其人也。帅臣而求令誉,吾未知吉甫之果能称焉否也①?帅臣之得令誉也有三:严军令以禁掠夺,为软语以慰编氓,则民之誉归之;修谦让以谨交际,习文词以相酬和,则士之誉归之;与廷议而持公论,屏奸邪以交君子,则公卿百僚之誉归之。岳侯之死,天下后世胥为扼腕,而称道之弗绝者,良繇是也。唯然,而君子惜之,惜其处功名之际,进无以效成劳于国,而退不自保其身。遇秦桧之奸而不免,即不遇秦桧之奸而抑难乎其免矣。

【注释】

①吉甫:西周宣王时的大臣,兮氏,名甲,字伯吉父(又作吉甫),又称尹吉甫,尹是官名。宣王时,猃狁曾进至泾水北,侵扰周朝,吉甫奉命出征,攻至今太原一带,又在今平遥一带筑城防守,其功

与南仲、尚父、方叔、召虎、程伯休父等人并称。

【译文】

作为宰相之臣而建立武功，自周公以后，我未曾看到这种人。作为将帅之臣而求得美誉，我不知道吉甫果真能否与之相称？将帅之臣得到美誉有三条：严格军令以禁止兵士掠夺，用温和的话语来安慰编户之民，民众的称誉就会归于这位将帅之臣；修行谦让的品德而谨慎地与人交际，熟习文词来与人相互酬答，士人的称誉就会归于这位将帅之臣；参与朝廷的议政而坚持公正之论，屏退奸邪之人而与君子相交，公卿百官的称誉就会归于这位将帅之臣。岳侯的死，天下后世的人都为他扼腕叹息，而对他的称道不曾断绝，实在就是由于这些原因。只有这样，所以君子为他惋惜，惋惜他在面对功名的时候，进没有为国家奉上成功，而退不求保全自身。遇上秦桧的奸邪而不能免祸，即使未遇上秦桧的奸邪也还是难于免祸的。

《易》曰："安其身而后动，定其交而后求①。"谓名之不可亟居，功之不可乍获也。况帅臣者，统大众，持大权，立大功，任君父安危存亡之大计，则求以安身而定上下之交，尤非易易矣。身不安则志不宁，交不定则权不重。志不宁，权不重，则力不足以宣，而挠之者起。挠之者起，则欲忘身以救君父之危，而不能毕遂其事；非但身试不测之渊而逢其沉溺也。君非大有为之君，则才不足以相胜；不足以相胜，则恒疑其不足以相统。当世材勇之众归其握，历数战不折之威，又为敌惮；则天下且忘临其上者之有天子，而唯震于其名，其势既如此矣。而在廷在野，又以恤民下士之大美竞相推诩，犹不审，而修儒者之容，以艺文抒其悲壮。于是浮华之士，闻声而附，诗歌咏叹，洋溢中外，流风所被，里巷亦竞起而播为歌谣，且为庸主宵人之所侧目矣。乃君之有得失也，人之有贤奸也，庙算之有进止也，廷臣无匡救之力，引己为援，己复以身任之；主忌益深，奸人之媢疾益亟^②，如是而能使身安以效于国者，未之有也。

【注释】

①"安其身"两句：出自《周易·系辞下》：子曰："君子安其身而后动，易其心而后语，定其交而后求。君子修此三者，故全也。危以动，则民不与也。惧以语，则民不应也。无交而求，则民不与也。莫之于，则伤之者至矣。"是说君子先让民众安身而后有所行动，先让民众心情平易而后再对人说话，先要与民众确立交情而后对人提出要求。把这三条做好了，才能保全自己。只靠权威来行动，民众就不会参与你的行动。说话让人恐惧，民众就不会响应。没有确立交情就提出要求，民众就不会回应。没有人响应和参与，那么伤害你的人就会来到了。王夫之引用这种说法来说明岳飞在这三条上没有做好，所以招致灾祸，这并不是完全由秦桧的奸邪所导致的，而是岳飞自己也没有做好。

②媢（mào）：嫉妒。

【译文】

《周易》里说："安定他的身体而后再行动，确定与他的交情而后再提要求。"这是说对于名誉不能急于占有，而功劳也不能在突然之间获得。何况作为将帅，统率大众，持有大权，立有大功，担任君父国家安危存亡的大计，那么求得安身而与上下定好交情，就更不是容易的。将帅自身不安就会使其心志不安宁，与人的交情不稳定就会使自己的权势不重。心志不宁，权势不重，力量就不足以发挥，而阻挠的人就会产生。阻挠的人产生出来，想忘身来救君父的危险，就不能完成这个事业了；又不仅仅是自身会面临不能测知的深渊而遇到沉溺其中的祸害。君主

不是大有作为的君主,他的才能就不足以胜过阻挠的人;不足以胜过阻
挠的人,就会总是对将帅有所猜疑而不足以统率将帅。当世的人材和
勇敢士兵都归这个将帅掌握,经历数次战役而不能挫折他的军威,而且
敌人也害怕他;天下的人就会忘了这个将帅之上还有君临的天子,而只
会震惊于这个将帅的名声,其势头已是这样了。而在朝廷在民间,这个
将帅又以爱护民众和士人的伟大美德而受到人们竞相称赞,自己对这
种情势还不能审视,又自我修养而有儒者的容貌,用诗词文章来抒发自
己的悲壮心情。于是浮华的士人,就会闻声而依附于他,创作诗歌进行
咏叹,其影响流播于中外,流风所至,里巷的人们也竞相用歌谣进行传
播,这位将帅就将会受到昏庸的君主和小人的侧目仇视了。而君主做
事会有得失,人也会有贤人与奸人,朝廷的谋划也会有进或退,朝廷大
臣没有匡救这个将帅的力量,而把自己引为声援,自己又以自身承担重
任;君主猜忌更深,奸人的嫉妒怀恨也更为加重,像这样而能使自身安
全而为国效力,从来都不会有。

　　故汉之功臣,发纵指示,一听之萧、张①,绛、灌无文②,不
与随、陆争春华之美③。郭子仪身任安危,知李泌、崔祐甫之
贤④,而不与纳交以结君子之好;知元载、鱼朝恩之恶⑤,而不
相攻讦以触奸佞之机。李光弼改纪其军政,而不竞其长⑥,
仆固怀恩固属其部曲,而甘与为伍。乃以废斥之余,一旦跃
起,而卒拯吐蕃之难⑦。以是动,而动罔不利也;以是求,而
求无不得也。岳侯诚有身任天下之志,以奠赵氏之宗祊,而
胡不讲于此耶?

【注释】
　①萧、张:即萧何、张良。

②绛、灌：即绛侯周勃、灌婴，都是西汉的武将，也曾先后任丞相。周勃见前注。灌婴（前250—176），睢阳（今河南商丘睢阳区）人，原为商贩，后参加刘邦军，为西汉开国大将之一，以力战骁勇著称。历任车骑将军、御史大夫、太尉，吕后死，与周勃等人斩除吕家势力，拥立汉文帝即位。前177，文帝时继周勃之后任丞相，封颍阴侯。传见《史记·灌婴列传》《汉书·灌婴传》。

③随：即随何，楚汉相争时，为刘邦的谒者，主管传达禀报，被派去游说淮南王英布，为他分析天下大势，赶在楚的使者到来之前，使英布降汉。刘邦灭楚后，说随何等人是无用的腐儒，随何即用事实说明他劝降英布，作用超过了数万大军。刘邦于是封他为护军中尉。事见《史记·黥布列传》《汉书·黥布传》。陆：即陆贾（约前240—前170），刘邦起兵时，以陆贾有口才，常派他出使各国。高祖十一年（前196），奉命出使南越（今两广一带），招谕秦代所封的南海尉赵佗归属汉朝，立赵佗为南越王。升为太中大夫。高祖死后，吕后擅权，陆贾参与诛灭诸吕、迎立文帝。文帝即位后，陆贾再次出使南越，劝说赵佗废去帝号，再次臣服汉王朝。传见《史记·陆贾列传》《汉书·陆贾传》。

④李泌：即李长源，见前注。崔祐甫（721—780）：字贻孙，博陵安平（今河北安平）人。唐代宗时任起居舍人、中书舍人，德宗时为门下侍郎、同中书门下平章事。为人刚直，遇事不阿。荐拔人才，出于至公，不到一年，选拔任命近八百人，莫不公允。传见新、旧《唐书·崔祐甫传》。

⑤元载（？—777）：子公辅，凤翔岐山（今陕西凤翔）人。唐肃宗时，与宦官李辅国之妻同族而受重用，管理漕运，代宗时，为中书侍郎同平章事，后授天下元帅行军司马。先后助代宗杀李辅国、鱼朝恩两宦官，此后专权贪腐，排除异己，终被杀抄家。传见新、旧《唐书·元载传》。

⑥李光弼改纪其军政，而不竞其长：据《新唐书·李光弼传》：李光弼初与郭子仪齐名，世称"李郭"，而战功推为中兴第一。李光弼后来代替郭子仪统领朔方的部队，营垒、士卒、麾帜无所更改。

⑦拯吐蕃之难：安史之乱后，广德元年(763)，唐朝将领仆固怀恩叛变，引回纥、吐蕃攻唐，郭子仪派长子朔方兵马使郭曜援救邠宁，与邠宁节度使白孝德守城。唐代宗永泰元年(765)八月，仆固怀恩又引吐蕃、回纥、吐谷浑军队，侵掠同州，准备攻取长安。郭子仪驻守长安北面的泾阳，被重重包围。时仆固怀恩在途中暴死，群凶无首。郭子仪说服回纥与唐联合，吐蕃退逃。唐与回纥在灵武台西原大破吐蕃。

【译文】

所以汉代的功臣发出指令，人们全都听从萧何、张良，绛侯周勃、灌婴没有文采，不与随何、陆贾在文采上竞争春华般的华美。郭子仪本身承担挽救唐王朝安危的重任，知道李泌、崔祐甫的贤能，而不与李、崔二人结成君子式的良好关系；他又知道元载、鱼朝恩的奸恶，而不对他们相互攻击以触犯奸佞之人害人的心机。李光弼代替郭子仪指挥朔方的部队后，也不与郭子仪比较长短。仆固怀恩本来就是李光弼的部下，而李光弼在仆固怀恩升官后也甘于与他作为同列。但郭子仪和李光弼却能在唐王朝废坏之际，很快跃起，最终拯救了吐蕃对唐王朝造成的危难局势；像这样来采取行动，就会使行动无所不利；像这样来挽救国家，就会使所追求的目标都能完成。岳飞确实有奉献自身承担挽救天下的志向，以安定赵氏王朝的宗庙社稷，可是他为什么不注意这些事情呢？

宋氏之以猜防待武臣，其来已夙矣。高宗之见废于苗、刘而益疑，其情易见矣。张浚之褊而无定，情已见乎辞矣。张俊、刘光世之以故帅先达不能相下，其隙已成矣。秦桧之险，不可以言语争、名义折，其势已坚矣。而且明张纪律，柔声下气,以来牛酒之欢迎;而且缀采敷文,网罗文士,以与张九成等相为浃洽①;而且内与谏臣迭相扬诩,以辨和议之非;而且崖岸自矜,标刚正之目,以与奸臣成不相下之势;而且讥评张俊,历诋群将,以折张浚之辨。合宰执、台谏、馆阁、守令之美,而皆引之于身,以受群言之赞颂。军归之,民归之,游士、墨客、清流、名宿莫不归之。其定交盛矣,而徒不能定天子之交;其立身卓矣,而不知其身之已危。如是而欲全其社稷之身以卫社稷也,庸可得乎?

【注释】

①张九成(1092—1159):字子韶,先为开封人,后徙居钱塘(今浙江海宁)。绍兴二年(1132)中进士,曾任除宗正少卿、权礼部侍郎兼侍讲、兼权刑部侍郎。反对与金人议和,秦桧时他谪守邵州,又被中丞何铸、司谏詹大方等人弹劾,谪居南安军。传见《宋史·张九成传》。

【译文】

宋朝皇帝对武臣的猜忌防范,其由来已经很久了。宋高宗被苗傅、刘正彦废黜后就对武臣更加猜疑,他的心情也容易了解。张浚为人狭隘而没有定准,他的这种心情已表现在言辞上。张俊、刘光世作为原来先提拔上来的将领后来与岳飞的地位不相上下,与岳飞的嫌隙也已构成了。秦桧的阴险,是不能用言语来争论、也不能用名义来折服的,他的地位已很稳固了。而且岳飞明令建立军队的纪律,对百姓柔声关怀,以招来百姓用牛酒对岳飞军队的欢迎;岳飞又编缀诗文,网罗文士,与张九成等人关系融洽;岳飞还在朝廷内与谏臣互相赞扬,以争辩和议的错误;岳飞为人清高自矜,标榜刚强正直的原则,而与奸臣构成不相退让的形势;岳飞又对张俊进行讥评,对群将全都有所批评,以此来折服张浚的辩解。他把宰相、台谏、馆阁、守令等不同官职的美德,都由自己兼具了,以接受人们言论的赞颂。军队归心于他,民众归心于他,游士、墨客、清流、有名望的大臣全都归心于他。他与人们的交游已经非常隆盛,却单单不能与天子定下交情;他为人处世非常卓越,却不知道他自身已经危险。像这样还想保住承担着国家命运的自身而来保卫国家,怎么能做到呢?

　　呜呼! 得失成败之枢,屈伸之间而已。屈于此者伸于彼,无两得之数,亦无不反之势也。故文武异用,而后协于一。当屈而屈者,于伸而伸,非迫求而皆得也。故进退无恒,而后善其用。岳侯受祸之时,身犹未老。使其弢光敛采,力谢众美之名;知难勇退,不争旦夕之功;秦桧之死,固可待也。完颜亮之背盟,犹可及也。高宗君臣,固将举社稷以唯吾是听,则壮志伸矣。韩、刘锜、二吴不惩风波之狱,而畜其余威以待,承女直内乱以蹑归师,大河以南,无难席卷。即不能犁庭扫穴以靖中原,亦何至日敝月削,以迄于亡哉?故君子深惜岳侯失安身定交之道,而尤致恨于誉岳侯者之适以杀岳侯也。悠悠之歌诵,毒于谤讪,可畏矣夫! 知畏之,则所以弭之者,亦必有其道矣。

【译文】
　　呜呼! 得失成败的关键,就在个人的屈伸之间而已。在此处受到委屈就在彼处得以伸展,不可能在彼此两处全都能够伸展,也没有彼此两处互不相反的形势。所以文与武要有不同的用处,而后才能整体协调起来。当屈就屈,当伸就伸,不是逼迫强求而将屈和伸全都得到。所以进与退是无常的,而后才能把进和退善加应用。岳飞受到灾祸的时候,年龄还没有老。假使他能让自己隐藏光芒和收敛文采,极力谢绝各种美名;知难勇退,不争一朝一夕的功劳;秦桧的死,本来是可以等到的。等到完颜亮撕毁和约向宋进军而造成内讧,还能赶得上这个时候。高宗时期的君与臣,本来就将要让整个国家只听我的指挥,到这时我的壮志就可以伸展了。韩世忠、刘锜、吴玠、吴璘兄弟如果没有因岳飞死于风波亭而吸取教训,而是养蓄余成以等待着,则在女真出现内乱之后追击金人撤退的军队,大河以南,是不难席卷收复的。即使不能踏平女真的老巢以安定中原,又哪会导致宋王朝的逐渐削弱破敝,以至于灭亡呢?所以君子深为叹惜岳飞错失了安身定交之道,而特别痛恨那些赞誉岳飞的人正好让猜忌岳飞的人有理由杀了他。悠悠的歌颂,比诽谤还狠毒,真是可怕啊!知道这是可怕的,就要消除这种可怕的结果,也必定是有其方法的。

十三

岳鹏举郾城之捷①,太行义社②,两河豪杰,卫、相、晋、汾③,皆期日兴兵以会北讨,秦桧矫诏班师,而事不成。然则桧不中沮,率此竞起之众,可以长驱河朔乎?曰:所可望者,鹏举屡胜之兵,及刘锜、韩世忠、二吴之相为掎角耳。若所谓豪杰义社者,固无能为也。奚以明其然邪?义兵之兴,始于翟义,嗣其后者为徐敬业,其志可嘉,而其成败固可睹矣。故定大略、戡大难、摧大敌、成大功者,无所恃于此焉。

【注释】

①郾城之捷:岳飞在郾城与金兵作战取得的大捷。绍兴十年(1140)五月,金兵占领河南、陕西后,向淮南进攻。岳飞从襄阳

出击,攻占郑州、河南府(今河南洛阳)等地。金兀术率军向岳飞
的指挥中心——郾城(今属河南)进攻,在郾城北与岳家军对阵。
金军出动重甲骑兵"铁浮图"正面进攻,以骑兵"拐子马"配合作
战。岳飞遣背嵬军和游奕军马军迎战,双方从下午激战到天黑,
金军大败。此后又数次击败金兵,迫使兀术退兵。

②太行义社:北宋末年,金军攻破太原府后,梁兴、赵云、李进等人
在太原府和绛州组织"忠义人兵",收复河北路怀州和河东路泽
州、隆德府、平阳府等,他们以太行山为根据地,组织忠义保社,
四出游击。岳飞在中原与金兵作战时,太行山忠义社梁兴等人
率众归宋。

③卫:即卫州,包括今河南新乡、鹤壁等地。因地处春秋古卫国地,
故名卫州,治所在汲县(今河南卫辉)。相:即相州,北魏时置,治
所在邺(今河北临漳县西),后治所改在今河南安阳。晋:即晋
州,今河北晋州市。汾:即汾州,北魏时置,治所在蒲子城,即今
山西隰州。后移治西河,即今山西汾阳。后或称汾州,或称西
河郡。

【译文】

岳飞取得郾城大捷之后,太行山的义社,两河的豪杰,卫州、相州、
晋州、汾州,都约定日期起兵以会合兵力向北讨伐,秦桧假借皇帝的诏
书让岳飞班师,而岳飞痛击金军的计划未能完成。但是如果没有秦桧
从中阻挠,率领这些纷纷起兵的众人,就可以长驱直入进军到河北了
吗? 回答说:所可指望的,是岳飞屡次取胜的部队,以及刘锜、韩世忠、
吴玠、吴璘兄弟互为犄角相互援救而已。如果那些所谓的豪杰义社的
人众,本来就不能有所作为。怎么能证明是这样呢? 义兵的兴起,始于
翟义,继其后的有徐敬业,他们的志向可嘉,但他们的成败则是本来就
可以看到的。所以确定雄图大略、平定国家的大难、摧毁强大的敌人、
完成大战功的人,是不依靠这类义兵的。

　　夫恃人者，无之而可恃也，久矣。所恃者强于己乎？则是己固弱也。己弱而恃人，盼盼然日有所望①，而其志不坚。弱者为主，强者为宾，敌且攻其弱而主溃；强者失主，而骇散以失其强，莫能救己也。所恃者弱于己乎？则弱固不可恃也。己不弱而犹资弱以自辅，弱者不能胜敌，敌一当之而靡，则势且先挫，而三军之气为之馁；敌人之气，以胜而益为之增；己虽强，气不胜而必倾矣。定大略、戡大难、摧大敌、成大功者，力足以相格，智足以相乘，气足以相震，一与一相当，有死无生，有前无却，后退。上不恃天时，下不恃地利，而后可以决胜于白刃之下，复奚恃而可哉？

【注释】

①盼盼（xì）然：眼巴巴地盼望的样子。

【译文】

　　说到依靠别人，实际上是不能依靠的，这是长久以来的事情。所依靠的人比自己还强大吗？那么己方本来就是弱小的。自己弱小还依靠别人，眼巴巴地每天盼望着别人前来，自己的意志就不能坚强。弱小的人做主人，强大的人做宾客，敌人将会进攻弱小的部队而主人就崩溃了；强大的人失去了主人，就会惊骇散乱而丧失他的强大，这样就没有人能来救自己了。所要依靠的人比自己弱小吗？那么弱小的人本来就是不可依靠的。自己不弱还要借助弱小的人来辅助自己，弱小的人不能战胜敌人，一旦面对敌人就会丧失斗志，这样就使形势先要挫败了，而三军的士气就会为之气馁；敌人的士气就会因此而大为增加；自己虽然强大，士气不能胜过敌人也必会倾败了。确定雄图大略、平定国家的大难、摧毁强大的敌人、完成大战功的人，力量足以与之格斗，智慧足以压倒敌人，士气足以震慑敌人，每个人都能与敌人一一相当，有死无生，有前无退，上不靠天时，下不靠地利，而后可以在白刃之下决胜，又何须依靠别人才行呢？

　　况乎义兵者，尤其不足恃者也。义军之兴也，痛故国之沦亡，悲衣冠之灭裂，念生民之涂炭，恻怛发中而不惜九族之肝脑者①，数人而已。有闻义之名，而羡之以起者焉；有希功之成，而几幸其得者焉。其次，则有好动之民，喜于有事，而蹧踔以兴者焉。其次，则有徼幸掠获，而乘之以规利者焉。又其次，则有弱不能自主，为众所迫，不能自已者焉。又其次，则佃客厮养，听命于主伯，弗能自免焉。其名曰万，而实不得半也。即其实有万，而可战者，不得千也。可战者千，而能不大胜则前、小挫则却者，不得百也。无军令以整齐之，则游奕无恒；无刍粮以馈给之，则掠夺不禁。游奕无恒，则敌来而不觉；掠夺不禁，则民怨而反戈。故以王莽、武氏之易诛，而翟、徐旋起而旋仆②，况女直之驵戾驰突而不易当者乎？梁兴渡河率之，而有垣曲、沁水之捷者③，非其果足以胜也。义军之号，皆称"岳氏"，梁兴往而为之声援，女直不辨其非真，而为之震动。垣曲、沁水之守，抑河北初降之余烬，非海上鸷击之雄也，是以往而得志。浸令一试再试，情形尽见，女直且出锐师以捣之，则糜烂无余，所必然矣。一方既爇，而勃然以兴者，皆苶然以返；屡前屡挫，则吾三军之气，亦沮丧而失所凭依。当日之未至于此也，班师故也。今试设身而审女直与宋彼己之情形，其垒涌而前，翻飞而散，不炯然在心目之间乎？义社恃大军以成，故鹏举一班师，而数十万人不知何往。大军恃义社以进止，则义社一败

崒,而大军不足以孤存。两相恃则两相失,女直以专壹之兵,直前而无待,左披右靡,又恶足以当之?　　，

【注释】

①九族:此处指父族四、母族三、妻族二,合为九族。

②翟:翟义,见前注。徐:指徐敬业(?—684),唐初名将李勣的孙子,曹州离狐(今山东鄄城西南)人。李勣本姓徐,唐朝皇帝赐姓为李。敬业袭爵为英国公,历官太仆少卿、眉州刺史。唐中宗时,武后以太后临朝称制,废中宗,立豫王旦为睿宗。敬业因事贬为柳州司马,与贬官南方的唐之奇、骆宾王、杜求仁、敬业弟敬猷等人策划起兵,后战败被杀。传见新、旧《唐书·李勣传附李敬业传》。

③垣曲:即今山西垣曲,宋以前称垣县,北宋初年,改名垣曲县,现属运城市。沁水:即今山西沁水,隋以前称永宁县,隋改称沁水县,现属晋城市。

【译文】

何况所谓的义兵,更是不足以依靠的。义军的兴起,其中确实有人是因为悲痛故国的沦亡,悲哀文化的毁坏,念及百姓的生灵涂炭,内心产生了恻隐之心而不惜九族肝脑涂地,但这种人只会有几个而已。有的人是听到了起义的名声,有所羡慕而起兵;有的人是希求取得成功,侥幸能从中得到某种利益。其次,就有爱好动乱的人,喜欢发生事变,于是趁机跳出来起兵。再次,有侥幸趁乱抢掠财物的人,趁着动乱来求利益。又其次,是本来就很弱而不能自我做主,被众人逼迫,是迫不得已的人。又其次,则是佃客或大户所厮养的人,听从他们的主人的命令,自己不能躲避的人。名义上说是多少万人,实际上不到一半。即使真有上万人,而能作战的人也不到一千人。能作战的一千人中,能做到不是见了大胜就向前冲、小有挫败就后退的人,不到一百。这种

义兵,没有军令来使他们整齐划一,于是就会游动不定;没有粮草来供给他们,于是就不能禁止他们掠夺百姓。游动不定,敌人来了也不会发觉;不能禁止他们掠夺百姓,民众怨恨他们就会反过来攻击他们。所以王莽、武则天这样容易被诛杀,而翟义、徐敬业起兵仍是随即失败,何况面对女真军队的奔驰冲击而不易抵抗呢?梁兴渡过黄河率领他们,而取得了垣曲、沁水的胜利,不是他们果真足以战胜金兵。义军的称号,都号称"岳家军",梁兴前往而作为声援,金兵分不清楚他们不是真的岳家军,因而受到岳家军的震撼。垣曲、沁水的守军,也还是河北刚刚投降的军队,并不是金兵在海上如鸷鸟一样凶狠的雄师,所以梁兴前往就能取胜。假使他们一战再战,真实情况全部显现,女真将要出动精锐部队来攻击他们,他们就会糜烂无余,这是必然的。一支义军被消灭之后,那些突然间纷纷兴起的义军,就会全都衰败不振地返回;屡次前进而屡次受挫,就会使我方三军的士气也变得沮丧而丧失了可以振奋的资本。当时没有走到这一步的原因,是朝廷军队班师撤回了。如今设身处地来审察女真与宋王朝彼我双方的情况,那些纷纷涌现而前进的义军,很快就会翻飞四散,不是明明白白地摆在眼前吗?义社仗恃着朝廷的大军而形成,所以岳飞一班师撤军,那数十万义社之兵就不知到哪里去了。朝廷大军依靠义社的部队进军或撤退,那么义军一旦战败,就会使朝廷大军不能孤军存在。双方相互依靠就会使双方相互失去依靠,女真用专一的部队,直接向前而不用等待什么人,如大风左右吹倒草丛一样所向披靡,这种义军又怎能抵挡他们呢?

　　夫用众不如用独,久矣。故谢安石力却桓冲入援之兵而胜,苻坚兼帅鲜卑、氐、羌、河西之众而亡。揭竿以为帜,挥锄以为兵,野食鹑栖以为屯聚,此群羊距虎之形也,而安可恃也?宗汝霖之用群盗,犹之可也。已为盗,则不畏死者也。因为盗,则自我洗涤之,其不任为兵者可汰也。为盗而有渠帅，则固可使就吾束伍也。去家为盗，则无身家之累，不以败为忧。故诸帅收之于江南，而藉其用。若义社，则既以义为名矣，汰之不忍其无归，帅之不能以行法。进退唯其意，而我不任为之主，则驭之也难矣。驭之且难，而况可恃之乎？宋之将亡也，江、湘、闽、广之间，起者众矣，而终不救硐门之祸①。文信国无可恃而后恃之②，不得已之极思，非有可恃者之所宜恃也。

【注释】

①硐门：即硐洲，为今广东雷州湾外东南海中的岛屿，南宋末年，陆秀夫等人奉南宋祥兴帝赵昺等，辗转来到硐洲，张世杰认为硐洲不可居，又迁移到新会厓山（今广东新会南海中），后于祥兴二年（1279）与元军决战于此，终于失败，陆秀夫背八岁的赵昺跳海，南宋灭亡。

④文信国：即文天祥（1236—1283），吉州庐陵（今江西庐陵）人，原名云孙，字天祥。选中贡士后，改名天祥，字履善。宝祐四年（1256）中状元后，又字宋瑞，因在文山居住，号文山，又号浮休道人。宋恭帝德祐二年（1276）正月，元军围困临安，文天祥任右丞相兼枢密使，出使元营，被扣留，在送往大都（今北京）途中，文天祥逃回，被宋端宗命为枢密使兼都督诸路军马，祥兴元年（1278）十二月，被元军俘获，自杀未成，押到大都，忽必烈许以宰相、枢密使等职，天祥严词拒绝，至元十九年（1282）十二月被杀。传见《宋史·文天祥传》。

【译文】

　　动用众人不如动用独立的军队，很久就是这样了。所以谢安用力击退桓冲来援的军队而得胜，苻坚统领鲜卑、氐、羌、河西的多种军队而战败。揭起竹竿作为旗帜,挥动锄头作为兵器,像田间的兽与鸟一样栖息吃食而屯聚在一起,这是成群的羊抗拒老虎的样子,怎能依靠呢? 宗弼使用各地降服的盗匪,还是可以的。他们已成为盗匪,就是不怕死的人了。因为当了盗匪,就会自行淘汰,那些不能当兵作战的人就会被淘汰掉。既然做了盗匪就有了首领,本来就可以让他们加入到朝廷的军队中来。离开家而为盗匪,就没有了身家的拖累,不担忧战败。所以诸位将帅在江南收服各地的盗匪,而借助他们来与金兵作战。而像义社,既然是以义为名而起兵,淘汰他们就不忍心他们无处可归,率领他们又不能执行军队的纪律。他们是进是退都只能按他们的心意来办,而朝廷将领不能当他们的统帅,因此驾驭他们就很困难了。驾驭他们都已困难,更何况依靠他们呢? 宋王朝将要灭亡,江、湘、闽、广之间,起兵的人非常多,而最终不能挽救宋王朝在硐门的灭亡之祸。文天祥没有什么可以依靠而后依靠他们,这是迫不得已之后的最终办法,这样的义兵,不是在另有可以依靠的力量时所宜于依靠的。

十四

势无所藉,几无所乘,一念猝兴,图度天下,而期必于为天子者,自古迄今,未之或有。帝王之兴也,无心干禄,而天命自归,先儒之言详矣,非虚加之也。帝尧之世,岳牧盈廷,九男非皆败类①,耕稼陶渔者,而谓帝将禅我乎? 武王养晦,年已耄矣,使大命未就而崩,非不寿也,冲人方弱,保国不遑,而况及天下? 然且俟之十三年,而后秉钺以麾,假之年而赞其精魄,天也,非武王之可必也。故圣王无取天下之心,而乘时以御,因之而已。圣人且不可必,而况下此者乎?

【注释】

①九男：据《史记·五帝本纪》记载，尧以二女予舜为妻，观察他如何治内，又派九男与舜相处，观察他如何治外。在与舜接触后，不仅二女变得恭勤妇道，而且九男也变得更加惇厚谨敬。所以王夫之说九男非皆败类。

【译文】

形势上没有可以借助的，时机没有可以利用的，忽然产生了一个念头，期望挽救整个天下，而把希望完全寄托在天子身上，自古到今，没有这种事情。帝王的兴起，其本人没有心思求得帝位，而天命自会归到其人身上，先儒对此说得已经非常详细了，不是毫无原因就把天命加到他身上的。尧帝的时候，四方的诸侯领袖满朝都是，九个儿子不都是败类，从事耕种制陶打鱼的人，能说帝王将会禅位给我吗？周武王韬光养晦，年龄已很老了，假使天命未到就死了，不是他不长寿，但他的年幼后人还弱，来不及保住国家，何况夺得天下呢？然而还要等十三年，而后才能持着大斧指挥军队，让他活得足够长而帮助他的精魂，这是上天，不是武王必能取得天下。所以圣王没有取天下的用心，而是利用时势来做事，善加利用而已。圣人都不能必定如此，更何况不如圣人的人呢？

一介之士，策名于当时者①，或为偏裨，或为文吏，目之所规，心之所成，虽拓落而不可涯量，而其大概可知也。生死屈伸，荣辱贵贱，且乘于不测之数。志所至者，望之而不能必至；志所未至者，姑试之而渐进焉，非其所期也。使方小得志之日，遽蹀躞以跃起，曰："吾将奄有方国②，南面以驭四海之英尤，使俯首而称臣妾。"非狂人其孰念及此？藉其有此，必蹶然一起而疾就诛夷。故以知乱臣贼子之成乎篡

夺者,亦初无此固获之情也。曹操之自言,"死而题征西将
军之墓",岂尽欺人哉?桥玄未尝期以天子③,而操感其知
己,则出身仕汉之初,无窥夺刘宗之志,明矣。知此,则人主
之驭臣,防其所不必防,而不防其所防者,非明于豫防之道
者也。

【注释】

①策名:出自《左传》僖公二十三年:"策名委质,贰乃辟也。"指姓名
　书写在所任命大臣的策册上。古代士人出仕为君的臣子,就要
　将他的姓名书写在策册上,以表明归属于这个君主。后指士人
　到朝廷出仕做官。

②方国:四方诸侯之国,又泛指整个天下、国家。

③桥玄(109—183):字公祖,睢阳(今河南商丘)人。汉桓帝末年,
　为度辽将军,击败鲜卑、南匈奴、高句丽侵扰。灵帝初年,任河南
　尹、少府、大鸿胪、司空、司徒、太尉。看到国势衰弱,称疾免官。
　玄为官清廉家贫,死后无葬资,时称名臣。传见《后汉书·桥玄
　传》。

【译文】

　　一个士人,姓名书写在官员的策册上,或为一个偏将,或为一个文
吏,眼睛所看到的,心中所想象的,虽然自己还拓落失意而不可限量,但
他的大概情况是可以知道的。生死屈伸,荣辱贵贱,都处于不可测知的
状态。志向所达到之处,虽然心中希望达到但不能必定达到;志向所没
有达到之处,姑且尝试而逐渐有所前进,这不是他所能期望的。让他正
在稍有得志的时候,马上就会跳跃起来,说:"我将据有四方天下,身为
帝王面朝南方而驾驭四海的英雄,使他们向我俯首称臣妾。"不是狂人
谁会想到这些?假使有这种人,必会在突然跃起之时很快就被诛杀。

所以由此知道乱臣贼子最终篡夺王位的人，在开始时也没有想过必定能够获得王位。曹操自己说过，"死后墓碑上题'征西将军之墓'就足够了"，难道全是骗人吗？桥玄未尝期望曹操能成为天子，而曹操感激桥玄了解自己，在他开始出仕在汉朝做官的时候，没有窥伺篡夺刘氏王朝的志向，这是很清楚的。知道这一点，那么君主驾驭大臣，防备他不必防的事，而不防备需要防备的事，就不是懂得预防之道的人。

　　秦桧专政之暮年，大起刑狱，将尽杀张、赵、胡、洪诸公①，逮及宗室。当斯时也，诸公窜处遐方，不得复进一议，论和议之非，于桧无忤也。和已成，诸将之兵已解，桧总百揆，膺世禄，其所欲者无不遂也。桧死，而高宗忽释赵汾②，召还迁客，则桧之深慝诸公③，非必逢君也。桧之诛逐异己，不欲慭留一人者④，岂仅快一时之忿忮哉？遍置其党于要津，而不使宋有一亲臣之可倚，骨鲠已空，发蒙振落者疾起而收之⑤，桧之厚植其势者，势无不成也。高宗之年已耄矣，普安拔自疏远⑥，未正嫡嗣之名；一旦宫车晏驾，桧犹不死，则将拔非所立之冲幼暂立之，旋起夺之；外有女直以为援引，内有群奸以为佐命，赵氏宗祊，且在其心目之中，易于掇芥⑦。桧之志，岂待吹求而始见哉？

【注释】

①张、赵、胡、洪：指张浚、赵鼎、胡铨、洪皓。张、赵、洪见前注。张浚与赵鼎均因与秦桧政见不合，而被秦桧用阴谋手段排挤去职，贬到岭南，赵鼎甚至被迫害至绝食而死。胡铨（1102—1180）：字邦衡，号澹庵，吉州庐陵（今江西吉安）人。他反对秦桧与金国的和议，向高宗上书，表示"义不与桧等共戴天"，请高宗将秦桧、王

伦、孙近三贼斩首。秦桧将胡铨贬为广州监管盐仓，后又发配新州编管、移谪吉阳军。孝宗即位后，重新起用。传见《宋史·胡铨传》。洪皓，出使金国，被留多年，绍兴十三年（1143）回到南宋。他在金国时，与金人首领室捻交往，得知粘罕当年行军至淮上，秦桧曾为他起草檄书，被室捻看到。秦桧以为此事南宋无人知道，洪皓回朝后揭穿秦桧，故桧对皓深恨，将他贬至远地。传见《宋史·洪皓传》。

②赵汾：赵鼎之子，秦桧诬陷他与宗室结交，窥伺事机，图谋不法，逮捕下狱，并逼迫赵汾诬告张浚、李光、胡寅等谋大逆，将贤士五十三人全部诬告。秦桧欲在自己病死之前将这些人全部害死，因其病重，未及施行。后高宗将赵汾释放平反。事见《建炎以来系年要录》。

③懫（jì）：毒害，又指憎恨。

④慭（yìn）留：愿意留下。

⑤发蒙振落：揭开蒙在东西上的盖子，摇掉将要陨落的枯叶，比喻轻而易举。出自《史记·汲郑列传》："（汲黯）好直谏，守节死义，难惑以非。至如说丞相弘，如发蒙振落耳。"

⑥普安（1127—1194）：即普安郡王赵昚（shèn），原名伯琮，后改名瑗，是宋太祖赵匡胤的七世孙。宋高宗的太子夭折后，没有嗣子，选普安郡王赵瑗立为皇子，又为之改名玮，绍兴三十二年（1162），高宗让位于赵昚，是为宋孝宗。

⑦掇芥：出自东汉王充《论衡·乱龙》篇："顿牟掇芥，磁石引针。"顿牟即琥珀或指玳瑁，芥指芥菜子，泛指干草、纸等微小屑末。掇芥是指顿牟能吸引芥子之类的屑末，此即物理学所说的有静电的物体能够吸引轻小物体。

【译文】

秦桧专擅朝政的暮年，大肆兴起刑狱，将要尽杀张浚、赵鼎、胡铨、洪皓诸位大臣，并且波及宋王朝的宗室。在那个时候，诸位大臣被流放于远方，不能再向皇帝进献一条奏议，不能议论秦桧主张和议的错误，对于秦桧是没有抵忤的。和议已经完成，诸将的兵权已经解除，秦桧总掌全部政务，并且享有世袭的官禄，他所期望的志向没有未实现的。秦桧死后，而高宗忽然释放了赵汾，召回了那些被流放的官员，那么秦桧深恨诸位大臣，不是必定遇到了赞同他的君主了。秦桧诛杀驱逐异己，不想让一个人留下来，难道仅仅是让自己一时的愤恨得到发泄而求得快乐吗？他在关键职位上到处安插党羽，而不让宋王朝有一个亲近的大臣可以依靠，刚烈正直的大臣在朝中已经空无一人，就像揭开蒙在东西上的覆盖物和摇落将要陨落的树叶一样，可以容易地马上收拾局面，秦桧厚加培植的势力，在势头上没有不成的。高宗的年龄也已很老了，普安郡王又是从很疏远的宗室中挑选上来的，还没有册封有皇太子的名义；一旦高宗驾崩，秦桧如果还没有死，就将要挑选一个年幼的宗室后裔暂时继位，不久就由自己起来夺掉他的帝位；在外部又有女真可以作为自己的外援，在内部又有成群的奸人帮他完成大事，赵氏的宗庙社稷，在秦桧的心目中，已像拾取草芥一样容易篡夺在手了。秦桧的志向，难道还用等着吹毛求疵之后才能看到吗？

乃当靖康之年，始立台端，与马伸等共请女直立赵后[1]，未尝念及此也。及其自虏来归，受挞懒旨，力主和议，亦祗求和成而居功受赏已也。即至逢高宗之欲，班北伐之师，解诸将之兵，独立百僚之上，犹未能遽取必于邪逆之成也。已而诸贤窜矣，岳侯死矣，韩世忠谢事闲居，刘锜、二吴敛手听命，张俊总领诸军之愿不遂，而亦废处矣。所欲为者，无不可为；所不可致者，无不致也。周回四顾，知天下之无能如己何，高宗亦惴惴然不知所以驭己，然后睥睨神器，而以诛逐先试其凶威。势之所激，鼠将变虎，亦奚待操心已久而后成乎大恶哉？故《易》曰："履霜，阴始凝也；驯致其道，至坚冰也。"驯致者，初非所至而渐以成乎至也。

【注释】

①赵后：指赵宋的皇后，即哲宗所废的孟皇后，后称元祐太后，见前注。当时金兵攻陷汴京，立张邦昌为帝，马伸与御史吴给约秦桧一起写出议状，请求保存赵氏帝位，并请迎立未被金兵逮捕的皇后孟氏为太后，垂帘听政。

【译文】

秦桧在靖康年间才开始进入朝廷，与马伸等人共同请求女真扶立赵宋的皇后，那时还未尝想到最终的这一步。等到他从金人那里回到宋朝，接受了挞懒的旨意，力主和议，也只是使和议成功而居功受赏就够了。即使迎合高宗的愿望，让北伐的部队班师，解除各位将领的兵权，一个人高居于百官之上，还未能马上就一定要形成邪逆阴谋。之后各位贤臣被流放出朝，岳飞也死了，韩世忠谢绝政事闲居，刘锜和吴玠、吴璘兄弟敛手听命于自己，张俊总领各军的愿望没有实现，也被废黜了。秦桧所想做的，没有不能做到的；他不可得到的，也全都得到了。环顾四周，知道天下不能拿自己怎么样，高宗也心存畏惧而不知怎样驾驭自己，然后他就要窥伺帝位，而以诛杀驱逐大臣先来尝试他的凶恶威风。受到形势的激励，老鼠将要变成老虎，哪里又等操心很久而后才能形成他的极大邪恶阴谋呢？所以《周易》里说："踩着霜，阴开始凝结了；顺着这条路一直走下去，就会到达结成坚冰的程度了。"顺着这条路走到最终的目的地，是说最初不是要达到这个目标，而逐渐地最终走到了这个目的地。

　　呜呼！宋之猜防其臣也，甚矣！鉴陈桥之已事，惩五代之前车,有功者必抑,有权者必夺;即至高宗,微弱已极,犹畏其臣之强盛,横加锓削。乃桧以文墨起家,孤身远至,自可信其无他。而罅从中决,成巨浸以滔天,成乎萧衍、杨坚之势①。高宗藏刀鞹中,思与争死,而莫能自振,固非前此所能逆睹。则欲辨霜冰于早,亦奚辨而可哉?

【注释】

① 萧衍(464—549):即南朝梁武帝萧衍,字叔达,南兰陵中都里人(今江苏常州)人。南齐末年,萧衍任雍州刺史,中兴元年(501),萧衍进军建康,立南康王萧宝融在江陵称帝,即齐和帝,之后萧衍逼迫齐和帝禅让,于天监元年(502)称帝,建立南梁,史称梁武帝。传见《南史·梁武帝纪》《梁书·武帝纪》。杨坚(541—604):即隋文帝,581 年至 604 年在位,弘农华阴(今陕西华阴)人。鲜卑赐姓普六茹,小字那罗延。北周静帝时,为丞相,将北周亲王赵王招等五王及其他宗室全部杀掉,然后逼迫北周静帝禅让帝位,国号隋。后又灭梁、陈,统一了中国。

【译文】

呜呼!宋王朝猜疑防范他的大臣,太过分了!以陈桥兵变的往事为鉴戒,以五代多次兵变改换皇帝为前车之鉴,对有功的人一定要压抑,对有权的人一定要剥夺;即使到了高宗时期,宋王朝已经极为衰弱,还畏惧他的大臣强盛,横加剥夺侵削大臣的权力。而秦桧以文墨起家,孤单一身从远方而来,自可相信他没有其他的野心。而缝隙就由此出现,形成了巨大的缺口而构成滔天大祸,使秦桧具有了类似萧衍、杨坚那样的权势。高宗在靴子中藏着短刀,想要与秦桧拼死,而不能自我振兴,本来就不是在此之前就能预见的。那么想在很早就分辨出从霜到冰的变化,又怎能分辨得出来呢?

　　夫霜非冰也，而阴森惨冽之气，一夕流空，则怆然怵栗之情，自感人之志气，欲辨之，亦何难辨之有乎？不可辨者，志也；所可辨者，人也。志，无定者也。志于正者，势溢而志或以淫；志于邪者，力穷而志因以诎。人，有定者也。贤者之志虽已移，而必有所惮不敢为；奸人之志虽未萌，而必有所恃以操其利。故察之于始，桧非有操、懿之心，勿容苛论也。考之于其所行，不难为石敬瑭、刘豫之为者，岂有察之而不易知者乎？

【译文】
　　霜不是冰，但阴森惨冷之气，一个晚上就遍布在空中，那么怆然怵栗的心情，自会打动人的志气，想加以分辨，又有什么难以分辨呢？不可分辨的，是人的心志；所可分辨的，是人。心志，是没有一定的。心志正直的人，势必洋溢在外而心志或会过度；心声邪恶的人，力量穷尽而心志为此而屈。人，是有定的。贤人的心志虽然已经改变，而必有所惧而不敢为；奸人的心志虽然还没有萌生出来，但必有所依恃而谋求利益。所以在开始时加以观察，秦桧不会有曹操、司马懿的野心，这是不容苛论的。考察他的行为，又是不难来实施石敬瑭、刘豫一类行动的，难道还能观察了他而不容易知道吗？

　　其被囚而北也，与何㮚、孙傅、司马朴同系①，而独不见杀；其羁于女直也，与洪皓、朱弁同留②，而不与同拘；其脱身以返也，保有其妻孥，而尽室以安归；则其狃凶狠之骄虏，使帖然听己之徜徉者，可畏也。张浚、赵鼎、李纲、胡寅皆高宗患难之君臣，屡退屡进，而莫能相舍；朝野兵民众望所归，而共倚其成；桧一得志，而屏息窜逐，莫敢与争者，可畏也。岳侯所收群盗，力战中原，将士乐为之死，而削之、斥之、囚之、杀之，曾莫有敢为之鸣控者，可畏也。韩世忠抚数万之众，脱高宗于幽縶，上得君心，下孚群望；而独于桧不能一词相拒，俯首解兵，苟以自全者，可畏也。张俊位望最隆，与桧合谋，夷岳氏之族，思得其兵，而桧转盼相违，夺兵去位，曾不能以夙约责桧，而帖耳伏从，尤可畏也。挟此数可畏之才，欲为则为之，为之甫成而又进为之；力甚鸷，机甚巧，其锐往而无定情也甚狡，其执持扼要而操以必得也甚坚；则不必久怀篡夺之心，乘乎可篡而篡焉，复何所戢而中止乎？

【注释】

①何㮚、孙傅、司马朴：此三人在靖康之变时与秦桧一齐被俘，押往金国，但后来秦桧从金国返回南宋时，自称杀死监视的金兵夺船归来，南宋大臣提出疑问：孙傅、何㮚、司马朴与秦桧一起被俘，为什么他们未能返回，只有秦桧一家人返回？

②朱弁（1085—1144）：字少章，婺源（今江西婺源）人。建炎元年（1127），宋高宗要派人前去金国问候徽、钦二帝，朱弁自告奋勇，与正使王伦前往金国，被金人拘留，守节不屈，至绍兴十三年（1143），宋金达成和议，才与洪皓、张邵一齐归朝。传见《宋史·朱弁传》。

【译文】

秦桧被囚禁而押到北方的时候，与何㮚、孙傅、司马朴同被逮捕，而独独是他不被杀害；他被关押在女真的时候，与洪皓、朱弁同被拘留，而不与他们同被关押；他脱身返回宋朝时，保住了自己的妻子儿女，带着全家安全回归；那么他狎弄了凶狠的骄狂敌寇，使敌寇顺从地听任自己随意来往,这是很可怕的。张浚、赵鼎、李纲、胡寅与高宗都是患难君臣,屡次撤退又屡次前进,而没有谁能舍弃;他们都是朝廷和民间的全体军民众望所归的人物,而共同倚赖着完成复兴大业;可是秦桧一旦得志,这些人就只能屏息无言而被流放驱逐,无人敢与秦桧相争,这也是很可怕的。岳飞招降的各地盗匪,在中原与金兵力战,将士乐意为他拼死,而秦桧对岳飞削职、斥责、囚禁、杀害,不曾有人敢为岳飞鸣不平,这也是很可怕的。韩世忠安抚数万部队,把高宗从囚禁中解救出来,上得君主的欢心,下得众人的声望;却独独不能用一句话来抗拒秦桧,而俯首被解除了兵权,只能苟且保全自身,这也是很可怕的。张俊地位声望最高,与秦桧合谋,夷灭岳飞家族,想得到岳飞的部队,而秦桧转眼间就违背了他的意愿,夺去他的兵权和官位,他不能用此前的约定来责备秦桧,而俯首帖耳地伏身服从,这是更可怕的。秦桧具有这几种令人可怕的才能,想干什么就干什么,干成之后又进一步去做;他的力量非常鸷狠,他的心机非常巧妙,他锐意前往而没有一定的心志,又非常狡猾,他执持权势扼住要津而怀着必得之心,又非常坚定;那么不必长久怀着篡夺帝位的心意,乘着可以篡夺的机会而篡夺,哪里又会有所收敛而中止呢?

　　主和议者,前有汪、黄,后有汤、史①,而人敢与争者,有可争之势也。君不固信者,无可信之术也。故旋用旋黜,而终不胜公论之归。桧独尽钳天下之口,尽反数十年之为,狡夷且入其牢笼,六军皆安其解散,爪牙角距,岂一旦之能快搏噬哉? 当其时,觇其面目②,观其设施,闻其言说,苟有庸心于鉴微知著者,奚问其志哉? 即其人而知之有余矣。坚冰者,非霜志也,势也。或驯致之,或不终致之,存乎辨之者尔。弗庸猜防也,弗庸禁制也,尤弗进而问其心也,固已辨矣。胡康侯之为桧欺也^③，据目前之志，忘驯致之变，宜其惑已。

【注释】

①汤：汤思退(1117—1164)：字进之，号湘水，处州龙泉(今浙江龙泉)人。秦桧死后，升为同知枢密院事、尚书右仆射、左仆射，孝宗时又为相，因主和战败而罢官，死于贬往永州的途中。传见《宋史·汤思退传》。史：即史弥远(1164—1233)：字同叔，明州鄞县(今浙江鄞县)人。淳熙十四年(1187)进士。宋宁宗开禧三年(1207)，史弥远与杨皇后密谋，遣人槌杀宰相韩侂胄，函其首送给金人请和，史弥远升任右丞相兼枢密使，独自为相长达十七年。宋宁宗死，弥远拥立赵贵诚，改名昀，即宋理宗。又为相九年。史弥远任相时，废除韩侂胄时的伪学之禁，对朱熹等人追赠官职。传见《宋史·史弥远传》。

②觌(dí)：看到。

③胡康侯：即胡安国。

【译文】

主张和议的人，前有汪伯彦、黄潜善，后有汤思退、史弥远，而人们敢与他们争论，是因为有可以争论的形势。君主对他们不充分相信，他们没有可以让人信任的手段。所以很快任用又很快罢职，而最终不能战胜公论。秦桧独能钳住天下人的口舌，完全反转了数十年的做法，狡猾的金人还进入了他的牢笼，宋王朝的六军都安于被他解散，他的爪牙党羽，难道在一个早上就能快意地残害和吞噬所有的人吗？在那个时候，察看他面目，观察他的措施，听他的言论，如果有人用心来鉴微知著，何用问他有什么用心呢？就他本人的这些情况就能对他了解得绰绰有余了。坚冰，不是陨霜时候就已具有的志向，只是事情演变到最后的必然的事势。有的人就顺着这条路一直到达了这个地步，有的人则没有最终达到这一地步,这由人们对他的分辨所决定。不用猜疑防范,不用禁止抑制,尤其不用进而问他的用心是什么,本来就已经可以分辨清楚了。胡安国被秦桧欺骗,是因为他只据目前所看到的秦桧的志向,忘了顺着这条路走下去会演变成什么情况,所以他当然会被迷惑。

十五

　　以势震人者,其倾必速;震之而不震者,其守必坚。其间必有非望之祸,与之相乘;非望之福,与之相就。非一幸而一不幸也,理之所必有,势之所必致也。楚虔之于乾溪①,夫差之于黄池②,苻坚之于淝水,完颜之于瓜步③,倾之速也,有合符焉。其恃威以震人者均,故其速倾均也。是以羊祜得西陵而固守④,高颎闻陈丧而班师⑤,拓拔佛狸临江而不渡,周世宗得淮南而许和。诚知夫极盛于外者,中且枵而难必起,自固其本,而后可徐图于后也。知此,则人震己以不可御之势,而凝立以待其自毙者,固必有道矣。

【注释】

①楚虔之于乾溪:楚虔即楚灵王,初名围,即位后改名虔,楚共王的儿子,杀侄子楚郏敖自立为楚王。楚灵王十一年(前530),率兵围徐,停留在乾溪(在今安徽亳州东南)。灵王之弟蔡公弃疾杀掉灵王之子太子禄和公子罢敌,立公子比为王,灵王的部队涣散,灵王无法回国,自缢而死。蔡公弃疾,逼使公子比和公子黑肱自杀,他登上王位,即楚平王。事见《左传》和《史记·楚世家》。

②黄池:在今安徽当涂东南。

③瓜步：山名，在今江苏六合东南。古时此山南临大江，相传吴人卖瓜于江畔，因以为名。此山为长江的军事要地，历来为南北双方交兵时必争之地。

④羊祜（221—278）：字叔子，泰山南城（今山东费县西南）人。曹魏时被司马昭封为钜平子，与荀勖共掌机密。晋代魏后，羊祜镇襄阳，都督荆州诸军事。上表奏请伐吴，遭到大臣反对，后病故。传见《晋书·羊祜传》。西陵：指西陵峡，在今湖北秭归至宜昌之间，是三峡中最长的峡谷。因位于楚之西塞和夷陵（即今湖北宜昌）的西边，故名西陵峡。西陵峡，峡中套峡，是长江三峡最险要的地段。

⑤高颎（541—607）：又名敏，字昭玄，渤海蓚（今河北景县）人。北周静帝时，左丞相杨坚专政，重用高颎。北周大定元年（581），杨坚受禅称帝，即隋文帝，以高颎为尚书左仆射，此后近二十年间，辅佐隋文帝，统一天下。后来隋文帝对高颎产生猜疑，将高颎除名为民，后被隋炀帝诛杀。传见《隋书·高颎列传》。

【译文】

用权势来震吓别人的人，他的倾覆必定很快；受到别人震吓而不因此害怕震吓的人，他的自守必定很坚强。这中间必定会有不曾指望的灾祸，与倾覆相互作用；有不曾指望的福禄，与自守相互助成。不是一为幸运一为不幸，这在道理上必然会有，在事势上必然会达到。楚灵王在乾溪，夫差在黄池，符坚在淝水，完颜亮在瓜步，很快就倾覆了，这就像符节完全相合一样。他们仗恃着威权来震吓别人都是一样的，所以他们迅速倾覆也是同样的。所以羊祜得到了西陵就加以固守，高颎听说陈朝灭亡就班师，拓拔佛狸来到长江边而不渡江，周世宗得到了淮南就允许南唐讲和。这都是确实知道在外部达到了极盛的时候，在内部就已虚耗而灾难将要发生，自我巩固根本，才可以徐徐地在以后谋求大事。知道这个道理，那么别人用不可抵御的权势来震吓自己时,自己就会凝神站立而等待对方的自毙,事情本来就必定是有其道理的。

德不足以绥,义不足以正,名无可执,衅无可乘,竭己之威力以加于人,是浮动之气也。气者,一浮而无乎不动者也;合数十万人而动其浮气,则一夫蹶起,而九军之情皆荡。况乎不恤其内之已空,而淫于外,授人以余地,使无惮以生其心,有不可坐而待其毙者乎? 且其极乎盛以相震者,数十万人也。其士卒,则强与弱之相间也;其将领,则忠与奸之相杂也。拊循不能周,而怨起于内也;迁延以相待,而进无所决也。功成而无所专归,则欲进而情已漫也;奔北而无能尽诘,则虽退而罪可避也。部分进而不相知闻,则无望其相援也。簇进而壅于道路,则名众而实亦寡也。交相倚而恃人,则自固之谋必疏也。本以相震,而非以生死相贸,则不受其震而必自沮丧也。如是,则以我孤立之军,敌彼云集之旅,制在我而不在彼,明矣。故谢安谈笑而待捷书,虞允文乍至而决进战①,非幸也,实有其可以相御之理也。

【注释】

① 虞允文(1110—1174):字彬父,隆州仁寿(今四川仁寿)人。绍兴三十一年(1161),以参谋军事犒师采石(今安徽当涂境内),当时主将罢职,三军无主,金完颜亮准备在此渡江,允文组织宋军进行防御,大破金军。次年任川陕宣谕使,与吴璘收复陕西数处州郡。乾道五年(1169)为相。传见《宋史·虞允文传》。

【译文】

德行不足以安定，道义不足以贞正，没有可以秉持的名义，没有可以利用的机会，竭尽自己的威力以加在别人身上，这就是浮动的气。气，一旦浮动起来就无所不动；集合数十万人而促动他们的浮动之气，那么只要其中一个人跌倒了，而整个军队的士气就都动摇了。何况不考虑内部已经空虚，而在外部发泄淫威，就让对方有了采取行动的余地，使对方不惧怕我方而产生攻击我方的用心，这样一来，还有不坐而待毙的吗？而且达到极盛而使己方产生震动的，是数十万人。其中的士卒，有强有弱；其中的将领，忠诚与奸邪混杂。安抚不能周遍，就会在内部产生怨恨；拖延等待，就会对前进不能决断。取得了成功而无所归属，那么再想前进也使心情已经散漫了；想逃跑而不能完全加以诘问，那么撤退也就可避开罪名了。各部分开前进而相互不知晓，就不要指望各部分的相互支持。各部队一同前进而堵塞在路上，就是名义上人数众多而实际上很少。相互倚靠而依赖别人，就会使自己固守的谋划必定疏略。本来是相互震动，而不是用生死来相交，就会不等受到对方的震动就必使自己沮丧。像这样，就是让我方的孤立之军，与对方云集的部队相对抗，对事态的控制就在我一方而不在对方，这是非常明白的了。所以谢安谈笑间等着捷报传来，虞允文临时到来而决定进军作战，这不是靠侥幸，实在是有他们可以控制局势的道理。

　　然则晋、郑锐起而向楚虏①，当无楚矣；赵鞅蹶兴而薄夫差②，当无吴矣。然而不能者，为其所震而不知其不足震也。若夫公子比之入③，句践之兴，慕容垂之叛，完颜雍之篡④，岂可几幸其必然哉？而一往之气，不恤其归；必得之情，不防其失；则不可几幸者，固可期也。是故居整以御散，用独以制众，散者必溃，众者必离。处静以待动，奋弱以抗强，动者必折,强者必摧。无他,虚与实之分,祸与福之纽也。君子观于此,而知所以自求,知所以应天下矣。见可忧者非忧也,见可惧者非惧也。所忧者无可忧之形,所惧者无可惧之迹也。姤之危也,始于嬴豕⑤;剥之孤也,终以得庐⑥。守其大常,以御其至变。贞胜者,胜之以贞而已。

【注释】

①晋、郑锐起:是王夫之的假设之辞。《左传》昭公十一年,楚灵王诱杀蔡灵侯,又派公子弃疾围蔡。当时晋国虽名为霸主,但无力制止楚国。此年秋,诸侯准备救蔡。郑国子皮说:天将弃蔡以壅楚,盈而罚之,蔡必亡矣。"晋国又派狐父到楚国请求放过蔡国,灵王也不答应,表明当时晋、郑不能锐起以对抗楚。楚虔:即楚灵王,已有注。

②赵鞅(?—前475):嬴姓,赵氏,原名鞅,后名志父,谥号简,史称赵简子。在世时为晋国卿大夫,协助晋定公执政十七年之久。事见《史记·赵世家》。

③公子比(?—前529):字子干,楚共王之子,楚灵王之弟。楚郏敖四年(前541),令尹子围绞杀郏敖,自立为楚君,即楚灵王,公子比出奔晋国。楚灵王十二年(前529),公子比联合楚诸公子,趁灵王远在乾溪,攻入郢都,杀死灵王的太子禄,公子比被立为王,不久又被公子弃疾胁迫自杀。事见《史记·楚世家》。

④完颜雍(1123—1189):即金世宗,原名完颜褒,女真名乌禄,金太祖完颜阿骨打孙,金朝第五位皇帝,1161年至1189年在位。趁海陵王完颜亮征宋,发动政变,自立为帝。停止与宋作战,革除海陵王弊政,被称为"小尧舜"。传见《金史·世宗本纪》。

⑤姤之危也,始于嬴豕:姤为《周易》姤卦,此卦第一爻的爻辞说:

"系于金柅,贞吉。有攸往,见凶,羸豕孚蹢躅。"金柅,指金属制
的车刹。金,代表坚刚之物,柅,用来制止车轮转动。能用坚刚
之物制止车动,所以贞吉。有攸往,见凶,意为此时应该制止不
动,如果有所往,就会见凶。羸豕,即瘦弱的猪。孚,即"浮",轻
浮躁动。蹢躅(zhí zhú),徘徊不前的样子。这句是说如果有所
往,就像一头瘦弱的猪轻浮躁动,欲前不前,就会凶。因此王夫
之说姤卦的危险始于弱猪的轻浮躁动。

⑥剥之孤也,终以得庐:剥为《周易》剥卦,此卦上九爻辞说:"硕果
不食,君子得舆,小人剥庐。"象辞的解释是:"君子得舆,民所载
也。小人剥庐,终不可用也。"舆为车,庐为屋,车代表行,屋代表
居住不行。君子与小人在此时各自处于不同的状态,君子为民
所载,小人虽得庐,却是终不可用。王夫之用来比喻说此时如同
小人一样,不像君子得到民众拥戴,所以孤独而不可用。

【译文】

这样说来,晋国、郑国出动精锐而向楚灵王进军,就应当没有楚国
了;赵鞅崛起而逼近夫差,就应当没有吴国了。然而不能做到这样,是
因为受到对方的震动而不知道对方不足以震动己方。至于公子比进入
国都,句践的兴起,慕容垂的反叛,完颜雍的篡位,难道可以侥幸期待他
们必然会成功吗?有一往无前的气势,就会不顾及回头的退路;有一定
要得到的意志,就不会防备事情的失误;那么不可侥幸取得成功,本来
就是可以期待的。所以处于完整状态而对抗分散的敌人,使用独立的
部队来制服众多的敌手,分散的一方必定溃败,众多的敌手必定离散。
处于安静之中来面对处于行动的对方,使弱者奋起而抵抗强者,处于行
动中的一方就必定会败折,而强者必定会被摧毁。没有别的原因,这就
是虚与实的区分,祸与福的枢纽。君子观察到这种情况,就知道自己要
得到什么,知道如何对应天下的事了。看到可担忧的事情,这不值得忧
患,看到可畏惧的事情,这不值得畏惧。所要担忧的是没有可以担忧的

外在形态,所要畏惧的是没有可以畏惧的外在形迹。姤卦的危险,是在赢猪的轻浮躁动时开始的;剥卦的孤独,是最终得到了庐而未得到民众的拥戴。守着事物最大的常道,以对应事物的复杂变化,才能取得贞胜。所谓的贞胜,就是用正道来取胜。

十六

　　荣悴之际,难言之已。贫贱者,悴且益难胜也;崇高者,荣愈不能割也。故代谢之悲,天子与匹夫均,而加甚焉。太宗册立爱子,犹不怿,曰:"人心遽属太子,置我何地?"高宗之于孝宗①,未有毛里之恩也②。乃年方盛,而早育之宫中;天下粗定,而亟建为冢嗣;精力未衰,而遽授以内禅。迨其退养德寿,岁时欢宴,如周密所记者③,和气翔洽,溢于色笑,翛然无累④,忘其固有天下之荣,得不谓高人一等乎?

【注释】

　　①孝宗(1127—1194):赵昚(shèn),名伯琮,后改名瑗,赐名玮,字元永,宋太祖七世孙,1163年至1189年在位。高宗的儿子元懿太子夭折后再没有嗣子,从赵氏宗族中选择赵瑗为太子。绍兴三十二年(1162),高宗让位给太子,是为宋孝宗。淳熙十四年(1187),高宗病死,孝宗服丧,让太子赵惇参预政事。淳熙十六年(1189),孝宗禅位给太子,即宋光宗。孝宗称太上皇,闲居重华殿。光宗长期不探望孝宗,孝宗闷闷不乐而病,在光宗绍熙五年(1194)6月病逝。传见《宋史·孝宗纪》。

　　②毛里之恩:指父母之恩。《诗经·小雅·小弁》:"不属于毛,不离于里。"毛在外,指父。里在内,指母。

③周密(1232—1298)：字公谨，祖籍山东济南，后寓居义乌(今浙江义乌)。南宋末年曾任义乌令、浙西帅司幕官。宋亡，入元不仕，隐居弁山，后移居杭州。著有《齐东野语》、《癸辛杂识》、《武林旧事》等。

④翛(xiāo)然：无拘无束、超脱的样子。

【译文】

荣华和枯败之间的差别，是很难说的。地位贫贱的人，自身枯悴就更难取胜了；地位崇高的人，荣华是更加不能割舍的。所以对于新陈代谢的悲伤，天子与匹夫是一样的，而且天子的悲伤更为沉痛。宋太宗册立爱子为太子，还在心中感到不愉快，说："人心一下子就归属太子了，把我置于何地？"高宗对于孝宗，未有亲生父母的恩情。在高宗年富力强的时候，很早就把孝宗收进宫中加以养育；天下大体安定之后，就很快立为太子；在高宗精力还没有衰弱的时候，就马上在宫内禅让了帝位。等到他在德寿宫退位休养的时候，过年过节时与孝宗欢聚宴乐，如周密所记载的，双方的和气融洽，洋溢在脸色和笑容上，超然快乐没有拖累，忘了原来当皇帝时天下最高的荣华，能不说是高人一等吗？

人之于得失也，甚于生死。一介之士，身首可捐，而不能忘情于百金之产。苟能夷然澹定以处得失，而无悁悢之心，是必其有定力者也。则以起任天下之艰危，眷怀君父之隐痛，复何所顾惜，而不可遂志孤行以立大节？物固莫御也。然而高宗忘父兄之怨，忍宗社之羞，屈膝称臣于骄虏，而无愧怍之色；虐杀功臣，遂其猜妒，而无不忍之心；倚任奸人，尽逐患难之亲臣，而无宽假之度。孱弱以偷一隅之安，幸存以享湖山之乐。恬滞残疆①，耻辱不恤，如此其甚者，求一念超出于利害而不可得。繇此言之，恬淡于名利之途者，其未足以与于道，不仅寻丈之间也。

【注释】

①湔(zhān)滞：散败，残破。

【译文】

人们对于得失，看得比生死还重。一个士人，身体脑袋都可捐出，却不能忘情于百金的财产。如果能平静淡定地对待得失，而没有抱怨愤恨的心情，这肯定是有定力的人。那么起用他承担天下的艰危，眷顾关心君父的隐痛，还会顾惜什么而不能实现自己的志向，靠孤身践行而建立宏大的气节呢？事物本来是不能抵御这种人的。然而高宗忘了父兄的仇恨，忍着宗庙社稷的耻辱，屈膝向骄狂的金人称臣，而没有惭愧的脸色；残害功臣，完成了他对功臣的猜疑防范，而没有不忍的心意；倚靠任用奸人，把共患难的亲近大臣全部驱逐，而没有宽容的度量。孱弱地在一隅苟且偷安，庆幸活在世上而享受湖山的快乐。面对残破剩余的疆土还不顾耻辱，像这样过分的人，求他有一念超越利害都是不能得到的。由此言之，对名利之途表示恬淡的人，他是不足以一起论道的，这之间的差距不是只有几尺或一丈之间。

　　人之欲有所为者，其志持之已盈，其气张之已甚，操必得之情，则必假乎权势而不能自释。人之欲有所止者，其志甫萌而即自疑，其气方动而遽求静，恒留余地以藏身，则必惜其精力而不能自坚。二者之患，皆本原于居心之量；而或逾其度，或阻其几，不能据中道以自成。要以远于道之所宜而堕其大业，皆志气之一张一弛者为之也。夫苟弛其志气以求安于分量之所可胜，则于立功立名之事，固将视为愿外之图，而不欲与天人争其贞胜。故严光、周党、林逋、魏野之流①,使出而任天下之重,非徒其无以济天下也,吾恐其于忠孝之谊,且有所推委而不能自靖者多也。诚一弛而不欲固张,则且重抑其情而祈以自保,末流之弊,将有不可胜言者矣。

【注释】

①严光:字子陵,会稽余姚(今浙江余姚)人。原姓庄,因避汉明帝刘庄讳改姓严。少时与光武帝刘秀为同学好友,后帮刘秀起兵,刘秀称帝后,多次延聘,他均不接受,隐居富春山。传见《后汉书·逸民传·严光传》。周党:西汉末至东汉初人,太原广武(今山西广武)人。家原富有,父母早亡,家产尽失,至长安治学。王莽篡政,周党闭门闲居。汉光武欲召为议郎,周党称病不仕。光武再召,以野人装束相见,光武赐绢,仍回故里。此后在渑池隐居。传见《后汉书·逸民传·周党传》。

【译文】

　　人想有所作为,他的志向已经充满胸中,他的气势已经充分伸张,怀着一定要得到的心情,就必定要借助权势而不能自我释怀。人想有所停止,他的志向才萌发就会自我怀疑,他的心气才萌动就会马上求得安静,总是留有余地来隐藏自身,就必然要爱惜他的精力而不能自我坚定。这两种情况的毛病,其本源都在居心的度量上;或是越过了其度量的限度,或是因其度量刚刚萌动而受阻挠,都不能根据中正之道而使自己完成志向。总之都是远离了道的准则而毁坏了他的大事业,这都是志气的一张一弛造成的。如果弛缓了他的志气而想安心于根据本分所能胜任的事,就会把立功立名视为超出本分的追求,而不想与天与人相争以求贞胜了。所以严光、周党、林逋、魏野这种人,让他们出仕而担任天下的重任,不仅无法救助天下,我还怕他们对于忠孝之义也会有很多理由加以推诿而不能自安。实在是因为一旦松弛了志气而不想伸张志气,就将严重地压抑他们的心情而只求自保,这种处世态度走到末流的时候,将会有许多无法罗列的害处。

　　己与物往来之冲,有相为前却之几焉①。己进而加乎物,则物且退缩而听其所御;御之者,有得有失,而皆不能不受其御也。己退而忘乎物,则物且环至而反以相临;临己者,有顺有逆,而要不能胜其临也。夫苟不胜其临矣,力不可以相御与? 则柔巽卑屈以暂求免于害者,无所复吝。力可以相御与? 则畏之甚,疑之甚,忍于忮害以希自全。故庄生之沉溺于逍遥也,乃至以天下为羿之彀中②,而无一名义之可恃,以逃乎锋镝。不获已而有机可乘,有威可假,则淫刑以逞,如锋芒刺于衾簟③,以求一夕之安。惟高宗之如是矣。故于其力不可御者,称臣可也,受册可也,割地可也,输币可也。于其力可御者,可逐则逐之已耳,可杀则杀之已耳。迨及得孝宗而授之,如脱桎梏而游于阆风之圃④,不知有天子之尊,不知有宗社之重,不知有辱人贱行之可耻,不知有不共戴天之不可忘。萧然自遂,拊髀雀跃于无何有之乡⑤,以是为愉快而已矣。

【注释】

①几:指事物发生变化的早期隐微苗头,不易看到,但预示事物将要发生大的变化。《周易·系辞》中说:"几者,动之微,吉之先见者也。"这里是说己与物的进退转换也有隐微苗头,值得注意。

②以天下为羿(yì)之彀(gòu)中:羿,夏代有穷国君主,善射,故称后羿、夷羿。彀中,指套中,形容无法逃脱的限制。

③衾簟(qīn diàn)：被子和竹席。

④阆风之圃：即阆风巅。阆风，山名，在昆仑之上。古人以阆风、玄圃为神仙居住的地方。

⑤髀(bì)：大腿。无何有之乡：语出《庄子·逍遥游》篇，无何，有指什么东西都没有。乡，指处所，地方。比喻空无一物的地方。

【译文】

　　自己与外物的往来对冲，有相互前进后退的隐微苗头。自己前进而把自己的力量加到外物身上，外物就将要退缩而听从于自己的控御；控御外物的人，有得也有失，而外物都不能不受自己的控御。自己后退而忘了外物，外物就将环绕而至，反过来君临于自己；君临于自己的外物，有顺也有逆，而总之是自己不能战胜外物而让外物君临自己。如果不能战胜外物君临自己，是自己的力量不能控御外物吗？那么自己就会柔顺卑屈暂求免受祸害，也就什么事都不吝惜去做了。是自己的力量可以控御外物吗？也会因为自己对外物已经非常畏惧，非常疑虑，就将忍受外物对自己的残害而求得自全。所以庄子沉溺于逍遥，乃至于把天下都看作后羿的套子，而没有一个名义可以倚恃，以逃离刀锋箭镝的威胁。不能摆脱这种情况，就会一有机会就要利用，一有威势就要借用，而使淫刑得逞，就像锋芒在被子和衣服中刺出来一样，以求得一夕的安全。而高宗就正是这样，所以在他的力量不可控御的情况下，向对方称臣也可以，受到册封也可以，割让土地也可以，输送钱财也可以。在他的力量可以控御的情况下，能驱逐的就驱逐了才算完，能杀掉的就杀掉才算完。等着找到了孝宗就把帝位传给他，如同摆脱了桎梏而在神仙的境界中游玩，不知道还有天子的尊贵，不知道还有宗庙社稷的重要，不知道还有受人羞辱和低贱行为之可耻，不知道还有不共戴天之仇是不可忘的。于是就不承担任何责任而自我放逸，拍着大腿而在无何有之乡雀跃，以此作为愉快而已。

　　三代以下，人君之能享寿考者，莫高宗若也。其志逸，其气柔，其嗜欲浅，而富贵之戕生者无所耽溺，此抑其恬淡知足之自贻也。然而积渐以糜天下之生气，举皇帝王霸愁留之宇宙而授之异族，自此始矣。故曰："无欲然后可以语王道。"知其说者，非王道之仅以无欲得也。退而不多取之利欲者，进而必极其道义之力。自非圣人，则乘权处势以免天下于凶危者，尚矣。是岂徒人主为然哉？鸡鸣不起，无所孳孳，进不为舜，退不为跖①，行吟坐啸，以求无所染。迨其势之已穷，则将滥入于跖之徒而不自戢，所必然矣。窜李纲，斩陈东，杀岳飞，死李光、赵鼎于瘴乡②，其为跖之徒也，奚辞？君子鉴之，尚无以恬然自矜洁己哉！

【注释】

①跖(zhí)：即盗跖，原名展雄，又名柳下跖、柳展雄，相传是柳下惠的弟弟，鲁孝公之子公子展的后裔，以展为姓。在先秦古籍中，称为盗跖或桀跖，是大盗首领，《庄子·盗跖》篇说："盗跖从卒九千人，横行天下，侵暴诸侯。"

②李光(1078—1159)：字泰发，越州上虞(今浙江上虞)人。高宗时拜参知政事，与秦桧政见不合，被排挤出朝。秦桧死后，为左朝奉大夫。传见《宋史·李光传》。

【译文】

　　夏、商、周三代以下，人君能享受长寿的，没有谁能比得上高宗。他的志向放逸，他的气度柔软，他的嗜欲浅少，而富贵能对生命造成危害的事他都不耽好沉溺，这都是他的恬淡知足心境所带来的。然而不断积累下去也就消靡了天下的生气，把皇帝王霸传留给后代的天下全都交给了异族，就是从这时开始的。所以说："没有欲望然后可以谈论王道。"了解这种说法的人,就会知道王道不是仅能靠没有欲望才能得到的。退而不想多取的利欲,进而必要极尽他的道义之力。如果不是圣人,就会利用权势来让天下避免凶险,这是最高等的了。这难道只有人主是这样的吗?清晨鸡鸣还不起来,什么事也不勤勉地去做,进不当尧舜,退不当盗跖,只知行吟坐啸,以求不受社会的影响。等到他的权势已经穷尽,就将滥入到盗跖的徒众之中而不能自我约束,这是必然的了。流放李纲,斩首陈东,杀死岳飞,将李光、赵鼎流放到瘴疠之地逼死,他已经是盗跖的徒子了,又怎能逃避这个恶行?君子以此为鉴,还是不要以恬然自矜来让自己清高吧!

卷十一　孝宗

【题解】

　　宋孝宗赵昚(shèn，1127—1194)，宋太祖的七世孙，南宋第二任皇帝，1162 至 1189 年在位。宋高宗只有一个亲生儿子元懿太子，夭折后选择孝宗为太子，绍兴三十二年(1162)，高宗禅让帝位。孝宗即位后，命令老将张浚北伐，但在符离战败，只得又与金国签订"隆兴和议"。孝宗在淳熙十六年(1189)又禅位于太子(宋光宗)，自称太上皇。

　　王夫之对孝宗时期的评论，重点是论符离之战的溃败，同时对宋金再次和议也有评价。

　　关于符离之战的溃败，王夫之认为不能因为一次作战失败就完全丧失信心，如汉高祖曾被匈奴包围，后经文、景时期休养生息，到武帝时就能攻破匈奴。孝宗在一次战败后就萎散不振，丧失信心，是不足取的。在当时，如果冷静分析形势，积极备战，积聚力量，仍有可能复兴。

　　孝宗乾道元年(1164)，宋与金和议再成，从此四十年间，双方没有战争。人们认为这是一件好事，王夫之则有不同看法，他说：偷安之士为此而罢三军，而不恤无穷之祸，是一种短见。宋与女真相枕而亡，其征兆由此已经表现出来了。秦桧掌权时，把宋朝的军事将领打击得非常重，岳飞被害死后，免于其祸者，都循墙而走，不敢有所激扬，其后的宋朝将领，都变成循文法、避指摘的庸材了。而士卒们则甲断矛挠，逍遥坐食,抱子以嬉,视荷戈守垒的辛劳,如汤火一样不可赴,这是长期和平对军队建设的极大破坏。士大夫们,其不肖者耽于娱嬉,贤明者苟求无过,以君子自矜,把边防作战之事视为前生之梦,毫无斗志,只求偷安。这就使宋王朝奄奄衰息,无复生人之气。同样,女真也因为长期的和平而丧失了战斗力,无法对抗蒙古新锐之兵。所以王夫之告诫人们:"天下虽安,忘战必危。安而忘战,其危可必,况在危而以忘战为安乎?"这种偷安享乐的和平不是真正的和平,对于和平与战争的关系,只有具备"通识者"才能"洞观",非流俗所得与知。他的见解不仅是对宋人的批评,对任何时候的人们来说,都有极深的警示意义。

一

汉之于匈奴也,高帝围,吕后嫚,掠杀吏民,烽火通于甘泉①,文帝顾若忘之,而姑与款之。垂及于景帝,休养数十年,人心固,士马充,武帝承之,乃始举有余之力,拔将于寒微,任其方新之气,以绝幕穷追,而匈奴破败以遁。东晋之势,弱不能支,祖逖死,桓温败,廷议不及中原者数十年。谢安端默凝立,声色不显,密任谢玄练北府之兵,而苻坚百万之师披靡以溃。刘裕承之,俘姚泓,斩慕容超,拓拔、赫连无能与竞。使孝宗而知此,亦何至符离一败②,萎敝而不复振,以迄于宋之亡哉?

【注释】

①甘泉:汉代甘泉宫,在今陕西淳化西北甘泉山。本是秦朝的林光宫,汉武帝时扩建,在此避暑,接见诸侯王以及郡国上计吏和外国宾客等。

②符离一败：南宋隆兴元年(1163)，宋军渡淮北伐，在符离(今安徽
　　宿州北)被金军击溃。此前，宋孝宗即位，锐意抗金，命张浚为江
　　淮宣抚使，统大军驻屯泗州、庐州、濠州等地。金世宗完颜雍命
　　右丞相仆散忠义等人率军进驻河南。宋军首先进攻，收复灵璧、
　　虹县，又攻克符离城。宋将邵宏渊不愿受李显忠节制，二人分统
　　所部，各自为战。邵宏渊不战而退，李显忠孤军无援，只好夜遁。
　　金军乘势追击，宋军大溃败。

【译文】

　　汉朝对匈奴，汉高帝被包围，吕后被侮辱，匈奴掠杀汉王朝的官吏
民众，战火烧到甘泉宫，汉文帝好像全都忘了这些耻辱，而姑且与匈奴
和平相处。此后到了汉景帝的时候，休养生息数十年，人心稳固，士马
充足，汉武帝继承了这些资产，才开始用有余的力量，从寒微中提拔出
大将，使用他们全新的气势，穿越沙漠对匈奴穷追猛打，而匈奴就破败
而逃了。东晋时的形势，已经衰弱得不能支撑，祖逖死后，桓温战败，朝
廷议事不提及中原，这种情况长达数十年。谢安端庄静默凝神挺立，声
色不加显露，秘密任命谢玄训练北府兵，而符坚百万之师就被东晋打得
披靡溃败。刘裕继承了东晋的力量，俘虏了姚泓，斩杀了慕容超，拓跋
氏、赫连氏都不能与他竞争。假使孝宗也能这样做，哪里又会在符离战
败之后，就萎靡不再振作，以至于宋王朝最终灭亡呢？

　　孝宗初立，锐志以图兴复，怨不可旦夕忘，时不可迁延
失，诚哉其不容缓已。顾当其时，宋所凭借为折冲者奚恃
哉？摧折之余，凋零已尽，唯张德远之孤存耳。孝宗专寄腹
心于德远，固舍此而无适与谋也。然而德远之克胜其任，未
可轻许矣。其为人也，志大而量不弘，气胜而用不密。量不
弘，用不密，则天下交拂其志，而气以盛而易亏。故自秦桧

擅权以来,唯盛气以争得失,而不早自图惟:虏盟已败、桧奸已露之余,事权一旦归我,而何以操必胜之术?兵孰老而孰壮?将孰贤而孰奸?刍粮何取而不穷?马仗何从而给用?呼而即应者,何以得吏士之心?合而不乖者,何以成同舟之济?谋之不夙,则临事四顾而彷徨;信之不坚,则付托因人而即授。乃自其一窜再窜、颠倒于奸邪之手,君情不获,群望不归,观望者徙倚而谅其志之难成,媢嫉者侧目而幸其功之不就。当其飘摇远徙,祸切焚身,避影销声,于当世无周爱之咨访①;虽曰老臣,而拔起迁谪之中,犹新进也。一旦勃兴,与天子订谋于内,遂欲奋迅以希莫大之功,率一往之情,无可继之略,岂秉麾建旆,大声疾呼,张复仇雠、驱匪类之义声,遂足以抗百战不摧之骄虏哉?一败而终不复兴,固其所必然者也。

【注释】

①周爱:《诗经·小雅·皇皇者华》:"载驰载驱,周爱咨诹。"又重复为周爱咨谋、周爱咨度、周爱咨询,意思都是说周遍地咨询。

【译文】

孝宗刚继位的时候,锐志以求中兴,与金人的怨仇旦夕不能忘记,时机不可拖延而失去,真的是不容迟缓了。但在当时,宋王朝与金人相争又能依靠什么呢?战败挫折之余,将领凋零已尽,只有张浚一个人还在而已。孝宗只把张浚当做自己的心腹,本来除了张浚就没有其他人可以商议大事了。然而张浚能胜任这个重担,也不是可以轻易认同的。张浚的为人,志向大但度量不大,意气强而用心不细密。度量不大,用心不细密,于是天下交相违逆他的意志,而意气太盛就容易虚亏。所以自秦桧专擅大权以来,他只是用太盛的意气来与秦桧争得失,而不及早由自己来考虑如下的事情:敌人已经破坏盟约、秦桧的奸邪已暴露无遗,朝廷大权一旦归我,又拿什么作为必胜的方法?军队谁为疲惫谁为强壮?将领谁为贤明谁为奸邪?粮草如何才能取用不尽?武器装备怎样才能足够供应?一呼而即得到响应,靠什么得到官吏将士的忠心?集合起来而不违背命令,怎样才能使大家一心来同舟共济?谋划的不早,因此事到临头就四顾而彷徨;对人的信任不坚定,因此托付重任时就是因人而授命。而自从他一再被流放、在奸邪之人手中被来回玩弄,不能得到君主的信任,人们的期望也不归于自己,观望的人犹豫徘徊而认为他的志向难以实现,嫉妒的人侧目看着他而对他的不能成功幸灾乐祸。当他飘摇流放在远地的时候,灾祸切近而自身受伤,让自己的身影避开灾祸而让声音沉寂,在当世没有可供周遍咨询的人才;虽然说是宋王朝的老臣,但是从流放贬谪之中重新提拔任用的,还是等于新进的官员。一旦勃然兴起,与天子在内商议谋略,就想奋起以求莫大的事功,运用一往向前的心情,却没有可以后继的谋略,难道秉持大旗指挥军队,大声疾呼,提出对仇敌复仇、驱除匪敌的义声,就足以对抗百战不败的强虏吗?一次战败而最终不能复兴,也就会必然如此了。

　　夫孝宗而果为大有为之君,德远而果能立再造之功也,则处此固有道矣。完颜亮南犯而自毙矣,完颜雍新抚其众而不遑远图,未有寻盟索赂之使,渡淮而南。则固可急修内治,择帅简兵,缮备积储,而从容以求必胜之术也。汤思退可逐而未逐;尹穑、王之望可窜而未窜①;史浩可戒之以正②,而听其浮沉;虞允文、陈康伯可引与同心③,而未遑信任;朱元晦、刘共父可使秉国成,而尚淹冗散。如其进贤远奸,成画一之朝章,则国是定,而无伏莽之宵人乘小挫而进其邪说。于是而庙议辑矣,人心翕矣,犹无事遽尔张皇迫于求获也。杨存中、吴璘虽老④，犹可就访所托之偏裨；张、韩、刘、岳部曲虽凋，犹可求惯战之材勇。将未得人，草泽不无英尤之士；兵虽已弛，淮、襄、川、陕自多技击之材。罢湖山之游幸，以鼓舞人心；严渔侵之奸欺，以广储刍粟。缮淮、泗、襄、汉之城堡，进可战而退可凭；简西南溪峒之蛮兵⑤，气用新而力用壮。经营密定于深宫，威信无猜于阃外，竭十年生聚教训之劳，收积渐观衅乘时之效。然后绝其信使，责以驳奔⑥。彼且怀忿而起不戢之兵，我固坚立以待狂兴之踬⑦。如是以图之，燕、云即未可期，而东收汴、雒，西扫秦、川，可八九得矣。此之弗虑，猝起德远于摧抑之余，积不平之志气，视举朝如醉梦，而己独醒；却众议以愤兴，而激其妒忌。孝宗企足而望澄清，德远攘臂而争旦夕。孤遣一军，逍遥而进，横击率然之腰⑧，姑试拚蜂之螫⑨。李显忠万里初归⑩，众无与亲；邵宏渊百战未经⑪，怀私求试；则苻离之溃，虏不蹑迹而相乘，犹其幸也。

【注释】

①尹穑：字少稷，河南人，生卒年不详。符离兵溃，尹穑认为国力未备，宜与敌讲和，但只可增加岁币，而不要割让土地。金人仍然入侵，人们批评和议之失，说尹穑依附汤思退，排挤张浚，主张和议，以成奸谋，应当斩首。孝宗将主张和议之臣，包括尹穑，相继废黜。传见《宋史·尹穑传》。王之望（1102—1170）：字瞻叔，襄阳谷城（今湖北谷城）人。高宗末年，力主和议，以割地啖敌为得计。孝宗即位后，吴璘收复商、陕、原、环等十七郡，陈康伯主政，让吴璘撤军，宣谕使虞允文不从命，改命王之望为宣谕使，王之

望命吴璘撤军,结果被金兵追击,三万人仅余七千,王之望给孝宗上奏,以为南北之形已成,当移攻战之力以自守,使南宋丧失北进收复之意。传见《宋史·王之望传》。

②史浩(1106—1194):字直翁,明州鄞县(今浙江宁波)人。孝宗时,任参知政事,为赵鼎、李光、岳飞等人平反,但认为南宋无力恢复中原,不如维持偏安一隅的现状。张浚极力主张北伐出兵,孝宗赞成张浚的主张,史浩因此罢相。传见《宋史·史浩传》。

③陈康伯(1097—1165):字长卿,弋阳(今江西弋阳)人。孝宗时任参知政事、枢密使,力主抗金,江淮地区战败,人心惶惶,陈康伯力阻,高宗逃到海上。又荐虞允文为参谋军事,在采石击败完颜亮,加上完颜亮被部将杀死,形势得以好转。张浚与陈康伯主张北伐,初期取得战绩,但符离之败,使宋与金再次议和,陈康伯罢官回乡。传见《宋史·陈康伯传》)。

④杨存中(1099—1164):本名沂中,字正甫,原籍代州崞县(今山西原平),后移居麟州(现陕北神木)。绍兴十一年(1141),在柘皋之战中,大败金兵拐子马,后以太师致仕。杨存中大小二百余战,身被五十余创,宿卫四十年。传见《宋史·杨存中传》。吴璘(1102—1167):字唐卿,德顺军陇干(今甘肃静宁)人。绍兴初年与兄吴玠守和尚原、饶凤关、仙人关,屡败金兵。吴玠去世后,吴璘升镇西军节度使。创造"垒阵"战法,专门对付金人的骑兵冲锋。因战功卓著,乾道元年(1164),封为太傅和新安郡王。传见《宋史·吴璘传》。

⑤溪峒之蛮兵:渝、鄂、湘、黔四省市边区的武陵山脉一带古称溪峒,当地居民,古时称为蛮族,其兵称为蛮兵。

⑥骁(tuì)奔:马受惊奔跑,此指军队狂奔冲击。

⑦踬(zhì):被东西绊倒、跌倒。

⑧率然之腰:率然,传说中的一种蛇。《孙子·九地》篇说:"善用兵

者,譬如率然。率然者,常山之蛇也。击其首则尾至,击其尾则首至,击其中则首尾俱至。"王夫之谓张浚攻击金人一处将遭到多处反击,批评他的进军计划不周密。

⑨拚蜂之螫:蜂用自己的尾刺螫人,螫人之后自己也会死掉,比喻不惜拼死也要攻击。这是批评张浚不顾敌人的拼命反攻。

⑩李显忠(1108—1177):初名世辅,绥德军青涧(今属陕西)人。其家族被金人杀害二百余口,显忠借兵西夏,收复陕西五路,后归宋,赐名显忠。符离之战时,因副使邵宏渊忌功,不予配合,致使兵败,贬为果州团练使,潭州安置。传见《宋史·李显忠传》。

⑪邵宏渊:生卒年不详,符离之战中,与李显忠不和,不加配合,导致宋军战败。

【译文】

孝宗如果真是大有作为的君主,张浚如果真能建立再造宋朝的事功,那么面对这个局势本来是有办法的。完颜亮南下侵犯而被自己人杀死了,完颜雍忙着安抚金国的众人而来不及谋划攻打远方的宋王朝,未派出使节与宋王朝订立盟约索求钱财,未渡过淮河南来宋朝。那么宋王朝本来可以赶紧修整内部政务,选择将帅,挑选士兵,缮修和准备物质积储,而从容地谋求必胜的方法。汤思退可以驱逐而没有驱逐;尹穑、王之望可以流放而没有流放;史浩可以用正道加以告诫,却听任他的沉浮;虞允文、陈康伯可以引为同心同德的重臣,却未来得及加以信任;朱熹、刘珙可以让他们掌管国家的大政,却让他们淹滞在冗散官员之中。如果孝宗能进用贤人而疏远奸人,制定整齐划一的国家规章制度,那么国家的大政就能确定下来,而不会让趴伏在草莽中的小人利用小有挫败的机会而进献他们的邪说。这样就会使朝廷中关于国家大政的商议稳定下来,使人心凝聚起来,而不用仓皇匆促地忙着寻求取得战争的胜利。杨存中、吴璘虽然年老,朝廷还可向他们所托付的偏将进行咨询;张俊、韩世忠、刘锜、岳飞的部队虽然已经凋零,朝廷还可寻求惯于作战的有才能的勇将。将领没有找到合适的人选,民间还有英杰人才;部队虽已松弛,但在淮河、襄阳、川蜀、关陕地区还有不少可以作战的人才。停止游幸湖山,以此来鼓舞人心;严禁奸邪之人对百姓侵扰盘剥,以广储粮草。修缮淮河、泗河、襄阳、汉中地区的城堡,进可以作战而退可以防守;挑选西南溪峒中的蛮族士兵,用他们的新生之气和壮勇之力。在深宫中秘密商定布置经营的方略,对朝外的将领不要猜疑而树立起君主的威信,竭尽力量进行十年的生聚教训,收取逐渐积累而观察利用时机的功效。然后断绝与金人的信使来往,谴责他们军队肆无忌惮的入侵。他们将要怀着愤恨而出动无法约束的部队,我方采取坚守的态度以等待他们狂奔之后的仆倒。像这样来谋划,燕、云即使不能如愿收回,但向东收复汴京、洛阳地区,向西横扫三秦、川蜀地区,也有十之八九的把握了。不考虑这些事情,仓促间把张浚从贬斥流放中提拔起用,他心中积有愤愤不平的志气,把全朝廷的人都看作醉生梦死的人,只有自己独自清醒;斥退众人的议论而借着一腔愤恨之气起来任职,就会激起人们对他的嫉妒。孝宗抬着脚跟急切盼望他来澄清国家事务,张浚挥动手臂而争一朝一夕的战功。孤单地派出一支部队,放松逍遥地向前进军,横向攻击敌军的腰部而不顾及敌人头尾的反攻,姑且尝试向拼死命反攻的敌人进攻。李显忠自万里之外刚刚来归,众人之中没有谁和他亲近;邵宏渊未经百战,怀着私心请求试用;符离之战溃败,敌人没有随着败军的脚印乘机反攻,还是宋王朝的侥幸。

萧思话一溃[①],而刘宋日削;吴明彻一奔,而陈氏族亡;契丹之送死于女直,女直之舆尸于蒙古,皆是也。宋之不亡,其能几乎?人言和而我言战,义足以相胜,名足以相压。而强敌窥见其无成谋,则气益振;异己者坐待其无成绩,而互相摇;天下亦共望其有成功,而终不可得。史浩曰:"一失之后,恐陛下不得复望中原。"未必非深识之言也。孝宗在位二十七年,德远虽没,未尝不可有嗣以图功者,惜哉其一仆而终不能兴矣。情愈迫者,从事愈舒;志愈专者,咨谋愈广;名愈正者,愈尽其实;断愈坚者,愈周其虑。大有为之君相,务此而已矣。

【注释】

①萧思话(400—455):南兰陵(今江苏武进)人,南朝宋文帝刘义隆及孝武帝刘骏的重臣。元嘉七年(430),宋文帝北伐,北魏太武帝反击,宋军战败,退守滑台(今河南滑县)。檀道济前往救援,进抵历城(今山东济南),因粮草被烧,只好退兵。此时萧思话驻守青州(今山东青州),见檀道济撤军,便放弃青州逃跑,结果青州治所东阳城内的物资积聚全部被焚。传见《宋书·萧思话传》。

【译文】

萧思话一旦溃败,刘宋就日益削弱了;吴明彻一旦逃奔,南朝陈氏的皇族就灭亡了;契丹向女真送死,女真用车拉着尸体向蒙古投降,都是这样的。宋王朝的不亡,它还能等多久呢?对方说要讲和而我方则说要战,道义上足以胜过对方,名义上足以压倒对方。强敌看出我方没有成算,他们的士气就会更加振奋;异己之人坐等着执政者不能取得成功,而互相攻击;天下也希望朝廷能取得成功,而最终不能取得成功。史浩说:"一次失败之后,恐怕陛下就不能再期望恢复中原了。"未必不是深有见识的话。孝宗在位二十七年,张浚虽然死了,未必不会有继承者来谋求成功,可惜孝宗在一次失败之后就最终不能再次兴起。心情越是急迫,做事就越是舒缓;志向越是专一,咨询就越是广泛;名义越是正当,就越要全部了解它的实际内容;决断越是坚定,思考就越要周密。

大有作为的君主和宰相,只是要做到这些而已。

二

孝宗奉养德寿宫,极爱敬之忱,俾高宗安老以终寿考,三代以下,帝王事其亲者之所未有,为人后者为之子,道无以尚矣。夷考嗣立以后,多历年所,大典数行,徒于所生父母未闻有加崇之举。奉大义,尊正统,抑私恩,矫定陶、濮邸之失①,其可为后世法乎?

【注释】

①定陶:即汉代定陶王刘康(? —前23),汉元帝的次子,母亲为傅昭仪。刘康多才艺,深受元帝宠爱,元帝欲立傅昭仪为后,以刘康为太子,以取代皇后王政君和太子刘骜,因匡衡、史丹劝谏而作罢。刘骜继位即为汉成帝,依照元帝遗意,对定陶王刘康给予优厚待遇。定陶王与妾丁姬所生的儿子刘欣,嗣爵为定陶王。汉成帝无子,即以刘欣为太子。成帝去世,刘欣即位,为汉哀帝。

【译文】

孝宗把高宗奉养在德寿宫,用极为爱敬的热忱,使高宗安心养老而长寿告终。三代以下,帝王奉事他的亲人,还没有像这样的,作为人家后人的人就是人家的儿子,道义没有比这更高的了。考察孝宗继位之后,经历了许多年,重大典礼数次举行,只是没有听说他对自己的亲生父母有提高名号礼仪的举动。遵奉大义,尊重正统,压抑私人的恩情,矫正定陶王、濮王的儿子对其亲生父亲的过失,孝宗这样做能成为后人的榜样吗?

夫议道以垂大法、正大经者，固未可一概论也。《礼》曰："为人后者，为所生父母服期。"统之曰所生父母，则于所后者之族属，虽功缌以降，迄于服绝之远支而皆期也。名之曰父母，则尊之曰皇、曰帝，立庙以间所后者之祖考，固不可也。而竟没其父母之实，夷之所疏远之族人，抑不可也。光武之于南顿，无所加尊，而不失其亲亲之报，情伸而义无不正，奚不可哉？然而礼以义起，而求遂其心之所安，非一概之论可执也。则孝宗于此，未可以英宗之例例之矣。其于秀王偁无追崇之典①，可无遗憾也。

【注释】

①秀王偁：即赵子偁，宋高宗之兄，宋孝宗之父。因高宗传位于孝宗，绍兴三十二年（1162），追赠赵子偁为太师、中书令，追封秀王。传见《宋史·宗室传·秦王德芳传附秀王子偁传》。

【译文】

那些议论道义来传留重大法度、阐明重大经义的人，本来不可一概而论。《仪礼》中说："为别人当后人的人，为生身父母服一年的丧服。"统称为生身父母，而对于所继承的人的亲族，虽然从大功和缌服以下，直到断绝了丧服关系的远支亲属，也都是服一年的丧。名义上称为父母，而尊称他们为皇、为帝，建立宗庙来与所继承的人的祖和父隔开，本来就是不可以的。而最终隐藏了与其父母的实际关系，将这种关系降低与疏远的族人一样，就更是不可以的。光武帝对于南顿府君，没有增加他的尊贵，但也没有失去对亲人的报答，抒发了心情而道义也没有不正，这样做怎么不可以呢？然而礼仪制度是据道义而产生的，要想让其心情得到安定，就不能执着地一概而论。那么孝宗在这个问题上，就不可以援引英宗的例子。他对于亲生父亲秀王偁没有追加尊崇的典礼，是可以无遗憾的。

　　王珪之谏英宗曰："陛下富有四海,传之子孙,谁所贻而忍忘之?"鄙哉!其为小人之言也。仁宗以崇高富贵贻之己,而为父母;濮王无崇高富贵贻之己,而即非父母;然则利之所在,父母归之,而人理绝矣。而孝宗则异是。太祖之得天下虽幸也,而平西蜀,定两粤,下江南,距北狄,偃戈息民,布宽政,兴文治,以垂统于后,固将夷汉、唐而上之。其曰传长君以靖篡夺,法虽未善,而为计亦长。乃德昭不能保其躯命,其子以团练使降为疏属,是宋未亡,而太祖之亡久矣。幽明交恫者于兹六世,为其子孙者,弗能兴起,而聊长其子孙,是亦不容已于仁孝之心也。然则自秀王偁以上至于德昭,含不敢言之恤,以徯后之兴者,九原当无异心。高宗嗣子虽夭,徽宗八子虽绝,而自真宗以下,族属不乏贤者。乃创义以兴复之,而归神器于德昭之裔。是高宗者,非徒允为孝宗之父,实为太祖之云孙者也。秀王悦服,而愿以子孙为其子孙,情之至,即理之公矣。孝宗壹尽其忧,以致孝于高宗,即以追孝于太祖,则无所推崇于秀王也,庸何伤?

【译文】

　　王圭劝谏英宗说:"陛下富有四海,而传给子孙,天下是谁留给我的,对此能忍心忘记他吗?"卑鄙啊!这是小人的言论。仁宗拿崇高富贵留给自己,就把他认作父母;濮王没有崇高富贵留给自己,就不认作父母了;这样说来,哪里有利,就把哪里当成父母,而人伦道理就断绝了。而孝宗则与此不同。太祖得到天下虽然是幸运的,但他平定西蜀,平定两粤,攻下江南，抵抗北狄，然后息兵安民，施行宽大仁厚的政治，兴建文教之治，传留这种制度给后人，本来就将超过汉、唐而高于汉、唐。他说把帝位传给年长的人以消除篡夺帝位的事，方法虽不太好，但他的用心和考虑则很长远。只是赵德昭不能保住自己的性命，他的儿子从团练使降为疏远的亲属，这是宋王朝未亡，而太祖一系的子孙已亡了很久。生死交替到此时，已经过了六代，作为太祖的子孙，不能重新兴盛起来，而姑且以他的子孙为长子，这也是仁孝之心所不容废止的。这样说来，从秀王偁以上直到赵德昭，他们都在心里忍着不敢言说的隐忧，以等待后代子孙重新兴起，他们在坟墓中也是应当没有异心的。高宗的儿子虽然夭折了，徽宗的八个儿子虽然都绝了后，但从真宗以下，宗族中不乏贤明的人。于是根据大义来让太祖的子孙重新兴起，而把帝位归还给赵德昭的后裔。这样看来，高宗不但确实是孝宗的父亲，也实为太祖的远孙。秀王对此心悦诚服，而愿意让自己的子孙作为高宗的子孙，人情上达到了极致，义理上也最为公正。孝宗尽他的全部忠忱来向高宗尽孝，就是对太祖追认孝道，于是不对秀王偁另加推尊崇，这又何妨呢？

　　知此者，然后可以通天下之变，斟酌典礼而无所遗憾于人心。不然，执一概之说，坚持一理以与天下争，则有隙以授邪说之歧，而为所屈服。故张璁、桂萼相反相激而极乎泛滥[1]。故曰"唯忠信可以行礼"。谓尽己以精义，循物而无违其分也。研诸虑，悦诸心，准诸道，称诸时，化而裁之存乎变；而及其得也，终合于古人之尺度，而无铢絫之差[2]。夫古人之尺度，固非执一概之说所可取合也，久矣。

【注释】

①张璁(1475—1539)：字秉用，号罗峰，温州永嘉(今浙江温州)人。

因与明世宗嘉靖朱厚熜同音,改名孚敬,字茂恭。明世宗嘉靖皇帝即位,欲追尊生父兴献王朱祐杬为皇考,朝臣认为可援引汉代定陶王、宋代濮王之例,称明孝宗朱祐樘(武宗之父)为皇考,以朱祐杬为兴献帝。这不符合世宗的心意,张璁上疏,提出汉哀帝、宋英宗本来就是定陶王、濮王的儿子,但是事先立为太子,在宫中养育,这和武宗无嗣而迎立兴献王的长子继位的情况不同,前者属于继嗣,后者属于继统,因此主张尊世宗生父为皇考。世宗见疏大喜,张璁再次上疏,斥继嗣说是"宁负天子,不敢忤权臣(指杨廷和等人)"。张璁冒死面折廷臣之非,深受世宗赞赏。杨廷和之子杨慎等人发动疏谏和撼门大哭,世宗大怒,拘捕为首者,廷杖打死十七人,下狱一百数十人,史称"大礼仪之争"。张璁深得宠信,后为内阁首辅。传见《明史·张璁传》。桂萼(? —1531):字子实,号见山,余江锦江镇(今属江西)人。桂萼主张继统说,符合嘉靖皇帝心意。嘉靖因生父不能受太庙享祀,桂萼主张在太庙之侧另建小祠祭祀,使嘉靖达到目的,于是升翰林院学士。传见《明史·桂萼传》。

②铢絫(zhū lěi):铢是古代重量单位,二十四铢等于一两。絫为十黍之重,十絫为一铢。故铢絫都用来比喻微小的重量。

【译文】

知道这个道理的人,然后可以通晓天下的变化,对典礼加以斟酌调整而让人心没有遗憾。不然的话,执着于一概而论的说法,坚持一个道理来与天下争论,就有漏洞会让邪说得逞,而被这种邪说压倒。所以张璁、桂萼各持相反的说法相互刺激而到了极端泛滥的地步。所以说"只有忠信的人可以执行礼仪",这是说让自己完全理解礼仪的精义,遵循事物的道理而不违背事物道理的分寸。在思虑中加以研究,在心中感到愉悦,以道义为准,合乎时势的要求,在事物的变化中有所改变而进行裁断;而等到得到了结论,就最终合乎古人的尺度,而没有丝毫的差异。古人的尺度，本来不是执着于一概而论的说法就能与之相合的，这种情况也是很久了。

　　今且有说于此：藩王之子，入为天子之嗣，迨及践阼，王犹未薨，若仅高官大爵，称为伯叔，则天子之制臣诸父，将使三朝拜表①，北面称臣，如咸丘蒙之说②，而岂人子之所忍为乎？故执一概之说，未有不穷者也。诚使有此，而当国大臣，早为之虑，所不容事至周章而群起以争得失矣。则唯有一道焉，可以少安，而讲之不容不豫也。以先皇之遗诏，册王之次子嗣爵，以守侯度，而迎王入养于宫中，谢老安居，无所与闻，以终其寿考，其薨也，葬以王，祭以天子，天子废绝期之制，而行期服于宫中，以是为恩义两全之大略，变而能通，心得而道可无违，其庶几乎！虽然，准诸大义，顺乎人子之心，犹未可以此为不易之经也。自非若孝宗之上缵太祖者，有父在，固不当贪大宝而出继天子也。

【注释】

①三朝：指外朝、内朝、燕朝。外朝在王宫库门外，有非常之事的时候，让百姓来此以便天子咨询。内朝在路门外，内朝以见群臣，或称为路朝。燕朝在路门内，燕朝用来听政，即大臣向天子奏事，又称为燕寝。

②咸丘蒙：孟子的学生。《孟子》中记载，他问：舜立为帝以后，尧是否率诸侯向舜称臣？孟子说此时舜为天子，尧还是天子，是两个天子并存，舜不以尧为臣。咸丘蒙又问：舜的父亲为什么不向舜称臣？孟子说：舜与他父亲是孝的关系，为天子父，是尊之至，以天下养，是养之至。舜成为天子，仍要对父亲保持孝道，并不是

要否定父子关系。

【译文】

这里还有一个说法：藩王的儿子，入宫作为天子的继承人，等到他登基之后，这个藩王还没有去世，如果仅仅对他封为高级官职和爵位，称他为"伯叔"，那么天子任命诸位叔父作为臣，将要让他们在外朝、内朝、燕朝向天子下拜而献上奏章，面向北而对天子称臣，就像咸丘蒙的说法，作为人的儿子难道忍心这样做吗？所以执着于一概而论的说法，没有不词穷理尽的。假使真有这种情况，那么主掌国家大权的大臣，就应该及早加以考虑，不容事到临头仓皇失措而让人们相互争论其中的得失。那么对此就只有一个办法，可以避免上述情况而稍微让人们安心，但讨论这种办法也不能不提早进行。这就是以先皇帝的名义留下遗诏，册封这个藩王的次子继承爵位，来守着藩王的诸侯国，而把藩王迎接进入皇宫养起来，让他在宫中养老安居，不要过问任何事务，让他尽其天年。等到他去世后，再按诸侯王的级别施行葬礼，而用天子的礼仪祭祀他，天子要废除为他守丧一年的制度，而在宫中为他守丧一年，以此作为恩义两全的基本办法，有所调整而能行得通，让人们安心而不违背大道，这个办法就差不多完善了！即使这样，根据大义来看，这样做就顺应了作为人子的心情，但还不可以把这个办法当做不能改变的常道。如果不是像孝宗这样上继太祖，他的父亲还在世，本来就不应当贪图帝位而来做天子的继承人。

三

人才之摧抑已极，则天下无才；流及于百年之余，非逢变革，未有能兴者也。故邪臣之恶，莫大于设刑网以摧士气，国乃渐积以亡。迨其后，摧折者之骨已朽矣，毛击钳网之风亦渐不行矣，后起者出而任当世之事，宜可尽出其才，建扶危定倾之休烈；而熏灼之气挫其初志，逼侧之形囿其见闻，则志淫者情为之靡，而怀贞者德亦已孤。情靡者相沿而滥，德孤者别立一不可辱之崖宇，退处以保其贞；于是而先正光昭俊伟之遗风，终不可复。如是者，其弊有三，要以无裨于国者均也。

【译文】

人才的摧残压抑已达极点，天下就没有人才了；这种情况延续到百年之后，不遇上大的变革，没有人才能重新兴起而加以改变。所以邪恶之臣的最大罪恶，就是设下刑网来摧残士人的志气，国家会因此逐渐积弱而至灭亡。等到以后，摧残人才的人骨头已经朽烂，寻找细微过失来攻击和钳制人们言行的风气也逐渐不再流行，后起的人出来担任国家大政，应该可以完全发挥他们的才能，完成扶救危世稳定倾覆的伟大功业；但是以往那种声威逼人的气势还会打击他的最初志向，狭隘逼迫的形势还会限制他的见闻，这会使志气不定的人的心情为此而萎靡，而怀抱正直的人的美德也会孤立。心情已经萎靡的人相互沿袭而泛滥成风，美德孤立的人只能另外树立一种不可侮辱的高洁气度，退隐而处以保持自己的贞正；于是先代正人君子光明英杰伟大的遗风，最终不能恢复。像这样的情况，其弊害有三种，总之都无益于国家。

其下，目之所睹，耳之所闻，皆见夫世之不可抗志以相撄也，而求一深渊之区宇，以利其游泳。正与邪迭相往复，无定势矣。而正胜邪，小人之蒙谴也浅；邪胜正，君子之受祸也深。则趋彼避此，以徽所行之利，虽有才可试，亦乐用之于诡随①，而奚有于国事之平陂②？

【注释】

①诡随:指不顾是非而附和别人的意旨。出自《诗经·大雅·民劳》:"无纵诡随,以谨无良。"毛氏传:"诡随,诡人之善,随人之恶者。"朱熹《集传》:"诡随,不顾是非而妄随人也。"

②平陂(bēi):平与倾斜不平。出自《易经·泰卦》:"无平不陂,无往不復。"用来形容事物的变迁不定。王夫之在这里则是指国事的正与邪、是与非的变化。

【译文】

最严重的弊害,是人们眼睛所看到的,耳朵所听到的,都是不能凭借高尚志向来对抗的,只好寻求一个深沉的空间,以利于自己在其中活动。正与邪相继地来往反复,没有哪一方能固定不变。但正战胜邪的时候,小人受到的谴责会很小;而邪战胜正的时候,君子却要受到很深的灾祸。于是人们就趋向一方而躲避另一方,以求得自己的利益,即使有才能可以试用,也会乐于让自己的才能来附和、随从别人的意旨,这对于国家大事的正邪变化又有什么作用呢?

其次,其志亦怀贞而不欲托足于邪途矣。以为士自有安身利用之术,进不贻君子之讥,退不逢小人之怒,可以处闲散,可以试州郡,可以履台端①,可以位宰执。不导淫以蛊上,不生事以疲民,不排击以害忠良,不气矜以激水火。无必进之情,而进之也不辞;无必退之心,而退之也不吝。故当世习与相安,而获吉人之誉。如是,则才有所不尽效,而抑不求助于才以自辅。其究也,浸染以成风尚而不可问矣,始以容容,终以靡靡矣。

【注释】

①台端：又称台杂。侍御史主持台内之事，号为台端。故借指处理
　杂事的官职。

【译文】

稍轻好一点的弊害，是人才也怀着正直之志而不想让自己走上邪
路。认为士人自有安定自身和发挥才能的方法，进用到朝廷掌权执政
也不会受到君子的讥评，退处闲散也不会遇上小人的怨恨，因此可以处
于闲散官职，可以尝试在州郡做官，可以去担任处理杂事的官职，也可
以进位宰相执掌大权。又能不引导邪恶来蛊惑君主，不多生事让民众
疲惫，不排挤、打击、残害忠良，不矜持意气以激起党派的争斗。没有一
定要升到高位的心情，但在身处高位时也不推辞；没有一定要退处闲散
的心意，但在退处闲散时也不会为之难过。所以当世的人都习惯与他
相安无事，从而能获得吉人的声誉。像这样，就会使自己的才能即使不
能完全发挥，也不去求助于才能来辅助自身。这样做的最终结果，是人
才受到这种状态的影响而成为一种风气也不对此深加追穷，开始时是
从容不迫的，最终时就会变成随顺时代风气而没有自己的原则。

又其上，则固允矣为秉正之君子矣。观其所志与其所
为，天下之所想望，后世之所推崇，伊、傅之德业①，舍此而不
能与焉。故一时有志之士，乐就之以立风轨。然而终不能
者，则惟德之孤也。天下无能与其德者，而德孤矣；视天下
无能与其德者，因举天下置之德外，而德愈孤矣。其好善也
笃，而立善之涂已隘；其恶恶也严，而摘恶于隐已苛。以义
正名，名正而忘求其实；以言卫道，言长而益启其争。以视
先正含弘广大之道②，默以持之如渊涵，慎以断之如岳立，操
扶阳抑阴之权，密用而奸邪自敛；受智名勇功之集，挹取而

左右皆宜；其意似不欲然也，而考其所成，则固不能然也。欲托以伊、周耆定之元功而未逮，即以絜韩琦、李沆定国是、济危疑之大猷③，而亦有所未遑及此者。使当休明之世，无奸邪之余威以激其坚忍，无诡随之积习以触其恶怒，无异端之竞起以劳其琐辩，无庸懦之波流以待其气矜，则道以相挟而盛，业以相赞而成，其所就者岂但此哉？故摧抑人才者，虽不受其摧抑，而终为摧抑，害乃弥亘百年而不息。故曰邪臣之恶，莫有大于此者也。

【注释】

①傅：即傅说(yuè)：传说在傅岩筑墙，商王武丁梦见一个圣人，名为说，就寻求这个圣人，最终在傅岩找到此人，任用为相，国家大治。因在傅岩找到他，他又名说，所以称为傅说。事迹参见《史记·商本纪》。

②含弘广大：指包容博大宽厚而处世光明正大。出自《周易·坤卦》象辞，比喻恩德广被，宽厚仁慈。

③絜（xié）：用绳度量围长，引申指度量。

【译文】

最轻的弊害是，自身本来确实是秉持正道的君子。观察他的志向和他的作为，都是天下所期盼的，后世所推崇的，有着伊尹、傅说的品德和功业，帝王舍弃这种人就不能成功。所以一个时期的有志之士，乐意接近他而形成一种风尚。可是最终不能实现自己的志向愿望，只能让自己孤单地坚守这种美德。天下没有人能与这种人一起坚守这种志向和美德，而他所坚守的这种美德就非常孤独；看到天下没有人能与自己一起坚守这种志向和美德，于是就把整个天下置于自己的志向和美德之外，而使自己的美德更加孤单。他对正直之善的喜好是笃实的，但他树立善道的路径却已狭隘；他厌恶丑恶是极为严厉的，但他把人们的丑恶从幽隐之中揭发出来，就显得很苛刻了。他根据道义来纠正名义，名义得到了纠正，但忘了追求它的实际内容；他用言论捍卫道义，言论过多就更会引来别人与自己争斗。来看先代圣哲所秉行的含弘广大之道，在沉默中坚持正道就像深渊涵容一样，谨慎地对事物加以判断就像山岳屹立一样，掌握和实行扶阳而抑阴的权力，秘密地加以运用而使奸人邪人自行收敛；智慧、名誉、勇敢、功业，都要让它们集中在自己身上，处理各种权力事务无论怎样做都是合宜的；如果与先代圣哲的这种德行相比，这种人的用心就有所不同，而考察这种人所成就的事业，本来就不能达到圣哲那样的境界。要把伊尹、周公辅助完成王朝建立而稳定下来的至大功业托付给这种人，他就不能做到，就是与韩琦、李沆确定国家大计、救助危疑的大功相比，也未能赶得上。假使这种人处于美好开明的时代，没有奸邪的余威来激起他们的坚忍意志，没有曲意随顺的积习来触发他们对邪恶的厌恶和愤怒，没有异端之学竞相出现而让他们疲劳地进行繁琐论辩，没有平庸懦弱的风气以等待他们矜持气节，那么他们就会在道义上相互支持而使国家兴盛，在功业上相互帮助而使功业完成，他们所能成就的事业就不会仅仅像上述的那样。所以摧毁打击人才，即使有些人物没有直接受到摧毁打击，但最终也要被这种风气所摧毁和打击，所造成的危害就会绵延上百年而不停息。所以说邪臣的最大恶行，就是摧毁打击人才。

宋自王安石倡"舜殛四凶"之说以动神宗，及执大政，广设祠禄①，用排异己，其党因之搏击无已。迄于蔡京秉国，勒石题名，锢及子孙，而天下之士，有可用者，无不入于罪罟。延及靖康，女直长驱以入，二帝就俘，呼号出郭。而宋齐愈、洪刍之流②，非无才慧，亦有时名，或谈笑而书逆臣之名，或挟虏以乱宫嫔之列。于是时也，虽有愤耻自强之主，亦无如此痿痹不仁者之充塞何矣！高宗越在江表，士气未复，秦桧复起而重摧之，赵、张、胡、李几不保其死，群情震慑，靡所适从，奸慝相沿，取天下之士气抑之割之者且将百年矣。士生而闻其声，长而见其形，泛泛者如彼以相摇荡也，岌岌者如此以相惊叹也，则求其扩心振气以复出而规天下于方寸，庸讵能乎？

【注释】

① 祠禄：宋代大臣罢职后，让他去管理道教官观，以示优礼，没有实际的事务，只是仍然让他有一个官职，食用朝廷的俸禄，称为"祠禄"。

② 宋齐愈（？—1127）：字文渊，号迟翁。靖康二年（1127），金兵撤军，准备立异姓为帝，让大臣们商议此事。吏部尚书王时雍召集百官，问金人将要立谁为帝，宋齐愈正好从金营返回，在纸上写下"张邦昌"三字，王时雍就将张邦昌姓名写入议状。宋高宗继位后，逮捕宋齐愈，处以死刑。

【译文】

宋王朝自从王安石提倡"舜诛杀四凶"的说法来打动神宗之后，到他掌握了大权，广泛设立宫观食俸的职位，用来排斥异己，他的党徒趁机对正人君子打击不止。后来到蔡京掌握大权的时候，在石碑上刻下大臣的姓名，禁锢他们的子孙，而天下的士人中，虽有可以为朝廷所用的人才，也全都打入了罪网。延续到靖康年间，女真长驱直入，徽钦二帝被俘，呼号着出了城郭。当时的宋齐愈、洪刍之流，不是没有才能，在当时也有名气，有的就在谈笑中书写出将被金人立为皇帝的叛逆之臣的姓名，有的就仗着金人的兵势掳掠宋皇室的宫女妃嫔。在这个时候，即使君主因愤怒感到耻辱而想自强,也拿如此委靡懦弱毫无仁义的人没办法了！高宗颠沛流离来到江南,士气还没有恢复,秦桧又受到重用而对人才施以沉重打击,赵鼎、张浚、胡铨、李光几乎不能保住性命,人们的心情受到震惊,无所适从,奸邪相互沿袭,对天下的士人气节加以压抑打击,持续了将近一百年。士人生长在世就听说了这种情况,长大之后就亲眼目睹了这种事情,泛泛之辈就像宋齐愈一样受到这种风气的影响,对这种状态感到危险而痛心的人就会相互惊叹,那么要想让他们能够扩大心胸,振兴气节而以远远超出众人的才能德行在心中规划天下大事,哪里又能做到呢?

故孝宗立,奋志有为,而四顾以求人,远邪佞,隆恩礼,慎选而笃信之,乃其所得者,大概可睹矣。陈康伯、叶颙、陈俊卿、虞允文①,皆不可谓非一时之选也。内不失身,上不误国,兴可兴之利而民亦不伤,辨可辨之奸而主亦不惑。会君之不迷,幸敌之不竞,而国以小康。至若周必大、王十朋、范成大、杨万里之流②,亦铮铮表见,则抑文雅雍容,足以缘饰治平而止。絜之往代,其于王茂弘、谢安石、李长源、陆敬舆匡济之弘才,固莫窥其津涘。即以视郗鉴之方严③,谢弘微之雅量④,崔祐甫之清执,杜黄裳之通识⑤,亦未可与相项背也。下此,则叶适、辛弃疾之以才自命⑥,有虚愿而无定情,愈不足言矣。

【注释】

①叶颙(1100—1167):字子昂。为南海主簿,高宗召见,论国仇未复,中原民众希望皇帝返回,其语剀切,后任尚书左仆射兼枢密使。推荐汪应展、王十朋等人。传见《宋史·叶颙传》。陈俊卿

(1113—1186)：字应求，兴化（今福建莆田）人。后为尚书右仆射、同中书门下平章事兼枢密使。在朝正色立言，无所顾避。传见《宋史·陈俊卿传》。

②周必大（1126—1204）：字子充，庐陵（今江西吉安）人。后参知政事、枢密使。为人正直，曾被韩侂胄弹劾为"伪学罪首"。传见《宋史·周必大传》。王十朋（1112—1171）：字龟龄，号梅溪，乐清（今浙江乐清）人。为人正直敢言，不避权贵，人称"真御史"。传见《宋史·王十朋传》。范成大（1126—1193）：字致能，平江吴郡（今江苏吴县）人。曾出使金国，慷慨抗节，不畏强暴，几乎被杀，不辱使命。后任参知政事，晚年隐居石湖，号石湖居士。传见《宋史·范成大传》。杨万里（1127—1206）：字廷秀，号诚斋，江西吉州人（今江西吉水）。光宗时，为秘书监、江东转运副使。后辞归，不再出仕。《宋史·杨万里传》。

③郗（xī）鉴（269—339）：字道徽，高平金乡（今山东金乡）人。晋明帝时，都督徐、兖、青三州军事，与王导等人同受遗诏辅少主。祖约、苏峻之乱，郗鉴勤王，平乱后，进为太尉，传见《晋书·郗鉴传》。

④谢弘微（392—434）：原名密，后以字行，陈郡阳夏（今河南周口）人。南朝宋文帝即位后，为尚书吏部郎，参预机密。每有献替及论时事，必手书焚草，人莫之知。传见《宋书·谢弘微传》、《南史·谢弘微传》。

⑤杜黄裳（738—808）：字遵素，京兆万年（今陕西西安）人。唐宪宗元和二年（807），任同中书门下平章事，力主削弱藩镇势力。宪宗时号称唐之中兴，自杜黄裳启之。传见新、旧《唐书·杜黄裳传》。

⑥叶适（1150—1223）：字正则，号水心，祖籍浙江龙泉，后迁浙江瑞

安。在孝宗、光宗、宁宗三朝任职,力主抗金,反对和议。是南宋永嘉事功学派代表人物,与朱熹道学派、陆九渊心学派,并称南宋三大学派,传见《宋史·叶适传》。辛弃疾(1140—1207):字坦夫,号稼轩,历城(今山东济南)人。早年参加抗金义军,后任湖北、江西、湖南、福建、浙东等地安抚使,一生力主抗金,恢复中原,曾上《美芹十论》等,条陈战守之策。传见《宋史·辛弃疾传》。

【译文】

所以孝宗继位以后,奋发立志想有一番作为,他环顾四周来寻求人才,远离邪佞之人,对人才抬高恩遇礼节,谨慎选拔而真诚地信任他们,那么他所能得到什么样的人才,就大致可以看到了。如陈康伯、叶颙、陈俊卿、虞允文,都不能说不是一个时期之内的杰出人选。他们对自己不丧失自身的人格,对上不误国家的大事,兴办可以兴办的有利之事而民众也不受伤害,分辨可以分辨的奸恶而君主也不感到迷惑。正好这时君主不是昏惑之人,幸亏这时敌人也不再强大,而国家因此呈现小康的局面。至于像周必大、王十朋、范成大、杨万里之流,也有骨气铮铮的表现,或者也是文雅雍容的人才,足以整饰制度而使国家得到治理和平安。与往代相比,他们与王导、谢安、李泌、陆贽匡济天下的宏大才能相比,本来就不能够窥知人家的界限。就是来比郗鉴的方正严厉、谢弘微的高雅度量、崔祐甫的清廉执守、杜黄裳的通达见识,他们也不能望其项背。比他们还低下的,就是叶适、辛弃疾这种人,以才能自命,有空虚的愿望而没有稳定的心情,就更不值得论说了。

推而上之,朱元晦、张敬夫、刘共父三君子者[①],岂非旷代不易见之大贤哉?乃惩奸邪之已淫,故崖宇必崇,而器使之途或隘;鉴风波之无定,故洁身念切,而任重之志不坚。正报仇复宇之名,持固本自强之道,亦规恢之所及,而言论之徒长,其洗心藏密之神武,若有不敢轻试者焉。呜呼！能不为乱世所荧,而独立不闷;然且终为乱世之余风所窘,而体道未弘。德之孤,宋之积渐以乱德者孤之也。不得不孤,而终不能不自孤其德,则天下更奚望焉？即使孝宗三熏三沐②,进三君子于百僚之上,亦不敢必其定命之讦谟,廓清九有也。藉其摧抑之不深也,则岂但三君子之足任大猷哉？凡当日之能奉身事主而寡过者,皆已豫求尊俎折冲之大用③,以蕲免斯民于左衽。惟染以熏心之厉,因其惕玩之谋④,日削月衰,坐待万古之中原沦于异族。追厥祸本,王安石妒才自用之恶,均于率兽食人⑤;非但变法乱纪,虐当世之生民已也。

【注释】

①张敬夫:即张栻(1133—1180),字敬夫,号南轩,汉州绵竹(今四川绵竹)人,张浚之子。主张抗金,收复中原。孝宗乾道元年(1165),主管岳麓书院,与朱熹、吕祖谦齐名,为南宋道学大师。传见《宋史·张栻传》。

②三熏三沐:多次沐浴并用香料涂身,是古代对人极为尊重的一种礼遇。又作"三衅三浴"形容孝宗对朱熹等人极为敬重和礼遇。

③尊俎折冲:指高明的人在宴席谈判中就能制胜对方。指在朝廷上为国家出谋划策而把国家大事办妥。

④惕玩之谋:指赵普杯酒释兵权以及王安石设置祠禄的办法让文武大臣放弃手中的权力而去休闲玩乐。王夫之认为这是宋王朝不相信文武大臣掌握大权而采取的策略。

⑤率兽食人:语出《孟子·梁惠王上》:"庖有肥肉,厩有肥马,民有饥色,野有饿莩,此率兽而食人也。"指统治者只顾自己享乐,不

关心百姓疾苦,后以"率兽食人"比喻虐政害民。

【译文】

再往上推论,朱熹、张栻、刘珙三个君子,难道不是旷代难找的大贤吗?可是他们因为奸邪之人已经得势而接受了教训,所以要求个人的德行一定要清高,而应用于实际事务的途径却比较狭隘了;他们又鉴于风波变化的不定,所以自身高洁的念头就非常迫切,而承担重任的志向就不够坚定。确定为国家报仇而恢复疆域的名义,坚持当时本来就是自强的大道,他们在宏大的规划上也有所涉及,但只是长于言论,而洗除杂念密谋大事的神武气度,也不敢轻加尝试。呜呼!能不受乱世的影响,独立坚持君子德行而不感到郁闷;但是最终也受乱世余风的困窘,在体察大道上还不够宏大。坚守君子美德而孤立,是宋王朝逐渐积累形成的那种毁坏君子德行的风气使他们孤立的。在这种风气中,不能不孤立,而最终不能不在德行上自我孤立,那么天下还有什么指望呢?即使孝宗对三位君子贤人用极为尊重的礼节来对待他们,对三位君子加以任用而让他们处于百官之上,也不敢说他们必定能够拿出确定天命的宏大谋略,从而扫清整个天下的战乱。假使宋王朝对人才摧毁压抑不是太深,哪会只有三位君子足以担任国家的大事呢?凡是当时能够献身为君主做事而很少有过失的人,都已经事先就期待他们在朝廷中为国家处理国内外的各种复杂事务,而使百姓免受异族的统治。只是受到利欲熏心的恶劣影响,实行让文武大臣放弃权力而休憩玩乐的谋略,如此经过了长久的年月之后,就让宋王朝的人才受到削弱而变得衰败,坐视传承了万年的中原沦丧到异族手中。追溯这一结局的根本原因,王安石妒忌人才而只让自己得到重用的恶行,就与孟子所说的带领着野兽吃人是一样的,这一恶行又不仅仅破坏了宋王朝的法纪制度,而让当时的百姓民众受到虐害而已。

《诗》曰:"周王寿考,遐不作人。"如鸢之戾于天也,鱼之跃于渊也,各自得也。寿考作人,延及遐远。故周之衰也,鲁、卫多君子之器,齐有天下之才,乃以维中夏,攘四夷,延文、武之泽于不坠。世胄之子,不染患失之风;崛起之英,不抱孤危之恤。沉潜而能刚克①,不荏苒以忘忧;强毅而能弘通,不孤清以违众。言可昌,而不表暴于外以泄其藏;节可亢,而不过于绝物以废其用;后世可无传书,天地且从其志气。作人者之用大矣! 不知出此,而持申、商之法,以解散天下之心而挫其气,嚣然曰"天下无才也",然后天下果不能有才也。斯可为痛哭者也!

【注释】

①沉潜而能刚克:出自《尚书·洪范》:"沉潜刚克,高明柔克。"沉潜指为人深沉不露,智慧深沉。刚克指以刚强见胜。这是形容深沉不露,而又蕴含刚强的性格。

【译文】

《诗经》中说:"周文王长寿年考,从长计议培养人才。"如同《诗经》说的"鸢鸟上飞直到天,鱼儿跳跃在深渊"一样,要使人才各自的才能得到发挥。天子长寿而注意培养人才,这种做法坚持下来就影响长远。所以到周王朝衰落的时候,鲁国、卫国还多有君子人才,齐国有治理天下的人才,才能维系华夏的文化,攘平四方的夷人,延续文王、武王的恩泽而不坠失。贵族世袭的子孙,不受患得患失风气的影响;从民间崛起的英雄,也没有孤立无援而危险的担忧。有的人才性格深沉稳健而又刚强,不会虚度日月而忘记国家的忧患;有的人才则是刚强坚毅而能宏大博通,不孤独清高而与众人产生隔阂矛盾。言论可以明确地提出,但又不会在外表上暴露出来而泄漏内心的远大谋略;气节可以高昂不屈,但又不过分与众人隔绝而破坏自己才能的应用;在后世可以没有传留下来著作，但天地将会顺从于他的志气。培养人才的用处真是太大了！不知道采取这种做法，而使用申不害、商鞅的办法，用来离散天下众人的忠心而挫伤他们的志气，为此还吵吵嚷嚷地说"天下没有人才"，然后天下就真的不会有人才了。这才是要为他们痛哭的事情啊！

四

乾道元年，和议再成，宋与女直无兵革之争者四十年。论者谓二主皆以仁恕宅心，而天下咸被其泽。呜呼！此偷安之士，难与虑始之民，乐怀利以罢三军，而不恤无穷之祸。流俗之言一倡，而天下交和，夫孰能听之哉？宋之决于和，非孝宗之心也。孝宗嗣立以来，宴寝不忘者兴复之举，岂忍以割地终之。完颜雍雄心虽戢，然抑岂有厌足之欲，顾江左而不垂涎者。故和者皆其所不得已，而姑以息民为名。贸贸者从而信之，交起而誉之，不亦愚乎？宋与女直，相枕而亡，其几兆于此矣。

【译文】

孝宗乾道元年(1165)，宋与金的和议再次谈成，宋与女真没有兵戈战争延续了四十年。评论的人说双方的君主都怀有仁恕之心，而让天下的人都受到了双方君主的恩泽。呜呼！这是偷安之人以及难以事先谋划大事的百姓，乐于贪图不服兵役的好处而废除三军，却不顾及无穷的灾祸。流俗的言论一旦提倡起来，天下的人就交相应和，怎能听从他们呢？宋王朝决定讲和，不是孝宗的心意。孝宗继位以来，日夜不忘的就是振兴光复天下，哪里忍心以割让土地来告终。完颜雍雄心虽然有所收敛，但是他的欲望哪里会有满足，看着江南而不垂涎欲得呢。所以宋、金讲和都是不得已的,只是姑且以让百姓休息为名义。轻率的人就相信了这种说法,交相加以赞誉,不是很愚蠢吗? 宋王朝与女真,双方相互枕着对方的身体而灭亡,其征兆就在这里表现出来了。

　　宋自秦桧持权,摧折忠勇,其仅免于死亡者,循墙而走①,不敢有所激扬,以俟国家他日干城之用②。诸帅老死,而充将领者,皆循文法、避指摘之庸材。其士卒,则甲断矛挠,逍遥坐食,抱子以嬉,视荷戈守垒之劳,如汤火之不可赴。其士大夫,则口虽竞而心疲,心虽愤而气苶;不肖者耽一日之娱嬉,贤者惜生平之进止;苟求无过,即自矜君子之徒,谈及封疆,且视为前生之梦。如是,则孝宗虽蹠踔以兴,疾呼心呕,固无如此充耳无闻者何也! 故符离小衄,本无大损于国威,而生事劳民之怨谤已喧嚣而起。及其稍正敌礼,略减岁币,下即以此献谀,上亦不容不以自安;无可奈何,而委之于命,而一仆不能再起,奄奄衰息,无复生人之气矣。

【注释】

①循墙而走:指走路时不敢走在道路中央,而是躲避到边上,顺着墙角而行。表示恭谨畏惧。出自《左传》昭公七年:"一命而偻,再命而伛,三命而俯,循墙而走,亦莫余敢侮。"杜预注:"言不敢安行也。"

②干城:比喻国家的捍卫者。出自《诗经·周南·兔罝》:"赳赳武夫,公侯干城。"干,指盾牌。城,指城墙。

【译文】

宋王朝自从秦桧把持大权,摧毁打击忠诚勇猛的文武大臣,那些仅能免于死亡的人,小心翼翼地躲在墙边行走,不敢奋发激扬,等待国家召用来充当保卫国家的干将。各位将帅年老去世,而充任将领的人,都是遵守制度、躲避人们批评的庸才。宋朝的士卒,则是盔甲破裂、戈矛折断、逍遥地坐着吃饭、抱着子女嬉戏,把肩扛武器守卫堡垒的辛劳,看作如同水火一样不敢赴趄。宋朝的士大夫,则是口上不断争论而内心却已疲软,心中虽然愤恨而斗志却已萎靡;不肖的人则贪图享受每天的娱乐嬉戏,贤明的人珍惜自己在仕途上的德行名誉;追求没有过失,自我矜持而做一个君子之人,谈到出任封疆大吏,就会视为前生的梦境。像这样,孝宗即使想奋勇兴起,疾声呼喊而内心急迫,也拿这些对国家命运充耳不闻的人没有办法! 所以宋军在符离稍一挫败,本来对于国威没有多大损害,可是批评这是兴师动众劳民伤财的埋怨和攻击就喧嚣一片。等到稍微纠正一下对于敌人的礼节,略微减少一些送给金人的岁币,下面的官吏就借这个机会来向君主阿谀献媚,君主也不能不接受而让自己安宁;无可奈何,就把一切都交给命运,这是在一次跌倒之后就不能再次奋起,衰弱得奄奄一息,不再有活人的气息了。

女直之初起也,以海上之孤军,跳梁而不可御,骎骎而有中夏者①,恃其力之强也。以力立国者,兴衰视乎其力。至完颜亮之时,枭雄之将,敢死之兵,或老或死,而存者仅矣。逆亮又以猜忌之威,虐刘其部曲,牵率以南犯者,皆疲弱离心之下驷也②。故采石问渡③,虞允文以不教之兵折之而有余。完颜雍虽为众所推,实篡弑也。乘机委顺,徇众志以藏身,而幸保其富贵;夫岂能秉钺一麾,操生死以制人,使冒白刃以驰荡乎天下者? 众胥曰:"逆亮之毒我,而藉尔以图安也。"雍亦曰:"吾亦惩亮之佳兵而安尔也④。"遑问江左乎? 且以海滨穴处之众,浮寄于中华,衣锦含甘,笙歌燕婉,荡其犊稚之心。雍方四顾彷徨,无可托以骋雄心而窥江海,则延首以待王之望之来，与宋共谋姑息，无可奈何之情，犹之宋也。讲敌国之礼，得四州之地，为幸多矣，而抑又何求！

【注释】

①骎骎(qīn)：迅疾的样子。

②下驷：指劣等马匹。比喻低等的、劣等的物品或军队。

③采石问渡：采石，即采石矶，在今安徽马鞍山市长江东岸，此处江面较狭，形势险要，自古是大江南北往来的重要津渡。绍兴三十一年(1161)，宋朝虞允文率领军民在采石矶阻击金军渡江，史称"采石之战"。当时金国主完颜亮准备从采石渡过长江。宋朝部队退到采石，新任命的将领李显忠尚未到任，军无主帅，士气涣散。中书舍人虞允文时督视军务，来到采石，召集将领，组织军队，在江上击败金军，完颜亮被部下所杀，金军败退。

④佳兵：出自《老子》三十一章："夫佳兵者，不祥之器，物或恶之，故有道者不处。"佳兵本指精良的兵器或部队，人们认为用佳兵发动战争，不是好事，所以说是不祥之器，有道者不用。此处王夫之是说完颜亮认为自己的军队强大而喜欢用兵。

【译文】

女真当初兴起的时候，用海上一支孤军，跳梁来攻，而宋王朝不能抵御，他们很快占领了华夏的中原地区，这是仗恃着他们的力量强大。靠力量立国的人，他的兴盛衰亡是由他们的力量来决定的。至完颜亮的时候，女真枭雄式的将领，敢死的士兵，已是老的老，死的死，活着的已经非常少了。完颜亮又借着对臣子猜忌的威严，残害他的部属，他率领南下侵犯的人，都是疲弱离心的下等兵力。所以在采石矶准备渡长江时，虞允文用没有训练的部队击败他还有余。完颜雍虽然为众人推戴为金国君主，实际上是篡夺王位弑杀了完颜亮。他是乘着完颜亮被杀的机会而顺应众人,服从众人的意志来保住自身,而以保住富贵为幸运;他哪是能手握大斧指挥军队,操纵着生死大权来控制众人,让他们冒着白刃而在天下驰骋扫荡的人呢? 众人都说:"反逆的完颜亮毒害我们,靠你完颜雍而求得安全。"完颜雍也说:"我也是因为完颜亮喜欢用兵作战而让国家遭受很大破坏而取代了他以求安定你们。"可知他们哪里想攻下江南呢? 而且他们原本是海滨居住在洞中的民族,漂浮寄居在中华的土地上,穿着锦绣服装,嘴里含着甘美的食物,听着笙歌享受美好的酒宴,这就让他们如同牛犊小鸡一样的心变得摇荡起来。 完颜雍环顾四周感到彷徨,无处可以寄托和驰骋其雄心来窥伺天下的江海,他们正伸长脖子等待宋朝的使节王之望前来,好与宋王朝一起商量停战的姑息之计,他们无可奈何的心情,与宋王朝是一样的。 可是宋王朝还以对待国家的礼节对待金国,让他们得到了四个州的土地,对于金国来说,已是非常幸运了,他们还企求什么呢!

是则宋之为宋,一女直也;女直之为女直,一宋也。相效以趋于销铄,何贤乎? 而岂果有不忍斯民之情,使脱干戈以安衽席乎? 君为之名曰:"吾以息民也。"下之贡谀者佥曰:"息民者,大君之仁也。"贸贸之民,偷旦夕之安,争效其顺曰:"吾君与当国者之能息我也。"汝欲息,而有不汝息者旁起而窥之。一息之余,波流日靡,大不可息之祸,亘百余年而不息,自其所必致者,奚待祸之已烈而始知哉? 乃害已烈,而论者犹不知其兆先于此矣,则甚矣古今之积惑,不可瘳也。故曰:"天下虽安,忘战必危。"安而忘战,其危可必;况在危而以忘战为安乎?

【译文】

这样看来,宋王朝作为宋王朝,就完全如同女真;而女真作为女真,也完全如同宋朝,双方相互仿效而都走向削弱和衰败,谁比谁更贤明呢?哪会真的不忍心让民众受苦,让他们脱离战争以便在家里安心生活呢?君主提出的名义是:"我要让民众休养生息。"在下向君主阿谀奉承的人都说:"让民众休养生息,这是推广君主的仁爱。"思考不周密的民众,想偷享一早一晚的安宁,也争着表示忠顺说:"我们的君主与当国的掌权者是让我们休养生息。"你想休养生息,而有不让你休养生息的人在旁边出现而窥伺着你。一丝气息的剩余,像水波流动一样一天天地波动下去,使不可停息的灾祸变大,绵延了一百多年还没有停息,这自有它必然来到的原因,怎能等到灾祸已经猛烈了才会它呢?灾害已经很大了,可是论事的人还不知道它的征兆已在此显示出来了,那么古今积累起来的迷惑就太严重了,不可治愈了。所以说:"天下虽然安宁,忘记战争必定危险。"平安的时候忘记战争,其危险的到来是必定的;何况在危险的时候忘记了战争而以为是平安呢?

女直则去其故穴,尽部落以栖苴于客土①,耽卤获之乐②,解骄悍之气,据广斥之中原,无江、淮之米粟,其危也如彼。宋则冀、代之士马不存③,河山之险阻已失,抚文弱之江东,居海陬之绝地,其危也又如此。危之不惩,亡将何恃?系之苞桑,犹恐不固,而系之春华浮艳之卉草,奚待有识而后为之寒心邪?以既衰之女直,而宋且无如之何,则强于女直者,愈可知矣。以积弱之宋,而女直无如之何,则苟非女直,固将能如之何也?女直一倾,而宋随以溃,奇渥温氏谈笑而睥睨之④,俟其羽翮之成而已⑤。羽翮成而复能以旦夕延哉?

【注释】

①栖苴:语出《诗•召旻》:"如彼岁旱,草不溃茂,如彼栖苴。"栖苴,即水中浮草栖于木上。用来比喻居住在异地,而不在故乡。

②卤获:虏获,掳掠。

③冀、代:冀州、代州。冀州,见前注。代州,治所在今山西忻州,代州古又称雁门郡,隋代改称代州,地域相当于今山西北部。

④奇渥温氏:元太祖成吉思汗,姓奇渥温,又译为乞颜、奇颜、怯特、乞雅惕、其莫额德、其木德等。

⑤翮(hé):鸟翎的茎,翎管,泛指鸟的翅膀。

【译文】

女真离开了他们原来的居住地,让整个部落都栖居在别人的土地上,迷恋着房获的快乐,消解了骄狂强悍的士气,占领了广大的中原地区,没有长江和淮河地区的粮食,它们就会如此危险了。宋朝则是冀、代地区的士兵战马已经不再存有,黄河太行山的险阻已经丧失,只是控制着文弱的江南,居住在海边的绝地,其危险就是这样的。危险了还不引起警惕,不想灭亡还能仗恃什么?果实系在大树的树干上,还怕不稳固,而系在春天开放的浮艳花草上,哪里要等有识之士才会为它担忧呢?以已经衰弱的女真,宋王朝都还无可奈何,那么如果是比女真强大的敌人,就更可知了。以长期积弱的宋王朝,而女真也拿它无可奈何,那么如果对手不是女真,又将能怎么样呢?女真一旦灭亡,而宋王朝就随着崩溃,奇渥温氏在谈笑间就要夺取宋的天下了,只是他还要等着羽翼丰满而已。等人家羽翼已成,宋王朝还能在早晚间苟延残喘吗?

使宋能深入以伐女直,则威伸于北方,而踵起者亦有惧心。宋不能大逞志于女直,而女直之兵不解,则女直日习于战,而不自弛其备。即使女直能窥宋而犯江、淮,宋亦知警而谋自壮之略,尚不至蒙古之师一临,而疾入于海以亡。故

兀术之南侵呕，而岳、韩、刘、吴之军日增其壮。迫之者，激
之成也。拓拔氏通好于齐、梁①，宴坐雒阳，缘饰文雅，而六
镇寇起，元氏之族以赤②。骄之者，陷之溺也。乍然一息，而
国既危，民且终不保其生。此有通识者之洞观，非流俗之所
得与知也。

【注释】

①齐、梁：齐原指齐国，后指原齐国地区。西周初年将姜尚封在齐，
　　在今山东东部地区。梁，原指战国时的魏国，以大梁（今河南开
　　封）为都城，后指河南东部地区为梁。

②元氏之族：即拓跋氏，这是北魏皇族的姓，后改称元。

【译文】

　　假使宋朝能深入敌境来攻打女真，那么它的威风就会伸展到北方，
而随着女真兴起的部族就会对宋朝有畏惧之心。宋朝不能对女真充分
实现自己的意愿，而女真的军队没有解除，那么女真随时都熟习作战，
而不会自己松弛战备。即使女真能窥伺宋朝而侵犯长江、淮河地区，宋
朝也知道战争的警报而策划壮大自己的谋略，还不至于等蒙古的军队
一旦来临，就马上逃到海上而灭亡。所以金兀术向南侵犯的次数多，而
岳飞、韩世忠、刘锜、吴氏兄弟的军队就一天天增强而壮大。对宋朝进
行逼迫，就激励宋朝使自己把军队建设好。鲜卑的拓跋氏与南朝的齐、
梁沟通友好，安然地坐在洛阳，用汉文化的文雅修饰自己，等到六镇的
叛军兴起之后，北魏的皇族就被杀戮一空。让他变得骄狂的原因，是他
已经深陷于中华土地上如同溺水一样。突然变得奄奄一息，而它的国
家就已经危险了，民众将最终不能保住他们的生命。这是有通识的人
洞察出来的见解，不是流俗之人所能知道的。

卷十二　光宗

【题解】

宋光宗赵惇（1147—1200），南宋第三位皇帝，1190 至 1194 年在位。继位时已四十三岁，与父亲关系不好，一直多病，被妒妇李皇后控制，心情郁闷，不思朝政。赵汝愚与韩侂胄经太皇太后允许，逼迫光宗退位，让位给太子赵扩（宁宗）。

王夫之在评论朱熹欲行经界法时提出，治地之政不是仅靠"思与学"就能妥善解决的。孔子提出思与学要并重，不可偏废，但国家如何治理土地，是一个非常复杂的问题，仅靠思和学无法解决。这一见解，对于研究历史，确有启发意义。

朱子所要实行的经界法，经光宗同意，下诏在天下推行。虽然所制定的法规已很"均平详审"，但最终不能实行，后来贾似道也实行这一制度，又造成了"病民"的结果，而宋也加速走向灭亡。王夫之认为，这是"言之善者，非行之善"，许多制度都会有这种情况。说起来很好，而一旦实际执行起来就会很坏。所以王夫之断定，这样的问题只靠思和学是无法解决的。这是因为思和学所涉及的，只是一种理，而现实事物与思和学所分析的理总是存在着差距的，所以土地政策问题，仅靠思与学是不能妥善解决的。

王夫之认为朝廷和官员们往往不明白这个道理，因此就会"言之娓娭，行之汲汲，执之愈坚，所伤愈大”，而且朝廷也不可能把各乡、邑、州的具体情况都事先考虑进来，所以所制定的法度总有漏洞，而各乡、邑、州的官吏们又不会出于公心来执行新法，于是土地问题无论在哪个朝代都是一个无法完善解决的难题。研究中国历史的学者，对此又该如何评判呢？王夫之的评论，可以引为参考。

一

孝宗急传位于其子，何为者也？春秋方盛，国步未康，廷无心膂之臣，子有愚蒙之质，而遽以天下委之，诚不知其何为者也。以谓高宗崩，哀慕切，欲执三年之丧，谢绝庶政，日奉几筵①，曾是以为孝，非其饰辞，则愚甚矣。古之宅忧于谅阴者②，总百官以听冢宰③，六官之常职无与闻耳。至于宗社安危，生民生死，大臣进退之大政，则天子固居大位，操大权，而不敢以先君之付畀委之人，而孤致其哭踊。且所听之宰，抑必绰有余裕于负荷之亲臣。夫岂不欲专致其哀哉？尽道以尽孝，初不相为妨也。况乎高宗之恩，均于生我者，唯其以天下授己也，则所以慰高宗于冥漠者，亦唯以社稷有主，为精爽之所凭依。则孝宗之视天下也，如视高宗，亦殚心竭力以奠安天下，而以报高宗者至矣。若夫几筵之侍，必躬必亲，则但不息心以燕处，不分志于声色，罢昏祭之吉礼，停庆赏之覃恩，正自有余日余力以伸馈奠。奚必塞耳闭目，一不与物相接，而后可终丧纪哉？故以为哀之至而不能复居天位者，吾未之能信也。

【注释】

①几筵:《周礼·春官》有司几筵的官职,掌管五几五席的名称、种类、用处和陈设位置。后以"几筵"指祭祀的席位,又称先人去世后进行祭祀的灵座。这里指孝宗为高宗守丧期间天天对高宗的灵座进行祭祀。

②宅忧:古代在父母丧事期间,居家守丧,称为宅忧。谅阴:本指居家守丧时所住的房子。阴又写作"暗",即庐舍。谅阴,指守丧之庐里的寒凉幽暗之处,故称"谅暗",又作"谅阴"。

③冢宰:周代的官名,为六卿之首,又称太宰,相当于后世的宰相,负责统领百官,协助帝王处理各种政务。

【译文】

孝宗急忙传位给他的儿子,这是为什么? 年龄正当盛年,国家治理还没有取得安定,朝廷没有得力的心腹大臣,儿子本身又愚痴不聪明,就急忙把天下托付给他,真不知道他这是为什么。如果说高宗去世,哀伤的心情太重,想为高宗守三年的丧,而谢绝众多的政务,每天在高宗的灵座之前进行哀悼,而以为这样做是孝道,那么这不是伪饰的言辞,就是最愚蠢的说法。古代为去世的先王在家里的特定房间内守丧,让百官全都听从冢宰,各类官员的通常职事,守丧的帝王都不听取。但是至于宗庙社稷的安危,民众百姓的生死,大臣进用斥退的重大政事,因为天子本来就居于帝位上,还要由自己操持大权,不敢把先代君王托付给我的王权交给别人,而让自己孤单地对着先王尽哀守丧。而且百官听从的冢宰,也还必须是处理天下事务的能力绰绰有余的亲近大臣。哪里不想专心表达对于先王的悲哀呢? 在道义上做到极致,由此来尽孝,本来二者就不是相互妨碍的。何况高宗对我的恩德,与生下我的生父是完全一样的,只是由于高宗把天下交给了自己,那么用来安慰已在九泉之下的高宗,也只能是让社稷有了主人,使高宗的神明精神有了凭依,那么孝宗对待天下,就像他对待高宗一样,只能竭尽心力来让天下安宁,用这个来报答高宗就是最佳的办法了。至于每天在高宗灵座前致哀悼念,自己必躬必亲,只要自己不忘记这个悼念之心而安然度日,不把心思分散到声色犬马的享乐上去,废除每天举行祭祀的各种礼仪,停止庆功封赏的各种恩赐,这样做就正是让自己有充足的时间和力量来表达对于高宗的祭奠之情。何必堵塞住自己的耳朵、闭上眼睛,完全不与事物接触,而后才是对高宗守丧呢? 所以认为为了把尽哀做得最好而不能再次居于帝王之位,我不能相信这种说法。

夫身未耄倦,而遽传位于子,以自处于一人之上,于古未之前闻,始之者赵主父①,继之拓拔弘而已矣②。斯皆蔑礼败度,以亵大位者也。若高宗之内禅也,则又有说:己未有嗣,而孝宗以久废之宗支,七世之疏属,拔之于幼冲,膺元良之休命③。高宗年垂六十,内禅时五十有七。为三代以后人君之所希有,国无可顾命之宗臣,一旦危病至而奸邪乘之,不容不早防其变。且于时女直寒盟,兵争复起,衰年益馁,抑无以支不固之封疆。知孝宗之可与有为也,用其方新之气,以振久弛之人情,则及身之存,授以神器,亦道之权而不失其中也。自非然者,天子者既至尊而无尚矣,积累而上之,又有人焉,以俯而相临;则天位不尊,而事权相错,持两端者得起而售其奸矣。亦唯孝宗之犹堪负荷也,故高宗得优游于琴书花鸟之侧,而国事一无所问。则两宫之欢,无有从中间之。非此,而理乱安危不能尽释诸怀抱,小有箴砭,遂授宵人以离闲之隙。基累者必倾,栋隆者且挠,大鼋之嗟④,焚如之咎⑤,必不能保其终矣。又况光宗者,愚顽之声音笑貌,千载而下,犹可想见其情形,抑非有杨广之奸,可矫饰以欺其君父，则其不可以高宗之付己者付光宗，灼然易见。而何造次之顷，遽委神器于浮沉邪？

【注释】

①赵主父：即赵雍（？—前295），战国时期赵国君主，又称赵武灵王，名雍。赵武灵王二十四年（前302）颁布法令，实行胡服骑射，增强军力，攻灭中山国，攻破林胡、楼烦等，国势强盛。晚年自号主父，攻击匈奴，建立云中、九原两郡，又在阴山筑长城抵御胡人。

②拓拔弘：北魏孝文帝拓跋弘（467—499），在位期间实行汉化，禁止胡服胡语，又迁都洛阳，使北魏进入强盛时期。传见《北史·魏本纪第三》《魏书·高祖纪》。

③元良：太子的别称。《礼记·文王世子》中说："一有元良，万国以贞，世子之谓也。"

④大耋(dié)之嗟：古代八十岁称为耋。大耋指老年人。《周易·离卦》："日昃之离，不鼓缶而歌，则大耋之嗟，凶。"是说光明即将消失，就像一个人已经老迈，应当把事情委托给别人来做，让自己闲逸安乐，如果不把事情委托给别人，就像是不敲击缶鼓而唱歌，这是唱不好的。年老之人还不肯放手，只能让自己多有忧嗟之叹，结局不会吉利。

⑤焚如之咎：《周易·离卦》："突如其来如，焚如，死如，弃如。"焚如，是比喻一个人的气势开始盛强，但逼近至尊之人，好像自己如火一样要烧到至尊的人，其命必不终，这就是死如，而且会被众人唾弃，这就是弃如。都不吉利，所以说焚如之咎。

【译文】

如果是自身还没有年老而疲倦，就匆忙把帝位传给儿子，而让自己处于一人之上，这在古代是从来没有听说过的，最早这样做的是赵主父，后来又这样做的是拓拔弘，只有这两个人而已。这都是废坏礼法制度，而亵渎了帝王大位。像高宗在宫内禅位，则又有相应的说法：自己没有亲生儿子，而孝宗作为长期已经废黜的宗族的分支，他是已经疏远了的宋太祖的七代孙，从年幼时就找到他而选拔到宫中，让他接受当太子的美好任命。高宗当时年龄已近六十，宫内禅让时已经五十七岁了。这是三代以后帝王中间所少见的，国家没有可以托付顾命的宗族大臣，一旦自己病危来临就会被奸邪之人乘机作乱，不能不尽早提防这种变乱。而且当时女真背叛盟约，双方的战争再次发生，年龄衰老而精力更为不济，而且没有办法维持住很不稳固的国家领土。知道孝宗是可以继位而有所作为的，用他正处于新生的强盛之气，来振奋长期已经弛废的人心，那么趁自己还在世的时候，就把帝王之位传授给孝宗，也是合乎道义的通权达变而没有失去中正。可是孝宗传位给光宗，却不是这种情况，天子已经是至尊之位而没有人比他更高了，可是孝宗传位给光宗之后，却要增高自己的地位，使天子之上还有一个更高的人，对天子是俯视而君临的；这样就使得君主的地位不够尊高，而国事的大权就相互错位，就会出现在天子和太上皇之间都想得到支持的人，来利用这种关系以兜售他的奸邪了。也只有孝宗还能承受这种情况，所以高宗能够在琴书花鸟之间优游闲适，对国家大事全不过问。而太上皇与天子之间的欢愉之情，也没有人从中挑拨离间。如果不是这样，那么治乱安危就不能完全从心中释怀，稍有一点批评指责，就让小人有机会从中挑拨离间了。基础负担过重，房屋就必定会倾倒；栋梁太高了就会折断；年老的人不肯让继承人接班，就会使自己产生忧嗟；自己的气势太盛，就像火势太大而受到尊贵之人的忌恨而有凶咎，必不能让自己善终。又况光宗这个人，愚昧顽劣的声音笑貌，千年之后，还能想象得到其情形，如果不是有杨广那种奸邪，可以通过矫情伪饰而欺骗他的君父，那么孝宗不能把高宗托付给自己的帝位交给光宗，就是灼然易见的了。那又为什么匆忙之间，很快就把皇帝大位交给光宗而让宋朝的命运浮沉不定呢？

　　与子之法，定于适长，诚大常之经矣。然而汉武舍燕王旦而立昭帝①，光武舍东海王强而立明帝，卒以允臧②，则变而能通，未为失也。晋武帝拒卫瓘之谏以立惠帝③，贾氏之恶以宣；唐太宗徇长孙之请以立高宗④，武氏之祸以烈。则守而不变，未为得也。夫光宗之视晋惠，差辨菽麦耳，其于唐高，犹在层累之下也。孝宗即守成宪，而不以意废置乎？则辅以正人，导以正学，惩其宵小，饬其宫闱，迨及弥留之际，简德望之大臣，受顾命而总百揆；即有雷允恭、任守忠之内蛊，无难施窜殛之刑；光宗虽暗，亦何至灭绝天彝，贻宗社以阽危之势哉？教之无方也，辅之无人也，俟之不待其时也，昏懦之习不察也，悍妻之煽无闻也。俄而，使参国政矣；俄而，使即大位矣。己已处于贵而无位、高而无民之地，乃恶李氏而有废之之语⑤，嚅嗫于间宫，以激其悖逆，岂非教不肖者以冥行乎⑥？菀结而不永其天年⑦，亦自贻之矣。

【注释】

①燕王旦(？—前80)：刘旦，史称燕刺王，汉武帝之子，其母为李姬。元狩六年(前117)立为燕王。戾太子(刘据)死后，上书请求入京师，欲立为太子。武帝死，汉昭帝即位，他与宗室刘长、刘泽及大臣上官桀、桑弘羊等谋夺取帝位，失败后自杀，谥"刺"。传见《汉书·武五子传》。

②允臧：出自《诗经·鄘风·定之方中》："卜云其吉，终然允臧。"是说结果很好。允，确实。臧，善，好。

③卫瓘(220—291)：字伯玉，河东安邑(今山西夏县)人。初在曹魏任廷尉、镇西将军，西晋时任青州、幽州刺史。晋惠帝即位后，与贾后对立，后在八王之乱中，被贾后杀害。传见《晋书·卫瓘传》。

④长孙：指长孙无忌，字辅机，洛阳人，唐太宗长孙皇后之兄。从李世民定天下，功居第一。太宗晚年，与长孙无忌、房玄龄、李勣等人计议，立晋王李治为太子，即为唐高宗。因反对高宗立武则天为后，放逐黔州，自缢身亡。传见新、旧《唐书·长孙无忌传》。

⑤李氏：即光宗李皇后，字凤娘，安阳(今河南安阳)人。性格妒悍，挑拨光宗与孝宗的关系，使光宗不再往重华宫朝见孝宗。宋高宗当年听信相士的话，选李后入宫为妃，孝宗曾因大臣阻挠而未能废黜李后，光宗生性懦弱，不能管束李后，因此李后干尽了坏事。传见《宋史·后妃传·李皇后传》。

⑥冥行：本指在夜间行路，引申指盲目行事，后果会非常危险。

⑦菀(yùn)结：即郁结，指积郁于内不能解消。菀，同"蕴"。

【译文】

把帝位传给儿子的方法，规定是传给嫡长子，这实在是重大而不可改变的常道。然而汉武帝放弃了燕王旦而册立汉昭帝，汉光武帝舍弃了东海王刘彊而册立汉明帝，最终的结果也非常好，那么这就是改变了常规而能行得通，也不为失误。晋武帝拒绝了卫瓘的劝谏而册立晋惠帝，后来就使贾皇后的凶恶由此显现出来了；唐太宗徇从了长孙无忌的私情而册立唐高宗，后来就使武则天称帝而造成了惨烈的灾祸。那么这是守着册立嫡长子的制度而不变通，也不是正确的抉择。宋光宗比晋惠帝，只是还能分辨豆麦而已，他与唐高宗相比，就差了好多层。孝宗只能守着成法，而不根据自己的想法废黜和选置合适的人选当太子吗？那么就让正人君子对太子加以辅助，用正确的学术引导太子，防止小人教坏太子，在后宫中严加整饬，等到自己弥留之际，再选择德高望重的大臣，让他们接受顾命而负责各种政务；即使有雷允恭、任守忠这样的宫内小人，也不难对他们施以流放诛杀的刑罚；如果做到这些，那么光宗虽然愚暗，又何至于灭绝天法，给宗庙社稷造成危亡的局势呢？可知孝宗没有用正道教育太子，辅助太子没有合适的人选，让太子继位又没有等到合适的时机，对太子昏庸懦弱的习气没有察觉，对凶悍老婆的煽动没有听闻。不久，就让不合格的太子参与国家大政；不久，就让太子继承帝位，自己已经处于高贵但没有帝位、高高在上而没有民众的处境中，自己厌恶李后而说要把她废黜，也只能在宫中小声嘀咕，反而激起了他们的叛逆，难道不是教不肖的人在黑暗中行路吗？内心悲伤而不能长享天年寿命，也就是自己造成的了。

　　高宗经营密勿者数十年①，裁之以道，审之以宜，举以授之于己，己乃无所图维，急遽以授不肖之子，而坐视其败，孝宗之于孝也，抑末矣。汶汶无择②，与其在位之用人行政，殊不相肖。繇今思之，诚不测其何心？意者嗣位之初，锐意有为，而功堕不就，故不欲居此位也已久；特以高宗在，而不容释，甫在苦次，迫欲脱屣，愤耻之余，激为卤莽。诚然，则亦悁悁悻悻③，非君子之度矣。在位二十七年，民心未失，国是未乱，自可保遗绪以俟后人之兴。功不自我成，而能得守所付畀者，即其功也，亦何用此卞躁为也！

【注释】

①密勿：指勤勉努力。出自《诗经·小雅·十月之交》："黾勉从事，不敢告劳。"黾勉，又作"密勿"。《汉书·刘向传》引用这句诗："君子勉强以从王事，故《诗》曰：密勿从事，不敢告劳。"颜师古注："密勿，犹黾勉从事也。"

②汶汶:昏暗不明。
③悁悁:心情忧闷。悻悻:怨恨失意。

【译文】

高宗勤奋经营了数十年,用道义对事情加以裁断,在审察时采取最适宜的措施,然后把整个天下交给孝宗,孝宗却没有进一步图强和维系,匆忙间很快就把帝位传给了不肖之子,而自己就坐视他走向失败,孝宗在尽孝上,也是太差了。昏暗不明而不能正确选择,与他在位时的用人和执行国家大政,很不相似。在今天想来,真不能测知他是什么心思?猜测的话,他在继位之初,本来是想锐意有为的,但北伐之事失败而不能成功,所以很久以来就不想坐在这个帝位上了;只是因为高宗还在,不容自己放弃帝位,才在守丧之中,急迫地想摆脱帝位这个负担,在愤恨耻辱之余,激动之下使自己的行为非常鲁莽。如果确实是这样的话,那就是郁闷失意,不是君子的气度了。孝宗在位二十七年,民心还没有失去,国家的大政还没有坏乱,自可保住宋王朝后继统绪来等待后人的兴起。收复天下的大功不一定由我来完成,但能守住高宗交给自己的天下,这就是他的功劳,又何必采取这种急躁轻率的行动呢!

二

朱子知潭州,请行经界法,有诏从之。其为法也,均平详审,宜可以行之天下而皆准,而卒不能行。至贾似道乃窃其说以病民,宋鼷是亡,而法终沮废。然则言之善者,非行之善,固如斯乎!盖尝探其原而论之,天下之理,思而可得也;思而不得,学焉而愈可得也。而有非思与学之所能得者,则治地之政是已。

【译文】

朱子在潭州当知州,请求实行经界法,光宗发布诏书听从他的请求。他划定经界的方法,是要求做到平均而详细审察,应该可以让天下都按这个标准来实行,而最终不能实行。到贾似道为相的时候就窃取了他的说法来残害民众,宋朝因此而灭亡,而他所实行的公田法最终也被废止。这样看来,言谈很好的,实行起来就不一定好,本来就是这样的啊! 我曾探讨其中的原因而加以论说,天下的道理,思考一下就能知道;思考了还不能知道,通过学习就能知道。但也有些事不是靠思考和学习就能知道的,这就是国家治理土地的政策和制度问题。

今试取一法而思之,无形而可使有形,无迹而可使有迹,张之使大,研之使密,委曲经营,即若有可绘可刊之图,了然于心目,如是者自信以为至矣。乃更端思之,又有一成型者,亦未尝不至也。则执其一以概见于施行,其不尽然者必多;而执其信诸心者坚,人固弗能辨也。故“思”者,利与害之交集也,故曰“殆”也①。无已,其学乎! 所学者,古之人屡言之矣。古人之所言者,亦既有行之者矣。然而言者非行也。古人之行,非我之行也;我之行,非天下之所行也。五味无定适,五色无定文,五音无定和。律吕在②,而师旷之调③,师延之靡也④。规矩在,而公输之巧⑤,拙工之挠也。古之人教我以极深研几之学⑥,而我浅尝而躁用之,举天下万民之情,皆以名相笼而驱入其中,故曰“罔”也⑦。

【注释】

①殆:指危险。孔子有“思而不学则殆”,见《论语·为政》篇。

②律吕:古代用竹管或金属制成十二管,管径相等,以管的长短来

确定音的不同高度。从低音管算起,成奇数的六个管叫做律,成偶数的六个管叫做吕,合称律吕。泛指乐律、音律。

③师旷:字子野,春秋时著名乐师。生而无目,自称盲臣、瞑臣。为晋大夫,精通音乐,善于弹琴,辨音力极强,擅长调音,以"师旷之聪"闻名。事见《左传》和《史记·晋世家》。

④师延:传说中黄帝的乐师,此后历代世袭其职。传说他能从音乐中听出王朝的兴衰,因此在夏朝末年,抱着乐器投奔殷商。殷纣王时,曾被关押,他奏迷魂淫魄的靡靡之音,使狱吏神迷心荡,乘机逃出。听说周武王兴师伐纣,于是准备投奔武王,但在渡濮水时沉入水中而死。靡:本指细腻、细密,引申指华丽、美好,又用来形容音乐的柔和、柔美。

⑤公输:战国时的巧匠,鲁国(今山东曲阜)人,姓公输,名班(又作般),故又称鲁班。据说今天木工所用的工具,如锯、钻、刨子、铲子、曲尺、画线墨斗等,都是他发明的。还曾制作出攻城用的云梯,舟战用的勾强,创造了具备机关的木马车等。

⑥极深研几:指探讨到极深之处来穷究精微的道理。《周易·系辞》:"夫易,圣人之所以极深而研几也。"把极为深奥的道理探讨出来就是"极深",对事物刚刚开始变化时的微妙征兆加以研究,以知事物的未来变化,称为"研几"。

⑦罔:指茫然不知宗旨。孔子有"学而不思则罔",见《论语·为政》篇。

【译文】

如今试拿一个制度来思考它,没有形态也可以让它有形态,没有形迹也可以让它有形迹,能把它扩张而变得宏大,能把它研究而使之周密,周密细心地加以经营,就会像一幅可以描绘、可以刊刻的图案,在心中一目了然,做到这样就自信这个制度已经达到极致了。可是还要改变角度再来思考它,又会有一种定型,也未尝不能达到极致。于是就用其中的一部分加以施行来看它的大概，其中不尽如先前设想的情况必然会有很多；而在心里还坚持相信它，别人本来就不能与他争辩。所以"思考"是利与害交相杂集在一起的，所以孔子说"思"是"危险"的。不得已，就只有靠学习！所学习的东西，古代的人已屡次说到了。古人所说的，也已有人加以实行了。然而言说不是实行。古人的实行，不是我的实行；我的实行，也不是天下人所实行的。五种滋味如何适用是不固定的，五种颜色如何构成文彩也是不固定的，五种音调如何达到和谐也是不固定的。但是只要有确定音乐的律吕，就能用五种音调合成师旷所弹出的音调，构成师延所奏出的靡靡之音。只要有确定方圆的规矩，就能让公输班成为巧匠，而笨拙的工匠却把木材折坏。古代的人用探讨极为深奥而无形的道理、研究事物微妙的变化征兆的学问来教导我，而我却在粗浅尝试之后就急躁地加以应用，把整个天下万民的心情，都用空虚的名义笼统地放在这种粗浅的学问之中，所以孔子说这是茫然无知。

所以然者，何也？天下之思而可得、学而可知者，理也；思而不能得、学而不能知者，物也。今夫物名则有涯矣，数则有量矣。乃若其实，则皆有类焉，类之中又有类焉，博而极之，尽巧历之终身而不能悉举。大木之叶，其数亿万，求一相肖而无毫发之差者无有也，而名恶足以限之？必有变焉，变之余又有变焉，流而览之，一日夜之间，而不如其故。晴雨之候，二端而止，拟一必然而无意外之差者无有也，而数恶足以期之？夫物则各有情矣，情者，实也。故曰："先王以人情为田。"人情者，非一人之思所能皆虑，非古人之可刻画今人而使不出于其域者也。乃极其所思，守其所学，以为天下之不越乎此，求其推行而准焉，不亦难乎！

【译文】

之所以会这样，又是什么原因呢？天下通过思考而能获得、通过学习而能知道的，是道理；通过思考而不能获得、通过学习而不能知道的，是事物。现在事物的名称是有限的，数量也是有限的。可是它们所代表的实际情况，就都是有类别的，类别之中又有类别，极为广博，让精于计算的人用他的一生来算也不能全部列举完毕。大树的叶子，其数达到亿万，要在其中找一个完全相像而没有丝毫差别的则是没有的，而言论中所用的名称又怎能完全表达这种无限的差别？所以必然会有变化，变化之外又有变化，将这些变化从头到尾加以观察，一天一夜之间，不能知道其变化的原因。天晴和下雨的征候，不过是两种情况而已，要想另外找一个必然而没有意外差别的情况则是没有的，而数字又哪能足够说明它们呢？事物是各有自己实情的，实情就是事物的实际。所以说："先王把人情作为田地。"人情，不是一个人的思考所能全部考虑到的，不是古人可以加以刻画而让它们不超出自己所考虑的界域的。因此将自己的思考做到极致，守着自己所学的东西，以为天下都不会超过自己的思考和所学，想让这些思考和所学加以推行而作为标准，不也是很困难吗！

今夫经界，何为者邪？以为清口分之相侵越者乎①？则民自有其经界矣，而奚待于上？先世之所遗，乡邻之所识，方耕而各有其埒②，方获而各计其获，岁岁相承，而恶乎乱？若其积渐匿侵，自不能理，乡邻不能诘；则以南北殊方、乍来相莅之文吏，唯辞是听，睹此山川相缪之广甸，亦恶能以一日之聪明，折群疑于不言之块土乎？徒益其争，而狱讼日繁，智者不为也。

【注释】

①口分：指古代按人口分田。汉代何休注释《公羊传》时说："圣人
制井田之法而口分之：一夫一妇，受田百亩，以养父母妻子。"唐
代授田制度规定男丁每人分田一顷，其中八十亩为口分田，二十
亩为永业。但最初的分田后来因各种原因会产生相互兼并的情
况，就不能保证每个男丁所分的口分田永远都为自己所有，所以
朝廷有时就要采取措施清理口分田的占有情况。

②埒(liè)：田地中分界的矮墙。

【译文】

这时所说的经界，又是为了什么呢？认为用这个办法可以清理口
分田的相互越界吗？那么民众自己就有他们的田界，哪里又要等到朝
廷来清理呢？前代所留下来的田地，乡里邻居都能分清，在耕种时，这
些田地各有它们的界墙，在收获时，则各自计算自己的收产，一年年这
样承续下来，哪里能搞乱了田界呢？至于那种在无形中逐渐积多而侵
占了别人的田地，自己不能理清楚，乡里邻居也不能过问；那么那些在
南方、北方不同地方出生的人突然来到此地担任官吏，只能听到双方的
告辞，亲眼看到当地山川之间相互参差交错的广大田地，又哪能仅仅耗
费一天工夫，就在不能说话的一块土地上把众人的疑惑全都判断清楚
呢？只不过徒然增多争议，而造成的案子天天增多，智者是不会干这种
事的。

以为辨赋役之相诡射者乎？诡射者，人也，非地也。民
即甚奸，不能没其地而使之无形。而地之有等，等之以三，
等之以九，亦至粗之率耳。实则十百其等而不可殚。今且
画地以责赋，豪民自可诡于界之有经，而图其逸；贫民乃以
困于所经之界，而莫避其劳。如之何执一推排之法而可使

均邪^①？故均者,有不均也。以不均均,而民更无所愬矣。

【注释】

①推排:宋代实行三年一次核实赋役的制度,即根据民户财产的增降而调整所要担负的赋税,但官吏们执行这个制度时,对贫穷的民户往往采取过度登记财产的办法,凡是耕耧刀斧之器,鸡豚犬彘之畜,不管多么纤微细琐的财物全都登记为财产,而富户则通过贿赂可让官吏对自己的财产减少登记。贾似道时也实行推排法,凡是田地,不管多少,都要交纳赋税,从而使民众更为穷困。

【译文】

认为通过清查田界的办法就能分辨赋役中的诡诈欺瞒吗?诡诈欺瞒,是人的行为,不是田地的事情。民众即使奸邪,不能把田地埋没起来而使它变得无形。而田地是有等级的,分为三等,分为九等,也是非常粗略的划分而已。实际上就是分为十等百等也不能完全分清田地的等级。如今要画出地界来要求民众交纳赋税,豪强之民自然可以对田界的划分搞诡诈欺瞒,而谋求让自己少担负赋税;但贫穷的百姓就被划定的田界所困,而不能躲过要交纳赋役的劳苦。怎么能实行一种推排法就能使民众财产平均呢?所以所说的平均,其中就有不平均。用不平均的方法来平均,于是民众就更加无处可以上诉他们的冤屈了。

以为自此而可限民之田,使豪强之无兼并乎?此尤割肥人之肉置瘠人之身,瘠者不能受之以肥,而肥者毙矣。兼并者,非豪民之能钳束贫民而强夺之也。赋重而无等,役烦而无艺,有司之威,不可向迩,吏胥之奸,不可致诘。于是均一赋也,豪民输之而轻,弱民输之而重;均一役也,豪民应之而易,弱民应之而难。于是豪民无所畏于多有田,而利有余;弱民苦于仅有之田,而害不能去。有司之鞭笞,吏胥之挫辱,迫于焚溺,自乐输其田于豪民,而若代为之受病;虽有经界,不能域之也。夫岂必陻其沟洫,夷其隧埒,而后畸有所归哉?诚使减赋而轻之,节役而逸之,禁长吏之淫刑,惩猾胥里蠹之恫喝,则贫富代谢之不常,而无苦于有田之民。则兼并者无可乘以恣其无厌之欲,人可有田,而田自均矣。若其不然,恃一旦之峻法,夺彼与此而不恤其安,疲懦之民,且匿走空山而不愿受。无已,则假立疆畛,而兼并者自若,徒资姗笑而已。若夫后世为经界之说者,则以搜剔民之隐田而尽赋之,于是逐亩推求,而无尺寸之土不隶于县官。呜呼!是岂仁人君子所忍言乎?

【译文】

认为自此以后就可以限制民众占有更多的田地,让豪强不能兼并土地吗?这更是割了胖人的肉放在瘦人身上,而瘦人不能因此变成胖人,胖人反被害死了。所谓的兼并,不是豪强之民能钳制贫穷之民而强行夺取他们的田地。赋役太重而不分等级,劳役烦多而没有限度,官府的威风,让民众不敢靠近,官吏的奸恶,不能加以审察。于是就平均成一种赋税,豪强之民交纳起来就很轻松,贫弱之民交纳起来就很沉重;平均为一种劳役,豪强之民来服这种劳役就很容易,贫弱之民服这种劳役就很困难。于是豪强之民就不会因为多有田地而害怕,而他们的利益还是有余的;贫弱之民因为仅有一点田地而受苦,而所受的害处又不能消除。官府的鞭笞,官吏的欺辱,让贫弱之民受到像火焚水溺一样的逼迫,自然就会乐意把自己的田地输送给豪强之民,这就像有人代替自己承受病痛一样;即便有田界,也不能用田界限制了。哪里是必须填埋了田中的沟渠,挖平了界墙,而后纠正田地数量的偏多偏少让其回归到正常呢？真的让官府减轻赋税而让民众减轻负担，节省劳役而让民众得到放松，禁止官长胥吏滥施威刑，惩治狡猾的乡保和中饱私囊的里长对民众的恫吓呵斥，那么贫富相互转换而无定常的情况，就不会让有田的民众受苦。而兼并田地的人也无机可乘来放纵他们没有满足的欲望，人人都可以有田，而田地自会平均了。如果不是这样，倚仗着一天之内建立的严酷法律，抢夺贫民的田地给予兼并土地的人，而不顾恤无田民众的安定，那些疲惫怯懦的百姓，就会逃到山中藏匿起来而不愿接受这种查田限田的法律。这种情况没有中止，假定设立了田界，而兼并土地的人还和没有设立田界一样，只能让他对这种规定加以嗤笑而已。至于后世提倡经界说的人，就会搜索民众隐藏的田地而全部加上赋税，于是逐片地检查计算，而没有一尺一寸的土地不隶属于官府。呜呼！这哪里是仁人君子忍心说的呢？

　　三代之制，有田有莱①，莱者非果莱也，有一易，有再易，易者非果易也。留其有余以劝勤者，使竭力以耕，尽地利而无忧赋税耳。今彼此相推，而情形尽见，块泥株粟，无能脱也，夫是之谓箕敛也②，奚辞哉？夫田为奸隐不入赋额者，诚有之矣。婢妾曰灶之奸，不足为富人病也，况仁君之抚四海者乎？抑有地本硗确，而勤民以有余之力，强加水耕火耨之功，幸岁之穰而薄收者；亦有溪江洲渚，乍涌为邱，危岸穹崖，将倾未圮，目前之鳞次相仍，他日之沉坍不保者；亦有昔属一家，今分异主，割留横亘于山限水曲而不可分疆场者；若此之类，难以更仆而数。必欲执一画定之沟封，使一步之土必有所归，以悉索而征及毫末，李悝之尽地力，用此术也。为君子儒，以仁义赞人君之德政，其忍之乎？是则经界之弊，必流为贾似道之殃民。仁邪？暴邪？问之天下，问之万世,必有审此者矣。

【注释】

①莱:本指草,后指长草的土地,表示没有耕种农作物的土地,因此又指古代轮耕中轮休的土地。轮休的土地,又有一易、再易的区分。易指交换耕种,上等田不易,中等田一易,下等田再易。每年都耕种的田地,就是不交换的上等田,三年之间休耕一年的为一易的中田,休耕两年的为再易的下田。

②箕(jī)敛:以箕收取,形容苛刻地搜括民众的财物。一般与"头会"合称,指家家按人头数交纳粮食,官府就箕收进。

【译文】

夏商周三代的制度,田地分为田和莱,莱也不是真的荒着不耕种,其中又有一易的中等田,有再易的下等田,易也不是真的交换田界及其主人。留着上等田之外的多余田地来鼓励勤劳的人,让他们尽力耕种这种不太好的土地,使土地的生产能力充分发挥出来而不用担忧交纳赋税。如今彼此相互推排丈量,而民众占有土地的情况就全部反映出来了,一块泥、一株麦,都不能摆脱官府的检查,这就被称为以箕聚敛民财,怎能推辞不是这样呢?田地被奸人隐瞒而未能纳入国家赋税的情况,确实是存在的。婢女小妾在白灶之间做些手脚积攒一些钱财,这对于富人家庭来说不能成为大毛病,何况仁厚的君主抚有四海呢?也有些田地本来就是瘠薄的,但是勤奋的百姓用他们多余的力量,努力付出水耕火耨的劳动,幸亏年成丰收而有一些收获;也有的是在溪水江河边的洲渚之处,因为水势变化突然形成了土邱,陡峭的山崖山坡,将要倾覆而尚未坍塌,其地势如鱼鳞一样依次排列展开,还不能保证以后不会坍塌;也有的是以前属于某一家民户,如今分家换了主人,分割出来横延在山脚水边而不能再分出田界;如此之类的田地,很难一一计算清楚。一定要按照一条规定确定彼此的田界,让每一步土地都必须有所归属,并全部计算清楚而把一毫一末的土地财产都要纳入赋税,李悝彻底发挥土地的潜力,用的就是这种方法。作为君子儒,用仁义协助君主实行德政,他会忍心这样做吗? 那么经界法的弊端,必定会演变为贾似道让民遭殃的办法。这是仁义呢? 还是残暴呢? 拿来问天下的人,问万世的人,必定有人对此会看得清楚的。

　　夫原本《周官》,因仍《孟子》,不可谓非学也。规画形势,备尽委曲,不可谓未思也。乃抑思商、周之天下,其于今者何如哉? 侯国之境土,提封止于万井①;王畿之乡遂②,采邑分授公卿。长民之吏,自鄹鄙之师至于乡大夫③,皆百里以内耳目相习土著之士。为利为病,周知无余,因仍故址,小有补葺而已定。今则四海一王,九州殊壤,穷山纡曲,广野浩漫。天子无巡省之行,司农总无涯之计,郡邑之长,迁徙无恒,乃欲悬一式以驱民必从,贤智者力必不任,昏暴者幸以图成。在天,则南北寒燠之异候;在地,则肥瘠高下之异质;在百谷,则疏数稚壮之异种;在疆界,则陂陀欹整之异形;在人民,则强弱勤惰之异质;在民情,则愿朴诡谲之异情。此之所谓利者,于彼为病;此之所欲革者,彼之所因。固有见为甚利,而民视之如荼棘;见为甚害,而民安之如衽席。学不可知也,思不可得也。言之娓娓,行之汲汲,执之愈坚,所伤愈大。以是为仁,其蔽也愚,而害且无穷,久矣!

【注释】

　　①井:井田,古代的土地制度。方九百亩为一里,划为九区,形如"井"字,故称井田。中间为公田,外面的八区为私田,八家平均

私有百亩,一同耕种公田。耕种公田之后,才耕种私田。

② 乡遂:周代,王畿的郊内设六乡,郊外设六遂。诸侯国也有乡、遂。后指都城之外的乡村地区。乡、遂各有一定数量的民户。

③ 酂(zàn)鄙:周代以一百家为酂,五百家为鄙。师:官名,每县五鄙,每鄙设一鄙师,掌管鄙内的政令祭祀等事务。

【译文】

以《周官》为根本依据,继承了《孟子》的说法,不能说不是学问。规划形势,做得极为细致完备,不能说没有思考。但还要思考商、周两代的天下,对于如今又是怎样的呢?诸侯国的领土,全部的疆域只不过一万井;天子直接控制的王畿地区的乡和遂,作为采邑分别封给公卿。管理民众的官吏,从最下层的官吏算起,向上到乡大夫,都是一百里之内耳熟能详的当地士人。本地的治理是有利还是有害,都详细知晓而无遗漏,承袭着过去的制度,只是做些小的补救就已能把制度稳定下来了。如今则是四海共有一个天子,九州的土壤并不相同,无穷的山峦弯弯曲曲,广阔的田野浩大宽广。天子没有出行到四方巡视,负责农业的长官只是总管着复杂的数字,郡县的长官,迁徙不定,却想设立一个制度逼迫民众必须服从,贤明智慧的人的能力对此必不能胜任,昏庸残暴的人则会侥幸求得成功。在天,则有南北冷热的不同气候;在地,则有肥沃瘠瘦高下不一的不同土质;在各种庄稼中,就有稀疏繁密苗壮幼弱的不同种类;在疆界,就有倾斜不平以及残缺不全或方正完整的不同形态;在人民,则有强弱勤奋懒惰的不同素质;在民情,则有诚恳朴实诡诈狡猾的不同心情。在这里是所谓的利,在另一地就成为害;在这里是想革除的,在另一地就是想承袭沿用的。本来也有看起来是很大的利,而民众却视如荆棘一样毫无好处;也有看起来是很大的害,但民众对它却像家里的席子被褥一样习惯。这些事情靠学习是不能知道的,靠思考是不能得到的。言谈起来娓娓动听,行动起来汲汲迫切,坚持得越是坚定,所伤害的就越是大。以此为仁义,它的弊害就是愚蠢,而且危害将会无穷,这种情况已经很久了!

故善治地者,因其地而治之。一乡之善政,不可以行之一邑;一邑之善政,不可以行之一州;一州之善政,不可以行之四海。约略其凡,无所大损于民,而天下固已大均矣。均之者,非齐之也。设政以驱之齐,民固不齐矣。则必刑以继之,而后可齐也。政有成型,而刑必滥,申、商之所以为天下贼,唯此而已矣。若夫匹夫以锱铢之利,设诈以逃唯正之供,则唯王者必世后仁之余,自输忱以献,岂元后父母所宜与争论也哉?以君子竞小人之智,以王章察聚敛之谋①,以鸡鸣梦觉所虚揣之情形,以闭户读书所乍窥之经史,束四海兆民而入于图缋之中②。言之诚是也,行则非所敢也。虽然,亡虑也,言此者,未有能行之者也。

【注释】

①王章:见太宗卷第六部分的"王章"注,指五代时精于计算搜括民众财赋的人。

②图缋(huì):本指图画,引申指朝廷的户籍和管理。

【译文】

所以善于治理土地的人,要根据土地的具体情况而加以治理。在一乡实行的善政,不能在一个邑中推行;在一邑中实行的善政,不能在一个州里推行;在一个州里实行的善政,不能在天下推行。约略概括土地的基本情况,对于民没有大的损害,天下就已经大体平均了。平均它,不是使它完全整齐。设立制度逼迫民众达到绝对整齐,民众本来就不能完全整齐。后面就一定要使用刑罚,以迫使民众达到完全整齐。这样的治理有了固定的形态,刑罚就必定会滥用,申不害、商鞅之所以成为天下的贼人，只是因为这样做而已。至于匹夫为了蝇头小利，用欺诈来逃避正当交纳的赋税，则只能在王者实行仁政之余，民众自会向天子奉献他们的忠诚，怎能作为万民的天子父母而可以与民众争夺这些小利呢？作为君子而用小人的智谋来竞争，用王章对百姓审察聚敛财富的谋略，用鸡叫时、梦醒时空洞揣度的情形，用关门读书暂时看到的经史书籍，把四海的众多民众全都束缚在国家的管辖之中。谈论这种事情确实是对的，但付诸实行就是不敢去做的。即使这样，也不用担心，因为谈论这些事情的人，没有人能真正加以实行的。

三

　　君拒谏以宣欲，臣嫉贤而献谀，其于正谏之士，名之曰"沽名"。夫亦念名之所自生乎？名者，义之所显也，天下后世公是公非之衡也。有名可沽，则名在谏者矣。自处于不可名之慝，而以名授谏者，使可沽焉，其为无道之尤也，奚辞？故沽名者，使人君知有名而不可干者也。君非无名，而沽者无可沽矣。

【译文】

　　君主拒绝劝谏来发泄自己的欲望，大臣嫉妒贤人而献上谄谀，他们对正直进谏的士人，称为"沽名钓誉"。他们这样说，想过名是怎么产生的吗？名，是义的彰显，又是天下后世公认的衡量是非的标准。如果名可以沽取，那么进谏的人就会有名。让自己处于不可以有名的邪恶之中，而把名授给进谏的人，让进谏的人可以沽取名，这种人就是最无道的，他又怎能推托？所以沽取名这件事，是让君主知道有名而名是不能随意侵犯的。君主不是没有名，但要让沽名的人在君主这里无名可沽。

　　虽然，人臣以此事君，而国又奚赖哉？君有巨慝，大臣任之；大臣不能言，而后谏臣任之；谏臣不能言，而后群工下至士民，皆可奋起而言之。若夫群然竞起，合大小臣民言之恐后，则首其议者，盖亦诚出于不容已。而相踵相附，未问从违，喧争不已，则其间以沽名故喋喋相仍者，十有八九矣。于是而激庸主奸臣以不相下，言者且竞以削斥为荣，空国以去，置宗社于奸邪之掌，徒自奖曰：吾忠而获罪之正人也。则沽名之咎又奚逭邪①？且夫君之过，不至于戕天彝、绝人望，犹可浣濯于他日，则相激不下，失犹小也。若夫天伦之叙致，人禽之界，存于一线，一陷于恶，而终无可逸；是岂可雷同相竞，使处于无可解免之地者哉？

【注释】

①逭(huàn)：逃避。

【译文】

　　即使如此，大臣用这种方式奉事君主，而国家还能依赖什么呢？君主有巨大的邪恶，大臣听之任之；大臣不能批评君主的邪恶，而后进谏之臣就承担批评的责任；进谏之臣不能批评君主的邪恶，而后百官以下直至士人民众，都可以奋起而加以批评。像这样人们群起竞相批评君主，集合大小臣子以及民众让他们争先恐后地发表批评言论，那么首先对君主提出批评的人，大致上也实在是不得已的。但是后继加以附和的人，不问所论的事情是对还是错，就喧嚣争论不止，那么其中为了沽取名声而喋喋不休地发表言论加以批评的人，就占了十分之八九。于是就激使昏庸的君主和奸臣对人们的批评坚决不肯让步，而发表批评言论的人还竞相把自己被削职贬斥作为荣耀，全都离去而使朝廷中空无一人，把宗庙社稷交到奸邪之人的手中，还自我夸耀说：我是忠诚而被奸人治罪的正直之人，这样做的话，沽取名誉的咎误又哪能逃避掉呢？而且君主的过失，还没有达到破坏天理、断绝人望的地步，还可以在今后加以改正，在这种情况下就与君主相互争执而不相让，过失还算小的。如果是天理已经破坏，那么人与禽兽的分界就仅存在一条线的距离，一旦滑过这条界线而到奸恶的地步，就终究不能逃逸了；这两种情况难道可以看成完全一样而相互争论，从而使君主处于不可解消避免过错的地步吗？

　　子之事其亲也，仁之发也，即义之恒也。然岂以为义在当孝而始孝乎？其不孝者，固非谓宜于不孝而孝非义也。故称说孝道于孝子之前者，皆无当于孝子之心；称说孝道于不孝之前者，亦无能动不孝之心。无他，可言者，义之当然，而恻怛内动①，绸缪不解之忧②，固非言之所能及。其或利欲荧之，妇人宵小间之，夺其心以背其初志，皆藏于隐微，非可以言言者也。故舜之孝也至矣③，蔑以尚矣，而其以人伦授契教民者④，曰"敬敷五教，在宽"⑤。上不可以法绳其下，优而游之，乘罅而导之⑥，去其荧之间之者，以使自显其初心。则知悔者，若吾训以渐启仁爱之天怀；怙恶者，抑不相激以成人伦之大变。宽之用，大矣哉！而能以此导人主以全恩，李长源而外，难其人矣。长源始用之肃宗，继用之德宗，皆以父处子者也。涕泗长言，密移其情于坐论而不泄，独任其调停之责，而不待助于群言。其转移人主之积忿，犹掇轻羽也。乃至于肃宗事父之逆，独结舌而不言，夫岂忘其为巨慝而吝于规正哉？力不与张良娣、李辅国争⑦，则言且不听，而激成乎不测之衅；则弗如姑与含容，犹使不孝者有所惜，而消不轨之心。长源之志苦矣⑧,而唐亦苟安矣。

【注释】

①恻怛(dá):本指对别人的同情心,这里指孝子对于亲人的爱心。

②絪缊(yīn yūn):本指天地之间阴阳二气交互作用的状态,后来形容云烟弥漫、气氛浓盛的景象。这里形容心中的感情弥漫浓郁的样子。

③舜之孝:传说舜的父亲瞽叟,是个盲人,续娶的继母生下弟弟名叫象,父、继母和弟弟经常虐待舜,多次想把舜害死,但舜仍然对父母尽孝,对弟弟友善,而且比以前还更诚恳谨慎。

④契(xiē):传说殷商的祖先,子姓,名契。舜在位的时候,大禹治水,契和后稷协助大禹。治好洪水之后,契被封在商(今河南商丘),任司徒,掌管教育。事迹见《史记·商本纪》。

⑤敬敷五教,在宽:尧死以后,舜为帝,对尧任用的禹、皋陶、契、弃、伯夷、夔、龙、垂、益等人,明确分派职务。其中契为司徒,负责教化,要求他"敬敷五教,在宽",意思是说恭敬地对民众进行宣传教育,让他们懂得父子、君臣、夫妇、兄弟、朋友之间的五种伦理关系,在宽,指在教化时采取宽松的态度,以教育为主,而不是以惩罚为主。

⑥罅(xià):缝隙,裂缝,比喻事情的漏洞。

⑦张良娣(? —762):邓州向城(今河南南阳)人,唐肃宗的皇后。与宦官李辅国勾结,干预政事,欲立自己的儿子为太子,图谋害死太子李豫(代宗)。后与李辅国不和,肃宗死后,被李辅国杀死。传见《旧唐书·肃宗张皇后传》。

⑧长源之志:李泌在唐玄宗、肃宗、代宗、德宗四朝都受重用。安史之乱时,唐军收复两京,肃宗向玄宗上奏章,请在蜀地避难的玄宗复位,自己仍为太子。李泌断言玄宗不会回来,就以群臣名义

向玄宗上奏,说天子(指肃宗)日夜思恋父王,请返还长安以便孝养。玄宗接到肃宗奏章,回复说不再返回。又接到李泌的上奏,便高兴地回到长安,为"天子父",而不再复位。肃宗后因宠妃张良娣和宦官李辅国的离间,杀了儿子建宁王李倓,太子(即代宗)李豫为此常怀畏惧。李泌于是向肃宗告辞要回山隐居,临走时对肃宗诵《黄台瓜辞》。这是唐高宗太子李贤创作的诗,当时武则天篡位,大杀李氏宗族,李贤恐不能免,于是作辞:"种瓜黄台下,瓜熟子离离。一摘使瓜好,再摘令瓜稀,三摘犹自可,摘绝抱蔓归。"肃宗听了之后感到后悔而流下眼泪,于是不再猜疑太子。德宗时,李诵(即顺宗)为太子,太子妃的母亲郜国公主因犯蛊媚罪被幽禁,德宗有意废除太子。李泌劝德宗不要猜疑太子,德宗非常生气,说要诛灭李泌的家族,李泌仍不断劝谏,呜咽流涕,又用肃宗与建宁王和太子(代宗)的往事告诫德宗,德宗说:"建宁叔实冤,肃宗性急故耳。"李泌说:"臣昔为此辞归,誓不近天子左右,不幸今日又观此事。"并向德宗说:"臣敢以宗族保太子。"为此又与德宗多次商讨,并告诉德宗要极力保密,不要使左右知道消息。同时又安慰太子不可自裁,最后终于化解了德宗父子之间的矛盾。李泌在唐玄宗、肃宗、代宗、德宗四代父子之间,多次化解其中的矛盾,这就是王夫之所说的长源之志。

【译文】

儿子奉事他的亲人,表现出仁爱,这就是道义的常理。但哪能认为因为义要求人应当孝才开始行孝呢? 那种不孝,本来不是指可以不孝而认为孝不合道义。所以在孝子面前说孝道,都不合乎孝子的孝心;在不孝的人面前说孝道,也不能打动他的不孝之心。没有别的,可以言说的,是道义的当然道理,而在心里产生出对亲人的爱心,由此形成浓郁而不可解消的诚心,本来就不是用言论所能达到的。或许有人用利欲迷惑他,妇人小人从中对他挑拨离间,让他失去了孝心而背叛了最初对于亲人的爱心,这都是隐藏而不明显的,是不能用言论来论说的。所以舜的孝心达到了极点,没有人能超过他,而他还让契用人伦的五种关系来教化民众,说"敬重地传播五种人伦关系的学说,在教化中采取宽厚的态度"。在上的人不能用刑法来约束和惩处下面的人,而要让人们悠闲地生活,利用机会来加以教导,除去那些迷惑他、离间他的人,以使他自己显现出当初所具有的仁爱和孝心。那么知道悔改的人,就像是因为我的教化而逐渐启发了他天生具有的仁爱胸怀;怙恶不改的人,也不刺激他以造成人伦的重大变故。宽厚的用处,是很大的啊!而能用宽厚引导君主以保全亲人之间的恩情,李长源之外,就很难找到其他人了。李长源开始受到唐肃宗的任用,后来又被唐德宗任用,都要协助皇帝处理父子关系。李长源对二位皇帝都是流着眼泪长谈,通过向皇帝进谏而在秘密不为人知的情况下改变了皇帝的心情,不让事情泄漏在外,只由自己一个人担任在其间调停的责任,而不等着和依靠众人的言论。他改变君主长久累积的愤恨,就像拾取很轻的羽毛一样。对于肃宗事奉父亲时不能尽孝,却独独闭口不说话,难道是忘了这是大恶行而吝啬劝谏以纠正他吗?实在是知道自己的力量不能与张良娣、李辅国相争,那么说了也不会听从,还可能激起不能预测的事变;就不如姑且忍耐包容,还会使不孝的人有所顾惜,而消除心中不正的念头。李长源实在是用心良苦,而唐王朝也因此得以苟安了。

　　呜呼!人君之忍绝其心,公为不孝以对天下而无怍者,唯光宗独耳。岂光宗者,旷古弥今、人貌禽心之无偶者乎?于是而留正之咎①,不能逃矣。叩阍牵衣②,百僚庶士之喧争,无与弭之,而委大臣之责以倒授之,乃使宁宗之立不正,韩侂胄之奸得逞,毒流士类,祸贻边疆,其害岂浅鲜哉?盖哄然群起而争者,皆有名心,非能以推己之孝成尽己之忠者也。正之所自处者，谏不从则去而已。去者，名之所归也。君益彰其不孝之名，而己得洁身之名以去。天理民彝，争存亡于一间，而心膂大臣，忍以覆载不容之名归之君父乎？若以去言，则光宗之不足相与为荃宰③，灼然易见者也。知不可相，而不去之于早，其去也，又且行且止，反覆于郊关，以摇众志，举动之轻，适足资奸邪之笑，久矣。

【注释】

①留正(1129—1206)：字仲至，泉州永春(今福建永春)人。在孝宗、光宗、宁宗三朝为官，为人谨法度，惜名器，丝毫不以私干扰公事，引荐赵汝愚与之共同执政。传见《宋史·留正传》。

②叩阍(hūn)：指吏民直接到朝廷申诉冤屈。叩，指敲门。阍，指宫门。牵衣：牵拉着衣襟，形容大臣拉着皇帝的衣襟向他进谏。魏文帝曹丕要从冀州迁十万户到河南，群臣上谏，不听。辛毗再谏，曹丕不答而入内，辛毗拉住他的衣襟强行进谏，后来终于减去五万户。后即以牵裾、牵衣、牵裳指直言极谏。这里指留正对光宗的牵衣进谏。绍熙五年(1194)，孝宗得病，光宗不过宫探视。孝宗病重，留正再三恳请光宗过宫探视孝宗，光宗不听，拂衣而去。留正拉着光宗的衣裾，苦苦进谏，光宗仍不为所动，自回内宫。

③荃宰：指君臣。荃，比喻君。宰，指大臣。

【译文】

呜呼！君主能忍心公然不孝来面对天下而不感到愧疚，能这样做的只有宋光宗一个人而已。难道光宗是从旷古至今唯一的一个生有人类的面貌而怀着禽兽心肠的人吗？在这个事情上，留正的咎误，就是不能逃避的了。叩敲宫门，牵拉衣服，百官和庶民喧嚣地向皇帝进谏争议,没有人能让这些进谏喧嚣消失停止,而把交付给大臣的职责倒过来授给百官庶民,于是就使宁宗的即位显得不正当,韩侂胄的奸邪得逞,毒害波及士大夫,还使边疆受到了灾祸,它的危害还小吗?这是因为哄然群起而来争议的人,都有沽名之心,不能把自己的孝心推进到完全尽到自己职责的忠诚上来。留正用来自处的,是进谏不听从就离开职位而已。离去,名誉就归于自己了。这使君主的不孝之名更为显明,而自己则得到了高洁的名声而离去。遵照天理民法,在存亡仅存一线的紧急时刻来争执,作为皇帝的心腹得力大臣,能忍心把天地不容的名声归到君主的身上吗?如果以离开朝廷而言,则光宗不足与他一同来做君臣,这是灼然易见的。知道不能来做宰相,而不及早离去,而他离去时,又是且行且止,在城郊处反复徘徊,以影响众人的意志,举动的轻率,正好让奸邪之人嘲笑,这种情况已经很久了。

　　夫光宗之恶,非若刘劭之凶威不可向迩者也[①],悍妇宵人[②],噂沓而成否塞。正为大臣,上被孝宗之知遇,内有两宫太后之倚任[③],诚能忘生死以卫社稷,而救人伦之致绝,夫不有雷允恭、任守忠之家法乎?杨舜卿、陈源抑非有李辅国、鱼朝恩拥兵怙党之威[④],得两宫片纸,窜逐在须臾之间尔,而正不能。如其不能,则留身密语,涕泣以道之,从容以引之,讳其大恶于外,而俾有可自新之路。李氏虽悍,而光宗易位[⑤],不能从中以起,则固未尝不可衔勒使驯者,而正又不能。如其不能,则姑已。唐肃之逆,猜嫌之甚,南内一迁[⑥],几有主父之危,而朝廷不为惊扰,国方乱而不害其固存。当是时也,强敌无压境之危,宗室无窥觎之衅,大臣无逼篡之谋,草泽无弄兵之变,静正之朝野,自可蒙安于无事。正乃无故周章,舍大臣之职,分其责于百僚,招引新进喜言之士,下逮太学高谈之子，一鸣百和，呼天吁地，以与昏主妒后争口舌之短长。不胜，则相率而奔，如烈火之焚身，须臾不缓，此何为者哉？昏悖之主固将曰："吾不孝之名，大臣已加我矣，群臣已加我矣，海内士民莫不加我矣，无可谢于后世矣！即以身试危机，就两宫而见幽废，人且曰非吾之能事吾亲也。举国之人，以大义束我，而使修寝门之节、倚庐之文也⑦。恶不可浣，而恶用浣为？彼分崩而去者，自少昧而反，奚所恤而不任吾之高卧哉？"于斯时也，张皇失据者，若有大祸之在旦夕，而不知其固无妨也。疑愈深，人心愈震，而后易位之策突起，以诧再造之功。揆其所繇，非正使然而孰使然乎？

【注释】

①刘劭（？—453）：南朝刘宋皇帝，字休远，刘义隆的长子，元嘉三十年（453），因巫蛊之事，刘义隆欲废太子，刘劭遂与其弟刘浚率兵夜闯皇宫，将刘义隆杀害，自立为帝。在位仅三月，被刘骏（宋孝武帝）击溃，被俘后处斩。事见《宋书·文帝纪》和《孝武帝纪》。

②悍妇：指光宗的李皇后。宵人：小人，指在孝宗和光宗之间搬弄是非的宦官。

③两宫太后：指高宗的吴皇后和孝宗谢皇后。吴皇后，在光宗即位后，称寿圣皇太后，孝宗死后，改称太皇太后。死于宁宗庆元三年（1197），年八十三。孝宗谢皇后，光宗即位后，上尊号称寿成皇后。孝宗死后，尊为皇太后。宁宗嘉泰二年（1202），称慈佑太皇太后。三年（1203）去世。

④杨舜卿、陈源：南宋孝宗、光宗时的宦官。孝宗让位给太子光宗，

自己居重华宫。光宗继位后,不像孝宗对高宗那样尽孝,对孝宗的礼数不够,宦官陈源、杨舜卿、林亿年就在父子两宫之间挑拨是非。后光宗将三人贬出宫外。事见《宋史·光宗纪》《宋史·宦者传·陈源传》。

⑤光宗易位:因光宗长期不过宫探视孝宗,在孝宗病危时也不去探望,孝宗死后,光宗又不主丧。在这种情况下,绍熙五年(1194)七月,太皇太后与赵汝愚、韩侂胄商议后,决定让嘉王赵扩继皇帝位,即为宋宁宗,而称光宗为太上皇帝。

⑥南内一迁:唐玄宗在至德二载(757)从蜀地返回长安,居兴庆宫,以"天子父"自称,尊称"上皇"。唐朝以大明宫为东内,太极宫为西内,兴庆宫为南内。李辅国向肃宗进谗言,挑拨肃宗与玄宗的关系,又令六军将士,号哭叩头,请迎上皇迁居西内。肃宗未答应,李辅国趁肃宗有病,矫称肃宗之命,派兵逼迫玄宗从南内迁到西内,只留下老弱卫兵数十人,之后李辅国与六军大将来见肃宗请罪,肃宗被迫同意。

⑦寝门之节、倚庐之文:寝门,古代天子五门,最里面的门称为寝门,又称路门,后指内室之门。倚庐,指父母倚靠庐舍盼儿子归来。节、文,指礼仪。这里是说孝宗在自己所住的宫中的内室之门盼望光宗来看望自己,遵守相关的礼仪,以尽孝道。

【译文】

而光宗的邪恶,不是像刘劭那样凶威逼人而令人不能接近,凶悍的妇人和小人不断在孝宗和光宗之间搬弄是非,而使父子不相往来。留正作为大臣,在上受到孝宗的知遇之恩,在宫内受到两宫皇太后的信任,如果真能忘了自己的生死来保卫社稷,挽救孝宗与光宗之间已经破裂的父子关系,宋王朝不是还有处死雷允恭、流放任守忠的家法吗?杨舜卿、陈源还不像李辅国、鱼朝恩那样拥有军队而仗恃同党的威风,如果得到两宫太后的片纸诏命,转眼之间就能把他们流放驱逐,而留正不能这样做。如果不能做到,就应该让自己留下来秘密地向皇帝进言,哭泣着陈述道理,从容地引导皇帝,对外则要隐讳皇帝的重大恶行,使他还有可以自新的路子可走。李氏虽然凶悍,但光宗的帝位被废黜而让位给宁宗,对这种情况李氏并不能从中奋起加以抵抗,可知她本来就是未尝不可以加以控制约束而使她驯服的,而留正又不能这样做。如果不能这样做,则姑且停止。唐肃宗对玄宗的背逆,对皇子的猜疑甚深,使玄宗被迫从南内兴庆宫迁居到西内太极宫,当时肃宗的父亲玄宗几乎有被害的危险,可是朝廷并不为此惊恐扰乱,国家正处于安史之乱中但却没有危害到国家的生存。而在留正任相的时候,没有强敌压境的危险,宗室内部也没有窥伺帝位的叛逆,大臣没有篡位逼宫的阴谋,民间没有起兵造反的变故,朝野都处于安静正常的状态之下,自可承受没有事变的平安。留正却无故大费周章,放弃了大臣的职责,把责任分散到百官身上,招引新进喜欢发表言论的士人,还有太学里面喜欢高谈阔论的学生,一人唱言而众人应和,呼天喊地,来与昏庸的君主和妒忌的皇后争口舌的长短。争论不赢就相率逃离朝廷,就像烈火要烧到自身一样,片刻不能缓,这是要干什么呢?昏悖的君主本来就会说:"我的不孝之名,大臣已经加到我头上了,群臣已经加到我身上了,海内的士子民众全都把不孝之名加到我身上了,已经不能向后世谢罪了!就让我自身来面对危机,去见两宫太后把我废黜了,人们还会说我不能以孝奉事父王。全国的人们,用大义来约束我,而让我做好对父王的尽孝礼节、满足父王对儿子的期盼心情。罪恶已不可洗去了,为什么还要洗去罪恶?那些分崩离析而离去的人,自会觉得没有意思而返回,又担心什么而不听任我高卧闲适呢?"在这个时候,仓皇失据的人,就像大祸旦夕间就将临头一样,而不知这本来是无妨的。猜疑越深,人心就越是会大为震动,而后改换帝位的计策突然出现,而对再造之功感到惊诧。考察这件事的缘由,不是留正使之如此还是谁使之如此的呢?

人而与人争名,名得而实已亏矣;大臣而与君争名,名在己而害在国矣。况君子而与至不肖之人争名,争其所不待争,而徒启其争,为愈陋乎?一谏一去,又恶足以增益留正君子之名哉?故以正为宗社计,非也;宗社尚未有危,危之者,正之倡众以去国也。以正为大伦计,尤非也;光宗之不孝,光宗自致之,正莫能救之,宁宗之不孝,背父以立,则正实使之然也。且使盈廷呼号奔散之后,光宗惧而就苦次以执丧,其于不孝之名,十不能减其一二,不孝之实,百不能救其毫末。正乃引以自居曰:"此吾帅众以争之力也。"则谓之曰"沽名",亦非求全之毁矣。

【译文】

人与人争名声,名声得到了而实际情况就已亏损了;大臣与君主争名声,名声在自己而危害就在国家了。何况君子来与不肖之人争名声,争的是不用争的事,而只会引起争论,不是更为鄙陋了吗?进谏之后又离去,又哪能增加留正的君子之名呢?所以如果认为留正是为宗庙社稷考虑,这就错了;宗庙社稷尚没有危险,使宗庙社稷危险的,是留正引导众人离开朝廷。认为留正是坚持人伦的大节,就更错了;光宗的不孝,是光宗自己造成的,留正不能挽救光宗的不孝,而宁宗的不孝,背叛父亲而称帝,则是留正实际上使他这样做的。而且使满朝廷的人呼号奔散之后,光宗感到害怕而住在守丧的苦席之处来为孝宗服丧,他这样做对于不孝的名声,十分不能减少一二分,他的不孝的实际情况,一百之中不能挽救一丝一毫。留正却以此而自居其功说:"这是我率领众人力争的结果。"那么称留正是"沽名",就不是求全责备的诋毁了。

奚以知大臣之能尽其道哉?不倚谏臣以兴雷同之议,

则体国之诚至矣。奚以知谏臣之能尽其职哉？不引群臣士庶以兴沸腾之口，则直道之行伸矣。若留正诸人者，任气以趋名，气盈而易竭；有权而不执，有几而不审；进退无恒，而召物之轻；生死累怀，而不任其害。宜乎其为庸主、悍后、奄人所目笑，而不恤其去留者也。

【译文】

　　怎样知道大臣能完全实践了为臣之道呢？不倚靠进谏之臣而让他们发出与我雷同的奏议，就是为国家考虑的最高真诚了。怎样知道进谏之臣能尽到他的职责呢？不引导群臣和士人庶民全都起来形成一片沸腾的呼声，就是坚持正直之道的行动得到发挥了。像留正这样的人们，由着自己的意气而奔趋着沽取名声，意气满盈的话容易很快枯竭；有权而不执掌，有事情的微妙变化而不细加审察；进退无常，而招来人们的轻视；生死萦绕于心形成拖累，而不承担它的危害。确实应该受到昏庸君主、凶悍皇后以及宦官们的嘲笑，而不顾惜他的去留。

卷十三　宁宗

【题解】

　　宋宁宗赵扩（1168—1224），绍熙五年（1194），宋光宗退位，赵扩继位为宁宗，1194至1224年在位。在位初期以赵汝愚为相，后则专信韩侂胄，使他专权十四年之久。开禧二年（1206），听从韩侂胄的请求，下诏攻金，结果战败。嘉定元年（1208）与金签订"嘉定和议"，比孝宗时的和约更为屈辱，为此杀了韩侂胄，但后来又被史弥远操纵朝政多年。

　　南宋末年，奸臣迫害正人君子，想出了一条罪名，称为"道学"，后又改称为"伪学"。宁宗时的韩侂胄即以伪学之名来杀士，其起源则在高宗时期，那时已有人主张禁程氏之学。孝宗时有人主张禁程氏之学，到宁宗时的韩侂胄，则处以削官夺职窜殛之刑。王夫之认为这是数十年以来"蕴隆必泄之毒"，而且其流毒一直延续到明代，如张居正和阉党，为了打击政敌，往往就采用这种手法。宋代之所以会出现以学术分歧作为政治罪名的倾向，王夫之认为其根源又在北宋的苏轼兄弟，而苏轼兄弟之学不是君子之学，又自其父苏洵开始。苏洵窃孟子之枝叶，即以孟子自居。苏轼兄弟更是爱好异端之学，以佛道之卮言为谈助，日与妖童游妓猖狂于花月之下，声称这是君子直道而行，反称二程之学"皆伪"，这就是南宋"伪学"之名的源头。因此王夫之认为"苏氏之学不熄，君子之道不伸"，韩侂胄于是设立"伪学之禁"，禁止讲学，拆毁书院，使

"善类"在朝中为之一空,结果是"不旋踵而中国沦亡",其危害不可谓不大。

南宋后期,人们总在争论是战是和,王夫之认为停留在言辞上的争论没有意义。争论来争论去,最初的目的是探讨国家大政的路线,最后则是争论的双方只求在争论中取胜,而不再关心最初的目的。所以,这样的争论对于国家安危盛衰毫无意义。而且争论双方的主张,也很难确定谁是谁非。如在高宗时,主战者以雪仇复宇为大义;在宁宗时,主和者以固本保邦为本计。随着时势的变化,主战与主和也就很难说哪种主张更为合理了。如果力量不足而贸然出战,可能灭亡得更快;如果有条件出战而畏战求和,则丧失雪仇复国的机会。所以单纯根据主战或主和来判定是非,本身就不会有一个固定不变的准则。

王夫之认为自宋仁宗以后,宋人在争论中求胜的习气越来越重,为了争论取胜,而不顾实际情况,甚至忘了这种无益的争论对于国家命运的影响。所以王夫之认为正确的做法是"知为之难而言之必切","熟虑之于退思,进断之于密勿",周密思考后切实加以实行,对于国家才是有意义的。

一

赵忠定不行定策之赏①,致韩侂胄、赵彦逾之怨②,窜死湖、湘,国乃危乱。或谓金日䃅不受拥立之封③,丙吉不言护养之劳④,此君子之高致,不宜以望小人,薄酬以厌二竖之欲,国庶以靖。呜呼!是岂足以知忠定之心哉?忠定之言曰:"身为贵戚之卿,侂胄为椒房之戚,宣劳于国,不宜膺赏。"此其可以言言者也。乃若中心内蕴,有必不可以策功赏者,则不可以言言者也。

【注释】

①赵忠定:即赵汝愚。

②赵彦逾:字德先,宋宗室。孝宗去世时,光宗有病,不能持丧,枢密使赵汝愚议立嘉王为帝,告知彦逾,彦逾大力赞成。宁宗即位,汝愚对彦逾说:"我们是宗室,不当言功。"彦逾颇为怨恨。传见《宋史·宗室传·赵彦逾传》。

③金日磾(mì dī,前134—前86):字翁叔,是匈奴休屠王的太子,汉武帝元狩二年(前121),霍去病攻击匈奴,休屠王被杀,其子金日磾及家人沦为官奴,送到汉皇家黄门署养马,时年十四岁。后被汉武帝赏识,后任光禄大夫。武帝因获休屠王祭天金人,故赐姓金。随时侍从武帝,发现侍中马何罗图谋暗杀武帝,于是夜间坐到武帝床前,使马何罗刺杀失败,第二日又当场擒住马何罗。武帝病危,让霍光与金日磾辅佐太子,封车骑将军。传见《汉书·金日磾传》。

④丙吉不言护养之劳:丙吉,又作邴吉(? —前55),字少卿,鲁国人。他对汉宣帝有护养之功。戾太子刘据案发,丙吉负责处理此案。当时刘据的孙子刘病已刚出生,也被关进监狱,吉吉知道太子被人诬陷,刘病己是无辜的婴儿,便让女囚胡组、郭征卿哺育皇重孙。武帝病重,要将监狱中的人犯全部处死。使者夜晚到来,丙吉紧闭大门,天亮后,武帝清醒了,于是大赦天下。丙吉后来听说皇曾孙的外婆和伯父还在,将皇曾孙交给他们抚养。元平元年(前74)四月,汉武帝的儿子、汉昭帝刘弗陵驾崩,没有子嗣。大将军霍光奏请皇后立昌邑王刘贺为帝。刘贺即位后,荒淫无道。霍光又废黜了他。丙吉告诉霍光:刘病已通经术,有美材,希望大将军让刘病已入侍皇宫。霍光于是决定以皇曾孙刘病已为帝位继承人。病已继位后,即汉宣帝。但他不知道丙吉早年对自己的护养之恩,后来有人告诉了宣帝,宣帝才下诏封

丙吉为博阳侯，但这时丙吉已年老病重不能起床了。

【译文】

　　赵汝愚决定对助立宁宗即位的功臣不加以赏赐，致使韩侂胄、赵彦逾产生怨恨，而自己被流放到湖湘地区，国家就出现了危难和祸乱。有人说汉代的金日磾不接受拥立汉昭帝的封赏，邴吉不讲自己护养的功劳，这是君子的高雅行为，不宜期望小人也能这样做，用菲薄的报酬就能满足这两个小人的欲望，而使国家得以安宁。呜呼！这哪里足以知道赵汝愚的心意呢？赵汝愚说："我是身为皇亲贵戚的大臣，韩侂胄也是太后一系的外戚，为国家尽忠尽力，不应再受奖赏。"这是他可以用言语说出来的，至于他心中所蕴含的其他想法，一定有原因让他认为不能因为策立了宁宗就给予赏赐，那么这就是不能用言语说出来的事情了。

　　光宗虽云内禅，其实废也。宁宗背其生父，正其不孝之罪；而急夺其位，且以扶立者为有大勋劳而报之，天理民彝，其尚有毫发之存焉者乎？宁宗以是感侂胄而重任之，加以不訾之荣宠。人知光宗之不孝，而不知宁宗之不孝尤倍于光宗。忠定其忍以此自待，忍以此待其君乎？宁宗之立，忠定处于不得已之势，无可曲全，而行非常之事。揆其所自，非事势之必然，留正为之耳。于斯时也，廷臣空国而逃，太学卷堂而噪①，都人失志而惊。乃亦何尝至此哉？光宗绝父子之恩，诚不足以为人君，而以视唐玄武之戈，南宫之锢②，犹为末减。以害言之，唐且无宗社之忧，而况于宋？方其时，外戚无吕、武之谋，支庶无七国、八王之衅；李氏虽逆，而无外援；杨舜卿、陈源虽奸，而无兵柄。徒以举国张皇，遂若有不能终日之势，迫忠定以计出于此，而忠定之心滋戚矣。

【注释】

①太学卷堂而噪:卷堂而噪,指太学生集体鼓噪,然后罢学。卷堂,
指全堂散去。

②南宫之锢:明英宗朱祁镇土木堡兵败被俘后,成王朱祁钰被拥立
为帝,年号景泰。景泰元年(1450),英宗被也先释放回京,景泰
帝虽尊称他为太上皇,实将他软禁于南宫。此即南宫之锢。

【译文】

　　光宗虽然说是通过内禅把帝位让给了宁宗,其实是被废黜的。宁
宗背逆他的生身父亲,正是他的不孝之罪;而急于夺取光宗的皇位,而
且认为扶立自己登基的人有大功劳而加以报答,那么天理民法,在这种
做法中还存在一丝一毫吗? 宁宗因此感谢韩侂胄而对他予以重任,赐
给他不能计数的荣华恩宠。人们知道光宗的不孝,而不知道宁宗的不
孝更是加倍于光宗。赵汝愚能忍心让自己面对这种事,忍心用这种事
面对他的君主吗? 宁宗的登基,赵汝愚处于迫不得已的形势下,不能委
曲求全,而做非常之事。考察他这样做的原因,不是事势的必然,而是
留正所造成的结果而已。在这样的时候,朝廷大臣让国家空无一人全
都逃走,太学里面集体鼓噪,都城民众失去主心骨而感到惊惧。那么又
是为什么而到这一步的呢? 光宗对孝宗断绝了父子之间的恩情,确实
不足以作为百姓的君主,但把他与唐太宗玄武门之变时动用兵器,以及
明景泰帝把英宗禁锢在南宫的做法相比,就还算是很小的罪恶。以造
成的危害而言,虽然发生了玄武门之变但唐王朝并没有宗庙社稷灭亡
的危险,更何况于宋呢? 在那个时候,宋王朝的外戚中没有吕后、武后
一类的阴谋家,宗室支系中没有七国之乱、八王之乱那样的战乱;李氏
虽然悖逆,但她并没有外援;杨舜卿、陈源虽然奸邪,可他们并没有兵
权。只是使得全国仓惶失措,于是就像似形成了不能顺利度日的形势,
逼迫赵汝愚出此计策,而汝愚的心就更为悲戚了。

所冀者,宁宗而有人之心邪?婉顺以事父母,而消其嫌隙;抱愧以临臣民,而勤于补过;涂饰以盖君父之愆,隆恩以报孝宗之德,则宁宗可无疚于天人,忠定亦自安其夙夜。此之不务,施施然佩扳己者以为德,奖废父者以为功,若夺拱璧于盗贼之手,而勒其勋劳于旗常以告天下。则忠定之生,不如其窜死,宋室之安,不如其濒危矣。何也?无君有君,而父子之伦必不可灭也。桀无道而汤代以兴,犹曰惭德[①]。父为桀,子为汤,为之臣者,居割正之功以徼荣利[②],是可无惭,则其违禽兽奚远哉!褚渊、沈约之所不敢为[③],而为君子者忍之邪?夫忠定不欲以禽兽自处,不敢以禽兽处君,且不忍以禽兽处同事之劳人,厚之至也。顾不能以此言告人者,一出诸口,而宁宗即无以自容也,故曰心滋戚矣。

【注释】

① 惭德:因言行有缺失而在心中感到内疚。出自《尚书·仲虺之诰》:"成汤放桀于南巢,惟有惭德,曰:'予恐来世以台为口实。'"指怕后代人以我为口实而干弑君的坏事。

② 割正:即"害政",古人用来表示虐政。出自《尚书·汤誓》:"我后不恤我众,舍我穑事,而割正夏。"割,即"害"。正,即"政"。

③ 褚渊(435—482):字彦回,河南阳翟(今河南禹州)人。南朝宋明帝时任吏部尚书、尚书右仆射,后助萧道成称帝,建立南朝齐。齐武帝时,任司空、侍中、录尚书事。历仕多朝,久为高官,清廉谨慎,死时家无余财。传见《南齐书·褚渊传》。沈约(441—513):字休文,吴兴武康(今浙江德清)人。在南朝宋、齐、梁三代为官,后助梁武帝萧衍代南齐称帝,建立南朝梁。晚年与梁武帝产生嫌隙,忧惧而卒。传见《宋书·自序》、《梁书·沈约传》。

【译文】

　　赵汝愚所希望的,大概是宁宗会有正常的人心吧? 如果宁宗委婉孝顺地奉事父母,而消解相互的嫌隙;抱有惭愧之心来面对臣民,而勤于补救过失;进行修饰来掩盖君父的过错,用隆重的恩情来报答孝宗的恩德,那么宁宗就能面对天人而没有内疚,赵汝愚也会每天感到自安。可是宁宗不去努力来做这些事,却自我得意地认为依附自己的人有德行,认为废黜了父王的人有功劳而加以奖赏,就像从盗贼手中夺来珍贵的玉璧,而把他们的功劳刻在旗帜上来向天下宣告一样。那么赵汝愚的生,就不如他被流放而死,宋王室的安宁,就不如它濒于危险了。为什么呢? 不管有没有君主,父子的人伦关系是必定不能灭的。夏桀无道而商汤代他而兴起,都还要说自己有惭德。父亲为夏桀,儿子为商汤,做他们的臣子,自身已经残害了国政还来求取荣华利益,这样都能没有惭愧,那么他离禽兽还有多远呢? 褚渊、沈约都不敢做这样的事,而作为一个君子能忍心来做这种事吗? 赵汝愚不想让自己成为一个禽兽,也不想让君主成为禽兽,而且也不忍心让与自己同事的有功之人成为禽兽,这是最厚道的。但不能用这样的话来告诉人们,一旦说出口,宁宗就无法自容了,所以说他的心更为悲戚了。

　　然则忠定之为相者,何也? 曰:相非赏功之官也。忠定既决策造非常之举,扶危救弊,唯其任而不可辞也。光宗无释位之心,李后有骄横之力,嗣主童昏,奸回充塞,弗获已而引大任于躬,生死之不谋而又何多让焉! 舍忠定而他求,为耆旧者则留正尔。时艰则逃之江上,事定则复立廷端,其不足以规正宫闱、奢服群小也①,久矣。正而可任也,亦何至倒行逆施以致有今日哉? 其复起也,聊以备员而已矣。然则其朱子乎! 忠定则已急引而晋之,与共图宗社矣。资序未及而进以渐，其常也，贤者之所可受也。拔之于俦伍，跻之于上位，唯英主之独断，非大臣之自我而专之，抑贤者所必不受也。升居馆阁②，以俟嗣己而兴，则亦唯己既相，而后志可伸也。利有所不徼，害有所不恤，嫌有所不避，怨有所不辞，昭昭然揭日月而行之，何足以议忠定哉！

【注释】

①詟(zhé)服：使人畏惧服从。

②馆阁：北宋设置了昭文馆、史馆、集贤院以及秘阁、龙图阁等，统称馆阁，其中的官员负责掌管图书、编修国史。

【译文】

这样的话，赵汝愚来当宰相又是为了什么？答案是：宰相不是用来奖赏功劳的官职。赵汝愚既已决策采取非常的举动，挽救危险与补救弊病，只有担任宰相而不可推辞。光宗没有放弃帝位的心意，李后有骄横的凶悍，继位的君主年幼而昏愚，奸邪之人充满朝廷，不得已而把重大职任放到自己身上，不考虑生死而又何须多多推让呢！舍弃赵汝愚而另外寻求别人，作为年老的旧臣就只有留正而已。时势艰难就逃离朝廷来到江上，事情平定之后又回来立在朝廷之中，他不足以纠正宫内的规矩、震慑成群的小人，已是很久了。留正如果可以任用，又何至于倒行逆施而导致今天这种情况呢？他的重新起用，只不过是聊且补足官员的人数而已。然而是不是可以任用朱子呢？赵汝愚已经急切地召来朱子而加以晋升任用了，与他一起谋划国家大政。但资历还未到，而要逐渐地加以提升，这是正常情况，是贤人们能够接受的。从同类的人之中提拔出来，让他登上高位，只能由英明君主独自决断，不是由大臣自己所能专断的，也是贤人们必不能接受的。让他升居到馆阁的职位上，以等待着继承自己而更得到重用，则也只是因为自己已经当了宰相,而后志向才可以伸展。对于利益则有所不求,对于危害则有所不顾,对于嫌忌则有所不避,对于怨恨则有所不辞,光明正大地放在日月之下加以实行,人们又哪能指责赵汝愚呢?

二

　　小人蛊君以害善类,所患无辞,而为之名曰"朋党",则以钳网天下而有余。汉、唐以降,人亡邦瘁,皆此之繇也。而宋之季世,则尤有异焉,更名之曰"道学"。道学者,非恶声也。揭以为名,不足以为罪。乃知其不类之甚,而又为之名曰"伪学"。言"伪"者,非其本心也。其同类之相语以相诮者,固曰"道学",不言"伪"也。以"道学"为名而杀士,刘德秀、京镗、何澹、胡纮等成之①,韩侂胄尸之,而实不自此始也。高宗之世,已有请禁程氏学者。迨及孝宗,谢廓然以程氏与王安石并论②,请禁以其说取士。自是而后,浸淫以及于侂胄,乃加以削夺窜殛之法。盖数十年蕴隆必泄之毒,非德秀等突起而遽能然也。

【注释】

　　①刘德秀(1134—1207):韩侂胄主政期间,以"伪学"之名打击士人,刘德秀充当了帮手。传见《宋史·刘德秀传》。京镗(1138—1200):字仲远,号松坡居士,豫章(今江西南昌)人。与韩侂胄共执国政,以"伪学"之名打击士人。传见《宋史·京镗传》。何澹:生卒年不详,字自然,处州龙泉(今浙江龙泉)人。宁宗时,怨恨赵汝愚不引拔自己,以伪学之名诬陷汝愚,提出"伪学"之名。胡纮(1139—1204):字应期,处州遂昌(今浙江遂昌)人。韩侂胄当

权时,让胡纮任监察御史,罗织罪名,弹劾赵汝愚,使汝愚贬谪永
州。胡纮让沈继祖专门攻击程颐、朱熹,都由胡纮起草疏稿。传
见《宋史·胡纮传》。

②谢廓然:生卒年不详,字开之,临海(今浙江临海)人,以父荫补
官,孝宗淳熙四年(1177)赐进士出身,后任同知枢密院事、权参
知政事。

【译文】

　　小人蛊惑君主来残害善人君子,只担心没有理由,为此而用了一个
名称叫做"朋党",于是就把整个天下加以钳制了。汉、唐以后,人才逝
去国家就衰败了,都是由此而造成的。而宋代的末年,就更有不同之
处,就是称人才为"道学"。所谓的"道学",不是丑恶的名声。提出来作
为一个名称,不足以视为犯罪。就知道这个名称是非常不伦不类的,而
又称之为"伪学"。称为"伪",不是他的真心。他的同类之中相互谈话
来相互攻击的,本来就称为"道学",而不称为"伪"。用"道学"为名义而
杀害士人,由刘德秀、京镗、何澹、胡纮等人来完成,而韩侂胄主掌此事,
但实际上不是由他们这些人开始的。在宋高宗的时候,已有人请求禁
止程氏之学。到了孝宗,谢廓然把程氏与王安石相提并论,请求在科举
中禁止他们的学说。自此以后,逐渐发展到韩侂胄,就采用削职夺官流
放殛杀等刑法。大致说来,数十年积聚起来而一定要发泄出来的流毒,
不是刘德秀等人突然出现之后而很快就能做到的。

　　夫人各有心,不相为谋。诸君子无伤于物,而举国之狂
猖如此①。波流所届,乃至近世,江陵踵其戾气②,奄党袭其
炎威也③,又如此。察其所以蛊惑天下而售其恶者,非强辨
有力者莫能也,则为之倡者谁邪?揆厥所繇,而苏轼兄弟之
恶④,恶于向魋久矣⑤。

【注释】

①狺(yín)：狗叫声，比喻对人的攻击言论。

②江陵：指明代的张居正。

③奄党：指明代的魏忠贤为首的宦官集团。

④苏轼兄弟：指苏轼、苏辙。苏轼(1037—1101)，字子瞻，号东坡居士。眉州眉山(今四川眉州)人。与父亲苏洵、弟弟苏辙合称"三苏"。王安石变法，他表示反对。元丰二年(1079)，作诗讽刺新法，被捕入狱，史称"乌台诗案"。哲宗亲政后，新党执政，他被贬到惠阳、海南。徽宗时，迁往廉州、永州安置。传见《宋史·苏轼传》。苏辙(1039—1112)，字子由。神宗时，反对王安石变法，哲宗时，为秘书省校书郎、御史中丞、尚书右丞等，后出知汝州、谪雷州安置。徽宗时，徙永州、岳州、许州。传见《宋史·苏辙传》。

⑤魋(tuí)：败坏，恶劣。

【译文】

作为人来说各有自己的心思，不会相互联系进行谋划。被称为"道学"的各位君子对事情没有伤害，但全国的人却这样疯狂地攻击他们。影响所致，直到近年，张居正继承了这种狼戾之气，魏忠贤一流的宦官集团承袭了那种如火焰一般的威势，于是在明代也形成了打击正直士大夫的情况。观察这种做法之所以蛊惑了天下之人而使奸人得逞的原因，只有那种有权势之人强行辩称才能做到，那么是谁提出这种罪名的呢？考察它的源头，就可看到苏氏兄弟的邪恶，朝着恶劣败坏已经延续很久了。

　　君子之学，其为道也，律己虽严，不无利用安身之益；莅物虽正，自有和平温厚之休。小人之倾妒，亦但求异于国事之从违，而无与于退居之诵说。亦何至标以为名，惑君臣朝野而共相排摈哉？盖君子之以正人心、端风尚，有所必不为者。淫声冶色之必远也,苞苴贿赂之必拒也①,剧饮狂歌之必绝也,诙谐调笑之必不屑也,六博投琼、流连昼夜之必不容也②,缁黄游客、嬉谈面谀之必不受也③。凡此者,皆不肖者所耽,而求以自恣者也。徒以一厕士流,而名义相束,君子又从而饬之,苟逾其闲④,则进不能获令誉于当官,退抑不能以先生长者自居于士类。狂心思逞,不敢自遂,引领而望曰:谁能解我之桎梏,以两得于显名厚实之通轨哉? 而轼兄弟乘此以兴矣。

【注释】

①苞苴(jū):指馈赠、贿赂。

②六博:古代掷采下棋的一种赌博。投琼:掷骰子。

③缁黄:指僧人和道士。僧人穿缁服,道士戴黄冠,故以“缁黄”代指僧人道士。

④闲:指道德的规范、界限。《论语·子张》篇:大德不逾闲,小德出入可也。

【译文】

君子的学术,作为它的方法,律己虽然很严,但是会有利于安身的益处;对待外物虽然很正直,又自然会有和平温厚的美德。小人对君子的攻击和妒忌,也只是在国家大事的分歧上寻找不同之处,而不会涉及从公事退回后日常生活中的治学情况。又何至于对君子及其学术用一个专门的名称,来蛊惑君主大臣和朝野大众而一起来排斥打击君子呢?这是因为君子用他们的学说来正人心、正风气,有些事是必定不会去做的。荒淫的音乐和美冶的女色是必定要远离的,贿赂贪污是必定要拒绝的,过量饮酒、疯狂歌乐是必定要断绝的,诙谐玩笑是必定不屑于去做的,赌博掷骰子、日夜流连沉迷是必定不能容忍的,佛僧道士以及闲游之客、嬉笑谈说当面奉承是必定不会接受的。凡是这些事情,都是不肖之人所爱好和迷恋,而去追求并让自己放纵的。这种人只因一旦身列士人行列,就受到名义的约束,君子又从而对他们加以戒饬,如果越过了道德界限,就会进而不能在所任的官职上获得美好名誉,退又不能作为先生长者成为士人之中的一员。狂妄的心思想让它得逞,但是不敢让自己遂心如愿,伸长脖子而盼望着说:谁能解脱我的这些桎梏,以使我在显耀的名声和丰厚的实利两者之间找到一条贯通的道路啊? 而苏轼兄弟就适应了人们的这种心愿而兴起了。

　　自其父洵以小有才而游丹铅之垒①,弋韩愈之章程,即曰吾韩愈也;窃孟子之枝叶,即曰吾孟子也。轼兄弟益之以泛记之博,饰之以巧慧之才,浮游于六艺②,沉湎于异端,倡为之说曰:“率吾性,即道也;任吾情,即性也。”引秦观、李廌无行之少年为之羽翼,杂浮屠黄冠近似之卮言为之谈助③;左妖童,右游妓,猖狂于花月之下。而测《大易》之旨,掠《论语》之肤,以性命之影迹,治道之偏端,文其耽酒嗜色、佚游宴乐之私。轩然曰:“此君子之直道而行者也。彼言法言、服法服、行法行者,皆伪也。”“伪”之名自此而生矣。于是苟简卑陋之士,以为是释我之缚而游于浩荡之宇者。欲以之遂,而理即以之得;利以之享,而名即以之成;唯人之意欲,而出可为贤臣,处可为师儒,人皆仲尼,而世皆乐利。则褰裳以从,若将不及,一呼百集,群起以攻君子如仇雠,斥道学如盗贼,无所惮而不为矣。

【注释】

①洵：即苏洵（1009—1066），字明允，通六经、百家之说。嘉祐年间，与二子轼、辙同到京师。向欧阳修献上他的《权书》、《衡论》等文章，一时受人传诵。传见《宋史·苏洵传》。丹铅之垒：指点勘书籍用的朱砂和铅粉，这里指在书籍中游观泛览。

②六艺：古代儒家要求学生掌握的六种基本才能：礼、乐、射、御、书、数。或说六艺即六经，指《易》、《书》、《诗》、《礼》、《乐》、《春秋》。

③浮屠：指佛教人士。黄冠：道士之冠，借指道士。卮（zhī）言：本指随意之言，又指支离破碎之言。出自《庄子·寓言》篇："卮言日出，和以天倪。"卮，支也，又作"巵"。

【译文】

自从苏轼的父亲苏洵因为小有才能而在书籍中游览，弋取了韩愈做文章的方法，就说"我就是韩愈"；偷窃了孟子学说中的一些枝叶，就说"我就是孟子"。苏轼兄弟又有能够广泛记诵的博学，用巧慧的才能进行修饰，在六艺之中游心治学，又对正统儒学之外的异端之学非常爱好，提出一种说法是："顺着我的性情，这就是道；放任我的情意，这就是性。"又引着秦观、李廌等没有良好行为的少年作为他的党羽，混杂了佛道中与儒家学说近似的话语作为高谈阔论的材料；左边是妖冶的童子，右边是游玩的歌妓，在花前月下猖狂地嬉乐。又论说《周易》的意旨，掠劫《论语》的言辞，用性命学说的影似痕迹，治国大道的偏颇义理，文饰他嗜好迷恋酒色、放纵宴游的私心。公然说："这是君子的正直之道而付诸实行的。那些说着正统言论、穿着正统服装、做着正统行为的人，都是虚伪的。""伪"的名称就由此产生了。于是苟且浅薄卑鄙粗陋的士人，以为这就是他们所盼望的那种解脱束缚自我的桎梏而能游玩于浩荡世界的人。他们的欲望因此得以达成，而道理就因此而得到了；利益因此而享受到，并且名声也因此而得以形成了；只要顺着人们的意愿欲望,出仕就能成为贤臣,退处就可以成儒家老师,人人都成了仲尼,而世人都对此觉得快乐而有利。于是就拉起衣襟跟从着,好像赶不及一样,一人呼喊就有百人响应,群起攻击君子就像是仇恨仇人一样,斥责道学就像是盗贼一样,无所畏惧而什么事都敢做了。

　　故谢廓然之倡之也,以程氏与安石并论,则其所推戴者可知矣。视伊川如安石者,轼也。廓然曰:"士当信道自守,以《六经》为学,以孔、孟为师。"夫轼亦窃《六经》而倚孔、孟为藏身之窟。乃以进狭邪之狎客为入室之英,逞北里之淫词为传心之典①,曰"此诚也,非是则伪也"。抑为钩距之深文②,谑浪之飞语,摇暗君以逞其戈矛,流滥之极,数百年而不息。轼兄弟之恶,夫岂在共、欢下哉③?姑不念其狐媚以诱天下后世之悦己者,乃至裁巾割肉,东坡巾,东坡肉,争庖人缝人之长,辱人贱行之至此极乎!眉山之学不熄④,君子之道不伸,祸讫于人伦,败贻于家国,禁讲说,毁书院,不旋踵而中国沦亡,人胥相食。呜呼!谁与卫道而除邪慝,火其书以救仅存之人纪者?不然,亦将安所届哉!

【注释】

①北里之淫词:《史记·殷本纪》:"帝纣……使师涓作新淫声,北里之舞,靡靡之乐。"后指委靡粗俗的音乐和歌词。传心之典:儒家以《古文尚书·大禹谟》里的"人心惟危,道心惟微,惟精惟一,允执厥中"为十六字心传。据说这是舜传给禹的秘诀,意思是说人心危险难测,道心幽微难明,只有自己一心一意,精诚地秉承执行中正之道,才能治好国家。儒家学者认为,禹又把这十六字心传传给汤,汤传给文、武、周公,文、武、周公传给孔子,孔子传给

孟轲,故称为"十六字心传"。

②钩距:本是古代的一种兵器。出自《墨子·鲁问》篇:"公输班作钩距。"其作用是"退者钩之,进者拒之"。因此引申为对敌人进行钩杀和抵御。

③共、欢:指共工、欢兜,是古史中的传说人物。据说在尧为帝的时候,共工、欢兜、三苗、鲧并称为四凶,都被流放。因此后人认为这是罪大恶极的人物。

④眉山之学:指四川眉山人苏洵和他的儿子苏轼、苏辙所主张的学术。北宋中期,有王安石倡导的新学、二程倡导的洛学、三苏倡导的蜀学、司马光倡导的朔学等。王安石新学谈道德性命;二程洛学主张天理就是性,要穷究性理之道;三苏之学以情为本,又特别重史,这与新学、洛学不同。三苏之学又兼收释、老、纵横之学,喜欢言兵御将以及心术、权术等,王夫之认为三苏之学杂而不纯,破坏了儒学的学风和思想。

【译文】

所以谢廓然就提倡三苏之学,拿二程来与王安石相提并论,那么他所推重的人就可以知道了。认为程伊川如同王安石一样的人,就是苏轼。谢廓然说:"士人应当相信大道而自我遵守,以《六经》作为学问,以孔、孟作为老师。"那苏轼也盗窃《六经》而依靠孔、孟作为自己的藏身洞窟,于是就抬举狭隘奸邪的狎亵之客作为入室的英才,放纵地制作粗俗的淫荡歌词作为儒家的传心典要,说"这就是诚,不是这样的就是伪。"还制作了攻击和抵御对手的周密文章,还有戏谑放浪的流言飞语,动摇昏庸的君主来使自己的主张得逞,流传影响达到极点,经过了数百年还没有消失。苏轼兄弟的邪恶,难道在共工、欢兜之下吗?姑且不念他用狐媚的文笔引诱天下和后世的人们喜欢自己的文章,却裁布做成头巾、割肉制作菜肴,什么东坡巾、东坡肉,与厨师和缝纫匠一争长短,侮辱人的低贱行为到了这种极端地步啊!眉山之学不灭绝,君子之道就不能得到伸展，灾祸一直伤害到人伦，败亡留给了国家，禁止学者讲说学术，禁毁书院，不等转身中国就灭亡了，人们就相互吃人了。呜呼！谁与我来保卫正道而消除邪恶，烧了他的书来救仅存的人间纲纪？不这样的话，又将会到什么地步呢！

三

孝宗升祔①，赵丞相议祧僖、宣二祖②，毁其庙，朱子力争以为非。繇此观之，朱子之讲《祭法》也，不用汉儒之说，刻画周制，禁后王之损益，多矣。

【注释】

①升祔(fù)：把后死的人的牌位放进祖庙中与祖先的牌位一起供奉，让后人祭祀。

②赵丞相：指赵汝愚。祧(tiāo)：本指远祖的庙，又指把先祖之后的一些祖先的神主迁入远祖之庙一同供奉祭祀。僖、宣二祖：僖祖赵朓，是宋太祖的高祖，宋时追尊为文献睿和皇帝，庙号僖祖。宣祖赵弘殷，宋太祖的父亲，宋时追尊为武昭皇帝，庙号宣祖。孝宗去世后，讨论孝宗升祔祖庙之事，孙逢吉等人请求一并把僖祖、宣祖的牌位也放进祖庙中加以祭祀，当时大臣集议后认为僖、顺、翼、宣四代祖先的牌位都应该迁入祖庙。宋太祖时首次为这四代祖先设立专门的宗庙，到英宗治平年间，因世代较远，就将僖祖的神主从正殿迁到夹室中。后来王安石奏请，还是要在正殿中供奉僖祖的神主，如同周代祭后稷、商代祭契一样，于是又重新迁回祖庙正殿。孝宗时讨论此事，赵汝愚不同意把僖祖迁回祖庙正殿，而朱熹认为僖祖神主放在夹室，是把祖宗的神

主下降到子孙的夹室,这是不对的,在神宗时已经恢复为宋的始祖加以供奉祭祀,这是符合礼数的,也符合人心。但赵汝愚不听这个意见,决定毁撤僖祖、宣祖的庙室,另外建庙来供奉僖、顺、翼、宣四祖,也就是没有把四祖神主迁入祖庙一并供奉。

【译文】

把孝宗的牌位升级放进祖庙,赵汝愚提出要重新商议把僖祖、宣祖放在祖庙的事情,而毁掉僖祖、宣祖的宗庙,朱熹极力争论这样做是错的。由此看来,朱子解释《礼记·祭法》,没有采用汉代儒家学者的说法,他仿效周代的制度,禁止后世帝王对祖庙的设置有所增减,他的说法多有可取。

汉儒之言周制,周固未尽然也。说周制者曰:"天子七庙,太祖一也,文、武二世室,三也。自祢至高祖①,四世而已。递祔递祧,高祖以上,则撤榱桷更新之②。"抑考周公定礼之日,武王已升祔矣,上至太王③,四世已讫。而云"上祀先公,自组绀以上至于公刘"④,则与"坛墠无祷乃止⑤,去墠为鬼"之说,显相背戾。故《六经》之文不言毁庙,周公之遗典,孔、孟之追述,未有异也。言毁庙者,汉儒始之。郑玄、王肃互相竞诤⑥,或七或九,或云藏之祖庙,或云瘗之阶间⑦。洵使其然,后王尚可损益,况其不然,何为安忍哉?

【注释】

①祢(mí):古代称已在宗庙中立牌位的亡父为祢。

②榱(cuī):椽子。桷(jué):方形椽子。此指宗庙建筑。

③太王:周文王的祖父古公亶父的尊号。周人本居于豳,古公亶父时迁居岐山,国号周,逐渐兴盛。武王克殷后,追尊古公亶父为

太王。事见《史记·周本纪》。

④组绀：传说中周人的祖先之一。据前人整理相关记载，周人的先公，从弃（后稷）开始，其后历代相传的顺序是：台玺、叔均、不窋、鞠、公刘、庆节、皇仆、差弗、毁隃、公非、高圉、亚圉、公叔祖类、周太王、周王季、周文王。其中的公叔祖类，字叔类。《世本》称为"太公组绀诸盩"。《三代世表》称为"叔类"。皇甫谧认为："公祖一名组绀诸盩，字叔类，号太公"。《汉书·古今人表》"太公组绀诸盩"作"公祖"。公刘：周先祖不窋的后人，周文王的祖先。其父鞠陶死后，公刘继位为周人的首领，修后稷之业，务耕种，使周人的势力逐步扩张。或说他是后稷的曾孙，古公亶父是他的第九世孙。事见《史记·周本纪》。

⑤坛墠(shàn)：古代祭祀的场所，筑土曰坛，除地曰墠。《礼记·祭法》篇："去祧为坛，去坛为墠，坛墠，有祷焉祭之，无祷乃止，去墠曰鬼。"

⑥郑玄(127—200)：字康成，北海高密（今山东高密）人。东汉经学大师，其学以古文经学为主，兼采今文经说，遍注群经，世称"郑学"，为两汉经学集大成者。传见《后汉书·郑玄传》。王肃(195—256)：字子雍，东海郡郯（今山东郯城）人。他对汉以来的今、古文经学加以综合，为《尚书》、《诗经》、《论语》、《三礼》、《左传》作注，能兼融众家，博采众说，其经学在魏晋称为"王学"。又著《孔子家语》。传见《三国志·魏书·王朗传附王肃传》。

⑦瘗(yì)：埋。

【译文】

汉代儒家学者讨论周代的制度，认为周代制度本来就不是全都正确。解释周代制度的人说："天子设七座祖庙，太祖有一座庙，文王、武王两代各有一庙，这就是三座庙。从父亲到高祖，不过四代而已。相继移入后来的帝王，为他们相继建庙来继承祖先的庙，高祖以上的庙就撤掉而为后来的帝王新建其庙。"考察周公确定周礼的时候,武王已升入祖庙在其中祔祭了,向上到太王,四代已经告终。又说"向上祭祀先公,从组绀以上直到公刘",就与"坛墠没有祈祷就停止,撤去坛墠让他成为鬼"的说法,明显是相反的。所以《六经》的记载中不说毁掉某代先祖的宗庙,这在周公传留下来的典籍中以及孔、孟的追述中,都没有不同的说法。说要毁掉某代先人宗庙的,是从汉代儒家学者开始的。郑玄、王肃互相争论,或说要设七座祖庙,或说要设九座祖庙,或者说把更早的先祖的祭祀牌位藏在祖庙里,或者说埋藏在台阶之间。真的是这样的话,后代的帝王还可以对祖先的宗庙再增加或减少,然而并不是这样,为什么安心并忍心撤掉祖先的宗庙呢?

　　古之有天下而事其先者,必推其所自出,立太祖之庙,非漫然也。古之天子,自诸侯而陟。其上世以元德显功,既启土受封而有社稷之事矣。则或守侯服,或膺大位,屈伸之间,其为君一也。有天下而非骤享其荣,失天下而不终绝其食。则自太祖以后,世守其祀,绵延不绝,情以相引而升,理以相沿而格。而间其中,断其续①,则四世之祖上承太祖,亦辽阔而不相为绍。亘塞陵躐,精气不联,其所以事太祖者,亦苍茫恍忽而不信之以心矣。若曰"继世之君,虽承大位,而德不足以享无涯之位",则子孙之事其先,唯所评隲,而生我之德,不足以当一献之恩,固非人心之所忍自信也。况乎近者非无失德,远者或有累仁,固未可芟夷先世之休光,置若行路矣。且其言曰:"坛墠有祷则祭,无祷则止。"祷而能庇佑及我者,必其精爽之在希微②,固有存焉者也。精爽未亡,待有祷而后诣之,山川土木之神且将厌恶,而况一本相嗣,

子孙之于先祖乎？

【注释】

①间其中，断其续：中华书局点校本在此处校勘为："间其中，断其续"作"间於其中，断其所续"。译者这里按照校记增添"於""所"二字，这对理解文意更有帮助。其意是说：把最初的先祖以来的世系加以间断，所以只保留四世之祖来继承最早的太祖，而自太祖到最后的四世之祖之间的其他世代的祖先，就要省略而不立庙和祭祀了，所以下面说"辽阔而不相为绍"。而王夫之认为这样间断之后，就造成"亘塞陵躐，精气不联"的局面，而使太祖以来的世系"苍茫恍忽而不信之以心矣"。

②精爽：指精神爽明纯粹。这里指祖先的神灵。出自《国语·楚语下》：观射父曰："民之精爽不携贰者，而又能齐肃衷正，其智能上下比义，其圣能光远宣朗，其明能光照之，其聪能听彻之，如是则明神降之，在男曰觋，在女曰巫。"希微：本来是形容道的微妙不可把捉，这里指祖先的神灵无形无象，看不见，听不到，捉不住，但在幽冥之中保佑着后代子孙。出自《老子》第十四章："视之不见名曰夷，听之不闻名曰希，搏之不得名曰微。"

【译文】

古代统治天下而奉事其祖先的人，必定要推重他的家族出自什么人，建立太祖的宗庙，对这种事不会漫不经心。古代的天子，从诸侯上升而来。他的上代世系因为有大德和显著的功勋，已经得到土地而且受到分封，就有了宗庙社稷之事。或者是守着诸侯的爵位，或者是得到了帝位，在当诸侯和做帝王的变化之间，作为君主则是一样的。占有了天下而不是突然享受这种荣耀的，失去了天下也不会结束他的后代继续享用封地。那么自从他的太祖以后，世代守着家族的祭祀，绵延不断，在情感上前后相引而上升到古代祖先那里，在道理上相互沿袭而有一定的制度。而在世代相传的世系之中有了间隔，中断了自太祖以来传续的世系，就只知道从自己向上数四代的祖先来上承最早的太祖，这样一来就使祖先的世系变得非常遥远而不能相继连续了。世系的传承过程出现了中断不通和陵越躐等的情况，从太祖以来的家族传承的精气也不能前后相连，用这种方式奉事太祖，也就会对祖先的世系感到苍茫恍惚而在心中不能相信了。如果说"一代代继承下来的君主，虽然继承了帝位，但是德行不足以享受永远传承的帝位"，那么子孙奉事他的祖先，就会由自己随意评判，而生下我等子孙的大德，就抵不上一次献祭的恩情，这本来就不是人所能忍心相信的事情。何况世代晚近的祖先不是没有过失，而世代遥远的祖先也许会有损害仁义的事迹，本来就不能因此而抹杀先祖的美德，而把他们抛弃在路上。而且周代礼书中又说："奉祭祖先的坛墠，有祈祷就祭祀，没有祈祷则停止祭祀。"祷祝能庇护我的祖先，必定是祖先的精灵在幽微之中，本来就存在于一定的地方。祖先的神灵没有消亡，等待有祈祷活动时才来向祖先的神灵献媚，山川土地树木的神灵们都会厌恶这种行为，何况从一个祖先延续下来，子孙能这样对待他们的祖先吗？

又其说曰："诚之所至，祭乃可通。五世以上，生不相及，情不相慕，虽仁人孝子居崇高之位，度其精意不能昭格，无事以虚文为致孝①。"此抑非也。情文之互相生起也，久矣。情生文者文为轻，文生情者文为重。思慕笃而祭行焉，情生文者也；思慕易忘，而因昭格之顷②，感其洞洞属属之心③，以思成而不忍斁，文生情者也。故禘所自出之帝，祖其始封之君，思慕不逮，而洋洋如在者，百世如旦夕焉。祭之为用大矣！而恶可以情所不逮，遂弃其文邪？且夫继世之君，非必有肇追之忱矣④。中材之主，知有祢而不知有祖；其在下愚,则方在殡而情已暧。其抑将并虞祔之祭⑤,问其情之奚若而后行乎? 天子之祀,靡所不通,名山大川百神之享,身未履其域,心未谙其实,遥闻以耳,因循以旧,柴、禜、沈、狸⑥,未尝废也。奚徒其祖而以远不相知澹忘若非有也?

【注释】

①文:本来指外表的文采、花纹,这里指祭祀时所要遵守和实行的相关礼仪。礼仪是外在的表现,与内心的感情相对而言,所以下文说"情文互相生起",说明情与文的相互关系。

②昭格:祭祀上天与祖先时,使自己的诚意传达到天帝和祖先那里,让他们知道。

③洞洞属属:恭敬谨慎的样子。

④聿(yù)追:《礼记·礼器》篇曾引用《诗经·大雅·文王有声》中的诗句:"匪革其犹,聿追来孝。"聿追指追思先人的德业,是孝的一种表现。

⑤虞祔:指虞祭与祔祭。虞,葬后之祭。祔,合于先祖庙之祭。

⑥柴、禜(yíng)、沈、狸:柴,是烧柴祭天之祭。禜,是消除水旱疫疠或者风雨不调的祭祀。沈、狸,出自《周礼·春官·大宗伯》"以狸沈祭山林川泽",祭山林曰狸,即埋,祭川泽曰沈,即沉。这是各自按照它们的特性而将祭物含藏的祭法,山林无水,故将祭物埋起来;川泽有水,故将祭物沉入水中。

【译文】

汉代学者又有一种说法:"诚心所达到的地方,祭祀的心意才可以传达到神灵那里。五代以上的祖先,子孙在世时不能见到,情感上对他们没有敬爱,即使作为仁人孝子身处崇高的皇帝之位,估计他在祭祀时的心意也不能传达到五代以上的祖先神灵,所以就不用靠虚伪的祭祀礼仪来表达孝心。"这个说法也不对。感情与礼仪是互相联系而产生的,这种情况已是很久了。从感情产生出来的礼仪,礼仪比感情轻;从礼仪中产生出来感情,礼仪就比感情重。对祖先的思慕之情笃厚于是举行祭祀,这就是由感情产生礼仪;对祖先的思慕之心容易忘记,于是通过祭祀传达对祖先的敬意,从而感到了对于祖先的敬畏感恩心情,通过思考而形成的感情是不忍心让它败坏的,这就是从礼仪产生感情。所以对生出自己的天帝进行禘祭,对始封为诸侯的祖先进行祫祀,思慕的心情不如礼仪隆重,但也像天神祖先全都在场一样,隔了一百代也像只隔了旦夕之间一样。祭祀的礼仪其作用是很大的啊! 所以怎能因为感情达不到礼仪的要求就抛弃祭祀的礼仪呢? 而且继承前人而兴起的君主,不一定还有追思祖先的诚意。中等才能的君主,知道有父亲而不知道有祖先;下等的愚人,更是还在父亲出殡的时候感情就已经疏远了。对这种人还能在举行虞袝祭祀时,先问他们的感情是怎样的而后才来祭祀吗? 天子的祭祀,无所不在,名山大川的各种神灵的祭祀,天子自身没有到达名山大川,心里并不熟悉相关的事情,耳朵遥遥地听说,还要因循旧的礼仪制度进行祭祀,像柴、禜、沈、貍等名目繁多的祭祀,都未尝废除。为什么只对他的祖先因为世代久远而不熟悉或是淡忘就像没有这些祖先一样而不把他们供奉在宗庙中加以祭祀呢?

　　三代以降,与子法立,亲亲之道,尚于尊贤,上以事其先祖,下以传其子孙,仁至而义行焉,一也。自身以下,传之子,传之孙,传之曾玄以放,神器攸归,无所限止。徒于其祖,远而斥之坛墠,横于四世以上、太祖以下、为之割绝,何其爱子孙者无已,而敬祖考者易穷? 度及此,能勿惨怛于中乎? 呜呼! 一代之兴,传至五世七世,祚运已将衰矣,百年内外,且有灭亡之忧。一旦天不佑而人不归,宗庙鞠为茂草,子孙夷乎舆皂,陌纸杯浆,无复有过陵园而洒涕者。乃此国步尚康之日,惜锱铢之牲帛,惮一日之骏奔,倡为以义裁恩之说,登屋椓削①,弃主土壤,不待仁人孝子而可为寒心者矣!

【注释】

①椓(zhuó)削:指拆毁宗庙建筑。

【译文】

夏、商、周三代以后,传位给儿子的制度就确立了,亲近亲人,在道理上要高于尊敬贤人,向上用来事奉祖先,向下用来传给子孙,由此就做到了仁而实行了义,它们是一致的。从自己以下,传给儿子,传给孙子,传给曾孙玄孙以后,帝位就归于自己的子孙,没有终止。可后世子孙对自己的祖先,因为感情疏远而从祭坛上排斥开,从四代祖以上到最初的始祖之间横加截断,为何祖先爱护子孙没有止限,而子孙对于祖先的敬重却这样容易有穷尽呢?考虑到这一点,能不在心中感到悲惨难过吗?呜呼!第一代祖先兴起,传到五代七代以后,国运就已将近衰败了,百年以后,还会担忧灭亡。一旦天不保佑而民人不归顺自己,宗庙将变成长满茅草的废墟,子孙衰落变成了人家的奴仆,不再有人路过祖先的陵园来烧纸钱和敬一杯酒,并且为祖先洒一把眼泪了。在国家尚是安宁强大的时候,吝惜微不足道的一点祭品和礼仪,害怕拿一天时间到祖先宗庙中祭祀,反而提出根据道义削减亲人恩情的说法,登上宗庙拆毁梁柱,把祖先的神主牌位抛弃在泥土之中,不用身为仁人孝子都会为此感到寒心了!

汉儒之丛喙以争,言祧言毁,奉一若信若疑之周制,割人心不忍背之恩,固君子所抚心推类而恶闻其说者也。汉高之祀,止于太上皇,或其先世之弗传也;光武之亲庙,止于四世,以其承汉之大宗也;抑叔孙通、曹褒保残守陋^①,不即人心,而以天下俭其亲也,恶足以为万世法哉? 四世以上,相承而绍统者,为祖祢之所自出,则亲无与尚矣;保世滋大,以君万邦,则尊无与尚矣。亲至而不可谖^②,尊至而不可诎,曾不得与井灶之神、猫虎之魅、历百世而享一朝之报乎^③?稽之圣训,未有明文,周道亲亲,其不然也必矣。

【注释】

①叔孙通(? —约前194):鲁国薛(今山东枣庄薛城)人。秦代为待诏博士,秦末逃回家乡。汉代平定天下后,由叔孙通主持制订君臣礼仪,确定了汉代的礼仪制度。惠帝即位,又让叔孙通制定宗庙仪法等,司马迁在《史记》中把他尊为汉家儒宗。传见《史记·叔孙通传》《汉书·叔孙通传》。曹褒:生卒年不详。父曹充在光武帝建武年间为博士,定封禅、七郊、三雍、大射、养老等礼。汉章帝章和元年(87),撰定天子至于庶人的冠婚吉凶等礼。传见《后汉书·曹褒传》。

②谖(xuān):忘记。

③井灶之神、猫虎之魅(mèi):井灶,指家居里邑的井与灶等各种设施。魅,同“魅”,传说各种野兽成精的妖怪,如:木魅山鬼,野鼠城狐。古人认为家居里邑建筑设施都各有其神,而各种山木野兽也往往能成精为怪。

【译文】

汉代学者众多的口舌争论,有的说要把列代祖先都请进祖庙中加以祭祀,有的说一些祖先的庙要毁掉而不放在祖庙中祭祀,他们尊奉一种似信似疑的周代制度,割断人心不忍背弃的恩情,君子根据内心以类相推本来就讨厌听到这种说法。汉高祖的祭祀,只祭他的父亲太上皇,这也许是因为他的祖先世系没有保存下来；汉光武帝的宗庙，也只供奉了四代祖先，以此来承继汉王朝家族的大宗；只供奉如此少的祖先，这是叔孙通、曹褒等人抱残守缺，不顺从人心，天下如此广大却在祭祀祖先的事情上过分节俭，这怎能足以成为万代都要遵守的制度呢？四代祖先以上，以及相互接续而继承帝统的人，都是从先祖那里传下来的，在亲情上就没有比这更亲的人；保住天下而逐渐壮大，用来君临天下，在尊贵上就没有比这更高的了。亲情达到了极点而不可忘记，尊贵到了极点而不可压低，就不能与家居井巷的鬼神、各种猫虎精怪一起经历了百代仍可享受一个早晨的祭祀吗？考察圣人的告诫，未有明文说不能祭祀历代的祖先，周王朝所尊奉的大道是亲近自己的亲人，它不会允许这样做，就是必然的了。

天子有禘①，诸侯有祫②，大夫士有馈食③，庶人有荐④，降杀因乎其分，而积累弗绝者，因乎其情。则后世无毁庙，而同堂异室，以俭而可久；顺人情，合天理，圣人复起，当无以易也。朱子之欲复斯世于三代，言之详矣。独于祧庙之说，因时而立义，诚见其不忍祧也。则后之言礼者，又胡忍以喋喋辩言，导人主以薄恩邪？

【注释】

①禘（dì）：古代帝王在始祖庙祭祀祖先。

②祫（xiá）：古代诸侯对历代祖先的合祭。

③馈食：献熟食的祭祀。

④荐：指进献初熟的谷物或时鲜果物以祭祀。

【译文】

天子有禘祭，诸侯有祫祭，大夫士有馈食之祭，庶人有荐献之祭，根据不同的身份有所降低,而连续地不断加以祭祀,就是顺乎人情的结果。那么后世没有毁庙的制度,让历代祖先的牌位放在同一殿堂里的不同祭室内,有所节俭就可以长久维持祭祀;顺应人情,合乎天理,圣人再次出生,应当也不会改变这种制度。朱子想在当时恢复夏商周三代的制度,他说得非常详细了。只是对于把历代祖先的牌位放进祖庙的说法,根据时代的不同而提出他的主张,确实能看出他是不忍心让历代祖先的牌位排斥在祖庙之外的。那么后来讨论礼制的人,又怎能忍心喋喋不休地争辩,引导人主削弱对于祖先的恩情呢?

四

　　韩侂胄立"伪学"之禁,以空善类,其必不两立者,留、赵二相①,其次则朱子也。蔡季通隐处论学②,未尝持清议以讥朝政,未尝作词章以斥权奸,其于侂胄远矣。乃朱子虽罢,犹得优游林泉,为学者师。而季通独婴重罚,窜死遐方,且为之罪名,"伪"不足以尽之,而斥之曰"妖"。夫真与伪,难诬者心,而可倒者言也。真者伪其所伪,伪者伪其所真,相报以相诬,而名亦可立。今所讲者日用彝伦之事,而题之曰"妖",虽佞人之口给,其能无据而恣其狂词哉?盖季通亦有以取之,而朱子于此,亦不能无惑矣。

【注释】

①留、赵二相:指留正、赵汝愚。

②蔡季通(1135—1198):蔡元定,字季通,建宁建阳(今福建建阳)人。师事朱熹,二人以师友相称。庆元三年(1197),韩侂胄把道学诬蔑为"伪学",诬奏伪学党人五十九人,朱熹被定为"伪学魁

首",蔡季通定为朱熹的助手,贬至湖南道州编管。他与儿子蔡沈及学生邱崇徒步行至道州,仍然读书论学,次年卒于道州。传见《宋史·蔡元定传》。

【译文】

韩侂胄建立"伪学"的禁令,把正人君子全都扫光,其中必然与他势不两立的人,是留正、赵汝愚两位宰相,其次就是朱子。蔡季通隐居论学,未尝发表清议讥讽朝廷政治,未尝撰作辞章斥责掌权的奸人,他对于韩侂胄来说距离是很远的。所以朱子虽然被罢官,而蔡季通还能在山林泉水间优游治学,成为学者的老师。但最终只有蔡季通遭到了重罚,流放死在远方,且加给他的罪名,"伪学"的"伪"还不足表示他的罪,而是斥之为"妖"。说到真与伪,人心是难以信服那些诬告的,而能让他倒下的则是言论。真的是把伪的看作伪的,伪的是把伪的说成真的,相互争论而相互诬蔑,而"伪学"一类的名称也可以建立。蔡季通所讲的都是与日常生活中的事情相关的道理,而能称之为"妖",虽然奸佞之人能强词夺理,而称蔡季通为"妖",但他能没有根据而恣意使用狂妄的词汇吗?这是因为蔡季通也有过失让对方抓住,而朱子在这些事情上,也有他不够清醒的地方。

侂胄之深怨朱子者,以争殡宫故也①。当是时,侂胄勤劳方著,恶迹未彰,即欲防其奸而斥远之,亦无可施其宪典。唯殡宫一议,足以倾动宫府,置诸不赦之罪。王孝先以加诸丁谓而俯首以死海滨者,此而已矣。今朱子之言曰"不为宗社血食久远之计"、侂胄之夺魄寒心,与朱子不并立之势成矣。朱子既以此为侂胄罪,而抑请广询术人以求吉地。其所欲询者谁也? 蔡神与以葬师为世业②,季通传其家学,而参之理数以精其说,推崇邵氏,以与濂、雒相抗;是季通者,儒之淫于小道,而为术人之领袖者也。殡宫之吉否,朱子未能知之,而季通自谓知之;朱子即知,而亦以季通之术知之。然则其云术人者,盖有季通之徒,挟术思售,而季通隐主其取舍也。《礼》曰:"假于时日卜筮以惑民者杀。"则挟指天画地之说,以挠仁人孝子之心者,谓之曰"妖",亦奚不可哉?此季通所以授小人以名,而使戕士类,诚有以致之。故早自知其不免于祸,诚哉其不可免也。

【注释】

①"侂胄之深怨朱子者"二句:孝宗去世,赵汝愚及韩侂胄通过宦官说服太后,答应让宁宗即位。事成之后,韩侂胄以为自己有定策之功,但赵汝愚却说:我是宗室,你是外戚,不宜因此居功封官,侂胄心有不满。朱熹担忧韩侂胄执掌大权后会危害国政,多次向赵汝愚进言,不要重用韩侂胄。韩侂胄于是与党羽谋划斥去朱熹等人,后被定为"伪学之首",即源于此。殡宫,停放灵柩的地方,此指帝王的陵墓之地。孝宗去世后,赵彦逾等人认为孝宗陵墓的土层太浅,下有水石,建议另选墓陵之地。朱熹认为当博访名山,不宜偏信台史。当时又议孝宗祔庙和祧僖祖、宣祖之事,赵汝愚不以复祀僖祖为然,朱熹认为不宜将僖祖神主放在夹室,朝廷仍然毁撤僖祖、宣祖的庙室,更建别庙以奉僖祖等四祖。此即争殡宫等事。

②蔡神与:指蔡元定的父亲蔡发,字神与,擅长堪舆风水和医学。葬师,即风水先生,为人选墓地。

【译文】

韩侂胄所以深为怨恨朱子,是因为他与自己争论殡宫的事情。在当时,韩侂胄正立有卓著功勋,奸恶的行迹还没有暴露出来,就算是想防备他的奸邪而斥责他,让他不与皇帝亲近,也不能对他施用法律。只有殡宫的礼仪问题,足以打动皇宫官府,由此给他加上不能赦免的罪名。王孝先加给丁谓罪名而让他低头认罪并被流放死在海滨,就是这样的理由。如今朱子说韩侂胄在殡宫问题上:"不为国家存续而考虑长远之计",韩侂胄听了就为之夺去魂魄而寒心,与朱子势不两立的形势就形成了。朱子既已因此而被韩侂胄治了罪,又提出要广泛咨询术数家来寻求建立孝宗陵墓的吉利之地。那么他所咨询的术数家是谁呢?蔡神与世代以风水师为业,蔡季通传承了这种家学,并参考风水家的道理和术数来使自己的学说更为精致,他推崇北宋初年的邵雍,来与周敦颐的濂学、二程的洛学相对抗;看来蔡季通这个人,是受了旁门左道影响的学者,是术数家的领袖人物。殡宫的吉利与否,朱子不能知晓,而蔡季通自称知晓;朱子即使知晓,也是靠蔡季通的术数方法而知晓的。这样说来他所说的术数家,应当就是蔡季通这一类人,挟着术数想卖弄应用,而蔡季通暗中主持了选择殡宫地点的取舍。《礼》书中说:"借用天时日期卜筮等术数来迷惑民众的人要处于斩刑。"那么用指天画地的说法,以扰乱仁人孝子之心的人,称他为"妖",又何尝不可以呢? 这是蔡季通让小人找到了攻击自己的罪名,而使他们残害士人,实在是自己就有弱点而导致这种结果的。所以他自己很早就知道不能免于灾祸,确实他是不能免除灾祸的。

　　呜呼! 学君子之学,使小人得加以恶名而不能辞,修遁世无闷之德,而情移于吉凶,覆以与凶相触而危其身。处乱世之末流,正学衰,邪说逞,流俗之好尚易以移人。苟欲立于无过之地,履坦道以守贞者,可褒其身心以殉游食者之言,而自罹于咎哉?

【译文】

　　呜呼！学习君子的学问，让小人能加上恶名而不能推掉，修行避世而不郁闷的品德，而心情转移到判断吉凶的事情上，反而因此得到凶的结果而危害其身。处于乱世的末流状态下，正道的学术衰落，邪说得逞，流俗的喜好爱尚容易改变人。如果想立于没有过失之地，走在坦途上而守着贞正，还会亵渎他的身心并因四处游荡谋食的人的言论而殉身，而让自己遭到罪咎吗？

　　夫道之与术，其大辨严矣。道者，得失之衡也；术者，祸福之测也。理者，道之所守也；数者，术之所窥也。大《易》即数以穷理，而得失审；小术托理以起数，而祸福淫。审于得失者，喻义之君子；淫于祸福者，喻利之小人。故葬也者，藏也。仁人孝子不忍暴其亲之形体而藏之也，知慎此而已矣。而喻利之小人，舍死者之安危，就生人之利害，则彝伦斁而天理灭矣。今有人焉，役其父母之手足，饰其父母之色笑，以取富贵，则鲜不以为禽兽矣。身已死，骨已寒，乃欲持此以求当于茫茫之土而希福焉，则是利其死以徼非望之获，为君子者，何忍出于此邪？

【译文】

　　道与术，它们的根本区别是很严格的。道，是得失的衡量标准；术，是对祸福的预测。理，是道所要守护的；数，是术所要窥伺的。《周易》根据数来穷究理，而得失就看得很明白了；微末的小术依托理来构成数，对祸福就迷惑了。对得失能明察的人，就是懂得义的君子；对祸福迷惑的人，就是只懂利的小人。所以葬就是藏。仁人孝子不忍让他亲人的身体暴露在野外而藏埋起来，知道慎重处理这种事就够了。而只懂利的小人,不管死者的安危,迎合活人的利害,那么就使得人伦败坏而天理灭亡了。如今有一种人,让他的父母亲自进行劳动,利用父母的脸色笑容作为装饰,以便获取富贵,就少有不成为禽兽的了。父母的身体已死,尸骨已寒,还想利用父母来向茫茫的士人求得认可而获得福禄,这就是利用父母的死来求得非分的利益,作为君子,怎能忍心做出这种事呢?

　　且夫以祸福言,而其说之妄,亦易知矣。自古有天下而祚永者,莫周若也。诸侯世其国,大夫士世其禄,传家之永者,亦莫周若也。考之于礼,有墓大夫以司国君之墓,有墓人以司卿大夫之墓。正始祖之兆域于上,而后世以昭穆序葬于东西,非有择于形势也。天子七月,诸侯五月,大夫三月,士逾月。《春秋》:"雨,不克葬,日昃而葬。"非有择于时日也。而血食之长,子孙之庶,后世莫能及焉。岂徒后世之土,能以福泽被其尸而施及子孙乎?祈天永命者,德也;保世滋大者,业也。内政修,外侮御,而宗社必安;君不渔色,后不妒忌,而子孙必众。推以及乎士庶,厚以传家,勤以修业,则福泽自远。舍此不务,而以所生之骨骼,求大块之荣施,仁者所不容,尤智者所不齿也。

【译文】

　　而且就祸福而言,他的说法之狂妄,也是容易知道的。自古据有天下而国运长久的,没有哪个能比得上周代。诸侯世代有自己的封国,大夫和士世代享有自己的官禄,传家长久的,也没有哪个朝代能比得上周代。考察相关的礼制,周代有墓大夫主管国君的坟墓,有墓人掌管卿大夫的坟墓。在墓地的正北方设定始祖陵墓的方位,而后世的子孙就按昭穆顺序埋葬在东西两侧,并不是根据陵墓位置的风水来确定的。天子葬期七个月,诸侯为五个月,大夫三个月,士超过一个月。《春秋》里说:"下雨,未能下葬,太阳向西倾斜才下葬。"这不是选择下葬的日期。而后代祭祀的长久,子孙的众多,后世没有哪个朝代能比得上。难道只有后代的土壤,能因为风水好而使所选的墓址保佑先人的尸体并让福禄延续到子孙吗?祈求上天给自己长久命运的,是靠品德;保住王权而不断壮大的,是靠功业。修明国内的政治,抵御外来的侵侮,宗庙社稷必定能安宁;君主不猎取女色,皇后不妒忌别人,子孙就一定众多。这个道理推到士人庶民身上,靠厚道来传家,靠勤奋来从事功业,福泽就自会长远。放弃这些事不去做,却用父母的尸骨,来求取大地对我家施加恩荣,这是仁者所不能容忍的,更是智者所不齿的。

　　小人之欲售其术也,必诡于道以惑君子。故为葬师之言者,亦窃理与气之迹似以藻悦之^①,而君子坐受其罔。乃乱道者,道之所必穷。故京房之谏邪佞^②,非不正也,而为幸臣所困;郭璞之折篡逆^③,非不义也,而为权奸所杀。妄言天者,天所不覆;妄言地者,地所不载;侮阴阳者,阴阳之灾必及之。房与璞之穷,自穷之也。充其说以浸淫于后世,于是而有委之野而不葬,以罹水火之灾者矣;于是有已葬复迁,割析之,焚烈之,以极乎惨毒者矣。导天下以枭獍之恶^④,而以获罪于天、卒陨其世者,接踵相继。夫君子方欲辟异端以间先圣之道,奈之何?尸琐陋之术,曾不足以望异端之后尘者,公言于朝廷,姑试之君父也!以季通之好学深思也,于以望道也近矣。而其志乱,其学淫,卒以危其身于桎梏。为君子者,不以一眚丧其大德,可弗慎哉!可弗慎哉!

【注释】

①藻帨(shuì)：指修饰、装饰。藻，指华丽的文采、文辞。帨，指佩巾。

②京房(前77—前37)：本姓李，后改姓京。字君明，东郡顿丘(今河南清丰西南)人。汉元帝时为博士，以《周易》卦气说加上阴阳灾异学说推论时政，后因劾中书令石显专权，被石氏陷害被捕处死。传见《汉书·儒林传·京房传》。

③郭璞(276—324)：字景纯，河东闻喜(今山西闻喜)人。晋元帝时，官至著作佐郎、尚书郎。324年，力阻驻守荆州的王敦谋逆，被杀。郭璞曾注释《周易》、《山海经》、《穆天子传》、《方言》、《尔雅》、《楚辞》等。传见《晋书·郭璞传》。

④枭獍(xiāo jìng)：古人认为枭为恶鸟，生而食母，獍为恶兽，生而食父。比喻忘恩负义而特别狠毒的人。

【译文】

小人想让他的方术被人相信而得到应用，必定在道理上搞诡诈来迷惑君子。所以风水师所说的话，也要盗窃理和气等与儒学相似的术语来修饰他们的说法，而君子就会坐受他们的欺骗。而这样来扰乱大道的人，大道必定会让他走投无路。所以京房针对邪佞进行劝谏，这不是不正确的，但他使用术数的说法来劝谏，所以就被佞幸之臣陷害了；郭璞指责阴谋篡逆的王敦等人，不是不正义，但他用术数来指责，最后就被权奸杀害。妄言天的人，天不会护佑他；妄言地的人，地不会承载他；对阴阳不敬的人，阴阳的灾害必定会落到他身上。京房与郭璞的最终被害，是自己使自己走到这种地步。传扬他们的学说而使后世的人受了影响，于是就有人把尸体扔在荒野而不埋葬，而遭到了水火之灾；于是就有人已经下葬又重新迁葬，结果自己被人割裂、被人焚烧，遭到了极为惨毒的灾祸。用枭獍那样的凶恶狠毒引导天下，而被上天降下罪罚、最终死去的人，前后相继接连不断。君子正要批驳异端之学以保卫先圣之道,对这种人又该怎么办?他们主掌琐陋的术数,又不能指望他们步异端之学的后尘,却在朝廷上公开谈论术数,并将要应用在君父身上!以蔡季通的好学深思,他距掌握大道也会很近了。但他的心志紊乱了,他的学术过分了,最终让自身在桎梏中遇到危险。作君子的人,不以一次过错而丧失他的大德,能不谨慎吗!能不谨慎!

五

言期于相胜而已邪?则言之非难也。是之胜非,直之胜曲,正之胜邪,操常胜之势,揆之义而义存,建以为名而名正,何患乎其不胜哉?故言之也,无所复屈。其或时不能用,覆以得祸,而言传于天下,天下感之,言传于后世,后世诵之,其殆贞胜者乎?贞胜则无患其不胜矣。虽然,胜者,胜彼者也。彼非而胜之,则胜者是矣;彼曲而胜之,则胜者直矣;彼邪而胜之,则胜者正矣。是胜者仅以胜彼也,非贞胜也。且夫立两说而衡其得失,有定者也。就一事而计其初终,有恒者也。然而固无定而无恒也。特以庸主佞臣之所陷溺,而其为失也,天下交起而憎恶之;已而又有不然者,天下又起而易其所憎恶。故一事之两端,皆可执之以相胜。然则所以胜者之果为定论乎?

【译文】

提出一种言论期望能战胜对方就够了吗?那么提出言论就不难了。对战胜错,直战胜曲,正战胜邪,掌握着常胜之势,考察道义就使道义存,建立名声就使名声正,又何用担心不能战胜对方呢?所以这样提出言论,就不再被驳倒。他有时不能用,反而因言得了祸,那么言论传到天下,天下受这些言论的感动,言论传到后世,后世的人也传诵他的言论,他大概是以正道而得胜的吧? 以正道得胜就不用担心自己的言论不能取胜。即使这样,得胜,是战胜对方。对方不对而战胜他,那么胜利者就是对的;对方邪曲而战胜他,那么胜利者就是正直的;对方邪恶而战胜他,那么胜利者就是贞正的。这种胜利者仅仅是战胜对方,不是正道的得胜。而且提出两种说法并衡量其间的得失,这是有定。针对一件事而思考它的始终,这是有恒。然而本来就是没有定和没有恒的。只是因为昏庸的君主和奸佞的臣子陷溺在邪恶里面,而他们有了过失,天下交相起来而憎恶他;之后又有不是这样的情况,天下又起来而改变他们所憎恶的人。所以一件事都有两端,都可以各执一端来取胜。这样说来,取胜的一方就真能成为定论了吗?

定论者,胜此而不倚于彼者也。定论者,随时处中而自求之道皆得也。斯则贞胜者也。故言者以此而扶天下之危而定其倾,皆确乎其有不拔之守;推而行之,皆有不匮之业;不仅以胜彼者取天下后世之感诵,而言皆物也,故曰“君子之言有物”也。物也者,实也。言吾之是,非以折彼之非;言吾之直,非以辨彼之曲;言吾之正,非以争彼之邪。故曰“讦谟定命,远犹辰告”。唯其有定,故随时以告,而犹皆以致远,斯以为谟之讦者也。

【译文】
　　所谓的定论,是在此处取胜而不靠彼处的理由。所谓的定论,是随时处于中正而自己追求的道都是正确的。这就是正道之胜。所以提出言论的人由此而能挽救天下的危险而稳住天下的倾覆,都确实有它不能动摇的准则；推而加以实行，都有不会匮乏的功业；不仅靠战胜对方而让天下和后世的人们感动和传诵，而提出的言论都是言之有物，所以《周易》家人卦里说"君子的言论是言之有物"的。所谓的物，就是实际内容。阐述我的正确见解，不是靠驳倒对方的错误见解；论说我的正直，不是靠辩驳对方的歪曲；论说我的正道，不是靠争论对方的邪道。所以《诗经》里说"用远大宏伟的谋略来确定国家的政令，又向远方宣告这些政令"。正是因为有定，所以随时加以宣告，而且都还要传达到远方，这就是因为所定的谋略是远大的。

　　宋自南渡以后，所争者和与战耳。当秦桧之世，言战者以雪雠复宇为大义，则以胜桧之邪也有余。当韩侂胄之世，言和守者，以固本保邦为本计，则以胜侂胄之邪也有余。于是而为君子者，不遗余力而言之，以是而忤权奸，获罪罟；而其理之居胜者，煌煌奕奕，莫有能掩之者矣。乃诚如其言，绌秦桧而授之以兵柄，其遂能雪雠复宇邪？抑否也？斥侂胄而授之以国政，其果能固本保邦邪？抑否也？奚以知其未之逮也？其言也，至于胜桧与侂胄而止，而既胜之后，茫然未有胜之之实也。执桧之说，则可以胜侂胄矣，桧未尝不以固本保邦求当于君也。执侂胄之说，则可以胜桧矣，侂胄未尝不以雪雠复宇昌言于众也。反桧而得侂胄，反侂胄而又得史弥远。持之皆有故，号之皆有名，而按以其实，则皆义之所不许，名之所不称。故桧死，和议不终，苻离之师，先侂胄而沮败。侂胄诛，兵已罢，宋日以坐敝而讫于亡。无他，操议者但目击当国者之非，遽欲思反。而退求诸己，所以扶危定倾之实政、足以胜彼而大服其心、使无伺我之无成以反相嗤笑者,一无有也。不世之功,岂空言相胜之可坐致乎? 侂胄倡北伐之谋,而岳飞之恤典行①,秦桧之恶谥定;弥远修讲好之说,而赵汝愚之孤忠显,道学之严禁弛;是宜足以大快人心者,而人心益其危惧。徒相胜者,一泄而无余,天下亦何恃此清议哉?

【注释】

①恤典:指对前人进行抚恤的制度。绍兴十一年(1141),秦桧害死岳飞,孝宗即位即下诏恢复岳飞原官,追赠谥号"武穆",至宁宗时又追封鄂王,改谥"忠武"。这是后来皇帝对岳飞追加的抚恤之典。

【译文】

宋王朝自南渡以后,人们所争论的事情就只是与金人作战还是讲和而已。在秦桧当权的时候,主张作战的人把报仇雪恨和收复领土作为大义,就足能战胜秦桧主和的邪说而有余。在韩侂胄当权的时候,主张讲和及防守的人,把巩固国家的根本和保住国家为根本大计,就足能战胜韩侂胄主战的邪说而有余。在这个时候,作为君子的人,不遗余力来发表言论,因而抵忤了当权的奸人,遭到了罪罚;但他们的道理处于胜利一方,光明正大,没有人能掩盖住。如果真的如他们所说,贬黜了秦桧而向主战的人授予兵权,他们就能报仇雪恨收复领土吗? 还是不能呢? 斥责韩侂胄而把国家大权授给这些主张固守的人,他们就真能巩固国家的根本而保住国家吗? 还是不能呢? 怎能知道他们的主张不能做到呢? 他们的言论,只是讲到战胜秦桧和韩侂胄就停止了,而在争论取胜之后,就茫然地没有战胜对方的实际内容了。拿秦桧的说法,就可以战胜韩侂胄了,秦桧未尝不以巩固国家根本而保住国家来让君主觉得正确。拿韩侂胄的说法,就可以战胜秦桧了,韩侂胄未尝不以报仇雪恨收复领土的说法向人们宣讲。反对秦桧就得到了韩侂胄，反对韩侂胄就又得到了史弥远。他们的说法都是持之有故，讲起来也有名，但是考察他们的说法的实际内容，就都是道义所不能允许的，与名义不相称的。所以秦桧死了，和议不能告终，符离之战的军队，在韩侂胄之前就战败了。韩侂胄被诛之后，作战的部队已经罢除，宋王朝一天天变得衰弱而走向灭亡。没有别的原因，提出言论的人只是目睹当权者的不对，就想赶紧加以反对。而退下来要求自己，用来挽救危险稳定倾覆的实际举措、足以战胜对方而让他彻底心服、让有些人不能窥伺我一事无成而反过来耻笑我，这一类的实际内容在他们的言论中一样也没有。不是每个时代都能建立的那种大功，难道是靠空话战胜了对方就能坐着取得吗？韩侂胄提倡北伐的谋略，而抚恤岳飞的典礼就举行了，秦桧的谥号就改为以"谬丑"显示他的罪恶了；史弥远提出与金人讲和的说法，而赵汝愚孤单的忠诚就得以显现出来，道学的严厉禁网也就松弛了；这应该足以大快人心的，但是人心却更加感到危险和畏惧。只是相互在言论上争胜，全部发泄出来而没有剩余，天下对这种清谈的议政又有什么可依赖呢？

　　呜呼！宋自仁宗以后，相胜之习愈趋而下，因以相倾，皆言者之气矜为之也。始以君子而求胜乎小人，继以小人而还倾君子，继以君子之徒自起相胜，继以小人之还自相胜而相倾。至于小人之递起相倾，则窃名义以大相反戾，而宗社生民皆其所不恤。乃其所窃之名义，固即前之君子所执以胜小人者也。

【译文】

　　呜呼！宋王朝自仁宗以后，相互争论求胜的风习就越来越卑下，于是人们就相互打击,都是由提出言论的人凭借着自己的意气而导致的。开始是君子要战胜小人,继而则是小人反过来要打击君子,接着君子的同党自己起来相互争胜,接着是小人之间反而相互争胜和相互打击。以至于小人相继出现而相互打击,乃至于窃取名义而大肆相互反驳争论,而对宗庙社稷以及民众则全都不加顾恤。而他们所窃取的名义,本来就是以前的君子拿来战胜小人的那些名义。

　　言何容易哉?言而不自省于心,为己之所有余,则是之与非,曲之与直,正之与邪,其相去也不远。何也?义在外,则皆袭取以助气之长者也①。故君子知为之难而言之必讱②。岂悬一义以为标准,使天下后世争诵之,遂足以扶三纲、经百世、无所疚于天人乎③?熟虑之于退思,进断之于密勿,舍之而固有所藏,用之而实有所行。持至是之术,充至直之用,尽至正之经。有弗言也,言之斯可行之。经之纬之,斡之旋之,道备于己,功如其志。则奸邪之异己者不能攻,相倾者不能窃,斯以为贞胜也矣。

【注释】

①义在外,则皆袭取以助气之长者也:《孟子·公孙丑》中论述浩然正气时说:"其为气也,配义与道,无是,馁也。是集义所生者,非义袭而取之也。行有不慊于心,则馁矣。"集义,所有的言行思想都符合义。义袭,指平时不做集义的工夫,偶然一次要按照义来做事或说话等,但更多的时候是不符合义的,因此气就会馁。

②讱(rèn):《论语·颜渊》有子曰:"仁者其言也讱"。指仁者不急于出言,说话谨慎。

③三纲:君为臣纲、父为子纲、夫为妻纲,合称三纲。纲,指根本

原则。

【译文】

　　提出言论谈何容易呢？提出言论而不在心中自我反省，做自己能力有余的事，那么是与非、曲与直、正与邪，它们就相差不远了。为什么呢？义是在人身之外的，都是通过从外面袭取过来而帮助自己的气使它增长的。所以君子知道做起来难，因此说出来的时候就会很慎重地难于出口。难道是悬挂出一个义作为标准，让天下后世的人争相诵读它，就足以扶立三纲、经历百代、面对天和人都无所愧疚了吗？在退思中深思熟虑，在勤勉努力中进取而决断，舍弃的时候就确实有所隐藏，应用的时候就确实有所行动。掌握最正确的方法，应用到最正直的行动中，充分做到最正当的常道。有的话是不说的，说了就能去做。用所说的作为自己行动的经纬，根据事物而进行斡旋，让自己完全掌握大道，使事功合乎自己的志向。那么与自己不同志向的奸邪就不能攻击自己，想打击我的人也不能从我的话语和行动中找到漏洞，这就是以正道而取胜了。

六

　　唐之中叶，祸乱屡作，而武、宣之世①，犹自振起，御外侮，修内政，有可兴之几焉。宋则南渡以后，孝宗欲有为而不克，嗣是日羸日荼②，以抵于亡。非其主之狂惑如唐僖、懿比也，唯其当国大臣擅执魁柄者，以奸相倾而还以相嗣，秦桧、韩侂胄、史弥远、贾似道蹑迹以相剥，餂辨及肤③，而未尝有一思效于国者间之也。然而抑有辨焉。《春秋》之法，原情定罪以为差等，同一恶而罪殊，同一罪而法殊。栾书、荀偃不与公子归生均服污潴之刑④。齐之灭纪⑤，晋之灭虞⑥，不与卫毁灭邢等膺灭同姓之诛⑦。知此,然后可以服小人之心,而元恶无所分咎。抑君子以驭小人,处置有方,足以弭其恶而或收其用。衡有定而权可移;权不可移,则衡弗能为准也。夫然,则取史弥远而等之三凶,未可也。且取韩、贾二竖而等之秦桧,抑未可也。

【注释】

①武、宣之世:指唐武宗、唐宣宗之世。

②苶(nié):疲惫不振。

③蔑辨及肤:整体意思是说剥坏越来越严重。《周易·剥卦》,剥指剥落烂坏,初六剥床以足,六二剥床以辨,六四剥床以肤,上九小人剥庐。足指床脚,辨指床干,肤有两种解释,一种认为指人的肌肤,一种认为辨之上为肤。

④栾书:栾氏,名书,一名傀,谥号武,故又称栾伯、栾武子。前587年到前573年担任晋国正卿,服事晋景公、晋厉公、晋悼公三朝。为人口蜜腹剑,最后导致晋国内乱,被晋悼公废黜。事见《史记·晋世家》。荀偃(?—前554):姬姓,中行氏,名偃,字伯游,又称中行偃,因中行氏出自荀氏,故又称荀偃,史称中行伯、中行献子。晋悼公时任晋国正卿,率齐、宋、鲁、卫、郑等十三国攻打秦国,晋平公继位后,又率晋、郑、宋、鲁、卫五国军队伐许,在湛阪(今河南平顶山)与楚军决战,楚军大败。事见《史记·晋世家》。公子归生(?—前599):姬姓,名归生,字子家,郑文公之子。郑灵公时,与子公(公子宋)为郑卿,后受命于楚伐宋,大败宋师。后与子公联合杀死郑灵公。前599年,他死后,国人因他曾杀灵公,将其族驱逐。事见《史记·郑世家》。污潴:平毁罪犯第宅、祖坟,掘成水池。

⑤齐之灭纪：前693年，齐国军队驱走纪国邢、鄑、郚三邑居民，占有三邑。前691年，纪国分裂，纪侯之弟纪季以纪国酅地投降齐国，成为齐国附庸。同年，鲁庄公试图和郑君子婴保全纪国，郑君拒绝。前690年，纪侯将剩下的国土交给纪季，出国逃亡，一去不返，纪国就此灭亡，纪季作为齐国的附庸残存。见《史记·齐太公世家》。

⑥晋之灭虞：《左传》僖公五年冬，晋侯向虞国借道去伐虢国，宫之奇认为不能借道，否则唇亡齿寒，虢国一亡，虞国也就危险了。虞公不听，答应晋国的要求，宫之奇知虞国很快会被晋灭亡，带其家族离开虞国，说虞国不会再有机会举行年底腊祭了。果然，晋军灭虢之后，回来的路上，顺便灭了虞国。

⑦卫毁灭邢：卫康叔封，周武王同母少弟。周公旦平武庚禄父、管叔、蔡叔之乱后，把武庚和殷的残余民众封给康叔作为卫君，其国君到秦二世时被废为庶人，国亡。邢，是周公第四子的封国，周成王所封，是周的同姓国。都城在今河北邢台。齐桓公时，邢国遭狄人侵犯，齐桓公率兵救邢，帮邢国把都城迁到靠近齐国的夷仪(今山东聊城西南)。狄人又攻灭卫国，齐桓公又在楚丘帮助卫国重建国都，恢复卫国。到前635年，亡而复兴的卫国，又把同姓邢国灭掉。

【译文】

唐代中叶，祸乱屡次出现，而在武宗、宣宗的时候，还能自我重振而兴起，抵御外侮，修整内政，在当时就有了可以复兴的征兆。宋朝则在南渡以后，孝宗欲有所作为而不能做到，自此之后就一日日地变得羸弱，以至于灭亡。不是宋的君主狂惑可与唐僖宗、懿宗相比，只是当朝的大臣中执掌大权的人，相互用奸邪手段排斥打击对方而相继代替，秦桧、韩侂胄、史弥远、贾似道踏着前任的踪迹而相互打击，他们造成的破坏越来越严重，而未尝有一个想报效国家的人在中间出现。然而还是有所区别的。《春秋》的礼法,根据人心中的想法来定罪而分为不同的等级,同一种恶行,论罪时则有所不同,同一种罪而惩罚的法度也不同。栾书、荀偃不与公子归生同样受到污潴的刑罚。齐国灭纪国,晋国灭虞国,也不与卫国毁灭邢国一样受到攻灭同姓国的惩罚。知道这一点,然后就可以让小人心服,但首恶之人不能让别人为他分担罪过。另外君子驾驭小人,处置有方的话,就足以消弭小人的罪恶而有时还能得到一定的用处。衡量标准是有一定的,而权变则是可以改变的;权变不能改变的话,衡量标准也就不能作为标准了。如果是这样,把史弥远与其他三个恶人比为同等的,就不可以了。而且把韩侂胄、贾似道两个小人与秦桧比为同样的,也是不可以的。

秦桧者,其机深,其力鸷,其情不可测,其愿欲日进而无所讫止。故以俘虏之余,而驾耆旧元臣之上,以一人之力,而折朝野众论之公,唯所诛艾。藉其有子可授,而天假以年,江左之提封,非宋有也。此大憝元凶,不可以是非概论者也。韩侂胄、贾似道狭邪之小人耳,托宫闱之宠,乘间以窃权,心计所营,不出于纳贿、渔色、骄蹇、嬉游之中。上不知有国之濒危,下不知有身之不保。其挑衅开边、重敛虐民者,皆非其本志,献谀之夫为之从臾①,以分徼幸之荣利,彼亦惽焉罔觉,姑且以之为戏。则抑杨国忠、王黼之俦,而固不如桧之阴惨也。然以之而亡人之国有余矣。

【注释】

①从臾:怂恿和奉承。从,即“怂”。

【译文】

秦桧这个人,他的心机很深,他的力量很凶,他的心思不可测知,他的欲望不断增加而没有止限。所以他作为一个逃回来的俘虏，竟能凌驾在老资格的大臣之上，靠自己一个人的力量，就把朝野的众多人士的公论全都打败，任由他来诛杀惩治。假使他有儿子可以传授，而上天再给他年寿，江南的领土，就不会再是宋王朝的了。这个最大的元凶，是不能用所谓的是与非一概而论的。韩侂胄、贾似道不过是狭隘奸邪的小人而已，靠着后宫的恩宠，利用缝隙窃取权力，心计所谋划的，不超出收取贿赂、渔猎声色、骄狂傲慢、嬉乐游玩这些事情。上不知国家已濒于危险，下不知自身也不能保住。他们向外敌挑衅而在边境发动战争、征收重赋来虐害民众，都不是他们本来的意愿，献媚阿谀的那些人怂恿、奉承他们，以求由此分得一些侥幸的荣华物利，而他们也是昏庸而没有觉察，姑且把这些事当做戏乐。就算是杨国忠、王黼之辈，本来也赶不上秦桧的阴险惨毒。但用这些人让别人的国家灭亡则是有余的。

夫弥远则固有不然者。其一，擅置君之柄，以私怨黜济王竑而立理宗，非宁宗意也。然宁宗亦有以致之，而竑亦自有以取之也。仁宗之立英宗也，与韩魏公密谋之，韩公且不敢诵言其名，以须仁宗之独断。高宗之立孝宗也，以秦桧之挟权罔上，而不能与闻其事。宁宗则一任之弥远，而己无所可否，虚悬储位以听弥远之游移。弥远怀变易之心，然且密属余天锡、郑清之以徐察其德性[1]；非若王莽、梁冀贪立童昏，以为窃国地，固欲远己之害，而不忘措国之安。等为支庶，而理宗之静，固贤于竑之躁也。是可原也。其一，函侂胄之首以媚女直，损国威而弛边防也。然诛止侂胄，而不及将领，密谋预备，固未忘北顾之忧。非若秦桧之陷杀人宗族，而尽解诸帅之兵，大坏军政，粉饰治平，延及孝宗而终莫能振也。其一，进李知孝、梁成大于台省以攻真、魏[2]。而二公之进，弥远固推毂焉。及济邸难行，二公执清议以置弥远于无可自全之地，而激以反噬，祸福生死决于转移之顷，自非内省不疚者，未有不决裂以逞，而非坚持一意与君子为难，无故而空人之国者也。故弥远者，自利之私与利国之情，交萦于衷，而利国者不如其自利，是以成乎其为小人。平情以品隲之，其犹在吕夷简、夏竦之间。以主昏而得逞，故恶甚于吕、夏；乃以视彼三凶者，不犹愈乎？

【注释】

①余天锡（1180—1241）：字纯父，号畏斋，昌国（今浙江舟山定海区）甬东村人。宁宗病重时，史弥远矫诏把太子赵竑改封为济阳郡王，出居湖州，册立赵与莒为皇子。宁宗去世，赵与莒登基，即宋理宗。不久潘壬等人在湖州起兵，拥立赵竑，事平之后，史弥远派余天锡前往湖州，声称为济阳郡王竑治病，下旨赐竑死。余天锡由此贵显，官至参知政事兼同知枢密院事。传见《宋史·余天锡传》。郑清之（1176—1251）：本名燮，字德源、文叔，别号安晚，鄞县（今浙江宁波）人。嘉泰十年（1217）进士，参与史弥远废太子竑、立理宗的决策，后为左丞相、右丞相兼枢密使等。传见《宋史·郑清之传》。

②李知孝（1170—1238）：字孝章，上虞（今浙江上虞）人。任监察御史，不断上书诬陷正人君子，如真德秀、洪咨夔、胡梦昱、傅伯成、杨简等人。理宗时，终被罢贬而死。传见《宋史·李知孝传》。梁成大：生卒年不详，字谦之，福建福州人。理宗宝庆间，遵史弥远旨意，诬陷魏了翁、真德秀、杨长孺、胡梦昱等人。史称梁成大为人暴狠阴险，凡贼害忠良之事，多攘臂为之。传见《宋史·梁成大传》。真：即真德秀（1178—1235）：字景元，后改

景希，号西山，建州浦城（今福建浦城）人。开禧元年（1205）中博学宏词科，受史弥远排挤。绍定五年（1232），史弥远失势后，真德秀重新起用，任参知政事，不久因病辞职。在学术上，继承朱熹理学，视为正学大宗。传见《宋史·真德秀传》。魏：即魏了翁（1178—1237）：字华父，号鹤山，邛州蒲江（今四川蒲江）人。后任潼川路安抚使、同签书枢密院事，理宗时被梁成大等人诬陷打击。传见《宋史·魏了翁传》。

【译文】

　　而史弥远本来就有与秦桧不同之处。其一，一人把持设立君主的权柄，出于私怨废黜济王竑而扶立理宗，这不是宁宗的本意。但宁宗也有些做法导致这个结果，济王竑自己也有些行为自取这个结果。仁宗册立英宗，与韩琦秘密商议这件事，韩琦且不敢公开说出立为太子的人的名字，而等仁宗自己的决断。高宗册立孝宗时，因为秦桧挟持大权欺骗皇上，而不能让秦桧参与此事。宁宗则完全听任史弥远来办这种事，而自己不置可否，空着太子的位置而听任史弥远加以改变和活动。史弥远怀有改变太子人选的心思，但还秘密嘱咐余天锡、郑清之慢慢地考察太子人选的德性；不是像王莽、梁冀那样贪图册立年幼昏愚的人为太子，以此作为自己窃国的基础，所以他本来是想远避危害，而不忘让国家安宁。同样作为宗室的支系，理宗为人沉静，本来就比济王竑的急躁更为贤明。由此是可以体谅史弥远用心的。第二，用木盒子装上韩侂胄的首级向女真献媚，有损国威而使边防松弛。但诛杀只限于韩侂胄一个人，而没有滥及将领，事先密谋而有所预备，本来就没有忘记北方敌人的忧患。不像秦桧对别人的宗族都加以陷害和诛杀，而且把将帅的兵权全都解除，使军政大受破坏，粉饰太平，一直影响到孝宗时期，最终也无人能够重振宋朝的军力。第三，进用李知孝、梁成大到台谏官位上来攻击真德秀、魏了翁。而真德秀、魏了翁的进用，史弥远本来也起了推动作用。到济王竑的灾难发生时，真、魏二公发表清议而把史弥远置于无法自全的境地,才激使史弥远对二公反咬一口,祸福生死就在这些变化之间决定了,只要是内心反省而不感到内疚的人,都会坚决让这种事情得逞的,而不是坚持一种想法而与君子作对,无故而让人家的国家空无一人。所以史弥远这个人,自利的私心和利国的心情,在心中交杂在一起,而利国的心情不如自利的私心强,所以让他成了一个小人。平心而论,他的人品还在吕夷简、夏竦之间。因为君主昏庸而得逞,所以他的罪恶比吕夷简、夏竦大;但是与秦桧、韩侂胄、贾似道三个凶人来比,不是比他们还好吗?

　　君子之道,以人治人者也。如其人以治之,则诛赏之法允;如其人治之而受治,则驾驭之道得。不然,任一往之情,见天下无不可杀之小人,反激而成鼎沸之朝廷,此汉、唐以来乱亡之阶也,而奚足尚哉? 故使明主秉鉴于上,大臣持正以赞之,而酌罪以明刑,则唯秦桧者,当其履霜而早谨坚冰之戒。自虏来归,巧行反间,其膺上刑,不宜在宋齐愈之下。盖其阴鸷之才,抑之而彼自伸,远之而彼自近;严以制之,而不敌其怀虿之毒①;柔以化之,而适入其网阱之中;则非服上刑,莫之能戢。若侂胄、似道,则世固不乏其人矣。不授以权,则亦与姜特立、张说均为佞幸②,弗能为天下戎首也。若弥远,则檠之使正,导之使顺,损其威福,录其勤劳,邪心不侈,而尺效可收;固弗待于进逐,而恶不及于宗社。驭之之术,存乎其人而已矣。

【注释】

①虿(chài):蝎子类的毒虫。

②姜特立(? —1192):字邦杰,浙江丽水人。宋孝宗时,特立升知

阁门事,恃恩无所忌惮,纵恣不检。留正为右相,曾对孝宗说:"臣与特立势难两立。"特立后被贬职,不久又为浙东马步军副总管、庆远军节度使。传见《宋史·佞幸传·姜特立传》。张说(?—1180):河南开封人。张说娶寿圣皇后女弟,后为除签书枢密院事。为人专权跋扈,顺我者昌,逆我者亡,凡与己不合者均排挤打击。孝宗亦知其欺罔,罢职提举玉隆宫。传见《宋史·佞幸传·张说传》。

【译文】

　　君子之道,是以人治人。如果是君子之人来治人,那么他的诛罚奖赏的法度是公允的;如果是君子之人来治国而人们接受他的治理,那么就会得到驾驭之道了。不然的话,完全放任自己的心情,看天下就没有不可杀的小人,反而会激起别人反抗而使朝廷变得鼎沸动荡,这就是汉代、唐代以来导致丧乱灭亡的根由,哪里又值得崇尚呢?所以假使贤明的君主在上面掌握着明察的镜子,大臣坚持正道来协助君主,而用明确的刑律来定罪,对秦桧这种人,就应当在刚降霜的时候就及早警惕今后会有坚冰到来。他从敌人手中逃回来,巧妙地实行反间计,他应受到最重的刑罚,不应在宋齐愈之下。这是因为他有阴险凶狠的才能,压抑他而他自会伸展,疏远他而他自会接近;严厉地限制他,但敌不过他害人的毒心;温柔地化解他,就正好落入他的陷阱之中;那么若不是使用最重的刑罚,就没有人能制服他。像韩侂胄、贾似道,则每个时代都不乏这种人。不交给他们大权,就也和姜特立、张说同样都是佞幸之人,不能成为天下的元凶祸首。至于史弥远,就应矫正他使之正直,引导他使之顺服,减少他的威权和赏赐,利用他的勤劳,让他的邪心不放纵,就能收到一定的效用;本来就不会等到最后形成大恶而被斥逐,而他的罪恶也不会影响到国家。驾驭他的方法,只在于能掌握这种方法的人手中而已。

秦桧擅,而赵鼎、张浚不能遏;侂胄专,而赵汝愚、留正不能胜;似道横,而通国弗能诘;君子之穷也。当弥远之世,君子未穷,而自趋于穷,亦可惜也夫! 亦可惜也夫!

【译文】

秦桧专擅大权,而赵鼎、张浚不能遏止他;韩侂胄专掌大权,而赵汝愚、留正不能战胜他;贾似道横行霸道,而整个国家不能诘问他;这是君子的穷途末路。在史弥远掌权的时候,君子还没有走投无路,而自己走向穷途末路,也是可为痛惜的啊! 也是可为痛惜的啊!

卷十四　理宗

【题解】

　　宋理宗赵昀（1205—1264），赵匡胤之子赵德昭的九世孙。宋宁宗死后，赵昀由史弥远拥立，即宋理宗。1225 至 1264 年在位。宋理宗在位前十年，受到史弥远的挟制，史弥远死后，理宗亲政，罢黜史党、澄清吏治、整顿财政，史称"端平更化"。其后，朝政又为丁大全、贾似道等人控制。端平元年（1234），南宋联合蒙古灭金。开庆元年（1259），蒙古攻鄂州，贾似道以宋理宗名义向蒙古称臣，长江以北全部割让给蒙古，至此南宋已岌岌可危。

　　王夫之在此卷中批评理宗君臣在蒙古灭亡女真时对形势分析有重大失误，认为他们在巨大的危险已经来临时还麻木不仁。

　　宋朝联合女真灭了契丹，又联合蒙古灭了女真，算是对宿敌报仇雪恨了，但是面对蒙古的强大，理宗君臣怎么能不视为危险呢？"悬明鉴于眉睫而不能知，理宗君臣之愚不可瘳，通古今天下未有不笑之者也"。王夫之认为，在理宗之时，若能奋起有为，则还有希望："自侂胄之乐进武人而重奖之也，于是而虔矫之才亦为之磨厉。孟宗政、赵方、孟珙、余玠、彭大雅之流起，而兵犹足为兵，将犹足为将，战犹有以战，守犹有以守。"理宗君臣对此也没有清醒的认识。甚至"垂至于将亡之际，而西川之争，旋陷旋复，襄、樊之守，愈困愈坚"，表明宋人抵抗力还是很强的。

只是由于在川蜀和襄阳的大将吕文焕、刘整的倒戈,才使蒙古军顺利灭宋。王夫之对于理宗君臣的无所作为,真是无可奈何。

　　守住王朝及其天下,一方面也要凭借地势的险要,在这个问题上,王夫之认为:"恃险,亡道也;弃险,尤必亡之道也。"对于南宋晚期来说,所可凭借的险是什么呢?《周易》说:"王公设险以守其国。"所以守国者不可以不知险。真正的险"非一山之岸崿,一水之波涛",而是要有更广阔的视野,加以天险地堑,以及各方面的充足准备,配合整个国土,形成完备的防守体系。

　　就南宋所处的地势而言,淮河、大江为其障蔽,因此就有"天堑"的称号。但"险固不在是",因为淮河、长江都是"一苇之可杭,无重关之足扼,江东之险,不在此悠悠之带水明矣"。根据历史的经验,"江东之险在楚,楚之险在江与汉之上流。恃大江非所恃,弃上流者弃其所依"。就南宋而言,处于长江下游的吴、越虽已糜烂,而巴、蜀、湘、粤,仍可阻险以争衡,而上游先已沉沦,则吴、会、越、闽,就只有魂夺而坐毙了。但更大的问题是南宋大臣如贾似道之流的无能和猜忌,他们"以贿赂望阃帅,以柔媚掌兵权,以优直为仇仇,以爱憎为刑赏。于是余玠死而川蜀之危不支,刘整叛而川蜀之亡以必,吕文焕之援绝而阳逻之渡不可复遏"。这才是放弃了真正的险要,所以王夫之说这才是"千秋之永鉴也"。

　　　　　　　　　　一

　　济王竑之死①,真、魏二公力讼其冤,责史弥远之妄杀,匡理宗以全恩,以正彝伦,以扶风化,韪哉其言之也②!弗得而訾之矣。虽然,言之善者,善以其时也,二公之言此也,不已晚乎?

【注释】

①济王竑(？—1225)：即赵竑，宋太祖第四子秦王德芳的九世孙，宁宗之子赵询病死后，嘉定十四年(1221)以赵竑为养子，立为太子，赵竑曾指地图上的海南岛，说将来得志，置史弥远于此，因此史弥远一心要废掉赵竑，派人在民间找到宗室赵希瓐之子赵与莒，接到临安。嘉定十七年(1224)，宋宁宗病重，史弥远矫诏立赵贵诚为皇子，赐名赵昀，将赵竑改封为济阳郡王，出居湖州。宁宗死后，史弥远与杨皇后立赵昀为帝，即宋理宗。理宗宝庆元年(1225)，湖州太学生潘壬、潘丙兄弟拥立赵竑为帝，赵竑自知势力单薄，派人禀报朝廷，并派州兵讨伐。事后，史弥远派余天锡逼迫赵竑自杀。宋度宗德祐元年(1275)，为赵竑恢复王爵，追封镇王。传见《宋史·宗室传·镇王竑传》。

②韪(wěi)：指对、是，即正确的。

【译文】

济王竑之死，真德秀、魏了翁二公极力辩说他的冤枉，谴责史弥远的妄杀，匡正理宗以保全宗族的恩情，以纠正国法人伦，以扶助风气教化，他们的言论是很对的啊！是不能指责他们的。即使这样，言论讲得好，好在讲得正当其时，二公论说这件事，不是已经晚了吗？

　　潘壬诛①，湖州平②，济王之于此也危甚。弥远积恨而益之以惧，理宗隐忧而厚用其疑。夫诚欲全竑以敦厚道，固当乘其未即杀竑之时，迪天良以诏理宗，明大义以告弥远，择善地、简守令以护竑，而俾远于奸人，则竑全而理宗免残忍之愆。如其不听，引身而退，无可如何而聊以自靖，君子之道，如斯而已。竑既杀矣，复其王封，厚其祭葬，立嗣以世奉其祀，皆名也。涂饰之以掩前慝，非果能小补于彝伦也。而竑之受诬既白,则弥远擅杀宗亲之罪不可逭。弥远之罪不赦,则必追论其废立之恶,以为潘壬昭雪。追论废立之非,则理宗不可无所受命,听弥远之扳己,而遂为天下君。引其端者,必竟其绪,以此而望之庸主与不令之臣,其将能乎?

【注释】

①潘壬(?—1225):湖州(今浙江湖州)人。与弟潘丙同为太学生。宋理宗宝庆元年(1225)正月,因不满史弥远擅废济王竑、拥立理宗,派人与山东"忠义军"首领李全联系起兵。但李全按兵不动,潘壬、潘丙兄弟夜入湖州,胁迫赵竑穿上黄袍。赵竑向朝廷报告情况,又用州兵平定潘氏兄弟之乱。事后,史弥远诈言赵竑有疾,令余天锡挟医至湖州视之,天锡以圣旨名义,逼赵竑自缢,对外声称病死。

②湖州:在今浙江湖州。春秋时,楚春申君黄歇在此筑城,名为菰城。秦时改名乌程,秦末项羽在乌程起兵,时称乌程兵。隋时置为州,以濒临太湖而名湖州。

【译文】

潘壬被诛杀,湖州之乱被平定,济王竑在这个时候就非常危险了。史弥远对济王竑积有仇恨又加上害怕,理宗内心担忧而对济王竑有很重的猜疑。真、魏二公真要保全济王竑来增进忠厚之道,本来应当乘着他们还没有杀死济王竑的时候,开启天良来启发理宗,阐明大义来告诉史弥远,选择一处适当的地方、挑选一位合适的太守来保护济王竑,而使他远离奸人,那么济王竑就能保全而理宗就能避免残忍的过失了。如果他们不听,自己再引身而退,无可奈何而聊以自安,君子之道,就是如此而已。济王竑已被杀了,恢复他的王爵封号,加以隆重祭祀和殡葬,建立后嗣来世代供奉他的祭祀,这都是空名。用这些空名修饰掩盖此前的过失,不能对法度和人伦真有一点补救。而济王竑受到的诬陷既已大白于世，那么史弥远擅杀皇家宗亲的罪过就无处可逃。史弥远的罪行不被赦免，就必定会追究他废黜济王竑而扶立理宗的罪恶，来为潘壬昭雪。追究废立皇帝的过失，那么理宗就没有理由承受天命来当皇帝，并听任史弥远依附自己，而最终成为天下的君主。引起这一串事情开端的人，必定要最终做完这些事，以此期望昏庸的君主和不法的大臣，他们能做到吗？

夫潘壬之起，其祸亦酷矣。使李全如壬之约，举兵内向，则与何进之召董卓也奚殊①？宋之宗社，不一旦而糜烂也，几何哉？天下方岌岌焉，而我咎既往以起风波。言则善矣，抑将何以保其终也？夫以竑先之以避匿，继之以入告而讨壬，谓其无心争立而终可无他者，非也。李嗣源为乱兵劫以同反，嗣源跳出，会师以讨反者，亦未尝遽与同谋，不思自拔。而其后竟如之何也？竑之始，亦与壬有勿伤太后及官家之约矣。李全不至，哄然起者皆太湖渔人，知事不成，而后改图入告，以势为从违，非以义为逆顺。竑可弗杀，而岂必其不可杀乎？

【注释】

①何进(? —189)：字遂高，南阳宛（今河南南阳）人。其异母妹为东汉灵帝皇后，何进官至大将军，与袁绍等人谋划诛杀宦官，召前将军董卓等人引兵入京，请何太后下决心除去宦官，但何太后犹豫不决，宦官张让等人抢先下手，将何进杀死。袁绍等人借此机会带兵入宫，将宦官全部杀光。董卓则率军入京，废少帝刘辩，另立刘协为帝，又逼杀何太后，何氏家族灭亡。董卓由此掌握朝政，引起军阀割据和混战，东汉走向灭亡。传见《后汉书·

何进传》。

【译文】

　　潘壬的起兵，它的灾祸已很残酷了。假使李全遵守与潘壬的约定，率兵向内地进发，就与何进召来董卓又有什么不同？宋朝的宗庙社稷，不在一天之内糜烂毁掉，还有多少可能？天下正岌岌可危，而我追究已往的过失却造成风波。批评他人的言论是好的，但又将如何保住最终不会这样呢？就济王竑来说，他首先来躲避，接着向朝廷告发潘壬而讨伐反叛的潘壬，说他无心争夺立为皇帝而最终没有其他目的，这是不对的。李嗣源被乱兵劫持而与他们一同反叛，李嗣源逃出来，与朝廷军队会师之后讨伐反叛的乱兵，也未尝就与乱兵同谋，不过想从中自拔脱身。而他后来最终又怎样了呢？济王竑开始时，也与潘壬有不要伤害太后及皇帝的约定。李全不来，发现哄然起兵的都是太湖的渔民，知道事情不能成功，而后改变想法向朝廷报告，根据形势决定自己是跟从还是不跟从，不是根据道义以决定自己顺从与否。济王竑可以不杀，然而难道必定能说他不可杀吗？

　　若夫废立之故，宁宗汶汶而委之弥远，当其时亦未有昌言为竑定策者。且竑之不足以为人子，即不足以为人君，西山亦既知之矣。均之为宗支也，以族属言，则更有亲焉者；以长幼言，则更有长焉者。知其不可，而更易之于未册立之前，非夺适乱宗，道法之不可易者也。均可继，而择之也唯其人。理宗无君人之才，而犹有君人之度。竑以庶支入嗣，拒西山之谏，而以口舌笔锋睋弥远而欲致之死，其为躁人也奚辞？躁人而能不丧其七鬯者，未之前闻。孝宗之锐志恢复，为皇子时，非无其志。秦桧乘权，而缄默以处；岳飞入见，交相信爱，抑视其死而不争。乃至李林甫之奸，迫胁肃宗,忧生不保,形容槁悴,妃孕而欲堕之;然不敢斥林甫之奸,以恤投鼠之器。为人子者,道固然也。梁昭明小有同异①,而怀郁以死;戾太子致恨江充②,而身膺国刑。竑曾不察,而忿戾形于声色,且以未受誓命之国储,延眄宫车之晏驾,以逞志于君父之大臣,见废固其宜也。潘壬,乱人耳,名曰义举,何义哉? 匹夫不逞,挟贼兴戎,竑弗能远,则其死也,较之子纠③,尤为自取。其视涪陵废锢④,背约幽冥,推刃同气者,不愈逡庭乎? 君子于此,姑置之可也。弥远病国之奸,欲为国而斥远之也,不患无名。乃挟此为名,伸竑以抑弥远,则弥远无所逃其死,理宗亦不可居人上。己论伸而国恶彰。将孔子为司寇⑤,掌国刑,亦必追季氏逐君之恶⑥,俾定公不安其位,而后变鲁以至道哉? 言不可以无择,情不可以不平。奉一义以赫赫炎炎,而致人于无可容之地,岂非君子之过与?

【注释】

① 梁昭明(501—531):即昭明太子萧统,梁武帝萧衍的太子。梁武帝中大通三年(531),萧统乘船落水,伤及大腿而死,谥"昭明",世称"昭明太子"。曾主持编撰《文选》,又称《昭明文选》。传见《梁书·昭明太子传》。

② 戾太子(前128—前91):刘据,汉武帝的长子,卫子夫所生,又称卫太子,卫子夫因此立为皇后。元狩元年(前122),刘据被立为太子。汉武帝晚年信任江充等人,后发生巫蛊之乱,武帝被江充、苏文等人蒙蔽,刘据起兵,兵败后逃亡,因拒绝被捕而自尽。武帝后来知道太子蒙冤,深为悔恨,促成他颁"轮台罪己诏"。刘

据之孙刘询后来登基,为汉宣帝,为刘据追谥为"戾",故又称"戾太子"。传见《汉书·武五子传·戾太子刘据传》。江充(? —前91):本名齐,字次倩,邯郸(今河北邯郸)人。自告奋勇出使匈奴,回来后被汉武帝任命为直指绣衣使者。后因犯法被罢官。江充向武帝进谗言,说武帝身体不佳,是巫蛊作祟,遂命江充为司隶校尉,总治巫蛊,牵连数万人。江充要求搜查皇宫,在太子宫中,声称掘出了"桐人"。太子刘据难以自明,抢先收捕江充,并将江充处死,又矫诏发兵。汉武帝调兵平乱,太子兵败逃亡,在长安东湖县泉鸠里被围而自尽,满门斩杀,只有廷尉监丙吉隐藏了还在襁褓中的皇孙(即后来的汉宣帝)。这场大乱,史称"巫蛊之祸"。后来武帝知道江充从中施诈,夷江充三族。又作"思子宫",在卫太子被害处建"归来望思之台",以志思子之情。事见《汉书·江充传》。

③子纠:公子纠,春秋时齐襄公之弟。齐襄公时,国政混乱,子纠率管仲等人逃到生母之国鲁。齐襄公被杀后,齐国内乱,鲁国派兵护送子纠返齐争位,而出奔在莒的另一公子小白也要回国。管仲为防小白先回国,路上拦截,射中公子小白的衣扣,小白伴死,麻痹了管仲,抢得时间先回齐国即位,即齐桓公。又派兵击败护送子纠的鲁军,在齐国的胁迫下,子纠被鲁君所杀。事见《史记·齐太公世家》。

④涪陵:指秦王赵廷美,宋太祖及太宗之弟。宋太祖时,为同中书门下平章事、京兆尹。太宗即位,先封为齐王,后改封秦王。后来有人告发廷美骄恣而有阴谋,赵普也告发卢多逊与秦王廷美勾结,图谋不轨,于是卢多逊流放崖州,廷美罢归私第,后把廷美降为涪陵县公,房州安置。廷美至房州后,忧悸成疾而卒。太宗此时追封廷美为涪王。涪陵废锢,即指此事。事见《宋史·宗室传·魏悼王廷美传》。

⑤孔子(前551—前479)：子姓，孔氏，名丘，字仲尼，鲁国陬邑(山东曲阜)人。相传孔子修《诗》、《书》，订《礼》、《乐》，序《周易》，作《春秋》，有弟子三千，周游列国，把西周以来的礼乐文化加以总结，使儒家学派形成。西汉武帝时，采取罢黜百家、独尊儒术的政策，孔子被称为至圣先师和万世师表。孔子及其弟子的言论，被记录整理成《论语》，成为儒家十三经之一。事迹见《史记·孔子世家》。

⑥季氏：鲁国大夫季友，鲁庄公的弟弟，因平定其兄公子庆父之乱有功，其子孙即以他的字命氏，称为季孙氏，简称季氏，其后人季文子、季武子、季平子，连续三代执掌鲁国国政。当时鲁君多昏庸无能，以致鲁人只知有季氏，而不知道有国君。季氏逐君，指季平子因为与郈昭伯斗鸡，双方产生怨恨，昭公兴兵伐季氏。叔孙氏之臣戾鼓动众人救季氏，于是三家共伐昭公，孟孙氏又杀郈昭伯，昭公逃奔到齐国。事见《史记·鲁周公世家》。

【译文】

　　至于废黜和另立太子的事情，宁宗昏庸不明而完全交给史弥远，在这个时候也没有人提出建议来为济王竑定下策略。而且济王竑不足以作一个合格的儿子，也就不足以作一个合格的君主，真德秀对此也是已经知道的。同样为皇家宗室的支系，从族属上说，还有更亲的人选；从长幼上说，还有更年长的人选。知道他不可以立为太子，就在尚未册立为太子之前加以改变，这不是剥夺嫡子的权利而打乱宗室的世系，是道法不可改变的原则。同样可以继位，而选择的时候就只能看谁最合适。理宗没有作为君主的才能，但还有作为君主的度量。济王竑作为旁支子孙立为后嗣，拒绝了真德秀的进谏，而用口舌笔锋蔑视史弥远而想把他置之死地，他是一个急躁之人又怎能不承认？急躁的人能不丧失他的宗庙祭祀地位的，在此之前从没有听说过。孝宗锐志盼望收复领土，当皇子时，不是没有这种志向。秦桧专权，他就沉默相对；岳飞入朝朝见,他就与之交相信任和喜爱,但也是看着岳飞的死而不争论。至于李林甫的奸邪,迫胁当太子时的唐肃宗,使他担忧生命不保,身形面容枯槁憔悴,妃子怀孕了还想堕胎;但也不敢斥责李林甫的奸邪,而是担心投鼠忌器。作为儿子,他的为人之道本来就是这样的。梁昭明太子稍有一点不同的看法,就怀着郁闷而死;戾太子受到江充的忌恨,而自身就受到了被国家处死的刑罚。济王竑不曾了解这些事情,而把愤恨表现在脸色和言语上,而且以还没有接受册命的国家储君的身份,盼望皇帝的驾崩,要实现对大臣加以惩罚的意愿,他被废黜本来就是应当的。潘壬,只是一个作乱的人,名义是为义愤而举兵,可又是什么义呢?匹夫不能得逞,利用贼人兴起兵事,济王竑不远离这种人,那么他的死,比之公子纠,更是自己招惹的。他与涪陵王被废黜禁锢相比,就是在暗中背叛,用武力向同胞兄弟复仇,这种做法与涪陵王不是差得太远了吗?君子对于这种人,可以暂且放置不管。史弥远作为危害国家的奸人,真、魏二公想为国家斥远奸贼,不用担心没有名义。就用济王竑的死作为名义,为济王竑申冤而压抑史弥远,那么史弥远就无处可以逃避他的死,理宗也不能坐在皇帝的位置上。这样做可使自己的言论得到认可,但国家的丑恶也就让人们知道了。他们能像孔子那样作为司寇、掌握国家的刑罚,必须追究季氏驱逐国君的罪恶,使鲁定公不能安居君位,而后用最高的道义来改变鲁国吗?言论不能没有选择,心情不能不平静。尊奉一条道义来让自己处于显赫的地位,而让别人处于不能容身的地步,难道不是君子的过错吗?

二

　　自史弥远矫韩侂胄之奸,解道学之禁,褒崇儒先,而请谥、请赠、请封、请录子孙、请授山长,有请必得,迄于蒙古渡江,旦夕垂亡之日而不辍,儒者之荣也。呜呼!以此为荣,而教衰行薄，使后世以儒为膻，而儒为天下贱，胥此启之也。夫君子之道异于异端者，非徒以其言，以其行也。非徒以其行，以其心也。心异端之所欲，行异端之所尚，以表章儒者之言，而冀以动天下之利于为儒，则欲天下之弗贱之也，不可得已。

【译文】

自从史弥远对韩侂胄的奸邪加之矫正，解除了对道学的禁令，褒扬尊崇先代儒家，于是就请求为先代儒家追加谥号、请求为他们追赠官位、请求给他们追封爵位、请示录用他们的子孙、请求对一些学者授予山长的称号，凡有请求必能得到允许，以至于蒙古兵渡过长江，宋王朝旦夕之间就将灭亡的时候还不停止做这类事情，这是儒家学者的荣耀。呜呼！若以此为荣，而儒教衰弱、人们的行为更为浇薄，使后世的人把儒生看得如同膻腥一样臭，使儒生被天下人看得极为低贱，就都是由这些事情引出来的。君子之道之所以与异端不一样，不只是靠他们的言论，而是靠他们的行为。不只是靠他们的行为，而是靠他们的心。如果心里是异端所想的欲望，举止行为是异端所崇尚的行为，以此来表彰儒者的言论，而希望让儒者享受天下的利益，那么想让天下不鄙视儒者，是不能做到的。

古之治教统于一，君、师皆天子之事也。天子建极以为立教之本，而分授于司徒、师保、司成①，皆设官以任教，非因其能教而宠之以官。人习于善，士习于学，学成而习于教，各尽其职分之所当为，无假于宠，而抑岂人爵之所能宠哉？周衰教弛，而孔子不用于天下，乃以其道与学者修明之，不得已而行天子之事，以绍帝王之统。故上不待命于宗周，下不假权于鲁、卫。其没也,哀公以下大夫之礼诔之曰尼父而无谥,子思自列于士而无世官②。非七十子之不能请,而哀公缺于尊贤也。君子之道,行则以治邦国,不行则以教子弟。以治邦国,则受天位而治天职;以教子弟,则尽人道以正人伦。其尤重者,莫大于义利之分。受天位者,利之所归,而实义之所允,极乎崇高而非有所让。尽人道者,义之所慎,而必利之所远,世虽我贵,而必有所不居。崇廉耻,谨取舍,导天下以远于荣利,俾人知虽在衡茅,而分天降下民宠绥以善之重任,斯孔子所以德逾尧、舜而允配乎天也。孔子没,七十子之徒,学散而教淫,于是有异端者兴,若田骈、惠施之流③,道不足以胜天下之贤智,乃假借时君之推尚,以诱人之师己。故齐王欲以万钟养弟子④,而孟子斥为垄断之贱夫,退而著书以开来学。其视世主之尊礼,如尘垢之在体,而浣濯之唯恐不夙。存义利之大间,而后不辱君子之道,严哉!舜、跖之分,其不容相涉久矣。

【注释】

①司徒:官名。周时为六卿之一,称地官大司徒,掌管国家的土地和人民的教化。汉哀帝称丞相为大司徒,与大司马、大司空并列三公。东汉时改称司徒。师保:古时负责辅弼帝王和教导王室子弟,有师有保,统称"师保",如太师、少师、太保、少保。太师、太傅、太保称为三公,少师、少傅、少保称为三孤。司成:负责教育贵族子弟,后世称国子监祭酒为"大司成"。唐高宗时,国子监改称司成馆,祭酒为大司成。
②子思(前483—前402):名孔伋,字子思,孔子嫡孙。子思是孔子

高足曾参的学生,孟子又是子思门人的学生,因此后人称子思、孟子为思孟学派。

③田骈(前370—前291):又称陈骈,又名广,齐国人,齐国临淄稷下道家学派的代表人物,又从道家向法家转变,与慎到齐名。师从彭蒙,主张"贵齐",要"齐万物",以"明分"、"立公"。善于辩论,时称"天口骈"。惠施(前390—前317):战国宋国(今河南商丘)人,主张合纵抗秦,是庄子的好友。《庄子·天下》篇说"惠施多方,其书五车"。又记载了他提出的"历物十事",其中富有中国古代物理学与逻辑学的深刻道理。

④齐王:指齐威王,他在位时建稷下学官,招天下学者,列为上大夫,给予优厚待遇。《孟子·公孙丑》篇记载:齐王曾说:"我欲中国而授孟子室,养弟子以万钟,使诸大夫国人皆有所矜式。"孟子也说:"万钟不辩礼义而受之,万钟于我何加焉?"万钟:形容数量极多。钟,古代计量单位,春秋时齐国以十釜为一钟。

【译文】

古代的治国和教化是统一的,君主和老师都是天子的事。天子建立最高的中心作为建立教化的根本,而分别授给司徒、师保、司成等官,都要设定官职来担任教化,不是因为他们能教化才用官职来奖赏他们。人们熟习为善,士人熟习治学,学成之后就熟习教化、各自尽力来做他们的职分所应当做的,不用依靠他们的恩宠,这难道是赐予爵位所能给予的恩宠吗?周代衰败而教化松弛,于是孔子在天下受不到任用,就用这种教化之道与学者一起研究而加以阐明,不得已才来做天子的事,以承续帝王的道统。所以在上不用等待天子朝廷的命令,在下不用借用鲁国、卫国的权力。他去世之后,鲁哀公用下大夫的礼节为孔子作诔词称他为"尼父"而没有谥号,子思身列于士的行列之中而没有世代承袭的官职。如果孔子学生中的七十个著名弟子提出追加官职爵位的请求,而鲁哀公在尊贤上就显得有缺失了。君子之道,实行起来就能治理国家,得不到实行就用来教导子弟。用来治理国家,就接受上天所给的官位而做好官位所应有的本职;用来教导子弟,就完全做到为人之道以纠正人伦关系。其中最重要的,没有比义利的分别更重大的了。接受上天所定的官位,就是利之所归,实际上也是道义所允许的,到达最高的地位而不会有所推让。做好为人之道,在道义上就要谨慎,而必定要远离利益,世人虽然尊敬我,但必定有些地位是不能接受的。崇尚廉耻,在取舍上要谨慎小心,引导天下远离荣华与利益,使人知道我虽然在民间,但要分担上天降给下民恩宠安宁使他们处于美好状态的重任,这就是孔子之所以德行超过尧、舜而实能与天相配的原因所在。孔子去世后,他的七十个弟子,在学术上逐渐分散而在教化上也变得混乱了,于是就有异端出现了,像田骈、惠施这一类的人,道术不足以胜过天下的贤智之士,就利用当时的君主来加以推行和崇尚,以引诱人们以自己为师。所以齐威王想用万钟俸禄养学者,而孟子就把这种人斥之为垄断学术的低贱之人,他自己则退出而著书以启示以后的学者。他看待当世君主对学者的礼遇尊崇,就像尘垢落在身上一样,唯恐不早点洗涤干净。保持义与利的重大区别,而后才能不辱君子之道,在这个事情上是很严格的啊!舜和盗跖的区别,这是不容混淆的,已经很久了。

　　老子之学,流而为神仙,其说妖,其术鄙,非得势不行也。故文成、五利之于汉①,寇谦之之于拓拔氏②,赵归真、柳泌之于唐③,王老志、林灵素之于宋④,锡以师号,加以官爵,没而祀之,而后天下之趋黄冠也如鹜。浮屠之学,流入中国,其说纤,其术悖,非得势不行也。故佛图澄之于石虎⑤,鸠摩罗什之于苻坚⑥,宝志之于梁⑦,智颛之于隋⑧,乃至禅学兴而五宗世继⑨,擅名山之利者,必倚诏命,锡以金紫,宠以师号,没而赐以塔庙,加以美谥,而后天下之趋缁流也如弩⑩。奈之何为君子儒者，一出登朝，急陈其所师者推为教主，请于衰世之庸君奸相，徼一命以为辉光，与缁黄争美利，而得不谓之辱人贱行乎？

【注释】

① 文成：汉武帝时企图长生，方士纷纷出现，欺骗说有方术可致人长生如神仙，武帝宠信他们，将齐人少翁封为文成将军，方士栾大封为五利将军，事见《史记·孝武帝本纪》。

② 寇谦之（365—448）：原名谦，字辅真，上谷昌平（今北京），后迁居冯翊万年（今陕西大荔）。声称遇仙人成公兴指教，入华山、嵩山修道，又得太上老君、老君玄孙传授，称为天师，形成道教的天师道派。北魏太武帝拓跋焘继位后，尊为北魏的国师、帝师。太武帝为他修建道坛，太延六年（440），更据寇谦之建议，改年号为"太平真君"，并至道坛接受寇谦之的符箓。以后北魏皇帝即位，都到道坛受符箓，成为定制。又促使太武帝灭佛。寇谦之死后，北魏仍然信奉天师道，直到北齐文宣帝高洋天宝六年（555），在道佛论争中，道教失败，才下令废除道教。事见《魏书·释老志》。

③ 赵归真（？—846）：唐敬宗时出入宫掖，时称"赵炼师"，鼓吹神仙术。武宗以赵归真为师，召赵归真等人入宫中，修金箓道场，武宗受法箓。以赵归真为左右街道门教授先生。武宗因过分崇信道教，于会昌五年（845）废除佛教，史称"武宗毁佛"。会昌六年（846），武宗服赵归真炼的丹药，中毒而死，赵归真被杖杀。事见《旧唐书》敬宗、文宗、武宗纪等。柳泌：元和十三年（818），大臣李道古向宰相皇甫镈推荐柳泌能炼长生不老药，唐宪宗召柳泌进京，命他在天台山炼药，无法炼出仙药，逃入深山，被抓回，元和十五年（820），宪宗因吃药过多而性情暴怒残虐，内侍陈弘志

趁宪宗熟睡而将他勒死,迎立太子继位,即唐穆宗。穆宗只知享
受声色犬马,宦官专掌朝政,唐王朝更加衰败不堪。事见《新唐
书·宪宗纪》等。

④王老志(? —1122):临濮(今山东鄄城)人。初为转运小吏,后遇
异人学道,以道术知名。宋徽宗政和三年(1113)召至京师,赐号
洞微先生。林灵素(1075—1119):字通叟,温州(今浙江温州)
人。道士,善妖幻,以方术受徽宗宠幸,赐号"通真达灵先生"、
"元妙先生"、"金门羽客",恣横不悛,终被斥还故里。二人事见
《宋史·方技传》。

⑤佛图澄(232-348):西域人。本姓帛氏。九岁出家,晋怀帝永嘉
四年(310)来到洛阳,年已七十九。后到襄国(今河北邢台),投
奔石勒,辅助石勒称帝,建立赵国。后,石虎自称天王,对佛图澄
更加敬奉。传见《高僧传·佛图澄传》、《晋书·佛图澄传》。石
虎(295—349):后赵太祖武皇帝,字季龙,上党武乡(今山西榆
社)人,羯族人。后赵开国君主石勒的侄儿,石勒死后,其子石弘
继位,不久石虎杀石弘,自称居摄赵天王,并从襄国(今河北邢
台)迁都到邺(今河北临漳),后自称天王,太宁元年(349)称帝。
石虎荒淫残暴,却厚待佛教高僧佛图澄,使佛教在河北得以传
播。传见《晋书·石季龙载记》。

⑥鸠摩罗什(344—413):简称罗什,天竺(今印度)人,生于西域龟
兹国(今新疆库车)。幼年出家,精通汉文,游学天竺诸国,遍访
名师大德。前秦苻坚久闻他的盛名,建元十八年(382),苻坚派
军讨伐龟兹等国,掳获鸠摩罗什,返至凉州(今甘肃武威)。吕光
在凉州自立为帝,国号凉(史称后凉)。姚苌杀死苻坚,建立后
秦,欲请鸠摩罗什莅临,吕氏后凉不放行。姚苌死后,姚兴继位,
弘始三年(401),后凉投降,鸠摩罗什到达关中,鸠摩罗什在中国
多年,是最著名的佛经翻译家。传见《晋书·罗什传》、《高僧

传·鸠摩罗什传》。

⑦宝志(418—514)：俗姓朱，金城(今甘肃兰州)人，亦称保志、志
公，通称志公禅师、志公祖师。梁武帝时的佛教高僧，与达摩、傅
大士合称梁代三大士。梁武帝时奉为帝师，他向梁武帝引荐菩
提达摩，但武帝不能理解达摩的禅机，达摩于是来到北魏。传见
《南史·隐逸传·陶弘景传附释宝志传》、《景德传灯录·宝志
传》。

⑧智𫖮(yǐ，538—597)：俗姓陈，字德安，荆州华容(今湖北潜江)人，
或称颍川(今河南禹州)人。佛教天台宗的开宗祖师。十七岁在
荆州长沙寺出家。陈文帝光大元年(567)和法喜等人到达陈都
金陵讲禅。陈太建七年(575)入天台山，至德三年(585)又回金
陵讲经。陈亡，上庐山隐修。隋开皇十一年(591)，到扬州为杨
广授菩萨戒。次年(592)回到故乡荆州，在当阳玉泉山创玉泉
寺。开皇十五年(595)，再到扬州，然后归天台。后杨广派人迎
请，行至石城病死。传见《续高僧传·智𫖮传》。

⑨五宗：禅宗慧能一系的南宗，后来分化为五个宗派，即：临济宗、
沩仰宗、曹洞宗、云门宗、法眼宗。

⑩缁流：僧徒。僧尼多穿黑衣，故称。前面所说的黄冠，则指道士
戴的帽子，因此黄冠借指道士。

【译文】

　　老子的学说，在后世演变成了神仙之学，这种学说是妖妄的，它的
方法也很鄙陋，不得到官方的势力就不能流行。所以汉代就有方士被
封为文成将军、五利将军，寇谦之在拓跋氏的北魏，赵归真、柳泌在唐
代，王老志、林灵素在宋代，都被天子赐给天师一类的封号，还赐予官
爵，死后还要祭祀他们，而后天下奔走来当道士的人就像野鸭子一样成
群而来。佛教的学说传入中国，其学说纤细，其方法悖背，不得到官府
的势力也不能流行。所以佛图澄在石虎时，鸠摩罗什在苻坚的时候，宝

志在南朝梁,智颛在隋,以至于禅学兴起而出现了五家宗派世代相继,专擅名山之利的人,一定要仰仗皇帝的诏命,赐给他们金紫的官服,用大师的名号表示恩宠,死了之后还要赐建塔和庙,加上好听的谥号,而后天下奔走来当僧侣的人就像野鸭子一样成群而来。为什么作君子儒的人,一旦出仕登上朝廷,就急于称扬他的老师并推崇为教主,向衰世的昏庸君主和奸邪宰相提出请求,求得一个称号作为自己的荣光,来与佛徒道士争夺美妙的利益,这样做还能不说他们是对人格的侮辱和低贱的行为吗?

　　夫君子之道,弘传奕世,非徒以迹美而名高也。使后起之君相,知之真,行之力,学其所学,以饬正其身;行其所行,以治平其天下;则旷百世以相承,而君子之志得矣。如其不能,而徒尚以名,则虽同堂而处,百拜以求,登之于公辅,而视之无异于褐夫;禄之以万钟,而视之无殊于草芥。则身没以后,片语之褒,一官之命,以莛叩钟①,漠乎其不相应也。为之徒者,弗能推此志以尊其师。而营营汲汲,伏伺于辇毂,奔走于权门,迨其得之,乃以骄语于侪伍。身辱者,自取之也;辱其所师以辱道,不已甚乎!

【注释】

　　①以莛(tíng)叩钟:比喻完全撞不出声音。莛,草本植物的茎,非常轻。

【译文】

　　君子之道,弘扬传播并且世代相传,不只是靠行迹美妙和名声高远。假使后起的君主宰相,对君子之道知道得真切,实行得得力,学习君子之道所应学的,用来整饬纠正自身;实行君子之道所应实行的,用来治理平定他们的天下;那么远在百代之后也会相承续,而君子的志向就得以实现了。如果他们不能做到,而只是用名声来表示崇尚,那么就是同处在一堂,拜了百次来求,由此而使君主让儒家学者登上王公宰相的官位,但君主对待他们就会像看待农夫一样没有区别;用万钟粮食作为这些学者的俸禄,而看待他们就与看待草芥一样没有差别。那么在他们身死以后,用片言只语加以表彰,用一个官位加以任命,就会像用一根草来敲钟,毫无声音而不会有所响应的。作为他们的弟子的人,不能用这种志向来尊崇他们的老师。而急切地加以营求,在皇帝官员的车轮后面葡匐窥伺,在权贵的门前来往奔走,等到他们得到一点恩赐,就用骄傲的语言来向自己的同伙夸耀。身已受辱,是自己要来的;羞辱了他们的老师又羞辱了君子之道,不也是太过分了吗!

　　夫为此者之志,大可见矣。志之未壹也,业之未崇也,大义弗能服躬也,微言弗能得意也。委琐因仍以相授受者,非浸淫于异教,则自比于蒙师。所恃以自旌于里塾,曰"吾理学之正传,推所渊源,而天子尊之矣,天下其何弗吾尚也?"非是,则丰屋之下,三岁而不觌一人,其为儒也亦鲜味矣。耀枯木之余焰,续白日之光辉,故朱子没而嗣其传者无一人也,是可为长太息者也!理宗之为"理"也末矣。则朱门之儒为山长者,愈不足道矣。宜其借光于史弥远、贾似道之灶炀也①。

【注释】

①炀(yáng):本指热、燥,引申指火、火光。

【译文】

作为这种人的志向,大致是可以看出来了。志向是不专一的,学业是未尊崇的,对于儒学的大义还不能亲身躬行,对于经典的微言不能掌握其中的深意。治学鄙陋委琐只能机械地相互传授,不受异端邪说的影响,就自比于教儿童的私塾教师。所仗恃而在里巷私塾里自我表彰的,就是说"我是理学的正传,推究我的学业的渊源,就是天子所尊崇的,天下为什么不尊崇我呢?"不这样的话,就在高屋之下,三年也见不到一个,这种人作为儒生也太没有意思了。拿着枯木的剩余火焰来夸耀,想以此来承续白日的光辉,所以朱子死后没有一个人能继承他的学说,这是要为他长长叹息的!理宗作为"理"来说也太差了。那么朱子之门的儒者作为书院山长的人,就更不值一提了。所以他们只能借助史弥远、贾似道灶里的一点亮光来为自己增光了。

三

　　会女真以灭契丹,会蒙古以灭女真,旋以自灭,若合符券。悬明鉴于眉睫而不能知,理宗君臣之愚不可瘳,通古今天下未有不笑之者也。虽然,设身以处之,理宗之应此也亦难矣。会女直以灭契丹,非女直之为之也。女直无藉援于宋之情,亦无遽思吞宋之志。童贯听赵良嗣间道以往约①,而后启不戢之戎心。使宋闭关以固守,则女直不能测宋之短长以思凌夺。且宋之于契丹也,无君父之雠,则援而存之以为外蔽,亦一策也。不此之虑,而自挑之,其咎无可委也。会蒙古以灭女直,则宋未有往迎之心,而王楫自来,其势殊矣。蒙古之躁女直也,闻之则震,当之则靡,左驰右突,无不逞之愿欲。其将渡河而殄绝之,岂待宋之夹攻而后可取必?然且间道命使,求之于宋者,其志可知矣。女直已归其股掌,而涎垂及宋,殆以是探其情实,使迟回于为欣为拒之两途,而自呈其善败。故曰宋之应此亦难矣。

【注释】

①赵良嗣(? —1126):即马植,燕(今河北北部)人。在辽官至光禄卿。徽宗政和初,童贯使辽时,他向童贯献上结好女真伐辽取燕之策,之后随童贯归宋,改名为李良嗣。向徽宗献上联金灭辽之议,赐姓赵。后多次出使女真,与阿骨打谈判联兵攻辽。靖康初,因金人侵犯,在贬所被处死。传见《宋史·赵良嗣传》。

【译文】

联合女直以灭契丹,联合蒙古以灭女直,不久自己也灭亡了,就像符券完全相合一样。让明明白白的前车之鉴悬挂在眉睫上而不能看到,理宗君臣的愚蠢不可治疗,整个古往今来的天下没有不笑话他们的。即使这样,设身处地来考虑的话,理宗应付这时的形势也很困难了。联合女真来灭契丹,不是女真来这样做的。女真没有借助宋朝援助的心情,也没有马上吞灭宋朝的志向。童贯听任赵良嗣走小道前去与金国约定,而后开启了他们不能中止的作战之心。假使宋朝闭关固守,那么女真就不能测知宋朝的长短而想加以欺凌和侵夺。而且宋朝与契丹,没有捉走君父的仇恨,就会让契丹存在而作为自己在北方的屏障,这也是一个办法。不考虑这些,而自己去挑动别人,其过咎就无处可以推诿了。联合蒙古来灭女真,那么宋朝未有前往迎接的心情,而蒙古的使者王楫自己前来,其形势就不一样了。蒙古蹂躏女真,女真一听到蒙古军来就震惊害怕,一与蒙古军相遇就崩溃败北,蒙古军左冲右突,没有不能达到意愿的。蒙古将渡过黄河而灭绝女真,哪里要等宋朝配合夹攻而后才能必定攻下呢? 但还是从小路派来使者,向宋朝提出请求,蒙古的志向就可知了。女真已经归服到了他们的股掌之中,而垂涎于宋朝,大概是用这个办法来探知宋朝的虚实,让宋朝在高兴接受还是加以拒绝两条路上犹豫不决,而使宋朝自己呈现出是善还是败。所以说宋朝如何回应蒙古也是很困难的了。

藉不许其约而拒之与? 则必有拒之之辞矣。有其辞,抑必有其践之之实矣。拒之而不以其理,则辞先诎;如其辞之不诎,而无以践之,则为挑衅之媒,而固苶然不敢尽其辞。将应之曰:"金,吾与国也,世与通好,盟不可寒。今穷而南依于我,固不忍乘其危而规以为利。"如是以为辞,而我诎矣。君父囚死于彼,宗社倾覆于彼,陵寝发掘于彼,而以迫胁要盟之约为信,抑将谁欺? 明恃女直为外护,以缓须臾之祸,而阳托不忍乘危以夸志义;怯懦之情不可掩,而使其谋我之志益坚,则辞先诎,而势亦随之以诎矣。惟其不可,故史嵩之亦无可如何,宁蹈童贯败亡之轨而不容已于夹攻之约。昏庸之臣主,势所不能自免也。

【译文】

假使不答应蒙古的要求而拒绝他们呢? 就必定有拒绝他们的理由。有了拒绝的理由,还必须要有能够付诸行动的实力。拒绝他们而不合乎道理,那么拒绝起来先就理屈了;如果拒绝的理由并不理屈,而没有实力来行动,这就成了挑衅的导火线,并且宋朝本来就虚弱胆小而不敢完全用词语拒绝,就会回应说:"金,是我国的友邦,世代与它友好,并且两国的盟约不能废除。现在金国走投无路而向南来依靠我国,本来就不忍心乘着它的危险而图谋求利。"如这样来回应蒙古,那就是我国理屈了。君父在金国那里囚禁而死亡,宗庙社稷被金国颠覆,先代帝王的陵墓被金国挖掘开,而用胁迫结盟的宋金和约作为信物,又将欺骗谁呢? 明明是仗恃着女真作为外部的保护,以延缓即将到来的灾祸,而表面上借口不忍心乘着女真有危险来夸耀自己讲义气;怯懦之情掩盖不住,而使蒙古图谋我方的志向更为坚定,这就是言辞先已理屈,而形势也随之而力屈了。正是不能这样做,所以史嵩之也无可奈何,宁愿重蹈童贯败亡的老路而不能不与蒙古订立夹攻女真的条约。昏庸的君主,受形势的逼迫是不能自免其祸的。

诚欲拒之而善其辞,必将应之曰:"金,吾世雠也,往者我有不令之臣,听其诈诱,资之兵力以灭辽,谓举燕、云以归我。辽命既剿,猝起败盟,乘我不备而倾我宗社,吾之不与共戴天久矣。徒以挫折之后,国本未固,姑许之和,以息吾民而用之。今者生聚于数十年之余,正思悉率师武臣力以洒前耻,而天假于彼,驱之渡河,使送死于汴、蔡。今河北之地,彼且渐收之以入版图;河南为吾陵寝之土,我固将起而收之,俘守绪而献之祖庙。定河北者,在彼有余力而可不须我也;河南者,固在我运筹之中,而抑可不重烦于彼。吾视吾力以进,各以所得为疆域;待之金孽尽殄,封畛相联,然后遣使修好,讲睦邻之盛事。今方各有中原之事,未遑将币,信使之来,钦挹嘉问,敬闻命矣。"如是以答之,则我义既伸,彼奸亦擿[1]。辞不诎矣,而实不足以践之,狁焉思逞之猾虏,岂可以虚声詟服者哉? 志不定,胆不充,固呐焉不能出诸口也。

【注释】

① 擿(tī):揭发。

【译文】

真想拒绝蒙古而找到好的说辞,必将回应蒙古说:"金国,是我国的世仇，以往我国有不好的大臣，相信了他们的欺诈和引诱，协助出兵灭了辽，说是把整个燕、云地区都归还我国。辽国剿灭之后，金国突然兴起破坏了盟约，乘我不备而颠覆了我国的朝廷，很久以来都是我国不共戴天的仇人。只是在受到挫折之后，我国国家的根本未能巩固，姑且允许与他讲和，来让我国民众休息以求恢复。如今休养生息已有数十年了，正想动用全部军队和武将的力量以雪前耻。而上天通过他们自己的意志，驱动他们渡过黄河，让他们到汴、蔡地区送死。如今河北的土地将要逐渐收回我国的版图；河南是我国的帝王寝陵之地，我国本来就要出兵收回，俘虏金国皇帝完颜守绪，将他献到祖庙祭祀祖先。安定河北，蒙古自有余力而可以不用依靠我国；河南地区，就本来在我国的运筹之中，可以不必麻烦蒙古。我国根据我国的力量来进兵，各自以自己得到的地区为疆界；等到金国罪孽之人全部消灭，我与蒙古疆土相连，然后派出使节建立友好关系，再来讲双方睦邻的盛事。如今正是两国在中原用兵的时节，来不及带上礼物，你们信使的前来，我国敬受美好的问候，我国已经恭敬地知道你们的意思了。"像这样来回答蒙古，那么我方的正义既已伸张，对方的奸邪也予以揭发了。言辞上不会屈理，但在实力上却不足以做到，想达到目的的狡猾敌虏，难道可以用空虚的声势镇服他们吗？意志不定，胆量不足，本来就会张口结舌地说不出口了。

　　虽然，宋于此时，诚欲践此言，抑岂无可恃之具哉？童贯之夹攻契丹也，与刘延庆辈茸闒之将[①]，率坐食之军，小入则小败，大入则大溃，残辽且竞起而笑之。祸已成，势已倾，所仰望以支危亡者，又种师道之衰老无能者也。及理宗之世而势屡变矣，岳、韩、刘、吴之威，挫于秦桧，而成闵、邵弘渊、王权、张子盖习于选懦[②]，故韩侂胄蹶起而旋仆。乃自侂胄之乐进武人而重奖之也,于是而虓矫之才亦为之磨厉。孟宗政、赵方、孟珙、余玠、彭大雅之流起③,而兵犹足为兵,将犹足为将,战犹有以战,守犹有以守,胜犹非其徼幸,败犹足以自持。左支右拒于淮、襄、楚、蜀之间,不但以半割残金,而且以抗衡蒙古。垂至于将亡之际,而西川之争,旋陷旋复,襄、樊之守,愈困愈坚。吕文焕、刘整反面倒戈,而驰突无前,率先阿术、伯颜以进④。如使君非至暗,相匪甚奸,则尽东南之力,以扑灭分崩之女真而收汴、雒,固其可奏之功。以视昔之闻声而栗、望影而奔者,强弱之相差亦远矣。诚奉直词以答蒙古,奚患言之不践,徒资敌笑乎?

【注释】

①茸阘(tà):愚钝,无能。

②成闵(1094—1174):字子琼,又字居仁,邢州(今河北邢台)人。金完颜亮攻宋,闵镇守武昌,屯应城。又任淮东制置使,驻镇江。完颜亮死,金人渡淮北去,闵列兵南岸,观看而不战,金人嘲笑说:"寄声成太尉,有劳护送。"后又都统镇江诸军。传见《宋史·成闵传》。王权(864—941):字秀山,太原人,唐末进士,在后梁、后唐任职。石敬瑭命他出使契丹,代表后晋向契丹称臣,王权认为此为耻辱,坚辞不行,故被停职。传见新、旧《五代史·王权传》。张子盖(1085—1136):字德高,凤翔成纪(今陕西成纪)人。随从韩世忠作战有功,又随张俊参加柘皋之战,孝宗时,镇守镇江,授检校少保、淮东招抚使。传见《宋史·张子盖传》。选懦:柔弱怯懦。

③孟宗政(?—1223):绛州(今山西新绛)人。开禧二年(1206),在襄阳与金军作战。嘉定十年(1217),抵御金兵,解枣阳之围,屡

败来犯之敌,威震境外,金人呼为"孟爷爷"。传见《宋史·孟宗政传》。赵方:字彦直,衡山(今湖南衡山)人。淳熙八年(1181)进士,驻守襄阳、随州一带,率孟宗政、扈再兴等人多次击败来犯金军。淮、蜀沿边屡遭金人之祸,而京西一境独全,藩屏一方,使朝廷无北顾之忧。传见《宋史·赵方传》。孟珙(1195—1246):字璞玉,孟宗政之子,祖籍绛州(今山西新绛),后居随州枣阳(今湖北枣阳)。随父孟宗政抗击金军,此后多次取胜。为南宋建立"藩篱三层"的长江上游防御体系,统御南宋三分之二的战线,被后世军史家赞为"机动防御大师"。传见《宋史·孟珙传》。余玠(1198—1253):字义夫,号樵隐,分宁(今江西修水)人,侨居蕲州(今湖北蕲春)。宋理宗淳祐三至四年(1243至1244),与元军大小数十战,战绩显著。后在合州(今重庆合川)修筑钓鱼城,又在三江沿岸筑十余城,形成山城防御体系。淳祐六年(1246),元军入侵四川,余玠以新筑之城为屏障,重创元军。淳祐十二年(1252),元军再次入侵四川,余玠将元军击退,驻守四川。宝祐元年(1253),谢方叔诬告余玠擅专大权,召余玠回朝,余玠愤懑成疾,服毒自尽。传见《宋史·余玠传》。彭大雅:生卒年不详,字子文,鄱阳(今江西鄱阳)人。对南宋的最大贡献是修筑重庆城防。理宗嘉熙二年(1238),彭大雅预见到元军将大规模攻宋,在重庆修筑砖石结构的城墙,后来使元人十万大军也不能攻下重庆城。元军以后多次南下,均在重庆被击败。后因功高而被人屡进谗言,宋理宗将他贬为庶人,发配赣州,在忧愤中死去。事见《宋史·理宗纪》。

④阿术(1227—1287):蒙古兀良合部人,元宪宗年间,随父从军,后随元军攻大理,担任开路先锋。宪宗九年(1259),突破宋军在邕州横山寨、老苍关的防守,直抵潭州(今湖南长沙)。中统三年(1262),任征南都元帅,指挥元军长期围困襄樊,到至元十年

(1273)，迫使襄阳守将吕文焕出降。阿术又与丞相伯颜在荆湖设行中书省，指挥元军渡过长江，攻取鄂、汉，至元十二年（1275），在丁家洲（今安徽铜陵北）与宋军展开会战，大败宋军。之后在长江瓜州渡火烧宋朝水军，十三年（1276）攻克扬州，占领两淮。灭南宋后，阿术西征，病卒于途中。传见《元史·阿术传》。伯颜（1236—1295）：蒙古八邻部人。元世祖时，伯颜为中书右丞相、同知枢密院。率军攻宋，至元十三年，攻陷临安，俘宋帝、谢太后等。至元三十一年（1294），忽必烈去世，为顾命大臣，拥戴太子真金即位，同年十二月病逝。传见《元史·伯颜传》。

【译文】

即使如此，宋朝在这个时候，真的想按这个说法去做，难道没有可以依恃的将领吗？童贯与金国夹攻契丹，让刘延庆一伙愚蠢无能的将领，率领不加训练而只会吃军饷的军队，小规模出动就小败，大规模出动就大败，残余的辽国都会竞相嘲笑他们。靖康时灾祸已经形成，形势已经倾覆，所仰望支撑危亡局势的，又是种师道这样衰老而无能的将领。到理宗的时候，形势已经多次改变了，岳飞、韩世忠、刘锜、吴玠吴璘兄弟的军威，被秦桧挫毁了，而成闵、邵弘渊、王权、张子盖已经习惯于宋朝的柔弱怯懦，所以韩侂胄突然兴起而很快又仆倒在地。自从韩侂胄乐意进用武人而对他们加以重奖，于是欺压别人的人才也受到了磨砺。孟宗政、赵方、孟珙、余玠、彭大雅之流的人才就出现了，而兵士还足以作为兵士，将领还足以作为将领，作战还足以作战，防守还足以防守，取胜还不是靠侥幸，失败还足以维持局面。在淮、襄、楚、蜀地区之间左右支撑和抵抗，不但能击败残余的金人，而且还能对抗蒙古。直到最后将要灭亡的时候，在西川与蒙古争夺，也是一时失陷一时又能收复，襄阳、樊城的守卫战，越是困难就越是坚定。吕文焕、刘整反叛倒戈之后，蒙古才奔驰冲击无可抵挡，吕、刘二人率军在阿术、伯颜的元军前面向宋朝进军。如果让君主不是极为昏庸，宰相不是极为奸邪，那么用东南地区的全部力量，来扑灭分崩离析的女真而收复汴、雒，本来是可以奏功的。与以前听到敌人进军的声音就发抖、望见敌人的影子就逃奔的军队相比，强弱的差别是很大的。真的用直言来回答蒙古，哪里担心所说的话不能做到，只让敌人嘲笑呢？

君国者，理宗也；秉成者，史嵩之也；继之者，贾似道也。通蒙古亦亡，拒蒙古亦亡，无往而不亡，则虽欲善为辞以应之，而固无可应。不得已而姑许之，明悬一童贯、王黼之昭鉴，为异日败亡之符券，而有所不能避，固其必然矣。通而计之，酌时势而度之，固有可不亡之道。而要非徒拒蒙古会师之约，可以空言为宋救也。空言者，气矜而不以实者也。

【译文】

作为国家的君主，是理宗；主和的人，是史嵩之；继承他的人，是贾似道。与蒙古来往也要亡，拒绝蒙古也要亡，无论做什么都要亡，那么即使想用妥善的言辞回答蒙古，而本来就没有什么话可以回应蒙古。不得已而姑且答应对方，清楚地以童贯、王黼为明鉴，作为他日败亡的证据，有些事就不能避开，这本来就是必然的了。整体看来，斟酌时势而加以度量，本来就有可以不亡之道。而要点在于不是只拒绝蒙古联合出兵的盟约，就能用空言来救宋的。空言，就是只仗着意气而不考虑实际情况。

四

尝论之曰：浮屠氏以生死为大事。生死者，一屈一伸之数，天之化，人无得而与焉，知命者不立乎岩墙之下而可矣，恶足以当大事哉？君子之大事，在仕与隐。仕隐者，君子之生死也。方仕而隐，伸而必屈也，而唯己自屈，物不能屈焉。方隐而仕，伸其所屈也，而唯己自伸，物不能伸焉。有可以仕，有不可不仕；有可以隐，有不可不隐。持之以大贞而存其义，酌之以时宜而知其几。生以之生，死以之死，生不虚而死不妄。不轻以身试天下，不轻以天下试其身。终身守之，俄顷决之，皆存乎一心。故曰仕隐者，君子之生死也。

【译文】

　　我曾经评论说：佛教把生死看做大事。生和死，是一屈一伸两种情况，天使它这样变化，人不能参与干涉这件事，知道命运的人不站在危险高墙之下就可以了，哪里足以面对生死这样的大事呢？君子的大事，在于出仕和隐居。出仕和隐居，就是君子的生和死。正在出仕的时候而去隐居，这是在伸展时而必有折屈，而只能由自己来折屈，不能让外物来折屈。正在隐居的时候而去出仕，这是从折屈变成伸展，而只能由自己来伸展，不能让外物来伸展；有的情况是可以出仕的，有的情况是不可以出仕的；有的情况是可以隐居的，有的情况是不可以不隐居的。掌握着正道而保持住义，根据时宜加以斟酌就知道它的变化征兆了。生靠这个来生，死靠这个去死，就会使生不空虚而死不无理。不轻率地拿自身来试做天下的事，也不轻率地用天下的事来试自身。终身守着这个原则，在一瞬间就能决断了，都存在于我的心中。所以说出仕和隐居，就是君子的生和死。

　　君子之道，仕者其义也，隐者其常也，知仕则知隐矣。故君子之仕，其道非一，而要皆以可于心者为可于道，则一也。天下待以定，民待以安，君待以正，道诚在己，时不可违,此其不可不仕者也。鲁两生之德①,不足以胜之,而高自骄语,无谓也。其次,则天下已治安矣,出而无以大异于出也,而君以诚求,贤以汇升,治以赞襄而益盛,则义在必仕而时顺之,虽可以隐弗隐也。周党、严光、魏野、林逋之欲自逸者,非也。其次,则治与乱介,而国是未定;贤与奸杂,而流品未清;君子急将伯之呼,小人深侧目之妒,可弗仕也。而自牖之约可纳②,同声之应不鲜③,志诚贞而忧患诚不能以中辍,则出入于风波之中,而犹可不为之葸退,固志士之自命者然也。其下,则君昏而不察,相奸而不容,怀悲愤以愍颠陨,忤权臣而争邪正,于是斥之、罢之、窜之、逐之,乃至诬以罪罟,罗以朋党,而伏尸于都市,此诚不可仕矣。而业已在位,无可避之铁钺,则逢、比之遗烈④,未尝不可追,而勿为挟全躯保妻子之谋,以引身侁处。仕与死相因,死不可畏,仕亦不可为之中沮矣。

【注释】

①鲁两生之德:汉初,叔孙通为刘邦定朝仪,从鲁地征召诸生三十余人,有两生不肯行,谓叔孙通所为不合于古。叔孙通笑此二人是真的鄙儒,不知时变。后以"两生"喻熟谙礼乐典籍而不知权变的人。

②自牖之约:《周易》坎卦的六四爻辞:"樽酒簋,贰用缶,纳约自牖,终无咎。"是说行祭时用樽盛酒,用簋盛黍稷,并用缶配合(贰即副,指配合使用的器皿),把约(酌酒的勺子)由窗口伸进屋中到樽中取酒。自牖,即从窗户伸进来。这种场景是比喻人用薄礼待我,而有诚心,可以接受。

③同声之应：《周易》乾卦《文言传》对九五"飞龙在天，利见大人"的解释中说："同声相应，同气相求。水流湿，火就燥，云从龙，风从虎，本乎天者亲上，本乎地者亲下，则各从其类也。"形容同类事物可以相互应合，比喻人物之间因志趣相同而互相呼应。

④逄：即关龙逄（逄或作逢）。夏桀荒淫无道，不理朝政，关龙逄不断直谏，夏桀将他囚禁杀死。比：即比干：商王太丁之子，名干。他是帝辛（即商纣王）的叔父。因纣王荒淫残暴，鄂侯、微子、箕子、比干等人多次劝谏不听，鄂侯被杀害且做成肉干，微子离去。比干说："为人臣者，不得不以死争。"乃强谏纣，连续三天不离开，纣王发怒说："吾闻圣人心有七窍。"于是杀死比干，剖看他的心。事见《史记·殷本纪》。

【译文】

君子之道，出仕是君子的义，隐居是君子的常，知道出仕就知道隐居。所以君子的出仕，其途径不是一个，而要点都在于心中所认可的应该合乎道，那么出仕、隐居就一致了。天下等着君子来安宁，民众等着君子来安定，君主等着君子而走正道，道如果真的在我身上，这样的时势是不可以违背的，这就是他不可不出仕的原因。鲁国两位儒生的德行，不足以胜过君子，而自己抬高为一种傲慢的说法，这是很无意义的。其次，就是天下已经治理安宁，我的出仕无法与别人的出仕有根本不同，但是君主以诚意寻求君子，贤人以类相聚而得以升用，国家的治理由于君子的襄助而更为兴盛，那么义就在于必须出仕而且顺应时势，即使可以隐居而不用隐居。周党、严光、魏野、林逋这种人想自我放逸，这就不对了。再次，则是国家处于治与乱的中间，国家的大政尚未确定；贤人与奸臣混杂，人物的品类还没有清楚分开；君子被君主急于召呼来担任将领和大臣，小人对君子深怀妒忌而侧目窥视，此时可以不出仕。而有人与我诚意交往则可结纳，志同道合的友人之间的相互呼应不少，意志确实贞正而忧患的确不能中断，就是出入于风波之中，还可以不因此而畏葸退缩，这本来就是志士仁人赋予自己的使命。再下一等的，就是君主昏庸而不能赏识自己，宰相奸邪而不能容纳自己，怀着悲愤而担忧国家的危亡，抵忤权臣而与之争论邪正，于是就被贬斥、罢官、流放、驱逐，乃至于用罪名诬告，把更多的人罗织为朋党，最终在都市处死，这就真的是不可出仕的时候了。而已经在位的人，面对不能躲开的刑具，那么就像关龙逄、比干那种殉国的忠烈行为，也未尝不可追加仿效，而不要怀有保全身躯和妻子儿女的想法，而引身退处到闲逸之中。出仕与死相互联系，死不可怕，出仕也不可因为死而中途废沮。

　　呜呼！小人之杀君子，君子弗避焉者，假以君之威灵，诬以国之刑典，既分义之不可逃；而其死也，昭昭然揭日月以正告于天下，则奚必死之愈于生哉？凡小人之贼贤以乱国者，类出于此。唯理宗之世，史嵩之当国，其杀人独异于是。忌之也愈甚，而雠之也愈隐。议论弗争也，禄位弗夺也，酬酢如相忘也，宴笑如相好也，投酖于杯酒盂羹之中，仓卒以死，而片语不能自伸。天子莫能测其械，盈廷莫能讼其冤。若此者，犹与之共立于朝以相抵牾，是抱蝮以寝而采堇以茹也[1]，则诚所谓岩墙者矣。焉有君子而陨其生于杯酒盂羹者乎？需迟顾眄，不勇退于崇朝，不亦惑乎？

【注释】

①抱蝮以寝而采堇以茹：都是自毙行为。蝮，毒蛇。堇，有毒之草。

【译文】

　　呜呼！小人杀害君子，君子所以不能躲避它，是因为小人借着君主的威灵，又利用国家的刑法加以诬告，根据道义的名分，君子已经是不可逃避了；而君子的死，光明昭然，可以公之于日月而正告于天下，则何必认为死就比生更好呢？凡是小人杀害贤人而搞乱国家的，大都是出于这种情况。只是在理宗的时候，史嵩之专掌大权，只有他杀人与此不同。他对人忌恨越是深，则对此人的仇恨就越是隐藏。发生了议论他也不与人争论，别人的官位也不予剥夺，还参与人们的应酬好像已经忘记了这个仇人，宴乐欢笑就像是好朋友一样，而把毒药投放在酒杯菜羹之中，使人突然死去，让他一句话也不能为自己申冤。天子不能测知他用什么器械杀了人，满朝的人也没有人能为此人鸣冤。像这样的人，还与他一起站在朝廷中来相互抵悟，这就是抱着蝮蛇睡觉而采来毒草当菜吃，这正是所谓不可站在其下面的高墙。哪里有君子会在一杯酒一盆羹中丧失性命呢？四周顾盼危险迟疑不定，不在一个早晨及时急流勇退，不也是太昏惑了吗？

　　不可死，则不可仕。不可仕而不谋隐，可不死而不贵生，死有轻于鸿毛，徐元杰、刘汉弼、杜范当之矣[①]。乃于时环顾在廷，无有引身而去者，则当时之人才亦大可见矣，尚望其能扶人之社稷之亡而致之存哉？呜呼！不可仕而犹可隐，以视进不可仕、退不可隐者，又奚若邪？嵩之杀士之日，去宋之亡犹三十余年，则知命贵生以不自辱，固有余地以置此身。若嵩之者，不与争权而毒亦释矣。过此而愈难矣。谢皋羽、龚圣予、郑忆翁、汪水云诸子者[②]，仕既无君，隐亦无土，欲求一曲之水，一卷之山，散发行吟，与中原遗黎较晴雨、采橡栩而不可得，然后君子之道果穷。如之何可隐不隐，而以死殉簪绶也哉[③]！

【注释】

① 徐元杰（1196—1246）：字仁伯，号梅野，上饶（今江西上饶）人。丞相史嵩之服父亲的丧事未满三年，又要起用，徐元杰上疏加以反对。后中毒暴卒，传说即被史嵩之下毒害死。传见《宋史·徐元杰传》。刘汉弼：字正甫，上虞（今浙江上虞）人。汉弼治学重义利之辨，为侍御史时，累章言金渊、郑起潜等人托身私门，为之腹心，盘踞要路，公论为之切齿。传见《宋史·刘汉弼传》。杜范（1182—1245）：字成之，号立斋，台州黄岩（今属浙江台州）人。任监察御史时，弹劾右丞相郑清之妄邀边功，用师河洛，兵民死者数十万。后右丞相史嵩之丁忧去职，杜范任右丞相，范钟任左丞相，两人整肃朝纲，选拔贤才，驱逐史嵩之的党羽。传见《宋史·杜范传》。

② 谢皋羽（1249—1295）：浦城（今福建浦城）人。景炎元年（1276），临安失陷，文天祥举勤王之师，皋羽倾家赀，率乡兵数百人前往。景炎二年（1277），文天祥在江西战败，皋羽与文天祥作别，归浦城家乡。宋亡后，隐居不仕，至元成宗元贞元年（1295），病死。龚圣予（1222—1304）：龚开，字圣予，号翠岩、龟城叟，人称髯龚、老髯，山阳（今江苏淮安）人。元军攻灭南宋，龚开在闽、浙一带抗元。宋亡隐居不仕，又撰《宋文丞相传》和《宋陆君实传》，记述文天祥和陆秀夫事迹。事见王鏊《姑苏志》。郑忆翁：原名已失传，宋亡后改名思肖，字忆翁，号所南，福州连江人。思肖即"思赵"，思肖与所南，寓意"义不忘赵、不北面事他姓"。著有《心史》传世，题名"大宋孤臣郑思肖"。事迹见《宋遗民录》卷十三《郑所南》。汪水云：即汪元量，《南村辍耕录》称号水云，有《水云集》，其中有诗记元军克临安时事，充满亡国之恨。其诗多记南宋亡国时事，以及与文天祥在狱中唱和之作。他与文天祥在宋亡后同被俘押往北方。

③簪绂(zān fú)：冠簪和缨带，指古代官员服饰，比喻出仕做官。

【译文】

不能死，就不可出仕。不可出仕而不谋划退隐，可以不死而不把活着看得太重，有时候死比鸿毛还轻，徐元杰、刘汉弼、杜范就是这样的。而在这时环顾在朝廷的人，没有引身离去的，那么当时的人才也就可以大致知道了，还希望他们能扶救社稷国家的灭亡而使它得以保存吗？呜呼！不可出仕还可以隐居，以此来看进不能出仕、退不能隐居的人，又怎样呢？史嵩之杀害士人的时候，离宋朝的灭亡还有三十多年，那么了解命运、看重活着的人为了自己不受辱，本来就还有余地来安置自身。像史嵩之这样的人，不与他争权的话，他的凶毒也可以躲过了。但过了这个时期就更困难了。谢皋羽、龚圣予、郑忆翁、汪水云这几位先生，想出仕既没有君主，隐居也没有地方，想找到一湾清水，一处青山，披散着头发行走着吟诗，与中原遗老那样讨论天气的晴雨、采摘橡籽也做不到了，然后君子之道就真的到了穷途末路。为什么在可隐居的时候而不隐居，而用死为出仕殉葬呢！

五

不仁者不可与言，不可与言而言，失言。不仁之尤，冒不孝之恶，为清议所攻，犹多其口说以相拒，恶至斯而极矣。如是，而可执名义以与之争得失哉？尸大臣之位，徼起复之命，以招言者之攻击，自史嵩之始，而李贤、张居正、杨嗣昌仍之①。徐元杰抗论以强抑之而死于毒，至不仁者为蛇蝎以螫人，无足怪也。然则罗彝正、邹尔瞻、黄幼元之昌言名义②，娓娓而不穷，不已赘乎！夫子之斥宰予也，曰："女安，则为之③。"弗与争也。但言安，而其天良之剿绝，不可复容于覆载。君子一字而烈于铁钺，自此以外，无足与不仁者辨矣。

【注释】

①李贤（1408—1467）：字原德，邓州（今河南邓州）人。张居正为首辅时，其父去世，户部侍郎李幼孜欲媚居正，提出夺情，即忍住个人感情继续在朝廷执政，翰林学士王锡爵人以为不可，相继争之，皆坐廷杖，加以谪斥。万历皇帝允许张居正夺情，不许离职守丧，此即起复之命。但夺情不守丧，引起众多朝臣的抨击，此即王夫之所说的尸大臣之位，徼起复之命，以招言者之攻击。传见《明史·李贤传》。杨嗣昌（1588—1641）：字文弱，号字微，湖南武陵（今湖南常德）人。任右参政、兵部右侍郎等，以父亲去世而离职，接着又有继母之丧。崇祯帝不等他守完丧，就起用为兵部尚书，因不为母守丧终制，黄道周等人上疏诋斥，嗣昌由此而受士大夫恶评。后崇祯命杨嗣昌前往四川剿张献忠，不能取胜，在夷陵得惊悸之病，继闻洛阳失陷，更为忧惧，不食而死。传见《明史·杨嗣昌传》。

②罗彝正（1430—1478）：罗伦，字彝正，吉安永丰（今江西永丰）人。大学士李贤奔丧毕，即奉诏还朝，不在家守丧三年。罗伦上疏抨击此事，不久李贤死，罗伦引疾归，不复出。传见《明史·罗伦传》。邹尔瞻：邹元标，字尔瞻，吉水（今江西吉水）人。张居正夺情不守丧，邹元标以进士身份写成奏疏入朝，正好吴中行等人因弹劾居正夺情而被梃杖，元标等杖毕，取出疏交给朝官，称是请假的疏。朝官接下交给张居正，居正看了大怒，把元标廷杖八十，谪戍贵州都匀卫。传见《明史·邹元标传》。黄幼元（1585—1646）：黄道周，字幼元，福建漳浦（今福建东山）人。崇祯时兴大狱，株连甚众，无人敢言，黄道周上书辩冤，道周因病求归，崇祯

将他削籍为民。崇祯九年(1636)，复官。十一年(1638)，指斥大臣杨嗣昌妄自议和，与嗣昌在崇祯面前争论，被连贬六级。崇祯十四年(1641)，杨嗣昌已亡，崇祯将黄道周复官，道周知国运已尽，辞官回乡。南明隆武时，任吏部、兵部尚书，抗清失败后被俘殉国。传见《明史·黄道周传》。

③女安，则为之：出自《论语·阳货》：子曰："食夫稻，衣夫锦，于女安乎？"曰："安！""女安，则为之。夫君子之居丧，食旨不甘，闻乐不乐，居处不安，故不为也。今女安，则为之。"本来是说在守丧时不能吃美食和听音乐，如果你此时仍能安心地吃美食和听音乐，那你就这样做。后来引申说有些事情本来不能安心去做，但有些人是不仁之义，他能感到安心，那他就去做这种事。而君子对这种人则不与他争论该不该做。

【译文】

　　不仁的人不可与他说话，不可与他说话而与他说话，这就是失言。最不仁的人，冒着不孝的恶名，受到清议的批评，还用很多口舌来抗拒，邪恶到这个地步就算到了极点。像这样，还能用名义来与他争论得失吗？占着大臣的官位，谋求重新起用恢复官职的诏命，而招来谏官的攻击，这是自史嵩之开始的，而李贤、张居正、杨嗣昌则继续这样做。徐元杰抗言争论而强行压制使他死于中毒，最不仁的人作蛇蝎来螫人，这是不足怪的。这样的话，罗豫正、邹尔瞻、黄幼元提出言论来谈名义，娓娓而谈没有穷尽，不已是累赘了吗！孔子斥责宰予时说："你安心，就这样做。"不与他争论。只是说安心，而他天良的剿绝，不能再被天地所容。君子说出一个字就比杀人的大斧还厉害，自此以外，没有足以与不仁的人争辩的了。

　　先王之使人子终丧而后从政，岂以禁制之哉？以仁人孝子之道相期，深愍而慰安之，意良厚也。以为子之所致于

亲者已穷矣，但此三年之内，可薄效其哭踊奠送之忱，创巨
痛深，有毁瘠灭性之忧，不忍复以国事相劳而重困之也。是
上之所以待之者，方举而登之君子之堂；而顾自灭裂之以陷
于禽兽之阱，则恻隐之心亡，而羞恶之心亦绝矣。夫至于羞
恶之心绝，则莠言自口，谁扪其舌？而立身扬名、移孝作忠
之说，皆唯其口给以与人相啮蹄，复何所忌，而尚可与之正
言乎？

【译文】

　　先王使人的儿子在守丧告终之后才去从事政治，难道是禁止人们
从事政治吗？这是用仁人孝子之道期望人们，深为悲愍而安慰他，用意
实在是厚道的。认为儿子在守丧期间向亲人表达的悲伤已经全部表达
了，只是在守丧三年之内，可以稍微奉献他的哭泣悲痛送终祭奠的诚
心，但悲哀之中的巨大伤痛，有让人毁伤身体废坏性情的担忧，就不忍
心再用国家事务让他辛劳而加重困扰。而君主用来期待他的，将要推
举他登上君子之堂，而不守丧是反让自己灭裂性情而陷在禽兽的陷阱
中，那么恻隐之心就会灭亡，而羞恶之心也会断绝了。如果到了羞恶之
心断绝，就会从口中发出丑恶的言语，谁能捂住他的嘴？而立身扬名、
让孝心转移化为忠心一类的话，都只由着他的利口来说而与人们相互
争辩，又还有什么忌讳，而还能与他谈论正道吗？

　　且夫庸主之徇其邪心，而必欲逆众论以起复之也，岂果
谓此一人者不可旦夕不立于廷哉？藉其触严寒、犯炎暑、五
日不汗以死，而社稷遂无所托邪？盖不仁者之得此于庸主，
亦非易易也。或侧媚宫闱以倾主志，或结交宦寺以窥主心，
或援引邪朋以称其才，或簧鼓吏民以颂其功。当父母尚存

之日,早亿其且死,而为不可去之情形,胁上以祸福,留未了之残局,待己以始终。汶汶者遂入其罔而坚信之,曰:是诚不可使旦夕去我者也。夫然,则其为此也亦劳矣。而起复在位之日,腼颜以居百僚之上,气必有所沮,事必有所掣,终不能昂首伸眉,若前此之得志而骄。

【译文】

　　而昏庸的君主顺着这种人的邪心,一定要违背众人的意见而重新起用他,难道真是说这一个人不尽快回到朝廷上来就不行吗?假使这个人受了严寒、犯了酷暑、五天不出汗而死去,而社稷就没有人可以依靠了吗?这是因为不仁的人能让昏庸君主这样对待他,也不是很容易的。或是从一旁向后宫的后妃献媚而改变君主对自己的看法,或是结交宦官来窥伺君主的心思,或是援引邪恶的朋党来称赞他的才能,或是鼓动如簧之舌煽动吏民来歌颂他的功劳。当父母还在世的时候,很早就估计到他们将要去世,就安排好自己不能离开朝廷的局势,用祸福的变化来威胁君主,留下没有结束的残局,等待自己来收拾残局而让事情有始有终。昏庸不明的人于是就落入他的圈套之中而坚信他是不可缺少的人才,说:这真是不能让他早晚离我而去的人。如是这样,那么他要做到这一步也是很辛劳的了。而他重新起用回到职位的那天,就会厚着脸皮身居百官之上,但这个时候,他的志气必定会有所沮败,事情必定会有所掣肘,最终不能昂首伸眉,像以前那样得志而骄傲了。

　　夫终丧之日短,而仕进之日长,亦何吝此三年之姑退,以需异日之复兴?然而决忍于禽兽之为,亦有繇已。持大权,居大位,与闻国之大计,而进退绰然,可因时以任己志者,唯君子能也。否则居心以坦,制行以恪,无险陂刻核之政,可寡过以免于弹射者也。且进之而夕可退矣,夕退之而旦又可进矣。任事数十年,而决去一朝,可矣;投闲已久,而复起一朝,可矣。若夫不仁者,褊妒以妨贤,其积怨者深也;饰奸以罔上,其匿情者多也;擅权以远众,其欲相代以兴者伙也。所恃以钳盈廷之口、掩不轨之情者,唯魁柄在握,日得与宫廷相接纳,而欲指摘之者不得其要领耳。非无同恶之淫朋,而两奸相匿者,必隐而相倾。则一离乎其位,大则祸亟随之,小亦不能以更进。故史嵩之一退,而徐元杰果大反其所为。不得已而以酖毒杀正士,以自全也。不然,嵩之误国之辜,其不为丁谓、章惇之窜死也几何哉?

【译文】

　　完成守丧的时间短,而出仕做官的时间长,又何必吝惜这三年守丧的暂时退位,而等待今后的重新任职呢?然而决心要忍心做禽兽的行为,也是有原因的。掌握大权,身居高位,参与决策国家的大政方针,而进退绰绰然宽裕,可以根据时势按自己的志向来做的,只有君子能这样。不然就是居心坦荡,用谨敬的态度控制自己的行为,没有阴险奸邪严刻薄恩的政治手段,可以少有过失而避免被人弹劾的人。这种人早上进用而晚上就可以退位,晚上退位而早上又可以进用。担任国家事务数十年,而决心离去就在一个早晨,是能做到的;长久赋闲,而在一个早晨受到重新起用,也是可以的。若是那种不仁的人,狭隘嫉妒而妨害贤人,他的积怨就是很深的;伪饰奸邪来欺骗君主,他所隐藏的心情也是很多的;专擅大权而疏远众人,而想取而代之登上高位的人也就有很多。所仗恃着钳住满朝大臣的口、掩盖自己不法心情的手段,只能靠自己掌握大权,每天能与宫廷相接触,而想指摘他的人无法掌握他的底细而已。不是没有一同作恶的坏朋友,但是这种人之间双方都会相互欺瞒，一定有隐瞒的事情而用来相互攻击。那么这种人一旦离开他的官位，大者就会是灾祸马上随之而来，小者也不能再次受到进用。所以史嵩之一旦退位，而徐元杰果然完全把史嵩之掌权时的做法全都反过来了。不得已就用下毒的办法杀害正人君子，以自我保全。不然，史嵩之误国的罪行，不像丁谓、章惇那样流放而死还会有什么不同的结局呢？

　　知小人之情出于此，则知其灭绝天彝之縠，实为国家之大蠹。直揭其所以求容之隐，勿但以求君子者责之于仁孝，奸无所容，而恶亦戢矣。宾宾然取仁人孝子孺慕之哀，天经地义人禽同异之理，与之相折，使得逞违心之邪说，蒙面以相诘，复恶从而禁之？斩蛇者，不责其大之吞小也，防其毒也；驱枭者，不责其子之食母也，恶其妖也。为毒为妖，足以当一死矣。是故诸君子之以仁孝攻史、李、张、杨也[1]，亵道而失言，不如其已之也。

【注释】

①史、李、张、杨：即前面所说的史嵩之、李贤、张居正、杨嗣昌。

【译文】

　　知道小人的心情出于这种情况，就会知道他们灭绝天理国法的来由，实在是国家的大祸害。直接揭露他们用来得君主容忍的隐情，不要只用对君子的要求来要求小人做到仁和孝，小人的奸邪就无所容忍，而他们的恶行也会有所收敛了。客客气气地拿仁人孝子对亲人去世后的思慕悼念的悲哀，和人类与禽兽相同而相异的天经地义的义理，来折服这种小人，又怎能禁止他使自己违心的邪说得逞，厚着脸皮来与君子相互争论呢？又怎能禁止他？斩杀毒蛇，不是责备蛇的以大吞小，而是防备它以毒杀人；驱走枭鸟，不是责备它以子来吃母亲，而是厌恶它的妖妄。不管是毒还是妖，都足以让它死掉。所以君子用仁孝攻击史嵩之、李贤、张居正、杨嗣昌，就是亵渎正道而说话不当，还不如停止用这种说法去责备这类小人。

六

刑具之有木棓、竹根、箍头、拶指、绞踝、立枷、匣床诸酷具[1]，被之者求死不得，自唐武氏后，无用此以毒民者。宋之末年，有司始复用之。流及于今，法司郡邑下至丞尉，皆以逞其暴怒，而血肉横飞，不但北寺缇帅为然也[2]。呜呼！宋以此故，腥闻于上天，亟剿其命，不得已授赤子于异类，而冀使息虐，亦惨矣哉！宋之先世以宽仁立国，故其得天下也不正，而保世滋大，受天之祐，不期后之酷烈至此也！揆其所繇，自光宗以后，君皆昏瘝，委国于权奸；吏以贿升，恣行其污暴。虽理宗制"疾痛犹己"之刑箴，降"延及无辜"之禁令，而不为之式遏。祖宗矜恤之至意，炳于日星，数小人殄灭之而有余。小人之害亦烈矣！

【注释】

①木棓(bùng)：棓，即"棒"。竹根：与木棒都是最常用的刑具，扑打人体，使之剧痛，以示惩戒。箍(gū)头：用竹篾或金属条束住人的头部，逐步收紧，使之疼痛难忍。拶(zǎn)指：用竹、木、铁制作的拶子，用拶子套入手指，再用力紧收，是一种刑具。绞踝：绞拧、扭压人的足踝，也是一种用刑的方法。立枷：又称站笼。顶开圆孔，以束犯人颈部，使昼夜站立致毙。或于脚下垫物，然后抽去，使之悬空。匣床：古代牢狱中使用的一种刑具，形如木床，

命囚犯仰卧其上，将手脚紧紧夹住，全身不能转动，痛苦异常。

②北寺缇(tí)帅：指明代锦衣卫指挥使。寺，指古代官署名，北，与
南指北京、南京。明代中央官署，多分别在南京和北京设置。

【译文】

刑具中有木椊、竹根、箍头、拶指、绞踝、立枷、匣床等各种酷刑用
具，受这种酷刑折磨的人想求死都做不到，自唐代武则天以后，没有用
这类刑具来毒害民众的。宋朝的末年，官府又开始使用这类刑具。延
续到现在，司法部门和地方郡县以下及办案的官吏，都用这类刑具发泄
他们的残暴和愤怒，而让受刑的人血肉横飞，不只是锦衣卫的北寺缇帅
这样做。呜呼！宋朝因为这个缘故，腥臭传到上天，很快就剿灭了它的
命，不得已而把中华民族的百姓交给异族统治，而希望停息这种残虐，
也是很悲惨的啊！宋朝的先世用宽容仁爱建立国家，所以它得天下虽
然手段不正当，但能保住国运而逐渐强大，得到了上天的保佑，不料后
来的酷烈竟到这种地步！考察它的原因，自光宗以后，君主都是昏庸委
靡的人，把国家大权交给奸邪之人；官吏靠行贿升官，恣意实行他们的
污秽和残暴。虽然理宗制定了"疾痛就像自己亲身受到一样"的用刑箴
言，颁发了禁止"波及无辜"的法令，但也不会因此而得到遏止。祖宗怜
恤民众的美好愿意，如同日月星辰一样明亮，几个小人就把这样好的国
法完全破坏了还有余。小人的危害也是太严重了！

虽然，端本清源，以究其害之所自兴，则不但自小人始
也。大臣之不法，小臣之不廉，若唐之有韦保衡、路岩①，宋
先世之有蔡京、秦桧，恶岂减于史、贾哉？而有司不为之加
暴。故知淫刑之害，不但自小人始也。

【注释】

①韦保衡：字蕴用，京兆(今陕西西安)人。唐懿宗咸通五年(864)

进士，娶懿宗女儿同昌公主，仅仅两年就官至宰相，他仗恃恩权，对不喜欢的人一概排斥，公主去世后，恩礼渐薄。咸通末年，得罪赐死。传见新、旧《唐书·韦保衡传》。路岩：字鲁瞻，冠氏（今山东冠县）人。他任相时，与韦保衡争权而贬为剑南节度使，后因图谋不轨，免官，流放，抄家，赐死。传见新、旧《唐书·路岩传》。

【译文】

虽然如此，正本清源，来考察这种危害产生的源头，就不只是从小人开始的。大臣的不法，小臣的不廉洁，就像唐代有韦保衡、路岩一样，宋代先有蔡京、秦桧，他们的残暴凶恶难道比史嵩之、贾似道少吗？而当时的官府不因他们而更残暴。所以知道过度的刑罚所造成的危害，不只是从小人手里开始的。

异端之言治，与王者之道相背戾者，黄、老也，申、韩也。黄、老之弊，掊礼乐，击刑政，解纽决防，以与天下相委随，使其民宕佚而不得游于仁义之圃。然而师之为政者，唯汉文、景，而天下亦以小康。其尤弊者，晋人反曹魏之苛核，荡尽廉隅，以召永嘉之祸①。乃王导、谢安不惩其弊而仍之以宽，卒以定江左二百余年五姓之祚②，虽有苻坚、拓拔宏之强，莫之能毁。盖亦庶几有胜残去杀之风焉③。

【注释】

①永嘉之祸：指西晋怀帝永嘉五年（311）匈奴攻陷洛阳、掳走晋怀帝的战乱。西晋惠帝时发生八王之乱，匈奴贵族刘渊在离石（今山西境内）建立汉（后称前赵），刘渊死后其子刘聪继位，于永嘉五年派大将石勒出兵攻下晋的都城洛阳，俘虏晋怀帝，杀太子以

　　及宗室和大量官员及百姓,并挖开晋皇室陵墓,焚烧宫殿,史称"永嘉之乱"。

②五姓之祚:指西晋灭亡后,在江南地区前后形成的五个王朝,即东晋和南朝的宋、齐、梁、陈。

③胜残去杀:出自《论语·子路》篇:"善人为邦百年,亦可以胜残去杀矣。"胜残,指让残暴之人不再为恶。去杀,指不用刑杀。后来形容君主能实行仁政,使残暴的人变化为善良的人,因而可以废除刑杀。

【译文】

　　异端之学谈到治国,就与儒家的王道学说相背反,这就是黄帝、老子之学和申不害、韩非之学。黄、老的弊害,是攻击礼乐,批评使用刑法的政治,解除了防范和限制的手段,来与天下相互委弃和顺应,让天下的民众放逸而不能到仁义的园圃中接受教化。然而以黄、老之学为师而用来治国的人,只有汉文帝、汉景帝,而天下也因此能够达到小康的程度。而最为弊端的,是晋代人反对曹魏的严刑苛法,把人们的仁义廉耻全部扫荡干净,而召来了永嘉年间的灾祸。可是王导、谢安不吸收这种弊害的教训仍采取宽松的治国方针,最终确定了江南二百多年时间出现南朝五个朝廷的局面,虽然北方有符坚、拓拔宏的强大,也没有人能摧毁南方王朝。这是因为南朝还保留了儒家驯化残暴除去刑杀的风气。

　　若申、韩,则其贼仁义也烈矣。师之者,嬴政也①,曹操也,武曌也②,杨坚也,其亡也忽焉。画一天下而齐之以威,民不畏死,以死威之,而民之不畏也益滋。则惟惨毒生心,乐人之痛彻心脾,而自矜其能也。以君子慎修畏咎之道责小人,小人固不能喻;以小人愚惰顽恶之禁禁君子,君子亦所不防。以闺房醉饱之愆，督人于名义，而终陷于污；以博弈嬉游之失，束人于昏夜，而重困其情。于是薄惩之而不知戒也，则怒激于心，忿然曰："此骄悍之民，恃其罪之不至于死，而必不我从；则必使之惨彻肌肤，求死不得，而后吾法可行焉。"其为说亦近似乎治人之术也。而宋之为君子者，以其律己之严，责愚贱之不若，隐中其邪。顾且曰："先王之敕法明刑，以正风俗、起教化者，必是而后不与黄、老之解散纲维者等。"于是有狡悍不输情实之奸民，屡惩不知悛改之罢民，触其愤懑，而以酷吏虐民之刑具施之；痛苦亦其所宜也，瘐死亦其自取也，乃更涣然释其悁疾之心，曰："吾有以矫恶俗而正之矣。"

【注释】

①嬴政：秦始皇（前259—前210），名政，嬴姓，秦庄襄王之子。自前230年至前221年，灭韩、赵、燕、魏、楚、齐六国，统一天下，定都咸阳。前210年，在东巡途中病死于沙丘（今河北邢台）。传见《史记·秦始皇本纪》。

②武曌（zhào）：武则天称帝后，造出"曌"字，作为自己的名字。见新、旧《唐书·则天武皇后纪》。

【译文】

至于申不害、韩非，他们贼害仁义就很严重了。以他们为师的人，有秦始皇嬴政、曹操、武则天、隋文帝杨坚，他们的灭亡就在转眼之间。统一天下而用刑威来治国，民不怕死，就用死来威胁他们，而民对死就更加不害怕了。只有这类统治者在心里产生出残忍的狠毒，看到人们痛彻心脾就感到快乐，而自己以此为能事。用君子谨慎修养害怕过失的学说来责备小人，小人本来就不能理解；用小人愚蠢懒惰顽劣凶恶的禁令来禁止君子,君子也有不能防备的。用人们在家里内室醉饱之后的过失,作为名义来督察人们的行为,而最终人们就会出现污点;用博弈嬉乐游戏中的过失,在夜晚中约束人们的行为,就使人们的性情受到重重的困扰。于是稍加惩罚而人们不知戒除,治国的人心中就会受到激怒,愤恨地说:"这种骄悍的民众,仗恃着他们犯的罪不至于处死,就必定不服从我;就必须让他们受到的惨痛透过他们的身体肌肤,求死不能,而后我的法律就可以推行了。"他们的说法也近似于治人的方法。而宋代作君子的人,因为他们律己很严,责备愚贱的民众不像自己那样严于律己,而在无形中走向邪恶。而且还要说:"先王教定法律明布刑法,来纠正风俗、进行教化,必须这样而后才不会和黄、老破坏纲纪的做法一样。"于是就有狡猾凶悍隐瞒真实情况的奸民,屡次惩罚而不知改正的疲困之民,触犯了这些君子的愤懑之心,就让酷吏和虐害民众的刑具用于民众身上;认为他们受到痛苦也是他们该受的,病死在监狱中也是咎由自取的,于是君子们的愤恨之心就涣然消失了,说:"我有办法矫正恶俗而纠正它们了。"

夫惟为君子者,不以刑为不得已之事而利用之,则虐风乘之以扇,而酷吏益以此市威福而导天下以乐祸之情。懦民见豪民之罹此,则快矣;愚民见黠民之罹此,则快矣;贫民见富民之罹此,则快矣;无藉之民,见自矜之民罹此,则抑快矣。民愚而相胥以快也,乃反栩栩然自慰曰:"吾之所为,大快人心也。"呜呼!人与人为伦,而幸彼之裂肌肉、折筋骨以为快,导天下以趋于残忍,快之快之,而快人者行将自及,抑且有所当悲闵而快焉者,浸淫及于父子兄弟之不知。为政者,期于纾一时愚贱之忿疾而使之快,其率天下以贼仁也,不已甚乎!毒具已陈,乱法不禁,则且使贪墨者用之以责苞

苴,怀毒者用之以报睚眦;则且使饮食之人用之以责厨传,
淫酗之夫用之以逞酒狂。避道不遑,而尸陈于市廛;鸡犬不
收,而血流于妇稚。为君子者,虽欲挽之而莫能,孰知其自
已先之哉?

【译文】

　　只有当作为君子的人不是出于不得已而使用刑罚的时候,虐民的
风气就乘机受到煽动鼓励,而酷吏更会使用酷刑来求得威福而用幸灾
乐祸的心情治理天下。懦弱的民众看到豪强之民遭到这种酷刑,就觉
得痛快了;愚民看到狡黠的百姓受了这种酷刑,也就感觉快乐了;贫穷
的百姓看到富裕的百姓受到了这种酷刑,也就感觉痛快了;没有依靠的
百姓看到自我矜夸的百姓受到这种酷刑,也就感到痛快了。民众愚蠢
而相互以此作为快乐,使用酷刑的人就会反过来得意地安慰自己说:
"我的做法,是大快人心的。"呜呼! 人与人按一定关系相处,而把别人
肌肉破裂、筋骨折断作为快乐,引导天下走向残忍,不断地觉得快乐,而
对人受酷刑感到快乐的人自己也将要受到酷刑了,而且还会对应当感
到悲哀怜悯的事也觉得快乐的,他们不会知道以别人的痛苦为快乐的
事情不断传播最后就会发生在自己的父子兄弟身上。治理国家的人,
期望舒缓愚贱百姓一时的愤恨而让他们觉得痛快,这样做就是引导天
下来贼害仁义,不也是太过分了吗! 狠毒的刑具已经陈列出来,混乱的
法律不能禁止,就将使贪官污吏用酷刑刑具来向人们索求贿赂,怀有狠
毒心肠的人就会用酷刑刑具来报自己的睚眦之仇;就将使享用饮食的
人用酷刑责求厨师和传菜的人,荒淫酗酒的人用酷刑来发泄醉酒的狂
妄。在道路上来不及躲避,就使尸体陈列在市场街道上;鸡犬找不回
来,就让妇人儿童之间发生流血事件。作君子的人,即使想挽救这种情
况也不能做到,谁知这是由自己最先引导出来的呢?

帝王之不得已而用刑也,恶之大者,罪极于死,不使之求死而不得也。其次,流之也有地,释之也有时。其次,杖之笞之也有数,荆竹之长短大小也有度。所以养君子之怒,使有所止而不过,意甚深也。无所止,而怒虽以理,抑且以覆蔽其恻隐之心,而伤天地之和。审是,则黄、老之不尚刑者,愈于申、韩远矣。夫君子之恶恶已甚,而启淫刑之具,岂自以为申、韩哉?而一怒之不止,或且为申、韩之所不为。故甚为宋之君子惜,而尤为宋以后之愚民悲也。虐刘已亟,更投命于异类,有王者起,其尚念之哉!

【译文】

帝王不得已而用刑罚,罪恶大的人,罪恶到了极点就要处以死刑,而不会让他求死也不能。其次,流放罪犯是有地方的,释放罪犯也是有时间的。再次,用棍子打、用鞭子抽也是有一定数量的,所用的荆竹棍棒的长短大小也是有一定规定的。这是用来发泄君子的愤怒,使这种愤怒有所止息而不过度,其用意是很深的。没有止限,那么愤怒即使有理,也将会遮蔽住君子的恻隐之心,而伤害天地的和气。明白这一点,那么黄帝、老子的不提倡用刑,就远远超过申不害、韩非了。君子对罪恶的厌恶已很过分,就启用了过度用刑的刑具,难道自以为是申不害、韩非吗?而一旦怨恨起来就没有止限,或许将要做出申不害、韩非所不做的事。所以非常为宋代的君子们惋惜,而尤其为宋以后的愚民悲伤。残害已达极点,又把自己的命运交给了异族,有称王于天下的人兴起,他还能顾念百姓的悲苦吗!

七

世降道衰,有士气之说焉。谁为倡之?相率以趋而不知戒。于天下无裨也，于风俗无善也，反激以启祸于士，或死或辱，而辱且甚于死。故以士气鸣者，士之莸稗也①，嘉谷以荒矣。夫士，有志、有行、有守，修此三者，而士道立焉。以志帅气，则气正；以气动志，则志骄；以行舒气，则气达；以气鼓行，则行躁；以守植气，则气刚；以气为守，则守窒。养气者，不守其约，而亟以加物，是助长也。激天下之祸，导风俗之浇，而还以自罹于死辱，斯其为气也，习气而已矣。

【注释】

①莸稗(yí bài)：莸，田中的野草。莸，又作"稊"。稗，也是野草，与稻子相似。

【译文】

　　世道不断下降衰落，就有了关于士气的说法。谁来提倡这个说法呢？人们相继趋从于这个说法而不知道引以为戒。它对于天下是没有裨益的，对于风俗是没有好处的，反而激发了降到士人身上的灾祸，使士人有的死，有的受辱，而且受辱比死还严重。所以提出士气说的人，就是士人中的稗子野草，而使美好的谷子荒芜了。所谓的士，有志向、有行为、有操守，在这三件事情上进行修养，士人之道就树立起来了。用志向统帅气，那么气就会贞正；用气扰动志向，那么志向就会骄妄；用行为来抒发气，那么气就会畅达；用气鼓动行为，那么行为就会急躁；用操守培植气，那么气就会刚强；用气作为操守，那么操守就会困窒。对气加以修养，不遵守它的原则，而是急迫地用于事物上面，这就是揠苗助长。激起天下的灾祸，引导风俗的浇薄，而反过来让自己遭受到死亡和羞辱，这样用来做事的气，就不过是习气而已。

　　且夫气者，人各有之，具于当体之中，以听心之所使，而不相为贷。不相为贷者,己之气,不以人之动之而增;人之气,亦非己气之溢出以相鼓动而可伸者也。所谓士气者,合众人之气以为气。呜呼! 岂有合众气以为气而得其理者哉? 今使合老少、羸壮、饥饱、劳佚之数十百人,以哄然与人相搏,其不为敌所挠败者鲜矣。故气者,用独者也。使士也以天下为志,以道义为行,以轻生死、忘贫贱为守;于以忧君父之危,伤彝伦之斁,恤生民之苦,愤忠贤之黜,而上犯其君、下触权奸之大臣以求直;则一与一相当,捐顶踵以争得失,虽起草茅干九阍①,越其畔矣,而气固盈也。乃忧其独之不足以胜,贷于众以袭义而矜其群,是先馁也。于己不足,而资哄然之气以兴,夫岂有九死不回之义哉? 以为名高,以为势盛,惟名与势,初无定在,而强有力者得乘权以居胜地。于是死与辱及其身,而益彼之恶,以为天下害,斯岂足为士气之浩然者乎?

【注释】

①九阍(hūn):本指九天之门,引申指九天,又用来比喻朝廷或君主。

【译文】

而且所谓的气,人各有他的气,具备在本人身体之中,让气听从心的指使,而不能让气和心互为主使。不互为主使,自己的气就不会因为别人的挑动而增加;别人的气,也不是让自己的气溢出后就可以相互鼓动而能让它伸展的。所谓的士气,是将众人的气合起来作为气。呜呼! 哪里有将众人的气合起来作为气而能合乎道理呢? 现在假使集合老少、弱壮、饥饱、劳佚不同的数十上百人,让他们乱哄哄地与别人搏斗,他们不被敌人打败是很少的。所以所谓的气，是要用独自一个人的气。假使士人以天下为自己的志向，以道义为自己的行为，以轻生死、忘贫贱为自己的操守；由此来担忧君主的危险，悲伤于国法人伦的破坏，怜恤生民的痛苦，愤慨忠贤的废黜，而向上冒犯他的君主、向下触犯掌权的奸邪大臣来追求正直；就会从自己一个人的立场出来面对，捐出全身来争论是非得失，即使是从草茅中起来触犯朝廷，超越了自己的界线，但他的气本来就是满盈的。如果先就担忧独自一个人不足以取胜而借助众人，取来一种道义让众人自矜，这就是先已气馁了。在自己觉得不足，就借助成群的人哄然的气势而起来争辩，这难道会有九死而不折的道义吗？认为这样做就会名声高，势力盛，可是名和势，最初并不是固定确实的，而强有力的人能利用权势占据取胜之地。于是死亡和羞辱就会降临这些人的身上，而增加了对方的凶恶，成为天下的祸害，这难道能够称为浩然充沛的士气吗？

　　宋之多有此也，不审者以为士气之昌也，不知其气之已柝也。当李伯纪之见废，而学宫之士哄然一起矣；逮史嵩之之复起，哄然再起矣；徐元杰、刘汉弼以毒死，而蔡德润等哄然三起矣[①]；丁大全之逐董槐[②]，而陈宜中等哄然四起矣[③]。凡其所言，皆忧国疾谗、饬彝伦、正风化者也。理以御气，而气固可伸；乃以理御气，而气配理，亦从乎人之独心而已。己正而邪者屈，己直而枉者伏。乃凡此群竞而起者，揣其志，果皆忧国如家，足以胜诸奸之诬上行私者乎？稽其行，果皆孝于而亲，信于而友，足以胜诸奸之污辱风化者乎？度其守，果皆可贫可贱，可穷可死，而一介必严，足以胜诸奸之贪叨无厌者乎？倡之者，或庶几焉。而闻风而起，见影而驰，如鹜如奔，逐行随队者之不可保，十且八九也。诸奸且目笑而视之,如飞鸟之集林;庸主亦厌听之,如群蛙之喧夜。则弋获国士之名,自诩清流之党,浸令任之,固不足以拯阽危之祸,国家亦何赖有此士哉? 政之不纲也,君之不德也,奸之不戢而祸至之无日也,无能拯救,而徒大声以号之,怨诅下逮于编氓,秽迹彰闻于强敌,群情摇动,而堕其亲上死长之情。则国势之衰,风俗之薄,实自此贻之矣。辑辑翻翻,游谈之习胜,物极必反,裁必逮身。迨至蒙古入杭,群驱北徙,瘃足堕指④,啼饥俄食于原野;曾无一人焉,捐此蟪蛄之生,就孔子之堂,择干净土以为死所。则向之浮气坌兴、山摇川决者,今安往邪?

【注释】

①蔡德润:南宋时的太学生。当时徐元杰、刘汉弼反对史嵩之不守丧三年,都暴死而死因不明,人们怀疑是史嵩之害死。当刘汉弼死时,蔡德润等太学生一百七十三人伏阙上书,要求追查。事见《宋史·刘汉弼传》。

②丁大全(1191—1263):字子万,镇江人。其长相出众,极力讨好理宗内侍卢允升、董宋臣。上书诬告右丞相董槐,使之罢相。丁大全后为相,因作恶太多,太学生陈宗、陈宜中等人上书要求罢免丁大全,理宗不听。开庆元年(1259),元军攻打鄂州,丁大全瞒而不报。当时大臣上疏弹劾他,说他如含沙射影之鬼蜮,陷害忠良,遏塞言路,扰乱朝纲,理宗这才罢免丁大全,发配南康军、贵州、新州、海南岛等地,最后命将官毕迁以护送为名,在舟过滕州时,把大全挤下水淹亡。传见《宋史·奸臣传·丁大全传》。董槐(? —1262):字庭植,号榘堂,濠州定远(今安徽定远)人。后任签书枢密院事、同知枢密院事、参知政事。元军攻四川,他

率重兵守夔门。宝祐三年（1255），被丁大全诬告罢相。传见《宋史·董槐传》。

③陈宜中：生卒年不详，字与权，温州永嘉（今浙江永嘉）人。为太学生时，和黄镛、林则祖等人上书弹劾丁大全。后依附贾似道，德祐元年（1275），贾似道革职，谢太后以陈宜中为右丞相。元军包围临安，陈宜中逃离临安，谢太后只好向伯颜投降。宋恭帝之兄益王赵昰在福州即位，即宋端宗，陈宜中为左丞相，排挤张世杰、陆秀夫、文天祥等人。景炎元年（1276），陈宜中与张世杰带宋端宗逃到海上，其后陈宜中逃到越南占城不回。元军攻占城，他又逃到暹国（今泰国），最后死在暹国。传见《宋史·陈宜中传》。

④瘃（zhú）足堕指：指天气极冷，手指冻掉，脚冻伤。瘃，冻伤。

【译文】

宋朝多有这种情况，对这种情况不加分析的人以为当时的士人之气很昌盛，不知这些士人的气已经虚空了。当李纲被废黜的时候，学宫里的太学生就第一次哄然而起了；等到史嵩之重新起用，他们又一次哄然而起了；徐元杰、刘汉弼中毒而死，蔡德润等人就第三次哄然而起了；丁大全逐走董槐，陈宜中等人就第四次哄然而起了。凡是他们所说的事情，都是担忧国家和痛恨谗言、要求整顿法纪人伦、端正风俗教化的内容。用理来控制气，气本来就可以伸展；而用理控制气，气就与理相配，也与人的独自的心情相应而已。自己的理正而邪恶的人理就屈，自己正直而邪曲的人就顺伏。可是凡是这些成群起来争论的人，揣摩他们的志向，果真都像对自家一样而担忧国家的事情，足以战胜各个奸人对君主的欺骗和他们的私心吗？考察他们的行动，果真都对他们的亲人孝，对他们的朋友诚信，足以战胜各个奸人对风俗教化的污辱吗？考量他们的操守，果真都是可以贫寒、可以低贱、可以穷困、可以去死，而在每件小事上都严格自律，足以战胜各个奸人的贪得无厌吗？开始提出主张的人,或许能做到这些,但大多数的人是闻风而起,见到影子就疾驰狂奔,追逐众人随大流的人就不能保证能做到这样了,而这种人将近占了总人数的十分之八九。各个奸人将要笑着看他们,就像飞鸟成群地飞到树木中一样;昏庸的君主也讨厌听他们的言论,就像成群的青蛙在夜里喧叫。那么获得国士的名声,自诩为清流人士的同党,假使任用他们,本来就不足拯救危险的灾祸,国家有这些士人又能指望什么呢?政治不合乎纲纪,君主没有德行,奸人不能收敛而灾祸不久就要临头,又不能拯救,而只是大声呼号,怨恨诅咒,向下传播到民众,国内污秽的行迹让强大的敌人也都清楚知道,人情摇动,而破坏了人们亲近君主和为君长去死的心情。那么国势已经衰弱,风俗变得浇薄,实际上就由此造成了。人们成群聚焦而动荡不定,游谈的习气胜过沉静的风气,物极必反,灾祸必定会降临自身。等到蒙古进入杭州,成群地驱赶人们迁往北方,冻伤手脚,在荒野中饥饿啼号寻找食物;就不曾有一个人为国家献上如同蟪蛄一样的生命,或来到孔子的殿堂,找块干净的土壤作为自己献身的地方。那么以前浮荡之气喷涌兴起、如同山摇河决一样的人,现在又到哪里去了?

　　先王之造士也,宾之于饮,序之于射,节之以礼,和之以乐。其尊之也,乞之而后言;其观之也,旅而后语。分之于党塾、州序①,以静其志;升之于司马,而即试以功。其以立国体也,即以敦士行也。驯其气而使安也,即以专其气而使昌也。使之求诸己而无待于物也,即以公诸天下而允协于众也。故虽有乱世暴君、奸人逆党,而不能加以非道之刑戮。战国之士气张,而来嬴政之坑;东汉之士气竞,而致奄人之害;南宋之士气嚣,而召蒙古之辱。诚以先王之育士者待士,士亦诚以先王之育士者自育,岂至此哉?《诗》云:"鸢飞戾天,鱼跃于渊。"各安于其所,而作人之化成^②。鱼乱于下,鸟乱于上,则网罟兴焉。气机之发,无中止之势,何轻言气哉!

【注释】

①党塾、州序:古代五百家为一党,五党为一州。古代地方的学校,据说党里所设的学校称为庠,又称为序。塾也是古代的学校,据说党有庠,家有塾。

②作人:出自《诗经·大雅·棫朴》:"周王寿考,遐不作人。"作人指任用和培养造就人才。

【译文】

先王培养士人,在饮酒礼中学会主宾应酬,在射御礼中懂得秩序,用礼仪控制自己,用音乐使人们和谐。对士人的尊重,有请求之后才发言;对他们进行观察,行动之后才说话。分散到各级学校中,以安静他们的心志;提升起来担任司马等官职,就要用事功来测试他们。这就是建立国家的体制,也用来磨砺士人的行为。驯服他们的气而使他们安心,就是要让他们的气专一而使之昌盛。让他们对自己提出要求而不要依赖外物,就是要把他们公之于天下而与民众完全协和。所以即使有乱世暴君、奸人逆党,而不能对士人施加不道的刑罚杀戮。战国时候的士气得到张扬,但招来了嬴政的坑杀;东汉时候的士气与宦官竞强,导致了宦官的迫害;南宋的士气喧嚣,召来了蒙古的羞辱。真的用先王教育士人的方法对待士人,士人也真的用先王培养士人的学术自我修养,会该到这个地步呢?《诗经》里说:"鸢鸟上飞直到天,鱼儿跳跃在深渊。"各自在自己的地方安心做事,而人才的培养教化就成功了。鱼在下面乱,鸟在天上乱,就会有捕鱼捉鸟的网出现。气的机关一旦发动,势必不会中止,为什么要轻率地说气呢!

八

　　恃险，亡道也；弃险，尤必亡之道也。恃险而亡，非险使之亡也。任非其人，行非其政，民怨而非其民，兵窳而非其兵，积金粟而糜之，非其金粟，险无与守，均于无险。恃险之亡，亦弃险亡之也。《易》曰："王公设险以守其国。"是故守国者，不可以不知险。知险者，明乎险与非险之数，非一山之崒嶭①，一水之波涛，足以为险也。有可据之险，而居高积厚，以下应乎广衍之神皋，如手足处末而卫其头目，夫是之谓真险。善攻者期于争此，善守者亦守此而已矣。

【注释】

　　①崒嶭（zuò è）：山势高峻的样子。

【译文】

　　仗恃险要的地势，是灭亡之道；放弃险要的地势，更是必定灭亡之道。仗恃险要的地势而灭亡，并不是险要的地势使它灭亡。任用的人不是合适的人选，采取的行动不是正确的措施，民众因此怨恨，就不再是这个国家的民了，兵力因此衰弱，就不再是这个国家的兵了，积聚的金钱粮食都糜烂了就不再是金钱和粮食了，险要的地势没有人来防守，这和没有险要地势是一样的。仗恃险要地势的灭亡，也是放弃险要地势使之灭亡的。《周易》里说："王公设下险要来守卫他的国家。"所以守卫国家的人，不能不知道险要的地势。知道险要的地势，明白险要和非险要的情况，并不是一座山的峻峭，不是一条河的波涛，就足为防守的险要地势。有可以依据的险要地势，而占据高处，积有充足的粮草，向下与广阔的神圣土地相呼应，就像手脚在下面来保卫它的头部，这才称为真正的险要。善于攻打的人期望争夺这种险要，善于防守的人也只是守住这种险要而已。

　　江东自孙氏以来①,东晋、南宋因之以立国者皆百余年。
长淮、大江为其障蔽,"天堑"之号,缘此而兴。而以实求之,
险固不在是也。曹魏临濡须而退②,石勒至寿春而返③,苻坚
渡淝水而奔,拓拔饮江水而止,周世宗破滁阳而罢,完颜亮
窥采石而溃,则既已全有长淮而分江之险。乃至兀术直捣
建康,立马金山④,东陷四明,南驰豫章⑤,终以寝不安席,遽
求北走。盖一苇之可杭,无重关之足扼,江东之险,不在此
悠悠之带水明矣。

【注释】

①江东:长江在今安徽境内向东北方向斜流,以此段长江为标准确
　　定东西和左右,具体而言是从安徽芜湖到江苏南京一段。隋唐
　　以前,这一段长江南北往来的主要渡口都集中在这一段,所以称
　　这一段长江以地区为"江东",又称为"江左"。

②濡(rú)须:今称"运漕河",源出巢湖,东流至芜湖裕溪口入长江。
　　古代为江淮间交通要道、兵争要地。东汉末年,孙权曾濡须口筑
　　堡防备曹操。

③寿春:今安徽寿县,秦代设九江郡,寿春为郡治。宋太祖时,改称
　　寿州,治所在下蔡(今安徽凤台)。徽宗时寿州改寿春府,以下蔡
　　为北寿春,寿春(今寿县)为南寿春。绍兴三十二年(1162)置寿
　　春府,以寿春为治所。明清称寿州,1912年改称寿县。

④金山:即今江苏镇江金山,濒临长江,是南渡长江的重要处所。

⑤豫章:指今江西地区。汉高帝时设豫章郡,治所在今南昌。王莽
　　时改名为九江郡,后又改为豫章郡,治所名为南昌。隋改为洪

州,治所在南昌。唐朝贞观间,设江南道,后分为江南东道、江南西道。江南东道后为江苏、安徽两省,江南西道即今江西,不再用豫章之名。

【译文】

　　江东自三国孙吴割据以来,东晋、南宋凭借这一地区建立国家都能长达一百余年。淮河和长江作为它的屏障,而"天堑"的名号,就由此而产生。但根据实际情况来看,险要本来不在这里。曹魏兵临临濡而退军,石勒走到寿春而返回,符坚渡过淝水就逃奔,拓拔马饮江水而停止,周世宗攻破滁阳而罢兵,完颜亮窥伺采石就崩溃,这说明完全占有淮河才能减轻长江的险要。到金兀术直捣建康,立马金山,向东进军攻陷四明,向南驰马到豫章,最终还是寝不安席,马上要向北撤走。这是因为一只船就可以渡江,没有重重关隘足以扼守,江东的险要,并不在于这一条悠悠的长江,就是很明显的了。

　　险不在此,则其立国而不可拔者,固有在也。昭烈有汉中,而曹仁乃却①;刘弘镇襄、汉②,而琅邪乃兴;桓温缚李势③,而氐、羌不敢内犯;张浚督荆、襄,二吴争秦、巩④,而女直息其南窥。其亡也:秦灭巴蜀,而捍关破⑤,鄢郢举⑥,走楚于吴,而楚以燔;魏灭蜀汉,迫西陵⑦,王浚因以兴师东指⑧,而孙氏以亡;宇文氏灭萧纪⑨,下萧岿⑩,而隋人南渡之师长驱无忌;宋俘孟昶,下高季兴⑪,而南唐之灭易于摧枯。以是验之,江东之险在楚,楚之险在江与汉之上流。恃大江者非所恃,弃上流者弃其所依。得失之枢,未有爽焉者也。

【注释】

　　①曹仁(168—223):字子孝,沛国谯(今安徽亳州)人。曹操的从

弟，跟随曹操多年，屡立功勋。文帝时，与徐晃攻破陈邵，又屯守
合肥。传见《三国志·魏书·曹仁传》。

②刘弘（236—306）：字和季，沛国相（今安徽濉溪）人。家居洛阳，
与晋武帝为同里，后官至车骑大将军。晋惠帝时，天下大乱，刘
弘督军在江、汉地区，威行南服。后以老病卒于襄阳。传见《晋
书·刘弘传》。

③李势（？ —361）：字子仁，十六国成汉皇帝，343 年至 347 年在位。
后降晋，封为归义侯。传见《晋书·李势载记》。

④巩：今河南巩义。商代称阙巩，周为巩伯国。秦置巩县，治所在
今巩义西北。隋开皇十六年（596）置巩县，至民国皆称巩县。
1991 年，撤销巩县，设巩义市。

⑤捍关：战国时楚国西境要塞。楚肃王四年（前 377），蜀伐楚，取兹
方，于是楚建捍关以拒之。遗址在今湖北长阳西的清江上。有
人认为捍关即汉代的江关，在今重庆奉节的长江边。

⑥鄢郢：春秋时楚国曾定都于郢，又曾迁都于鄢，仍称为郢。所以
用“鄢郢”指楚国都城。

⑦西陵：指西陵峡一带，西起秭归香溪河口，东至宜昌南津关，是长
江三峡之一。因位于楚之西塞和夷陵（今湖北宜昌）西边，故叫
西陵峡。

⑧王浚（252—314）：字彭祖，太原晋阳（今山西太原）人。晋武帝咸
宁六年（280），晋军征吴，孙皓向晋将司马伷、王浚等人投降。八
王之乱时，王浚控制幽州。惠帝回洛阳，以浚为骠骑大将军领幽
州刺史。怀帝即位，以浚为司空，领乌丸校尉。永嘉中，击败石
勒，占领冀州。浚为政苛暴，部下与石勒勾结，石勒活捉王浚，杀
死王浚。传见《晋书·王浚传》。

⑨萧纪（508—553）：南梁武陵王，字世询，梁武帝萧衍第八子。侯
景之乱时，萧纪不出兵平乱。梁武帝死，萧纪在成都称帝，后被

梁元帝部将樊猛俘获杀死。传见《梁书·武陵王纪》。

⑩萧岿(542—585)：字仁远，南朝后梁第二位君主。其父萧察与梁元帝萧绎不和，萧察投奔西魏，亦自称皇帝，史称后梁。萧察死后，萧岿继位，联合北周抵抗南朝陈。隋文帝杨坚登基，萧岿与杨家通婚，萧岿一个女儿嫁给杨广，后成隋炀帝皇后。传见《周书·萧詧传附萧岿传》。

⑪高季兴(858—929)：五代十国南平创建者。字贻孙，陕州峡石(今河南三门峡)人。朱温称帝后，高季兴任荆南节度使，时荆南仅有江陵一城，季兴招集亡散，逐步增强势力。后唐李存勖灭后梁，季兴受封为南平王。后唐灭前蜀，季兴得到归州、峡州。季兴死后，兄终弟及，至963年被北宋灭亡。传见《旧五代史·世袭列传·高季兴传》《新五代史·南平世家》。

【译文】

险要不在长江这里，那么他们建立国家而不被攻克，本来就是另有原因的。汉昭烈刘备占有了汉中，于是曹仁就退兵；刘弘镇守襄阳、汉中，而琅邪王司马睿就趁机兴起了；桓温俘获李势，而氐、羌人就不敢向内侵犯；张浚督军荆州、襄阳，吴玠吴璘兄弟争夺秦、巩地区，于是女真就停止向南进军。江东地区的朝廷灭亡的情况：秦灭亡了巴蜀，而捍关就被攻破，鄢郢被攻克，使楚人逃到吴地，而楚国就灭亡了；魏灭蜀汉，逼近西陵，王浚因此起兵向东，而孙吴就灭亡了；北周宇文氏灭了萧纪，攻下萧岿，于是隋人的南渡之师就长驱直入而没有忌讳了；宋朝俘虏了孟昶，攻下高季兴，而南唐的灭亡就像摧枯拉朽一样容易了。以这些史实加以验证，江东的险要在楚，楚的险要在长江和汉水的上游。仅仅仗恃长江为险要的人，他们仗恃的就不是真正的险要，放弃上游的人就是放弃了他们所要依靠的险要。以此作为得失的枢机，是不会有差失的。

盖吴、越，委也；江、汉之上流，源也。以攻者言，从源而输于委,顺也;不得其源而求诸委,逆也。应援之相踵,刍粮之相济,甲仗车牛之相辅,顺以及之,而军无中匮之忧。顺而下攻,易也;逆而上退,难也。知进之易于攻,而退之难于却,则人有致死之心。此横江而渡者之无成功,而凭高以下者之得胜算也。以守者言,击其头而手足应,制其手足而头不能援。江与汉之上流,刍粮之所给也,材勇之所生也。故吴、越虽已糜烂,而巴、蜀、湘、粤,可阻险以争衡;上游已就沉沦,则吴、会、越、闽①,先魂夺而坐毙。苏峻据石头,而陶侃、温峤率江、湘之义旅②,掩取之如笼鸟;侯景陷台城,而王僧辩、陈霸先以脆弱之粤人③,网举之如游鲦④。险在千里之外,而机应于桴鼓之捷,古今辙迹,无有不同焉者。

【注释】

①会:会稽,今浙江绍兴。

②温峤(288—329):字泰真,太原祁(今山西祁县)人,参与平定王敦、苏峻叛乱。晋成帝时,镇守武昌,拜骠骑将军。传见《晋书·温峤传》。

③王僧辩(?—555):字君才,太原祁(今山西祁县)人。南朝梁大宝二年(551),讨伐侯景获胜后,迎立北齐扶植的梁贞阳侯萧渊明为帝,被陈霸先缢杀。传见《梁书·王僧辩传》、《南史·王神念传附子僧辩传》。陈霸先(503—559):南朝陈高祖,字兴国,吴兴长城(今浙江湖州长兴)人,初在南朝梁为将,辅佐王僧辩讨平侯景之乱。梁天成元年(555),杀王僧辩,扶立南梁敬帝,后受梁敬帝禅让,称帝,国号陈。传见《陈书·高祖本纪》、《南史·陈本纪》。

④鲦(tiáo):鲦鱼,体小,生活在淡水中,性活泼,善跳跃,常在水面

结群游动。

【译文】

这是因为吴、越地区，是源流的流；上游的江、汉地区，是源流的源。从进攻一方的角度说，从上游的源头而进军到下游，这就是顺；不能得到源头而想得到下游，这就是逆。顺则响应支援相继而来，粮草相互接济，兵器装备车马相互援助，顺着进军就都很方便，而军队就没有匮乏的担忧。顺着上游向下游攻，是容易的；逆流而上加以退守，就是困难的。知道向下游进军容易进攻，在下游对着上游进行防守而难以退却，那么人们就有拼死的心情。这就是横渡长江的人没有成功，而据高向下进军的人能操胜算的原因。从防守的一方来说，攻击他的头就会有手脚来应救，制住他的手脚而头却不能来支援。长江与汉水的上游，是提供粮草的地方，是出产物资人力的地方。所以吴、越虽然已经糜烂，但巴、蜀、湘、粤地区，可以凭借着险要地势进行阻截而争夺大局的平衡；上游已经沦陷，那么吴、会、越、闽一带的人们，就会先被夺去魂魄而坐以待毙。苏峻占据石头城，而陶侃、温峤率领长江中游以及湘地的义军，攻击夺取石头城就像在笼中取鸟一样；侯景攻下台城，而王僧辩、陈霸先用脆弱的粤人攻击他，就像用渔网把江中游动的鰺鱼一网打尽。险要在千里之外，而战机随着战鼓声音就很快来到，古今的前车之辙，在这个事情上是没有不同的。

　　然则宋当理宗之世，岂其必亡哉？弃险以自亡，而贾似道之罪，不可胜诛，非但其纳款忽必烈而背之以召寇也①。以贿赂望阃帅，以柔媚掌兵权，以伉直为仇雠，以爱憎为刑赏，于是余玠死而川蜀之危不支②，刘整叛而川蜀之亡以必，吕文焕之援绝而阳逻之渡不可复遏③。迨及临安已破，江南瓦解，扬州之守犹岿然而存。江、淮之堑，不足以固江东，势所不趋,非存亡之纽明矣。故知险者,知天下之大险也,非一山一水在眉睫之间,见为可恃,以使人骄玩者也。以南为守,而失汉中、巴、蜀,以孤江、湘;以北为守,而失朔方、云中,以危河朔。北倚南之资粮,而徐、泗无衔尾之运;南恃北之捍蔽,而相、魏无屯练之兵④。虽英主不能以抚中夏,况中材而际运会之屯者乎⑤?故险者,非可恃也,尤非可弃也,此千秋之永鉴也。

【注释】

①忽必烈(1215—1294):蒙古人,成吉思汗孛儿只斤·铁木真的孙子,拖雷的第四子,蒙哥的弟弟。蒙哥汗元年(1251),受蒙古大汗蒙哥的任命,总领漠南汉地军国庶事。1260 年,自称蒙古帝国可汗,汗号"薛禅可汗"。1271 年建立元朝,为元世祖。至元元年(1264),迁都燕京(今北京),改称大都。八年(1271)建国号为元。十六年(1279)灭南宋。传见《元史·世祖本纪》。

②余玠(?—1253):字义夫,分宁(今江西修水)人,侨居蕲州(今湖北蕲春)。理宗淳祐三年到四年(1243—1244),余玠在四川与元军作战数十次,取得显著战果。理宗宝祐元年(1253),听信谗言,招余玠回朝,余玠心中不安,不久突然死去。传见《宋史·余玠传》。

③阳逻之渡:阳逻,古名逻汭,又名若城,前 537 年,楚子伐吴,济于逻汭。三国时,因其地在长江之北,水之北为阳,当时孙、刘联军,刘备士卒在此大逻吴兵之至,取阳和逻字名之。元、明、清至民国属黄冈县,后属新洲县,现为湖北武汉新洲区。

④魏:即魏州:今河北大名。

⑤运会之屯:运会,指时运际会,时势。屯,指时运困难、艰难。

【译文】

这样的话,宋朝在理宗的时候,难道它必定要灭亡吗？放弃险要而让自己灭亡,贾似道的罪过太多,不能因所有的罪都一一加以诛杀,又不只是他向忽必烈求和之后又加以背弃而召来了敌寇。用贿赂来指望军队的将帅,用柔媚的手段来掌握兵权,把刚直当做傲慢,根据爱憎来实行刑赏,于是余玠死了而川蜀的局势就不能支撑了,刘整反叛之后川蜀的灭亡就是必然的了,吕文焕的援军断绝之后元军在阳逻渡江就不能再过止了。等到临安被攻破之后,江南全部瓦解,扬州的守卫还在那里岿然不动。长江、淮河的天堑,不足以巩固江东,蒙古军势必不会向那里进军,那里不是存亡的枢纽,这是很明显的。所以懂得险要形势的人,是知道天下的最大险要不在于眉睫之间的一山一水,能看到它们就以为可以仗恃,从而使人骄慢玩忽。在南方进行防守,而失去了汉中、巴、蜀,就使湖北、湖南孤立了;在北方进行防守,而失去了朔方、云中,就使河北危险了。北方依靠南方的物质粮食,而徐州、泗水一带没有首尾相接的输运;南方仗恃北方的屏障捍护,而相州、魏州没有屯扎训练的军队。在这种情况下即使是英明的君主也不能控制华夏,何况中等才能的人而又遇到了时运的艰难呢？所以险要不是可以仗恃的,更不是可以放弃的,这是千秋的永久鉴戒。

卷十五　度宗

【题解】

　　宋度宗赵禥(1240—1274)，荣王赵与芮的儿子，理宗没有儿子，收他为养子，又立为太子。景定五年(1264)理宗病死，度宗继位，1265至1274年在位。度宗孱弱无能，朝政全由贾似道掌握。蒙古攻打西蜀后，又于咸淳四年(1268)包围襄阳、樊城，贾似道隐匿不报。至咸淳九年(1273)正月，樊城失陷，襄阳守将吕文焕出降。咸淳十年(1274)七月，度宗因酒色过度而死。

　　度宗及其后恭宗、端宗、祥兴帝时，已是南宋临近灭亡之时，王夫之认为理宗之后的继位之主若有所作为，仍可救国。此时如果能愤耻自强，团结众志，还有指望守住国土，纵使不能坚守国土，也可收溃散之卒，勉以忠义，拼死一搏，身虽死，国虽亡，犹足为中原存生人之气。可惜继位君主，只想偷安，将大权授予权奸，而后赵氏王朝瓦解灰飞，无人能够挽救。事在人为，人不为，什么事都做不成，这才是最令人痛心之处。

一

　　宋迨理宗之末造，其亡必矣。然使嗣立之主，愤耻自强，固结众志，即如刘继元之乘城坚守①，屡攻而不下，犹有待也。抑不能然，跳身而出，收溃散之卒，勉以忠义，如苻登之誓死以搏姚苌②，身虽死，国虽亡，犹足为中原存生人之气。而偷一日之安富，怀拥立之私恩，委国以授之权奸，至于降席稽颡，恬不知怍，而后赵氏之宗祊瓦解灰飞，莫之能挽。呜呼！迹其为君，盖周赧、晋惠之流，得死牖间，犹为幸矣。

【注释】

①刘继元(？—991)：北汉英武帝刘继元，北汉末代皇帝。北汉天会十二年(968)，刘继恩被杀，司空郭无为迎立继元为帝，在位期间残忍嗜杀，动辄将臣属灭族。广运六年(979)，宋太宗亲征北汉，契丹援军被宋军击退，刘继元投降，北汉亡。在宋朝为右卫上将军，封彭城郡公、彭城公。传见《新五代史·东汉世家》、《宋史·北汉刘氏世家》。

②姚苌(330—393)：字景茂，南安赤亭(今甘肃陇西)人，羌族人。十六国后秦开国君主。初随其兄姚襄征战，其兄战死，投降苻坚。383年淝水之战后，自称大单于、万年秦王。385年，缢杀苻坚，386年称帝，国号大秦。传见《晋书·姚苌载记》。

【译文】

宋王朝到了理宗的末年，其灭亡已是必然的了。但是假使继位的君主宋度宗能够发奋知耻而自强，巩固团结众人的意志，就像刘继元利用城池坚守，敌人屡次进攻不能拿下，就还是有指望的。即使不能这样，脱身逃出，收聚溃散的士兵，用忠义勉励他们，就像苻坚誓死与姚苌拼杀，身虽死，国虽亡，还足以为中原保存活人的生气。而宋度宗却苟且享受短暂的安乐富贵，对拥立自己的人抱有私人的恩情，把国家交给掌权的奸人,甚至于走下座位向权臣叩头,恬不知耻,而后赵家王朝的宗庙国家灰飞瓦解,没人能够挽救。呜呼! 考察他作为君主,大致就是周赧王、晋惠帝之流,能死在自己居住的房内,还是幸运的。

晋惠之立也,议者犹咎武帝之托非其人。以分则适,以年则长,嗣国之常经在焉,苟非通识,莫能易也。而度宗异是。理宗无子,谋立之于吴潜①,潜曰:"臣无弥远之才,忠王无陛下之福。"夫岂言之无择而卤蟒若斯哉? 度宗之不任为君而足以亡宋者,臣民具知之矣。出自庶支,名位未正,非有不可废者存也。选于太祖之裔孙②,岂无愈者,而必此是与? 则理宗晚多内宠,宦寺内荧,奸臣外拥,度宗以柔选无骨,貌似仁孝,宵小以此惑上,幸其得立,而居门生天子之功也③。故吴潜以为不可者,正似道之所深可。一立乎位,而屈膝无惭,江万里莫能掖止④,果以遂小人之愿欲,其所以得立者可知已。河山虚掷,庙社邱墟,岂似道之所置诸怀抱者乎? 则甚矣,理宗之愚以召亡也。

【注释】

① 吴潜(1195—1262):字毅夫,号履斋,宣州宁国(今安徽宁国)人。宋宁宗嘉定十年(1217)进士,理宗开庆元年(1259),元兵攻鄂州,任左丞相,后被贾似道排挤罢相,徙居潮州、循州等。传见《宋史·吴潜传》。

② 太祖之裔孙:指宋度宗赵禥,是宋太祖十一世孙。其父赵与芮,是宋理宗的母弟。理宗景定元年(1260)立为皇太子。五年(1265)理宗死后即位。传见《宋史·度宗纪》。

③ 门生天子:唐代中期以后,皇帝人选多由宦官决定,宦官把他们

扶立的皇帝视为自己的门生,称为"门生天子"。指宦官认为自己扶立皇帝继位,自己就有莫大功劳。

④江万里(1198—1275):字子远,号古心,都昌(今江西都昌)人。贾似道入相时,万里也被度宗任命为同知枢密院事兼参知政事。贾似道以辞职要挟度宗,度宗涕泣,欲下拜拘留似道,万里以身掖扶孝宗,说:"自古无此君臣礼,陛下不可拜。"后万里以病辞职,居饶州芝山。德祐元年(1275),元军攻饶州,万里与弟万顷率众抗守,终被攻破,万里投水死。传见《宋史·江万里传》。

【译文】

　　晋惠帝的继位,论史的人还责怪晋武帝托付的大臣不是合适的人选。按照名分他是嫡子,按照年龄他是长子,继承王位的通常规则就是这样,如果不是具有通识的人,谁也改变不了这个规则。而宋度宗就与他不同。理宗没有儿子,与吴潜商量册立继位的人,吴潜说:"臣没有史弥远的才能,忠王也没有陛下的福气。"难道能像这样说话而别无选择且鲁莽憨直吗? 度宗不胜任当皇帝而足以让宋朝灭亡,臣民都已经知道了。他出自庶子的支系,名号与地位都不正,并没有理由不能废黜他。在太祖的后裔子孙中挑选继承人,难道就没有比他强的人,而一定要让他当继承人吗? 而理宗晚年在宫内有不少恩宠的人,宦官在宫内蛊惑理宗,奸臣在宫外拥有大权,度宗为人柔弱得好像没有骨头,表面上像似仁孝之人,小人们就以此来迷惑理宗,以度宗能立为太子为幸,好让自己居有门生天子的功劳。所以吴潜认为不能同意的事情,就正是贾似道所深为认可的。度宗一旦立在帝位上,就向宦官和权臣屈膝而不知惭愧,江万里也不能掖扶而制止这种行为,果真让小人们实现了意愿,他所以能继位的原因就可想而知了。把河山白白丢掉,让宗庙社稷变成废墟,难道这是贾似道心里的愿望吗? 那么理宗的愚蠢而招来灭亡就是太严重了。

　　夫选贤以建元良,谋之大臣,以致慎也。而决之于独断者,大臣不敢尸焉。故与闻定策以相翼戴,虽优以恩礼,而必不可怀之以为私恩。非是,则权柄下移,而祸必中于家国。故昭子不赏竖牛^①,而叔孙氏以安。汉文之于周勃,汉宣之于霍光,虽曰寡恩,亦宰制纲维之大义,不可徇矣。天子者,极乎尊而无上者也。有提之携之以致之上者,则德可市,功可居,而更临其上。故小人乐以其身任废立之大权,而贪立菲才,以唯己之志欲。乱之所繇生,莫可救药,必然之券也。

【注释】

①昭子不赏竖牛:竖牛是叔孙豹逃亡齐国时与庚宗妇人所生之子,他在梦中见一人,黑而上偻,深目而豭喙,故呼之为“牛”。后叔孙豹回来继承家族爵位,让牛回来主持家政,命为“竖”,故称“竖牛”。竖牛害死叔孙豹与国姜在齐国所生的二子孟丙和仲壬,又将叔孙豹害死,让叔孙豹的庶子叔孙诺袭爵,即叔孙昭子。昭子认为竖牛使家族出现祸乱,不以他让自己袭爵为功,召集家臣准备攻杀竖牛,竖牛惧,奔齐。孟、仲之子在塞关之外杀死竖牛,孔子评论说:叔孙昭子之不劳竖牛,不可能也,此即古人所说的为政者不赏私劳,不罚私怨。

【译文】

　　选拔贤人来册立优秀的太子,和大臣商议以求谨慎,而由自己一个人来决断,大臣不敢在这个事情上做主。所以大臣参与确定太子人选而对太子表示拥戴,而太子继位成为皇帝后用优遇的恩宠来对待他们,但必定不能在心里认为这是私人的恩德。不是这样的话,就会使权力从皇帝手里向下转移到大臣手里,而灾祸必定降临国家。所以昭子不奖赏竖牛,而叔孙氏得以安宁无事。汉文帝对于周勃,汉宣帝对于霍光,虽然说赐予他们的恩德很少,但也让他们主掌了国家纲维的大义,对于私人的恩情是不可曲从的。天子,极为尊高而没有比它更高的了。有人加以提携而让太子登上了天子的宝座,那么这种人的恩德可以要求报答,自己还可以居功,而更让自己高于继位的皇帝。所以小人喜欢让自己掌握废黜和扶立天子的大权,而贪图扶立没有才能的人,以求只按自己的意愿办事。大乱由此而生,没有人能够挽救,这是必然的证据。

　　且夫拔起而登天位,遗大投艰于眇躬①,亦甚难矣。况在强寇压境之日,其难尤倍。锦衣玉食处堂之嬉,亦奚足为惠而怀之? 即令膺祚以及子孙,抑亦宗庙之灵、先君之义,天下臣民之所推戴,岂赞我以立者之可鬻贩以为厚德哉? 自宁宗委废立于弥远,而理宗感之以为恩;弥远以享厚利,奸人垂涎而思效之,无足怪者。吴潜曰"臣无弥远之才",非无其才也,无其市天位以擅大权之奸谋也。夫弥远避祸之情,深于邀福。虽怀私以废济王,犹知密访理宗之器识以冀得人。故理宗虽暗,早岁之设施,犹有可观者。其隙既开,其流愈下,似道乃利建此行尸坐肉之童昏,匍伏以听己,于是而一丝九鼎之残疆,唯其所弃掷,而莫敢谁何。要其祸之所自生,则宁宗始之,理宗成之,非旦夕之故也。夫以韩魏公之公忠,而两朝定策,引退不遑,岂可望之史、贾之流者乎? 孝宗嗣而娄寅亮、张焘之赏不行②,小人怀惠,而天下随倾,亦烈矣! 故王珪之言曰:"陛下有富贵传子孙,皆先帝之恩。"君子甚恶其言。以有天下享崇高之奉,而感之以为恩,此乡里小生得一举而感举主者,尊之为师,戴之如父,寒乞之情也。然而不亡者,未之有也。

【注释】

①遗大投艰:出自《尚书·大诰》:"予造天役,遗大投艰于朕身。"是说把重大责任和艰难之事压在继任的帝王身上。

②张焘(1091—1165):字子公,饶州德兴(今江西德兴)人。为知成都府兼安抚使,在蜀四年,戢贪吏,薄租赋。自蜀归,卧家十有三年。秦桧死,又知建康府吏部。孝宗受禅,任命为同知枢密院、参知政事,以老病不拜。传见《宋史·张焘传》。

【译文】

而且把一个人提拔起来让他登上天子高位,把重大的责任和艰难的事情压在其渺小的身躯之上,也是很困难的。何况在强敌压境之日,其艰难就更是加倍。皇家子弟锦衣玉食生活在嬉乐之中,又何足以认为这是恩惠而怀念不忘?即使可以让自己的子孙继承国家大位,这也是靠宗庙的神灵、先代君父的道义,靠天下臣民的拥戴,哪里是帮我继位的人可以用来换取禄利而作为厚德的呢?自宁宗把废黜册立太子的大权交给史弥远,理宗就对他有了感恩之心;史弥远得以享受优厚的利益,奸人就垂涎而想效法,这是不足怪的。吴潜说"臣没有史弥远的才能",不是没有史弥远的才能,而是没有史弥远通过扶立天子而换取专擅大权的这种奸谋。那史弥远躲避灾祸的心情,比邀求福禄的心更深。虽然他怀着私心而废黜了济王竑,但他还知道秘密访知理宗的才器、见识而希望找到合适的皇帝人选。所以理宗虽然愚暗,但他早年的施政举措,还有可观之处。但由某人确定太子的做法既已开了头,那么后来的人就做得越来越低劣,贾似道就以扶立这个行尸走肉的年幼昏庸的人当皇帝谋求个人利益,让他匍匐着听从自己,于是整个天下所残余的一丝疆域,就全由他抛弃扔掉,而没有人敢拿他是问。总起来说,这个灾祸开始产生,是从宁宗开始的,到理宗完成的,也不是一朝一夕形成的。以当年韩琦的公正忠诚,确立了两代皇帝继承人,还要急忙引退,怎可拿这种做法指望史弥远、贾似道一流的人呢?孝宗继位之后而对娄寅亮、张焘的奖赏没有实行,小人想得到好处,而天下随之就倾覆了,这样的后果也是太严重了!所以王珪的话说:"陛下有富贵传给子孙,这都是先帝的恩德。"君子非常厌恶他这个话。因为有了天下而享受崇高的尊奉,就对帮助自己得天下的人感恩,这如同乡里小生得到一次举荐就对他的推荐人感恩,把推荐人尊为老师,像对待父亲一样拥戴,这是寒酸之人的小家子气。这样做还不灭亡的,是不会有的。

恭宗、端宗、祥兴帝

【题解】

恭宗、端宗、祥兴帝,这是南宋最后三任皇帝,年龄幼小,在位时间很短。恭宗赵㬎(xiǎn,1271—1323),为度宗的次子,即位时仅四岁,次年元军包围临安,谢太后抱着他出城投降。元朝将他封为瀛国公,元世祖忽必烈至元二十六年(1289),让他去西藏当僧人,法号和尊。元英宗至治三年(1323),宋恭帝赋诗:"寄语林和靖,梅花几度开?黄金台下客,应是不归来。"表达对南宋王朝的思念,元朝皇帝发现后,赐死。

端宗赵昰(shì,1268—1278),宋度宗长子。恭宗被元军掳往北方,他逃到福建,由陆秀夫等人拥立为帝,1276 至 1278 年在位。景炎三年(1278)3月,为避元军追赶,逃到海上,不慎从船上落水,生病后惊吓而死。

祥兴帝赵昺(bǐng,1272—1279),宋度宗第三子,宋朝最后一任皇帝,1278 至 1279 年在位。祥兴二年(1279)3 月,宋军与元军在崖山(今广东新会南)海战,宋军覆灭,陆秀夫背着八岁的赵昺跳海而死,宋王朝至此灭亡。

　　恭宗时,元军包围临安,此时文天祥说:"父母病,知不可起,无不下药之理。"王夫之认为他此时明知于事无补,仍然能挺身而出,可以感受到"其言之切"。他所做的一切,只是聊尽臣子的职责而已。王夫之对此表示理解和同情,但指出文天祥完全听命于谢太后,也是一种失误。王夫之说这种忠诚是"徇忠而过。"

　　王夫之批评宋朝总是在关键时刻采取屈从的态度,认为澶渊之盟是一次屈辱,东京失守是第二次屈辱,秦桧请和是第三次屈辱,到恭宗时已是屈而无可再屈,想以哀鸣期望瓦全,根本不能挽救灭亡,徒为万世羞。文天祥此时听从谢太后之命向元军乞求,是宋王朝的悲剧,也是他个人的悲剧。

　　在《宋论》的最后,王夫之放眼整个历史,总结了宋朝灭亡对于中华民族后来的命运所造成的巨大祸害。他认为汉、唐的灭亡仅是一个王朝的灭亡,而宋朝的灭亡,则使黄帝、尧、舜以来道法相传的天下也都灭亡了。这就不再是一个王朝的灭亡,而是传承数千年之久的整个中华文明的灭亡。王夫之这样说,是因为他亲眼目睹了女真的后裔后金灭亡了明朝。宋与明的灭亡,性质相同,而明亡则可以说是宋亡的必然结果,即中原民族及其政权和文明,已经丧失了对抗异族武装的力量,所以一再战败亡国,这是最令王夫之痛心的事情。

　　王夫之认为中国历代王朝有"觌文匿武"的治国之道。"觌文"是说要将文化表现出来,"匿武"是将武力藏匿起来。可是不少人误以为在天下太平之后就要销毁武器,只讲文明教化,认为国家不需要保持自己的武装力量。所以王夫之对"匿武"作了深刻的阐释,他说:匿非销之,而是藏之固、用之密,不待觌而自成其用。文明教化要大讲特讲,但不能因此而忘了武装和力量。不过武装和力量不能像文明教化那样觌现显示,所以要好好地藏匿起来,而在使用时则要"用之密"。密不是秘密、隐秘,而是周密,即善于使用武装和力量。人们往往误解了"觌文匿武"的正确含义,所以宋王朝一直猜忌、压制武将,而使国家的武装和力量越来越弱,一再被异族打败,最终不能生存。

王夫之认为宋王朝灭亡,是"裂天维、倾地纪、乱人群、贻无穷之祸",其根本就在于此。因此他期望后之立国者,能明白这个道理,否则其命运也和宋王朝差不多,明朝就是一个例子。王夫之评论宋代史事,无时无刻不与明朝的灭亡联系在一起,这是亲身感受过亡国之痛的人才会具有的独特感受。后人读其书时,没有王夫之当年那种感受,仍要理解他的这种观点,从中汲取应有的智慧。否则就不能如王夫之所说的,"继轩辕、大禹,而允为天地之肖子"。

一

文信国之言曰:"父母病,知不可起,无不下药之理。"悲哉! 身履其时,为其事,同其无成,而后知其言之切也。今夫父母之病,当其未笃,则无妄之药,不敢轻试;无所补而或有所伤,宁勿药也。故《春秋传》曰:"于许世子止,见孝子之至①。"言孝子之情,不敢不慎也。迨及革矣,望其愈而终不可愈,冀其生而不可得生。于斯时也,苟有以疗之者,不以药之珍而患贫也,不以炮制之难而惮劳也,不以迂而罔济而忽之也,不以缓而弗及而辍之也,不以前之屡试无功而中沮也,不以后之追悔太过而怀疑也。其求之也,瞿瞿乎其若贪也;其营之也,惘惘乎其若愚也。夫岂不知有命自天之不可强哉? 欲已之,而心不我许,抑竭力殚心以为其所能为而已矣。然而或为之谋者，䠙鸡刲豕②，以媚山巢妖狐之神而乞命，则孝子弗为。其弗为也，非有所吝也，不敢以辱吾亲，不忍以辱吾亲也。

【注释】

①于许世子止，见孝子之至：许国国君许悼公的世子，名止。鲁昭公十九年（前523）夏，许悼公生病，世子止为治病送药给父亲，但悼公饮药后却死了，世子止于是逃到晋国。《左传》对此评论说："尽心力以事君，舍药物可也。"认为只要尽心力奉事君主，在君父生病的时候不进药也是可以的。《公羊传》、《穀梁传》认为许世子止本来没有弑父的用心，只是因为君父有病而想尽孝子之心，所以进献药物，希望治好君父的病，但他进献的药不当，使君父饮药而死，认可了许世子止的孝子之心。《穀梁传》还说：世子止在君父死后，自己并没有继位，而是让给弟弟，自己逃到晋国之后，也表示许世子止是孝子。王夫之则认为孝子应该知道如何尽孝最稳妥，即许世子止进药之前，应该自己尝尝有没有毒，就可避免让君父误服而死的恶果。所以说孝子之情，不敢不慎。

②䠙（pì）：剖开。刲（kuī）：杀。

【译文】

文天祥的话说："父母生病，知道不能治愈，没有不用药的道理。"悲哀啊！自身处于那个时代，为天子做事，同样没有成就，而后才知道这个说法的痛切。现在父母生病的话，在它还没有严重的时候，就不敢轻率试用没有把握的药；用这种药没有补救却或许有伤害，宁愿不用这种药。所以《春秋传》说："对于许世子止为父亲进药的事，可以看到孝子尽孝的极致。"是说孝子尽孝的心情，不敢不谨慎。等到病危的时候，希望他能病愈而最终不能病愈，希望他能活下来而不能活下来。在这个时候，如果有办法来治疗的话，就不会担心药很贵而自己穷得无力买药,不会因为炮制药物的困难而害怕其中的辛劳,不会因为药物迂腐不济事就忽略而不用,不会因为迟缓来不及就停止不办,不会因为以前屡次试用没有效果而中途停止,不会因为后来过分追悔而对先前的做法产生怀疑。孝子求取治病的药物和办法,眼睛转动到处求索似乎像是贪婪;孝子采取各种做法来救父母的病,迷迷惘惘似乎很愚蠢。这哪里是不知道有命在天而不可强求呢?想停下来,而孝心不允许我这样做,还是要竭尽力量心思来做他所能做的事而已。然而为他出谋划策的人,杀鸡杀猪,来向山洞中的妖狐之神献媚而乞求救命,这种事情则是孝子不会做的。他不做这种事,不是有所吝惜,而是不敢羞辱我的亲人,不忍心羞辱我的亲人。

　　夫忠臣于君国之危亡,致命以与天争兴废,亦如是焉而已。当德祐时①,蒙古兵压临安,亡在旦夕,求所以存宋者终无术矣。诚不忍国亡而无能为救,则婴城死守,君臣毕命以殉社稷,可也。奉君出走,收余烬以借一,不胜,则委骨于原隰,可也。死不我值,求先君之遗裔,联草泽之英雄,有一日之生,尽一日之瘁,则信国他日者亦屡用之矣。乃仓卒之下,听女主乞活之谋,衔称臣纳贡之命,徼封豕长蛇之恩②,以为属国于江介。爱君而非所以爱,存国而固不可存,信国之忠,洵忠而过矣。

【注释】

①德祐:宋恭帝的年号,在 1275 年至 1276 年间。

②封豕长蛇:大猪与长蛇,比喻凶猛残暴的人,这里指蒙古军队。

【译文】

忠臣在君主国家危亡的时候,献上性命来与天争夺国家的兴盛废灭,也是像孝子救父母的病一样而已。当宋恭帝德祐年间,蒙古军队兵压临安城,灭亡就在旦夕之间,最终已没办法找人来保存宋朝了。真的不忍心国家灭亡而不能挽救,就只能据城死守,君臣拼命为国家殉身,这是可以的。护着君主出走,收拾剩余的力量来借助一次机会来作战,不能取胜,则把尸骨委弃在原野里,也是可以的。我还没有死,那就寻找先君的后裔,联络民间的英雄,有一天的生命,就尽一天的忠诚,那么文天祥在后来的日子里也是屡次使用这种办法了。而在仓促之际,听从皇后乞求活命的办法,带着向蒙古称臣纳贡的命令,去求凶猛残暴的蒙古军开恩,让宋朝作为蒙古的属国在江南一带继续存在。爱君而这不是爱君的办法,想保存国家而本来就无法保存了,文天祥的忠诚,实在是忠诚得过了头。

　　曾元请及旦以易箦①,而曾子斥之曰:"细人之爱人也以姑息。"姑息云者,姑贷须臾之安,以求活鲋于沾濡,妇寺之忠孝也。以堂堂十五叶中国之天子,匍伏丐尺土于他族,生不如死,存不如亡,久矣。信国自处以君子,而以细人之道爱其君乎?且夫为降附称臣之说,其愚甚矣。即令蒙古之许之与!萧岿臣于宇文,以保一州,而旋以灭亡;钱俶臣于宋,以免征伐,而终于纳土。朝菌之晦朔,奚有于国祚之短长?况乎徐铉之辨言,徒供姗笑;徽、钦之归命,祇取俘囚。已入虎吻,而犹祝其勿吞,词愈哀,志愈辱,其亡愈可伤矣!信国之为此也,摇惑于妇人之柔靡,震动于通国之狂迷,欲以曲遂其成仁取义之心,而择之不精,执之不固,故曰忠而过也。

【注释】

①曾元:孔子弟子曾子的儿子。易箦:更换寝席。《礼记·檀弓》:

曾子病危将死,乐正子春坐在床下,曾元、曾申坐在足旁,有一童子坐在房角执烛。童子说:"床上席子很华丽,是大夫的寝席吧?"曾子回答说:"是的。这是季孙赐给我的,我不能换掉了。曾元,起来换掉席子!"曾元说:"您病情这样重,身子不便移动。等天亮再换吧!"曾子对曾元说:"你爱我还不如童子啊!君子用德来爱人,小人却用姑息来爱人。我还要这块席子干什么呢?我能守礼而终,也就足够了。"曾元只好扶起父亲,换了床席,没等曾子身子躺稳,就去世了。后人因此把病重将死称为"易箦"。

【译文】

曾元请求到早上再换寝席,而曾子斥责他说:"小孩子爱人是用姑息的做法。"所谓的姑息,是姑且求得暂时的安宁,来求得在仅能浸湿地面的一点水里让鲫鱼活下来,这是妇人奴仆的忠孝。以堂堂的传承了十五代的中国的天子,匍匐下来向异族哀求一尺土地,这样的生不如死,这样的存不如亡,已经很久了。文天祥以君子要求自己,却用小孩子的办法爱护他的君主吗?而且向蒙古降附称臣的说法,这也是非常愚蠢的。是要让蒙古答应这个请求吗!萧岿向北周宇文氏称臣,来保住一州的地盘,而接着就被消灭了;钱俶向宋朝称臣,以免除被宋征伐,而最终还是交上了领土。朝生暮死的菌子眼里只能看到月初月尾,这样的眼光对于国家命运的长短又有什么意义?何况徐铉出使到宋朝时的善辩,只供宋朝人的嘲笑;徽宗、钦宗向金人投降称臣,只得到被俘成为囚犯的结果。已进了虎口,还求它不吞掉自己,言词越是哀切,志气就越是屈辱,它的灭亡就越是令人悲伤了!文天祥做这样的事,受到太皇太后等妇人们柔弱无力的影响迷惑,又被全国狂迷状态所震动,想通过委曲的办法来实现他成仁取义的心愿,但却选择不精到,执行不坚决,所以说是忠诚而有了过失。

或曰:句践之请命于吴也,自请为臣,妻请为妾,而卒以沼吴①。信国之志,其在斯乎! 而奚为不可? 曰:巽以行权者,惟其理也;屈而能伸者,惟其势也。吴之与越,以爵土言,皆诸侯也;以五服言,皆蛮夷也;以先世言,一为泰伯之裔,一为大禹之胄也。春秋之世,友邦相伐,力不敌而请降者多矣。受其降者,不得而臣之,已而复与于会盟,仍友邦也。上有守府之天子②,其以强大相役属,同是冠带之伦,而义可以相服者也。故句践即不沼吴,而终不为吴之臣妾。宋之于蒙古,岂其比哉? 宋之亡,亡于屈而已。澶渊一屈矣,东京再屈矣,秦桧请和而三屈矣。至于此,而屈至于无可屈。以哀鸣望瓦全,弗救于亡,而徒为万世羞。时异而势异,势异而理亦异。句践之所为,非宋所得假以掩其耻也。故杨后之命可以不受③,而后信国之忠,纯白而无疵。择义以行仁,去其姑息者而得矣。

【注释】

①沼:水池,池塘。引申指让对方跌入池坑,落入陷阱。

②守府:守住先王的府藏,引申指守住先王的国家和制度。

③杨后(1161—1232):指宋宁宗的杨皇后。此时下令向元军求和的应当是谢太后。谢太后为理宗的皇后,理宗死,度宗立,尊为皇太后。度宗死,瀛国公即位,尊为太皇太后。元兵围临安,谢太后命人向元军求和,不从,于是投降。当时度宗的全皇后,在瀛国公继位时,也称皇太后。后随谢氏太皇太后一同降元。

【译文】

　　有人说:句践向吴国提出请求,自己请求作吴国的臣子,妻妾请求作吴国的妻妾,而最终灭了吴国。文天祥的志向,大概就是这样吧! 为什么不可以呢? 回答说"卑顺地实行权变,只应合乎道理;先屈服而后能够得到伸展，只应具有相应的形势。吴国与越国，从爵位和国土上说，都是诸侯；从天下地区分为五种远近距离上说，都是蛮夷；从他们的先世说，一个是泰伯的后裔，一个是大禹的子孙。春秋时代，邻国相互攻伐，力量不能对抗而请求投降的已有很多了。接受对方投降的人，在不得已的情况下让对方向自己称臣，之后又重新一同参与会盟，仍然还是友邦。在上有守着先王制度的天子，他以强大来统率天下诸侯，各诸侯国同样都是有着礼仪教化的封国，而从道义上是可以相互降服的。所以句践即使不去消灭吴，越国最终也不会成为吴的臣妾。宋对于蒙古，怎能相比呢？宋朝的灭亡，亡于向敌人的屈服而已。澶渊之盟是一次屈服，东京失陷、二帝被俘是第二次屈服，秦桧请求讲和是第三次屈服。到这时，就是想屈服也无法再屈服了。靠哀鸣而期望获得瓦全，不能挽救灭亡，而只能成为万代的羞辱。时代不同而形势就不同了，形势不同而道理就不同了。句践所做的，不是宋朝所能借来掩盖它的耻辱的。所以杨后的命令可以不接受，而后文天祥的忠诚，就是纯白而无瑕疵的。选择道义来做到仁，只有抛弃那种姑息做法的人才能做到。

二

汉、唐之亡，皆自亡也。宋亡，则举黄帝、尧、舜以来道法相传之天下而亡之也。是岂徒徽、钦以降之多败德，蔡、秦、贾、史之挟奸私，遂至于斯哉？其所繇来者渐矣。

【译文】

汉、唐两代的灭亡，都是自己王朝的灭亡。宋朝的灭亡，则是把黄帝、尧、舜以来按照道法相传的天下都灭亡了。这难道只因徽宗、钦宗以后的皇帝多有败坏的德行，蔡京、秦桧、贾似道、史弥远挟着奸邪私心，才让宋王朝到了灭亡的地步吗？宋王朝终于灭亡的来由是逐渐演变而来的。

　　古之言治者，曰"觌文匮武"①。匮云者，非其销之之谓也，藏之也固，用之也密，不待觌而自成其用之谓也。故《书》曰："迪惟有夏，乃有室大竞②。"竞之不大，栋折榱崩，欲支之也难矣！其竞之也，非必若汉武、隋炀穷兵远塞而以自疲也。一室之栋，一二而已，欂、栌、榱、桷③，相倚以安，而不任竞之力。故用之专者，物莫能胜；守之壹者，寇莫能侵。率万人以相搏，而其相敌也，一与一相当，而群无所用。自辽、海以西④，迄于夏、朔⑤；自贺兰以南，垂于洮、岷⑥；其外之逐水草、工骑射、好战乐杀以睥睨中土者，地犹是地，人犹是族，自古迄今，岂有异哉？

【注释】

①觌(dí)文匮武：即偃武觌文。觌文，即显示文教。觌，显现，炫耀。

②迪惟有夏，乃有室大竞：出自《尚书·立政》篇："古之人迪惟有夏，乃有室大竞。"迪，语气词，无义。有夏，即夏代。有室，指卿大夫。大竞，指很强。

③欂(bó)：椽子。栌(lú)：柱上方木，斗拱。

④辽、海以西：是说从东北沿海直到内地的西北，今宁夏、甘肃、陕西和山西北部一带。辽，指东北的辽河。海，指东海。

⑤夏、朔：泛指西北。夏，指西夏。晋代赫连勃勃称夏王，筑统万城（故址在今陕西靖边境内）作为都城，后来北魏灭夏，统万城改为统万镇，后又改为夏州。宋代的西夏，到元昊时，占有夏、银、绥、宥、静、灵、会、胜、甘、凉、瓜、沙、肃州，相当于今宁夏全部、甘肃

大部、陕西北部、青海东部及内蒙古部分地区。朔，泛指北方。
⑥洮、岷：泛指今甘肃地区。洮，洮州，在今甘肃临潭，位于今甘肃南部。历史上先后有临洮、洮阳、洮州、临潭等名。岷，岷州，今甘肃定西岷县，因境内有岷山，故称岷州。

【译文】

古代讨论治国的人，会说"显示文教，藏匿用武"。所谓的匿，不是说把武器销毁，而是说把武器牢固地收藏起来，严密地加以使用，不等到人们看到它就已完成了它的使命。所以《尚书》里说："正是到了夏代，他们的卿大夫才强大起来。"竞争的力量不大，柱子折断而椽梁崩塌，想支撑住它就很困难了！国家武力的强大，不是一定要像汉武帝、隋炀帝那样到边境上穷兵黩武而让自己疲惫。一个房子的柱子，就一两根而已，而椽子、檩子、斗拱等，相互倚靠而使整座房屋得以安稳，国家武力的强大不是用争强的力量。所以能专一运用武力的人，物都胜不了它；而专一守护天下的人，敌寇无人能侵入。率领万人来相互搏斗，而他们相互成为敌手，一人与一人相当，而成群的人就无处可用。从辽海以西，直到夏州、朔州；从贺兰山向南，直到洮州、岷州；其外追逐水草而居住、擅长骑射、好战乐杀来窥伺中原土地的人，地还是那些地，人还是那些民族，自古到今，哪里会有不同呢？

　　三代之治，千有余岁，天子不以为忧，其制之之道，无所考矣。自春秋以及战国，中国自相争战，而燕、赵独以二国之力，控制北陲。秦人外应关东，而以余力独捍西围，东不贷力于齐，南不藉援于韩、魏。江、淮以南，则尤耳不闻朔漠之有骄虏也。及秦灭燕、代，并六合，率天下之力以防胡，而匈奴始大。汉竭力以御之，而终莫之能抑。至于灵、献之世，中国复分，而刘虞、公孙瓒、袁绍①，不闻有北塞之忧。曹操起而抚之,鲜卑、匈奴皆内徙焉。蜀、吴不相闻也。晋兼三国,而五胡竞起。垂及于唐,突厥、奚、契丹相仍内扰②。及安、史之乱,河北叛臣各据数州之土以抗天子,而蓟、云之烽燧不闻者百年③。繇此言之,合天下以求竞而不竞,控数州以匮武,而竞莫加焉。则中国所以卫此觌文之区者,大略可知矣。

【注释】

①刘虞(? —193):字伯安,东海郯(今山东郯城)人。汉王朝的宗室。灵帝末年任幽州牧。董卓时,为大司马、太傅。汉献帝初平二年(191),袁绍、韩馥等人欲立刘虞为帝,刘虞拒绝。初平四年(193)被公孙瓒杀害。传见《后汉书·刘虞传》。

②奚:北方古代民族之一,本称库莫奚,简称奚。库莫奚,是鲜卑语音译,相当于今蒙古语的"沙"、"沙漠"。自北魏直至元代,活动时间长达千年。

③蓟:蓟州,即今蓟县,春秋时称无终于国,隋代为渔阳郡,唐代称蓟州,后称蓟县,现属天津。云:云州,唐代云州治所在定襄,即今山西大同。元以后云州在今陕西神木。

【译文】

夏、商、周三代的治国,有一千多年,天子不把治理天下作为担忧的事,他们控制天下的方法,无处可以考察了。自春秋而到战国,中国自相争战,而燕、赵只靠两国的力量,就控制了北方边境地区。秦人向外出兵来应付关东各国,而用剩余的力量独自捍卫西部边境,东面不向齐国借力,南面不向韩魏借援。长江、淮河以南的人,则更是耳朵里没有听说过北方沙漠还有强悍的敌寇。等到秦国灭了燕国、代国,统一天下,率领天下的力量来防卫北方的胡人,而匈奴才开始强大。汉朝竭尽全力来抵御匈奴,而最终不能抑制住匈奴。至于汉灵帝、汉献帝的时代,中国又一次分裂,而刘虞、公孙瓒、袁绍在北方,没有听说他们有北方边塞的忧虑。曹操兴起后安抚北方民族,鲜卑、匈奴都向内地迁徙。蜀汉和东吴都没有听说有这类事情。晋兼并了三国,而五胡竟相兴起。等到了唐代,突厥、奚、契丹相继侵扰内地。到安、史之乱,河北反叛的将领各自占据几个州来对抗天子,而北方边境蓟州、云州也有一百年不曾出现烽火。由此说来,合天下来求强而不强,控制几个州来藏匿武备以等待使用,却强大得无人能超过。那么中国用来保卫这个文教区域的手段,就大体可知了。

　　东汉之强,不敌西汉,而无北顾之忧者,有黎阳之屯在也。天宝以后,内乱方兴,不敌开元以前,而无山后之警者,有魏博之牙兵在也①。外重渔阳、上郡、云中之守②,而黎阳承其后;外建卢龙、定难、振武之节③,而魏博辅其威。以其地任其人,以其人守其地。金粟自赡也,士马自简也,险隘自固也,甲仗自营也。无巡边之大使以督其簿责,无遥制之廷臣以掣其进止,虽寡而众矣,虽弱而强矣。故曰"天子有道,守在四夷"。言四裔之边臣各自守,而不待天子之守之也。牵帅海内以守非所自守之地,则漫不关情而自怠;奔走远人以战非所习战之方,则其力先竭而必颓。然而庸主具臣之谋,固必出于此者,事已迫,则不容不疲中国以争;难未形,则唯恐将帅之倚兵而侵上也。

【注释】

①牙兵:唐朝节度使主将所居之城建有牙旗,称为"牙城",节度使的官署称为"使牙",节度使专门组织一支军队来保护牙城与使

牙,称为"牙军",也称"衙兵"。

②云中:指今山西大同。战国时,赵国置云中郡,建云中城,城址在今内蒙古托克托县古城村,秦汉时仍称云中郡,唐高宗时改为云中都护府,又另设云州,治所在云中(今山西大同)。宋代,辽国占领大同,称大同府,后又归金,仍名大同。

③定难:即定难节度使。唐贞元中,把振武、朔方二节度设为夏州节度使,治夏州,在今陕西横山西北,初称夏州节度,后由拓跋思恭据有其地,赐号定难军,拓跋思恭为定难军节度使,并由唐王朝赐姓李。以后李家世代为定难军节度使。宋初,李继迁反宋而独立,李继迁的孙子元昊称帝,建立西夏。振武:即振武节度使,唐乾元年间,置振武军节度,治所在今内蒙古和林格尔县,领绥、银、麟、胜等州及振武、镇北等州军,相当于今陕西绥德以北及内蒙古南部地区,以唐时黄河支流之一的振武河命名。

【译文】

东汉的强大,敌不上西汉,而东汉面向北方没有担忧,这是因为它有黎阳的屯军。天宝年间以后,内乱正在形成,敌不上开元以前的强大,但没有北方民族来侵的警报,这是因为在魏博镇设有牙兵。北面重视渔阳、上郡、云中的防守,而黎阳在其后加以支援;北面建有卢龙、定难、振武等节度使,而魏博镇辅助三节度使的军威。拿这些地区委任给合适的将领,让合适的将领驻守各地区。金钱粮食自行供给充足,兵士马匹自行加以挑选,险要关隘之处自行修固,武器装备自行加以营造。没有巡视边防的大臣来督察他们的账簿和职责,没有遥加控制的朝廷大臣来牵掣他们指挥军队的进止,虽然兵力较少但也相当于兵力众多,虽然看起来弱而实际上却很强。所以说"天子有道,用四方边境的夷人来守边境"。这是说四方边境的守边大臣各自守卫边境,而不依靠天子来守卫边境。调动率领海内的兵力来守卫不是他们自己要守的地方,就会使他们漫不经心而自行怠慢;让远方的人奔走到不是他们熟习作战的地方来作战,就会使他们的力量先已衰竭而必定颓败。昏庸的君主和滥竽充数的大臣谋划守护北方边境,本来应该必须这样来谋划,但是事情已经紧迫,就不能不让中国处于疲惫状态而来与入侵者争战;而在灾难尚未表现出来时候,却唯恐将帅倚靠他所统率的军队而侵犯君主。

　　呜呼！宋之所以裂天维、倾地纪、乱人群、贻无穷之祸者①,此而已矣。其得天下也不正,而厚疑攘臂之仍;其制天下也无权,而深怀尾大之忌。前之以赵普之佞,逢其君猜妒之私;继之以毕士安之庸,徇愚氓姑息之逸,于是关南、河北数千里阒其无人。迨及勍敌介马而驰,乃驱南方不教之兵,震惊海内,而与相枝距。未战而耳目先迷于向往,一溃而奔保其乡曲。无可匿也,斯亦无能竞也。而自轩辕迄夏后以力挽天纲者,糜散于百年之内。呜呼！天不可问,谁为为之而令至此极乎？向令宋当削平僭伪之日,宿重兵于河北,择人以任之,君释其猜嫌,众宽其指摘,临三关以扼契丹;即不能席卷燕、云,而契丹已亡,女直不能内蹂,亦何至弃中州为完颜归死之穴②,而召蒙古以临淮、泗哉？

【注释】

①天维:古代认为天有九柱支撑,使天不下陷,地有大绳维系四角,使地有定位,合称为"天维地纪"。用来比喻支撑国家的根本制度和原则,如果遭到严重破坏,国家就会崩溃灭亡。

②中州为完颜归死之穴:金朝由女真族完颜氏建立,前后共有三个都城:上京会宁府是第一个都城;1153年海陵王迁都燕京(今北京),为第二个都城,又称中都;金朝第八位皇帝宣宗1214年迁

都汴梁(今开封)。金哀宗天兴二年(1233)六月,金哀宗逃往蔡州(今河南汝南)。蒙古军包围蔡州,并召宋兵合攻,三年(1234)正月,蒙、宋军攻入蔡州,金至此灭亡。所以王夫之说中州是完颜氏归死之穴。

【译文】

　　呜呼!宋王朝之所以天纲断裂、地纲倾倒、人群大乱、留下无穷的祸害,就是这个原因而已。宋王朝得到天下的手段是不正当的,于是深深猜疑军人会不断挥动手臂来争夺帝位;宋王朝最初控制天下没有实权,而对将相都深怀尾大不掉的猜忌。先前有赵普的奸佞,遇上了他的君主对他怀有猜忌的私心;接着又有毕士安的无能,顺从愚民姑息无为的懒散,于是关南、河北数千里空无一兵一卒。等到强敌战马披着盔甲奔驰而来,就驱赶南方没有训练的士兵,在天下感到震惊、害怕的情况下,来与强敌相对抗。尚未作战而这些士兵的耳目就对将要前往的战场感到迷惑,一等接触就溃败而逃奔回家来保护他的乡里。朝廷没有妥加藏匿的武力,这就不能与敌人争强。而自黄帝到夏代帝王用力量挽救天下纲维的手段,在宋代的百年之内就全都糜烂、消散了。呜呼!天不能问,那就问是谁这样做而让天下到了这种极端的地步呢?以前假使宋朝在削平各地割据称帝称王之人的时候,就在河北驻扎重兵,选择人选任命为将领,君主放弃对将领的猜疑,众人放宽对将领的指责,让将领率军来到河北的瓦桥关等三关来扼守契丹的入侵,即使不能席卷燕、云,而契丹灭亡之后,女真也不可能向内地进军蹂躏中原,又何至于放弃中州而让它成为金国完颜氏最终逃归而死的地方,并且招来蒙古军队兵临淮河、泗水地区呢?

　　人本自竞,无待吾之竞之也,不挫之而亦足以竞矣。均此同生并育于声名文物之地,以相为主辅,而视若芒刺之在背。威之弗能也,信之弗固也,宰之弗法也。弃其人,旷其土,以榱支宇,而栋之折也已久。孰令宋之失道若斯其愚邪?天地之气,五百余年而必复。周亡而天下一,宋兴而割据绝。后有起者,鉴于斯以立国,庶有待乎!平其情,公其志,立其义以奠其维,斯则继轩辕、大禹而允为天地之肖子也夫!

【译文】

　　人本来是自己争取强大,不要等别人来与他竞争,这样的话不用挫败对方,也足以与他争强争胜了。人们全都是同样生育在有着美好名声和长久历史的国度,而相互作为君主和辅臣,却视别人就像芒刺在背一样。想对人有威严也做不到,想信任人又不能彻底信任,想控制人们又没有办法。放弃了这些人,荒旷了这些土地,用小小的椽子支撑整个房屋,而大梁折断已很久了。谁让宋朝廷失去大道而如此愚蠢呢?天地之气,过五百多年就必定恢复过来。周朝亡了而天下统一,宋朝兴起而割据消失。后有兴起的王朝,以此为鉴来建立国家,就差不多可以指望了!把心情平静下来,让志向合乎公正,树立道义来奠定国家的纲维,这样就能继黄帝、大禹而真正成为天地的贤明子孙了啊!

中华经典名著
全本全注全译丛书
（已出书目）